Zu diesem Buch

Klaus Manns Roman entfaltet ein facettenreiches
Panorama von Exil-Schicksalen: Er erzählt vom oft
bitteren Alltag der aus Nazi-Deutschland Vertriebenen, von ihren politischen Kämpfen und Debatten, von ihrer Not und Verzweiflung, von ihren
Hoffnungen.

«Der Vulkan», den Klaus Mann selbst für sein
bestes Buch hielt, ist ein großes poetisches Plädoyer
für Toleranz und Menschlichkeit – gerade darum
hat das Buch bis heute nichts von seiner Aktualität
eingebüßt.

Klaus Mann, geboren 1906 in München, begann
seine literarische Laufbahn als Enfant terrible in den
Jahren der Weimarer Republik. Nach 1933 wurde
er ein wichtiger Repräsentant der deutschen Exil-
Literatur. Klaus Mann starb 1949 in Cannes.

Klaus Mann

DER VULKAN

ROMAN UNTER EMIGRANTEN

Mit einem Nachwort
von Michael Töteberg

Rowohlt Taschenbuch Verlag

7. Auflage November 2017

Überarbeitete und erweiterte Neuausgabe
Veröffentlicht im Rowohlt Taschenbuch Verlag,
Reinbek bei Hamburg, April 1981
Copyright © 1981, 1999 by Rowohlt Taschenbuch Verlag,
Reinbek bei Hamburg
Alle Rechte vorbehalten
Umschlaggestaltung Barbara Hanke
(Foto: MAURITIUS-Benelux Press)
Satz aus der Garamond PostScript (PageOne)
Gesamtherstellung CPI books GmbH, Leck, Germany
ISBN 978 3 499 22591 8

Inhalt

«Unsre Bestimmung verfügt über uns,
auch wenn wir sie noch nicht kennen;
es ist die Zukunft, die unserm Heute
die Regel giebt.»

Friedrich Nietzsche,
Vorrede zu «Menschliches Allzumenschliches»

Prolog

Ein junger Mensch saß in einem Berliner Pensionszimmer und schrieb einen Brief.

Berlin, den 20. April 1933

Lieber Karl!

Ich hoffe, Du bist gut in Paris angekommen und fühlst Dich wohl. Ich bin einmal zehn Tage lang dort gewesen – weißt Du, damals mit den drei Jungens aus unserer Klasse; Du durftest damals nicht mitkommen, weil Deine Eltern sagten, Paris ist ein zu gefährliches Pflaster für einen jungen Menschen. Das Allerschönste, woran ich mich in Paris erinnern kann, ist der Blick von der Place de la Concorde die Champs-Élysées hinauf, bis zum Arc de Triomphe. Das ist wirklich großartig. Ich bin doch etwas neidisch, daß Du das nun jeden Tag genießen kannst. Ob Du sehr viel Schwierigkeiten mit der Sprache hast? Und ob Du es jetzt bereust, daß Du immer so sündhaft faul gewesen bist, gerade in der französischen Stunde? – Aber ich stelle mir vor, in Paris lernt man ja die Sprache fast von selbst.

Lieber Karl: Ich denke sehr oft an Dich – fast immer, wenn ich gerade mal nichts anderes zu tun habe –: wie es Dir gehen mag, und ob Du Deinen Entschluß nicht bereust. Denn es ist doch ein großer, schwerer Entschluß – sich von der Heimat zu trennen.

Ich habe mir das alles während der letzten Wochen hin und her überlegt, und ich bin zu der ganz festen inneren Entscheidung gekommen: Du hast einen Fehler gemacht.

Mißverstehe mich nicht, Karl: es ist ein anständiger Fehler, den Du gemacht hast. Aber doch ein Fehler.

Ich weiß nicht, ob es noch irgend einen Sinn hat, Dir zuzureden: Komme zurück! Ich fürchte, es hat keinen Sinn mehr. Als ich Dir, vor drei Wochen, am Bahnhof Zoo Aufwiedersehen gesagt habe, fühlte und wußte ich, daß wir uns sehr lange nicht wiedersehen werden.

Natürlich könntest Du auch jetzt noch Deine Meinung ändern und zurückkehren – wohin Du gehörst. Da Du ja ein sogenannter «Arier» bist und Deine alten Herrschaften feine Beziehungen haben, würde man Dir sicher alle Deine Sünden verzeihen – wenn Du jetzt erklärst, daß alles nur jugendliche Torheit und Unwissenheit von Dir gewesen ist.

Du würdest Dir natürlich wie ein Schuft vorkommen, wenn Du eine solche Erklärung abgeben müßtest. Aber vielleicht wäre es in diesem Augenblick das Klügste und das Anständigste, was Du machen kannst. Denn jetzt brauchen wir hier Burschen wie Dich. Hier können sie jetzt nützlich sein, und nur hier.

Was gibt es denn im Ausland für Dich zu tun? Bei den Franzosen auf uns Deutsche schimpfen? Aber Karl! Ich kenne Dich doch! Das bringst Du ja gar nicht fertig. Du weißt viel zu genau, wie sehr die Franzosen mit-schuldig, oder sogar hauptsächlich schuldig sind an dieser radikal-nationalistischen Entwicklung in Deutschland, die wir immer so bedauert haben. Nicht nur der Vertrag von Versailles ist schuld – obwohl der die schlimmste und eigentliche Ursache für alle Verwirrungen in Europa bleibt –; sondern die ganze Art, wie die Franzosen uns während all dieser Jahre gedemütigt haben. Wir hatten wirklich keine nationale Ehre mehr.

Die Frage ist, ob wir jetzt wieder eine bekommen werden. Ich weiß wohl, daß Du es nicht glaubst – und Dir ist nicht unbekannt, daß auch ich schwere Zweifel habe. Ich war nie ein Nazi – Dir muß ich das nicht erst lang und breit versichern –, und ich werde nie einer werden. Ich trete nicht in die Partei ein, habe nur keine Angst – ich denke gar nicht daran. Ich mache hübsch brav meine Examina zu Ende, und dann tue ich was Vernünftiges.

Ich bin kein Nazi, und ich gebe auch zu, daß hier viel Häßliches geschehen ist, während der letzten Monate – alle besseren Menschen sind sich darüber einig, und wir alle glauben, daß dies am Anfang einer großen Umwälzung vielleicht unvermeidlich war, aber bald ganz anders werden muß. Keinesfalls hat es Sinn zu leugnen, daß eine große Umwälzung im Gange ist; daß ein nationales Erwachen sich in Deutschland vollzieht. Überall ist echte Begeisterung zu spüren. Aus der könnte allmählich etwas Schönes,

Fruchtbares, Positives wachsen, etwas, was dann auch Europa zugute käme, und dem Frieden.

Du findest sicher, ich bin zu optimistisch. Vielleicht bin ich es. Vielleicht kommt alles ganz anders, nicht so gut. Aber sogar wenn schwere Jahre für Deutschland kommen, will ich hier bleiben. Wenn der Führer seine begeisterten, idealistischen Anhänger enttäuschen sollte – vor allem: wenn er die Jugend enttäuscht –, dann wird in Deutschland eine Opposition entstehen, und dann ist eben von dieser Opposition alles zu hoffen … Ich würde, wenn es sein muß, bei den Oppositionellen sein, wie ich heute bei den Loyalen bin. Das kommt mir tapferer und vernünftiger vor, als ins Ausland zu gehen. Verzeih das harte Wort, Karl: aber es hat doch etwas von Fahnenflucht.

Mein Vater, mit dem ich gestern lang über diese Dinge sprach, gibt mir recht. Du kennst ja den alten Herrn – er ist der preußische Offizier, wie er im Bilderbuch steht. Zu diesem «böhmischen Gefreiten» – so soll Hindenburg den Hitler genannt haben – hat er im Grunde nicht viel Vertrauen. Aber er sagt: Man muß es zugeben – es weht ein neuer Geist in Deutschland. Niemand weiß noch, was draus werden soll; aber es könnte etwas Großes draus werden. Die jungen Menschen haben plötzlich ganz andere, neue, strahlende Gesichter – findet mein alter Herr. «Du mußt hier bleiben, Junge!» sagte er. – Du weißt ja, ich überschätze seine Intelligenz keineswegs; aber es hat mir doch Eindruck gemacht. – Ich erzähle Dir das alles, damit Du siehst: ich habe es reiflich erwogen.

Diesen Brief gebe ich dem Kurt B. mit, der morgen auch nach Paris fährt. Man kann sich schon nicht mehr trauen, einen solchen Brief mit der Post zu schicken … Der Kurt B. sagt, hier wird es bald nicht mehr auszuhalten sein, und nächstens werden auch noch die Grenzen gesperrt, da ist es schon besser, man macht sich rechtzeitig auf und davon. Aber der Kurt ist ja Jude, da beurteilt er die Dinge natürlich von einem etwas anderen Standpunkt als wir; von seinem Standpunkt aus, finde ich, hat er recht.

Vielleicht hast auch Du recht, Karl. Ich will nicht mit Dir streiten, und ich will Dir keine Vorwürfe machen. Ich will Dir nur erklären, wie ich denke und fühle.

Ich denke und fühle: Unser Platz ist hier. Hier müssen wir uns bewähren, hier müssen wir kämpfen, hier braucht man uns. Draußen braucht man uns nicht.

Ich bin gegen die Emigration.

Viele, die heute rausgehen, werden es bald bereuen. Sie werden ein bitteres Leben haben und außerdem auch noch schlechtes Gewissen. Wie die Zigeuner werden sie von einem Land ins andere ziehen; man wird sie nirgends behalten wollen; sie werden entwurzelt sein, sie werden den Boden unter den Füßen verlieren, viele werden elend zu Grunde gehen. Ich sehe das alles kommen. – Ich hoffe von Herzen, daß es Dir gelingen wird, Dir draußen eine neue Existenz aufzubauen. Es wird schon gehen, Du bist ja ein tüchtiger Mensch. Mich würde es schrecklich freuen, wenn ich nächstens erfahre, daß Du eine gute Stellung gefunden hast, in Paris oder sonst irgendwo. Noch froher würde es mich allerdings machen, wenn Du mir morgen telegraphierst: Ich habe meinen Fehler eingesehen. Ich komme zurück.

Aber das passiert wohl nicht. Du bist ja so verdammt eigensinnig, altes Haus!

Alles Gute!

Dein Kamerad
Dieter

… Dieter war ziemlich erschöpft, nachdem er dies alles geschrieben hatte. Einen so langen Brief – schien ihm – hatte er in seinem ganzen Leben noch nicht abgefaßt. Er lehnte sich in den Sessel zurück.

Er war ein hübscher, hoch aufgeschossener Junge, mit blondem Haar, einem langen Schädel, blanker Stirn, blauen Augen und einem weichen, kindlichen Mund. Es gab in seinem Gesicht keine Falten.

Draußen zog ein Trupp von S.A.-Leuten vorbei. Sie sangen. Dieter trat ans Fenster, um ihnen zuzuhören. Das Lied gefiel ihm nicht. Auch ihre Stimmen klangen nicht angenehm. Er machte das Fenster zu.

ERSTER TEIL

1933 / 1934

Doch uns ist gegeben
Auf keiner Stätte zu ruhen,
Es schwinden, es fallen
Die leidenden Menschen
Blindlings von einer
Stunde zur andern,
Wie Wasser von Klippe
Zu Klippe geworfen,
Jahrlang ins Ungewisse hinab.

Friedrich Hölderlin,
«Hyperions Schicksalslied»

Erstes Kapitel

Das kleine Restaurant, Ecke Boulevard St.-Germain/rue des Saints Pères, war um halb neun Uhr schon beinahe ganz leer. Die Stunde des Diners dauert in Paris von halb sieben bis acht Uhr; später sitzen nur noch Wahnsinnige oder Ausländer bei Tisch. Die beiden letzten Gäste, ein amerikanisches Ehepaar, waren eben dabei, ihren Kaffee zu trinken; da machte die Kellnerin ein erschrokkenes Gesicht: es kamen noch vier Leute von der Straße – zwei junge Männer, ein Fräulein und eine ältere Frau.

Einer der jungen Männer – er war auffallend bleich und mager; über seinem Gesicht, das wie aus Wachs gebildet schien, stand das schwarze harte Haar aufrecht, wie in ständigem Entsetzen gesträubt – erkundigte sich, ob man noch etwas zu essen bekommen könne. Die Kellnerin war schon im Begriff zu verneinen, als die Patronne, von der Theke her, ihre Stimme vernehmen ließ: aber gewiß doch, es seien noch zwei Portionen Poulées da, außerdem ein «Schnitzel Viennois», und für eine der Damen könnte man ein Omelett machen. Die Vier schienen es zufrieden; während sie sich um einen Tisch in der Ecke niederließen, erklärte der junge Mann, der vorhin mit der Kellnerin verhandelt hatte: «Ich habe neue Berliner Zeitungen besorgt!» Dabei legte er den Stoß von Papieren vor sich hin. Das junge Mädchen schnitt eine Grimasse und sagte: «Pfui!»

Sie redeten deutsch – was das Ehepaar am Nebentisch aufhorchen ließ. Nun war es die Amerikanerin, die eine angewiderte Grimasse schnitt. Gleichzeitig zuckte sie die Achseln und sagte etwas zu ihrem Gatten, was sich wohl in einem kränkenden Sinn auf die Deutschen im Allgemeinen und die Vier am Nebentisch im Besonderen bezog. Der Gatte schien ihr in allen Punkten recht zu geben; er nickte empört und rief dann schallend: «L'addition, Mademoiselle!»

Die Deutschen inzwischen hatten ihre Zeitungen vor sich ausgebreitet. Das Mädchen sagte, mit einer schön sonoren, etwas grollenden Stimme: «Auch noch Geld ausgeben für das Dreckszeug! Eine Schande!» Während ihr Gesicht vor Ekel verzerrt blieb, – als läge etwas Stinkendes, eine kleine Tierleiche etwa oder Erbrochenes, auf dem Tischtuch, zwischen den Gedecken – streckte sie ihre langen, unruhigen, muskulösen Hände gierig nach den Papieren aus. «Laß gleich das Scheußlichste sehen!» rief sie und lachte finster. «Die Berliner Illustrirte!» Der schwarze Hagere hielt ihr mit melancholischer Neckerei das Titelblatt der Illustrierten hin: es zeigte den Führer und Reichskanzler in idyllischem Tête-à-tête mit einem kleinen blond-bezopften Mädchen, das ihm einen enormen Blumenstrauß überreichte. «Ist er nicht schön?» fragte der Bleiche, wobei sein Lächeln säuerlich war. Die ältere Frauensperson – sie fiel durch kurzgeschorenes, hartes graues Haar und ein rotbraunes Kapitänsgesicht auf – stemmte die Arme in die Hüften und machte dröhnend: «Hoho!»

Die amerikanische Dame sagte, ziemlich laut: «Disgusting!» und stand auf. Die vier Deutschen, in den Anblick des Bildes versenkt, überhörten den Ausruf; sie sahen auch nicht, was für ein furchtbar drohendes Gesicht die Amerikanerin hatte, als sie nun, vom Gemahl gefolgt, das Lokal durchquerte, um die Ausgangstür zu erreichen. «Er bekommt einen Bauch!» stellte animiert der zweite junge Mann fest, und meinte den «Führer».

Als die Amerikanerin an dem Tisch vorbeikam, wo deutsch gesprochen und das Hitler-Bild betrachtet wurde, blieb sie eine Sekunde lang stehen, und sagte sehr deutlich: «En bas les boches!» Ihr französischer Akzent war leidlich; jedenfalls viel besser als der des Gatten, der noch breit hinzufügte: «En bas les Nazis!» Dabei hatte er sich der Türe genähert. Die Dame aber wandte sich noch einmal um, und nun spuckte sie aus. Auf eine Entfernung von mindestens zwei Metern spuckte sie recht kräftig und geschickt – man hätte es der respektabeln, keineswegs jungen Person kaum zugetraut –, so daß eine nette, saftige Portion Speichel direkt neben den Schuhen des hageren jungen Mannes auf den Fußboden klatschte. Dann fiel die Türe hinter der Amerikanerin zu.

Die Kellnerin und die Patronne des Lokals hatten den Vorgang wortlos beobachtet; die Kellnerin mit einem kaum sichtbaren, hämischen Grinsen, die Chefin mit einem Achselzucken, als wollte sie sagen: ‹Wozu soviel Aufregung wegen dieser Deutschen? Solange sie ihre Zeche zahlen, soll mir alles andere egal sein …›

Die Vier am Tisch waren so erschrocken und derart fassungslos erstaunt, daß mehrere Sekunden lang keiner von ihnen ein Wort hervorbrachte. Die beiden jungen Männer und das Mädchen waren sehr blaß geworden, während das Gesicht der Alten leuchtend rot-braun blieb. Sie war es, die das Schweigen brach, indem sie schallend zu lachen begann. «Das ist wunderbar!» brachte sie unter großem Gelächter hervor, wobei sie mehrfach dröhnend auf die Tischplatte schlug. «Ausgerechnet uns muß das passieren! Das ist köstlich! Nein, sowas!» Die beiden Jungen versuchten mitzulachen; aber das Resultat ihrer Bemühung war kümmerlich, nur die bittere Andeutung eines Lächelns kam zustande. Das Mädchen schaute vor sich hin auf den Teller und sagte leise: «Ich finde es gar nicht komisch.» – Warum nicht komisch? Wieso nicht? – wollte die Alte wissen. Aber nun gestand der zweite junge Mann – der blond und stattlich war, mit einem hellen, großflächigen, hübschen, etwas weichen und müden Gesicht –: «Ich kann mich eigentlich auch nicht besonders darüber amüsieren. Mein Gott, bin ich erschrocken!» Dabei führte er die Hand ans Herz und blickte aus großen, entsetzten Augen, kokett um Mitleid werbend, von einem zum anderen. Der hagere Schwarze betrachtete grüblerisch den Speichelpatzen, der noch neben seinen Füßen auf dem Boden lag. «Vor zwei Wochen», sagte er leise, «vor genau zwei Wochen hat in Berlin, auf dem Kurfürstendamm, ein S.A.-Mann mich angespuckt. Auch aus ziemlicher Entfernung. Er traf noch etwas besser als diese Lady: sein Speichel klebte an meinen Schuhen …» In eine kleine Stille hinein, die diesem Bericht folgte, sagte die Grauhaarige: «Armer David …» Die Kellnerin stellte, mit einem demonstrativen Mangel an Höflichkeit, die zwei Portionen Poulées, das Schnitzel Viennois und ein Omelett auf den Tisch.

«Man hätte die Leute ja aufklären können», sagte der blonde junge Mann mit dem schönen, weichen Gesicht – er hatte eine schleppend melodiöse Art zu sprechen; seine Worte kamen zögernd und einschmeichelnd daher. «Man hätte ihnen auseinandersetzen können, daß wir zwar vielleicht ‹des sales boches›, aber sicher nicht ‹des sales nazis› sind. Nur scheint mir ungewiß, ob die

Herrschaften sich für solche Nuancen überhaupt interessiert hätten; für sie ist das alles wohl das gleiche ...» Er zuckte die Achsel und lächelte resigniert. «Außerdem ließen sie uns keine Zeit zu ausführlichen Konversationen.»

Das Mädchen mit der schönen, grollenden Stimme schob die Zeitungen fort, die immer noch aufgeschlagen zwischen den Weingläsern und den Tellern lagen. «Sowas muß man sich gefallen lassen! – Ich war gleich dagegen, daß man sich mit dem Schmutzzeug» – sie gab den Papieren noch einen wütenden Stoß – «in ein öffentliches Lokal setzt. Es ist eben einfach zu kompromittierend!» Sie sah reizvoll aus in ihrer Empörung. Aus ihren Augen, die eine merkwürdig dunkelgrüne, ins Schwarze spielende Färbung hatten, schlugen schöne Flammen des Zornes. Der blonde junge Mann – er hieß Martin Korella – legte ihr den Arm um die Schulter und bat mit der schleppenden Schmeichelstimme: «Ärgere dich nicht, Marion! Wir sind ja eigentlich gar nicht gemeint gewesen. Im Grunde war es doch ein recht erfreulicher kleiner Zwischenfall: er beweist, wie unbeliebt die Nazis draußen sind. In Amerika scheint ja eine nette Stimmung gegen sie zu herrschen. – Die freundlichen Herrschaften sind doch Amerikaner gewesen?» fragte er. Das Mädchen Marion indessen wollte sich nicht beruhigen lassen. «Es ist grauenvoll!» klagte sie. «Wie schrecklich schnell ist es diesem Hitler gelungen, die Deutschen in der Welt wieder derart verhaßt zu machen, daß man es riskiert, angespuckt zu werden, wenn man sich als Deutscher zu erkennen gibt!»

Martin, dessen Arm immer noch um Marions Schulter lag, sagte nachdenklich: «Die Frage ist nur, ob diese Welt-Empörung lange anhalten wird. Die Menschen vergessen so schnell, und es kommen andere Sensationen. In fünf Jahren würden wir uns vielleicht freuen, wenn die Leute noch beim Anblick von Berliner Zeitungen in Wut geraten ...»

Die Grauhaarige schlug vor: «Jetzt wollen wir aber zunächst mal was essen, Kinder! Das gute Zeug wird ja kalt. Mein Schnitzel sieht wundervoll aus!» Sie sagte «mein Schnitzel», obwohl doch noch gar nicht die Rede davon gewesen war, wie die Gerichte verteilt werden sollten. – «Mutter Schwalbe hat immer recht», konstatierte Martin Korella, und beschenkte die resolute Alte mit einem langen, zärtlich siegesgewissen Blick aus den schläfrig verhangenen Augen. «Essen wir also!» – David erklärte geschwind: «Ich bin nicht sehr hungrig und nehme das Omelett, wenn ich darf.» – Er hatte eine seltsame Manier, sich beim Sprechen mit einem schiefen Ruck der rechten Schulter seitlich zu verneigen; dabei verzerrten sich seine ungesund bläulich gefärbten Lippen zu einem liebenswürdig angstvollen Lächeln. Es war eine rührende und etwas groteske, zugleich mitleiderregende und erheiternde kleine Höflichkeitspantomime.

«Ich lasse mir den Appetit nicht verderben!» erklärte Mutter Schwalbe, schon mit ihrem Schnitzel beschäftigt. Und David, dem man das nicht sehr verlockend aussehende harte kleine Omelett überlassen hatte, bemerkte schüchtern: «Ich finde es hübsch hier … Dieses kleine Lokal gefällt mir. Und daß wir vier hier so beieinandersitzen … Ich habe es mir in Berlin oft gewünscht», gestand er, und über sein wächsern zartes Gesicht zog eine flüchtige, helle Röte. «Manche Wünsche gehen unter recht merkwürdigen Umständen in Erfüllung – ganz anders, als man es sich ursprünglich vorgestellt hatte …» Seine rehbraunen, kurzsichtigen Augen wanderten zwischen Marion, Martin und der Mutter Schwalbe hin und her, ehe sie sich, bescheiden und ängstlich, senkten.

Man schrieb den fünfzehnten April 1933. Die vier Deutschen – Marion von Kammer, Frau Schwalbe, Martin Korella und David Deutsch – waren alle erst im Lauf der letzten zwei Wochen in Paris eingetroffen; zuletzt die Schwalbe, für die es nicht ganz einfach gewesen war, ihren Berliner Betrieb aufzulösen. Ihr hatte ein kleines Etablissement, halb Restaurant und halb Kneipe, gehört, in dem sie als Köchin, Empfangschef und Mädchen-für-Alles tätig war. Das Lokal «Zur Schwalbe» war nicht weit von der Kaiser-Wilhelm-Gedächtniskirche, in einer Nebenstraße des Kurfürstendamms gelegen, und hatte sich einer starken Beliebtheit in gewissen Zirkeln der Berliner Jugend erfreut. Leute mit keinem anderen Kapital als ihrem Ehrgeiz und ihrer radikalen Gesinnung, Studenten, angehende Literaten, Maler, Schauspieler hatten sich wie in einem Klub bei «Mutter Schwalbe» zusammengefunden, um dort über Marxismus, atonale Musik und Psychoanalyse zu diskutieren und auf Kredit Frankfurter Würstchen mit Kartoffelsalat zu essen. Die Schwalben-Wirtin war, mit einer dicken Zigarre im Mund, zwischen den Tischen umhergegangen, hatte alle gekannt, allen auf die Schulter geklopft, und zuweilen einen furchtbaren Krach geschlagen, wenn jemand es sich einfallen ließ, reaktionäre politische Tendenzen zu verteidigen, oder gar zu säumig mit dem Bezahlen seiner Schulden war. Als die Hitler-Diktatur in Deutschland sich etablierte, waren die Stammgäste der Schwalbe auseinandergestoben; viele waren emigriert, andere waren verhaftet worden; wieder andere blieben zwar in Berlin, hielten es aber nicht mehr für ratsam, sich in dem berüchtigten Lokal noch zu zeigen; manche waren sogar – die Schwalbe mußte es mit Bitterkeit konstatieren – zu den Nazis übergelaufen. Im Restaurant und in der Privatwohnung der «Patronne» – zwei Dachstuben, die sich im selben Haus wie die Kneipe befanden – hatte es Razzias gegeben; durch die Protektion eines Jungen in S.S.-Uniform, der früher zu ihrer Klientel gehört hatte, war der Braven die Verhaftung erspart geblieben. «Und jetzt singen sie jeden Abend das Horst-Wessel-Lied in meiner schönen Bude», stellte die Schwalbe wehmütig fest. David Deutsch – derartig nervös und übersensibel, daß er auf bestimmte Worte reagierte wie auf die Berührung eines eisigen Windes – schauerte zusammen und bewegte gequält die Schultern. «Das Horst-Wessel-Lied!» wiederholte er und blickte hilfesuchend um sich, als erbäte er von den anderen Trost oder doch mindestens eine Erklärung.

Er war einer der treuesten Gäste der Schwalbe gewesen, während Marion und Martin, sozial entschieden höher gestellt als das eigentliche Schwalben-Publikum, sich nur zuweilen hatten sehen lassen – immer ein wenig wie große Herren, die es manchmal belustigt, in ein inferiores Milieu hinabzusteigen. Die «Patronne» hatte, trotzdem, eine entschiedene Sympathie für die beiden; ja, sie mochte sie im Grunde lieber als den armen David, von dem sie, nicht ohne eine gewisse Verächtlichkeit, zu sagen pflegte: «Ach, der ist ja so entsetzlich gescheit! Der weiß ja alles!»

Marion und Martin waren Jugendfreunde. Marion stammte aus einer sehr guten, Martin aus einer mittelfeinen Familie, übrigens waren sowohl die alten Korellas als auch Marions Mutter, Frau von Kammer, ziemlich verarmt. (Herr von Kammer war vor Jahren gestorben.) Marion hatte als Schauspielerin zwar noch keine großen Erfolge gehabt und war mit fast allen mächtigen Berliner Theaterdirektoren verkracht; aber ihre Leistungen in einigen literarischen Matinée-Aufführungen hatten doch von sich reden machen.

Viele von Marions Freunden gehörten zu den links gerichteten Schriftstellern oder Politikern, die bei den Nazis am verhaßtesten waren und eingesperrt wurden oder fliehen mußten, als, nach der Reichstagsbrand-Katastrophe, das terroristische Regime begann. Was Marion betraf, so war für sie die Emigration eine Selbstverständlichkeit. Es hätte der Überlegung gar nicht bedurft, daß nun in Deutschland ihre Freiheit, vielleicht sogar ihr Leben gefährdet waren: der Ekel, der Haß, der Abscheu trieben sie fort. «Leider sehe ich ja zu auffallend aus, und zu viele Leute kennen meine ulkige Visage, als daß ich mich unter die Illegalen hätte mischen können», bedauerte sie. «Übrigens hätte ich in Berlin beim Anblick einer S.S.-Standarte – oder wie sie die Banden nennen – auf offener Straße einfach vor Wut gebrüllt. Das wäre mir ja dann wohl kaum sehr gut bekommen.»

Martin Korella war auch einmal Schauspieler gewesen; hatte aber mit maßvollem Bedauern feststellen müssen, daß sein darstellerisches Talent nicht hinreichend war. Er entschied sich für die literarische Laufbahn. Jetzt war er fünfundzwanzig Jahre alt, und hatte noch nichts veröffentlicht, außer ein paar Gedichten und kurzen Stücken lyrischer oder essayistischer Prosa, in Zeitschriften und Anthologien. Diesen Arbeiten aber eignete eine solche Schönheit der Form, eine so innig-seltsame Dichtigkeit und Lauterkeit des Gefühls, daß sie ihrem jungen Autor fast so etwas wie Ruhm einbrachten – einen Ruhm freilich, der nur von ein paar hundert Menschen getragen und gewußt wurde. Es gab Leser in Berlin oder in Heidelberg, in München, Wien oder sogar in Paris, die sich in der Überzeugung einig waren, daß Martin Korella ein begnadeter Dichter sei. Martin war hochmütig genug, um ordinären Ehrgeiz gründlich zu verachten. Übrigens war er auch träge. Er schlief bis zum Mittag und verbrachte dann Stunden auf ziellosen Spaziergängen durch die Stadt. Er las wenig, und immer wieder nur die gleichen Autoren. Es gab Wochen, Monate, während deren er keine Zeile schrieb. Dafür durfte er sich rühmen: «Etwas Mittelmäßiges ist von mir niemals gedruckt worden.» Seine Eltern machten ihm, so luxuriöser Faulheit wegen, beinahe täglich die bittersten Vorwürfe; waren aber doch heimlich stolz auf ihr originelles Kind und zahlten, unter viel Klagen und Schimpfen, die Monatsrente von 200 Mark. Das war keineswegs üppig; aber es ermöglichte Martin, in einer eigenen Stube zu leben, getrennt von Herrn und Frau Korella, die ihm auf die Nerven gingen.

Als Marion ihm mitgeteilt hatte, daß sie Deutschland verlassen werde, war seine Antwort gewesen: «Natürlich komme ich mit.» Sie war erstaunt, übrigens froh im Grunde, über die nachlässige Selbstverständlichkeit, mit der er seinen Entschluß äußerte – wenn vielleicht auch nicht erst im Augenblick faßte. Sie hielt es für ihre Pflicht, ihn zu erinnern: «Eigentlich sollte nur weggehen, wer muß. Ein paar anständige Leute müssen auch hier bleiben. Du hast dich politisch nie exponiert. Glaube nur nicht, daß wir es draußen so besonders einfach haben werden.» Woraufhin er nur die Achseln zuckte. «Wenn die Deutschen verrückt werden – ich habe keine Lust, da mitzumachen. Warum sollte ich abwarten, bis es zum Schlußeffekt dieser ganzen makabren Veranstaltung kommt? Bis die berühmte ‹Apokalypse› endlich da ist, auf die alle braven Spießer sich so herzlich zu freuen scheinen? … Übrigens wird diese ‹Apokalypse› in der Realität genau so mittelmäßig und langweilig ausfallen, wie alles, was man uns bisher geboten hat … Das Ganze ist eine Farce; leider keine harmlose. Aus einem Menschen mit so einer Fresse macht man keinen Halbgott.» Er deutete auf das Hitlerbild in einer Zeitung. «Das ist abgeschmackt. Es kann nicht gut enden.» – Das war jetzt ungefähr drei Wochen her.

David Deutsch gehörte zu den Bewunderern Martins. Übrigens war es in Berlin zwischen den Beiden über eine flüchtige Bekanntschaft, die Mutter Schwalbe vermittelt hatte, nicht hinausgekommen. Der junge Philosoph und Soziologe, die Stille kleiner Universitätsstädte gewohnt, fühlte sich unsicher, gehemmt, oft sehr unglücklich im Berliner Betrieb. Es gab dort nur wenig Menschen, die ihn kannten und seine intellektuellen Gaben zu schätzen wußten. Seine Doktorarbeit hatte in Fachkreisen ein gewisses Aufsehen gemacht; aber die Berliner Literaten wußten weder von ihr, noch von den Studien über die Vorsokratiker, über Kierkegaard, Nietzsche und Marx, die David in einer Heidelberger philosophischen Revue publiziert hatte. – In Wahrheit verhielt es sich so, daß Martin den jungen Gelehrten damals ein wenig von oben herab zu behandeln pflegte. Im Exil aber begegnete man sich zunächst ohne jene Voreingenommenheiten, durch die in Berlin die verschiedenen Zirkel und Cliquen voneinander separiert worden waren. Eine neue Herzlichkeit stellte sich her, so etwa wie nach Naturkatastrophen; die Bewohner eines brennenden Hauses, die sich auf der Straße vor den Trümmern ihrer Habe zusammenfinden, oder die Passagiere eines sinkenden Schiffes im Rettungsboot, vergessen Unterschiede, die noch vor Stunden bedeutsam waren.

Bei der zweiten Flasche Rotwein wurde die Stimmung der vier am Tisch lebhafter, beinahe munter. Die Schwalbe entwickelte ihren Plan, in der Montparnasse-Gegend ein kleines Restaurant aufzumachen –: «ganz nach dem Muster meiner Berliner Kaschemme. Dort sollt ihr anständig zu essen kriegen – nicht so ein kümmerliches ‹Schnitzèle Viennois›, wie man mir gerade eines vorgesetzt hat. Ich habe schon einen bestimmten Platz im Auge», berichtete sie, und ihre blauen Kapitänsaugen leuchteten. «Aber ich sags noch nicht, welchen. Ich bin abergläubisch. Ehe der Mietsvertrag unterzeichnet ist, erfährt kein Mensch, wo die Schwalbe sich diesmal niederläßt!» Sie redete geheimnistuerisch und verheißungsvoll, wie zu Kindern, denen man die Herzen mit Sehnsuchts-Neugier nach den Wonnen eines Weihnachtsabend füllen will. In der Tat erreichte sie durchaus den gewünschten Effekt: die drei jungen Menschen wurden animiert und wollten mehr wissen. Wann Mutter Schwalbe ihren Laden zu eröffnen gedenke? Ob es auch Musik geben solle, und vielleicht gar etwas Platz, um nach dem Essen zu tanzen? – «Und eine Bar!» rief Marion, plötzlich guter Laune. «Ich finde, eine Bar solltest du einrichten. Wir wollen es doch schließlich auch etwas pariserisch haben!» Sie sah vergnügungssüchtig aus und hatte schöne, wilde Gebärden. Ihre großen, jünglingshaft harten und sehnigen Hände formten etwas in der Luft, was die Konturen einer Flasche bedeuten konnte. Dabei stieß sie ein gefülltes Weinglas um. Marion hatte die Eigenheit, immer irgend etwas umzuwerfen und kleine Katastrophen anzurichten, wenn sie in Aufregung geriet. Sie war ebenso ungeschickt wie enthusiastisch. Nach malheurhaften Zwischenfällen solcher Art pflegte sie sich selbst zu beschimpfen – «dummes Ding! Mußte das sein! Grundalberne Kuh!» –; dazu schüttelte sie zornig den Kopf; die lockere Fülle ihres rotbraunen Haars, das einen Purpur-Schimmer hatte, fiel ihr in die Stirn, bis zu den Augen.

Sie beschlossen, den Kaffee in Montparnasse zu nehmen. Dort würde man bestimmt Bekannte treffen. «Ich glaube, die gute Ilse Proskauer ist heute aus Berlin angekommen», sagte die Schwalbe. «Sie wird uns etwas Neues erzählen können.» Marion sagte: «Vorher muß ich noch bei den ‹Deux Magots› vorbeischauen. Marcel hat versprochen, dort auf uns zu warten.»

Sie gingen zu viert nebeneinander, Arm in Arm, das kleine Stück des Boulevard St.-Germain hinunter, das die Ecke der rue des Saints Pères vom Platz St-Germain-des-Près trennt. Der Abend war milde, im glasig durchsichtigen Himmel gab es noch ein wenig Licht. Aus dem Halbdunkel, in dem die Töne eines verblichenen Rosa sich mit den unendlich vielen Nuancen des Grau vermischten, traten die Umrisse der alten, schmalen, vornehmen Häuser zart und deutlich hervor. «Wie schön Paris ist!» sagte Martin, andächtig leise. «Man hätte sich viel früher dazu entschließen sollen, hier zu leben … Es ist, wie wenn man einen Menschen, zu dem man ganz paßt und mit dem man vielleicht sehr glücklich hätte sein können, etwas zu spät, unter melancholischen Umständen kennen lernt …»

Sie standen zu dritt an der Ecke des Boulevards und des Platzes. Marion war ins Café gegangen, um Marcel zu holen. Vor einem Zeitungskiosk, der englische, amerikanische, italienische, deutsche, holländische, spanische und dänische Blätter anbot, drängten sich Menschen: Pariser Studenten, den bunten Wollschal apachenhaft um den Hals geschlungen, auf dem Kopf die kleine runde Baskenmütze; junge Engländer und Amerikaner, barhäuptig, die Zigarette im Mund, die Hände in den Taschen der weiten Flanellhosen vergraben; bunt hergerichtete Frauen, einige schon im Frühlingskostüm, andere noch im Pelz.

David Deutsch sagte: «Ich habe wirklich ein wenig Herzklopfen, weil ich Marcel Poiret kennen lernen soll.» Daraufhin Martin, verwundert: «Haben Sie ihn denn in Berlin nie getroffen?» Die Frage war ihm gleich etwas peinlich; er vergaß immer wieder, daß David in Berlin ja nicht ganz zum gleichen ‹Set› gehört hatte wie er selber und Marion. – David versetzte, nicht ohne Hochmut: «Ich habe in Berlin nur sehr wenig Menschen gekannt. – Aber ich habe alle Bücher von Poiret gelesen», fügte er hinzu. Diese Bemerkung ließ die alte Schwalbe ein wenig gehässig werden. «Natürlich! Freilich!» rief sie aufgebracht. «Von wem hätte er denn nicht alle Bücher gelesen?!» – Wirklich war die literarische Bildung des jungen Deutsch lückenlos in einem erstaunlichen Grade. Von den vierundzwanzig Stunden des Tages verbrachte er acht oder zehn mit Lektüre. Sein Gedächtnis war von einer fast krankhaften Stärke; er litt unter seiner Zuverlässigkeit wie unter einem Fluch. – «Besonders mag ich die ersten kleinen Bücher von Poiret», sagte er jetzt und lächelte seiner mütterlichen Freundin zu, gleichsam um Verzeihung bittend. «Das sind traurige, reine Dichtungen. Als er seine große Ratlosigkeit noch zugab, fand er die rührendsten Töne. Die Begegnung mit der Politik kann für junge Dichter gefährlich werden ...» – Martin sagte – schnell und leise; ganz ohne die schleppend-kokette Manier, in der er sich sonst gefiel –: «Aber ist es denn besser, wenn man der Politik ausweicht? ... Wie man es auch immer anfaßt, und wie man sich auch entscheidet: die Zeit ist gefährlich für junge Dichter ...»

Marcel Poiret pflegte seit mehreren Jahren einen Teil des Winters in Berlin zu verbringen. Einer seiner Romane war in deutscher Übersetzung erschienen und hatte ein gewisses Aufsehen gemacht. Boshafte Kritiker, die dem jungen Poiret übelwollten, behaupteten, daß man ihn ‹auf der anderen Seite des Rheins› irrtümlich für einen französischen Dichter halte, während man in Paris sehr wohl wisse, daß er nur einer von jenen zahllosen jungen Herren sei, die à tout prix auffallen wollen, sei es durch die grelle Farbe ihrer Hemden und Socken, sei es durch den anstößigen Exhibitionismus ihrer literarischen Beichten.

Poiret gehörte zu einer Gruppe von jungen französischen Künstlern – sie setzte sich nicht nur aus Autoren, sondern auch aus Malern und Komponisten zusammen –, die auf eine höchst gewagte und etwas verwirrende Art in ihrem Stil und in ihrer Gesinnung einen konsequenten, aggressiven Marxismus mit einem extremen Romantizismus zu vereinigen suchten. In den artistischen Manifestationen dieser Gruppe, der es wirklich gelang, das Juste Milieu sensationell vor den Kopf zu stoßen, begegneten sich die politischen Symbole von Hammer und Sichel mit allerlei geisterhaft Holdem und spuckhaft Gräßlichem: widrig eiternden Wunden, zauberischen Blumen, flatternden Damen im Kostüm der Neunziger Jahre, obszönen Traum-Gebilden, verrenkten Gliedern, sonderbarsten Fratzen. Es war ein Kult des Häßlichen, Schockierenden und Grauenhaften, den die Gruppe trieb – eine Art von pervertiertem Ästhetizismus, dem es jedoch an moralischem Pathos nicht fehlte. Sie stellten die Welt auf den Kopf, verzerrten ihre Formen, trieben Schabernack mit ihren Gesetzen: weil sie den Zustand der Welt mißbilligten; weil sie sich für die totale Veränderung des Weltzustandes revolutionär einsetzen wollten. Hinter all dem Hexensabbat aus Traum und Polemik, aus Bitterkeit, rüdem Ulk, Trauer und Obszönität, verbarg – oder offenbarte sich die revolutionäre Hoffnung; ein fast naiver – und vielleicht mehr gewollter als eigentlich geglaubter materialistischer Optimismus; die mit religiöser Inbrunst krampfhaft festgehaltene Zuversicht, daß der Spuk vergehen, Qual, Angst und Fluch sich gnädig lösen werden, wenn das Wunder der wirtschaftlichen Um-Organisierung erst vollbracht, die Tat der sozialistischen Veränderung Ereignis geworden sein wird ...

In dieser Gruppe, die mit dem ganzen Rest des literarischen Frankreich in Fehde lag – in einer Fehde übrigens, die sich oft in nächtlichen Raufereien, im Beschmieren von Hauswänden oder in Skandalszenen bei Theaterpremièren manifestierte –, zu dieser zugleich verzweifelten und munteren, stolz abseitigen und lärmend vordringlichen Gruppe bekannte sich Marcel Poiret. Er hatte seine literarische Laufbahn in einer Atmosphäre begonnen, die grundverschieden von derjenigen war – oder doch zu sein schien –, die jetzt ihn und ein Dutzend von Kameraden wie zu einem verschwörerischen Zirkel verband. Die erbitterte Opposition gegen das reaktionär-bigotte Milieu einer französischen Bourgeoisfamilie, aus der er stammte, hatte sich zunächst nur als bissig-melancholische Aufsässigkeit und als eine etwas puerile Neigung zu bohèmehaften Exzentrizitäten geäußert. «Mein Vater», pflegte Marcel zu konstatieren, «war ein degeneriertes Schwein. Nach außen der gute Patriot, le bon citoyen, ehrbar, allgemein respektiert; in Wahrheit: versoffen, faul, lasterhaft. Er haßte meine Mutter. Das dürfte der einzige menschliche Zug an ihm gewesen sein, und übrigens das einzige Gefühl, das ich mit ihm gemeinsam hatte. Leider fehlen mir die Beweise dafür, daß der Herzschlag den alten Schurken im Bordell der reichen Spießer, rue Chabanais, getroffen hat. Madame Poiret behauptet, er sei nach einem Diner mit Geschäftsfreunden bei Larue vom Tode ereilt worden, was übrigens eine mindestens ebenso unappetitliche Vorstellung ist. Madame Poiret ist eine Hyäne. Sie hat alle schlechten, niederträchtigen Eigenschaften. Sie ist frömmlerisch; pathologisch geizig; grausam bis zum Sadistischen; intellektuell minderbegabt bis zum Idiotischen; boshaft, hysterisch, ohne einen Funken Humor, ohne eine Spur von echter Sympathie für irgendein lebendes Wesen. Madame Poiret», sagte Marcel abschließend, «ist ein Scheusal.»

Der Haß gegen seine Mutter, die für ihn die Bourgeoisie und besonders die französische Bourgeoisie repräsentierte, bestimmte seine Entwicklung. Er perhorreszierte das Christentum, weil Madame Poiret zur Messe ging. Er trieb sich mit Amerikanern, Chinesen und vorzugsweise mit Deutschen in den Nachtlokalen von Montmartre und Montparnasse herum, weil Madame Poiret alle Ausländer für Barbaren hielt, von den Deutschen niemals anders als «les sales boches» sprach, und der Ansicht war, daß die Nachtlokale eine infame Erfindung des Teufels, des deutschen Kaisers und der Bolschewisten seien, um die französische Nation zu korrumpieren. Er ging niemals vor vier Uhr morgens schlafen und betrank sich jede Nacht mit Whisky und Gin, weil seine Mutter sich um neun Uhr in ihr Zimmer zurückzog, um halb zehn Uhr das Licht löschte, und die Namen der starken angelsächsischen Alkoholika nur mit ekelverzerrtem Gesicht, übrigens höchst fehlerhaft, aussprechen konnte. Aus tiefer Aversion gegen das ein wenig altmodisch-tadellose Französisch, in dem Madame Poiret sich ausdrückte, hätte der Sohn am liebsten nur noch englisch, deutsch oder russisch geredet. Zu seinem Leidwesen war er total unbegabt für fremde Sprachen. Er tat sein Bestes, die Mutter und ihre Freun-

dinnen zu schockieren, indem er seine Konversation mit Unflätig-
keiten würzte, und, soweit dies irgend anging, den Jargon der Pariser Unterwelt kopierte. Er kleidete sich halb rowdyhaft, halb im
Stil der Oxford-Studenten: in grellfarbige, übrigens kostbare
Stoffe. Der Zwanzigjährige wurde zum deklarierten Liebling einer
fragwürdig-bunt zusammengesetzten Gesellschaft, die in Paris des
ersten Nachkriegs-Jahrzehntes ihr seltsames Wesen trieb; zum
umworbenen Enfant terrible jener zugleich exklusiven und phantastisch gemischten Zirkel, in denen whiskysüchtige Halb-Genies
aus New York sich mit brasilianischen Abenteurern, hemmungslos
gewordene Aristokratinnen sich mit den Stars der russischen oder
schwedischen Balletts, mit opiumrauchenden Lyrikern, Neger-
Boxern und reichen Berliner Snobs trafen. Marcel Poiret amüsierte
sich ein wenig in dieser «monde»; verachtete sie; wurde von ihr
verhätschelt; schilderte und verhöhnte sie schließlich in seinem ersten Roman. Vielleicht war es vor allem seine schlechte Gesundheit, die ihn davor bewahrte, sein Talent und seine rebellischen In-
stinkte auf die Dauer an eine Existenz zu verschwenden, die ihm
nur reizvoll schien, weil sie seiner Mutter ein Greuel war, und deren wesentliche Inhalte die Cocktails und die mannigfachen Formen des Beischlafes waren. Mit seiner Lunge war nicht alles in
Ordnung. Er fieberte; die Nächte in den raucherfüllten Atelier-
wohnungen und in den Bars bekamen ihm nicht. Aus bitterem
Trotz, aus Traurigkeit, Ratlosigkeit und verspieltem Zynismus
wütete er gegen den eigenen Körper. Er war drauf und dran, sich
zugrunde zu richten. Immerhin hatte er vitalen Selbsterhaltungstrieb genug, um Schluß mit der abwechslungsreich-makabren Da-
seinsform zu machen, als er in den Cafés von Montparnasse und
den Studios seiner New-Yorker Freundinnen mehrfach Blut zu
spucken begann. Die Ärzte rieten ihm zu Davos. Er mußte nun jedes Jahr ein paar Monate dort sein. Dort lernte er die Einsamkeit
kennen. Sie machte ihn vertraut mit anderen Freuden, anderen
Wonnen, Beängstigungen, Erkenntnissen, Zweifeln, Qualen und
Ekstasen als die Cocktailparties und komplizierten Orgien. – Im
Jahre 1929 kam Marcel Poiret zum erstenmal nach Berlin, um für
eine literarische Gruppe Vorträge über den Marquis de Sade, Bau-
delaire und Rimbaud zu halten. Er hatte Marion gleich am zweiten

Abend ihrer Bekanntschaft gesagt: «Wenn du mich nicht mit Brutalität und Geschicklichkeit abschüttelst, bleibe ich bei dir. Ich brauche einen Menschen wie dich. Aber ich kann dir gar nichts bieten. In meinem Kopf sieht es furchtbar wüst aus. Oft habe ich so große Angst davor, daß ich verrückt werden muß. Vielleicht bin ich es schon. Ich habe zu hassen gelernt, ehe ich zu lieben gelernt habe ...»

Marion und Marcel kamen durch die Drehtüre des Cafés. Zwischen sich hatten sie einen jungen Menschen, der kleiner und schmaler war als Marcel und ihm übrigens auffallend ähnlich sah. Marcel sagte: «Et voilà Kikjou – mon petit frère.» David Deutsch war einen Augenblick lang recht erschrocken über die Tatsache, daß Marcel einen Bruder präsentierte – ‹und aus seinen Büchern scheint doch hervorzugehen, daß er keine Geschwister hat›, dachte er. – «Il est beaucoup plus gentil que moi», sagte Marcel, einen Arm um die Schulter des Jungen gelegt, den er Kikjou nannte. Dann umarmte er die Schwalbe, wobei er sie ausführlich auf beide Wangen küßte. Marion und Martin lachten. «Idiot!» sagte Marion – und Martin, erklärend zu David Deutsch: «Er hat natürlich nie einen Bruder gehabt. – Aber sie sehen sich wirklich ähnlich», fügte er hinzu und schaute, mehrere Sekunden lang, schläfrig-neugierig, aufmerksam und zärtlich den Fremden an.

Kikjou, der kleine Bruder Marcels: warum nicht? Sie hatten gemeinsam: vor allem den hohen, dunklen, kühn und reizvoll gespannten Bogen der Brauen über den weit geöffneten, hellen Augen; die etwas zu dicken, ein wenig aufgeworfenen, stark roten Lippen, die in der Blässe ihrer Gesichter wie geschminkt wirkten; die breite, niedrige Stirn, in die das Haar üppig wucherte. Kikjous Haar hatte einen mattgoldenen, fast honigfarbenen Ton; Marcels dickes Gelock war von fahl nachgedunkeltem Blond. Marcels Augenbrauen waren stark und etwas buschig, während diejenigen Kikjous wie mit einem Kohlestift gezeichnet schienen.

Sie hatten beide die rundgeschnittenen, weitgeöffneten Augen von unbestimmbarer Farbe, aber in Marcels Augen gab es das stärkere Leuchten. Es waren erstaunliche Augen, kindliche Augen, etwas wahnsinnige Augen, verführerische, rührende, unschuldige und, auf eine geheimnisvolle Art, furchtbare Augen, von einer hoffnungslos traurigen und sinnlichen Glut. Die Augen des Jüngeren wirkten sanfter, blasser und weicher. Alles wirkte sanfter, blasser und weicher an Kikjou, le petit frère de Marcel. In seinem Gesicht gab es nur helle Farben. Es war schmaler und empfindlicher geformt und viel glatter als Marcels Gesicht, welches grobknochig schien, mit breiten Wangen und Falten in der Stirn – viel zu tiefen für den Siebenundzwanzigjährigen. Die Mischung aus Kindlichkeit und Ramponiertheit charakterisierte das Aussehen Marcels; eine wüste Kindlichkeit war ihm eigen. Er wirkte sechzehnjährig und unendlich alt; unberührt und vielfach gezeichnet von den abenteuerlichsten, tiefsten und wirrsten Erfahrungen. Kikjous Stirne war wie aus Perlmutter geformt, sie hatte ein mattes Leuchten. Kikjou war auffallend hübsch, – zu hübsch, anstößig hübsch für einen jungen Mann –; Marcel beinahe häßlich, aber reizbegnadet in einem bestürzenden, fulminanten, wahrhaft sensationellen Grade. Die Kellnerin, die ihm den Tee servierte, konnte sich diesem Charme, der durch seine Heftigkeit beinahe weh tat, ebenso wenig entziehen wie der Arzt, der seine Lunge untersuchte, oder der alte Literaturkritiker, der dem exzentrischen Dichter mit der felsenfesten Absicht entgegentrat, ihn unausstehlich zu finden. Nun stellte sich heraus, daß er unwiderstehlich war ... Marion, Martin, David Deutsch und die Schwalbe empfanden alle drei genau dasselbe, als sie Marcel Poiret wiedersahen: ‹Mein Gott – ich hatte doch bis zum gewissen Grade vergessen, wie schön er ist. Er ist schön.› –

Poiret hatte die Schwalbenmutter, in deren Berliner Lokal er oft gewesen war, seit ihrer Ankunft in Paris noch nicht gesehen. Er versuchte deutsch mit ihr zu reden; es kam ein konfuses Kauderwelsch dabei zu Stande, durchsetzt mit englischen Brocken –: Marcel neigte dazu, die beiden Sprachen miteinander zu vermischen. «Poor Berlin!» rief er aus – sie waren vom Boulevard St-Germain in die lange traurige rue de Rennes eingebogen und gingen nun Richtung Gare de Montparnasse, in zwei Dreierreihen: voran Marcel, David und die Schwalbe; hinter ihnen Marion und Martin mit dem «petit frère». «Poor Berlin!» sagte Marcel. «So schöne Stadt, ganz verdorben! Ganz verdorben – very sorry for you, meine süße Schwalbe, very sorry!» Die Grauhaarige, rüstig neben dem jungen Dichter einherstapfend, nickte und brummte: «Große Schweinerei! Na, wird ja nicht lange dauern ...» – Mit so viel biederem Optimismus war Marcel nicht einverstanden. Mühsam jedes Wort suchend – um es dann abenteuerlich falsch zu betonen –, riskierte er es, zu widersprechen. «Ah, ma pauvre Hirondelle – keine Illusionen! Schluß mit Illusionen, ma pauvre! Hitler ist, was bourgeoisie will. Wird sich lange halten, weil genau ist, was bourgeoisie gerne mag. Bourgeoisie will häßliche kleine Mann: bißchen Bauch schon –», er deutete pantomimisch die leichte Leibeswölbung des deutschen Kanzlers an –, «und kleine moustache – garstig moustache, kommt wie schwarze Schmutz aus Nase gelaufen – oh, so very ugly! Le bel Adolphe –: häßlischste Mann von die Welt. Häßliche Nase, und abscheulich Haar – so gemein in die Stirn coiffiert! Very sorry for you, Hirondelle, ma pauvre –: Deine Führer, häßlischste Mann von die Welt!» Er klopfte ihr mitleidig die Schulter, während David Deutsch, nervös amüsiert, von krampfhaftem Gelächter geschüttelt wurde und sich das verzerrte Gesicht mit den Händen bedecken mußte. Die Schwalbe wiederholte, gutmütig den französischen Akzent karikierend: «Mein Führer, häßlischste Mann von die Welt!» – Marcel sah, wenn er lachte, wie ein vergnügter Handwerksbursche aus. Alles was an ihm proletarisch-bäuerlich war, – und seine Physiognomie hatte volkstümlich-derbe Züge neben den dekadenten – kam im herzhaften Gelächter zum Ausdruck und schien, solange die Freude anhielt, dominierend zu werden. Das Lachen verjüngte ihn und machte ihn gesund.

Marion, die den kleinen Kikjou schon ein paar Tage vorher mit Marcel getroffen hatte, versuchte Martin klar zu machen, was für eine Art von Geschöpf man da vor sich hatte; es störte sie kaum, daß der Geschilderte dabei war und sogar etwas deutsch verstand. «Er gehört zu diesen Jungens, wie man sie in Paris manchmal trifft, die alle Sprachen können und gar keine», sagte sie. «Ich glaube, ursprünglich kommt er aus Brasilien; aber das ist alles etwas zu kompliziert für mein Fassungsvermögen. Jedenfalls ist er mit seiner Familie böse, und seine Familie ist wohlhabend und lebt teilweise in Rio, teilweise in Lausanne, der Wichtigste ist aber ein alter Onkel, und wir können ihn nicht ausstehen, weil er kein Geld schickt, oder beinah kein Geld, jedenfalls nicht genug.» – «Marion! Sie sind schrecklich!» unterbrach Kikjou sie lachend; aber er sah dabei nicht das Mädchen an, sondern Martin, aus sehr sanft strahlenden Augen. – Marion, unbeirrbar, fuhr fort: «Marcel behauptet, daß Kikjou manchmal recht schöne Gedichte macht. Aber der liebe Gott kommt zuviel in ihnen vor. Marcel ist doch so besonders gegen den lieben Gott.» – «Marion, du bist wirklich schrecklich!» Jetzt sagte es Martin, und auch er sah an der Angeredeten vorbei; es gelang ihm aber nicht mehr, Kikjous Blick einzufangen.

Marcel wandte sich um und rief über die Schulter: «Der liebe Gott? Toujours le Bon-Dieu? Merde, alors! On se dispute toute la soirée sur le Bon-Dieu – il parait que le petit Kikjou aime beaucoup ce type-là. Voilà notre petit Kikjou tout à fait furieux parce que je dis, tout simplement, que cet espèce de Bon-Dieu est un salaud, une cochonnerie, une vacherie, une connerie – une … je ne sais pas quoi …» – «Marcel!» bat Kikjou, mit einer ganz leisen, aber merkwürdig innigen, fast metallisch tönenden Stimme. «Marcel! Je t'en prie!» Dabei hob er mit einer priesterlich runden, sanft warnenden, beschwörenden Geste die flach geöffnete Hand. Aber der andere redete weiter, mit Akzent und Haltung eines streitsüchtigen Taxichauffeurs. «Eh quoi – alors! Sans blague! merde alors! Tu ne comprends pas que c'est encore une espèce de politesse – par pitié – qui me fait dire que ton Bon-Dieu soit un salaud, puisque, en vérité, il n'existe pas, tout simplement. Et je crois qu'il vaudrait toujours mieux d'exister comme un salaud que de n'exister du tout … Et quoi alors?!» – Seine Stimme klang böse, die Augen hatten ein schlimmes Funkeln. Er wartete Kikjous Antwort nicht ab, sondern drehte ihm wieder den Rücken und ging schnell weiter, so schnell, daß David Deutsch und die Schwalbe nun wirklich Mühe hatten, mit ihm Schritt zu halten. Kikjou sagte, und lächelte etwas fahl: «Sie müssen es entschuldigen … Aber Sie kennen ihn ja. Sie wissen, warum er diese fürchterlichen Dinge sagen muß.» Sie blieben mehrere Minuten lang stumm, bis Martin fragte: «Aus welcher Sprache stammt eigentlich das Wort Kikjou? Es klingt wie ein Vogelname … Heißen Sie wirklich so?» Der Fremde schwieg einen Augenblick, ehe er antwortete: «Als ich ganz klein war, in Rio drüben, hat mich eine indianische Kinderfrau so genannt. Und dann Marcel wieder.» – Martin nickte.

Sie hatten die Gare de Montparnasse erreicht und bogen links in den Boulevard ein. Die Schwalbe schlug vor, man solle einen Rundgang durch die großen Cafés machen: «um die Freunde zu sammeln –», als gälte es, einen feierlichen oder kriegerischen Umzug zu organisieren. In der «Coupole» fanden die Deutschen keinen ihrer Bekannten; nur Marcel wurde von ein paar jungen Leuten begrüßt, es waren französische Literaten, sie paßten nicht ganz in den Kreis. Im «neuen» Café du Dôme – einer erst seit einigen Jahren eröffneten, etwas eleganteren Dépendance des alten, schon klassisch ehrwürdigen Etablissements – trafen sie Professor Samuel, den Maler: ein betagter Herr, würdig, väterlich, aber immer noch unternehmungslustig, nicht ohne verschmitzte, leicht diabolische Züge; Professor Samuel – Schüler der großen Pariser Impressionisten, von den internationalen Kennern und Sammlern seit Jahrzehnten respektiert; seit Jahrzehnten in den Montparnasse-Cafés ebenso intim beheimatet wie in den Berliner Lokalitäten gleichen Stils –: er rief mit seinem wunderbaren, orgeltiefen Baß: «Da seid ihr ja, meine Kinder!» – und zog einen nach dem anderen ans Herz; zuerst Marion, dann Marcel, dann Martin, David, die Schwalbe, und sogar Kikjou, den er gerade erst kennen lernte. Der «Meister» war stets gerne dazu bereit, junge Leute, männlichen oder weiblichen Geschlechtes, zu umarmen und ein wenig zu liebkosen. Er hatte, unter dem breitrandigen Schlapphut, ein großes, kluges, altes, blasses Gesicht; die Augen verschwanden hinter geheimnisvoll spiegelnden Brillengläsern; das Lächeln des feingeschnittenen Mundes war sowohl gütig als schelmisch und von einer gleichsam verklärten, väterlich-allumfassend gewordenen Sinnlichkeit. «Der Meister! Le maître lui-même!» riefen die jungen Leute durcheinander. Sie kannten ihn alle, und sie waren angenehm berührt, seine schöne Orgelstimme wieder zu hören. Er genoß großes Vertrauen bei den jungen Leuten, die oft ratlos waren. Man beichtete ihm, klagte bei ihm, erbat Rat, er hatte für alles Verständnis, es überraschte ihn nichts, er hatte viel gesehen, auch selber viel mitgemacht, er war alt und klug.

In der Gesellschaft des Meisters gab es einen munter und adrett wirkenden kleinen Herrn mit auffallend schönem, soigniertem weißem Haar über einer rosig appetitlichen Miene. Marion und Martin schienen mit ihm intim zu sein, auch Marcel und die Schwalbe kannten ihn, David hatte ihn nie gesehen. Er hieß Bobby Sedelmayer und war der Manager der Knickerbocker-Bar in Berlin gewesen, – eines Etablissements, in dem die arriviertesten von den Stammgästen der Schwalbe sich mit dem eigentlichen Kurfürstendamm-Publikum, den Snobs und den hochbezahlten Künstlern, begegneten. Der kleine Sedelmayer und die Schwalbe standen in einem neckisch-gespannten Verhältnis, jedoch überwog die schalkhafte Nuance; denn im Grunde waren sie nie Konkurrenten gewesen, da bei der Schwalbe die Erbsensuppe dreißig Pfennige, bei Bobby der Cocktail fünf Mark kostete. Nun hatten sie Beide ihre Pforten schließen müssen, und begegneten sich auf der Terrasse des «Dôme» – beide übrigens durchaus optimistisch, bei allem Ernst der Situation, und den Kopf voller Pläne. Bobby hatte in seinem Leben mindestens schon fünfundzwanzig verschiedene Professionen gehabt, hinter ihm lagen vielerlei Abenteuer, es war erstaunlich, daß er immer noch ein so rosig-adrettes Aussehen zeigte. Er war vermögend und er war bettelarm gewesen. Er hatte in einem großen Kunst-Salon in Frankfurt am Main Picassos verkauft, und zu Berlin heiße Würstchen, nachts, auf der Friedrichstraße. Er war Fremdenführer in New York gewesen, und Schauspieler in München, Journalist in Budapest, und der Empfangschef eines Institut de Beauté an der Tauentzienstraße in Berlin. Er war einfallsreich, tapfer, immer guter Laune, intelligent und unverwüstlich. Marion küßte ihn auf beide Backen, er zog sie sofort beiseite, um ihr mitzuteilen: «Jetzt mache ich natürlich in Paris ein Lokal auf, der alte Bernheim wird mir das Geld geben, du kommst doch zur Eröffnung, ich will es diesmal ganz schick machen – Avenue de l'Opéra, große Negerband –, der alte Bernheim scheint ziemlich viel money im Ausland zu haben …»

Außer Bobby fand sich ein verschüchtert wirkender Jüngling an Samuels Tisch: ährenblondes, artig gescheiteltes Haar, das hübsche, glatte Gesicht etwas entstellt durch mehrere Pickel auf der Stirne und um den Mund; dunkel und nicht ohne Feierlichkeit gekleidet, mit breiter, schwarzer Krawatte, im Stil lyrisch gestimmter

Heidelberger Studenten. – Martin zwickte Samuel in den Arm: «Wo hast du den aufgegabelt?» Der Meister schmunzelte: «Ach, er saß so einsam und bekümmert hier auf der Terrasse, mit seiner deutschen Zeitung auf den Knieen. Ich habe es für meine Christenpflicht gehalten, ihn anzusprechen. Er ist ein ungeheuer braver Junge, soviel habe ich schon heraus. Übrigens scheint er dort drüben, in Deutschland, arge Sachen erlebt zu haben.»

Dann wendete der Meister sich wieder an die ganze Gesellschaft, und erklärte, gegenüber, im «Select», sitze der reiche Bernheim mit noch ein paar Leuten. «Wollen wir nicht hinübergehen? Er bezahlt uns die Drinks.» Alle waren dafür, aber die Schwalbe sagte: «Ich muß nur erst noch ins alte ‹Dôme› und in die ‹Rotonde› schauen, ob nicht die arme Proskauer irgendwo sitzt. Sie kommt direkt aus Berlin und wird sicher etwas Interessantes zu erzählen haben.»

Samuel, mit Marion, Martin, Kikjou und dem schüchternen Studenten, ging schon ins «Select» hinüber, wo der reiche Bernheim die Drinks bezahlen würde; während die Schwalbe sich von Marcel und David ins alte ‹Dôme› begleiten ließ. Dort fanden sie gleich das Mädchen, welches sie suchten; sie saß in einem kleineren Nebenraum in der Nähe der Theke. Die Proskauer, mit einer ungewöhnlich langen, stark gebogenen Nase, an der die dunkeln, sorgenvollen Augen behindert vorbeiblickten, präsentierte sich als eine sehr häßliche, aber Vertrauen einflößende, sympathische Person. Sie hielt sich schlecht; ihr schräg gehaltener Kopf mit tief sitzendem, unordentlich geflochtenem schwarzem Haarknoten, steckte zwischen den zu hohen Schultern. Ihre Worte kamen wie das leise, undeutlich-sonore verständige Plätschern einer kleinen Quelle unter der Felszacke ihrer Nase hervor. Man hätte sie recht gerne als milde Schwester um sich gehabt, wenn man fiebrig zu Bette lag. Marcel empfand angesichts dieses Typs von Mädchen ein Mitleid, das an Zärtlichkeit grenzte. «Pauvre enfant», dachte er und schaute die Proskauer leuchtend aus den Sternenaugen an.

Bei ihr am Tisch saßen zwei Männer, beide hatten fast drohend ernste, unrasierte Mienen, und sie wirkten, als versteckten sie hohe, derbe, kotbespritzte Stiefel. Die Proskauer stellte sie als

Theo Hummler und Dr. Mathes vor: «Zwei sozialdemokratische Genossen», murmelte sie verständig. Die Beiden hatten einen erschreckend festen Händedruck. Als sie mit Marcel bekannt wurden, sagten sie: «Enchanté», wurden etwas rot und lachten geniert, als wäre es ein ungehöriger kleiner Scherz, daß sie das französische Wort benutzten. Beide Männer waren groß gewachsen und gut aussehend. Theo Hummler hatte sehr dichtes, schwarzes, etwas fettiges Haar und kluge, freundliche Augen. Dr. Mathes blickte etwas glasig um sich. Ein rotblonder Schnurrbart hing ihm in feuchten Fransen auf die Oberlippe. Er war Assistent an einem Berliner Krankenhaus gewesen – wie dem undeutlich-sonoren Bericht zu entnehmen war, den die Proskauer der Schwalbe ins Ohr summte. «Unerhört tüchtiger Mensch», soviel ließ sich aus ihren Worten erraten, «... habe ihn erst während der letzten Wochen so richtig schätzen gelernt ... Hat sich nur unter dem Zwang der Umstände zur Emigration entschlossen ... Sehr ernst ... wirklich sehr zuverlässig ...» – Was den Theo Hummler betraf, so war er in sozialdemokratischen Arbeiter-Bildungs-Organisationen tätig gewesen. «Ein marxistisch geschulter Kopf», raunte die Proskauer, wozu Frau Schwalbe nickte.

Auf dem Wege vom «Dôme» zum «Select» ließen die drei aus Berlin neu Eingetroffenen schon die ersten Schreckens-Nachrichten hören. «Sie haben Betty verhaftet», murmelte die Proskauer, und der Mann vom Volksbildungs-Wesen ergänzte: «Vorgestern abend, ich hatte sie ein paar Stunden vorher noch gesehen – der reine Zufall, daß sie mich nicht auch wieder erwischt haben!» – «Sind Sie denn auch emprisonniert gewesen?» erkundigte sich Marcel. Theo Hummler nickte: «Gleich in den ersten Tagen. Aber sie haben mich bald wieder rausgelassen, ich hatte Glück.» – «Hat man Sie ...?» Marcel fragte es mit Angst in der Stimme. Da er das deutsche Wort nicht gleich finden konnte, deutete er pantomimisch das Prügeln an. «Ob man mich geprügelt hat?» Hummler lachte kurz und grimmig durch die Nase. «Das vergessen die niemals. – Aber es ist mir weniger schlimm gegangen als vielen von den Genossen.»

Doktor Mathes sagte, wobei er sich mit einer gewissen Schärfe an Ilse wandte: «Übrigens ist es notorisch, daß man uns Sozialdemokraten mit noch mehr Grausamkeit behandelt als die Kommunisten. Die Nazis wissen genau, wer ihre gefährlichsten Feinde sind.» – Die Proskauer schüttelte ernst den Kopf. «Ich habe in Straßburg junge Kommunisten gesehen – die waren zugerichtet: grauenvoll. Schlimmer kann kein Sozialdemokrat aussehen, der aus den Kellern der Gestapo kommt.»

Theo Hummler, dem der Gegenstand peinlich zu sein schien, wußte noch zu erzählen: «Und den Willi haben sie auch gekriegt – du weißt doch: den kleinen Dicken, der auf unserer letzten Versammlung das Hauptreferat hatte ...»

Sie waren vor der Terrasse des «Select» angekommen. Der junge Arzt mit dem rötlichen, feuchten Schnurrbart zog Ilse zur Seite. «Mit wem treffen wir uns da eigentlich?» fragte er mißtrauisch. «Wenn es feine Leute sind, gehe ich lieber nicht mit. Ich sehe unerlaubt schäbig aus ...» Auch der Volksbildungs-Mann hatte Bedenken: «In diesen Montparnasse-Cafés sollen besonders viel Spitzel sein. Man sagt, sie geben einem zu trinken und versuchen dann rauszukriegen, was für Beziehungen man nach Deutschland hat.» Die Proskauer bekam etwas unruhige Augen, die ängstlich an der Nase vorbeiblickten. «Ich weiß wirklich nicht ...», murmelte sie. «Es sind Freunde der Kameradin Schwalbe ...» Nun mischte diese sich ins Gespräch, während David Deutsch und Marcel schon langsam die Terrasse betraten, auf der alle Tische dicht besetzt waren. – «Seid doch nicht übertrieben vorsichtig!» riet die Alte. «Ich kenne fast die ganze Bande da drinnen – und den Freunden meiner Freunde mißtraue ich nie!» – «Na ja», entschied Hummler, nachdem er sich mit dem Doktor durch Blicke, Achselzucken und Kopfschütteln nicht sehr taktvoll verständigt hatte. «Machen wir also mit! Man will kein Spielverderber sein!» – Die Schwalbe erklärte noch: «Es ist wohl so ein alter Berliner Bankier dabei, ein Freund vom Maler Samuel. Das scheint so einer, der gerne für einen ganzen Haufen von Leuten die Rechnung bezahlt.» – «Ist ja ganz angenehm!» rief Hummler, durch diese Mitteilung besserer Laune gemacht. Er und Doktor Mathes ließen herzliches Gelächter hören, die Schwalben-Wirtin stimmte dröhnend ein, auch die Proskauer hatte ein dunkel plätscherndes kleines Lachen. Theo Hummler wunderte sich selbst: «Daß man bei den Zeiten noch vergnügt sein kann!» Dabei hatten sie den Tisch erreicht, an dem Bankier Siegfried Bernheim präsidierte.

Professor Samuel schien die Unterhaltung zu beherrschen; als die Schwalbe mit ihren Freunden zur Gesellschaft stieß, ließ er eben seinen prachtvollen Baß hören: «Gewiß, jeder von uns hat viel aufgeben müssen. Ich hatte gerade Schluß gemacht mit dem Vagabundenleben – reichlich spät, wie manche meiner Freunde fanden –, und war wohlbestallter Professor in Berlin geworden, mit festem Einkommen, einem hübschen Atelier in Dahlem und nur noch ganz geringfügigen Schulden. Ein ruhiger Lebensabend war mir aber wohl nicht beschieden. Da sitze ich wieder, wie vor vierzig Jahren –: unbeschwert. Mein Besitz ist ein Handkoffer, enthaltend zehn französische und fünf deutsche Bücher, einen Flanellanzug, einen ungebügelten Smoking, eine Zahnbürste, einen Skizzenblock, zwölf Bleistifte und ein paar Tuben Farbe. So zog ich schon vor vierzig Jahren durch die Welt. Und inzwischen...» – er senkte sein großes, erfahrenes, altes Haupt; seine Stimme dämpfte sich düster –, «und inzwischen hat man sein Lebenswerk geschaffen.» Dann sprang er auf, um die Schwalbe und ihre Begleitung mit Herrn Bernheim bekannt zu machen.

Der reiche Mann sagte: «Herzlich willkommen an meinem Tisch!» Er hatte immer noch die salbungsvoll-gastliche Allüre, mit der er, so viele Jahre lang, seine Gäste – Politiker und Financiers, Chefredakteure und Schauspielerinnen, Prinzen, Musiker und Poeten – am Portal seiner Grunewald-Villa in Empfang genommen und begrüßt hatte. «Recht herzlich willkommen!» wiederholte er mit etwas öliger Stimme, und schüttelte der Schwalbe beide Hände. «Ich habe viel von Ihnen gehört!» – Sein Gesicht war alttestamentarisch würdevoll, mit großer, fleischiger, ziemlich platter Nase, und einem breiten, rund geschnittenen Vollbart, der früher rot gewesen sein mochte und jetzt eine merkwürdig rosagraue Färbung zeigte. Siegfried Bernheim schien die Stattlichkeit in Person; stattlicher und imposanter als er konnte ein Mensch überhaupt nicht sein. Alles an ihm atmete eine gesunde, fröhlichernste Selbstzufriedenheit, die jedoch weit davon entfernt war, in einen lächerlichen Dünkel auszuarten. Ihm ließ sich ansehen, daß auch der Schicksalsschlag, der ihn nun betroffen hatte – der Verlust von Haus und Heimat: das Exil – sein solides inneres Gleichgewicht keineswegs hatte stören können. Das gesellige Heim im Grunewald hatte er fluchtartig verlassen müssen – denn er war den Nazis nicht nur als reicher Jude, sondern auch als Förderer linksgerichteter Künstler und Politiker besonders verhaßt –: Was schadete es? Es schadete wenig, so gut wie nichts. Er hielt Hofstaat auf der Terrasse dieses hübschen Cafés, und übrigens würde er bald eine geräumige Wohnung in Passy beziehen. Er hatte nur wenig Geld verloren. «Verhungern werde ich in absehbarer Zeit nicht müssen», gab er zu. – Die Comités für jüdische und politische Flüchtlinge erhielten keineswegs überwältigend große, aber doch erfreuliche Gaben von ihm. Er war von liberaler Gesinnung, nicht ohne vorsichtige Sympathie für gemäßigt sozialistische Ideen. Seine Feinde und einige seiner Freunde hatten ihn den «roten Millionär» genannt, was er sich mit Schmunzeln gefallen ließ. Ein wohlmeinender, ziemlich intelligenter, fortschrittlich gesinnter Herr: mußte man nicht froh und dankbar sein, daß es ihn gab? Daß er hier, im braunen flauschigen Paletot, vor seinem schwarzen Kaffee mit Benedictiner saß, und die neuen Gäste fragte: «Was darf ich für Sie bestellen, meine Herrschaften?» Es amüsierte ihn, daß David Deutsch nur heiße Milch haben wollte. Die Herren Mathes und Hummler entschieden sich für Bier und etwas zu essen; Bernheim schlug Würstchen vor, weil es an die Heimat erinnerte. Mit Marcel versuchte er französisch zu reden. «J'ai – lu – un – de vos livres ... Très beau –: en effet, très beau. – – Très originel», sagte er noch. «Quelque chose de très nouveau!» Und er strich sich den rot-grau melierten Bart, durchaus befriedigt von seiner kleinen Ansprache in fremder Zunge. Als aber Marcel seinerseits zu sprechen anfing, mit unbarmherziger Geschwindigkeit, Literaten-Jargon und Apachen-Argot vermischend, fiel es dem Bankier doch recht schwer, zu folgen. Er rückte unruhig auf seinem Stuhl hin und her; sagte mehrfach: «Très interessant!», und wandte sich schließlich, serenissimushaft seine Gnaden verteilend, an Mathes: «Ich höre, Sie sind ein vorzüglicher Internist, Herr Doktor ... wie war doch der Name?» –

Marion berichtete in hochdramatischer Form von dem zugleich beschämenden, grotesken und erfreulichen Abenteuer, das sie vor einer Stunde zusammen mit den Freunden, in dem kleinen Restaurant, rue des Saints Pères, gehabt hatte.

«Wie aufregend das schöne Kammer-Mädchen zu flunkern versteht!» sagte Bernheim herzlich anerkennend. «Das war eine Leistung, Marion! Erlauben Sie, daß ich Ihnen noch einen Black-and-White kommen lasse?» Marion ärgerte sich. «Ich habe nichts übertrieben! Du kannst es bestätigen, Schwalbe – und du, Martin –: Es ist alles genau so gewesen!»

Ein Herr mit mongolisch schmalen, schiefgestellten Augen sagte achselzuckend: «Marion hat eine recht amüsante, aber doch keineswegs erstaunliche Geschichte erzählt. Ich begreife die Aufregung der Herrschaften nicht. Selbstverständlich ist Deutschland heute enorm unbeliebt; übrigens ist es niemals beliebt gewesen. Die zivilisierten Nationen haben Deutschland im Grunde immer verabscheut. Sie bewiesen einen guten Instinkt.»

«Aber erlauben Sie mal!» begann Theo Hummler drohend – dabei schob er den Teller von sich und wischte sich mit der Papierserviette den Mund: es machte den besorgniserregenden Eindruck, als sei er eisern entschlossen, eine ausführliche Diskussion zu beginnen. «Erlauben Sie mal –: angenommen sogar, was Sie da behaupten, stimmt! Sie stellen es mit dem Ton einer entschiedenen Befriedigung fest. Die sogenannten zivilisierten Mächte hätten einen guten Instinkt bewiesen, als sie Deutschland herabsetzten? Offen gesagt, sowas begreife ich nicht! Deutschlands Beitrag zur Weltkultur» – Theo Hummler hatte den Ton eines Versammlungsredners, der sich eines nicht grob-demagogischen, sondern eines gebildet-maßvollen Jargons befleißigt –: «Deutschlands kulturelle Leistung kann den Vergleich mit der Leistung jedes anderen Landes wohl aushalten ... Das Land Goethes und Kants ...»

Hier hatte der Herr mit den gescheiten Mongolen-Augen eine kleine, abwinkende Bewegung gemacht, die es dem braven Hummler durchaus verbot, weiter zu reden. «Lassen Sie doch die Herren Kant und Goethe, der Abwechslung halber, beiseite!» bat er hochmütig. Sein intelligentes Gesicht blieb merkwürdig starr, was mit seiner Angewohnheit, die Zigarette beim Sprechen im Mundwinkel zu behalten, zusammenhängen mochte. «Was haben die Deutschen mit Kant und Goethe zu tun? Über die Beziehung –

oder vielmehr: Nicht-Beziehung – der Deutschen zu ihren großen Männern können Sie sehr aufschlußreiche Bemerkungen bei
einem Autor finden, der in Dingen der Psychologie einigermaßen
beschlagen war. Nietzsche kannte sich aus ...»

«Nietzsche! Nietzsche!» wiederholte, höhnisch und aufgebracht, der Mann vom Volksbildungswesen. «Sie berufen sich auf
den Machtphilosophen, den Liebhaber der blonden Bestie, den
ausgesprochen präfaschistischen Typus!»

Der andere zuckte wieder die Achseln. «Das ist dumm», sagte
er, unbewegten Gesichts, immer mit der Zigarette im Mundwinkel. «Leider einfach dumm.»

Theo Hummler war kein besonders empfindlicher Mensch; aber
dieser Bursche ging ihm auf die Nerven. «Wenn Sie mich für einen
Idioten halten», sagte er beleidigt, «dann hat es wohl kaum noch
Sinn, daß wir uns weiter unterhalten.»

Andere am Tisch hielten den Moment für gekommen, sich
versöhnlich ins Gespräch zu mischen. Professor Samuel ließ die
Orgel-Stimme hören: «Aber, meine Herren! Sie sind unverbes-
serlich!» Er hatte den Zeigefinger gehoben, als müßte er bösen
Kindern drohen.

«Na ja», brummte Hummler. «Ich kann es eben nicht ausstehen, wenn Deutsche ihr eigenes Nest beschmutzen.» – Der Herr
mit den Mongolen-Augen sagte, zugleich gelangweilt und scharf:
«Sie irren sich. Ich bin gar kein Deutscher.»

Professor Samuel erklärte mit wohlwollender Ironie: «Mein
Freund Nathan-Morelli ist nur durch einen dummen Zufall in
Frankfurt am Main geboren. Seine Mutter war eine schöne Italie-
nerin, an seinen Vater kann sich niemand erinnern, und er selber
lebt meistens in London. Manchmal ist er allerdings in Paris – wie
Sie sehen –, und früher ist er sogar ab und zu in Berlin gewesen. Er
hat ein sehr gutes Buch über England geschrieben, und ein anderes, nicht ganz so gutes über die französischen Impressionisten. Er
ist ein besonders netter und gescheiter Kerl. Genügt das?»

Nathan-Morelli, die Zigarette im Mundwinkel, neigte gravitä-
tisch das Haupt. «Stimmt Wort für Wort»; dabei schüttelte er seinem Freund Samuel über den Tisch hin die Hand.

«Es wäre wirklich äußerst abgeschmackt und töricht, wenn wir uns weiter zanken wollten», sagte Samuel noch. «Wir sitzen hier, wie die Schiffsbrüchigen auf einer wilden Insel, und es hat wirklich keinen Sinn mehr, sich gegenseitig in den Haaren zu liegen. Die Emigration ist eine ernste Sache. – Seht euch den da an!» Er zog seinen Stuhl näher an den Tisch und dämpfte vertraulich die sonore Stimme. Dabei deutete er mit dem Daumen hinter sich, über die Schulter. Dort saß ein weißhaariger Herr mit feinem, müden Gesicht und spielte, das Kinn sinnend in die Hand gestützt, eine Partie Schach mit sich selber. Der Herr hatte schöne, lange, aristokratische Hände; aber über den Gelenken waren die etwas zu kurzen Ärmel seines schäbigen Jacketts ausgefranst. – «Das war einmal einer der reichsten Männer von Ungarn», berichtete Samuel leise. «Ihm hat so viel Land gehört, wie einem einzelnen Menschen überhaupt nicht gehören dürfte. Übrigens schien er selber zu finden, daß er gar zu viel Grund und Boden besitze. Denn als die Revolution kam, wurde er der Chef einer demokratischen Regierung und verteilte seine enormen Güter an die Bauern. Vielleicht hätten ihm seine Standesgenossen zur Not verziehen, daß er republikanischer Ministerpräsident gewesen war; aber daß er seine Ländereien weggeschenkt hatte, war eine Todsünde ... Der demokratische Graf mußte fliehen, als die Bolschewisten in Budapest regierten – und er konnte nicht zurück, als die Faschisten kamen, die sich damals noch anders nannten. Die ‹Weißen› hätten ihn aufgehängt, wie die ‹Roten›. Nun sitzt er seit beinah fünfzehn Jahren in Paris. Zu Anfang hat er noch politische Diskussionen geführt und Meetings besucht. Jetzt spielt er beinah nur noch Schach, meistens mit sich selber. – Er soll ein recht guter Schachspieler sein», schloß der Professor wehmütig seinen Bericht.

«Emigrantenschicksal ...», sprach Herr Bernheim mit der angenehm geölten Stimme; dann machte er eine kleine Geste mit beiden Händen, als wollte er etwas Unangenehmes wegschieben, und erkundigte sich leutselig, ob die Herrschaften noch etwas zu trinken wünschten. Der verbannte Graf am Nebentisch, der Samuels Erzählung vielleicht gehört hatte oder mindestens spürte, daß von ihm die Rede gewesen war, hob den Kopf und schickte aus seinen tiefliegenden blauen Augen einen erloschenen Blick über die Runde hin.

Da der freundliche Bernheim so freigebig die Getränke spendete, wurde die Unterhaltung an seinem Tisch immer lebhafter. Übrigens erweiterte sich der Kreis; lawinenartig wuchs die Gesellschaft, die sich auf des Bankiers Kosten an Whisky oder rotem Wein erlabte. Zwei jüngere Journalisten, die mit ihren großen runden Brillengläsern und den hackenden Bewegungen ihrer schmalen Köpfe einem Paar von seltsamen, nicht ungefährlichen Vögeln glichen, brachten eine ernste Dame mit, deren schneeweiß geschminktes, starres und schönes Gesicht von undefinierbarem Alter war. Die Dame hieß Fräulein Sirowitsch und erklärte düster: «Ich übersetze Schopenhauer ins Französische.» Die beiden Journalisten mit den Vogel-Häuptern verkündeten, daß sie im Begriffe seien, eine deutsche Tageszeitung in Paris aufzumachen. «So was brauchen wir jetzt!» riefen sie siegesgewiß, wie aus einem Munde, und alle am Tische gaben ihnen recht. «Ich werde das Feuilleton redigieren!» versprach der eine, und rieb sich die Hände, als freute er sich jetzt schon darauf. Der andere, der ihm wie ein Zwillingsbruder glich, fügte hinzu: «Ich leite die Politik!» Alle nahmen diese Neuigkeiten mit lebhaftem Interesse auf. Nur Herr Bernheim wollte nicht recht hinhören; er war zwar von Herzen gerne dazu bereit, in großem Stil Erfrischungen zu bezahlen; aber ihm graute doch ein wenig davor, gleich eine Tageszeitung zu finanzieren. Auch Bobby Sedelmayer wurde unruhig. Bernheim gehörte ihm; was an Geld aus ihm herauszuholen war, sollte in das Nachtlokal gesteckt werden. Nun auch noch eine Zeitung! Schließlich konnte Bernheim nicht für Alles aufkommen! Fräulein Sirowitsch sagte zu Herrn Nathan-Morelli, der ihr, die Zigarette im Mundwinkel, mit etwas verächtlicher Galanterie lauschte: «Manche Dinge bei Schopenhauer sind unübersetzbar. Er benutzt Wendungen, die sich in keiner anderen Sprache wiedergeben lassen.» Theo Hummler versicherte der Schwalbe: «Ich hatte prachtvolles Menschenmaterial in meinen Volksbildungs-Kursen. Der Wissensdrang dieser jungen Leute, die tagsüber in den Fabriken arbeiten, hat geradezu etwas Rührendes. Was wir in jahrzehntelanger Arbeit aufgebaut haben, wird nun grausam zerstört …» – Plötzlich war auch noch ein junges Mädchen in schwarzem Abendkleid da. «Ich heiße Ilse Ill», stellte sie sich selber vor. «Ich bin Kabarettistin», fügte sie hinzu und lachte triumphierend. Überraschender Weise schwenkte sie eine Reitpeitsche mit Silbergriff, als wäre sie, hoch zu Rosse, über die Boulevards heran gesprengt gekommen, von ihrer schwarzen Robe umflattert wie die Göttin von einer Wolke. «Gestern habe ich noch in Berlin gesungen», rief sie aus, und blickte drohend um sich, gleichsam fragend: Wagt hier jemand, mir zu widersprechen? – «Kolossalen Erfolg gehabt. – Na, damit ist vorläufig Schluß!» erklärte sie höhnisch, wie von einer wilden und närrischen Wut gegen sich selber und gegen ihr eigenes Schicksal ergriffen. – «Das scheint ja eine gewaltig überspannte Person zu sein», flüsterte Herr Bernheim dem Professor Samuel zu. Er traf nicht die mindesten Anstalten, ein Getränk für Ilse Ill zu bestellen: entweder, weil er es unpassend fand, daß sie sich selber vorgestellt hatte; oder einfach, weil sie ihm nicht sympathisch war. – «Sie ist aber ganz begabt», raunte beschwichtigend Samuel. «Ich habe sie in Berlin einmal singen hören.» Das stimmte zwar nicht; aber der Professor wollte Frieden und gute Stimmung am Tisch. Die Kabarettistin inzwischen schrie: «Kinder, ich habe Hunger!» Dabei bekam sie blutgierige Augen und legte sich die Hände dramatisch auf die Magengegend. Bernheim, ob er es gerne tat oder nicht, mußte auch für sie ein Paar Würstchen kommen lassen.

Marcel war in aller Stille an einen anderen Tisch gegangen, wo er in seiner eigenen Sprache plaudern konnte. Die etwas wirre Konversation der Deutschen war ihm mit der Zeit lästig und unverständlich geworden. Mit einem sonderbaren Vogelruf, der halb klagend und halb lockend klang, rief er nun Marion herbei, um sie seinen Freunden vorzustellen.

Kikjou, der lange Zeit schweigend neben der Schwalbe gesessen hatte, sagte plötzlich: «Wenn ich diesen ungarischen Grafen da am Nebentisch anschaue, dann werde ich so traurig – so fürchterlich traurig ... Ich denke mir, es wird euch allen – uns allen so ähnlich gehen ... Am Schluß sitzen wir irgendwo mit ausgefransten Ärmeln und spielen Schach mit uns selber ...» – «Was für ein Unsinn!» rief die Schwalbe, und fügte lachend hinzu: «Wir sind doch keine alten Grafen und haben keine Güter weggeschenkt, denen wir nachtrauern könnten!»

Martin schaute aufmerksam zu Kikjou hinüber, von dem er durch die ganze Breite des Tisches getrennt war. Kikjou erwiderte seinen Blick, still und ohne zu lächeln. Martin hätte gerne mit ihm gesprochen; aber eben stellte sich ihm der junge Deutsche vor, den Samuel auf der Terrasse der «Coupole» kennengelernt hatte. «Mein Name ist Helmut Kündinger», sagte der Junge, leise, als vertraute er dem anderen ein Geheimnis an. Dabei erhob er sich halb und schlug ein wenig die Hacken zusammen. «Sie sind auch Emigrant?» erkundigte er sich schüchtern.

Fräulein Sirowitsch war immer noch bei ihrer Schopenhauer-Übersetzung. «Wenn ich diese Arbeit getan habe», sprach sie feierlich, «dann darf ich mir sagen: Martha, du hast nicht umsonst gelebt. – Ich heiße nämlich Martha», fügte sie hinzu und lächelte Herrn Nathan-Morelli mit einer gewissen starren Vertraulichkeit zu. Er nickte, als wäre er auf eine Eröffnung dieser Art längst gefaßt gewesen. – «Wenn wir zehntausend Abonnenten haben, sind wir fein heraus!» erklärte einer von den Journalisten, und Ilse Ill, die ihre Würstchen bekommen hatte, rief unheilverkündend: «Vielleicht gründe ich ein literarisches Cabaret! Sehr wohl möglich, daß ich sowas mache! – Oder», verbesserte sie sich – denn es war ihr ein neuer gräßlicher Einfall gekommen –, «vielleicht trete ich auch bei Bobby Sedelmayer auf!» Sedelmayer machte entsetzte Augen, während Samuel sich nicht enthalten konnte, mit Orgelstimme: «Armer Bobby!» zu sagen. – «Wieso?» erkundigte sich Ilse Ill, einen großen Bissen im Mund – übrigens eher amüsiert als beleidigt.

Bankier Bernheim erzählte: «Ich habe mich während der letzten Tage, die ich in Berlin war, fast nur noch im Hotel Excelsior aufgehalten, weil es in der Nähe des Anhalter Bahnhofs liegt. Das gab mir ein beruhigendes Gefühl ...» Alle sprachen plötzlich im Durcheinander von ihren letzten Berliner Tagen und von den Umständen, unter denen ihre Abreisen sich vollzogen hatten. Kikjou lauschte mit weit geöffneten Augen, zugleich träumerisch und achtsam. Er fühlte sich wie ein Junge, der in einen Kreis von alten Kriegsteilnehmern geraten ist. Nun berichten alle ihre Abenteuer, und der Knabe muß stumm dabei sitzen ... Doktor Mathes sagte mit drohender Stimme: «Ich komme also ins Krankenhaus, wie jeden Morgen. Da sieht mich doch der Kollege Meier so merkwürdig an: – Mensch, Sie noch hier? Lassen Sie sich nur nicht erwischen! … Na, da wußte ich ja, was die Stunde geschlagen hatte …» – Ilse Ill behauptete, sie habe mitten während eines Chansons die Bühne verlassen, als sie im Hintergrund des Saales Kerle mit Hakenkreuzbinden bemerkte. «Die waren sicher gekommen, um mich zu verhaften! Von der Bühne weg, noch geschminkt, bin ich zum Bahnhof gehüpft!» Dabei schwang sie die Reitpeitsche. Die Proskauer murmelte etwas Unverständliches. David Deutsch aber sagte: «Ich hatte gerade noch Zeit, die ausgeliehenen Bücher zur Staatsbibliothek zurückzubringen …», worüber sowohl Bankier Bernheim als auch Theo Hummler herzlich lachen mußten.

Während die Stimmen immer lauter wurden, rückte der junge Helmut Kündiger näher an Martin heran. «Mein Freund und ich», sagte er leise, – und die Worte «Mein Freund» sprach er mit einer innig getragenen Betonung aus –, «haben in Göttingen so wundervolle Zeiten verlebt. In einem kleinen Zirkel, der sich nur aus wertvollen Menschen zusammensetzte, lasen wir gemeinsam Hölderlin und George, auch Rilke, aber den liebten wir weniger, er war uns zu weich, George hat die ganze herrliche Härte des Deutschtums, Hölderlin seine ganze unauslotbare Tiefe –: das pflegte mein Freund zu sagen. Ihm fielen immer so schöne Dinge ein. Sie können sich gar nicht vorstellen, wie er an Deutschland hing; wie … wie an einer Geliebten», sagte Helmut Kündinger und sah Martin hilflos an. «Er liebte den Begriff ‹Deutschland›, deutsche Dichter und deutsche Landschaft viel mehr, als er irgend einen einzelnen Menschen geliebt hat.» Dabei gab es eine kleine Flamme, wie von Eifersucht, in Helmut Kündingers Blick.

«Liebte er Deutschland so sehr?» fragte Martin, ein wenig zerstreut. Er beobachtete Kikjou, der mit der Schwalbe sprach.

«Ja, er liebte es von ganzem Herzem», bestätigte Helmut Kündinger ernst. «Obwohl er Nicht-Arier war. Darüber hatten wir uns niemals Gedanken gemacht. Plötzlich stellte sich dann heraus, daß sein Blut fast achtzigprozentig jüdisch war. Nun war seine Stellung unter den Kommilitonen natürlich erschüttert. Auch ich setzte mich Unannehmlichkeiten aus, weil ich weiter mit ihm verkehrte. Aber das schadete nichts. Schrecklich war nur, Zeuge seines inneren Zusammenbruchs zu sein. Mein Freund konnte seine neue Lage gar nicht fassen. Gerade er, der für die Härte und die Tiefe des deutschen Menschen so begeistert gewesen war, sollte sich nun als ein Ausländer – schlimmer: als ein Schädling – empfinden. Er fühlte sich furchtbar gedemütigt. Als dann ein paar junge Leute, die früher zum engen Zirkel unseres Verkehrs gehört hatten, ihn auf offener Straße beleidigten, geriet er ganz in Verzweiflung. Man muß sich das vorstellen: Man hatte Hölderlin und George miteinander gelesen, und nun schrieen sie ihm: Judensau! zu. Sie waren allerdings besoffen, als sie das taten; aber die Gemeinheit bleibt trotzdem unbegreiflich. – Ich weiß gar nicht, woher mein Freund den Revolver hatte. Und wieso konnte er eigentlich schießen?» Helmut Kündinger fragte es entsetzt und dringlich, als ob Martin im Stand wäre, ihm Antwort zu geben. «Er hat sich mitten ins Herz getroffen. Für mich hinterließ er nur einen Zettel: ‹Ich will dir nicht länger zur Last fallen.› So bitter war er zum Schluß geworden.» Helmut verstummte. Seine blauen Augen hatten sich mit Tränen gefüllt. Martin wollte gerne irgend etwas Tröstliches äußern; es fiel ihm aber nichts ein. Der junge Mensch preßte sich ein großes, nicht ganz sauberes Taschentuch vor den Mund, wie um einen Schrei zu ersticken. In das Taschentuch hinein sprach er – man konnte seine Worte kaum noch verstehen –: «Seitdem das geschehen ist, kam mir in Göttingen alles so beschmutzt vor … Ich konnte es gar nicht mehr aushalten. Und als ich zu meinen Eltern nach Westfalen fuhr, war es dort auch nicht besser. Die Heimat war mir verleidet. Ich mußte weg – ich mußte einfach weg … Verstehen Sie mich doch bitte!»

«Ich verstehe Sie», sagte Martin. –

Die Schwalbe begrüßte mit großem Hallo, Kuß und Umarmung ein blondes junges Mädchen, das eiligen Schrittes vorüber kam. «Meisje!» jubelte die Alte. «Bist du auch hier! Nein, so was!» – Meisje war Stammgast bei der Schwalbe gewesen: «das prachtvollste Geschöpf, das ich je gekannt habe!» – wie die Wirtin dem ganzen Kreise enthusiastisch versicherte. Wirklich sah sie sehr prachtvoll aus, mit ährenfarbenem Haar und hellen Augen, die sowohl sanft als entschlossen blickten. Bankier Bernheim schmunzelte: die Herren Mathes und Hummler schienen gleich Feuer und

Flamme. Ilse Ill, mit der Beide bis zu diesem Moment in bescheidenen Grenzen geflirtet hatten, saß plötzlich unbeachtet mit ihrer Reitpeitsche und ihrem zu bunten Gesicht. Sie ließ sich gehen, stützte die Stirn in die Hände und sah müde aus. Es fiel auch auf, daß ihr Abendkleid recht aus der Mode und stellenweise zerschlissen war. Wahrscheinlich trug sie es nur, weil sie durchaus nichts anderes anzuziehen hatte. Durch die Reitpeitsche hoffte sie wohl, ihrem reduzierten Aufzug eine flotte, exzentrische Note zu geben.

Der einsame Schachspieler am Nebentisch erhob sich und schob die Figuren weg, wobei er noch einmal den erloschenen Blick über die Gesellschaft hinschickte.

Professor Samuel, der mehrere Gläser Pernod Fils getrunken hatte, bemerkte schwermütig: «Ach, meine Freunde – was steht uns bevor! Was beginnt nun? Welche Überraschungen hat das Schicksal noch für uns bereitet?» Seine alten Augen, deren Lider sich leicht entzündet hatten, spähten angestrengt ins Weite und Ferne, als könnten sie dort erkennen, was den anderen noch verborgen blieb.

«Nanu», sagte Doktor Mathes, «das klingt ja ganz melodramatisch!» – Und Bernheim, der die Rechnung studierte, bemerkte zerstreut: «Es wird schon irgendwie gehen …»: niemand wußte, ob er auf die bevorstehenden Schicksals-Fügungen anspielte, oder ob er nur sagen wollte, daß er genug Geld bei sich habe, um die Rechnung zu begleichen, die er übrigens erstaunlich hoch fand. Bobby Sedelmayer, mit einer Heiterkeit, die ein wenig künstlich klang, fügte hinzu: «Dann also Prost!» – wobei er sein Glas hob. Aber niemand tat ihm Bescheid. Die meisten hatten wohl schon ausgetrunken.

Während der Kreis sich langsam auflöste, rief Fräulein Sirowitsch beinah flehend: «Ich wünsche mir, daß wir alle recht bald wieder hier zusammenkommen!» Sie lächelte Nathan-Morelli zu, der mit David Deutsch über englische Lyriker sprach und sie nicht beachtete. Die Schopenhauer-Übersetzerin sagte noch, mit einem unheimlich kalten Jubel in der Stimme – vielleicht nur, um Nathan-Morellis Aufmerksamkeit doch noch auf sich zu ziehen –: «Ist Paris nicht schön? Nur hier kann ich mich so recht eigentlich wohlfühlen!» Niemand antwortete. Theo Hummler sprach verschwörerisch leise zur Schwalbe: «Morgen vormittag treffe ich ein paar sehr wichtige Leute aus Berlin, zuverlässige Kameraden. Wollen Sie auch dabei sein?»

Martin trat zu Kikjou, der als Einziger am Tisch sitzen geblieben war, merkwürdig regungslos vor seinem geleerten Glase. «In welchem Quartier wohnen Sie?» fragte Martin, und er fügte mit einer etwas matten Hoffnung hinzu: «Vielleicht haben wir den gleichen Heimweg ...» – Kikjou aber erwiderte, ohne das müde, kindliche Gesicht von den Händen zu heben: «Merci mille fois. Ich begleite Marcel.» – Martin zog sich schweigend zurück. Er trat erhobenen Hauptes, die weichen Lippen pikiert gegeneinander gepreßt, auf den Boulevard hinaus, wie einer, der sich bewußt ist, eine Niederlage erlitten zu haben, aber seinen Stolz darein setzt, sie mit Würde zu tragen.

Plötzlich stand Marcel hinter Kikjou; auf leisen Sohlen war er herangekommen. «Comment vas-tu, mon choux?» fragte er, und legte beide Hände auf Kikjous Schultern. Der erwiderte, ohne sich umzudrehen: «Merci, mon vieux. Pas mal du tout.»

«Ich muß Marion nach Hause bringen», erklärte Marcel, mit einer leichten Wendung des Hauptes zu der schlanken, unruhig sich bewegenden Gestalt hin, die auf dem Boulevard seiner wartete.

«Ach so», sagte Kikjou. «Dann gehe ich also allein.»

«I am sorry, mon vieux», sagte Marcel, immer noch mit den Händen auf Kikjous Schultern. Nach einer Pause fügte er hinzu:

«Es ist so traurig. Alles ist so traurig. Diese Menschen – wie sie mir leidtun! ... Es muß sich ungeheuer viel ändern auf der Welt, damit sie nicht mehr ganz so bemitleidenswert sind. – Tun sie dir auch so leid? – Listen, Kikjou, I am asking you something! – Ich habe dich gefragt, ob die Menschen dir auch so leid tun wie mir.»

Zweites Kapitel

Am nächsten Morgen besuchte Marion ihre alte Freundin Anna Nikolajewna Rubinstein, die draußen im Montrouge eine Zwei-Zimmerwohnung mit ihrem Gatten und ihrer halberwachsenen Tochter hatte. Die Tochter arbeitete in einem Modesalon; der Mann war in einem großen Verlagshaus angestellt, wo seine Beschäftigung fast ausschließlich darin bestand, Adressen zu schreiben und zu sortieren. Er hatte es, während der zehn Jahre, die er in Paris lebte, noch nicht gelernt, fließend und akzentlos französisch zu sprechen. In Moskau war er der Herausgeber einer gemäßigt-liberalen Revue gewesen. Die Kerenski-Revolution hatte er freudig begrüßt, und einige Wochen nach der Oktober-Revolution war er in die Emigration gegangen, ganz ohne Geld, mit ein paar Krawattennadeln und Ringen als einzigem Besitz. In Berlin hatte er Anna Nikolajewna kennen gelernt. Sie war Malerin und dekorierte nun Teetassen, Blumenvasen und Fächer mit bescheidenen Blumenstilleben, bunt gefiederten Vögeln und kleinen Barockengeln. Zuweilen fand sie Käufer für ihre liebliche Ware.

Marion war bei ihrem ersten Pariser Besuch, im Jahre 1928, durch gemeinsame Berliner Freunde mit Madame Rubinstein bekannt geworden. Anna Nikolajewna hatte der jungen Deutschen Paris gezeigt, Marion liebte die russische Dame, und sie hatte immer die Tapferkeit bewundert, mit der die Verwöhnte – denn Anna stammte aus reichem Hause – Not und Erniedrigung des Exils ertrug. Niemals hatte Marion ein Wort der Klage von Anna Nikolajewna gehört. «Man muß zufrieden sein», pflegte sie mit ihrer weichen, singenden Stimme zu sagen. «Man muß sogar dankbar sein. Wir haben alle zu tun: la petite Germaine, mon pauvre Léon et moi-même …» Marion wußte genau, wie miserabel sie für ihre verschiedenartigen Arbeiten bezahlt wurden. Übrigens hatten alle Drei immer Heimweh. Es gelang ihnen nicht, sich einzuleben im fremden Paris. Sie verkehrten beinah nur mit Russen, lasen fast nur russische Zeitungen und Bücher. Sonderbarer Weise litt an dieser Heimwehkrankheit sogar die junge Germaine, die doch ein ganz kleines Kind gewesen war, als ihre Mutter Rußland verließ. Sie stammte aus einer ersten Ehe Anna Nikolajewnas; der Vater war im Bürgerkrieg gefallen, auf der Seite der Weißen …

Madame Rubinstein konnte nicht älter als fünfundvierzig Jahre sein; sie sah aus wie eine Sechzigjährige. Ihr Haar war schlohweiß, ihr gescheites sanftes Gesicht von vielen Falten durchzogen. Sie trug sich immer in Schwarz. «Ich muß Trauer um Rußland tragen», hatte sie einmal mit geheimnisvollem Lächeln zu Marion gesagt, die etwas schaurig davon berührt gewesen war. Manche der Kleidungsstücke, die Anna Nikolajewna besaß, stammten noch aus der Zeit vor dem Kriege – wunderliche Pelzmantillen, Spitzen-Jabots, kleine runde Muffs, allerlei überraschende Kopfbedeckungen aus Pelz: St. Petersburger Mode aus dem Jahre 1913 …

Marion freute sich darauf, ihre alte Freundin wieder zu sehen; aber sie wurde ein sonderbar bedrücktes Gefühl nicht los, als sie – es war zur späten Nachmittagsstunde – die dämmrige Treppe des Mietshauses im Montrouge hinaufstieg. Früher war sie meist mit irgend einem kleinen Geschenk gekommen, oder sie hatte ein wenig Geld zurückgelassen, wenn sie ging. Madame Rubinstein hatte es sich oft verbeten, aber es doch schließlich dankbar geschehen lassen. Nun war Marion ihrerseits eine Verbannte. Marion und Anna Nikolajewna trafen sich, zum ersten Mal, als Schicksalsgenossinnen.

Die Russin tat zu Anfang des Gespräches, als wüßte sie nichts davon. Sie umarmte und küßte Marion, wie immer, und bemerkte nur: «Auch wieder einmal in Paris, mon enfant!» Sie sah würdevoll und appetitlich aus, in einem altmodischen schwarzen Kleid mit Schleppe und elfenbeinfarbigen Spitzen am Halsausschnitt wie an den Manschetten.

«Es ist immer so schön, in eurer Stube zu sein», stellte Marion befriedigt fest, als sie sich am kleinen Tee-Tisch gegenüber saßen. «Und all eure komischen kleinen Sachen: ich freue mich immer, wenn ich sie wiedersehe …» – Das Wohnzimmer der Familie Rubinstein, in dem Mademoiselle Germaine nachts auf der Ottomane schlief, war überfüllt mit allerlei seltsamen Gegenständen, die der Hausherr sammelte. «Mon pauvre Léon», pflegte Anna Nikolajewna etwas mitleidig zu sagen, «es macht ihm plaisir …» Die Kollektion bestand teils aus den Modellen alter Segelschiffe, die auf der Kommode und auf mehreren Regalen placiert waren; teils aus ausgestopften Vögeln und Fischen, deren bizarre Formen alle vier Wände zierten. Zwischen den Schwertfischen, Flundern, Adlern und Papageien gab es, mit roter und grüner Farbe an die Wände gemalt, ein sonderbares System von Linien, Pfeilen und Kreisen; ein mystisch und bedeutungsvoll wirkendes Netz, das «le pauvre Léon» kindisch-emsig angefertigt hatte und von dem niemand, auch Anna Nikolajewna nicht, wußte, ob es einen geheimen, nur seinem Schöpfer bekannten Sinn enthielt, oder nichts als das Resultat von Schrulle und unbeschäftigter Künstlerlaune war. Das enge Zimmer, vollgestopft mit Möbeln, allerlei Nippes-Sachen, kleinen russischen Andenken und mancherlei Reiseerinnerungen, überfüllt mit Photographien und den Spiegeln, Tassen und Blumenvasen, die Madame mit Barockengeln oder Blumen bemalte, bot einen zugleich traulichen und beängstigenden Anblick. Meistens war es auch noch von dickem blauen Rauch erfüllt, da keines der Familienmitglieder auf die Zigaretten mit den langen Papp-Mundstücken verzichten konnte, und sie alle eine Aversion dagegen hatten, das Fenster zu öffnen.

«Ja, es ist ein gemütlicher Raum», sagte Anna Nikolajewna, während sie ihrem Gast Kirschenkonfitüre und kleines Gebäck auf den Teller legte. «Aber mein pauvre Léon wird immer trauriger. Er spricht nicht viel, aber ich sehe doch, wie er sich grämt ... Und neuerdings macht mir die kleine Germaine Vorwürfe ...»

«Worüber macht sie Ihnen denn Vorwürfe?» wollte Marion wissen.

Madame Rubinstein sagte leise: «Daß sie nicht in Rußland sein darf.»

«Aber was für ein Unsinn!» rief Marion aus. «Wie kann sie Ihnen darüber Vorwürfe machen?»

Anna Nikolajewna zuckte die Achsel und lächelte betrübt. Erst nach einer kleinen Pause sagte sie: «Germaine hat mir neulich versichert, daß sie in der Sowjet-Union glücklicher sein würde als hier. Sie ist sehr aufgeregt gewesen und hat geweint. Es war ein Irrtum von euch – hat sie mich angeschrien –, es war ein Irrtum und auch eine Sünde von euch, die Heimat aufzugeben. Man soll die Heimat nicht aufgeben – hat die kleine Germaine unter Tränen gerufen –, man soll sie unter keinen Umständen aufgeben; denn sie ist unersetzlich. Wenn die Heimat leidet, muß man mit ihr leiden – ich wiederhole immer nur Germaines sehr heftig vorgebrachte Worte –; man soll weder klüger noch glücklicher sein wollen als die Nation, zu der man gehört. Übrigens – ich zitiere immer noch das weinende neunzehnjährige Kind –, übrigens sind die Katastrophen ja kein Dauerzustand. Man gewöhnt sich an alles. Ihr Alten glaubt immer, der Bolschewismus sei die Katastrophe in Permanenz – hielt Germaine mir vor –, das ist einer eurer dümmsten Irrtümer. Sicherlich hatte der Bolschewismus einmal katastrophalen Charakter. Inzwischen ist er für Millionen einfach der Alltag, das Selbstverständliche geworden. Und er wäre es auch für mich geworden – während sie dies behauptete, schluchzte meine kleine Tochter noch heftiger –, wenn du mich nicht herausgerissen hättest; wenn du mich nicht entwurzelt, nicht heimatlos gemacht hättest. Denn man gewöhnt sich an jeden Zustand und an jede Lebensform – in der Heimat. Aber an die Fremde gewöhnt man sich nie. Ich bin keine Französin, und ich will keine Französin werden! – Sie können sich vorstellen, Marion, wie erschrocken ich gerade über diese Mitteilung und Eröffnung der kleinen Germaine gewesen bin. Sie spricht doch ein so charmantes Pariserisch, und ich dachte wirklich, sie fühlte sich ganz als eine kleine Citoyenne Française. Und nun drohte sie mir plötzlich damit, sie wolle nach Moskau zurück; sie müsse das Leben im bolschewistischen Rußland kennen lernen –: ‹Wahrscheinlich ist es ein sehr interessantes, reiches, aufregendes Leben›, meinte sie. Nur mit Mühe konnte ich sie davon abhalten, ihre Stellung im Modesalon gleich aufzugeben und zur Sowjet-Legation zu laufen. Stellen Sie sich vor, Marion, was mon pauvre Léon gesagt haben würde, wenn unser Kind zu den Leuten gegangen wäre, die er seine Todfeinde nennt!»

Marion war von dem Bericht der Freundin beeindruckt. Sie hatte das Gesicht in die Hand gestützt; ihre Augen verdunkelten sich vor Nachdenklichkeit. «So so», sagte sie und schlang die großen, sehnigen Hände mit einer merkwürdig heftigen Gebärde ineinander, so daß die Gelenke knackten – Marion hatte recht locker ineinander gefügte Fingergelenke. «Das ist es also, was deine kleine Germaine unter Tränen geäußert hat: In der Heimat gewöhnt man sich an jeden Zustand und an jede Lebensform; aber an die Fremde gewöhnt man sich nie ...»

Anna Nikolajewna, deren kluges, müdes und zartes Antlitz in der Dämmerung vor Marions Augen zu verschwimmen begann – auch ihre Stimme klang nun, als käme sie von sehr weit her –, Anna Nikolajewna, leise mit den elfenbeinfarbenen Spitzen raschelnd, die über ihre Handgelenke fielen, sagte: «Seitdem ich diese überraschenden Worte gehört habe – denn Sie werden ja begreifen, mon enfant, daß dies alles für mich überraschend kam –, höre ich nicht auf, darüber nachzusinnen, wieviel Wahrheit und wieviel Irrtum sie enthalten. Denn ohne Frage mischen sich Wahrheit und Irrtum in den aufgeregten Reden meiner kleinen Germaine. Am Ende meiner langen und übrigens oft recht bitteren Überlegungen bin ich zu dem Resultat gekommen: Wahrscheinlich habe ich wirklich Unrecht getan, als ich das Baby wie ein kleines Paket über die russische Grenze schaffte. Nun hat das Kind Heimweh, ohne die Heimat je gekannt zu haben – und das muß eine besonders schlimme Sorte von Heimweh sein ... Sie will zu ihrer Nation zurück ... Aber ich kann nicht!!» Dies stieß sie mit einer klagenden, fast jammernden Heftigkeit hervor, wie Marion sie noch niemals von ihr gehört hatte. «Ich werde niemals nach Rußland zurück können. Es ist zuviel Grauenhaftes dort geschehen. Man hat meinen Mann und zwei von meinen Brüdern dort umgebracht, und mein Vater ist im Elend gestorben. Die Erinnerungen sind unerträglich. Die Erinnerungen würden mich sicherlich töten ...» Dabei fuhr sie sich mit einer sonderbar fliegenden, huschenden, angstvollen Bewegung über die Stirn, als müßte sie etwas Böses wegscheuchen, das sich dort niedergelassen hätte. Nach einer Pause sagte sie noch: «Aber freilich – die kleine Germaine hat ja keine Erinnerungen ...»

Marion wurde etwas schaurig zu Mute in diesem Raum, wo sie sich immer so wohl gefühlt hatte. Anna Nikolajewna, die niemals klagte, – nun überwand sie ihren Stolz und ließ Jammertöne hören. Wieviel mußte sie ausgestanden haben, daß es soweit kam! Was für lange Prüfungen waren ihr zugemutet worden!

‹Werde ich auch einmal sein wie diese?› fragte sich Marion. ‹So resigniert? So unendlich traurig und müde?› Und sie tröstete sich:

‹Aber bei mir liegt alles ganz anders. Unser Fall liegt anders. Diese russischen Aristokraten und Intellektuellen haben sich gegen die Zukunft gestellt. Wir sind in die Verbannung gegangen, weil wir für das Zukünftige sind, gegen den Rückschritt. Unser Exil kann kein Dauerzustand sein. Diese Russen haben das Exil als Dauerzustand auf sich genommen. – Oder irre ich mich? Täuschen wir uns alle? Sind auch wir in unvernünftiger Opposition gegen etwas, was Zukunft hat, oder doch zukunftsträchtige Elemente? …› Diese Zweifel taten sehr weh.

Anna Nikolajewna schien ihren stummen Monolog belauscht zu haben; denn sie sagte:

«Auch ich habe von Rückkehr geträumt. Wer hätte nicht von Rückkehr geträumt. Aber man kehrt nicht zurück. Wer sich von der Heimat löst, hat es für immer getan. Für immer, Marion: verstehst du mich?» Ihr Blick wurde plötzlich fast drohend. «Die Entwicklung in der Heimat geht weiter; wir haben keinen Anteil mehr an ihr. Wir sind Fremde geworden. Wir können nicht mehr heim, weil wir keine Heimat mehr haben.» Sie saß sehr aufrecht da, die Hände, über die vergilbte Spitzen fielen, strenge im Schoß gefaltet. «Schauen Sie mich an!» rief sie und zeigte das Gesicht einer Greisin – plötzlich nackt, als hätte sie sich einen schonenden Schleier von den Zügen gerissen. «Regardez-moi, Marion!» Und sie hob mit einer theatralisch klagenden Gebärde die hageren Hände. «Me voilà, une vieille femme … une femme fatiguée … Fatiguée …», wiederholte sie und ließ den Kopf nach hinten sinken. Sie saß ein paar Sekunden lang regungslos, feierlich erstarrt in ihrer tragischen Pose.

Marion aber schwor sich: So will ich nicht werden. So nicht. Vielleicht warten furchtbare Dinge auf mich; sehr wohl möglich, daß sich Schlimmes für mich vorbereitet. Aber ich will keinesfalls als alte Frau in einem engen Pariser Zimmer die Hände recken zu einer Gebärde des Jammers, die nicht einmal mehr die Kraft hat, eine Gebärde der Anklage zu sein. Ich will mir auch nicht von meinem Kinde sagen lassen, daß ich ihm die Heimat gestohlen habe. Im Gegenteil: was ich hören möchte von meinem Kinde, das sind Worte des Dankes dafür, daß wir ihm jetzt eine bessere Heimat erkämpfen …›

Während Marion solches dachte und sich im Herzen gelobte, hatte Anna Nikolajewna sich gefaßt. Ihre Haltung war nun wieder damenhaft zusammengenommen. «Mein liebes Kind», sagte sie, und hatte noch einmal die nervös wischende Geste, mit der sie sich über die Stirne fuhr, «entschuldigen Sie: das war unmanierlich. Übrigens sind Sie selber ein wenig Schuld daran, daß ich heute so sentimental und unbeherrscht bin. – Ja, ja», behauptete sie mit neckischem Nachdruck und hob scherzhaft streng den Zeigefinger, als wäre sie ihrem Gast hinter eine harmlos drollige kleine Verfehlung gekommen, «ja, ja, mon enfant, ich habe mich doch ein wenig aufgeregt, als ich erfuhr, daß auch Sie … wie soll ich mich ausdrücken? –: nun, daß Sie diesmal nicht ganz freiwillig nach Paris gefahren sind …»

«Ich hätte genau so gut nach London reisen können», bemerkte Marion, nicht besonders freundlich. Daraufhin Madame Rubinstein, immer noch neckisch und insistent: «Aber Sie hätten nicht genau so gut in Berlin bleiben können. Oder irre ich mich?»

«Nein», sagte Marion. «Weil ich dort erstickt wäre.»

Anna Nikolajewna zuckte müde die Achseln. «Das haben wir alle einmal geglaubt – daß wir zu Hause ersticken müßten, wenn dort Leute regieren, die uns nicht gefallen.» Und nach einer Pause, die ziemlich lange dauerte, fragte sie sanft: «Haben Sie auch wohl bedacht, was das bedeutet – das Exil?»

«Mir scheint, daß ich es wohl bedacht habe», versetzte Marion trotzig und knackte mit den lockeren Gelenken ihrer langen Finger.

Die Russin sprach aus der Dämmerung, mit melodisch gedämpfter Stimme, als erzählte sie ein Märchen für die lieben Kleinen: «Es ist hart, das Exil, mon pauvre enfant. Es werden Stunden kommen, da Sie sich der Worte erinnern, die ich Ihnen jetzt sage. Das Exil ist'hart. Man ist als Emigrant nicht viel wert. Man ist gar nicht sehr angesehen. Die Leute wollen uns nicht – es macht kaum einen Unterschied, ob man politisch mit uns sympathisiert; ob man die Gründe, die uns zur Emigration bewegt haben, ablehnt, oder ob man sie billigt. Man verachtet uns, weil wir nichts hinter uns haben. In dieser kollektivistischen Zeit muß der Einzelne etwas hinter sich haben, damit er achtenswert scheint. Für uns gibt es nicht einmal ein Konsulat oder eine Gesandtschaft, an die wir uns wenden könnten. Wir haben gar nichts. Deshalb verachtet man uns – und ganz besonders wenig schätzt man uns hier in Paris, dieser klassischen Emigranten-Stadt, die unser müde ist, weil sie uns zu gut kennt. Hier treffen sich ja alle, schon seit Jahrzehnten: die entthronten Könige und die Arbeiterführer; die Ungarn und die Russen; die italienischen Exilierten und die spanischen; die Armenier, die Jugoslawen, die Griechen, Türken, Bulgaren, Südamerikaner – und nun also auch noch die Deutschen. Unterhalten Sie sich einmal mit einem dieser Heimatlosen, die seit zehn oder fünfzehn Jahren in Paris herumsitzen! Fragen Sie einmal irgendeinen von diesen, was er hier erlebt und ausgestanden hat! Es wird interessant für Sie sein, liebes Kind …»

«Ich habe gerade gestern Nacht einen beobachtet», sagte Marion. «Diesen ungarischen Grafen, der einmal Ministerpräsident war und alle seine Güter weggeschenkt hat. Er saß neben uns im Café Select und spielte Schach mit sich selber.»

«Sie hätten ihn anreden sollen. Manchmal ist er gesprächig, und dann erzählt er von kleinen und von großen Enttäuschungen; von allerlei Erniedrigungen, die er tragen mußte – und früher war er ein so großer Herr! Es wäre ungeheuer aufschlußreich für Sie gewesen. Denn Sie sind ja noch eine Anfängerin.»

Da Marion schwieg und nur fragend schaute, erklärte Anna Nikolajewna ausführlicher, was sie meinte: «Sie sind noch eine Anfängerin in diesem harten, quälenden Geschäft – wenn ich einen so tragischen Lebens-Zustand wie das Exil als ein ‹Geschäft› bezeichnen darf. Ihr seid noch ahnungslose Dilettanten!» rief die Russin hochmütig. «Es gibt tausend kleine Erfahrungen, die sich kaum beschreiben lassen, unzählige Qualen der verschiedensten Art, viele Schmerzen, immer betrogene Hoffnungen – Monotonie und Ruhelosigkeit des unbehausten Lebens – ein Heimweh, das niemals aufhört –: ach, meine arme Marion, all dies zusammen, und noch manches, was ich jetzt gar nicht andeuten kann, das macht das Exil aus. – Es ist keine Bagatelle», sagte sie, abschließend, wieder in ihrem lockeren, damenhaften Konversations-Ton. «Durchaus keine Bagatelle.» Dabei schüttelte sie die Manschetten graziös über ihren Händen. Dann goß sie Tee ein.

… Später erschienen Herr Rubinstein und die kleine Germaine. Man speiste zu Abend, es gab Schinken und Eier, dazu wieder Tee und für jeden ein Gläschen Wodka. Herr Rubinstein aß viel und schweigsam. Er war ein weichlicher Koloß mit sehr gutmütigen Augen – Hundeaugen, wie Marion fand – und einer grauen, auffallend porösen Gesichtshaut. Die kleine Germaine war sehr hübsch und ernst. Sie rührte beinah nichts von der Mahlzeit an, was ihre Mutter besorgt tadelte. «Ich habe keinen Hunger», sagte die kleine Germaine. Nachdem der Tisch abgeräumt war, begann Herr Rubinstein, beinah ohne Übergang, von alten russischen Tagen zu erzählen. Anna Nikolajewna versuchte, das Gespräch auf aktuelle Pariser Ereignisse zu bringen; etwas krampfhaft plauderte sie über einen Ministersturz, eine Opernpremière. Léon aber fand Mittel und Wege, immer wieder auf seine Moskauer Reminiszenzen zu kommen. «Heute habe ich den alten Petroff im Klub getroffen», berichtete er. «Mein Gott, wenn ich mich erinnere …»

Die kleine Germaine verabschiedete sich ziemlich bald. «Ich habe eine Verabredung», erklärte sie kurz auf die unruhige Frage der Mutter. Herr und Frau Rubinstein wechselten einen betrübten, ratlosen Blick. Die Tochter, in grausamer Wortlosigkeit, setzte sich vorm Spiegel ihr schickes schwarzes Hütchen auf. Der Rahmen des Spiegels war mit dicken, drolligen Engeln verziert: eine der niedlichen Arbeiten Anna Nikolajewnas, die sich als unverkäuflich erwiesen hatte.

Martin war den ganzen Tag unruhig. ‹Auf was warte ich›, dachte er. Paris interessierte ihn nicht. Er hatte keine Lust auszugehen. Er versuchte zu schreiben. Das Papier vor ihm blieb leer. Auch das Buch, das er angefangen hatte zu lesen, langweilte ihn.

Er wußte, worauf er wartete.

Der Geruch von Staub und einem süßlichen Jasmin-Parfum, der sein enges Hotelzimmer füllte, war ihm ekelhaft. Trotzdem brachte er bis gegen Abend die Energie nicht auf, auszugehen. Er klopfte mehrfach bei Marion an, die im selben Stockwerk wohnte wie er; aber sie schien den ganzen Tag unterwegs zu sein. Es gab auch noch ein paar andere Bekannte im Hotel «National»; Martin hatte keine Lust, sich mit ihnen zu unterhalten. Er schaute auf die Straße hinaus und beobachtete die Leute, die gegenüber im kleinen

Bistrot ihren Kaffee oder Apéritif tranken. Einige kauften sich Zigaretten und Briefmarken. Martin konnte ihre Gespräche und Gelächter hören. Plötzlich ertappte er sich dabei, daß er an Berlin dachte.

Als er abends das Hotel verlassen wollte, begegnete er Kikjou vor der Loge des Concierge. «Ich suche Sie», sagte Kikjou, als ob das eine Selbstverständlichkeit wäre. ‹Haben wir denn ein Rendezvous für heute abend gemacht?› überlegte Martin einen Augenblick lang. Er war aber vorsichtig genug, seine Zweifel nicht auszusprechen. Vielmehr sagte er nur: «Das ist nett. Wohin gehen wir essen?»

Kikjou wußte ein kleines Restaurant in der rue de Seine. «Es ist eigentlich gar kein Lokal», sagte er, «nur eine enge Stube, wo gerade zwei Tische Platz haben. Die Patronne kocht selber, und das Fräulein Tochter bedient. Aber man ißt dort ausgezeichnet und gar nicht teuer.»

Die Unterhaltung, abwechselnd deutsch und französisch geführt, blieb erst bei literarischen Gegenständen. Martin sagte, wie sehr er Rimbaud liebe, Kikjou gestand seine Bewunderung für Hölderlin und Novalis. Er kannte sich gut aus in den Schönheiten deutscher Dichtung. Später erzählte er von seiner Kindheit und von seiner Familie. Martin bekam Einblicke in ziemlich wirre häusliche Verhältnisse. Kikjous Verwandte lebten teils in Rio de Janeiro, teils in Lausanne und auf dem Lande in Belgien. Der Vater, in Brasilien ansässig, war Chef einer großen Firma, und wollte den Sohn dazu zwingen, ins Geschäft einzutreten. Da Kikjou darauf bestand, in Paris zu sein und Gedichte zu machen, statt sich vernünftig zu beschäftigen, grollte der Vater und schickte kein Geld. «Oft ist die Kasse leer», sagte Kikjou und lächelte betrübt. Manchmal reiste er zu einem Onkel nach Belgien. Der bewohnte ein altes Haus auf dem Lande; Martin bekam den Eindruck, daß es sich um einen etwas wunderlichen alten Herrn handelte; aber Kikjou fand ihn bedeutend. «Onkel Benjamin ist ein gläubiger Katholik», erklärte er und strahlte Martin aus den vielfarbig schimmernden Augen an. Der Onkel umgab sich mit Heiligenbildern, Reliquien, geweihten Kerzen und lateinischen Büchern. «Er hat seine eigene kleine Kapelle», berichtete Kikjou stolz. «Ich fühle mich wohl bei ihm; wenn ich nicht fürchten müßte, ihn zu stören, wäre ich immer dort.» Sein Blick schien benommen; es war vielleicht nur die Wirkung des Weines, vielleicht hing es aber auch mit dem Gedanken an Weihrauchduft und mildes Halbdunkel in Onkel Benjamins Kapelle zusammen. «Manchmal hat er auch Visionen», sagte der Neffe noch, und in seinen Augen war der Glanz beunruhigend. «Engel suchen ihn auf. Er erzählt, daß es immer so ein metallisch klirrendes Geräusch gibt, wenn sie in seine Stube treten. Das kommt von ihren Flügeln, die beständig in Bewegung sind; es ist wie ein nervöser Tick, sagt Onkel Benjamin, aber dabei sehr großartig. Sie müssen immer ihre großen Flügel regen, als kämen sie sonst aus der Übung und würden das Fliegen verlernen; es verhält sich wohl so ähnlich wie bei Rekordschwimmern oder Radfahrern, die auch gleich aus der Form kämen, wenn sie nicht immer trainierten. Ich hätte so gerne einmal einen Engel gesehen. Aber sie zeigen sich nur, wenn niemand im Haus ist außer Onkel Benjamin und der alten Magd. Sogar ich, obwohl ich doch an sie glaube, scheine sie zu vertreiben. Das ist auch der eigentliche Grund, warum ich nie lange beim Onkel bleibe. Er müßte das Gefühl bekommen, daß ich ihm die liebsten Gäste verscheuche. Das wäre mir natürlich sehr unangenehm. Außerdem kränkt mich das Verhalten der Engel ein wenig; ich finde es gar zu spröde.» Nachdem er dies alles geäußert hatte, legte er ruhig seine Serviette zusammen und schlug vor: «Unseren Kaffee trinken wir besser wo anders. Er ist hier nicht besonders gut.»

Sie saßen im Café «Flore» am Boulevard St-Germain. Nun sprachen sie auch über Politik. «Sie sind vor den Nazis geflohen?» fragte Kikjou. «Ich mag sie auch nicht. Neulich habe ich lange mit meinem frommen Onkel über sie gesprochen – er ist ein so kluger Mann. Der deutsche Führer, sagt er, ist vom Teufel geschickt; der leibhaftige Antichrist. In so großer Gefahr wie jetzt, sagt Onkel Benjamin, ist die Christenheit seit ihrem Bestehen noch nicht gewesen. Das Rassen-Dogma bedroht die Grundlagen unseres Glaubens, die Germanen kommen aus den Urwäldern, um die Christliche Kultur zu zerstören, und sind fürchterlicher, als die Hunnen und Türken es waren ...»

Sie redeten lange. Aber zwischen ihnen waren die Worte nicht mehr das Entscheidende. Ihre Blicke führten eine andere Sprache.

Der kleine Helmut Kündinger kam vorbei und schaute sie traurig an. «Gefällt es Ihnen in Paris?» erkundigte er sich bei Martin auf seine korrekte und schüchterne Art. «Es ist eine herrliche Stadt. Ich bin den ganzen Tag spazieren gegangen und war auch lange im Louvre. Aber ich mußte immer an meinen Freund denken, der dies alles so genossen hätte …» Da man ihn nicht dazu aufforderte, sich an den Tisch zu setzen, wünschte er schmerzlich einen guten Abend und ging langsam weiter.

Gegen Mitternacht sagte Martin: «Wir könnten noch ein bißchen in mein Hotel gehen. Es ist zwei Minuten von hier. Mir scheint, ich habe sogar noch ein bißchen Whisky …»

Auf der Treppe, im Hotel «National», begegnete ihnen Marion.

«Weißt du schon das Neueste?» sagte sie zu Martin. «Meine Mama und Tilly sind heute in Zürich angekommen.»

«Nein, sowas!» sagte Martin. «Wie muß es in Deutschland aussehen, wenn sogar Frau von Kammer es nicht mehr erträgt? – Willst du noch einen Schnaps mit uns trinken, Marion?»

«Danke», sagte Marion. «Ich falle um vor Müdigkeit. Unterhaltet euch gut! Viel Vergnügen!»

Frau Geheimrat Marie-Luise von Kammer hatte mit ihren beiden jüngeren Töchtern, Tilly und Susanne, am 16. April 1933 die deutsche Heimat verlassen: kaum zwei Wochen nachdem ihr ältestes Kind, Marion, nach Paris in die Emigration gegangen war. Frau von Kammer – plötzlich vor die Wahl gestellt, in welchem Lande sie am liebsten wohnen wolle – entschied sich, nach nur kurzem Schwanken, für die Schweiz, wo sie mit ihrem Gatten beinah jedes Jahr die Ferienwochen zugebracht hatte. In der Schweiz wiederum kamen vor allem das Tessin, das Engadin oder Zürich in Frage. Frau von Kammer behauptete, daß sie persönlich einen stillen, ländlichen Platz, etwa Ascona oder Sils-Maria, vorziehen würde: «denn ich habe genug von der Welt», sagte sie in ihrer sonderbar konventionellen, starren Manier, die selbst noch der aufrichtigsten, spontansten Äußerung einen floskelhaft rhetorischen Charakter gab. «Aus Rücksicht auf ihre Töchter», entschloß sich die Geheimratswitwe dazu, vorläufig in der größeren Stadt, in Zürich, Wohnung zu nehmen. «Ich will, daß meine Mädels von der Gesellschaft empfangen werden», sagte sie – und es klang, als gäbe es in Zürich einen Kaiserlichen Hof, dessen Zierde die jungen Damen von Kammer nun ausmachen sollten.

Wenn sie, in solchem Zusammenhang, von «meinen Mädels» sprach, machte sie sich einer Übertreibung schuldig, denn wirklich konnte es sich nur um Tilly, die Neunzehnjährige, handeln. Susanne war erst dreizehn Jahre alt und sollte in einem Schweizer Pensionat «für junge Mädchen aus ersten Familien» untergebracht werden. Das Institut war entschieden zu teuer für die finanziellen Verhältnisse der Geheimrätin. «Aber es muß eben reichen!» erklärte die Mutter, fanatisch in ihrer Zärtlichkeit zu dem hochaufgeschossenen, etwas mürrischen Backfisch, wie in ihrem unbedingten Entschluß, sich sozial nicht degradieren zu lassen.

Marion blieb in Paris. Einige Tage nach ihrer Ankunft in Zürich hatte die Mutter, «mit Voranmeldung für Mademoiselle von Kammer», das Hotel «National», Paris, rue Jacob, angerufen. «Ich bin froh, deine Stimme zu hören, mein Kind!» sagte sie, und der Klang ihrer Worte war wärmer und belebter als meistens. – «Wie geht es dir denn, Mama?» fragte Marion, glücklich über die ungewohnt einfache, herzliche Art der Mutter. – «Danke, mein Kind: leidlich gut.» Nun hatte sie schon wieder jene damenhafte Verbindlichkeit, unter der Marion heftiger litt als andere Töchter unter den Wutausbrüchen ihrer Mutter. – «Du weißt ja: das Züricher Klima ist eine Wohltat für meine Nerven – natürlich nur solange es keinen Föhn gibt …» Sie redete, als wäre sie soeben in Baden-Baden oder Bad Gastein eingetroffen und berichtete nun einer entfernten Bekannten über die ersten Erfolge der Kur. Es war der Ehrgeiz der Frau von Kammer, Haltung zu bewahren, auch der Tochter gegenüber –: Haltung um jeden Preis, den Verhältnissen zum Trotz, malgré tout, geschehe, was auch immer.

Das Telephongespräch zwischen Paris und Zürich dauerte nicht sehr lange. Mama berichtete noch, daß sie, mit Tilly und der kleinen Susanne, vorläufig in einem sehr hübschen Hotel am See abgestiegen sei. «Sehr soigniert», sagte sie anerkennend. «Die Bedienung – tipptopp! Aber es ist natürlich nur provisorisch. Auf die Dauer könnte man sich das nicht leisten.»

«Es ist schrecklich traurig», sagte Marion, nachdem sie eingehängt hatte, zu Martin Korella, der gerade bei ihr im Zimmer war. «Sie kann es einfach nicht zeigen, wie nett sie ist. Hinter ihrer blöden ‹feinen› Art versteckt sich ihre ganze große Nettigkeit.» Marion sah bekümmert aus. Mit ihren schönen und langen Fingern – den kraftvoll trainierten Fingern einer Pianistin, mußte Martin denken; oder, nein: eigentlich einer Bildhauerin – zerdrückte sie im Aschenbecher eine Zigarette, die sie gerade erst angeraucht hatte. Dabei stieß sie den Aschenbecher – es war eine jener häßlichen, weißen kleinen Schalen, mit dem Reklame-Aufdruck der «Galeries Lafayette» – vom Tisch; mit zornig verfinsterten Augen schaute sie auf Zigarettenstummel und Asche, die nun den Teppich verunzierten. «Dabei ist sie nämlich wirklich ganz besonders nett», behauptete sie mit einer tiefen, grollenden Stimme und schüttelte – einer gereizten Löwin ähnlich – die lockere Fülle ihres rot-braunen, purpurn schimmernden Haares. – «Zum Beispiel war es doch ganz großartig von ihr, wie sie sich während dieser letzten Wochen benommen hat», sagte Marion noch, trotzig und aufgebracht, als hätte jemand ihr widersprochen – während Martin doch nur liebenswürdig und etwas schläfrig lächelte. «Längst nicht jede alte Dame bringt es fertig, sich so prima zu halten; die meisten hängen viel zu sehr an ihrer Tischwäsche oder an einer bestimmten Friseuse, um die freiwillige Emigration auch nur zu erwägen. Und für die geborene von Seydewitz sollte es im Nationalsozialismus eigentlich verschiedene Elemente geben, die ihr gar nicht übel gefallen: stramme Haltung, nationales Gefühl, und all so'n Zeug … Aber nein: die geborene von Seydewitz überlegt sichs erst gar nicht lange. In ihrer ulkigen Ausdrucksweise konstatiert sie: Die Nazis sind schlechte Klasse – womit sie freilich auf eine etwas andere Art recht hat, als sie selber meint. Damit ist für sie alles erledigt. Ihr Instinkt hat gespürt: Was jetzt in Deutschland regiert, das ist Dreck. Und sie packt ihre sieben Sachen …»

«Vielleicht», gab Martin zu bedenken – jedes seiner Worte mit einer selbstgefälligen Langsamkeit schleppend –, «vielleicht ist diese brave Attitüde durch den schönen Einfluß einer gewissen Tochter zu erklären …»

«Vielleicht. Bis zum gewissen Grade.» Marion biß sich in die Knöchel der geballten Faust, wie es ihre Angewohnheit war, wenn sie konzentriert nachdachte. «Aber mein Einfluß» – beschloß sie – «hat gewiß keine entscheidende Rolle gespielt. Die Seydewitz konnte ja gar nicht anders handeln, als sie es getan hat!» Dabei schüttelte sie, wie triumphierend, wieder das prachtvolle Purpur-Gelock. Martin lächelte, sphinxhaft, zärtlich und verschlafen. –

In der Tat: Frau von Kammer, die geborene Baronesse von Seydewitz, konnte gar nicht anders, als sich mit gelassener, hochmütiger Unbedingtheit gegen das suspekte Phänomen des Nationalsozialismus zu stellen. In allen politischen Dingen war sie vollkommen ahnungslos; aber für den neu-deutschen «Erlöser» und seinen Anhang hatte sie nur das angewiderte Achselzucken, mit dem sie einen schlecht gebauten alten Klepper abgelehnt hätte, den man ihr als Rennpferd anzubieten wagte. Ihr Instinkt für biologische Werte – viel schärfer entwickelt als ihr Gefühl fürs Moralische – bewahrte sie davor, auf die Tricks der Demagogen auch nur eine Sekunde lang hereinzufallen. Hinzu kam ihr höchst empfindliches Gefühl für die Würde ihrer Familie, das durch die neue Staats-Religion verletzt wurde.

Denn das Rassen-Dogma beleidigte das Andenken ihres verstorbenen Gatten. Der Geheimrat von Kammer war Jude gewesen; seine Töchter galten, nach neuester deutscher Auffassung, als «Nichtarierinnen». Den Adelstitel hatte der Geheimrat von seinem Vater, einem einflußreichen Bankier, geerbt. Seit einem halben Jahrhundert unterhielt die Frankfurter jüdische Patrizier-Familie gute Beziehungen zur Aristokratie und sogar zum Kaiserlichen Hof. Marie-Luisens seliger Gatte, Alfred von Kammer – Internist von internationalem Ruf, Chef eines großen Berliner Krankenhauses – hatte das Faktum seiner jüdischen Herkunft niemals verleugnet, sondern es eher, auf seine unpathetische, jovial-scherzhafte Art, zu betonen geliebt. Er war fünfundzwanzig Jahre älter als Marie-Luise, deren Vater, dem General, er die letzten Lebensstunden zwar nicht wesentlich verlängert, aber durch klug gewählte Tropfen und Injektionen doch ein wenig erleichtert hatte.

Familie von Seydewitz lebte in Hannover und hatte kein Geld. Der General war stockkonservativ; verachtete aber die meisten seiner Standesgenossen – wegen ihrer Unbildung und kulturellen Zurückgebliebenheit – womöglich noch mehr als die grauenhaften

Sozialdemokraten. Abends, bei der Lampe, las er seiner Frau und den Töchtern aus den Schriften von Goethe, Stendhal, Lord Byron und Theodor Fontane vor. Als er krank ward, bestand er darauf, daß man den berühmten jüdischen Spezialisten rief. Professor von Kammer verliebte sich prompt in das spröde, arme, hochmütige und sehr hübsche Fräulein von Seydewitz. Während einer beinah zwanzigjährigen Ehe wurde er sich niemals darüber klar, ob sie ihn wiederliebte, oder je wiedergeliebt hatte. Vielleicht hatte die kleine Baronesse ihn nur geheiratet, weil er eine gute Partie war. Das Problem – ob Marie-Luise ihn liebte – beschäftigte den großen Arzt zwei Jahrzehnte lang. Als er sich zum Sterben niederlegte, zeigte sie ihm, zum ersten Mal, eine heftige, bewegte Zärtlichkeit. Die Gebärde, mit der sie sich über sein Lager warf, hatte eine Vehemenz, die den Geheimrat an seiner reservierten Gattin verblüffte. «Bitte, bitte – stirb nicht!» flehte Marie-Luise – schamlos, fassungslos in ihrer Angst. Wovor fürchtete sich denn die geborene von Seydewitz! Sie gestand es selbst; denn sie schrie: «Dann wäre ich ganz allein!» Der Geheimrat starb aber doch. Das war im Jahre 1925.

Herr von Kammer hatte schon am 9. November 1918 beschlossen, nun wolle er nicht mehr lang leben. Die Niederlage des Reiches, der Zusammenbruch der Monarchie hatten ihn psychisch und physisch erledigt – übrigens auch finanziell. Er war ein glühender Patriot und fanatischer Anhänger des Hauses Hohenzollern – während Marie-Luise, was vaterländische Gefühle betraf, sich zwar korrekt aber eher kühl verhielt und die Kaiserliche Familie sogar ein wenig verachtete.

Der Geheimrat hinterließ seiner Witwe ein nur geringes Vermögen; den größten Teil seiner stattlichen Guthaben hatte er in Kriegsanleihe investiert – und also verloren. Der immer noch beträchtliche Rest zerschmolz ihm während der Inflation.

Marie-Luise verkaufte, Stück für Stück – und übrigens nicht ohne kommerzielle Geschicklichkeit – die Renaissance-Teppiche, Biedermeierkommoden und die kleine Bildersammlung – Böcklin, Schwind, Spitzweg, Leibl, Hans Thoma –, die den Schmuck ihrer repräsentativen Wohnung in der Tiergarten-Straße ausgemacht hatten. Das geringe Kapital brauchte sie noch nicht anzugreifen.

Von den Zinsen und dem Erlös der Verkäufe konnte sie ihre bescheiden gewordene Existenz, samt standesgemäßer Erziehung der Töchter, bestreiten.

Es bedeutete entschieden eine Enttäuschung für die Mama, daß ihre Älteste, Marion, zum Theater wollte. Indessen war Marie-Luise zu intelligent, um Einspruch zu erheben. ‹Wenn sie als Schauspielerin keine Karriere macht, wird sie heiraten›, dachte sie und genehmigte Marion ein paar hundert Mark extra, damit sie mit einem anständigen Garderobe-Bestand ins erste Provinz-Engagement reisen könne. Tilly ihrerseits erklärte, am Tage ihres siebzehnten Wiegenfestes, nicht ohne Feierlichkeit, daß sie sich zur Malerei berufen fühle. Die Mama schlug vor, ob sie es nicht zunächst mit der Herstellung von stilisierten Lampenschirmen und netten Glastieren versuchen wolle; dergleichen hatte mehr praktische Aussichten als Ölgemälde oder Kupferstiche. Tilly ging zur Kunstgewerbeschule. Frau von Kammer hoffte, daß wenigstens bei der kleinen Susanne jener Drang nach künstlerischer Aktivität, der bei den Älteren so heftig schien, ausbleiben werde. Freilich: sogar junge Damen aus erstklassigen und selbst noch wohlhabenden Häusern zeigten heutzutage eine gewisse Neigung, sich «auf eigene Füße zu stellen». Trotzdem war die geborene von Seydewitz der Meinung, daß arbeitende Mädchen schwerer zu verheiraten seien als faule. Woher hatten Marion und Tilly ihre Talente und ihren unruhigen Ehrgeiz? In der Familie von Seydewitz kam dergleichen nicht vor. Sie mußten es von den Kammers geerbt haben.

Dabei konnte man nicht eigentlich sagen, daß Marion, äußerlich oder als Charakter, dem Vater glich. Ihr vehementer, aggressiver Charme, ihre begabte Nervosität, ihre Unrast, ihr Eigensinn waren weder in der jüdischen Patrizierfamilie, noch in dem preußischen Aristokratengeschlecht vorher dagewesen. Die hohen und schmalen Beine hatte sie von der Mutter; den gescheiten, manchmal grüblerisch sich verdunkelnden Blick vielleicht vom Papa. Aber es blieb, an diesem kompliziert zusammengesetzten und fast beunruhigend reizbegnadeten biologischen Phänomen, genannt «Marion», ein großer Rest von durchaus fremdartigen Qualitäten; eine Fülle von Zügen, die der Mutter erstaunlich, unverständlich und beinah erschreckend schienen.

Tilly erinnerte auf eine klarere, eindeutigere Art an den Vater: schon durch ihre Neigung zur Rundlichkeit – sie tat gut daran, auf ihre Linie zu achten –; aber auch durch Form und Ausdruck ihres intelligenten, weichen, gutmütig sinnlichen Gesichtes. Tillys Lippen, besonders, ließen Marie-Luise oft an den seligen Geheimrat denken: dieser genußfreudige, ein wenig zu üppige Mund, der immer ein wenig feucht wirkte – als hätte er gerade etwas Leckeres, Fettes, Honigsüßes verzehrt, oder als hätte er sich soeben erst von einem anderen nassen Mund gelöst, an dem er sich mit langem Kusse festgesaugt. Übrigens war es diesem Munde auf eine überraschende, fast fürchterliche Art auch gegeben, Schmerz, sogar Verzweiflung auszudrücken. Es geschah zuweilen, daß Tillys Lippen sich tragisch öffneten, wie zu einem stummen Schrei, und ehe die Augen noch Tränen vergossen, schienen die feuchten Lippen zu weinen. –

Von den Kind Susanne durfte man erwarten, daß eine veritable von Seydewitz aus ihr werde: sie brachte das Zeug dazu mit. Marie-Luise mochte als kleines Mädchen hübscher und wohl auch, auf ihre spröd befangene Art, liebenswürdiger gewesen sein. Gewisse Züge, die bei der Mutter erst jetzt, im Alter, hervortraten, waren bei Susanne schon in zarter Jugend auffallend: etwa das zu lange, hart geformte Kinn; die schmalen, aufeinander gepreßten Lippen und die ein wenig bitteren Falten, von denen die Mundwinkel abwärts gezogen wurden. Das Kind Susanne hatte wasserblaue, streng blickende Augen und frisierte sich das dünne, aschblonde Haar zu steifen kleinen Zöpfen, von denen man den Eindruck bekam, daß sie hart und kühl anzufühlen sein müßten wie Metall. Im Jahre 1931 wollte Susanne Mitglied einer Nationalsozialistischen Jugend-Organisation werden. Frau von Kammer mußte es ihr verbieten und sie auf die jüdische Abkunft ihres Vaters schonend aufmerksam machen. Susanne, die davon nichts geahnt hatte, wurde bleich und verstummte. Dann weinte sie lange. «Du brauchst dich deines Vaters nicht zu schämen», versuchte Marie-Luise sie zu trösten. «Er hat seinem Lande große Dienste geleistet.» –

Die geborene von Seydewitz war keineswegs gewillt, mit irgendjemandem eine Philosophie und politische Konzeption zu diskutieren, der zufolge ihr verstorbener Gatte zu einem Bürger zweiter Klasse, einem Paria degradiert ward. Sie brach rigoros den Verkehr mit allen jenen unter ihren Bekannten ab, die der Rasse-Dogmatik des Nationalsozialismus anhingen. Ihren Freundinnen – von denen die meisten zum mittleren preußischen Offiziersadel gehörten – erklärte sie: «Diese Nazis sind noch schlimmer als sogar die Kommunisten. Bei denen weiß man doch wenigstens, was sie sind: unsere Feinde. Die Nazis aber spielen sich als die Bewahrer unserer heiligsten Güter auf und sind in Wahrheit doch nur respektlose Plebejer.» Die Offiziers-Gattinnen schwiegen pikiert, wenn die geborene von Seydewitz scharf betonte: «Wer behauptet, ein Jude könne kein guter deutscher Patriot sein, der ist ahnungslos, oder er lügt. Mein seliger Vater – sicherlich ein preußischer Soldat von guter alter Art – zählte einige Juden zu seinen intimsten Freunden. Meine Mädels sind in einem tadellosen Geist erzogen worden. Soll ich es mir nun bieten lassen, daß man sie plötzlich wie Pestkranke behandelt?» Marie-Luise, sonst so fein und still, sprach mit einer vor Indigniertheit beinah klirrenden Stimme.

Was den verstorbenen General von Seydewitz betraf, so war es bekannt, daß er seiner Familie abends aus den Werken deutscher und sogar ausländischer Poeten vorgelesen hatte – was befremdlich genug wirkte –, und daß er, seiner eigenen Kaste gegenüber, von einer sonderbaren Reserviertheit gewesen war. Und nun gar die beiden jungen Fräulein von Kammer angehend: da hatten Marie-Luisens gute Freundinnen recht gemischte – oder eigentlich schon: ganz eindeutige – Gefühle. Untereinander redeten sie, halb mitleidig halb entrüstet, über Marion und Tilly. «Die arme Marie-Luise ist blind», wurde getuschelt. «Sieht sie denn wirklich nicht, wie anstößig sich die jungen Dinger betragen?! Beide schminken sich ja, daß man meinen könnte, sie seien –, ich will lieber gar nicht sagen, was!» Die Damen schüttelten die Köpfe und schnitten Grimassen, als hätte man ihnen etwas Widriges in den Tee geschüttet. «Kein Wunder», sagten sie noch. «Die Rasse des Vaters schlägt durch.» –

Frau von Kammer war keineswegs blind für die etwas riskanten Allüren ihrer beiden erwachsenen Kinder. Es schmerzte sie bitter, daß die Mädchen sich nicht ihren Umgang in den konservativen, vornehmen Kreisen suchten, die das Milieu der Mutter waren und um deren Gunst der Geheimrat sich ein Leben lang, mit Zähigkeit und Erfolg, bemüht hatte. Woher kam ihnen nur der unglückselige Hang zur Bohème? Dieser extravagante kleine Pariser – Marcel Poiret –, mit dem Marion fast ihre ganze freie Zeit verbrachte, war durchaus nicht nach dem Geschmack der Mama. Auch Martin Korella, den Marion schon als kleines Mädchen gekannt hatte, kam Frau von Kammer etwas unheimlich vor. Seine schleppende Art zu sprechen, sein verhangener, zu süßer und zu trauriger Blick, die selbstgefällige Ironie seiner Äußerungen –: «es paßt sich nicht für einen jungen Mann», sagte Marions Mutter, «und überhaupt, er hat so gar nichts Frisches.»

Der Student, den Tilly ihren Bräutigam nannte, Konni Bruck, machte einen sympathischeren Eindruck; aber Frau von Kammer wußte, daß er sich mit Politik beschäftigte, und zwar auf ungehörige Weise. Er war mindestens Sozialdemokrat, vielleicht sogar Kommunist: die Geheimratswitwe wollte es gar nicht so genau wissen. Jedenfalls stand fest, daß er Tilly in politische Versammlungen schleppte – an Orte also, wohin junge Mädchen keineswegs gehören –: ebenso wenig wie in Nachtlokale, die Konni Bruck auch mit Tilly zu frequentieren pflegte.

All dies beschäftigte und betrübte Marie-Luise. Aber der Familienhochmut und ihre Liebe zu den beiden Mädchen verboten es ihr, jemals einem ihrer Bekannten gegenüber solche Sorgen anzudeuten. Schließlich war die Mutter auch stolz darauf, daß Marion und Tilly viele Freunde und Bewunderer hatten. In einer gewissen Gesellschaft spielten die zwei entschieden eine Rolle – wenngleich es nicht genau die Gesellschaft war, die Frau von Kammer-Seydewitz sich für ihre Töchter gewünscht hätte. –

Als die Nazis zur Macht kamen, war man in Marie-Luisens Kreisen zunächst begeistert. Nur ganz wenige Hellsichtige ahnten schon, daß nun Personen und Tendenzen herrschend wurden, die einem aristokratischen Konservativismus durchaus nicht in allen Stücken freundlich gesinnt waren. Ahnungslos wie die berauschte Masse, die in den Straßen lärmte, jubilierten die Offiziersdamen aus Potsdam oder Ostpreußen darüber, daß nun Schluß sein sollte mit dem Schandvertrag von Versailles und mit dem verhängnisvollen Einfluß der Israeliten.

Marie-Luise stand mit ihrer Bitterkeit und ihrem Haß ganz allein. Sie dachte an ihren Gatten und gab niemandem mehr die Hand, der ein Hakenkreuz im Knopfloch trug oder Heil Hitler rief. Wenn sie einem Trupp von Braunhemden auf der Straße begegnete, hielt sie sich ostentativ die Nase zu, anstatt den Arm zu recken. «Nazis stinken», behauptete sie, und wäre einmal fast verprügelt worden, weil eine Kleinbürgersfrau, die neben ihr stand, es gehört hatte.

Marion war abgereist, nachdem die Geheime Staatspolizei mehrere ihrer nächsten Freunde verhaftet hatte. Auch Tilly, die sich mit dem jungen Bruck in linken Versammlungen gezeigt hatte, wurde gewarnt: es lägen bei der Gestapo Denunziationen gegen sie vor – anonyme Briefe, wahrscheinlich von den guten Freundinnen ihrer Mutter –; sie sei in akuter Gefahr. Ihren Konni traf sie nur noch in aller Heimlichkeit; ein paar Nächte lang schlief sie nicht mehr zu Haus. Es war ein unhaltbarer Zustand. Marie-Luise empfand es als unter ihrer Würde, in einem Lande zu bleiben, wo ihr Gatte – wenn er noch lebte – Beleidigungen ausgesetzt gewesen wäre, und wo anständige Menschen ihres Lebens nicht mehr sicher sein konnten.

Tilly hatte erwartet, sie werde ihre Mama mit großer Eloquenz zur Abreise überreden müssen. In Wahrheit stand es bei Marie-Luise schon fest, daß im Dritten Reiche ihres Bleibens nicht war, ehe Tilly auch nur angefangen hatte zu sprechen. Ohne irgendwelches Aufheben zu machen, still und umsichtig, hatte die Mutter mit den notwendigen Vorbereitungen begonnen.

Tilly ihrerseits wäre für die Emigration nicht zu haben gewesen, wenn nicht der junge Bruck – dem die Vorstellung unerträglich war, daß die Freundin seinetwegen in Gefahr kommen könnte – sie dazu bestimmt hätte: Er mußte ihr gegenüber wirklich alle jene Überredungskünste anwenden, die bei der geborenen von Seydewitz überflüssig waren. Konni versprach, in ein paar Wochen oder Monaten ins Ausland nachzukommen. Es war das erste Mal, daß er Tilly belog. Seine entschiedene Absicht war es, in Berlin zu bleiben und der illegalen Opposition, die sich gleich nach der «Machtergreifung» zu formieren begann, alle seine Kräfte zur Verfügung zu stellen. Er war zwanzig Jahre alt, studierte Physik und glaubte mit einer Zuversicht, die jedem Widerspruch mit stolzem Achselzucken begegnete, daß die Marxistischen Dogmen und Prophezeiungen in einem ebenso objektiven, indiskutablen Sinne «wahr» seien wie gewisse Naturgesetze oder mathematische Regeln. Man verhaftete ihn, als er versuchte, vor Beginn der Kollegs antifaschistische Flugblätter im Universitätsgebäude zu verteilen.

Das geschah kaum einen Monat nachdem Tilly mit ihrer Mutter in Zürich eingetroffen war. Die Beiden saßen am Frühstückstisch – man hatte vom Hotelzimmer aus die schönste Aussicht über den See, auf dessen dunstiger Fläche die Segelschiffe zu schweben schienen –; der Liftboy brachte den Brief, er war von einem Kameraden des jungen Bruck, trug den Poststempel «Prag» und war mit den Initialen «H. S.» gezeichnet. Tilly durchflog die Zeilen. Sie ließ das Papier zu Boden fallen, dabei schrie sie leise und faßte sich mit beiden Händen an die Brust, als hätte jemand ihr einen furchtbar schmerzhaften Schlag versetzt. Sie bekam keinen Atem mehr. Die Mutter dachte, mein Gott, es sind diese asthmatischen Zustände, die hat sie doch seit Jahren nicht gehabt. Tilly keuchte und bearbeitete mit kleinen hilflosen Faustschlägen ihre um Atem ringende Brust. In einem Gesicht, das weiß geworden war wie das Tischtuch, öffneten sich die weichen und nassen Lippen zur Klage. Die Augen waren noch trocken, aber sie schienen nichts mehr zu sehen: ehe noch die Tränen sie blind machten, nahm ihnen der betäubende Schmerz schon den Blick. Bei sehr großen Affekten, in der Wollust oder in der Verzweiflung, bleibt den Menschen nichts übrig, als das festgelegte, klassisch stilisierte Bild zu stellen. Gerade die ungeheuersten Gemütsbewegungen drücken sich in der höchst konventionellen Pose aus. Das Individuelle tritt zurück; was bleibt ist der menschliche Ur-Typ. Tilly von Kammer – am Frühstückstisch in diesem Züricher Hotelzimmer – stellte, sich die Brust schlagend und das Haupt mit den tragisch blicklosen Augen langsam hin und her wiegend, das klassische Bild: Junge Frau, die Trauerbotschaft empfangend.

Auch die Mutter verhielt sich genau so, wie die Zeugin der Jammerszene, die an der Katastrophe primär Unbeteiligte, nur indirekt und nur durch Mitleid Betroffene sich nach den klassischen

Regeln der Tragödie benimmt. Marie-Luise flüsterte mit bleichen Lippen: «Was ist dir, mein Kind?»

«Konni ...», brachte das Mädchen hervor. Nun schien sie wirklich keinen Atem mehr zu bekommen. – «Ist er tot?» fragte die Mutter rasch; ihrem temperierten Gefühl hätte einzig und allein eine Todesnachricht Tillys maßlose Reaktion plausibel gemacht.

Tilly konnte noch sagen: «Nein ... Es ist beinah schlimmer ... Konzentrationslager ... Sie haben ihn in ein Konzentrationslager gebracht ...»

Frau von Kammer fand es schwierig, dazu irgendetwas zu äußern. Übrigens verband sie mit dem Begriff «Konzentrationslager» keine sehr genauen, plastischen Vorstellungen. Um doch nicht völlig stumm zu bleiben, sagte sie, etwas matt: «Armer Kerl!» Und fügte hinzu – was sie eine Sekunde später bereute –: «Aber warum läßt sich ein begabter junger Mensch auch mit dieser schmutzigen Politik ein? Ich wußte immer, daß es nicht gut ausgehen würde ...» – Tilly, die sonst ähnliche Bemerkungen der Mutter zu ignorieren pflegte, war diesmal fassungslos. Während sie schon durchs Zimmer stürzte, auf die Türe zu – in einer Haltung, als fliehe sie aus einem Raum, der in Flammen stand, und als hinge alles, selbst die Rettung Konnis, davon ab, daß sie die Türe in der nächsten Sekunde erreiche – murmelte zwischen den Zähnen: «Und sonst hast du mir nichts zu sagen, Mama?!» Ja, das war wohl Haß, was ihr nun die Züge zu einer schlimmen kleinen Grimasse verzerrte und was als ein flüchtiges, aber intensives Funkeln aus ihren Augen kam. Die Hand hatte sie schon an der Türklinke. Jetzt weinte sie endlich. Der Zorn über die Kränkung, welche die arme, ahnungslose Mutter ihr zugefügt, machte die Tränen frei: nun strömten sie ihr reichlich über die kindlich gerundeten Wangen: «In was für einer Welt lebst du denn?!» rief die Schluchzende noch über die Schulter. Dann war sie hinaus.

Frau von Kammer blieb in sehr aufrechter Haltung am Frühstückstisch sitzen. Sie sah alt aus – älter als sie eigentlich war. Ihr Haar hatte jene unbestimmte, aschblonde Farbe, von der sich kaum feststellen ließ, ob es schon ergraut, oder nur verblichen, glanzlos geworden war. Die Falten zwischen den Brauen und um die gepreßten Lippen hatten sich während der letzten Monate verschärft und vertieft. Der Anblick ihres zu schmalen, zu langen und zu harten Gesichtes, mit den eingefallenen Wangen, der feinen Nase und dem kantigen Kinn, ließ an ein sehr gutrassiges, abgearbeitetes, stolzes und etwas müdes Pferd denken.

Die Mutter stand seufzend auf. ‹Wenn das mit Tillys Asthma-Anfällen nun wieder losgeht›, dachte sie, –: ‹eine schöne Geschichte! – Konzentrationslager ... Konzentrationslager ... Welch ein Irrsinn!› – Sie wollte sich selber nicht zugeben, wie sehr es ihr leid tat, daß sie ihr großes Mädchen nicht tröstend in die Arme geschlossen hatte, anstatt sie durch ihre gefühllose Bemerkung noch weiter zu verletzen.

Tilly ging Tage lang schweigsam, mit bleicher, verstörter Miene umher. Sie war beinah dazu entschlossen, nach Berlin zu fahren, um ihrem Konni zu helfen – auf welche Weise, war ihr selber nicht klar. Sie schrieb dem Kameraden des jungen Bruck – dem Mann, der so geheimnisvoll als «H. S.» signiert hatte – an seine Deckadresse in Prag und erkundigte sich bei ihm, was er von ihrem Reiseplan halte. Er erwiderte, kurz und bündig: Das ist Quatsch. Du kannst dem Jungen nichts nützen und bringst dich selbst in Gefahr. – Merkwürdiger Weise nannte der Unbekannte sie «Du». Tilly wunderte sich darüber; fühlte sich aber auch geschmeichelt und, auf eine fast sinnliche Art, gereizt. Konnis Freund rechnete sie also zu den Zuverlässigen, den Genossen ... Dabei hatte sie sich eigentlich nie für Politik interessiert. Nur um die Abende mit Konni verbringen zu können, hatte sie ihn zu den Meetings begleitet – die tödlich langweilig für sie gewesen wären, wenn er nicht neben ihr gesessen hätte. Sie liebte ihn. Jetzt erst, da sie ihn verloren hatte, ermaß sie es ganz, wie sehr sie ihn liebte und brauchte. Sie dachte immer an ihn, und sie weinte viel. Das Ärgste war, daß keine Nachricht von ihm kam – keine Zeile. Erreichten ihn denn die langen Briefe, die sie ihm fast täglich schrieb? Auch der mysteriöse H. S. in Prag hatte seinerseits nichts von Konni gehört: er teilte es Tilly, die ihn brieflich mit Fragen bestürmte, lakonisch mit. – Wie mochte dieser H. S. aussehen? Tilly beschäftigte sich zuweilen mit der Frage. Seine Handschrift war sympathisch, übrigens recht kindlich steif und steil. Er hatte eine unbeholfene, aber kräftig volkstümliche und prägnante Art, sich auszudrücken. ‹Sicher ist er ein sehr anständiger, einfacher Junge›, beschloß Tilly. ‹Ich glaube, daß ich ihn mögen würde.›

Ernst und heroisch gestimmt, wie sie war, gab sie luxuriöse Gewohnheiten auf; zum Beispiel die, in Nachtlokale zu gehen, Whisky zu trinken und fünfzig Zigaretten am Tag zu rauchen. Sie verzichtete auch darauf, weiter die Kunstgewerbeschule zu besuchen. Ihrer Mutter teilte sie mit, daß sie Unterricht im Maschine-Schreiben und Stenographieren nehmen wolle, um möglichst bald selbst etwas zu verdienen. Frau von Kammer konnte nichts dagegen einwenden – obwohl die Vorstellung, eine ihrer Töchter als Sekretärin arbeiten zu sehen, ihr höchst peinlich war. Aber die Geldverhältnisse der Witwe verschlechterten sich rapide. Die Bilder und Kunstgegenstände, die ihr noch geblieben waren, hatte sie zwar, samt ihrer Wohnungseinrichtung und der kleinen Bibliothek, mit in die Schweiz nehmen können. Die besten Stücke aber waren längst verkauft, und von dem Barvermögen hatte sie erhebliche Teile für die «Reichsfluchtsteuer» opfern müssen.

In dem kostspieligen Hotel an der Seepromenade war Frau von Kammer mit ihrer Tochter nur einige Wochen geblieben. Die Dreizimmer-Wohnung, die sie nach langem Suchen gefunden hatte, war immer noch teuer genug. Sie lag in der «Mythenstraße», die einen gediegen soignierten Eindruck machte. «Die Lage könnte nicht besser sein», erklärte Marie-Luise ihren Bekannten, die kleinbürgerliche Enge der dunklen Parterre-Stuben mit der Vortrefflichkeit ihrer topographischen Situation gleichsam entschuldigend. «Man hat nur ein paar Schritte bis zum See, bis zu den guten Geschäften an der Bahnhofstraße, zum Paradeplatz, zum Kursaal und – darauf lege ich ganz besonderen Wert! – man ist nah bei der Tonhalle. Die Konzerte hier sollen ja ersten Ranges sein...» Wirklich hatte sich die geborene von Seydewitz, obwohl sie gar nicht musikalisch war, ein Abonnement für die Symphonie-Konzerte geleistet; dies glaubte sie ihrer gesellschaftlichen Stellung schuldig zu sein. «Wenn man aufhört zu repräsentieren», versuchte sie Tilly klar zu machen, «ist man verloren. Die Leute sehen einen überhaupt nicht mehr an.»

Der Geheimrat hatte in Zürich viele gute Freunde gehabt – prominente Kollegen, oder reiche Patienten – Marie-Luise durfte meinen, daß sie mit mehreren Damen aus Schweizer Patrizier-Kreisen in den herzlichsten Beziehungen stand. Nun meldete sie sich telephonisch bei ihnen. Man war erfreut, ihre Stimme zu hören; da sie als Adresse zunächst das luxuriöse Seehotel nennen konnte, nahm man an, sie befinde sich auf der Durchreise. Man lud sie zum Tee oder zum Abendessen ein. Sie nahm Tilly mit. «Du wirst sehen, wir werden bald einen reizenden Kreis hier haben», versicherte sie siegesgewiß der Tochter auf der Taxifahrt zum Villenvorort, wo die lieben Bekannten wohnten.

Indessen erfror das Lächeln auf den Mienen der wohlhabenden Gastgeber, als Frau von Kammer gestand, daß sie diesmal nicht auf einer Vergnügungs- oder Erholungsreise sei, sondern sich hier niederzulassen gedenke. Es war, als hätte man die eben noch respektable Dame bei suspekten, wahrscheinlich kriminellen Machenschaften ertappt. «Ja, wieso denn?! Warum denn nur, meine Liebe?» forschte angstvoll die Hausfrau. Als Marie-Luise aber, artig und gelassen, erklärte, daß man ihr doch wohl kaum zumuten könne, in einem Lande zu bleiben, wo ihr Gatte heute als ein Aussätziger gelten würde, – da fiel es wie ein eisiger Reif auf die gesellige Runde, und die gute Stimmung war weg. Nach einer fürchterlichen Pause bemerkte jemand, mit schonender Behutsamkeit: «Ja, freilich – der gute Geheimrat war ja ... Er war ja wohl ... hm ...»: als müßte man nun endlich den peinlichen Tatbestand zugeben, daß Herr von Kammer Zeit seines Lebens an einer stinkenden Krätze gelitten habe. Tilly bekam schon drohende Augen; sie war im Begriff, Dinge zu äußern, die ihre Mama für immer in diesem Zirkel unmöglich gemacht hätten. Einer der anwesenden Herren ahnte es vielleicht; denn er sagte begütigend: «Gewiß, gewiß, es ist wohl nicht alles, wie es sein sollte im neuen Deutschland. Manche Tendenzen, – an sich vernünftig und lobenswert – werden ins Maßlose übertrieben. Das sind unvermeidliche Kinderkrankheiten ...»

Frau von Kammer erklärte, ruhig aber dezidiert: «Von Politik verstehe ich nichts; meine Kinder machen mir zum Vorwurf, daß ich nie Zeitungen lese. Aber soviel weiß ich doch: diese Nazis sind gemeine Plebejer. Man braucht sich nur ihre Gesichter anzuschauen! Sehen gutrassige Leute so aus?! Und benehmen Menschen, die eine Kinderstube haben, sich so, wie die Herren von Deutschland es tun?!»

Einer der Gäste – ein millionenschwerer Industrieller; Mann von strammer Haltung und strammer Gesinnung – räusperte sich schon recht indigniert. «Aber erlauben Sie, gnädige Frau», ließ er seinen einschüchternden Baß vernehmen. «Aus der Art, wie Sie den Ausdruck ‹Plebejer› verwenden, könnte man fast auf eine sehr rückständige Gesinnung bei Ihnen schließen. Die Männer des Volkes, die jetzt in Deutschland draußen, Gott sei's gedankt, an der Macht sind, erfüllen eine eminente historische Aufgabe. Die Volksgemeinschaft ist hergestellt, die Hetze zum Klassenkampf gibt es nicht mehr. Wenn Sie die akute bolschewistische Gefahr bedenken, in der das Reich sich tatsächlich befand ...»

Die Hausfrau rief flehend: «Aber lassen wir doch die Politik! Frau von Kammer hat ja selbst erklärt, daß sie sich mit dergleichen nicht befaßt! Und es gibt doch so viele andere Gesprächsthemen, die amüsanter sind.» Sie blickte hilfesuchend im Kreise umher.

Eine rechte Gemütlichkeit wollte sich nicht mehr herstellen. Frau von Kammer und ihre Tochter brachen früh auf. Im Wagen blieben sie beide eine Weile stumm. Marie-Luise saß in sehr aufrechter Haltung, den Blick starr geradeaus gerichtet. Tilly – die noch vor einer Viertelstunde sehr ärgerlich auf ihre Mutter gewesen war – spürte jetzt nur noch Mitleid. Sie überwand ihre Scheu und Befangenheit, die sie sonst in Gegenwart der Mama selten los wurde; vorsichtig streichelte sie die magere, harte Hand ihrer Mutter.

Frau von Kammer war leicht zusammen gefahren; beinah hätte sie den Arm weggezogen. Sie hielt aber stille. Die kleine Liebkosung tat wohl. Mit einer ganz weichen, etwas heuchlerischen Stimme sagte sie: «Es war wohl nicht sehr unterhaltend bei Krügis – wie? Mir scheint, sie haben sich recht verändert. Früher ist es viel zwangloser und netter bei ihnen gewesen. Vielleicht war Frau Krügi durch irgend etwas präokkupiert ...»

«Sei nur still, Mama!» Tilly schmiegte sich enger an die Mutter. «Wir müssen ja nicht mehr zu den Leuten. Wir wollen überhaupt nicht mehr solche Besuche machen – versprichst du mir das?»

Nun fand Frau von Kammer doch, daß ihre Tochter zu weit ging. Das war wieder jene Neigung zur Hemmungslosigkeit, die Marie-Luise so fremd und sogar beängstigend schien. «Es ist sehr wichtig für uns, daß wir von der Züricher Gesellschaft empfangen werden», sagte sie, nicht ohne Strenge, und nahm wieder Haltung an. «Morgen sind wir zum Tee bei Wollenwebers.»

Tilly seufzte und ließ die Hand ihrer Mutter los. –

Frau von Kammer war in allen gesellschaftlichen Dingen von Sensibilität und prompt reagierendem Taktgefühl. Jetzt aber dauerte es ziemlich lange, bis sie es verstand und sich klar machte, daß sie in der Gesellschaft, der sie sich, ihrer Herkunft und Erziehung, wie ihrer Neigung nach, zugehörig fühlte, unerwünscht war. Nur sehr allmählich begriff sie, daß es bei den reichen, alteingesessenen, hochachtbaren Familien einfach als anstößig galt, mit der Regierung des eigenen Landes überworfen zu sein. Wenn es sich um ein sozialistisches Regime gehandelt hätte, mit dem man nicht auskommen konnte, wäre dies entschuldbar und selbst ehrenvoll gewesen.

Marie-Luise sah sich fallen gelassen von denen, die sie als «Menschen meinesgleichen» zu bezeichnen pflegte, und sie litt darunter. Keineswegs hatte sie vorgehabt, sich von ihrer eigenen Gesellschaftsschicht zu lösen, als sie Deutschland verließ. Nicht ohne Schrecken mußte sie nun konstatieren, daß genau dies es war, was sie getan hatte. Sie fühlte sich sehr allein, – so allein, wie noch niemals zuvor im Leben. Mit wem sollte sie reden, wenn die «Menschen ihresgleichen» auf die Unterhaltung mit ihr keinen Wert mehr legten? Sie verstand nur ihren Jargon, keinen anderen. Sowohl die Leute «aus dem Volke» als auch die Intellektuellen drückten sich für die Ohren Marie-Luisens in fremden Zungen aus. Manchmal versuchten ein Briefträger, ein Handwerker oder die Gemüsefrau gutmütig, sie ins Gespräch zu ziehen. Sie hatten wohl davon gehört, daß diese deutsche Dame sich mit den neuen Machthabern in ihrem Lande nicht recht vertrug. Die meisten waren geneigt, Frau von Kammer, weil sie Emigrantin war, für eine Jüdin zu halten, trotz ihrem echt von-Seydewitz'schen Aussehen. Der Briefträger und die Gemüsefrau drückten ihre Empörung aus über all das, was man den Israeliten jetzt antat – dort «draußen», im Reich. Ein Handwerker, der die Wasserleitung in der Wohnung reparierte, ging so weit, zu erklären: «Aufhängen sollte man den Hitler!» Alle waren sich darüber einig, daß es eine Schmach und eine Schande sei, und daß «bei uns in der Schweiz» dergleichen niemals geduldet würde. «Die sollten es nur probieren!» rief drohend die Gemüsefrau mit ihrer behindert-gutturalen Stimme. Es waren sehr brave Leute, von einem ruhigen, anständigen Selbstbewußtsein. Sie gefielen Marie-Luise. Trotzdem wußte sie nicht, in welchem Tone sie ihnen antworten sollte. Sie lächelte starr und befangen. «Ja, ja, es ist wohl nicht alles ganz so, wie es sein sollte», bemerkte sie, konventionell und floskelhaft.

Es war bitter, allein zu sein. Nun empfand Frau von Kammer es mehr denn je, daß zwischen ihr und den beiden Töchtern ein wahrhaft herzliches, spontan vertrauensvolles Verhältnis sich niemals hatte herstellen wollen. Sie schrieb lange Briefe nach Paris, an Marion. Aber diejenigen, in denen von ihren Gefühlen und Nöten die Rede war, schickte sie niemals ab, sondern nur die anderen, welche von der Wohnungseinrichtung oder von einem Abend im Stadttheater erzählten. Marions Antworten – mit einer großen, zugleich energisch beschwingten und fahrigen Schrift bedeckte Zettel – waren selten mehr als ein paar launig-barocke Redensarten, aphoristische Wutausbrüche gegen die Nazis oder wirre Andeutungen, das Pariser Leben betreffend. – Susanne sendete aus dem Internat pflichtgemäß ihre wöchentlichen Berichte; sie waren stets trocken gehalten, ihr Inhalt schien befriedigend, es fehlte ihnen jeder Hauch von Phantasie, jeder Atem von Zärtlichkeit.

Und Tilly? Sie lebte in der Nähe der Mutter, und schien weiter von ihr entfernt zu sein als die beiden abwesenden Töchter. Marie-Luise wußte kaum, mit wem ihr Kind seine Tage verbrachte. Von den Schreibmaschine- und Stenographie-Stunden konnte ihre Zeit keinesfalls ganz ausgefüllt sein. Tilly schien neue Bekannte, vielleicht Freunde zu haben. Frau von Kammer hörte sie am Telephon plaudern und Verabredungen treffen. Es waren wohl Emigranten – Marie-Luise wußte, daß es ihrer ziemlich viele in Zürich gab. Tilly traf sich mit ihnen in den Caféhäusern. Niemals brachte sie einen dieser Menschen in die Mythen-Straße. Frau von Kammer konnte dies als Rücksicht auffassen. Immerhin hätte das Kind ja einmal fragen können, ob die Mama einen ihrer neuen Bekannten bei sich zu empfangen wünsche. Wahrscheinlich würde Marie-Luise abgelehnt haben. Sie empfand kein Bedürfnis, Leute zu sehen, mit denen sie wohl kaum mehr gemeinsam hatte, außer eben ein Gefühl: die Antipathie gegen die Nazis. Fraglich blieb nur – dachte Frau von Kammer –, ob ihr ein Deutschland, das so, wie diese Emigranten sichs wünschten, regiert war, erträglicher gewesen wäre als das Dritte Reich. Man durfte vermuten, daß die meisten jener Exilierten «Radikale» waren –: ein Begriff, mit dem die Geheimratswitwe vage, aber keineswegs erfreuliche Vorstellungen verband. Da traf man sich also abends, in einer Wohnung, wo es gewiß recht unordentlich aussah, oder im Café, und diskutierte bösartig über die Revolution. Ein laut redender, reichlich Alkohol konsumierender Kreis – malte Marie-Luise sich aus –, und eine von der Gesellschaft war also ihre Tochter Tilly. Manchmal mochte es ja recht angeregt zugehen; es wurde gelacht, Frau von Kammer hatte schon so lange nicht mehr laut und herzlich lachen hören. Aber nein: ihr Milieu war dies entschieden nicht ... Da war, immer noch, die Einsamkeit besser.

Die Einsamkeit war nicht gut. Auf die Dauer wurde es fast unerträglich, durch die Straßen dieser schönen, sommerlichen Stadt zu gehen und zu niemandem sagen zu können: «Schau, wie die Flügel der Möwen heute wieder in der Sonne leuchten!» Oder: «Mir kommt es vor, als wäre der See heute noch blauer, als er gestern war.»

Das Leben in Zürich war heiter. Die schöne und reiche Stadt schien ihre Bürger – oder die Fremden, die in den gepflegten Hotels an der Bahnhofstraße, an den Seeufern logierten – vergessen lassen zu wollen, was im großen, tragischen Nachbarlande täglich, stündlich an Jammervollem und Bösem, an Schauerlichem und Gemeinem geschah. Zürich strahlte. An den freundlich bebauten, höchst zivilisierten Ufern seines Sees hatten Wohlstand und Biederkeit sich niedergelassen. In diesen besonnten Juni-Wochen meinte man, hier nur glückliche Menschen zu sehen; die Unglücklichen zeigten sich nicht. Die Badeanstalten am See waren überfüllt, wie die eleganten Konditoreien, die Hotel-Terrassen, die Cafés, die populären Biergärten. Wohin man schaute – braungebrannte, lachende Gesichter. Junge Leute gingen in Nagelstiefeln und Leinenhosen umher, schwer beladen mit ihrem Rucksack und doch leichten Schrittes; sie kamen von Bergtouren, oder sie brachen gerade zu Exkursionen auf. Bei «Sprüngli» oder bei «Huguenin», an der Bahnhofstraße, saßen die Mädchen und ihre Burschen in weißen Segelkostümen neben den alten Amerikanerinnen. Im Garten des Hotels «Baur au Lac» schmachtete die Zigeunerkapelle ihre Nachmittags-Musik; auf dem Parade-Platz klingelten munter die hübsch blau lackierten Trambahnwagen; die großen Limousinen aber glitten in vornehmer Stille über die Avenuen, Plätze, Brücken und Quais; denn: «in Zürich wird nicht gehupt, aber vorsichtig gefahren» –: wie breite Spruchbänder an den Stadteingängen und an einigen Verkehrszentren mahnend verkündeten. Auf die Nerven des Publikums wurde jede erdenkliche Rücksicht genommen ...

Liebenswürdig stand der Sommer dieser schönen Stadt zu Gesichte, wie einer hübschen Frau das lichte Kostüm, der breitrandige Strohhut stehen. Die Luft war mild und sehr weich; man meinte sie wie eine Liebkosung auf der Haut zu spüren. Die Konturen der Seeufer verschwammen in einem zart-blauen, fast violetten Dunst. Es herrschte Föhnstimmung. Der warme Wind kam vom Gebirge her. Frau von Kammer hatte ein wenig Kopfschmerzen. Sie konnte den Föhn nicht vertragen.

Seit gestern hatte sie mit niemandem gesprochen, außer ein paar Worte mit dem Mädchen, das vormittags kam, um die Wohnung sauber zu machen. Tilly war verreist: «Ein paar Bekannte» – wie sie sich mit etwas verletzender Ungenauigkeit ausdrückte – hatten sie zu einer Tour eingeladen. Nach dem einsamen Abendessen spazierte Frau von Kammer ziellos durch die Straßen: über den Parade-Platz, die Bahnhofstraße hinunter bis zum Bahnhof; die Bahnhofstraße wieder hinauf bis zum See; über die Quaibrücke bis zum Bellevueplatz. Sie überlegte, ob sie in ein Kino gehen sollte; aber das würde ihre Kopfschmerzen nur noch verschlimmern.

Auf dem Platz vor dem Stadttheater hatte sich ein Lunapark etabliert; ein Miniatur-Prater mit «Attraktionen», Karussells, einer Bierhalle, Russischem Rad, Achterbahnen, Würstelverkäufern und Schießbuden. Von dort her kam der schöne, erregende Lärm, der immer zu den Rummelplätzen zieht: das Kreischen der Kinder und Frauen von all den schaukelnden, fliegenden, kreisenden, durch Finsternis gleitenden, ins Wasser stürzenden Folterstühlen, auf denen merkwürdigerweise Menschen sich freiwillig und zum Vergnügen niederlassen; die monoton-eindringliche Litanei der Ausrufer und Anpreiser, das Geknatter der Schießgewehre, der grölende Chorgesang der Bezechten; die Musik von drei Karussells, unbarmherzig gegen einander ankämpfend. Es kamen auch die unverkennbaren und unwiderstehlichen Rummelplatz-Gerüche: Schmalzgebackenes, Türkischer Honig, Schweiß, Brathuhn, Schießpulver, scharfes Parfum des Zirkus, Erbrochenes, kleine Kinder, Bier, noch einmal Türkischer Honig –; und es kam, mit Geräuschen, Gerüchen und flirrenden Lichteffekten, der ganze Zauber, den diese Stätten auf den Einfachsten wie auf den Verwöhntesten üben.

Vor dem Russischen Rad war das Gedränge am dichtesten. Marie-Luise floh in eine Nebengasse des Barackendorfes, fand sich vor einer Bude und dachte: Ich kann eben so gut eintreten und die Attraktionen besichtigen. Hier gibt es zu sehen den ‹größten Menschen der Erde›, ‹den finnischen Goliath› – warum denn nicht, es kostet nur fünfzehn Rappen.

Drinnen herrschte feierliches Halbdunkel. Es befanden sich nur wenig Menschen in dem scheunenartig weiten Raum. Die Stille hier war erstaunlich; eine verwesende Samtportière schien, mit beinah magischer Kraft, jeden Laut von draußen fern zu halten. Die Augen der Besucherin mußten sich erst an das rötliche Dämmerlicht gewöhnen. Nicht ohne Mühe tappte sie sich zu den schmalen, lehnenlosen Bänken. Marie-Luise glaubte zu bemerken, daß außer ihr noch zwei Kinder anwesend waren, ein kleiner Junge und ein kleines Mädchen; sie saßen eng aneinander gerückt und hielten sich an den Händen gefaßt. Ihre Münder waren weit geöffnet wie ihre Augen. Sie sahen gar nicht belustigt aus, sondern eher verängstigt.

In der Tat gab es Anlaß genug, sich zu fürchten. Das Erschreckende an dem jungen Mann, der vor dem öden Scheunen-Parkett auf dem Podium stand, war nicht so sehr seine schier unglaubliche Körperlänge, als die unbeschreibliche, ungeheure, wahrhaft bestürzende Traurigkeit seines Gesichtes. Es war eine sehr runde, sehr kleine, rote, babyhaft verhutzelte, von zahllosen Fältchen melancholisch durchzogene Miene: Marie-Luise meinte noch nie so eine hoffnungslos verzagte gesehen zu haben. Über dem leer-verzweifelten Blick waren die gewölbten Brauen drollig mit dem Kohlestift nachgezogen wie bei einem Clown. Auch die Tracht des Riesen hatte humoristischen Charakter: grünes Tiroler-Hütchen über der gräßlichen Baby-Fratze; grell karierte, zu enge Hosen; kurzes rotes Bolerojäckchen. Umso respektabler war der Herr gekleidet, der neben ihm stand und ihm kaum an die Brust reichte, obwohl er einen Zylinderhut trug. Im Gehrock, mit weißen Gamaschen und weißen Handschuhen, sah er wie ein etwas schäbiger Diplomat aus. Mit einem zierlichen, leichten Stab – wie Dirigenten oder Zauberkünstler ihn benützen – wies er, nachlässig-anmutig, auf den Trauerriesen. «Mein junger Freund ist der größte Mensch der Erde», erklärte der Herr im Gehrock mit müde näselnder Stimme. «In weitem Abstand», fügte er verächtlich hinzu, «folgt der sogenannte Riese Jack, zweieinhalb Zentimeter kleiner als mein junger Freund.» – Die Aussprache des Eleganten hatte einen feinen, unbestimmbar exotischen Akzent. «Mein junger Freund», fuhr er fort, «... äh'...» Und nun schien er vor Langerweile schlechterdings nicht weiter zu können. Er gähnte ungeniert und verstummte mehrere Sekunden lang – ehe er einen frischen Anlauf nahm und hastig weiter berichtete: «Mein junger Freund ist zu Helsingfors in Finnland geboren.» Das Wort «Helsingfors» servierte der Gehrock wie eine besondere Delikatesse, alle Vokale auf eine höchst elegante und übrigens völlig willkürliche Art verändernd. «Seine beiden Eltern hatten normale Größe, seine Geschwister waren eher etwas zu klein, er selber war schon im zarten Alter von vierzehn Jahren zwei Meter lang, seine Verlobung mußte auseinander gehen, weil die Braut sich auf die Dauer vor seinem Körpermaß ängstigte, mein junger Freund ist physisch und geistig völlig gesund, seine Lieblingsspeise ist die bekannte dänische rote Grütze, willst du nicht ein Liedchen singen, Gustav?» Der Herr ließ den Zeigestab sinken, wandte sich angewidert von seinem Schützling ab, und, ohne auch nur Goliaths Kopfnicken abzuwarten, verließ er mit hastig trippelnden Schritten, als hätte man ihn beleidigt, das Podium. Der lange Gustav hub zu singen an:

«Muß i denn, muß i denn
zum Städtele hinaus …»

Die Stimme des armen Riesen kontrastierte verblüffend zum Format seines Körpers. Es war eine schrecklich kleine, durchaus ver-
kümmerte Stimme, was sich da hören ließ; eine zwergische Stimme
– hoch, dünn und piepsend. Ein mißzufriedener Säugling gibt so
winzige, greinende Töne von sich. «Zum Städtele hinaus» … wiederholte weinerlich die Mißgeburt, und Marie-Luise dachte:
‹Warum singt er wohl gerade dieses Lied? Vielleicht ist es seine
Lieblingsmelodie, oder er kennt gar keine andere … Schrecklich:
er kennt wohl keine andre; dieses Lied ist gewissermaßen alles,
was er kann und hat …›

«Und du, mein Schatz, bleibst hier …»

An dieser Stelle kam aus dem dunklen Hintergrund der Scheune
ein leiser Schrei. Eine Dame hatte ihn ausgestoßen; nun erhob sie
sich hastig; ein klein wenig schwankend bewegte sie sich auf die
Ausgangstür zu. Da war es an Marie-Luise, leise zu schreien. Sie
erkannte die Dame, es war eine alte Freundin, die schöne Tilla Tibori, eine Schauspielerin.
  Auch Frau von Kammer sprang auf, «nicht möglich», rief sie,
«du hier, Tilla!» Marie-Luise küßte Tilla auf beide Wangen, hinter
ihnen wimmerte das Wunder von Helsingfors noch einmal: «Und
du, mein Schatz, bleibst hier …» Nun sang er also nur noch für die
beiden Kinder in der ersten Reihe. Diese übrigens hatten, während
Marie-Luise und Tilla sich umarmten, ein schrilles kleines Kichern
hören lassen – sei es, weil sie die Kußzeremonie zwischen den Damen drollig fanden; sei es, weil der Riese sie amüsierte. Die Kinder, in der Scheune mit Goliath allein gelassen, rückten noch enger
aneinander, und flüsterten sich zu: «Uii … Jetzt wirds fein!» – als
sollte der Hauptspaß nun erst beginnen, während die Veranstaltung in Wahrheit doch schon ihrem Ende zuging.
  Die Freundinnen standen im Freien; Lärm, Geruch und billiges
Gefunkel des Volksfestes empfingen sie. Marie-Luise und Tilla
hatten es eilig, den Bezirk des Rummelplatzes hinter sich zu las-

sen. Zunächst waren sie Beide viel zu überrascht von dieser Wiederbegegnung – nach so vielen Jahren! und in so groteskem Milieu –, um Zeit zur Gerührtheit zu finden. Als sie aber die stillere Seepromenade erreicht hatten, legten sie sich gegenseitig die Arme auf die Schultern und betrachteten sich. Beide mußten denken: Mein Gott, die Ärmste – sie ist auch nicht jünger geworden. Und ein Übermaß an Verkehr scheint sie auch nicht gerade zu haben, wenn sie sich alleine zu so traurigen Belustigungen begibt …

Marie-Luise und Tilla waren als Schulmädchen in Hannover gute Freundinnen gewesen, obwohl Tilla mehrere Jahre jünger als die kleine von Seydewitz war. Sie hieß damals noch nicht Tibori – diesen Namen hatte sie sich erst zugelegt, als sie zur Bühne ging –, sondern Hamburger. Ihrem Vater gehörte das größte Warenhaus am Ort. Die Hannoveraner Gesellschaft hatte den intimen Verkehr zwischen den jungen Mädchen – ein Umgang, der vom alten General Seydewitz nicht nur geduldet, sondern geradezu protegiert wurde – als etwas anstößig empfunden. Hamburgers waren zwar respektable Leute, auch wohlhabend; aber die kleine Tilla sah eben doch unerlaubt orientalisch aus mit ihren weiten, mandelförmig geschnittenen, dunklen, verführerisch feuchten Augen. Marie-Luise ihrerseits, spröd und ziemlich ungelenk, wie sie war, adorierte die reizbegnadete Freundin.

Erst als Tilla anfing, in Berlin Erfolg zu haben, und Marie-Luise den Professor von Kammer heiratete, begann die Entfremdung. Wie lang war das her? «Long long ago», wie die Tibori nun konstatierte. Ihre Stimme hatte noch den vollen, süßen tiefen Klang; nur schien jetzt ein Unter- und Nebenton von Klage mitzuschwingen. Wie alt mochte die Schauspielerin sein? Marie-Luise rechnete geschwind, mit jener grausamen Genauigkeit, die Frauen stets haben, wenn sie das Alter ihrer Freundinnen kontrollieren. Sie kam zu dem Resultat: mindestens vierundvierzig. Dafür sah sie fabelhaft aus. Immer noch war sie die auffallend attraktive Erscheinung – hochelegant, in ihrem leichten, dunkelblauen, mit schwarzem Schleier etwas phantastisch drapierten Kostüm, la belle Juive, immer noch, bei deren Anblick Herren animiert mit der Zunge schnalzen. Aber gewisse Schärfen gab es nun doch in Tillas schönem Gesicht – wie die aus echter Sympathie und leichter Schaden-

freude gemischte Aufmerksamkeit der älteren Freundin konstatierte –: der dunkelrot gefärbte, große, stark geschwungene Mund
wurde an den Winkeln von zwei müden kleinen Falten gesenkt;
die Haut schien ein wenig angegriffen, matt und flaumig geworden, und die Beweglichkeit der etwas zu großen Nüstern hatte
einen nervösen Charakter – den Charakter eines unruhigen, nach
erregenden Gerüchen gierigen Schnupperns bekommen.

Sie gingen, Arm in Arm, die Seepromenade entlang, weg von der
Stadt. Die Bogenlampen wurden seltener, streckenweis lag der
Weg im Dunkel, von den Bänken, die diskret zwischen den Gebü-
schen verborgen lagen, flüsterten die Liebespaare, ihre gedämpften
Gelächter vermischten sich mit dem monotonen, ganz leisen Plätschern des Sees. Die Freundinnen blieben stehen und schauten
über das Wasser. «Hübsch, wie drüben, auf dem anderen Ufer die
Lichter allmählich ausgehen», sagte Marie-Luise. «Und wie die
letzten sich im Wasser spiegeln ...»

Beide mußten daran denken, wie oft sie früher – Arm in Arm,
wie jetzt – durch eine milde Nacht wie diese spaziert waren – und
Wasser hatte es damals wohl auch gegeben, und Lichter, die sich
darin spiegelten. «Es ist wirklich beinah dreißig Jahre her ...»,
sagte eine von ihnen; vor einer halben Stunde hatten sie die erschreckende Zahl einander noch nicht eingestehen wollen. Und
Tilla, nach einer großen Pause: «Es ist, um schrecklich sentimental
zu werden ... Ich fürchte, wir sind es schon. Gehen wir lieber in
ein Café.» –

Im Garten des Cafés «Terrasse» war es noch ziemlich voll. Unter den Bäumen hatte man bunte Lampions angebracht; es sah
nach Italienischer Nacht aus, nach «garden party», und mondäner
sommerlicher Gesellschaft. – «Hier ist es ja wirklich ganz nett»,
bemerkte Marie-Luise, die sich neugierig und befangen um-
schaute. «Warum sollte es denn nicht ganz nett sein?» lachte Tilla.
«Bist du denn noch nie hier gewesen?» – Darauf Marie-Luise, etwas beschämt: «Nein – zufällig noch nicht ... Ich glaube, meine
Tochter kommt manchmal her», fügte sie mit einem gewissen
Stolz hinzu. Tilla wurde vom Nachbartisch gegrüßt. «Es sind Kollegen von mir», erklärte sie. «Mit einigen von ihnen habe ich noch
voriges Jahr in Frankfurt zusammen gespielt. Die sind jetzt hier,

am Schauspielhaus, engagiert.» – Da haben wir also die «Emigrantenkreise», dachte Marie-Luise. So arg sehen sie gar nicht aus. Ob Bekannte von Tilly darunter sind?

Nun erst – sie waren schon über eine Stunde zusammen – begannen die Freundinnen so recht, sich auszufragen: Was treibst du in Zürich? Wie lange bist du schon hier? Tilla berichtete, seit einem Vierteljahr habe sie alle ihre Energien darauf konzentriert, perfekt englisch zu lernen. – In Zürich? wunderte sich Marie-Luise. London sei ihr zu teuer gewesen, erklärte Tilla. «Hier lebe ich – bei einem Freund.» Dabei lief eine leichte Röte über die flaumige, strapazierte Haut ihres schönen Gesichtes. Sie senkte die Lider mit den langen, starren, künstlichen Wimpern und betrachtete interessiert ihre langen, silbrig-rosa gefärbten Fingernägel. Zwischen den Augenbrauen trat plötzlich ein angestrengter, gequälter Zug hervor. «Es ist zu dumm», sagte sie, leise und dunkel – ihre Stimme hatte jetzt einen seltsam hohlen Ton –, «es ist zu dumm: wirklich. Man hat nichts zurückgelegt, einfach gar nichts. Man hat gut verdient», rief sie und hatte ein heiseres kleines Lachen. «Man hat noch besser gelebt – und nun sitzt man da!» Mit einer weiten, theatralisch stilisierten Armbewegung, welche durch die schwarze Schleier-Draperie auf ihrem Kostüm besonders effektvoll gemacht wurde, schien sie andeuten zu wollen, wie man nun «dasäße». Die Kostbarkeit ihrer Toilette, die wunderbare Herrichtung ihres Gesichtes verloren im Zusammenhang mit ihren Worten und dem Klang ihrer Stimme den Charakter des Selbstverständlichen, nachlässig Eleganten, den sie zunächst vortäuschten. Alles, was an Tilla Tibori noch schön war, wirkte nun wie das Ergebnis harter, permanenter Anstrengungen; der Gewinn eines langen, wahrscheinlich oft qualvollen Kampfes. «Ein Agent will mich nach Hollywood bringen, sowie mein Englisch gut genug ist», sagte sie noch, etwas hastig. «Nun – man muß alles versuchen ...»

«Und du?» erkundigte sie sich dann. «Wir reden ja nur von mir, das ist langweilig. Warum bist du denn eigentlich von Deutschland weg, du, mit deiner garantiert reinen Rasse?»

Marie-Luise schwieg ein paar Sekunden lang, als müßte sie sich erst besinnen, warum sie eigentlich von Deutschland fort war. Schließlich sagte sie nur: «Das war doch ganz selbstverständlich.

Ich bin die Frau eines Juden gewesen. – Und glaubst du denn, daß ich mich von meinen erwachsenen Töchtern verachten lassen wollte?» – Sie erschrak sofort selber ein wenig darüber, daß sie diesen Satz ausgesprochen hatte. Er war aufrichtiger, als sie jemals zu reden – und als sie meistens zu denken wagte. Tilla hatte ein zweites Glas Portwein für sie bestellt. Frau von Kammer, an Alkohol nicht gewöhnt, spürte die Wirkung.

‹Wie wunderbar hochmütig sie jetzt aussieht!› – fand ihre Freundin. ‹Genau dieses Gesicht hat sie als junges Mädchen gemacht, wenn eine Lehrerin oder Kameradin sie geärgert hatte und sie mit ihrem vernichtenden Achselzucken zu sagen schien: Was könnt ihr mir anhaben? Was soll ich mich mit euch abgeben? Ich bin die Baroness von Seydewitz!›

«Du mußt mir von deinen Töchtern erzählen», bat die Schauspielerin. «Marion ist doch sicher schon eine große Dame. Und wie heißt die Zweite?»

«Tilly», sagte Marie-Luise. «Ja, mein guter Alfred mochte den Namen, und mir machte es Freude, sie nach dir zu nennen.» – «Hoffentlich bringt es ihr Glück», sagte Frau Tibori, plötzlich merkwürdig ernst, den Blick starr geradeaus gerichtet.

Nach einer Pause war es Marie-Luise, die wieder zu sprechen begann. «Haben wir uns denn gar nicht mehr gesehen und nicht einmal korrespondiert, seit Tilly geboren ist?» Beide waren erstaunt, auch beschämt. «Jetzt wird das anders», versprachen sie sich. «Mein Gott, was muß erst alles passieren, damit zwei alte Dinger wie wir – die wir doch wahrhaftig mal zueinander gehört haben – sich wieder finden!»

«Nächstens werde ich dir meine Tilly vorstellen», verhieß Marie-Luise. «Ein famoses Mädel. Sie ist gerade für ein paar Tage in Arosa, mit Freunden.»

Tilly war keineswegs nach Arosa gefahren, vielmehr nach Berlin. Ihre Unruhe, ihre Angst um Konni waren übermäßig groß geworden; es kam keine Nachricht von ihm, sie wußte nicht, wo er war, nicht einmal, ob er noch lebte; dies war nicht auszuhalten, keine Folter konnte ärger sein. Den Warnungen ihrer neuen Züricher Freunde zum Trotz, entschloß sie sich zu der Reise.

Es war merkwürdig, am Anhalter Bahnhof anzukommen; den Potsdamer Platz wieder zu sehen, die Tiergarten-Straße, den Kurfürstendamm. Tilly ward das Gefühl nicht los, daß sie träume. Vielleicht, weil sie in so vielen Nächten während der letzten Wochen von all dem geträumt hatte. Wie fremd – wie vertraut schaute die Gedächtniskirche sie an! Das Warenhaus «Kadewe» am Wittenbergplatz, die Kinos und Cafés der Tauentzienstraße, die staubigen Bäume wie traumfremd, wie traumvertraut! Sie war kaum vier Monate fort gewesen, es hatte sich nichts verändert. – Es hatte sich alles verändert. Sogar der Himmel über Berlin sah anders aus als früher; er war glasig erstarrt – schien es Tilly – und er schickte ein fahles Licht.

Ihr Aufenthalt war kurz und übrigens völlig ergebnislos. Sie logierte bei einer Freundin, die ihrerseits in Beziehung zu den Genossen stand. Mit diesen traf sich Tilly, an dritter Stelle, nachts, unter allen erdenklichen Vorsichtsmaßregeln. Einen der jungen Männer hatte sie schon früher durch Konni kennen gelernt: er war Student der Philosophie und trug eine große Hornbrille im kindlich weichen, rosigen Vollmondgesicht. Der andere schien ein strebsamer, gescheiter Proletarier zu sein; der Anzug kleinbürgerlich-korrekt; die Miene von einem verbissenen, fast drohenden Ernst. Sie stellten sich als Fritz und Willy vor, sprachen mit gedämpften Stimmen – obwohl man sich in einer leeren, vielfach verschlossenen, isoliert gelegenen Wohnung befand –, und hatten die nervöse Gewohnheit, ständig um sich zu blicken, zuweilen, mitten im Satze, jäh aufzuspringen und zur Tür zu eilen, um festzustellen, ob sich hinter ihr jemand verbarg.

Von ihnen erfuhr Tilly, daß Konni sich im Konzentrationslager Oranienburg befinde; der Student mit dem runden Gesicht hatte ihn einmal besuchen können und versicherte: «Es geht ihm leidlich. Man hat ihn verhältnismäßig wenig geprügelt.» – «Verhältnismäßig wenig ...», wiederholte Tilly und schüttelte langsam den Kopf. «Es ist unfaßbar ... unfaßbar ...» Sie sagte es mit einer ganz leisen Stimme. Dann fragte sie schüchtern: «Wie lange, glauben Sie, wird man ihn dort behalten?» Die jungen Männer, die sich Fritz und Willy nannten, sahen sich an und hatten beide ein kaum merkbares Lächeln, das gutmütigen Spott und etwas Bitterkeit ausdrückte. Endlich sagte der Proletarische: «Wenn man das wüßte ...»

Es gab ein Schweigen. Endlich stand Tilly auf, machte ein paar Schritte durchs Zimmer, und erklärte: «Ich muß ihn sehen.» Da erwiderten die Beiden, wie aus einem Munde:

«Das geht nicht.»

Sie könné ihren Konni keinesfalls besuchen –, setzten sie der armen Tilly auseinander. Sie sei der Gestapo sehr wohl bekannt; sei denunziert worden; man argwöhne, daß sie bei der Sache mit den Flugblättern im Universitätsgebäude mitgemacht habe. Tilly warf ein: «Das ist aber Unsinn!» Und der Philosophie-Student: «Darauf kommt es nicht an. – Ich gebe Ihnen den Rat: Hauen Sie ab! Fahren Sie möglichst schnell dorthin, woher Sie gekommen sind!» Es klang barsch, beinah unfreundlich. «Hier können Sie nichts nützen, nur schaden. Die illegale Arbeit ist nicht jedermanns Sache; dazu braucht man mehr als die rechte Gesinnung, und sogar mehr als nur Courage; nämlich: Erfahrung; Training – wie zu einem Sport.» Versöhnlicher fügte er hinzu, da er das Mädchen mit den Tränen kämpfen sah: «Wenn ich den Konni wieder mal sehen sollte, werde ich ihm erzählen, daß Sie hier gewesen sind; daß Sie an ihn denken. – Vielleicht lassen sie ihn doch bald raus ...», sagte er tröstlich, gerührt durch den Anblick von Tillys zitterndem Kinn und ihren Augen, die naß wurden. –

Frau von Kammer wunderte sich darüber, daß ihre Tochter durchaus nicht braungebrannt und frisch, vielmehr recht blaß und erschöpft von ihrem Ausflug zurück kam. – Tilly berichtete dem H. S., nach Prag, über ihre mißglückte Reise. «Du hast also recht gehabt», – da er sie in allen seinen Briefen «Du» nannte, hätte sie es unhöflich gefunden, ihn mit «Sie» anzureden –, «es war sinnlos. Ich habe den Konni nicht sehen können. Die Nazis zeigen ihre Opfer nicht her. Berlin hat sich schrecklich verändert. Ich war nur drei Tage dort und habe fast die ganze Zeit geweint.»

Während sie das Briefcouvert schloß, dachte sie – zum wievielten Male? –: ‹Was mag das wohl für ein Mensch sein, dieser H. S.? Ist er groß oder klein? Blond oder schwarz? Wie heißt er? Ist er ein intimer Freund von Konni?›

‹Was mag das wohl für ein Mensch sein, dieses Mädchen?› dachte Hans Schütte. Er wohnte mit seinem Freund Ernst zusammen in einem recht engen Zimmer. Das Zimmer kostete 120 Tschechenkronen im Monat. Es lag unbequem, etwas außerhalb der Stadt, in Koširše. Man brauchte vom Zentrum aus zwanzig Minuten mit der Trambahn. Die Trambahn fuhr eine trostlos lange Vorstadtstraße hinunter: die Pilsener Straße. Hans und Ernst lernten es allmählich, auch ihren tschechischen Namen auszusprechen; er lautete: Plzeňská.

Hans war fünfundzwanzig, Ernst siebenundzwanzig Jahre alt. Ernst war Sozialdemokrat gewesen und hatte in Berlin ein gutes Auskommen gehabt, erst als Schupo; dann als Privatchauffeur eines sozialdemokratischen Polizeipräsidenten. Er war ein nett aussehender Bursche von slawischem Gesichtstyp, wie man ihn in Berlin häufig findet. Hans war kleiner und stämmiger als Ernst: mit rundem Schädel, auf dem er das dichte, dunkle Haar kurz geschoren trug; runden, gutmütigen, etwas vortretenden braunen Augen.

Er hatte keiner Partei angehört, war aber mit den Kommunisten in Verbindung gewesen und hatte mit ihnen zusammen manchmal «ein Ding gedreht», wie er es nannte. Das heißt: er hatte sich gelegentlich an kleinen Aktionen gegen die Nazis oder am Saalschutz bei Versammlungen beteiligt. Er war brauchbar und tapfer; aber er konnte sich nicht unterordnen und mußte sich immer wieder sagen lassen, daß er «keine Disziplin» habe. Wenn man ihn aufforderte, in die Partei einzutreten, erklärte er: «Das ist nichts für mich. Ich passe in keine Organisation. Überhaupt bin ich kein Politiker. Mir fällt nur auf, daß es in dieser Welt sehr viel Dreck gibt. Ich weiß noch nicht recht, wie man den am besten wegschafft. Oft möchte ich am liebsten alles zusammen hauen. Es gibt zu viel Scheiße.»

… Im Herbst 1933 kamen sie beide gerade rechtzeitig über die Grenze – illegal, ohne Pässe.

Zu Anfang wurden sie in Prag unterstützt: Ernst von seiner Partei; Hans von einer linken humanitären Organisation, an die kommunistische Freunde ihn empfohlen hatten.

Ihr Leben war ganz erträglich. Beide hatten noch niemals in einer anderen Stadt als Berlin gelebt. Nun lernten sie plötzlich etwas Neues kennen. Sie fanden, daß Prag wundervoll war. Stundenlang konnten sie sich herumtreiben: am Wilson-Bahnhof, auf dem großen Wenzelsplatz, wo es die verführerischen Automaten-Buffets gab, oder am «Graben», wo sie in die Auslagen der eleganten Geschäfte starrten; auf den Moldau-Brücken, oder am anderen Ufer, auf der geheimnisvollen «Klein-Seite». Sie stiegen zum Hradschin hinauf und sagten: «Hier wohnt der alte Masaryk: ein sehr anständiger Kerl.» Sie fanden es aufregend im engen Alchimisten-Gäßchen – «da haben sie früher mal Gold gemacht! Junge Junge!» –, und sie tauschten Erinnerungen an die Geschichtsstunden, als sie nebeneinander vor den hohen Mauern standen, die das Wallenstein-Palais umgeben. Vorm Czernin-Palais sagten sie: «Mensch, det is pures Rokoko! So wat Schönes haben wir nich, in Berlin!» Sie waren sehr empfänglich für die mannigfachen Reize der Stadt Prag. Sie lernten auch nette Mädchen kennen, die relativ wenig Geld verlangten. Manchmal nahmen sie sich zwei Mädchen mit, in ihr enges Zimmer; manchmal nur eines, weil das billiger kam.

Jede Woche zwei- oder dreimal trafen sie in einem kleinen Bierlokal ein paar Kameraden aus Deutschland, mit denen sie die politische Situation diskutierten. Sie untersuchten, warum alles so gekommen war, und was man dafür tun könnte, daß es anders würde. Ein Gescheiter, mit Hornbrille auf der Nase, erklärte: «Wir sind selber schuld an dem ganzen Unglück! Wenn die Linksparteien einig gewesen wären, hätte der Hitler es nie geschafft.» Dann nickten sie alle nachdenklich. Aber einer von der Kommune sagte, halb scherzhaft, halb wirklich böse zu Ernst gewendet: «Mit euch Sozialfaschisten konnte ein anständiger Mensch doch nicht zusammen gehen!» – Daraufhin Ernst: «Ihr Kommunisten seid gar keine deutsche Partei gewesen, ihr wart doch abhängig von den Russen! Und was habt ihr denn für eine Politik gemacht? Eure schlaue Theorie war: die Nazis sollen nur kommen, die werden bald abgewirtschaftet haben, und dann sind wir an der Reihe. Na, da haben wir die Pastete …» Der mit der Hornbrille lachte bitter: «Da streiten die sich schon wieder!!» – Hans sagte: «Wir hätten eben nur eine große Partei haben dürfen. In die hätte ich vielleicht dann auch gepaßt …» –

... Die Monate vergingen. Hans und Ernst hatten Sorgen; die Unterstützung war ihnen reduziert worden. Sie machten Gelegenheitsarbeiten; aber das war unerlaubt und konnte mit der Ausweisung bestraft werden. Es ging nicht anders, wenn sie ihr Zimmer halten und nicht in eines von den «Lagern» ziehen wollten, wo viele von ihren Kameraden untergebracht waren. Schon das Wort «Lager» war unangenehm; es erweckte Erinnerungen ans Dritte Reich ... Hans und Ernst trugen Koffer von den Bahnhöfen in die Hotels; sie halfen in einer Gärtnerei; spülten Teller ab; verkauften deutsche antifaschistische Literatur in den Cafés ... Nach und nach kam das Heimweh. «Berlin war doch besser», sagten sie immer häufiger. Die lange Trambahnfahrt vom Wenzelsplatz nach Koširše wuchs ihnen zum Halse heraus. Sie fanden auch, daß die Stadt schmutzig war; der Kohlenstaub machte die Hemden, das Gesicht und die Hände schwarz. «In Berlin ist man nicht so drekkig geworden», meinten sie verdrossen, wenn sie sich abends wuschen. – Dabei zitterten sie immer davor, ausgewiesen zu werden.

Hans gebrauchte immer häufiger seine alten, grimmigen Redensarten: «Man sollte alles zerschlagen. Es muß ein großer Krach kommen, der alles kaputt macht. Alles ist Scheiße.»

Manchmal aber sagte er zu seinem Freund Ernst: «Ich komme mir selbst schon ganz ulkig vor, weil ich mich an so komische Sachen klammere und über Dinge nachdenke, die in Wirklichkeit sicher ganz unwichtig sind. Dieses Mädel da, die Freundin vom Konni, der ich immer Briefe schreiben muß –: ich habe so ein Gefühl – die ist eine brave Person; die wär vielleicht was für mich; die könnte mir vielleicht helfen ...»

«So'n Quatsch», sagte Ernst.

Kikjou war bei Martin geblieben. Das Zimmer im Hotel «National», wo es nach Staub und nach Jasmin-Parfum roch, war eigentlich zu eng für zwei Personen. Aber sie merkten es nicht.

Sie sahen fast niemanden, immer nur einer den anderen. Manchmal trafen sie Marion für eine halbe Stunde. «Marion ist wunderbar», sagten sie, wenn sie sich wieder von ihr getrennt hatten. «Aber ohne sie ist es doch noch besser.»

Wie lange dauerten diese ersten Tage der unendlichen Gespräche und der unendlichen Umarmungen? Eine Woche, oder zwei, oder drei? – In Wahrheit mochten es vielleicht zehn Tage sein.

Als Martin eines Morgens aufwachte, kauerte Kikjou neben ihm im Bett und schaute ihn sinnend an aus den vielfarbigen Augen. Den Unterkiefer hatte er vorgeschoben; mit beiden Händen hielt er einen Strohhalm, an dem er eifrig kaute. Sein bleiches Gesichtchen glich dem Antlitz eines müden, zarten kleinen Affen.

«Mon petit singe!» lachte Martin. «Was ist mit dir los? Du siehst aus wie ein zwölfjähriger Junge, der eine fürchterliche Unart ausbrütet. Was hast du vor?» – «Ich muß wegfahren», erwiderte Kikjou, immer noch den Strohhalm zwischen den Zähnen. Und als Martin sich erschrocken erkundigte: «Wohin?» – sagte er, mit einer sanften Stimme, die aber keinen Widerspruch duldete: «Nach Belgien, zu meinem Onkel. Vielleicht wird er mir verzeihen.» – Was der Onkel denn ihm verzeihen solle, wollte der fassungslose Martin wissen. – «Daß wir so viel gesündigt haben», war die ernste Antwort des kleinen Kikjou.

Nun ärgerte sich Martin ein bißchen. «Wenn das Sünde ist …», machte er beleidigt.

Kikjou legte ihm begütigend die Hand auf die nackte Schulter. «Sei nicht böse!» Dabei hatte er die Augen voll Tränen. «Ich weiß nicht, was Sünde ist. Niemand weiß es. Sogar der Onkel weiß es wohl nicht genau. Vielleicht ist dem lieben Gott besonders wohlgefällig, was die Menschen in ihrer Torheit für entsetzlich halten. Uns wird nicht mitgeteilt, wann wir Anstoß und wann wir Freude erregen. – Aber ich brauche ein paar stille Tage, um nachzudenken.» –

Als Kikjou abgereist war, wurde Martin sehr traurig. Wenn er mit Marion, Helmut Kündinger und den anderen Freunden in einem Montparnasse-Café saß, sehnte er sich nach der Einsamkeit seines Zimmers. Dort aber war es noch ärger, und er lief zu Professor Samuel oder zur Schwalbe, weil er es nicht aushielt, allein zu sein. Kikjou hatte die Adresse des frommen Onkels in Belgien nicht verraten. «Ich werde von mir hören lassen – wenn es Zeit ist …», hatte er beim Abschied geheimnisvoll gesagt. Martin konnte ihm nicht einmal schreiben.

Manchmal dachte er: ‹Es ist vielleicht gar nicht Kikjou, nach dem ich mich sehne. Ich sehne mich nach Berlin. Ich habe Heimweh nach den Straßen von Berlin, nach ein paar Lokalen und ein paar Menschen, und vielleicht sogar nach den alten Korellas ... Ich habe mich doch recht an sie gewöhnt in all den Jahren, obwohl sie mir oft entsetzlich auf die Nerven gingen. Es war so angenehm, Menschen zu haben, die sich immer Sorgen um einen machten. Man braucht das, es erhöht das Selbstgefühl ...›

‹Nein›, beschloß er dann wieder, ‹in Berlin möchte ich gar nicht sein. Es ist gräßlich dort. Ich bin froh, daß ich diese Stadt nicht mehr sehen muß. Heimweh nach der Stadt habe ich sicher nicht. Es ist die eigene Kindheit, nach der ich Heimweh habe. Ich möchte wieder mit Marion im Garten Murmeln spielen oder Krocket, und mich vom Vater ein bißchen schimpfen lassen, weil ich zu spät nach Hause komme zum Abendessen. Was für gute Zeiten sind das gewesen! Nach ihnen sehne ich mich ... Sogar das Kranksein hatte seine Reize. Die schmeichelhafte Sorge, von der man umgeben wurde, war dann am stärksten und zärtlichsten ... Mutter hatte viel Talent zur Krankenpflegerin ... Wie alt mag ich gewesen sein, als ich die Nieren-Koliken hatte, die so ungeheuer schmerzhaft waren? ... Fünfzehn oder sechzehn Jahre alt ... Sonderbar eigentlich: später habe ich nie wieder mit den Nieren zu tun gehabt ... Die arme Korella rang vor Entsetzen die Hände, wenn ich mich in Schmerzen wand. Vielleicht krümmte ich mich sogar mehr, als unbedingt nötig war, weil es mir Vergnügen machte, Mutter die Hände ringen zu sehen ... Außerdem hatte ich wohl auch noch andre Gründe, meine Qualen zu übertreiben. Denn ich mochte das Mittel sehr gern, das der Hausarzt mir verabreichte. «Da müssen wir wohl etwas Linderndes geben», sagte der Onkel Doktor und schmunzelte wie der Weihnachtsmann, ehe er die Geschenke auspackt. Dann applizierte er mir eine Spritze ins Bein. Ich hatte erst etwas Angst vor dem Stich; aber bald gewöhnte ich mich daran. So angenehme Gefühle kamen über mich, nach der Injektion ... Stundenlang lag ich mit geschlossenen Augen auf dem Bett; aber geschlafen habe ich nicht. Obwohl ich wach war, kamen die Träume. Recht hübsche Träume, wie ich mich erinnere ... Die Nieren-Schmerzen, so arg sie waren, nahm ich gern in Kauf, um der reizenden Träume willen ...› –

An diesem Abend besuchte Martin allein eine Music-Hall im Faubourg Montmartre. Dort trat ein Clown auf, über den er sich früher einmal in Berlin amüsiert hatte. Er versprach sich eine Zerstreuung davon, ihn wieder zu sehen. Aber das Programm langweilte ihn. Der berühmte Komiker sollte erst nach der Pause erscheinen. Martin hatte sich eine billige Karte genommen, die ihn nur zum Aufenthalt im «Promenoir», dem Steh-Parterre, berechtigte. Die Luft dort war heiß und stickig. Martin fühlte sich müde und angewidert. Im Zwischenakt trank er einen doppelten Cognac am Buffet. Dann verließ er das Theater und ging zum Boulevard de Clichy hinauf.

Er trank noch mehrere Cognacs in mehreren kleinen Bars, und schließlich blieb er in einem stillen Café, nahe der Place Blanche, sitzen. Er bestellte sich einen Pernod Fils; dann noch einen. Der Kopf wurde ihm ziemlich schwer. ‹Hier ist es relativ angenehm›, dachte er und legte die heiße Stirn in die Hände. ‹Hier bleibe ich eine Weile. Wenn ich sehr spät nach Hause komme und ziemlich viel Pernod getrunken habe, werde ich vielleicht schlafen können.›

Es gab fast keine Gäste im Lokal. Das elektrische Klavier spielte die Ungarische Rhapsodie von Liszt. Der Barmixer – ein sehr magerer, bleicher Bursche mit tiefen Schatten um die trostlos blickenden Augen – unterhielt sich, über die Theke weg, mit einem Mann, der Martin den Rücken zudrehte. Es kam dem Einsamen vor, als ob die beiden über ihn sprächen. Der Mixer schaute mehrfach zu ihm hin, und der Mann an der Bar drehte sich einmal um, um ihn schnell und scharf zu fixieren. Aber Martin war nicht neugierig auf die Geheimnisse der Zwei. ‹Vielleicht überlegen sie sich, ob sie mir ein Mädchen verkaufen können›, dachte er verächtlich. ‹Wahrscheinlich die dicke Alte, die dort drüben in der Ecke schlummert.› Er schloß die Augen. ‹Diese Ungarische Rhapsodie ist ein hundsordinäres, aber immer wieder effektvolles Stück. Komisch, wie mich das rührt … Jetzt könnte ich weinen. Aber das wäre ein zu idiotisches Benehmen: einsam in einer kleinen Montmartre-Bar sitzen, diese gemeine Musik hören und Tränen vergießen … Wenn ich nur Kikjous Adresse wüßte, dann könnte ich ihm gleich ein paar Zeilen schreiben – das wäre jetzt die beste Beschäftigung … Seine Geheimnistuerei mit dem katholischen Onkel ist etwas kindisch ... Ob er wirklich an den lieben Gott glaubt? ... Alter Herr Korella wurde immer ein bißchen gereizt, wenn Mama den lieben Gott erwähnte. Liebe Hedwig, sagte er, der Junge ist wirklich schon zu groß, um ihm Ammenmärchen zu erzählen. Du weißt doch, ich mag das nicht. – Ein sehr aufgeklärter Mann!› Martin kicherte höhnisch in sich hinein. ‹Alter Herr Korella ist Freidenker. Das hat auch etwas Drolliges. Schade, jetzt ist die Rhapsodie zu Ende. Die alte Hure dort drüben schnarcht aber wie drei besoffene Kutscher. Ich sollte mir noch einen Pernod kommen lassen. Der Mixer hat seltsame Augen. Es muß ja auch melancholisch stimmen, die ganze Nacht hier zu sitzen. Wahrscheinlich schläft er tagsüber. Martin, es ist ungesund, tags im Bett zu liegen –, hat alte Frau Korella mir oft versichert. Wieso eigentlich? ... Ob meine alten Herrschaften sehr unter diesen Nazis zu leiden haben? Papa ist ein so guter Patriot. Als ich abreiste, hat Mama mir gesagt: Wir haben nichts zu fürchten, mein Sohn. Unser Gewissen ist rein. Rührende alte Frau! Vielleicht werde ich sie nie wieder sehen; das würde mir doch leid tun, ganz entschieden.› – «Garçon, un autre Pernod, s'il vous plaît!› rief Martin und schlug die Augen auf. Da bemerkte er, daß der Mann, der sich vorhin nach ihm umgedreht hatte, neben ihm am Tische saß. – «Bon soir, Monsieur», sagte der Mann.

Er sah sehr ramponiert aus und war wohl noch ziemlich jung. Sein gedunsenes, schlaffes Gesicht zeigte grau-weiße Färbung. Die Pupillen in den nah beieinander liegenden, dunklen und engen Augen waren auffallend klein: glitzernde schwarze Punkte, winziger als ein Stecknadelkopf. «Bon soir, Monsieur», sagte auch Martin, und er dachte: ‹Wieso habe ich ihn nicht gehört, als er an den Tisch kam? – Mein Gott, der Mensch will sich mit mir unterhalten! Das hat mir gerade noch gefehlt!›

Wirklich begann der andere eine Konversation über gleichgültige Gegenstände. Er sprach über das Wetter, die Fremdensaison, die Kriegsgefahr und die hohen Preise. Martin antwortete, so gut er konnte, in seinem noch recht ungewandten, stockenden Französisch. ‹Worauf will er hinaus?› überlegte er sich. ‹Der führt doch irgend etwas im Schilde ...› – Sein Nachbar hatte eine merkwürdig prüfende, fast lauernde Art, ihn zu beobachten. Zuweilen lächelte er, plötzlich und überraschend, als wollte er sagen: ‹Wozu machen wir uns gegenseitig etwas vor, lieber Freund? Es wird allmählich Zeit, daß wir zur Sache kommen!› – ‹Zu welcher Sache?› erwiderte Martin ihm stumm, nur durch Blicke. ‹Ich habe wirklich keine Ahnung, was Sie meinen, mein verehrter, ungesund aussehender Monsieur.›

Es gab im sinnlosen Gespräch eine Pause. Nach dem kleinen Schweigen erkundigte sich der Fremde, bedeutungsvoll grinsend: «Schmecken Ihnen die Drinks?»

«Ja – warum?» machte Martin erstaunt. «Es ist guter Pernod.»

«Sie sehen nicht wie ein Alkoholiker aus», sagte der Mann.

«Es kommt auch ziemlich selten vor, daß ich trinke», sagte Martin.

«Ach so», nickte der Mann. Und, nach einer Pause, besonders hinterhältig: «Wahrscheinlich haben Sie gerade nichts – anderes?»

Martin deutete durch erstauntes Achselzucken an, daß er nicht begriff. Der andere, statt sich zu erklären, fragte nebenbei: «Wer hat Ihnen denn diese Adresse empfohlen?»

Welche Adresse? – wollte Martin wissen. «Ich bin zufällig hierher gekommen.»

«So so», sagte der Fremde. «Da haben Sie Glück gehabt. Sie sind an der richtigen Stelle.»

Nun begann Martin sich zu interessieren. An was für einer Stelle denn? – fragte er neugierig.

«Stellen Sie sich nicht dumm!» bat ihn der Bleiche, nun seinerseits etwas enerviert und gelangweilt. «Ich weiß doch, worauf Sie aus sind. Ich habe Blick für sowas.»

Und er flüsterte heiser, den Oberkörper vorgeneigt, das fahle dicke Gesicht mit den brennenden kleinen Augen unheimlich in Martins Nähe gerückt: «Ich bin Pépé.»

«Sehr erfreut», sagte Martin. «Mein Name ist Fritz Meier.»

«Haben Sie noch nie von mir gehört?» Pépé schien enttäuscht. «Es ist ein Vertrauensbeweis, daß ich mich vorgestellt habe. Aber mein Instinkt trügt mich nie. Sowie ich Sie gesehen habe, wußte ich: Das wird ein Kunde für mich.»

«Was verkaufen Sie denn?» – Martin fing an, zu verstehen.

«Pépé lachte wie bei einem guten Witz. Nachdem er sich genug amüsiert hatte, erklärte er, wieder ernst: «Ich habe eine ganz neue Sendung. Prima Ware. Heute erst aus Marseille gekommen.»

«Was ist es denn?» forschte Martin.

Pépé rückte noch näher an ihn heran. «Sie meinen – K. oder H.?» fragte er, anzüglich grinsend.

Martin erkundigte sich naiv: «Was ist das, – K. oder H.?»

Pépé lachte wieder ein bißchen, ehe er flüsterte: «Kokain oder Heroin! Sie scheinen aber wirklich noch ein rechtes Kind zu sein! Ein Anfänger, wie ich sehe! Deshalb gefallen Sie mir gerade. Sie sind sicher ein besserer Mensch – ein Intellektueller; sowas merke ich doch. – Man muß immer vorsichtiger werden! Die Polizei ist überall hinter uns her. Gestern ist wieder eine Razzia gewesen. Kommen Sie mal mit mir auf die Toilette!»

Er erhob sich und schlenderte zu der Türe, wo «Messieurs» stand. Martin zögerte eine Minute, ehe er folgte.

Es war eine recht primitiv eingerichtete Lokalität. Nicht einmal eine Sitzgelegenheit gab es; sondern, neben dem Abtritt, nur zwei Stützpunkte für die Füße. Übrigens roch es garstig.

Pépé hatte schon die Brieftasche gezogen. Er entnahm ihr ein Päckchen aus starkem, roten Papier. «Eine Qualität wie für Prinzen!» verhieß er noch, ehe er das Päckchen öffnete, und küßte sich, selbst entzückt von der Feinheit dessen, was er zu bieten hatte, die Fingerspitzen. «Schauen Sie mal, wie das funkelt! Wie lauter kleine Kristalle! – Martin blickte neugierig hin; was er in der kleinen roten Hülle entdeckte, war ein grauweißes Pulver. «Es sind drei gute Gramm», erklärte Pépé und wog seinen leichten Schatz liebevoll auf der Handfläche. «Ich lasse es Ihnen für 200 Francs.»

Martin, seinerseits ziemlich heiser flüsternd, brachte hervor: «Ich weiß aber gar nicht – ob ich Kokain überhaupt mag ... Und war doch schon fast entschlossen, dem verdächtigen Gesellen sein Zeug jedenfalls abzukaufen.

«Dummerchen!» Pépé sagte es beinah zärtlich, mit den gedunsenen, fahlen Lippen nah an Martins Ohr. «Ich sehe doch, daß du kein Typ für Koks bist. Koks ist eine Droge für kleine Huren. Du hast ein Gesicht wie ein Philosoph. – Es ist Heroin, feinste Sorte!» Martin spürte seinen Atem an der Wange; er ekelte sich, wandte sich aber nicht ab. «Wenn du mir nicht so sympathisch wärst», raunte der Händler, «würdest du das gute Zeug gar nicht kriegen! Hast du denn eine Vorstellung, was ich riskiere, indem ich dir sowas anbiete? – Aber ich kenne dich, ich kenne dich schon ... Du bist ein feiner Kerl, du hast Weltschmerz, vielleicht ist eine Geliebte dir weggelaufen, da brauchst du ein bißchen Trost. Der Pernod genügt dir nicht, du mußt etwas Besseres haben. Da ist etwas Besseres ... Da ...» flüsterte er verlockend. «Ich lasse es dir, für nur 200 Francs, weil ich weiß: du wirst ein guter Kunde von mir. Du kommst wieder, und oft – da habe ich gar keine Zweifel ...» Pépé legte ihm einen schweren, weichen Arm um die Schulter. Martin spürte, daß ihm gleich übel werden würde: vom Gestank des Aborts und von der Nähe dieses Menschen.

«Gut. Ich nehme es», sagte er mühsam und langte schon nach dem Geld. Dann zögerte er noch einmal: «Wie konsumiert man solches Zeug eigentlich?»

«Mach nur schnell, nimm endlich das Päckchen», drängte Pépé. Er schien weniger gierig danach, das Geld zwischen seinen Fingern zu spüren, als er drauf aus war, das Pülverchen in der Hand seines Kunden zu sehen. ‹Er ist wie der Satan›, mußte Martin plötzlich denken. ‹Wie der Teufel, der es nicht erwarten kann, die Bluts-Unterschrift seines Opfers unter dem verhängnisvollen Vertrag zu haben ...›

«Auf welche Art man es konsumiert?» kicherte der Böse. «Ganz wies beliebt, Herzchen, ganz wie es dir Spaß macht, du wirst schon noch lernen – wenn du es wirklich noch nicht weißt. Du kannst es durch die Nase hochziehen: so!» Er nahm eine kleine Prise auf den Handrücken und schnupfte sie mit Genuß. «Oder du kannst es in Wasser auflösen und dir einspritzen. Darauf kommst du bald genug, mein Schatz!»

Martins Hände zitterten, als er die Fünfzig-Francs-Scheine hinzählte und das Päckchen zu sich steckte. Pépé ließ ihn noch wissen: «Mich findest du immer hier, das ist mein Stammlokal. Mittags zwischen elf und zwölf, und abends ab zehn Uhr kannst du mich gar nicht verfehlen – solange ich die Adresse nicht aus Vorsichtsgründen ändere. – Au plaisir, mon vieux à bientôt. Ich bleibe noch einen Moment auf dem Lokus.»

Martin kam leicht taumelnd in die Bar zurück.

«Ich zahle zwei Pernod Fils», sagte er zum Mixer, und versuchte, sich ein würdig unbefangenes Aussehen zu geben. Der Bursche musterte ihn mit einem Lächeln, das höhnisch aber nicht ohne eine gewisse gutmütige Mitleidigkeit war, von oben bis unten. «Sonst zahlen Sie nichts?» fragte er. Jetzt fiel es Martin auf, daß auch der Mixer in seinen dunklen, hungrigen Augen die winzig kleinen, stechenden Pupillen hatte. –

Martin nahm sich ein Taxi an der Place Blanche und ließ sich zum Hotel «National», rue Jacob, fahren.

In seinem Zimmer zog er das Päckchen aus der Tasche, ehe er noch seinen Hut abgelegt hatte. Das dunkelrote, starke Papier war kunstvoll zusammen gelegt; kein Stäubchen des Pulvers konnte verloren gehen. Martin schüttete sich ein wenig von der weißlichen Substanz auf den Handrücken, wie er es Pépé hatte machen sehen. Er trat vor den Spiegel, führte die Hand vorsichtig zur Nase und zog das Pulver hoch. Es kitzelte in der Nase, reizte die Schleimhäute und ließ die Augen feucht werden. Gleichzeitig spürte er einen bitteren Geschmack, hinten am Gaumen und in der Kehle. ‹Wahrscheinlich ist das Ganze ein Schwindel›, dachte er ärgerlich. ‹Ich bin irgend einem kleinen Halunken hereingefallen, und meine 200 Francs bin ich los …›

Er setzte sich aufs Bett und wartete. Würde sein Zustand sich ändern? ‹Ich verlange ja gar kein Glück›, dachte er, ‹ich beanspruche keine plötzlichen Wonnen. Was ich möchte, ist nur ein wenig Erleichterung. Daß diese Last weg wäre von meiner Brust! Daß diese fürchterliche Spannung sich löste! Daß ich ruhig würde! Mehr erhoffe ich nicht …›

Und während er es dachte, war er schon ruhig geworden. Das Wohlgefühl, das sich einstellte, war unbeschreiblich. Es enthielt Frieden und eine schöne Erregung zugleich. Es war Entrückung und gesteigertes Leben. Übrigens brachte es auch etwas physische Übelkeit und leichten Brechreiz mit sich. Aber das störte kaum. Die Annehmlichkeit war zu groß. ‹Welch magische Pulver-Substanz hat dieser Pépé mir da für 200 Francs kredenzt!› dachte Martin benommen. ‹So wohlig war mir nicht mehr zu Mute – seit wann? Seit mir der Onkel Doktor Injektionen gegen Nieren-Kolik verabreichte. Seit damals habe ich soviel Wohligkeit nicht gekannt ... Jetzt möchte ich arbeiten ... Ich habe unendlich zahlreiche und sehr gute Gedanken im Kopf ... Ich werde mich nicht an den Tisch setzen, davon würde mir schlecht. Ich hole mir den Schreibblock ans Bett ...›

Nicht umsonst, nicht zufälliger oder ungerechtfertigter Weise haben die Deutschen den Ruf, das gründlichste Volk der Erde zu sein. Ihre Emigration dauerte erst ein paar Monate lang, sie hatte gerade begonnen; es ließ sich noch gar nicht absehen, welchen Umfang sie annehmen, welche Kreise und Typen sie in sich einbeziehen würde –: da gingen exilierte deutsche Intellektuelle schon daran, sich über die «Soziologie der Emigration» zu unterhalten. David Deutsch – Kulturkritiker und Nationalökonom – erklärte, daß er eine größere Arbeit über diesen Gegenstand vorbereite. «Ein sehr faszinierendes Thema», behauptete er. «Faszinierend gerade deshalb, weil die Menschengruppe, um die es sich hier handelt, durchaus kein einheitliches Gebilde, keine Gruppe also im eigentlichen Sinn des Wortes darstellt; vielmehr ein höchst zufälliges Gemisch von Individuen, denen durch sehr verschiedenartige Umstände ein ähnliches Schicksal aufgezwungen wurde.»

Man saß in dem kleinen Lokal, das die Schwalbe in einer engen Nebenstraße des Boulevard Montparnasse, ein paar Schritte vom «Café du Dôme» und der «Coupole», eröffnet hatte. Es gab hier recht gutes Bier; billige Mahlzeiten deutschen oder österreichischen Stils; man traf alte Freunde, machte Bekanntschaften, besprach die politischen Neuigkeiten und bekam Kredit bis zu einer gewissen Grenze, die durchaus willkürlich und je nach ihren unberechenbaren Sympathien von der Schwalben-Wirtin bestimmt wurde. Die Stammgäste waren fast sämtlich Deutsche. Zuweilen brachten sie ihre französischen Freunde mit; Marion etwa erschien mit Marcel Poiret, oder Martin führte Kikjou ein.

«Ich glaube kaum, daß es jemals eine so uneinheitliche Emigration gegeben hat wie unsere», sagte David und machte beim Sprechen seine schiefen, sinnlosen kleinen Verbeugungen vor Ilse Proskauer, die ihm aufmerksam lauschte. «In fast allen anderen historischen Fällen war die Zusammensetzung der Exilierten bestimmt durch soziale, nationale oder gesinnungsmäßige Charakteristika: eben jene psychologischen oder ökonomischen Eigenschaften, die ihren Trägern den Aufenthalt in der Heimat unter gewissen politischen Umständen unmöglich machten. Was uns betrifft, so ist ein solches einigendes Moment, ein solcher Generalnenner kaum festzustellen.»

David Deutsch war sehr animiert. Auf seinem geisterhaft bleichen, wächsernen Gesicht wurden zarte rosa Farbtöne sichtbar; mit den dünnen, nicht eigentlich hageren, aber wie aus einer gewichtslosen, unirdischen Materie gebildeten Fingern fuhr er sich durch das blau-schwarze, dichte, starre, negroid gekrauste Haar: das Einzige an ihm, was von einer soliden, haltbaren, sturm- und wetterfesten Substanz zu sein schien.

«Hallo!» machte er plötzlich schreckhaft – so, als hätte sich jemand einen kleinen Scherz mit ihm erlaubt: ihn etwa mit einem kalten Metall am Nacken gekitzelt. «Hallo! Nun habe ich aber etwas Riskantes gesagt, etwas Schlimmes!» Er drohte sich selbst mit dem Zeigefinger, zugleich erheitert und schaurig berührt von der Gewagtheit seiner eigenen Bemerkung. «Ei weh!» sagte er noch und wiegte schelmisch-klagend den Oberkörper, während Fräulein Proskauer ihn ernsthaft und interessiert beobachtete. «Wenn das stimmte, daß bei uns ein ‹einigendes Moment› nicht vorhanden ist; wenn das Wort für Wort wahr wäre, was ich gerade unbedacht genug war, anzudeuten – dann hätte der Hitler ein verdammt leichtes Spiel. Natürlich gibt es etwas, was wir alle gemeinsam haben – und wäre es zunächst nur der Haß.» Er war nun wieder ganz ernst geworden. In der Geisterblässe seines Gesichtes hatten die dunklen, kurzsichtigen Augen einen wilden Glanz. «Und sei es zunächst nur der Haß!» wiederholte er drohend, den schmalen Oberkörper schief nach vorne gereckt. «Beim Haß aber bleibt es nicht, und übrigens hat es mit ihm nicht angefangen.» Er sprach jetzt in einem heftigen Flüsterton; gleichsam raunend, beschwörend. «Angefangen hat es mit der Liebe. Wir haben alle unser Land geliebt –: wie hätten wir sonst so fürchterlich betroffen sein können von seiner Heimsuchung, seiner Entwürdigung, seinem Sturz? – Nur haben wir es leider auf gar zu viel verschiedene Arten geliebt; hier liegt die Wurzel zu großem Unglück. Der eine verstand die Liebesform des anderen nicht; er beschimpfte sie wohl gar als Verräterei. So erklärt sich, daß die Dinge treiben konnten, wohin sie trieben.» Er atmete schwer und schien recht erschöpft. Die Hand hatte er an die Stirne gepreßt, als wäre dort eine Wunde und er müßte das rinnende Blut aufhalten. – «Wir werden lernen müssen, alle gemeinsam eine Zukunft zu lieben», sprach er schwer atmend, beinah keuchend weiter. «Das wird zunächst nicht leicht für uns sein; aber die Feinde jeder besseren Zukunft, die deutschen Herren, erleichtern es uns.» Er versuchte noch einmal, zu lächeln. Es mißlang; die imaginäre Wunde auf der Stirne tat ihm wohl gar zu weh. «Sie erleichtern es uns: indem sie uns nämlich das exakte Gegenteil zeigen von dem, was wir alle lieben wollen. Der Haß, durch den wir nun hindurch müssen, ist eine gute Schule. Haben wir sie erst hinter uns, so werden wir kundiger geworden sein – in der Liebe …»

Wußte er noch, daß die häßliche Proskauer ihm zuhörte? Es war deutlich, daß er monologisierte; daß er tausendmal Gedachtes, Überlegtes, Durchlittenes im raunenden Flüsterton aussprechen mußte, gleichgültig, in wessen Gegenwart. Freilich gab es niemanden, – bei der «Schwalbe» nicht, und nirgendwo sonst –, der es so verstand wie die Proskauer, sich selber auszuschalten, gleichsam unsichtbar zu werden, nur Gehör zu sein. Die kleinen, runden, goldbraunen Augen, deren kluger Blick behindert schien durch die ungeheure, gebogene Nase, hingen andächtig und gerührt an den beweglichen Lippen des David Deutsch.

Der besann sich plötzlich, daß er nicht alleine war, und wovon er hatte sprechen wollen. Einem Dozenten ähnlich, der vom Thema seines Vortrages abgeschweift ist und nun das Auditorium um Verzeihung bittet, sagte er, die rechte Schulter schief nach vorne drehend – wobei er endlich die Hand von der Stirne nahm: man war erstaunt, sie blank und unversehrt zu finden –: «Aber wohin lasse ich mich entführen? Warum unterbrechen Sie mich nicht, liebe Ilse?»

«Die Abweichung hat sich gelohnt», konstatierte die Proskauer, ruhig und sachlich; ihre Worte kamen unter der enormen Nase hervor wie ein gleichmäßig plätscherndes, nüchtern freundliches Bächlein unter einer jäh vorspringenden Felszacke.

«Das Problem unserer Emigration», – David Deutsch sprach

nun in einem Ton und mit einer Mimik, als wendete er sich an eine größere Versammlung – was wiederum nur eine andere Form des Monologisierens war –, «das Problem unserer Emigration wird kompliziert, fast möchte ich sagen: korrumpiert, durch den Umstand, daß ein erheblicher Teil unserer Leidensgenossen nicht aus Überzeugung, sondern nur durch Zwang ins Exil gekommen ist. Ich rede von den Juden.»

Er machte eine effektvolle kleine Pause. Die Proskauer nickte ihm aufmunternd zu. David rückte nervös die Schulter, räusperte sich und fuhr fort:

«Wie viele deutsche Juden würden sich mit dem infernalischen Phänomen ‹Nationalsozialismus› herzlich gern abfinden – wenn der Nationalsozialismus nicht antisemitisch wäre?» Der Redner stellte die Frage mit unheilverkündender Strenge. «Die totale Barbarei, die der Nationalsozialismus bedeutet – und von welcher der Antisemitismus nur ein besonders krasses, fast möchte ich sagen: besonders pittoreskes Symptom ist –: wie viele deutsch-jüdische Bankiers, Theaterdirektoren oder Feuilletonredakteure würden denn nun wirklich Anstoß an ihr nehmen – wenn sie nicht eben dazu gezwungen wären?! –»

Er verstummte, und sein Oberkörper zuckte besorgniserregend. Dann – mit der edlen Geisterhand flüchtig durch die Luft fahrend, als gäbe es dort etwas wegzuwischen –: «Die jüdischen Exilierten sind für den politisch, den revolutionär Denkenden nur interessant, wenn wir von ihnen wissen, oder doch annehmen dürfen: sie würden die Feinde dieses Regimes auch bleiben, wenn das Regime auf einen seiner schandbaren Tricks verzichten würde, auf den Antisemitismus. – Nun ist freilich festzustellen, daß aus manch deutschem Juden, der zunächst keineswegs aus Gesinnungsgründen, vielmehr unter dem Druck der Umstände ins Exil gegangen ist, allmählich ein bewußter und aktiver Antifaschist werden kann. In vielen Fällen hat dieser bedeutsame Verwandlungsprozeß wohl schon begonnen ... Denn natürlich sind in den jüdischen Traditionen, in der jüdischen Geistigkeit die Widerstände gegen den militanten Barbarismus, das aggressive Neuheidentum besonders stark; stärker oft, wollen wir hoffen, als ein Klasseninteresse, welches dem Wohlhabenden ratsam scheinen ließ, mit den Unterdrückern gegen die Unterdrückten zu stehen. Eine Jahrtausende lange Leidensgeschichte hat unser Volk doch wohl den Wert einiger Begriffe und Ideale sehr tief begreifen lassen – etwa die Begriffe und Ideale der Toleranz; der Gerechtigkeit. – Und wenn sie es noch nicht begriffen haben», fügte er hinzu, plötzlich in einem leichteren, verärgerten Ton, so als ginge das Ganze ihn nicht sehr viel an – «tant pis pour eux. Dann werden sie es eben noch lernen müssen. Es ist doch so klar, so selbstverständlich», – er sagte es ungeduldig, als langweilte und enervierte es ihn, begriffsstutzigen Schülern die gleichen einfachen Dinge gar zu oft wiederholen zu müssen –, «es liegt doch so auf der Hand: Wir Juden gehören auf die Seite der Unterdrückten, einfach, weil wir selbst Unterdrückte sind. Es ist ungemein in unserem Interesse, daß die Menschen etwas aufgeklärter, zivilisierter, etwas menschlicher werden; während der Faschismus es doch gerade darauf anlegt, sie immer mehr zu entmenschlichen. – Aber entschuldigen Sie, daß ich Sie mit diesen Banalitäten ennuyiere», wendete er sich – ein pedantischer, aber doch gefallsüchtiger Dozent – an das unsichtbare Auditorium.

Überraschenderweise ließ an dieser Stelle des Vortrages die Proskauer das verständige Murmeln ihrer Stimme hören. «Man muß heute wieder den Mut zu gewissen Banalitäten haben», bemerkte sie und blickte freundlich an ihrer Nase vorbei. «Übrigens ist es noch sehr die Frage, ob man das Selbstverständliche weiter als banal bezeichnen darf. Es stößt überall in der Welt – nicht nur in Deutschland – auf einen derartigen Widerspruch, daß es beinah den Reiz des Neuartigen und Gewagten bekommt.»

David schien ein wenig erstaunt darüber, daß sein Publikum es sich plötzlich herausnahm, das Kolleg durch Zwischenbemerkungen zu unterbrechen. Sein Gesicht verfinsterte und verzog sich nervös. Er beherrschte sich aber, lächelte verzeihend, winkte beinah fröhlich mit der gewichtslosen Hand – als wollte er sagen: Ein wenig keck, meine Liebe! Aber lassen wirs gut sein –, und fuhr, unbeirrbar, fort:

«Wir tun also gut daran, innerhalb der jüdischen Emigration jene Typen-Gruppe, die in der Tat nur aus geschäftlichen Gründen das Land verlassen hat und in keinerlei politischer oder moralischer Opposition zum Regime steht, scharf von den anderen zu trennen, die entweder von vorneherein auch Gesinnungsemigranten waren, oder sich doch zu Gesinnungsemigranten entwickeln.»

«Was hat Davidchen denn da eigentlich zu erzählen?» wollte die Schwalben-Wirtin, etwas mißtrauisch, wissen. Sie trat, die Zigarre im Mund, Arme in die Hüften gestemmt, neugierig näher, um dem temperamentvoll Dozierenden zu lauschen.

Auch andere wurden aufmerksam. Marion, die an einem Tisch mit dem Mediziner Dr. Mathes, dem ährenblonden «Meisje» und der kleinen Germaine Rubinstein saß, brach ihr Gespräch ab. «David ist groß in Form», sagte sie lachend. Und während die Schwalben-Wirtin sich mit leisem Ächzen zwischen der Proskauer und David Deutsch auf einem Stuhl niederließ, der viel zu schmächtig schien, um ihre Leibesfülle zu tragen, bemerkte das «Meisje», den leuchtend veilchenblauen Blick sinnend auf den Redenden, Gestikulierenden gerichtet: «Ich weiß nicht ... für mich hat er etwas Ergreifendes ... Er leidet so viel, und er denkt so viel nach ... Sieht er nicht aus wie ein junger Priester?» fragte sie schüchtern und wurde ein wenig rot, als hätte sie sich zu weit vorgewagt. Sie paßte nicht ganz in den Kreis; in Berlin war sie Gärtnerin gewesen, sie hatte Kakteen gezüchtet. Weil ihre Mutter Holländerin war, nannte man sie «Meisje», was das niederländische Wort für Mädchen ist. – «Es klingt ja etwas verstiegen», fügte sie nun geschwind hinzu. «Aber sieht er nicht wirklich wie ein Priester aus?» – Marion, ohne sich nach Meisje umzudrehen, den Oberkörper nach der Richtung, wo David Deutsch saß, gewendet; den Arm um die Stuhllehne geschlungen; die Beine übereinander geschlagen, nickte ernst und freundlich: «Du hast ganz recht, Meisje. In anderen Zeiten wäre er wohl ein frommer Schriftgelehrter geworden.» Und auch die ernste kleine Germaine, Anna Nikolajewnas etwas widerspenstige Tochter, bestätigte: «Elle a tout à fait raison.» – Herr Nathan-Morelli aber, der an einem anderen Tisch, ganz im Hintergrund des Raumes, mit Fräulein Sirowitsch speiste, schnitt eine gequälte Grimasse: «Der junge Herr dort drüben scheint mir zur Abwechslung über Deutschland und die Emigration zu plaudern. Ich wußte gleich, daß wir besser in ein anderes Restaurant gegangen wären. Deutschland – Deutschland – Deutschland ...: wenn ich nur das Wort nicht mehr hören müßte!!» Sein Gesicht hatte den starren, blasierten Ausdruck plötzlich verloren; der Mund verzerrte sich, und auf der Stirne ließen sich die Spuren ausgestandener Leiden erkennen. Er nahm sogar die Zigarette aus dem Mund, während er sich weit zu seiner Dame vorneigte und mit ganz leiser, gepreßter Stimme sagte: «Dieses Wort, dieser Begriff, dieses Schicksal, das ‹Deutschland› heißt, hat mir mehr zu schaffen gemacht als irgend etwas anderes auf der Welt. Was glauben Sie, das ich durchmachen mußte, ehe ich bis zu der kühlen Verachtung gegenüber allem Deutschen gekommen bin?! Aber einmal muß man sich frei machen können! Man geht zu Grunde, wenn es nicht gelingt! Ich habe mich frei gemacht! Oder glauben Sie mir nicht ...?» fragte er mit einer jähen Gereiztheit. Die Sirowitsch betrachtete den erregten Nathan-Morelli und lächelte zärtlich, mütterlich und etwas spöttisch.

David, der endlich etwas wie ein Auditorium hatte und sofort befangen wurde, stellte sich, als ob er gar nicht merkte, daß man auf ihn aufmerksam war, und richtete nun, zum ersten Mal, seitdem sie hier beisammen saßen, seine Worte wirklich an die Proskauer. «Es würde ebenso komplizierte wie fesselnde Statistiken geben», sagte er, «wenn man versuchen wollte, auszurechnen, wie viele unter den jüdischen Emigranten auch Gesinnungsemigranten sind. Außerdem wäre festzustellen, ein wie großer Prozentsatz der jüdischen oder nicht-jüdischen Gesinnungsemigranten aus rein politischen Gründen gegen die Nazi-Diktatur opponiert. Dieses dürfte vor allem bei den berufsmäßigen Politikern, Parteiführern, Funktionären, politischen Journalisten und bei den proletarischen Exilierten der Fall sein. Aber wie viele proletarische Exilierte gibt es? Auch dies sollte errechnet werden! Über alles müßte unsere Statistik Auskunft geben: Welche Berufe in der Emigration am häufigsten vorkommen; welche Lebensalter; ob es unter den Christen mehr Katholiken oder mehr Protestanten gibt ...

Unsere Statistik hat viele Rubriken; das Werk, welches ich plane, wird viele Kapitel haben. Die religiöse Opposition wird zu behandeln sein, und es ist darzustellen, wie der christliche Glaube, mit dem atavistischen Neuheidentum konfrontiert, in sich selber seine humanitären, sozialen, ja sozialistischen Elemente wieder-entdeckt, oder doch wieder-entdecken könnte. Darzustellen ist, wie das liberale Pathos angesichts der Greuel, zu denen eben die Schwäche eines falsch verstandenen, heimlich reaktionären Liberalismus geführt hat, sich radikalisiert, kämpferisch aggressiv wird; wie die Stellung der wirklichen Demokraten zum Problem der Gewalt-Anwendung, ja, zu einer – unter bestimmten Prämissen notwendigen – Intoleranz sich mählich verändert. Darzustellen ist anderseits, wie die Anhänger einer linken, sozialistischen Diktatur – von der Katastrophe erschüttert, die nun eine Partei-Tyrannis für unsere Heimat bedeutet – ihre Stellungnahme zu dem gesamten Themen-Komplex ‹Diktatur› zu revidieren beginnen; in harter Schule den Wert der Freiheit neu, und diesmal hoffentlich gründlich, begreifen lernen.»

David warf, in einer Art von trockener, intellektueller Begeisterung, das leuchtend bleiche Gesicht in den Nacken. ‹Wie sieht er denn aus?› dachte Marion, die immer noch in ihrer ziemlich unbequemen Haltung saß, den Körper im Sitzen seitlich gewendet; die Arme um die Stuhllehne geschlungen. ‹Wem gleicht er denn? ... Sein Gesicht müßte gerahmt sein von einem dunklen und harten Bart. Ganz entschieden: ein nachtschwarzer Bart, steif wie Holz, wäre stilvoll um diese Miene. Er würde unserem David ganz das Aussehen unseres Jochanaan geben. Ich sehe sein Haupt auf der Silberschüssel der sündigen Prinzessin Salomé kredenzt ...›

«Wie viel Typen!» rief David mit merkwürdig fliegenden Gesten. «Wie diese moralischen, politischen, artistischen Konzeptionen dialektisch gegeneinander stehen; sich ergänzen, begegnen, überschneiden; sich widersprechen, gegenseitig aufzuheben scheinen – und doch alle zusammen, in eine Synthese, zu der wir erst allmählich vordringen werden, einmünden; in das wahrhaft Neue, die Zukunfts-Form des Humanismus ... Jeder trägt sein Teil dazu bei; jede Rubrik in unserer komplizierten Statistik hat ihre besondere, wesentliche Funktion.

«Um nur irgend einen Fall herauszugreifen: mein alter Professor Abel, bei dem ich in Bonn Kollegs über den Faust und die deutsche Romantik hörte; bourgeoiser Intellektueller, gutmütiger Liberaler, ausgesprochen historisch-konservativ orientiert; der unpolitische, antirevolutionäre Deutsche par excellence: wer hätte gedacht, daß er jemals mit der Macht in akuten Konflikt kommen würde? Mein alter Abel – die Harmlosigkeit in Person – wird ins Exil getrieben. Als Exilierter entwickelt er sich vielleicht zum Repräsentanten klassischer deutscher Traditionen – gegen jene Verfälschung und Verfratzung deutschen Wesens, die Nietzsche schon in Bismarcks Reich seherisch erkannte, anprangerte, bekämpfte ...»

Mutter Schwalbe stand seufzend auf. Es wurde ihr zu gebildet.

Marion erkundigte sich – das Gesicht in die Hand geschmiegt, die auf der Stuhllehne ruhte –: «Wo ist dieser Abel jetzt?»

Ihre Stimme, leuchtend zugleich und dunkel, hatte die Macht, sofort die gespannte Aufmerksamkeit aller im Raum wie durch einen Zaubertrick zu gewinnen. David, schreckhaft von Natur, warf, in jäher Drehung zuckend, den Oberkörper herum. Statt zu antworten, bedeckte er die Augen mit der Hand, als hätte zu starkes Licht ihn geblendet. Marion wiederholte:

«Wohin ist denn dieser Abel verschlagen worden?»

Drittes Kapitel

Professor Benjamin Abel war dreiundvierzig Jahre alt und gehörte zu den angesehensten jüngeren Literaturhistorikern der deutschen Universität. Er war Privatdozent in Heidelberg gewesen und hatte im Jahre 1929 einen Ruf als Ordentlicher Professor an die Universität Bonn erhalten, was für einen jüdischen Gelehrten, und gerade für einen Germanisten nichtarischer Abkunft, damals schon eine besondere Ehrung bedeutete; denn der Antisemitismus an den deutschen Hochschulen war penetrant, noch ehe er zur Staatsreligion erhoben wurde.

In Bonn hatte sich Professor Abel einer starken Beliebtheit bei den Studenten erfreut; sein Kolleg über die deutsche Romantik war stärker frequentiert worden als die Vorlesungen über «Friedrich Schiller und die nationale Idee», die sein Kollege, der alte Geheimrat von Besenkolb, im gleichen Semester hielt. Geheimrat Besenkolb war früher Alldeutscher, dann Deutschnationaler gewesen;

am Tage nach dem ersten großen Wahlsieg der Nazis erschien er vor seinem Auditorium mit einem kleinen, jedoch nicht zu übersehenden Hakenkreuz im Knopfloch seines Jackettaufschlages.

Besenkolb, ein aufrechter Greis mit bösen, stahlblauen Augen, weißem Knebelbart und stark hervortretenden bläulichen Adern auf den Handrücken und auf der mehrfach gebuckelten, hohen, kalkweißen Stirn – Geheimer Rat Maximilian Freiherr von Besenkolb hatte eine vernichtende Art, mit knapp andeutendem Kopfnicken den etwas ironisch-devoten Gruß seines Kollegen Abel zu erwidern. Seit dem Herbst 1930 erschien der Geheimrat in keiner Gesellschaft mehr, wenn die Hausfrau ihm nicht vorher die Zusicherung gegeben hatte, daß Professor Abel nicht zugegen sein würde.

Als die Nazis zur Herrschaft kamen, war Professor Abel einer der Ersten unter den Dozenten der Universität Bonn, die ihrer Stellung enthoben wurden. Man ersparte ihm die Überlegung, ob er seinerseits, sofort und freiwillig, um seinen Abschied ersuchen oder ob er abwarten sollte, bis man ihn vor die Türe setzte. Wer weiß, wie Herr Abel – eine eher weiche, sensitiv-zurückhaltende, keineswegs heroische Natur – sich angesichts solcher Alternative entschieden hätte. Er mußte gehen, man ließ ihm keine Wahl; Geheimrat von Besenkolb, eifersüchtig wegen des erfolgreichen Romantiker-Kollegs und von germanischer Unversöhnlichkeit durch und durch, hatte höchstpersönlich die Entlassung des fatalen Konkurrenten beim Kultusministerium sofort beantragt. Es entsprach der ritterlichen Art des deutschen Forschers – zu dessen berühmtesten Arbeiten eine umfängliche Analyse des Nibelungen-Liedes gehörte – dem gefallenen, für den Augenblick total erledigten Feinde auch noch einen Fußtritt zu versetzen. Dieser bestand in einem langen und ungeheuer beleidigenden Feuilleton, das über den weggeschickten Professor in einem der führenden rheinischen Nazi-Blätter erschien und überschrieben war: «Schluß mit der Schändung deutschen Kulturgutes!» Der enorm gehässige Aufsatz war mit Initialen gezeichnet, und man nahm allgemein an, daß er von Geheimrat Besenkolb verfaßt, mindestens inspiriert worden war: er hatte alle Charakteristika seines zugleich markigen und tückischen Stils.

Benjamin Abel war sehr ratlos und betrübt. Er wußte gar nicht, wohin er sich nun wenden und was aus ihm werden sollte. Sowohl die Würde als der Selbsterhaltungstrieb verboten es ihm, noch länger in Deutschland zu leben, das lag auf der Hand. Andererseits war ihm eine Existenz im Ausland fast unvorstellbar. Abgesehen von den obligaten Italienreisen der Studentenzeit, von ein paar Touren in den Schweizer Bergen und etlichen Besuchen in Wien und Paris, die vor allem den Wiener Breughels und den Schätzen des Louvre gegolten hatten, war er niemals außerhalb der Reichsgrenzen gewesen. Für fremde Sprachen war er keineswegs besonders begabt. Er kannte sich selbst als gehemmt und belastet mit einer fatalen Neigung zu Minderwertigkeitskomplexen, die mit Erfolg zu bekämpfen ihm nicht immer gelang. Es fiel ihm schwer, sich an Menschen anzuschließen, die meisten langweilten ihn, und wenn er seinerseits zu einer Person sich hingezogen fühlte – sei es aus welchen Gründen und unter was für Umständen auch immer – plagte ihn der Argwohn, er könnte lästig fallen oder den Eindruck eines Aufdringlichen machen. Seine alte Mutter lebte in Worms – der Geburtsstadt Benjamins –, wo er sie jedes Vierteljahr mindestens einmal zu besuchen pflegte; übrigens verbrachte er seine Sommerferien regelmäßig mit der alten Frau in einem kleinen deutschen Kurort. Von der Mutter würde er sich trennen müssen, wenn er Deutschland verließ; denn natürlich war nicht daran zu denken, daß die beinahe Siebzigjährige das Wormser Haus aufgab, in dem sie an die fünfzig Jahre verbracht hatte, und wo ihr Gatte, Benjamins Vater, gestorben war. Auch die Freundin würde Abel verlieren; nun bereute er, daß er sich, vor zehn Jahren, nicht dazu entschlossen hatte, sie zu heiraten. «Ich eigne mich ganz und gar nicht zum Ehemann», hatte er damals gesagt, und Fräulein Annette Lehmann eröffnete resigniert eine kleine Antiquitätenhandlung in Köln, die übrigens recht gut florierte. Obwohl Benjamin, aus Ängstlichkeit und eigensinnigem Spleen, das liebe Fräulein Annette nicht zur Frau Professor gemacht hatte, waren die Beiden während all der Jahre ein Paar und wurden von ihrem Bekanntenkreis durchaus wie Eheleute behandelt.

Wie viele gute Dinge des Lebens würde man in der Fremde vermissen: die gemütlichen Kammermusik-Abende zum Beispiel, die

Benjamin in seinem Häuschen zu Marienburg, zwischen Bonn und Köln, gepflegt hatte. Professor Abel leistete Achtbares auf dem Cello, und er hatte einen guten Freund von der medizinischen Fakultät, der als wackerer Pianist gelten durfte. Zu diesen Beiden fand sich dann wohl noch ein musikbeflissener Kollege oder Student, und so war denn in der Marienburger Miniatur-Villa manch Beethoven- oder Brahms-Quartett, nicht eben meisterlich, aber doch mit innigem Verständnis und halbwegs hinreichender Technik exekutiert worden. Fräulein Annette hatte Tee und Brötchen gereicht, und in den Lehnstühlen hatten die Professorengattinnen mit Handarbeiten gesessen und sich Universitätsklatsch erzählt, wenn Schubert oder Bach verklungen waren. Wie traulich war dies gewesen! Nun, daß es so ganz vorüber sein sollte, in der Erinnerung, nahm es sich geradezu zauberhaft traulich aus. Übrigens gehörte der Klavierkünstler von der medizinischen Fakultät derselben Paria-Rasse an wie Abel. Am 30. Januar 1933 teilte er Benjamin mit, daß er nach England zu verziehen gedenke.

Nein, nach England wollte Benjamin doch wohl nicht; ihm schien, in einer so ungeheuer großen und fremden Stadt wie London würde er gar nicht atmen können. Nach langen Beratungen, die er mit sich selbst und mit Annette Lehmann anstellte, entschied er sich für die Niederlande. «Dorthin wolltest du doch ohnedies immer einmal», erinnerte ihn das intelligente Fräulein. Der Professor nickte wehmütig: «Ja, um die Rembrandts zu sehen.» «Nun, und jetzt wirst du Zeit haben, dir die Rembrandts und die Frans Hals und die Jan Steens einmal gründlich anzuschauen.» Annette versuchte eine Munterkeit zu zeigen, deren Künstlichkeit der gequälte Blick ihrer Augen nur zu deutlich verriet. Die Sache mit den Niederlanden leuchtete dem Professor halbwegs ein. Er hatte sich viel mit holländischer und flämischer Literatur beschäftigt und eine ausführliche Studie über den «Ulenspiegel» publiziert. «Von Holland aus wird man dann weiter sehen», sprach die wackere Freundin ihm Mut zu. «Es ist sicher der geeignete Platz, um sich ans Ausland, an die Fremde zu gewöhnen. Die Niederlande sind nicht mehr deutsches Sprachgebiet und gehören doch noch zum kulturellen deutschen Raum. Man befindet sich dort im Bannkreis unserer großen Überlieferungen. Ich hatte einmal drei sehr schöne und anregende Wochen mit meiner armen Mama im Haag und in Amsterdam.»

Von Annettens schönen und anregenden Wochen mit ihrer armen Mama im Haag und in Amsterdam hatte Benjamin schon früher gehört. Aber wie geschickt sie zu reden verstand! Ganz entschieden: eine vorzügliche Frau – das bewies sich in so ernsten Situationen, wie Abels gegenwärtige eine war. Freilich, die Wendung vom «kulturellen deutschen Raum» hatte ein wenig verdächtig geklungen, etwas nach der üblen neuen Terminologie. Sollte die brave Annette schon ein klein bißchen angesteckt sein? Ach, wie würde sie sich entwickeln, wenn man sie den vehementen und unangenehmen Einflüssen überließ, die sich nun hierzulande der Menschen wie eine Seuche bemächtigten und sie boshaft verdarben...

«Sicher», bestätigte Benjamin, etwas müde. «Du hast sicherlich recht.»

«Und vielleicht», rief Fräulein Lehmann fast flehend, «vielleicht findest du gar eine Möglichkeit zur Beschäftigung in Holland selbst und kannst auf die Dauer dort bleiben – das wäre doch wundervoll. Ich würde dich dann manchmal besuchen ...» Es lag ihr viel daran, ihn davon zu überzeugen, daß er in Holland glänzend aufgehoben sein würde und daß dort nur das Beste ihn erwarte; denn er mußte doch weg, mußte doch Deutschland schleunigst verlassen, es war ja seiner selbst unwürdig, wenn er blieb, und außerdem – diesen Gedanken wagte Fräulein Lehmann kaum sich selber zuzugeben – kompromittierte seine Anwesenheit auch sie, Annette. Sie wollte es ihm so gerne ersparen, daß sie sich von ihm zurückzog, sich nicht mehr öffentlich mit ihm zeigte. Aber andererseits: sie stand alleine in der Welt, sie konnte es nicht riskieren, aufzufallen, Skandal zu erregen – und skandalös war es doch nun einmal, wenn heute eine «Arierin» – Fräulein Lehmann war «Arierin» – mit einem «Nichtarier» Umgang hatte. Seitdem Geheimrat Besenkolbs gräßlicher Artikel erschienen war, wurde Benjamin Abel von allen, die in Bonn auf sich hielten, peinlich gemieden. Hatte Annette denn Lust, auch über sich selber noch einen Artikel solcher Art zu lesen? Die Nazi-Zeitungen waren wachsam, wenn es «Rassenschande» betraf. Und wie schnell konnten die

Fensterscheiben an einem kleinen Antiquitätenladen zerschmissen
werden ...

«Ich würde dich jedes Jahr ein paarmal besuchen können», versicherte Annette Lehmann noch einmal. Sie gab sich Mühe, dem
alten Freund den Abschied so erträglich wie möglich zu machen.

Also die Niederlande –: Abel versuchte, sich an den Gedanken
zu gewöhnen. Die Niederlande gehören noch zum kulturellen
deutschen Raum. Man will uns in Deutschland nicht mehr – grübelte Benjamin –; aber wir klammern uns an den «deutschen Kul-
turraum» ...

Der Entschluß ist gefaßt, er wird schnell in die Tat umgesetzt.
Eilige Auflösung des Marienburger Haushaltes: es findet sich ein
junges Ehepaar, welches die kleine Villa, samt der Einrichtung, sofort zu übernehmen bereit ist. Hastiger und ungünstiger Verkauf
der Bibliothek; Abel entschließt sich, nur zwei Kisten – ein paar
hundert ihm besonders lieber Bände – mit ins Exil zu nehmen. (Ja,
es ist das Exil: dies wird ihm von Tag zu Tag, von Stunde zu Stunde
klarer: er spürt es mit immer grausamerer Deutlichkeit, während
er sich losmacht von allem, was nun so lange sein Leben gewesen
ist.)

Annette kann ihm, bei so viel komplizierten und quälenden Er-
ledigungen, kaum behilflich sein: Ein dummer Zufall, sie muß gerade jetzt nach Frankfurt reisen, «ein paar wichtige Auktionen,
weißt du; so viele reiche Leute ziehen doch jetzt weg von Deutschland, und da kommen Dinge auf den Markt, die sonst gar nicht zu
kriegen gewesen sind ...» Ja, natürlich, viele reiche Leute ziehen
weg von Deutschland, auch arme übrigens – warum ziehen sie
eigentlich alle weg? Der Kunstmarkt jedenfalls profitiert davon;
bald werden sich auch neue Käufer finden für all die schönen Sachen, an die man sonst nicht herangekommen ist, eine neue Käu-
ferschicht ist im Begriff, sich zu bilden, Annette hat wohl alle
Hände voll zu tun, es ist ja schade, daß sie gerade während der letzten Wochen, die Benjamin noch in Deutschland hat, auf Reisen
sein muß ...

Abschiedsbesuch bei der Mutter in Worms; Tränen, Umarmungen ohne Ende, «Du kommst bald mal zu mir nach Holland,
Mama, die Badeorte da drüben sollen ja wundervoll sein, Scheve-

ningen zum Beispiel, und übrigens, wie lange wird diese Nazi-Herrlichkeit schon dauern, alle sagen, Hugenberg und seine Leute werden Hitler davonjagen …» «Sicher, mein Liebling, sicher, aber ob ich das noch erleben werde, ich bin doch schon alt, und in Scheveningen war ich mal mit deinem Vater, ein prächtiger Ort, feine Hotels, aber ich vertrage den starken Wind an der Nordsee nicht, er macht mir Atembeschwerden, Kopfschmerzen auch, hast du denn alle deine warmen Sachen eingepackt, in Holland mußt du vorsichtig sein mit dem Essen, sie haben dort eine schwere Küche, der Aal ist delikat aber unverdaulich, du weißt doch, dein empfindlicher Magen.»

Noch einmal Bonn; nun wohnt Professor Abel schon im Hotel, sein Marienburger Haus wird für das junge Ehepaar zurechtgemacht. Annette ist aus Frankfurt zurückgekommen; sie erscheint spät abends, merkwürdiger Weise trägt sie einen ziemlich dichten Schleier vorm Gesicht, sie hat doch früher nie einen Schleier getragen, und nun gleich einen so fest gewebten, hinter dem man ihr Gesicht kaum erkennt. Sie berichtet: in Frankfurt hat sie einige seltene und kostbare Dinge erstanden, ein Stück gotischen Samt, wundervoll und beinahe geschenkt, ich kann tüchtig Geld dran verdienen, wenn ich den richtigen Käufer finde, deutsche Gotik wird vermutlich sehr im Preise steigen, das hängt mit allgemeinen Zeitströmungen zusammen. Leb wohl, meine Liebe! Zehn Jahre unseres Lebens sind wir beieinander gewesen, vergiß das doch bitte nie! Vergiß, zum Beispiel, bitte nie die so sehr gemütlichen Kammermusik-Abende in Marienburg! Adieu, Geliebte! Was wäre denn nun, wenn ich dich geheiratet hätte, damals, als wir beide jung gewesen sind? Sähe dann alles besser aus, oder noch komplizierter? Leb wohl! «Holland ist ja so nahe!» sagt Annette – wie vernünftig Annette ist. Ja, Holland ist nah, eine lächerlich geringe Entfernung. Und trotzdem, was für eine große, einschneidende und bedeutsame Trennung. Laß mich noch einmal dein Gesicht küssen, du bist immer noch schön, ich finde dich immer noch schön, wir sind doch ein Paar gewesen, Gott sei Dank, daß du nun endlich diesen störenden Schleier abgenommen hast …

Professor Abel kannte in Amsterdam keinen Menschen. Annette Lehmann hatte ihm einen Brief an einen großen Kunsthändler mitgegeben; aber Benjamin entschloß sich nicht dazu, von dem Empfehlungsschreiben Gebrauch zu machen. ‹Die Leute werden wahrscheinlich mehr als ihnen lieb ist von deutschen Emigranten behelligt›; dieses war des Professors entmutigende Überlegung. Der gleiche Gedanke bestimmte ihn dazu, bei einem Kollegen in Leiden, den er aus Heidelberg, und bei einem anderen im Haag, den er aus Bonn kannte, sich vorläufig nicht zu melden.

Benjamin Abel war ganz allein.

Er ging herum wie in einem schlimmen Traum, und was er dachte, war immer nur: Was soll ich hier? Warum bin ich eigentlich in dieser fremden Stadt? Leider bin ich doch gar kein Holländer – warum gehe ich also in den Straßen von Amsterdam spazieren? Freilich, freilich – erinnerte er sich, wirr und betrübt – man hat mich aus Deutschland herausgeschmissen, ich durfte dort nicht mehr bleiben, Geheimrat von Besenkolb hat mich als einen «geistigen Vaterlandsverräter», als einen «Schädling an der deutschen Kultur» gebrandmarkt ...

Er saß im Freien, vor einem Café am Leidseplein. Es war angenehm, draußen zu sitzen; nach einem Junitag, der hochsommerlich heiß gewesen war, brachte die abendliche Stunde willkommene Kühle. Von seinem Platz aus konnte Abel sehen, wie vor der «Stadsschouwburg» die schweren Automobile hielten und wie die Damen in Abendmänteln, die Herren mit den gestärkten weißen Hemdbrüsten sich am Portal drängten. Es gab eine festliche Opernaufführung, Mozart, Abel hatte Lust gehabt, hinzugehen. Es wäre hübsch gewesen, den «Figaro» einmal wieder zu hören, warum habe ich mir eigentlich kein Billet besorgt – dachte er. Aber dann: Nein, ich muß sparen; Gala-Abende in der Oper zu frequentieren, das entspricht keineswegs meinen Verhältnissen. – Es lag ihm daran, sich selber glauben zu machen, daß er nur aus Gründen der Ökonomie auf den Mozart verzichtet habe. In Wirklichkeit hinderten ihn andere Gefühle an einem Theaterbesuch, wie an jeder geselligen Veranstaltung. Er wagte sich nicht unter Menschen. Die Idee, sich unter festlich geputzten Leuten bewegen zu müssen, war ihm unerträglich. ‹Ich passe nicht in diese Gesellschaft, die reich, fröhlich und sorglos ist›, empfand er gramvoll. ‹Ich bin gezeichnet, ich trage das Mal. Man hat mich nicht haben wollen in meiner Heimat, hat mich zum Paria degradiert. Ich bin kein Vergnügungsreisender, sondern ein Flüchtling. Es wäre taktlos, eine grobe Taktlosigkeit wäre es, in meiner Situation an Festlichkeiten der Fremden teilzunehmen.›

Vor der «Stadsschouwburg» war es still geworden: drinnen hatte wohl die Ouvertüre begonnen. Wie gerne wäre Abel dabei. «Figaro» war seine Lieblingsoper ...

Der einsame Professor bestellte sich noch einen Bols – anfangs hatte er den klaren, scharfen holländischen Schnaps nicht ausstehen können; jetzt aber fand er schon, daß er eigentlich ganz gut schmeckte, besonders, wenn man ihn mit ein paar Tropfen von brauner Essenz würzte. Einen Augenblick lang überlegte Benjamin sich sogar, ob er dem Mädchen, das mit bunten Tulpen zwischen den Tischen umherging, ein paar Blumen abkaufen sollte, eine rote, eine gelbe und eine weiße Tulpe; er könnte sie vor sich hin in sein Wasserglas stellen, sie würden ein schönes Leuchten haben im milden Dämmerlicht der frühen Abendstunde. Aber dann fand er, daß dies doch wohl zu extravagant und übermütig wäre. Er beschloß, daß er, nach dem Genuß dieses zweiten Bols, bezahlen, aufstehen und den Leidseplein überqueren wollte. Gegenüber von dem Hotel, auf dessen Caféterrasse er saß, gab es ein Blumengeschäft, das stets bemerkenswert schöne Orchideen, zart getönte, lieblich und überraschend geformte Blüten, sowie die ausgewähltesten Rosen, Nelken und Tulpen in seinem Schaufenster zeigte. Abel vergnügte sich oft mehrere Minuten damit, vor dieser Etalage zu stehen und sich die bizarren, beinah unzüchtigen Bildungen der kostbaren Treibhauspflanzen zu betrachten. Er fand es merkwürdig und sehr auffallend, welchen Luxus diese ernste und gediegene Stadt Amsterdam mit Blumen sich leistete. Oft kam es vor, daß nachts, in einem Lokal, Orchideen angeboten wurden, wie in den Lokalen anderer Städte Veilchen oder Maiglöckchen. Und die Blumengeschäfte mußten das Ungewöhnlichste bieten, um die Aufmerksamkeit des Publikums auf sich zu ziehen.

Über den Leidseplein wimmelten die Radfahrer: junge Mädchen, Greise, pfeifende Burschen, alles durcheinander, alles eifrig die Pedale tretend. Abel wunderte sich jeden Tag aufs Neue darüber, wieviel Fahrräder es in dieser Stadt gab; das öffentliche wie das private Leben schien sich hier zum großen Teile auf dem Zweirad abzuspielen. Benjamin argwöhnte oft, daß auch der Austausch von Zärtlichkeiten zwischen jungen Paaren auf diesen wendigen kleinen Fortbewegungsmaschinen erledigt wurde. Übrigens fürchtete Professor Abel sich sehr vor diesen «Fietsern», wie sie hier hießen; durch ihre massenhafte Existenz wurde jede Überquerung einer Straße zum riskanten Abenteuer.

Nun hatten sie schon ihre kleinen Laternen an den Lenkstangen angesteckt, obwohl es am glasig grünblauen Himmel noch ein wenig Helligkeit gab.

Auf der Brücke, die über die Singelgracht führt, stieg eine kleine Gesellschaft junger Leute von den Rädern, um über das Brückengeländer ins träge, stehende Wasser zu schauen und recht nach Herzenslust sentimental zu sein. Sie stellten ihre Räder an die steinerne Brüstung, gegen die sie sich selber lehnten; sie legten einander die Arme um die Schultern, und nun sangen sie. Es war etwas recht wehmütig Gedehntes, Zärtliches und dabei Rauhes; Abel fand, daß es hübsch und rührend klang. Wahrscheinlich waren die jungen Leute im Vondelpark spazierengefahren, und dort waren sie derartig stimmungsvoll geworden, daß sie sich nun einfach nicht mehr beherrschen konnten, sondern singen und dabei ins Wasser schauen mußten.

Aus dem Wasser hoben sich Nebel. Allmählich wurde es kühl.

An einem Tisch in Benjamins Nähe sprachen zwei beleibte Herren deutsch miteinander. Abel war empfindlich gegen den Klang der deutschen Sprache geworden; er fuhr immer ein wenig zusammen, wenn er sie unvermutet neben sich gesprochen hörte.

Das Mädchen mit den Tulpen hatte sich zurückgezogen; sie ging wohl jetzt gegenüber, vorm Café «Trianon» oder dem «Lido», mit ihrem bunten Körbchen herum. Statt ihrer hatte sich ein Drehorgelmann eingefunden; eigentlich waren es zwei: der eine bediente das große, weiße, goldverzierte Instrument, das auf Rädern fortbewegt wurde; der andere ging mit seiner Mütze von Tisch zu Tisch und kassierte das Kleingeld. Er machte große Schritte, beinah rannte er; denn es galt, einem kleinen Malaien zuvorzukommen, der Erdnüsse anbot und auch gerne kleine Münzen haben wollte. Der Malaie, ein altes Männchen, wirkte so mitleiderregend, daß mancher ihm gab, statt dem Abgesandten der prächtigen Drehorgel. Die kleine Jammergestalt aus den warmen Zonen schien ganz erbärmlich zu frieren. Seinen viel zu großen alten Hut hatte er sich tief in die Stirn gedrückt, und der Kragen seines häßlich braun-schwarzen Überziehers war bis über die Ohren hochgeschlagen. Sein Gesicht, mit den breiten Wangenknochen und den schmalen traurigen Augen, bräunlich-schwarz wie der Paletot, verschwand fast zwischen Kragen und Hut; was man jedoch von diesem armen Menschenantlitz sah, genügte, um den Eindruck unendlichen Elends, trostloser Verlassenheit stark werden zu lassen.

Professor Abel reichte ihm eines der spielzeughaft kleinen 10-Cent-Stücke, die er in seiner Tasche fand. ‹Ein Heimatloser, auch er›, dachte er, nun seinerseits sentimental. ‹Anderswo zu Hause als hier, durch weiß Gott welche Zufallsfügungen in diese Stadt verschlagen. Sein Gesicht scheint nur aus Runzeln zu bestehen. Er ist vertrocknet, eingeschrumpft – wie eine Pflanze, die man aus der Erde gerissen hat, in die sie gehört. Ein Heimatloser, er auch ...›

Einer der deutschen Herren am Nebentisch ließ, überlaut, seine Stimme hören, die sowohl fett als auch hart war: «Es gibt immer Möglichkeiten, Reichsmark zu transferieren. Setzen Sie sich doch mal mit Kohn aus Elberfeld in Verbindung.»

Abel hatte genug. Er stand auf.

Die Zeit verging; nun war Abel schon vier Wochen in Amsterdam. ‹Das hätte ich auch wieder hinter mich gebracht, auch wieder geschafft›, empfand er, wenn ein Tag oder eine Woche vorüber war. So zählen Gefangene in ihren Kerkern die langsam dahin gehenden Stunden und Tageszeiten. Sie warten auf etwas: auf das große Datum, das die Freiheit bringt. Auf was aber wartete Abel? Doch nicht auf «den Sturz des Regimes» in Deutschland? Er meinte, innerlich mit dem Lande fertig zu sein, das ihn davon gejagt hatte. Täglich mindestens einmal sagte er sich selber: Ich würde in dieses Land nicht zurückkehren, sogar dann nicht, wenn man mich riefe. Ich habe abgeschlossen mit Deutschland – versuchte er sich zu überzeugen. Mit Deutschland bin ich fertig, ganz und gar.

Nein, es war wohl wirklich nicht «der Sturz des Regimes», dem er entgegenharrte. Er zählte die Tage, weil er die Lebensumstände, in denen er sich befand, als durchaus provisorisch betrachtete. So konnte es doch nicht bleiben; so, wie es nun war, konnte es doch keinesfalls ewig weiter gehen.

Es ging eine ganze Zeit lang so weiter. Für Benjamin war es fast etwas wie eine Ewigkeit. –

Während der ersten zehn Tage seines Amsterdamer Aufenthaltes hatte er in einem großen Hotel am Bahnhof gewohnt. Die Nähe der «Centraal Station» war ihm tröstlich; sie bedeutete ihm ein Symbol für das Unverbindliche, Vorläufige seines Zustandes.

Auf die Dauer konnte er sich einen solchen Lebensstil nicht leisten. Das Hotel war teuer: fünf Gulden am Tag, nur für Zimmer und erstes Frühstück – man kam sich ja wie ein Hochstapler vor. Die Ersparnisse, die er noch besaß, waren gering; im Wesentlichen war man auf eine kleine Pension angewiesen, und leider lag es durchaus im Bereich des Möglichen, daß auch diese Unterstützung plötzlich wegfiel; der nationale Staat konnte es müde werden, einem «geistigen Landesverräter» auch noch Geld ins Ausland nachzuwerfen.

Außerdem fand Abel, daß zu viele Deutsche im Hotel ein- und ausgingen. Manchmal sprach ein deutscher Herr ihn wohl sogar an, im Lift, in der Bar oder in der Halle. Sehr wohl möglich, daß er nur eine harmlose Plauderei beginnen wollte – unverbindliche Konversation zwischen Landsleuten, die sich in der Fremde begegnen: «Na, auch mal auf Reisen, wie gefällt es Ihnen in Amsterdam, ich muß jedes Jahr geschäftlich ein paar Mal rüber, kann Ihnen eine kleine Kneipe empfehlen, wo famoses Bier ausgeschenkt wird, fast wie im Münchner Hofbräuhaus, hahaha …» So etwa schwatzten die Herren. Professor Abel aber zuckte zusammen, als hätte man ihn schon nach seiner Weltanschauung, seiner politischen Gesinnung und seinen Familienverhältnissen ausgefragt. Man wußte doch nie, mit wem man es zu tun hatte. –

Professor Abel, der keine deutschen Zeitungen mehr las und in den holländischen nur die unpolitischen Rubriken, studierte im «Telegraaf» und im «Handelsblad» die Annoncen, in denen möblierte Zimmer angeboten wurden. Er besichtigte mehrere Häuser; sie sahen sämtlich eines wie das andere aus. Immer führte eine schmale, sehr steile und sehr sauber gehaltene Treppe hinauf zu den Stuben, die gleichfalls ordentlich gehalten und bescheiden möbliert waren. Schmuck und Überfluß bestand meistens nur in einer Vase mit Tulpen auf dem Tisch und in einer gerahmten Photographie der Königin an der Wand.

Nachdem Benjamin fünf oder sechs Zimmer betrachtet und mit fünf oder sechs Hausbesitzerinnen verhandelt hatte, entschloß er sich für irgend einen Raum, der ihm nicht besser und nicht schlechter schien als die übrigen. Er fand es angenehm und passend, in der Mozart-Straat zu logieren, die übrigens im stillsten, freundlichsten Viertel der Stadt gelegen war. Man befand sich an der südlichen Peripherie, und hatte keinen weiten Weg, wenn man ins Freie wollte. Um die Mozart-Straat herum gab es lauter hübsche, vielversprechende Straßennamen: Richard Wagner- und Beethoven-Straat, Apollo-Laan, Euterpe-Straat, Clio-Straat, Brahms-, Chopin-, Schubert-, Händel-Straat, oder Straßen, die nach Rubens, Velazquez, Van Gogh, Van Eyck, Tizian, Murillo, Michelangelo, Holbein, Tintoretto hießen. Von allen diesen schönen, ruhmreichen Namen – so meinte der Professor aus Bonn am Rhein – müßte doch ein wohltätiger Einfluß auf die Menschen ausgehen, die hier wohnten.

Er versuchte, sich sein Zimmer mit Büchern und Photographien möglichst wohnlich zu machen. Aber er brachte es niemals fertig, sich in diesem Raum zu Hause zu fühlen. Jeden Abend fürchtete er sich vor dem Heimkommen, welches eigentlich gar kein «Heimkommen» war; deshalb hielt er sich regelmäßiger und länger in Lokalen auf, als dies früher seine Art gewesen.

Besonders quälte es ihn, daß es in seiner Stube immer nach den Mahlzeiten roch, die er hier einsam verspeiste. Es nützte nichts, die Fenster aufzureißen; der fatale Duft nach Saucen und Suppen schien zäh in dicken Plüsch-Portièren, im abgeschabten Teppich zu nisten. Ja, er haßte diesen Geruch, und er verabscheute auch den anderen, mit dem das dämmrig dunkle Treppenhaus ihn empfing und in dem die Aromas von Staub und Speisen, von alten Stoffen und schwitzenden Mägden sich unerfreulich miteinander vermischten.

Übrigens kam der Professor, im Lauf der Wochen und Monate,

dem Haus in der Mozart-Straat allmählich hinter allerlei unheimliche Eigenschaften. Ziemlich lange hatte er nicht gewußt, was es mit dem Brummen für eine Bewandtnis hatte, dessen gedämpfter Laut in seiner Stube fast ununterbrochen zu hören war und das sich verstärkte, wenn man die steile Treppe hinunter ging und an einer bestimmten Türe des ersten Stockwerkes vorüber kam. Ohne Frage, hinter dieser Türe hauste ein Brummer; irgendjemand, der auf eine dumpf-melodische Art Tag und Nacht vor sich hin brummte – es war ziemlich schaurig, diesem trostlos monotonen Geräusch zu lauschen. Wer mag der Brummer sein? – mußte der einsame Professor immer wieder mit einer mechanischen, lustlosen Neugierde denken. Als er der geheimnisvollen Person des Brummers dann von Angesicht zu Angesicht begegnet war, begriff er nicht mehr, wie er jemals erpicht auf ein so makabres Zusammentreffen hatte sein können. Beinah, um ein Haar, wäre Benjamin mit dem Brummer im dämmrigen Korridor zusammen gestoßen. Dabei erwies sich, daß es sich um einen alten, mächtig großen, gebückt gehenden Mann mit schlohweißem Haar handelte. Er schwankte dem bestürzten Professor wie ein Betrunkener entgegen. Mit den langen Armen ruderte er, als hätte er gegen Widerstände zu kämpfen und bewegte sich nicht durch Luft, sondern durch eine zähflüssige Materie. Er tastete mit den gespreizten Händen ins Leere; wahrscheinlich war er blind, aber selbst Blinde laufen nicht auf so bedenkliche Art im Zickzack, und Blinde taumeln nicht, wie dieser erschreckende Alte es tat. Der da war geschlagen mit einer gräßlichen Krankheit, er hatte nicht nur den Verstand verloren, sondern auch jede Balance und die simple Fähigkeit, geradeaus zu gehen: ohne Frage, er war aufs Schlimmste beschädigt im Zentrum des Organismus, sein Rückenmark war lädiert. Mit diesem Unglückseligen, der in eine geschlossene Anstalt gehörte, hauste Professor Abel also unter einem Dach, schon seit Wochen – und dem verzweifelten Brumm-Konzert, das der heillos von Gott Geschlagene morgens, mittags und mitternachts veranstaltete, mußte man lauschen, während man versuchte, die verwirrten und gequälten Gedanken auf geistige und reine Gegenstände zu konzentrieren. ‹Das ist ja schaurig›, dachte Benjamin, und er tat entsetzt einen Sprung beiseite;

denn der Brummer war im Begriff, auf ihn zu zu schwanken. Die getrübten Augen des Kranken hatten wohl die Gestalt des Professors, deren vage Umrisse sie erkennen mochten, als nächstes Ziel visiert.

Der Brummer kam näher, lallend, singend, mit den krampfig gespreizten Händen fuchtelnd – und das Ärgste war, daß sein taumelnder Zickzack-Lauf auf schlimme Art einen lustigen Charakter hatte; er erinnerte an gewisse Sprünge, die Kinder manchmal auf der Straße tun, wobei sie ganz bestimmten Spiel-Regeln folgen, die den Erwachsenen mysteriös und unbegreiflich bleiben. Übrigens hatte auch die dumpfe Melodie, die der Schwankende hören ließ, einen munteren, fast hopsenden Rhythmus. Es war deutlich, der Unglückselige fühlte sich relativ wohl; in seinem umnachteten Inneren war ihm nach Tanz und Gedudel und schauerlichem Hopsasa zu Mute. Er war seiner Pflegerin ausgerissen und wollte nun selbständig schäkern und ein wenig übermütig sein. ‹Gott steh mir bei›, dachte Benjamin, der sich vor Grauen nicht mehr bewegen konnte und erstarrt, so wie in einem bösen Traume stand. ‹Gott sei mir gnädig, noch ein paar Sekunden, und er wird mich erreicht haben, er wird mich an den Schultern packen, – ich sehe es ihm doch an, was er im Schilde führt: er will sich ein wenig mit mir im Kreise drehen, ein Morgentänzchen, hier auf dem Treppenabsatz, das ist es, wonach der Sinn dem armen Unhold steht . . .›

Da war der im Nervenzentrum schwer lädierte Greis nah heran gekommen an den erstarrten Professor. Benjamin spürte schon den Atem des Kranken an der Wange; das blinde, große, öde Antlitz des Brummers stand dicht vor seinem Gesicht, gleich würde das Schreckenstänzchen beginnen. ‹Ich überlebe es nicht›, dachte Abel. ‹Ich falle hin und bin tot, wenn ich mit diesem da tanzen muß›: da kam endlich Rettung in Gestalt der Pflegerin – eine rüstige Person mit Zwicker auf der Nase, hoch aufgerichtet, in ihrer grauen Schwesterntracht: warum fand sie sich erst jetzt ein? – und sie ließ eine gebieterische Stimme hören: «Kom dadelijk hier, mijnheer van Soderbloem!»

Damit hatte das arge Vorkommnis im Treppenhaus des «Huize Mozart» sein Ende gefunden. Der Greis wandte sich gehorsam, hörte für ein paar Augenblicke zu brummen und zu fuchteln auf, und nun konnte er sogar die wenigen Schritte, die ihn von seiner Beschützerin und Meisterin trennten, ohne viel Taumeln zurücklegen. Die Pflegerin schleuderte, während sie ihren tief gebeugten Patienten hinweg führte, Professor Abel einen mißbilligenden Blick über die Schulter zu, als hätte er sich unpassende Spiele und Scherze mit einem armen Kranken erlaubt. Benjamin schwor sich, von nun ab jede Begegnung mit dem Brummer peinlichst zu vermeiden und stets, ehe er die Treppe hinunter ging, sorgfältig zu lauschen, ob auch keine tappenden Schritte auf Stufen oder Korridor zu hören seien.

Je länger er über den traurigen und unheimlichen Fall nachdachte, als desto auffallender, unstatthafter und tadelnswerter erschien es ihm, daß man ein solches Menschen-Wrack in einer Pension, Tür an Tür mit Gesunden, brummen ließ, anstatt es einer geschlossenen Anstalt zu übergeben. Tagelang nahm er sich vor, mit der Dame des Hauses in diesem Sinne zu sprechen; aber am Ende kam er zu dem Entschluß: Nein, ich habe wohl kaum das Recht, über irgend etwas Klage zu führen, mich aufzuspielen als den anspruchsvollen großen Herrn, und der Inhaberin eines holländischen Hauses mit Beschwerden lästig zu fallen. Ich bin ein Fremder, hier nur eben geduldet, und übrigens nicht vertraut mit den Sitten des Landes, das mir Obdach gewährt. Die anderen Mieter im «Huize Mozart» scheinen an der Existenz des Brummers nicht Anstoß zu nehmen; ein armer Emigrant sollte nicht empfindlicher sein als Niederländische Herrschaften, die vielleicht sehr fein und wohlhabend sind …

Immerhin konnte Abel sich nicht enthalten, mit dem jungen Mädchen, das sein Zimmer aufräumte und ihm die Mahlzeiten brachte, gelegentlich über den beunruhigenden Gast im ersten Stockwerk zu sprechen. Das junge Mädchen erklärte ihm, daß Herr van Soderbloem ziemlich reich sei und schon seit Jahren die teuersten Stuben der Pension inne habe. «Er ist ganz ungefährlich», erfuhr Benjamin. «Wie ein Kind läßt er sich von seiner Pflegerin spazieren führen und füttern. Man würde von seiner Existenz überhaupt nichts bemerken, wenn er nicht eben die Angewohnheit hätte, zu brummen, und manchmal, wenn die Laune ihn ankam, ein paar drollig tappende Tanzschritte zu tun. – Mich hat er auch schon einmal um die Taille gefaßt», erklärte kichernd das Mädchen.

Sie hieß Stinchen und war ein niedliches Ding; blutjung, noch keine neunzehn Jahre alt. Abel unterhielt sich gerne mit ihr. Wochenlang war sie der einzige Mensch, mit dem er sprach. Sie sah gut gewaschen, appetitlich, fast verführerisch aus in ihrer hellblauen, steif gestärkten Schürze und mit ihrem pfiffig-unschuldigen Gesicht eines dreizehnjährigen Buben. Das Hübscheste an ihr, fand Abel, war die geschwungene Linie des Hinterkopfes. Das mattblonde Haar trug sie kurz geschnitten, links flott gescheitelt.

Eigentlich eine etwas ungewöhnliche Manier, sich herzurichten, für so ein junges, dummes Stinchen vom Lande – mußte Benjamin denken. War es die große Einsamkeit seines Lebens, die ihn mißtrauisch werden und ihn allerorten sonderbare, etwas unheimliche Zusammenhänge wittern ließ? Er begann zu argwöhnen, daß es auch um das brave Stinchen weniger harmlos stünde, als er es zunächst gehofft und vorausgesetzt hatte.

Während der ersten Wochen seines Aufenthaltes im «Huize Mozart» hatte es ihm viel Spaß gemacht, gelegentlich eine Viertelstunde mit Stinchen zu verplaudern. Sie redete gar nicht deutsch, war auch zu ungeübten Verstandes, um die Worte einer Sprache, die doch mit ihrer eigenen so intime Verwandtschaft hatte, zu erraten. Abel sah sich gezwungen, all seine Kenntnisse des Holländischen zusammen zu nehmen, um sich verständlich zu machen. Das bedeutete eine gute Übung, und Benjamin konnte sie wohl gebrauchen. Stinchen war nachsichtig, munter und geduldig. Gutmütig lachte sie über die groben Schnitzer, von denen jeder seiner Sätze wimmelte, und es vergnügte sie, den feinen gelehrten Herrn zu korrigieren.

Es war Stinchens Mutter, eine rüstige und derbe Person, deren schwere Schritte und rauhe Stimme gewaltig durch das Haus hallten, die dem einsamen Fremden das kleine Trost-Vergnügen nicht gönnen wollte. Zu Anfang hatte sie sich um das Verweilen ihrer Tochter in der Stube des deutschen Mieters kaum gekümmert; mit der Zeit aber schien sie mißtrauisch und gereizt zu werden. Meistens brachte sie nun selbst die Mahlzeiten zu Abel hinauf, und wie böse schaute sie ihn an, wenn sie die Schüsseln so hart vor ihn hinstellte, daß es einen Knall und ein Geklapper gab. Erschien aber doch noch einmal das Stinchen, und verweilte sie auch nur ein paar Minuten lang, gleich ließ die Mutter ihre erzürnte Stimme hören. Stinchen ward bleich, traute sich kein Wort mehr zu sagen, sondern machte nur noch mit den Händen hilflose kleine Zeichen – und entschwand.

Was für eine sonderbare Frau war Stinchens Mama! Professor Abel fürchtete sie fast ebenso sehr wie den garstigen Brummer im ersten Stock. Weibliche Züge schienen der kräftigen Person ganz zu fehlen. Gang und Stimme, ja, Form und Bildung ihres Gesichtes, der Hände, waren durchaus viril. Die Haare trug sie kurz geschnitten wie Stinchen; aber sie hatte sie nicht gescheitelt, sondern streng nach hinten gekämmt. Über einem steif gestärkten, stets blendend weißen Stehkragen, zeigte ihr kantiges Gesicht harte und strenge Züge; doch wirkte es nicht nur herrisch, sondern auch verstört und leidend; in den engen Augen gab es irre Flackerlichter.

Häufig machte sie ihrem Stinchen maßlos heftige Szenen; während das arme Ding auf dem Boden kniete, den sie mit dem Putzlappen bearbeitete, stand die unmütterliche Mama, breit- und steifbeinig wie ein Grenadier, daneben und grollte, tobte, klagte, schalt und weinte. Wenn solche Ausbrüche vorüber waren, ging sie mit einem verzweifelten Gesicht umher, schloß sich wohl auch stundenlang in ihre Kammer ein, die sie mit Stinchen teilte, in die das Kind dann aber keinen Zutritt hatte –, und wenn sie wieder zum Vorschein kam, zeigte sie blutig zerbissene Lippen und geschwollene Augen.

Wunderliche Verhältnisse – dem armen Abel gaben sie viel zu denken. ‹In was für undurchsichtig trübe Dinge man verwickelt wird, wenn man sich in die Fremde wagt›, war sein bestürztes Empfinden. Die Eifersucht, mit der die maskuline Alte jeden Schritt des kleinen Stinchens verfolgte, schien ihm auf eine verdächtige Art übertrieben. Das war nicht mehr die natürliche Sorge der Mutter um die Tugend der Tochter; vielmehr die gespannte, leidend wilde Wachsamkeit der Liebenden.

Welche Gründe die Eifersucht der hysterischen Magd auch immer haben mochte, sie konnte für Benjamin gefährlich werden. Er durfte sich schmeicheln, daß er dem Stinchen nicht ganz gleichgültig war. Ihre freundlichen Blicke, ihr Erröten, wenn er in die Nähe kam, verrieten, daß der interessante einsame Mann ihr kindliches Herz beeindruckte und beschäftigte. Sehr angenehm, sehr niedlich und erfreulich! Aber doch auch wieder beängstigend, unter den Umständen, wie sie nun einmal waren. ‹Die Alte brächte es fertig, mir Gift einzugeben›, fürchtete sich Benjamin Abel. Jedes Gericht, das aus der Küche kam, wo die gar zu liebevolle Mutter schaltete, konnte den Tod bringen ...

Benjamin hatte längst beschlossen, möglichst bald umzuziehen; aus einer Trägheit, die allmählich den Charakter einer totalen psychischen Lähmung bekam, brachte er es nicht über sich, seinen vernünftigen Vorsatz auszuführen. Er blieb – obwohl alles, was ihn umgab, ihm täglich unheimlicher und gespenstischer wurde.

Recht schaurig war zum Beispiel, daß vor dem Krankenhaus, das dem «Huize Mozart» gegenüberlag, täglich mindestens einmal das schwarze Leichenautomobil stationierte. Häufig hatte Benjamin, der so viel Zeit unbeschäftigt am Fenster verbrachte, schon beobachten können, wie der Sarg aus dem Portal der Klinik getragen und in das sinister-elegante, schwarz lackierte Fahrzeug verladen wurde. Während der ersten Wochen seines Aufenthaltes war ihm dergleichen nie aufgefallen. War damals die Sterblichkeit im Hospital geringer gewesen? Oder hatte man die soeben Verblichenen auf dezentere Art aus dem Hause geschafft? Es war ja wohl im Allgemeinen üblich, den Abtransport derer, die da ausgelitten haben, auf eine Stunde zu legen, die von den Lebenden verschlafen wird ... mit diesen zivilisierten Usancen also hatte das «Ziekenhuis», auf dessen saubere Front Benjamin den Blick hatte, rigoros gebrochen. Am hellen Tage ging hier mit zynisch unbekümmerter Sachlichkeit vonstatten, was sonst, mit zarter Rücksicht auf die natürliche Aversion der Atmenden gegen die Erstarrten, im schonenden Dämmerlicht und an versteckter Stelle erledigt wurde.

Übrigens konnte Abel sich nicht verhehlen, daß er die Abreise der stummen Gäste in ihren schwarz verhangenen, motorisierten Luxuskarossen mit Neugierde, ja, nicht ohne ein gewisses schlimmes Vergnügen beobachtete. Er ertappte sich bei Gedanken, die zu mißbilligen und absurd zu finden, er denn doch die moralische Kraft noch aufbrachte. ‹Wie behaglich muß es sein›, empfand er sehnsuchtsvoll, ‹wie so sehr angenehm und behaglich, wenn man nicht mehr darüber nachgrübeln muß: Wo gehöre ich hin? Wo ist mein Vaterland? Wo werden meine Dienste verlangt? Was fange ich an mit den Gaben, die mir Gott gegeben? Wie verwende ich sie?… Die schmale, langgestreckte, schwarz lackierte Kiste wird zum Vaterland, ein anderes kommt nicht mehr in Frage … Von mir genommen die Qual der Zweifel, der Enttäuschungen, Schmerz … Eine dunkle Kutsche steht vor dem Tore und erwartet mich … Freundliche und kräftige Herren in schicklicher, schwarzer Tracht holen mich ab, und wer vorüber kommt, nimmt den Hut ab … Denn ich bin ein freier Herr geworden, ich bin vornehm …› Wenn der Einsiedler mit seinen abwegigen, defaitistischen und unerlaubten Gedanken bis zu diesem Punkte gekommen war, spürte er wohl einen Schrecken und gesunde, kräftige Empörung gegen sich selbst. ‹Was ist das alles denn für abgeschmackter Unsinn! Ich habe doch noch manches in dieser Welt auszurichten, und es wird wohl irgendwo noch Leute geben, die mich brauchen können! Bleibt mir wirklich nur noch die fragwürdige Behaglichkeit des Leichenautos übrig, weil in meinem Vaterland zur Zeit das Pack die honetten Leute schikanieren darf? … Ich komme ja innerlich ganz aus der Form, weil ich zu viel alleine bin und mich noch auf keine ernste Arbeit konzentrieren kann. Jetzt gebe ich mir aber einen Ruck, ziehe meinen guten blauen Anzug an und besuche ein paar holländische Kollegen.

Die Visiten im Haag und in Leiden verliefen angenehm. Abel hatte menschenfreundliche, gescheite und gerechte Männer angetroffen. Was hielt ihn davon ab, diese Besuche zu wiederholen, einen regelmäßigen, intimeren Verkehr mit den niederländischen Gelehrten herzustellen? Sie waren ihm wohlgesinnt, schätzten seine Arbeit, nahmen Anteil an seinem Schicksal. Recht herzlich war er, sowohl in Leiden als im Haag, aufgefordert worden, sich bald einmal wieder zu melden. Der Umgang mit den angesehenen, wohlbestallten Forschern hätte von bedeutendem Nutzen sein können. Hatte der eine von ihnen nicht schon vielversprechende Andeutungen gemacht? «Köpfe wie Sie können wir brauchen», hatte er zu Abel gesagt. «Vielleicht zunächst einmal eine Gast-Professur …» Es bestand kein Anlaß, dergleichen für leere Höflichkeitsfloskeln zu halten. Abel hätte auf dieses halbe Angebot sofort eingehen sollen, und er hätte sich nicht zu schämen brauchen, später dringlich darauf zurück zu kommen. Er unterließ es. Warum unterließ er es denn ? ...

Er ging herum, ließ die Zeit verstreichen. Die holländischen Freunde – genauer gesagt: die Bekannten, die wohl dazu bereit gewesen wären, seine Freunde zu werden – suchte er nicht mehr auf. ‹So herunter gekommen, so würdelos, daß ich fremden Leuten lästig fallen möchte, bin ich denn doch noch nicht›, dachte er, bitter und stolz.

Das Ärgste, Quälendste war, daß er nicht arbeiten konnte. Er hatte vorgehabt, seine unfreiwillige Freiheit zur Ausführung eines literarischen Planes zu nutzen, der ihn seit langem lockte und ihm reizend erschien. Es handelte sich da um einen entzückend zarten und empfindlichen, schwierigen, geistig komplexen Gegenstand. Er hatte sich darauf vorbereitet und darauf gefreut, ein kleines – aber nicht gar zu kleines – Buch über die Wiener literarische Schule um die Jahrhundertwende zu schreiben. Die Abhandlung sollte den lyrischen Charme einer Liebesgeschichte, gleichzeitig aber das solide Gewicht einer literaturgeschichtlichen Studie haben. Im Zentrum der Betrachtung würden die Figuren Hugo von Hofmannsthals und Arthur Schnitzlers stehen: Beide waren sie Benjamins Lieblingsautoren seit seiner Gymnasiastenzeit. Was für ein hübsches, anmutiges und interessantes Buch könnte das werden! Aber damit war es nun nichts. Zu einer solchen Arbeit braucht man einen freien Kopf, ein unbeschwertes Herz, einen geschärften Verstand, eine zugleich gespannte und freudig lockere Stimmung der Seele.

Trost kam von keiner Seite. Annette Lehmann, zum Beispiel, die tüchtige Freundin, die in Köln zurück geblieben war, hätte wohl die Macht und Möglichkeit gehabt, etwas Trost zu spenden; aber sie dachte gar nicht daran, augenscheinlich hatte sie ganz andere Gedanken im Kopf. Wie lange war nun schon kein Brief mehr von ihr eingetroffen? Im letzten hatte sie mitgeteilt, daß sie zunächst nicht daran denken dürfe, nach Holland zu kommen. Ihr Geschäft nehme sie mehr in Anspruch denn je. Annette Lehmann versicherte ihrem alten Freund, er könne sich keine Vorstellung davon machen, was für ein Auftrieb und freudiger Elan im «neuen Deutschland» spürbar sei. Ja, die liebe alte Annette schrieb wirklich: «im neuen Deutschland» ...

In der Tat: dem Professor war ganz und gar nicht danach zu Mute, sich die Stimmung freudigen Elans in Köln am Rhein und im Antiquitätenladen Annettens auszumalen. Ihm schien das Wort «Deutschland» vergiftet. Er dachte es nie ohne Qual, und da er es häufig dachte, hatte er ein großes Maß an Qualen auszuhalten. Darauf war er kaum gefaßt gewesen: daß er, als nicht mehr ganz junger Mann, noch ein Gefühl, einen zehrend heftigen Affekt würde kennen lernen und gründlich erfahren müssen, der ihm seiner ursprünglichen Anlage, seiner Erziehung und seinem Temperament nach so fern gelegen hatte: den Haß.

Wie lange war es her, daß er keine Zeitungen, oder nur die unpolitischen Rubriken in den Blättern gelesen hatte? Nun verfolgte er, mit gierig-leidender Spannung, jede neue Schandtat oder Dummheit, Infamie oder Entgleisung, die das verhaßte Regime dort drüben sich zu Schulden kommen ließ. Er las alles, merkte sich alles. Mit tausend Einzelheiten, immer neuen und immer krasseren Details nährte er das quälende und berauschende Gefühl seines Hasses.

Besonders quälend und erst recht berauschend wurde es dadurch, daß er es in so vollkommener Einsamkeit ertrug. Er erwog kaum die Möglichkeit, mit anderen Emigranten – die doch mindestens die Gefühle «Haß und Heimweh» mit ihm gemeinsam haben mußten – den Kontakt zu suchen. Die Idee, Haß und Schmerz fruchtbar zu machen – sich, um ihretwillen, in eine kämpferische Front, in irgend eine aktivistische Gemeinsamkeit einzufügen – kam ihm noch nicht.

Sein stolz und trotzig gewähltes Teil war die Einsamkeit, begleitet von der monotonen Melodie des «Brummers».

Sein Teil war die Einsamkeit.

Sie ist die treueste Begleiterin auf den unendlichen Spaziergängen in der Stadt Amsterdam.

Wie gut kannte der Professor nun schon diese Stadt: bis zum Überdruß genau, wollte ihm scheinen, war er vertraut mit ihren Straßen, Plätzen, Brücken, Parks und Grachten. Es war sonderbar, dachte er oft, daß man in einer Stadt mit solcher Intimität Bescheid wissen konnte, ohne sich doch in ihr «zu Haus» zu fühlen. Sie blieb die Fremde, – obwohl man nun schon bald jede ihrer Straßenecken ebenso genau kannte, wie die Straßenecken in den heimatlichen Städten Köln, Worms und Bonn.

Übrigens war es eine liebenswürdige Fremde. Wenn Abel seine vergleichsweise guten Tage, seine nicht gar zu niedergeschlagenen Stunden hatte, dann fand er, und machte es sich ausdrücklich klar, daß Amsterdam eine schöne Stadt war, abwechslungsreich und voll von sehenswerten, liebenswerten Plätzen und Dingen.

Auf seine zurückgezogene, einsiedlerische Art nahm Abel doch ein wenig Teil am Leben. Von den Lokalen, den Bierstuben, Bars und Dancings hielt er sich allerdings mehr und mehr fern. Man traf dort überall Deutsche; das störte ihn, – nicht nur, weil die Gegenwart der Landsleute ihm lästig und sogar peinigend war; sondern vor allem, weil er zu spüren meinte, daß ihre massenhafte Anwesenheit den Holländern ein Ärgernis bedeutete. Kleine, an sich unbedeutende, aber doch charakteristische Erlebnisse bestätigten ihm dieses Empfinden, und waren geeignet, es noch zu verstärken.

In einer Bar am Rembrandt-Plein, im Zentrum der Stadt, wo Benjamin gelegentlich spät nachts noch einen Bols getrunken hatte, saß hinter der Theke ein geschminktes, hochblondes, üppiges, dummes und freundliches deutsches Mädchen. Sie war recht beliebt bei den holländischen Stammgästen. Eines Nachts kam Benjamin dazu, als ein wohlbeleibter, rotgesichtiger, gut gelaunter, ziemlich stark alkoholisierter Amsterdamer Geschäftsmann mit der kessen und gutmütigen Berlinerin scherzte. Den Hut keck im Nacken, den Paletot aufgeknöpft, die dicke Zigarre im Mund, saß der muntere Bürger auf dem hohen Barstuhl und versuchte, einen Berliner Witz zu erzählen. Benjamin nahm neben ihm Platz und wechselte seinerseits ein paar deutsche Worte mit dem Mädchen, das er nicht zum ersten Mal sah. Daraufhin verstummte der Holländer und sah ihn mißtrauisch an. Nach einer etwas bedrohlichen Pause fragte er, die Augen böse zusammen gekniffen:

«Auch Deutscher?»

Benjamin mußte bejahen. Der Holländer schnalzte mit der Zunge, schüttelte den Kopf, zuckte die Achseln; es war eine ganze

Pantomime der Ratlosigkeit und des Bedauerns, die er aufführte. Endlich schrie er, sehr laut, aber mehr verzweifelt als zornig:

«Auch ein Deutscher!! Nun möchte ich aber doch wissen: Warum sind alle diese Leute hier?! ... Warum?!» rief er immer wieder, empört und jammernd, als wäre ein Heuschreckenschwarm in sein Land eingebrochen und träfe Anstalten, es zu verwüsten. Das Barmädchen lachte herzlich. Sie fühlte sich gar nicht betroffen. Ein so erfreulich hochbusiges, schmuck hergerichtetes und verführerisches Lebewesen wie sie, war nicht zunächst Deutsche, sondern Frau. Die platinblonde Berlinerin konnte den erregten Gast nur beruhigen, indem sie ihm einen besonders großen doppelten Bols offerierte.

Eines Tages meldete Stinchen: «Herr Professor, es ist ein Mann unten, der etwas verkaufen will.» Abel, der am Fenster mit Papieren saß, schaute kaum auf. «Er soll gehen, ich brauche nichts.» – Stinchen ließ sich nicht wegschicken. «Es ist aber ein sehr netter Herr», sagte sie. «Ein Deutscher. Er ist auch so ein Emigrant, hat er mir erzählt.» Abel fand es brav von Stinchen, daß sie sich für Emigranten einsetzte. Er lächelte: «Lassen Sie ihn mal reinkommen.»

Ein paar Minuten später räusperte sich jemand bescheiden an der Tür. Abel drehte sich um. Er erschrak und stand auf. Es war ein alter Schüler von ihm, und er war einer der begabtesten im Seminar gewesen.

«Mensch, Hollmann!»

«Der Herr Professor Abel! Das habe ich nicht gewußt! – Man hat mir nur erzählt, hier wohnt ein Deutscher, der sich mit Büchern beschäftigt ... Ein sehr freundlicher Herr, hat mir das kleine Mädchen unten gesagt. Da dachte ich mir: ich versuch es mal ...»

Hollmann setzte sich und nahm eine Zigarette. Jetzt erst fiel Abel auf, daß er sich verändert hatte. Er war magerer geworden und sein Haar sehr dünn. Diese nervöse Angewohnheit, sich mit dem Taschentuch die Stirne zu tupfen, war früher auch nicht an ihm aufgefallen.

«Ja, was ist denn mit Ihnen los? Warum sind Sie denn nicht in Deutschland geblieben?»

Hollmann lachte traurig. «Ein Webfehler, wie man jetzt sagt. Mit meiner Mutter war nicht alles in Ordnung. Eine geborene Meyer, der Name klingt harmlos, aber ich konnte den ‹Arier-Nachweis› nicht erbringen ... Überhaupt hat es mir nicht mehr gefallen ... Erst habe ich in Paris als Filmstatist gearbeitet. Aber das war auch nicht angenehm; die Gesellschaft war nämlich halb deutsch. Der Star aus Berlin war ein süßer blonder Bursch, der mit der Direktion schön tut und die Statisten anbrüllt wie ein Unteroffizier die Soldaten. Ich habe ihm einmal eine Antwort gegeben, und dann war Schluß ... Na, und nun bin ich hier Vertreter von einem großen Lebensmittelhaus. Den ganzen Tag fahr ich rum in einem Lieferwagen, und biete den Leuten Konserven und Tee und Marmelade und Zucker an, oder Wurst ... Haben Sie keine Bedürfnisse?» Abel lachte: «Der Tee hier in der Pension ist miserabel. Ich werde Ihnen was abkaufen ...»

Der junge Mann, der vor zwei Jahren eine vorzügliche Doktorarbeit über Goethe und Frankreich geschrieben hatte, blieb noch eine halbe Stunde bei seinem alten Lehrer. Sie hatten viel zu besprechen, sie lachten auch viel, dieser Hollmann war ein lustiger Kerl; aber als sie sich zum Abschied die Hand gaben, waren sie beide ernst. «Es war reizend bei Ihnen, Herr Professor», sagte der junge Mann. «Danke schön für die halbe Stunde. Jetzt muß ich aber schnell weiter ...» Er tupfte sich die Stirn mit dem nicht ganz sauberen Taschentuch und blätterte nervös in seinem Adressenbüchlein. «Noch zehn Häuser heute. Dann ist Feierabend.»

... Abel sah ihn von Zeit zu Zeit. Es machte ihm Freude, mit ihm von den alten Zeiten zu reden, und manchmal auch von der Zukunft. Wie lange war es her, daß er kameradschaftliche Gespräche nicht mehr gekannt hatte? Nun begriff er: es war vielleicht doch nicht gut, immer allein zu sein. Das Schwerste wurde leichter zu tragen, wenn man darüber reden durfte. Der Professor empfand für den früheren Schüler echte Sympathie, und manchmal etwas wie Dankbarkeit. Er machte sich auch väterliche Sorgen. Einmal fragte er ihn: «Ist es wirklich notwendig, daß Sie Tag für Tag mit Ihrem Lieferwagen herumziehen? Haben Sie denn wirklich gar keine andere Chance?» – «Kommt schon mal wieder anders», sagte der junge Hollmann. «Man muß froh sein, solange man überhaupt etwas hat.» – Dann summte er ein Liedchen, das ein Freund von ihm für ein Prager Emigranten-Kabarett gedichtet hatte:

«Ob wir Zeitungen verkaufen;
Ob wir kleine Hunde führen
Oder neben tauben Tanten laufen
Oder als Statist Isolden küren ...
Alles das, alles das macht uns nicht krumm,
Denn wir wissen ja, wir wissen ja, warum.

Sollte man von uns begehren,
Frösche kitzeln, Steine zählen,
Wolken schieben oder auch die Moldau kehren
Oder unseren Wanzen Märchen zu erzählen ...
Alles das, alles das macht uns nicht krumm,
Denn wir wissen ja, wir wissen ja, warum.»

Abel nickte; aber sein Lächeln war etwas trübe.

Einmal besuchte er den jungen Freund. Er wohnte in einem Heim, das eine Arbeiter-Organisation den deutschen Refugiés zur Verfügung gestellt hatte. Das Gebäude wirkte, mit seinen langen zementierten Gängen und dem etwas trüben Metall seines Treppengeländers, halb wie eine Kaserne, halb wie ein billiges Hospital. Die vereinzelten Gestalten, denen man begegnete, sahen meist recht heruntergekommen, aber teilweise unternehmungslustig aus. ‹Sie haben vergnügtere Gesichter, als ich sie im Huize Mozart sehe›, fand der Professor, der ziemlich mißtrauisch betrachtet wurde.

Hollmann teilte seine Kammer mit einem anderen jungen Menschen, der jetzt nicht zu Hause war. «Er verkauft Zeitungen, da unten an der Brücke, gegenüber vom Hôtel Américain, Sie wissen doch ...» Abel erinnerte sich daran, dem Burschen gelegentlich eine der Pariser Emigranten-Zeitungen abgenommen zu haben. «Ja, ja, ich kenne ihn», sagte er. – «Er kann sehr nett Guitarre spielen», erklärte Hollmann. «Wenn er nachher kommt, werden wir was zu hören kriegen ...»

Auf dem Tisch standen eine Flasche Portwein und Schüsseln mit

Obst und Gebäck. Abel tadelte gerührt die Verschwendung. «Aber was fällt Ihnen denn ein, Fritz, sich so in Unkosten zu stürzen!» – Hollmann wurde ein bißchen rot. «Es kommt ja nicht so oft vor, daß ich einen Gast habe.» Er lachte verlegen. «Und außerdem kaufe ich das Zeug zu herabgesetzten Preisen. Vergessen Sie nicht: ich bin von der Branche …»

Es wurde ein netter Abend; Abel fühlte sich so wohl, wie schon lange nicht. Auch von den «alten Zeiten» redeten sie wieder; aber Hollmann sorgte dafür, daß die Erinnerungen nicht melancholisch wurden. Er machte die Professoren der Bonner Universität nach; besonders gut konnte er den Geheimrat Besenkolb kopieren. «Die Nation, meine Herren!» rief er mit quäkender Stimme und machte lange Schritte über ein imaginäres Katheder. «Die Nation ist der höchste, heiligste Begriff, den die Menschheit kennt! Alle großen geistigen Leistungen kommen aus dem Geist des Nationalen!» – «Genug! Genug!» flehte Abel, der sich zugleich amüsierte und ekelte. Aber der junge Hollmann dozierte unbarmherzig weiter, mit der Stimme und den Gebärden Besenkolbs.

Später wurden sie ernst. «Ich überlege mir oft», sagte Hollmann, «was aus den Jungens wird, die sich so verlogenen Quatsch jeden Tag anhören müssen und überhaupt nichts anderes mehr kennen dürfen. Unaufhörlich wird ihnen Gift eingeträufelt … Ich denke mir manchmal: gerade in so furchtbaren Mengen verabreicht, verliert es vielleicht seine Wirksamkeit. Es muß den Jungens doch schon zum Kotzen sein – und was man ausbricht, das kann einem nicht mehr den Magen verderben!»

«Möchten Sie recht haben!» sagte Professor Abel.

Dann kam der Bursche, dem Benjamin gelegentlich ein paar Zeitungen abgekauft hatte. Er sah müde und mißmutig aus. «Gar kein Geschäft heute gewesen!» beklagte er sich. «Bis man die paar Fetzen loswird, muß man sich die Füße in den Leib stehen! Eine Scheiße!» Als er aber zwei Gläser Portwein getrunken hatte, wurde er lustiger. Er holte die Guitarre aus dem Schrank. Erst sang er ein paar neue Schlager; dann kamen deutsche Volkslieder. «Die sind doch immer das Schönste», sagte er. Und Fritz Hollmann fügte trotzig hinzu: «Und wir lassen uns von niemandem die Freude daran verderben.»

Es war schon nach Mitternacht, als Benjamin sich zum Gehen anschickte. «Mein Gott, ist es spät geworden!» rief er aus. «Die Zeit ist so schnell vergangen – ich habe es gar nicht bemerkt.» Er schüttelte den beiden jungen Leuten die Hand. Dabei schien er noch etwas sagen zu wollen; es fielen ihm aber wohl die rechten Worte nicht ein, und was er herausbrachte, war nur: «Vielen Dank. Das war ein sehr guter Abend ...» –

Warum blieb er eigentlich im «Huize Mozart»? Er hatte sich die Frage schon oft gestellt, und nun, auf dem Heimweg, beschäftigte sie ihn wieder. Warum blieb er! Was hielt ihn fest? War es Stinchen? Aber die sah er immer seltener. Immerhin beobachtete er sie genau genug, um zu bemerken, daß sie sich verändert hatte. Ihr Blick, ihr Lächeln bekamen einen neuen Ausdruck; Haltung und Gang waren zugleich selbstbewußter und weiblich-zarter geworden. Manchmal hatte sie nun eine verfängliche, spöttische und dabei verlockende Art, Benjamin anzuschauen, daß er beinah erschrak. Was ist mit dem Mädchen? – dachte er. Sie verwandelt sich. Unser kleines Stinchen mit dem Bubengesicht wird eine Frau ...

Wer weiß, wie lange Abel sich nicht weggerührt hätte vom «Huize Mozart», wenn nicht ein kleiner, aber fataler und aufrüttelnder Zwischenfall ihm den Entschluß aufgezwungen hätte, sein Leben zu ändern, sich in Bewegung zu setzen, zu handeln.

Um die Besitzer des Hauses, in dem er nun schon länger als ein halbes Jahr wohnte, hatte Benjamin sich nie viel gekümmert. Er wußte nur, daß der Hausherr, ein Holländer, in irgendwelchen Geschäften unterwegs war, und sich in Amsterdam nur selten sehen ließ. Seine Frau war eine ziemlich hübsche Person, mit rundlichen Formen und einer blonden Dauerwellenfrisur über einem gesunden, rosigen, etwas leeren Gesicht. Benjamin begegnete ihr nicht sehr häufig; zu einer längeren Unterhaltung war es niemals gekommen. Zuweilen hatte er sich Gedanken darüber gemacht, daß die Dame des «Huize Mozart» sich etwas gar zu reserviert ihm gegenüber verhalte. Sie war Deutsche, in Hamburg geboren, wie sie ihm gleich zu Anfang erzählt hatte. Neuerdings wollte ihm manchmal scheinen, daß sie ihn feindlich und mißbilligend betrachtete, wenn sie auf der Treppe oder im Flur an ihm vorüber ging. Ihre rund geschnittenen, wasserblauen Augen waren vielleicht ein klein wenig tückisch – wie ihm bei solchen Gelegenheiten vorkommen wollte. Aber dann beruhigte er sich bald wieder: ‹Ich bin gar zu mißtrauisch, das grenzt ja schon an Verfolgungswahn. Was soll die brave Frau gegen mich haben? Ich bezahle pünktlich die Miete, bin leise und höflich, einen besseren Klienten kann sie sich gar nicht wünschen.›

Eines Vormittags stellte Benjamin fest, daß die Stube, die neben seinem Zimmer lag und bis dahin leer gestanden hatte, plötzlich bewohnt war. Durch Stinchen erfuhr er, der Bruder der gnädigen Frau sei eingetroffen: Herr Felix Wollfritz aus Hamburg, er werde mehrere Wochen lang bleiben.

Benjamin begegnete dem Herrn Wollfritz noch am gleichen Tag auf dem Korridor, und seine schreckhafte Reaktion war sofort: Ein Feind!! Aufgepaßt – mit diesem Mann wird es Händel geben! ‹Ich bin die Friedfertigkeit selbst›, dachte Benjamin, indem er gleichsam bei einer höheren Instanz für alles, was zwischen ihm und Herrn Wollfritz geschehen mochte, jetzt schon um Entschuldigung bat. ‹Aber dieser Kerl als Zimmernachbar – das ist entschieden zu viel! Mit Herrn Wollfritz wird man wohl beim besten Willen nicht auskommen können.›

Der Bruder der gnädigen Frau, der zwecks Geschäften oder Familienbesuchs für mehrere Wochen in Amsterdam weilte, war groß und stämmig. Auf einer auffallend steilen und harten, ungesund geröteten Stirn und auf den Wangen waren die scharfen Konturen von Schmißnarben sichtbar: Benjamin bemerkte es gleich, obwohl im Korridor Dämmerung herrschte. Herr Wollfritz hatte einen flachen Hinterkopf, einen steilen und breiten Nacken, dessen blutig rotes Fleisch wulstig über den Rand des Kragens quoll. Sein Schädel war glattrasiert, nur auf der Höhe des Kopfes war ein winzig kleines, sorgfältig pomadisiertes und gescheiteltes Arrangement semmelblonder Haare stehen geblieben –: eine recht erstaunliche Frisur, wie sie, außer bei innerafrikanischen Negerstämmen, wohl nur noch bei deutschen Männern eines gewissen Typs üblich ist.

Benjamin grüßte mit jener ironisch-zeremoniellen Neigung des Oberkörpers, die er früher bei Begegnungen mit dem Geheimrat Besenkolb gehabt hatte. Herr Wollfritz musterte den Mieter seiner

Schwester stählernen Blicks, vom Kopf bis zu den Füßen; zog dann mit einem unverschämten Ausdruck die dünnen, blonden Augenbrauen hoch; spitzte die Lippen wie zum Pfeifen, und dankte mit einem Kopfnicken, dessen Knappheit aggressiv wie eine Ohrfeige war.

Als die beiden Herren am nächsten Vormittag sich wieder im Flur trafen, wurde kein Gruß mehr getauscht.

Benjamin Abel und Herr Felix Wollfritz konnten einander nicht ausstehen und machten kein Hehl aus ihrer instinktiven, heftigen Aversion. Es gibt den coup de foudre eines Hasses auf den ersten Blick, wie den der Liebe.

Leider war die Wand, die Abels Zimmer von dem des Herrn Wollfritz trennte, nur eine sehr dünne. Benjamin mußte hören, wenn sein Nachbar sich räusperte; wenn er morgens gurgelte, sich die Zähne putzte; ja, sogar wenn er laut gähnte. Als Wollfritz sich einmal eine Dame zur Lustbarkeit mitgenommen hatte, sah Benjamin sich genötigt, sein Zimmer und das Haus zu verlassen; es ging über seine Kräfte, das Liebesleben des forschen Hamburgers in den akustischen Details zu verfolgen.

Von dem Tage an, da Herr Wollfritz sich in so intimer Nachbarschaft einquartiert hatte, stand es bei Benjamin fest: Ich ziehe aus. Es mußte aber noch zu einem besonderen Eclat, einer Provokation ohnegleichen kommen, damit der sanfte, schwerfällige Abel seinen Auszug derart beschleunigte und die zornige Demonstration aus ihm machte, wie er es dann wirklich tat.

Die Provokation, durch die der höchst Geduldige aus der Contenance gebracht wurde und die ihn so fürchterlich ärgerte und erregte, daß er mit beiden Füßen aufstampfte, die Fäuste ballte und schrie – sie bestand darin, daß Herr Wollfritz, der nicht nur einen Radio-Apparat, sondern auch ein Grammophon besaß, bei offener Zimmertür und unter Benutzung einer Nadel, die besonders starken Ton erzeugte, das Horst-Wessel-Lied spielen ließ. Dabei richtete er es so ein, daß der Professor, als er nachmittags vom Spaziergang zurückkehrte, mit der verhaßten Melodie empfangen wurde. Ihm schmetterte es entgegen:

«Die Fahne hoch, die Reihen dicht geschlossen,
S. A. marschiert im gleichen Schritt und Tritt ...»

«Schluß!» schrie der Professor, dessen Gesicht erst sehr rot, dann weiß wurde, und sich mit Schweiß bedeckte. «Schluß!! Genug!!»

Er war drauf und dran, ins Zimmer des Herrn Wollfritz zu stürzen und mit eigener Hand den Lauf der Platte zu stoppen, vielleicht gar den Apparat aus dem Fenster zu schleudern. Wollfritz trat ihm hoch aufgereckt in der Tür entgegen. Die schneidende Kommandostimme schrie Abel an: «Sie sind wohl irrsinnig, Herr! Wenn Sie mein Zimmer betreten, lasse ich Sie durch die Polizei rausschmeißen!»

Diese Stimme war geeignet, dem Professor vollends die Besinnung zu rauben. Er keuchte: «Das ist eine Provokation! Stellen Sie sofort den Apparat ab! Ich brauche mir das nicht gefallen zu lassen!»

Darauf Herr Wollfritz, mit kaltem Hohn: «Sowas hat mir gerade gefehlt! Der Jude will mir verbieten, die Nationalhymne meines Vaterlandes in meinem Zimmer zu spielen. Bodenlose Frechheit! Man ist bei uns immer noch zu sanft mit den Juden! Sowie sie im Ausland sind, werden sie unverschämt!»

Abel hatte schon die Fäuste gehoben. Aber am Grinsen des anderen erkannte er, daß dieser sich nichts anderes wünschte als ein Handgemenge. Blind, zitternd taumelte Benjamin in sein Zimmer. «Meine Rechnung!» rief er noch, ehe er die Tür hinter sich zuschmiß. «Ich ziehe aus! Sofort!»

«Ist auch Ihr Glück!» erklärte Wollfritz, wobei er seinerseits sich zurückzog. «Ich wäre auch nicht mit Ihnen unter einem Dach geblieben. Meine Schwester hätte zu wählen gehabt zwischen Ihnen und mir.»

Fünf Minuten später wurde dem Professor die Rechnung gebracht, als hätte man den Vorgang voraus gewußt und alles für seinen Aufbruch vorbereitet. Stinchens Mutter, in drohend korrekter Haltung, überreichte ihm das Papier auf einem Silbertablett. «Hier, Mijnheer», sagte sie mit rauher, böser Stimme. Sie sah krankhafter und erschreckender aus denn je. Ihr großes Männergesicht war aschfahl und schien verwüstet von schlimmen Leidenschaften; in den Augen brannten Lichter eines irren Triumphes. Übrigens zeigte sie sich höflich und beflissen, trotz allem. Sie trug mit starkem Arm Benjamins schweren Koffer, den er eilig gepackt hatte, die steile Treppe hinunter.

An der Türe des Brummers blieb Abel stehen, um noch einmal dem wohlbekannten, trostlosen Geräusch zu lauschen. Der Kranke schien gerade eine seiner munteren Stunden zu haben. In seinem Brummen und Summen ließ eine beschwingte kleine Melodie sich erkennen. ‹Gleich wird er wieder heraustreten, um mich zum Tänzchen zu bitten›, dachte Benjamin und ging eilig weiter.

Während die virile Matrone den Koffer ins Taxi verstaute, schlüpfte Stinchen aus der Haustür hervor. Sie preßte sich ein großes, buntes Taschentuch vors Gesicht; dahinter flossen die Tränen. Abels Herz zog sich zusammen vor Rührung und einer sehr zärtlichen Traurigkeit. Obwohl die Mutter, die sich umgewendet hatte, ihn mit wütenden Blicken töten zu wollen schien, ging er munter auf Stinchen zu und streckte ihr die Hand hin. «Adieu, liebes Kind», sagte er sanft. Ihm antwortete innig ihr in Tränen schwimmender Blick. «Auf Wiedersehen», brachte sie hervor. Dann sprang sie davon – entweder aus Angst vor der Alten, oder weil sie sich der Tränen schämte.

Während der Wagen sich in Bewegung setzte, empfand Abel: ‹Ich war sehr alleine in diesem Haus, und zum Schluß habe ich auch noch einen großen Ärger gehabt. Aber ganz einsam war ich doch nicht, und ganz schlimm ist es hier nicht gewesen. Es hat jemand um mich geweint. Vielen Dank, liebes Stinchen. Ich vergesse dich nicht.›

Viertes Kapitel

Der Sommer des Jahres 1933 war sehr heiß. Paris glühte. Auch die Nächte brachten keine Kühlung. Die Steinmassen der ungeheuren Stadt strahlten die Wärme aus, die sie tagsüber von der gewaltigen Sonne empfangen hatten. Der Asphalt schmolz. Die Schuhsohlen der Gehenden blieben hängen in seiner zäh-breiigen Masse. In den engen Gassen des Quartier Latin und um den Boulevard St.-Germain war die Temperatur wie in einem Backofen. Wenn man das Haus verließ, empfing einen draußen die Hitze wie eine erstikkende Umarmung.

«Es ist, als ob man einen Schlag vor die Stirn bekäme», sagte Marion, die mit ein paar jungen Leuten den Boulevard St.-Germain hinunter schlenderte. – «Alle besseren Pariser scheinen nach dem 14. Juli aufs Land gefahren», stellte Theo Hummler fest, der sich vor den Burschen, die gerade erst aus Deutschland eingetroffen waren, als Kenner französischer Verhältnisse zeigen wollte. «Der ‹Boul Mich› ist verödet. Nicht einmal die Studenten sind mehr da ...» – «Nur die Proleten – und die Emigranten sind zurück geblieben», ergänzte Marion munter.

Die Burschen aus Deutschland waren sozialistische junge Arbeiter, die über Straßburg hierher geflohen waren. Sie waren Schüler von Theo Hummler in Berlin gewesen. Marion und Hummler hatten sie früh morgens an der Gare de l'Est abgeholt, und ließen sich nun seit Stunden von ihnen erzählen. Einer war im Konzentrationslager gewesen; dort hatte er den Konni Bruck getroffen, den Freund von Marions Schwester. «Dem Jungen geht es miserabel», berichtete er bedauernd. «Er hält das Hundeleben nicht aus. Entweder er wird eingehen – oder er schwört alles ab und singt das Horst-Wessel-Lied ...» – «Das darf Tilly nicht wissen», sagte Marion leise, mehr für sich selber. – Der Bursche erzählte weiter: vom Leben im Konzentrationslager, und wie zwischen allen Gefangenen, welcher Richtung sie auch immer angehörten, eine natürliche und feste Solidarität sich herstellte. «Ich habe nie gedacht, daß es unter den Kommunisten so viel anständige Kerle gibt», sagte der junge Sozialdemokrat. «Wenn man sich im K. Z. so richtig kennen gelernt hat, weiß man, daß man auch draußen miteinander arbeiten kann ...»

Marion und Hummler nickten. Ein anderer von den jungen Leuten fing an zu klagen: über die Leichtgläubigkeit der Arbeiter; über den Mangel an Klassenbewußtsein, den er bei ihnen gefunden hatte; daß sie sich von jedem Schwätzer anlügen und verführen ließen. «Ich kenne so viele, die bei uns oder bei der Kommune waren, und die jetzt das Hakenkreuz im Knopfloch tragen.» – «Sie werden mit der Zeit schon noch hinter den Schwindel kommen», versprach Hummler. «Es ist unsere Sache, sie aufzuklären – nicht ein Mal, sondern hundert Mal. Dafür sind in Deutschland diejenigen von unseren Leuten da, die wirklich was wissen und was gelernt haben. Ihr seid dafür da, Jungens!» rief Hummler forsch. Etwas gedämpfter fügte er hinzu: «– Und wir hier in der Emigration. – Ihr sollt gutes Material mitbekommen, wenn ihr nach Deutschland zurück geht!» Die drei Burschen antworteten nicht; zeigten aber ernste und begeisterte Mienen. Auch gingen sie plötzlich aufrechter, die Köpfe stolzer erhoben, als seien sie sich einer schönen und schweren Pflicht trotzig bewußt.

Es war Zeit zum Mittagessen; Marion schlug vor, man solle zur Schwalbe gehen. «Da trifft man immer ein paar Freunde.» – Das kleine Restaurant florierte, trotz der drückenden Hitze. Von den Stammgästen hatte fast keiner genug Geld, um aufs Land zu fahren; hingegen langte es gerade noch zu einem Schnitzel bei der Schwalbenmutter.

Während Marion und ihre Begleiter, langsam und träg, durch den Luxembourg-Garten spazierten, erkundigten die Burschen sich nach den Verhältnissen in der Emigration. Hummler berichtete über die politische Arbeit, die sich langsam organisierte. Er sprach von den humanitären Comités – die Flüchtlinge, die immer zahlreicher eintrafen, mußten empfangen und provisorisch versorgt werden –, und von den Bemühungen, aufklärend, propagandistisch zu wirken. Die publizistische Aktivität der Emigranten – dozierte Hummler – habe zwei Aufgaben. Sie müsse von der Welt gehört werden und den noch zivilisierten, noch demokratischen Nationen das wahre, erschreckende Bild des Dritten Reiches eindringlich zeigen; andererseits aber sei es von eminenter Wichtigkeit, daß der Kontakt zur Heimat gewahrt bleibe – erstens, um von dort die Nachrichten zu beziehen, die dann in die Welt zu lancieren sind; zweitens, um Aufklärungen, Warnungen und die Aufrufe zum permanenten Widerstand nach drinnen zu leiten, auf den geheimen, schwierigen und gefahrvollen Wegen der illegalen Agitation. «Wir fangen grade erst an», erklärte der Mann vom Volksbildungs-Wesen. «Aber manches ist im Entstehen begriffen, manches entwickelt sich schon ...»

Er erzählte von deutschen Zeitschriften und Verlagen, die

«draußen» eröffnet worden waren, oder nächstens ihre Publikationen beginnen würden. Eine deutsche Tageszeitung erschien seit neuestem in Paris. «Es ist alles nur ein Anfang!» wiederholte Hummler. «Und die Schwierigkeiten, denen wir bei all unseren Unternehmungen begegnen, sind kolossal.»

Marion ließ sich ausführlicher über die diversen Schwierigkeiten vernehmen. «Sie werden nicht nur durch die Gleichgültigkeit der Welt verschuldet», erklärte sie; «auch nicht nur durch unseren Mangel an Mitteln. Die psychische Verfassung der Emigranten selber spielt dabei eine Rolle. Ich könnte ein Lied davon singen...»

– Seit mehreren Monaten bemühte sich Marion, eine kleine Theater-Truppe zusammen zu stellen, mit der sie auf Tournee gehen wollte. «Ein junger Autor hat mir ein paar politische Einakter geschrieben, die recht wirkungsvoll sind. Wir könnten mit dem Programm, das ich im Kopf habe, halb Europa durchziehen. Es würde eine gute, nützliche Sache sein – und den Mitwirkenden würde es soviel bringen, daß sich anständig davon leben ließe. Aber nun fangen die Komplikationen erst an. Ich habe mit vielen begabten Schauspielern verhandelt, die in Deutschland nicht mehr auftreten können – oder nicht mehr mögen. Jeder hatte andere Einwände. Dem einen war mein Programm ‹zu links›; dem anderen ‹nicht links genug›. Der hatte Hoffnung auf ein Engagement in Wien oder Zürich; der nächste rechnete damit, eine kleine Rolle irgendwo im Film zu kriegen; wieder einer mußte auf seine Familie Rücksicht nehmen, die noch in Berlin sitzt. Der Sechste ist schwach von Gesundheit und verträgt das viele Reisen nicht. Der Siebente möchte seine eigene Truppe haben, der Achte ist mit dem Autor verkracht, der meine Texte geschrieben hat – und der Letzte kann mich persönlich nicht ausstehen. Es ist zum Wahnsinnigwerden!» Marion hatte schlenkernde, fast wilde Gesten vor Erregung. Sie ließ ihre Fingergelenke knacken und bekam drohende Augen.

«Wir sind erst im Jahre 1933», meinte Hummler begütigend, «und das Exil hat nur gerade angefangen. In einem Jahr, oder in fünf Jahren, werden die Herrschaften alle etwas weniger kapriziös geworden sein.»

«Ich weiß aber gar nicht», – Marion schüttelte gereizt die Purpur-Mähne –, «ob ich 1938 noch Lust haben werde, mit einer

Truppe herum zu reisen. Wenn sechs oder zehn Leute nicht unter einen Hut zu bekommen sind: gut, dann mache ich eben meinen Dreck alleine, wie der selige König von Sachsen gesagt hat. – Ich habe schon meine Pläne und Ideen», verhieß sie, immer noch etwas grollend, aber doch schon fast wieder munter. «Wenn es sein muß, gehe ich ohne Ensemble auf Tour –: ich, ein zartes, einsames Mädchen!»

Sie grüßte kurz und ziemlich ungnädig zur Terrasse des Café du Dôme hinüber; denn dort saßen Herr Nathan-Morelli und Fräulein Sirowitsch und hatten ihr zugewinkt. Warum sie so unfreundlich nicke? – wollte Hummler wissen. Marion erklärte: «Ich habe diesen Nathan-Morelli nicht besonders lieb. Sein anti-deutscher Snobismus geht mir auf die Nerven.» – Darauf Hummler: «Er ist aber ein gescheiter, sehr gebildeter Mensch. Neulich habe ich mich mal lange mit ihm unterhalten. Er weiß enorm viel. Und ich glaube nicht, daß ihm Deutschland wirklich so gleichgültig ist, wie er es immer hinstellen möchte. Anfangs habe ich mich auch über ihn geärgert – du erinnerst dich: am ersten Abend gleich, auf der Terrasse vom Café Select –; aber allmählich habe ich kapiert, daß es sich da um etwas sehr Kompliziertes handelt, um eine Art von Liebeshaß.» Hummler bewies, daß er psychologisch geschult und keineswegs ohne zartes Verständnis war. «Ein sehr ambivalentes Gefühl», sagte er noch, klug und gebildet. «Mir hat Nathan-Morelli gestanden: Meinen Sie denn, ich bildete mir wirklich ein, Engländer zu werden? Engländer wird man nicht ... Ich tue, was ich kann, um mich von Deutschland zu distancieren – erklärte er mir –, und ich glaube in der Tat, daß dies heute die einzig würdige Haltung für einen deutschen Juden ist; aber ich weiß doch nur zu genau, daß ich von diesem verdammten Land niemals loskommen werde. – Die Redewendung mit dem ‹verdammten Land› hat mich ja wieder ein bißchen verstimmt. Aber im Ganzen war es doch gar nicht so dumm, was er da alles vorgebracht hat.»

«Er hat sicher seine braven Seiten», räumte Marion ein; aber sie behielt ihr böses, unduldsames Gesicht. – «Und es ist ja rührend, wie die Sirowitsch ihm ergeben ist!» Hummler lag daran, Marion für diese beiden Menschen, die er schätzen gelernt hatte, zu interessieren. «Zunächst verhielt er sich nicht sehr entgegenkommend, ihr gegenüber; aber nach und nach hat sie ihn doch gewonnen. Jetzt sieht man sie beinah immer zusammen. – Man muß nur Geduld haben.» Dies äußerte Hummler mit bedeutungsvollem Blick. Er bemühte sich seinerseits, zäh und unermüdlich, um Marion, die ihm aber wenig Gunstbeweise gab. –

Bei der Schwalbe war es ziemlich voll. Doktor Mathes, der mit Meisje saß, winkte den Eintretenden zu, sich an seinen Tisch zu setzen. Der Arzt und das blonde Mädchen sahen glücklich aus; sie hatten einander gefunden – und Mathes außerdem eine Stellung. Durch besondere Protektion, die er Marcel Poiret verdankte, war er an einem Krankenhaus untergekommen und verdiente sogar ein bißchen. Meisje ihrerseits, die eingesehen hatte, daß sie als Blumenzüchterin hier wenig Chancen hatte, absolvierte einen Pflegerinnen-Kursus. Übrigens erhielt sie monatlich eine kleine Gulden-Anweisung von ihren Verwandten aus Holland. Die Beiden waren also relativ wundervoll dran. Sie hatten sich eine Zweizimmer-Wohnung im XIV. Arrondissement genommen. Dort gab es, außer ihrem Bett, ein Sofa, auf dem fast jede Nacht ein anderer Emigrant schlief, und einen Tisch, an dem meistens zwei oder drei Fremde zu essen bekamen. Meisje, die bis jetzt ein einsam-jungfräuliches Leben geführt hatte, sah noch schöner aus, seit sie sich lieben ließ. Ihr klares, offenes Gesicht unter der Fülle des ährenblonden Haares schien zugleich weicher und stolzer geworden. Ein außerordentlich prachtvolles Geschöpf. Marion schaute sie an und dachte: So möchte ich einmal aussehen dürfen, so unschuldig und so stark! Wie herrlich muß man sich fühlen in seiner Haut, wenn man so wohlgeratene Glieder hat, und eine so engelhaft blanke Stirn! – Mathes bemerkte Marions neidisch-zärtlichen Blick. Er nickte ihr zu und lächelte, als wollte er sagen: Ist sie nicht unvergleichlich? Ich finde, daß sie durchaus unvergleichlich ist!

Die drei Burschen, die aus Deutschland kamen, wurden ausgefragt; während sie ihre Erbsensuppe mit Wurst verzehrten, mußten sie nochmals all ihre Neuigkeiten auspacken. Meisjens Gesicht verfinsterte sich zürnend, wie das eines gekränkten Engels, als von den sadistischen Schikanen die Rede war, mit denen S.S.-Leute ihre Gefangenen quälten.

Auch am Nebentisch unterbrach man die Unterhaltung, um zuzuhören. Dort saß die Proskauer mit Germaine Rubinstein und dem jungen Helmut Kündinger. Die Proskauer arbeitete seit einigen Wochen in einem Comité für jüdische Flüchtlinge. Auf ihrem schrägen Nacken und den schmalen, gesenkten Schultern schien sie allen Kummer der Unglücklichen zu tragen, die sie betreuen half, und ihre raunende Stimme war voll von den tristen Geheimnissen, die ihr anvertraut wurden. «Das Elend ist unbeschreiblich», murmelte sie oft. Mehr war kaum aus ihr heraus zu kriegen.

Helmut Kündinger sprach immer noch ziemlich viel und wehmutsvoll von Göttingen und seinem Freund, der sich erschossen hatte. Manchmal packte die Heimweh-Krankheit ihn wie eine schwere Grippe. Die Attacke dauerte ein paar Stunden oder ein paar Tage. Dann überwand er sie wieder. Neuerdings hatte das labile Selbstbewußtsein des schüchternen Jünglings eine gewisse Stärkung erfahren; ein untergeordneter, aber doch nicht ganz unwichtiger Posten an der neu gegründeten Tageszeitung war ihm anvertraut worden. Er durfte Korrekturen lesen, und zuweilen auch selber etwas einrücken lassen. Seine Artikel handelten meistens von den Verhältnissen an den deutschen Universitäten. In diesem Milieu kannte er sich aus, und die Journalisten bestätigten ihm, daß er brauchbare Arbeit tue. Noch konnte er, im Café du Dôme oder bei der Schwalbe, gelegentlich auf die Uhr sehen und nervös aufspringen: «Mein Gott, – ich muß in die Redaktion! Es ist Zeit zum Umbruch!» Oder er durfte abends mit bedeutsamer Miene sagen: «Ihr entschuldigt mich, bitte! Ich habe noch einen Aufsatz für die Sonntagsnummer fertig zu machen …» –

Man richtete sich ein im Exil. Es dauerte kaum ein halbes Jahr, und war doch schon kein Abenteuer mehr, sondern gewohnter Zustand. Alle hatten Pläne, die meisten schon irgend eine Beschäftigung, und manche verdienten sogar etwas Geld. Man bewegte sich in der fremden Stadt fast schon mit der gleichen Selbstverständlichkeit wie einst in der Heimat; man hatte seine Stammlokale, seinen Bekanntenkreis. Aus dem Reich kam immer neuer Zustrom. Die «alt-eingesessenen Emigranten» empfingen die eben erst angekommenen nicht ohne einen gewissen Hochmut. «Habt ihr es nun auch eingesehen, daß man bei den Nazis nicht leben kann?» fragten sie, etwas mitleidig und etwas höhnisch. «Na,

nun sollen wir euch wohl zunächst mal etwas von Paris zeigen!» –
Man blieb unter sich, sprach immer noch deutsch miteinander. Die
politisch Aktiven hatten wohl den Kontakt mit französischen Gesinnungsgenossen aufgenommen: man unterzeichnete zusammen
Proteste; auch gemeinsame Versammlungen und Demonstratio-
nen wurden geplant. Aber diese Beziehungen waren zunächst aufs
Sachliche beschränkt. Marcel war einer der wenigen unter den Pariser Schriftstellern, der mit den deutschen Emigranten freund-
schaftlich-intim verkehrte.

Auch mit den übrigen internationalen Emigranten, von denen
die Stadt wimmelte, hatte man wenig Umgang. Von den weiß-rus-
sischen Exilierten distancierte man sich schon aus politischen
Gründen. Marion und Madame Rubinstein, zum Beispiel, sahen
sich jetzt viel seltener, als es früher bei den Pariser Aufenthalten
Marions der Fall gewesen war. Hingegen erschien die ernste kleine
Germaine immer häufiger in der «Schwalbe»; man durfte sie beinah schon zu den Stammgästen rechnen. Das Zusammensein mit
den deutschen Antifaschisten, die noch kämpferisch gestimmt waren und auf eine bessere Zukunft hofften, behagte ihr besser als der
Verkehr mit den resignierten, verbitterten oder stumpf gewordenen Freunden ihrer Eltern, oder als das Geplauder mit den kleinen
Pariser Mädchen, die ihre Kolleginnen im Modesalon waren. «Die
haben doch nur ihre Flirts im Kopf», meinte sie verächtlich. Und
sie gestand Marion, daß sie immer noch, und immer heftiger, von
der Rückkehr nach Moskau träume. «Gestern habe ich mir einen
neuen russischen Film angesehen», sagte sie gerade zur Proskauer.
«Alle Gesichter, die auf die Leinwand kamen, hatten so ein Leuchten … Es waren gar nicht lauter schöne Gesichter; aber wenn sie
lachten, konnte man sich in jedes von ihnen verlieben. Ich kann es
gar nicht beschreiben … Ich war nachher so traurig – und so froh,
wie schon lange nicht. Wenn Mama mir nur erlauben wollte …»
flüsterte sie und blickte scheu um sich, als könnte Anna Nikolajewna sie hören.

Die Schwalbe, Zigarre im Mund, Arme breit in die Hüften gestemmt, ging zwischen den Tischen umher und erkundigte sich bei
den Gästen, ob das Essen schmecke. «Ausgezeichnet!» lobte Marion. «Es wird immer feiner bei dir, und immer voller. Ich glaube,

dein Laden geht besser als alle anderen von Paris. Bobby Sedelmayer könnte sich gratulieren, wenn er nur die Hälfte von deinen
Gästen hätte.»

Bobbys Lokal hieß «The Rix-Rax-Bar» und war verlockend
aufgemacht; leider blieb der Erfolg mäßig. Für die Emigranten waren die Drinks zu teuer, und die Pariser große Lebewelt frequen-
tierte kaum ein Dancing, das von einem unbekannten Deutschen
geleitet wurde. Die Jazz-Kapelle war gut, der Mixer galt für eine
Kapazität in seinem Fach, die Dekorierung der Wände stammte
von einem jungen Maler, den man in Kennerkreisen als einen «auf-
gehenden Stern» bezeichnete. Übrigens lag das Lokal günstig,
nicht weit von der Avenue de l'Opéra. Es waren aber nur ein paar
durchreisende Amerikaner und einige wohlhabende Geschäftsleute aus dem Berliner Westen, die sich, in nicht besonders heiterer
Laune, hier zusammen fanden. Bobby, sehr adrett in seinem zwei-
reihigen Smoking, eine große weiße Nelke im Knopfloch, empfing
alle mit dem gleichen gastlichen Lächeln und versuchte optimistisch auszusehen. Besonders wenn Siegfried Bernheim erschien,
strahlte Bobby; der Bankier behielt trotzdem den verdrossenen
Gesichtsausdruck. Er hatte zu viel Geld in dieses Unternehmen
gesteckt, und schon wurde ihm klar, daß es nicht rentierte. Bobby
sagte aufgeräumt: «Heute abend ist es ausnahmsweise nicht besonders voll bei mir. Ist ja selbstverständlich, bei der Hitze! Wer
bleibt denn jetzt in Paris?» Aber Bernheim schüttelte nur düster
den Kopf. Er reiste schlechter Laune nach Mallorca ab. Professor
Samuel begleitete ihn.

Die Schwalbe war natürlich doch ein wenig schadenfroh, was die
«Rix-Rax-Bar» betraf. «Bobby wollte es eben gar zu schick haben», tadelte sie. «Die Zeiten sind nicht danach.» Aber als dann
Marion nett von Bobby sprach – er sei ein so lieber Kerl und sein
Mißerfolg tue ihr leid –, war es die Schwalbenwirtin selber, die vorschlug: «Wir sollten nächstens mal alle zusammen abends zu ihm
gehen. Ich lade euch ein – aber keiner darf sich mehr als einen
Cocktail bestellen; sonst bin ich ruiniert. – Und überhaupt», fügte
sie brummend hinzu, «ist es eine Sünde, heutzutage dreißig Francs
für ein bißchen Gin rauszuschmeißen, in dem eine Olive und eine
halbe Orchidee schwimmen; das ist dann der neu erfundene ‹Rix-

Rax-Cocktail› ...» – «Bobby ist immer sehr hilfreich und gefällig, wenn er selber was hat», bemerkte Marion noch. «Er sieht jetzt oft sorgenvoll aus. Weiß Gott, wieviele Leute er ernähren muß ...» Marion hatte eine Schwäche für den unternehmungslustigen kleinen Mann mit den blendenden weißen Haaren.

Sie wurde ans Telephon gerufen. Es war Marcel. «Ich spreche aus Martins Zimmer», sagte er.

Martin und Kikjou hausten zusammen in einem kleinen Hotel, das gleich neben dem «National» in der rue Jacob lag. Seit Monaten hatten sie sich nicht einen Tag mehr getrennt. Kikjou war damals, im April, von seinem Ausflug zum frommen Oheim in Belgien nach einer Woche zurückgekommen. Der enge Raum im «National» war auf die Dauer zu eng für die beiden Freunde geworden. Das Zimmer, das sie nun im Nebenhaus bezogen hatten, ging eigentlich weit über ihre Verhältnisse. Es war ein geräumiges Studio mit eigenem Bad und großem Atelier-Fenster, durch das man den Blick weit über die Dächer des Quartier hatte. Das Appartement kostete 500 Francs im Monat; an jedem Ersten mußte Kikjou eine neue List ersinnen, um den Onkel in Lausanne weich zu stimmen; – der fromme in Belgien schien finanziell nicht in Frage zu kommen; – oder Martin sah sich genötigt, einen bewegenden Brief an alte Korellas abzufassen. Manchmal blieben die Gemüter hart, und die Geldsendungen aus Berlin wurden, durch die deutschen Devisengesetze, ohnedies immer mehr erschwert. Dann gab es dramatische Auftritte mit der Patronne, die zornig drohte, die beiden jungen Leute aus dem Hotel zu werfen und ihr Gepäck zu beschlagnahmen; schließlich aber doch wieder Nachsicht und Geduld zeigte.

Meistens lagen sie bis zum Nachmittag im Bett –: «um den Lunch zu sparen», wie Martin erklärte. «Wenn man lange schläft, genügt eine Mahlzeit am Tag.» Gegen halb zwei Uhr klingelten sie; dann brachte ihnen der Valet de Chambre Chocolade und Brioches. Der Valet hieß Jean und war ein würdiger Mann mit hängendem weißen Schnurrbart. Er empfand eine väterliche Sympathie für die zwei seltsamen Knaben; sein Wohlwollen war nicht frei von Sorge. Die Beiden besprachen fast alles mit ihm, er kannte ihre

Geldsorgen, begriff, daß es Monsieur Martin so schwer fiel, Artikel für die Zeitung zu schreiben, und all der Ärger, den Monsieur Kikjou mit seiner Familie hatte, war ihm wohl vertraut. «Aber Sie schlafen zu lange!» sagte Jean tadelnd. «Das ist kein Leben! Etwas Sport sollten Sie treiben! Junge Menschen müssen aktiv sein!»

Es war dem Alten auch nicht unbekannt geblieben, welch gefährliche und ungesunde Angewohnheiten «le jeune Monsieur allemand» hatte. Eines Tages war dem Valet beim Aufräumen die Spritze in die Hände gefallen, und dann mußte Martin alles gestehen. Übrigens liebte er es, von seinem Laster ausführlich und mit einer gewissen Pedanterie zu sprechen. Er schilderte dramatisch das erste Zusammentreffen mit Pépé und schloß den Bericht, nicht ohne Selbstgefälligkeit: «Das Erstaunliche ist, daß ich immer noch nicht eigentlich süchtig bin, weißt du.» (Diese letzten zwei Worte auf die kokette Art zerdehnt und geschleppt.) «Von Morphinismus kann man bei mir gar nicht sprechen. Ich nehme unregelmäßig, in großen Abständen.»

Wirklich besuchte er seinen Freund Pépé – der das Stammlokal längst gewechselt hatte und nun in einem Café nahe der Madelaine «empfing» – zunächst nur jede zweite Woche. Mit einem Heroin-Päckchen, das er nun für 150 Francs erstand, reichte Martin vierzehn Tage lang. Nur jeden zweiten oder dritten Abend gönnte er sich eine Injektion. Er war schon seit längerem davon abgekommen, das Pulver durch die Nase hochzuziehen, und hatte sich daran gewöhnt, die Substanz in destilliertem Wasser aufzulösen.

Anfangs hatte er seine Beziehung zu Pépé und alles, was mit ihr zusammenhing, vor Kikjou strikt verheimlicht. Auf die Dauer war dies nicht möglich; auch litt Martin zu sehr darunter, ein solches Geheimnis vor dem Freund zu haben. Kikjous Reaktion auf die Eröffnung war sonderbar. Er schien beinah nicht überrascht. «Ich hatte etwas dieser Art erwartet», sagte er nur, und schaute den anderen, mehr sinnend als streng, lange aus den weit geöffneten, schillernden Augen an. Dann ließ er sich ein paar Stunden lang nicht blicken.

Am nächsten Tage verlange Kikjou: «Zeige mir la chose infernale!» Martin stellte sich erst, als ob er nicht verstünde, was gemeint war; öffnete aber dann das Päckchen und ließ das kristallisch

durchsetzte, hellgraue Pulver sehen. Kikjou betrachtete es, sorgfältig und etwas angewidert, wie man sich ein zugleich attraktives
und schauerliches Lebewesen, etwa einen großen, seltsam geformten Käfer besieht. «Formidable!» brachte er nach langer Pause
hervor. «Es sieht ungeheuer giftig aus …» Dazu schüttelte er sanft
den Kopf, wie ein nachsichtiger junger Priester beim Anblick der
nackten Sünde.

Martin schlug vor: «Magst du es nicht versuchen?» Kikjou ver-
neinte nur mit einem Blick. Martin erklärte: «Du mußt nicht denken, daß ich ein Morphinist bin, oder es jemals werden könnte. Ich
nehme es nur ganz unregelmäßig, weißt du …» Kikjou winkte ab.
Mit einer sehr leisen, zugleich zärtlichen und tückischen Stimme
sagte er: «Ich bin neugierig, wie du aussiehst – wenn du es in dir
hast …»

Nachts beobachtete er den Freund, wie er sich, nach der Injektion, selig benommen aufs Bett streckte. «Dein Gesicht verändert
sich», konstatierte Kikjou, halb lüstern und halb betrübt. «Wie
fremd du mir wirst! Du bist schon ganz weit weg … La chose infernale entführt dich –: wohin? – Wohin Martin?» rief Kikjou ihm
zu, mit erhobener Stimme, als gälte es, sich über weite Entfernun-
gen verständlich zu machen. «Ist es schön, wo du bist?» fragte
Kikjou, wie über Abgründe weg. Und Martins entrückte Stimme
gab Antwort: «Wunderschön.»

Aneinander geschmiegt sprachen sie die Nächte lang. Kikjou
ließ die grausamen, unendlich neugierigen und unendlich zärtlichen Augen nicht von Martins weißer, besänftigter und streng
verklärter Miene. Martin hielt die Augen geschlossen, während er
redete. Ihm kamen vielerlei Gedanken, die Worte strömten, das
Gespräch nahm kein Ende. Alle Probleme, alle Begriffe wurden
einbezogen, und alle lösten sich auf in einem Nebel, der schim-
mernd, aber undurchdringlich war. Martin erzählte auch manches
von den Büchern, die er schreiben wollte –: große Bücher, wunderbare Geschichten. «Oh wie traurig – oh wie schön werden sie
sein! All unsere Schmerzen sollen vorkommen, mitsamt allen
Wonnen! Ich spüre, daß mir unvergleichlich Schönes glücken wird
…», lallte er aus seiner Euphorie, mit zugleich beschwingter und
sehr schwerer Zunge. Kikjou aber schaute ihn an …

Da es Martins Meisterwerke bis jetzt nur in Träumen gab und sie noch nicht auf dem Papier standen, griff er zuweilen nach einem Buch, das er liebte, um dem Freunde draus vorzulesen. Er öffnete den Band Novalis, riß seherisch die Augen auf, in denen die Pupillen sehr klein geworden waren, und verkündete:

«Unerhörte, gewaltige,
Keinen sterblichen Lippen entfallene
Dinge will ich sagen.
Wie die glühende Nachtwandlerin,
Die bacchische Jungfrau
Am Hebrus staunt
Und im thrazischen Schnee
Und in Rhodope, im Lande der Wilden,
So dünkt mir seltsam und fremd
Der Flüsse Gewässer,
Der einsame Wald ...»

... Tags waren die beiden Knaben still und ermattet. Seitdem die unbarmherzige Hitze über Paris gekommen war, verloren sie vollends die Lust, ihr schönes Atelier zu verlassen. Erst am späten Nachmittag verbrachten sie eine Stunde am Bistrot gegenüber, um einen Vermouth zu trinken. Dann gesellte sich wohl David Deutsch zu ihnen, der sich noch intensivere Sorgen um Martin machte als der brave Valet de Chambre. David liebte und bewunderte den jungen Dichter, der sich nun an so bedenkliche Abenteuer verlor. Er nahm Kikjou bei Seite, um ihn herzlich zu bitten: «Bringen Sie ihn doch ab von dem abscheulichen Gift! Sie haben Einfluß auf ihn! Machen Sie ihn geltend! Wir verlieren Martin, wenn er es so weiter treibt – was ja bedeuten würde, daß er es bald viel schlimmer treiben wird. Wir dürfen ihn nicht verlieren!» Aber Kikjou – ein junger Priester, der nachsichtig das helle Antlitz zur nackten Sünde neigt – schüttelte nur sanft das Haupt. «La chose infernale ist schon stärker geworden als ich», sagte er, und es klang kaum bedauernd.

Das Abendessen nahmen sie zu dritt in dem kleinen Restaurant, Ecke rue des Saints Pères, wo damals die Amerikanerin ausgespuckt hatte. Und dann kam wieder die Nacht ...

Am nächsten Vormittag ließ Marcel auf dem Korridor vor Martins und Kikjous Zimmer den Vogelruf hören, mit dem er sich anzumelden pflegte: «Ohu ... Ohu!» Er mußte mehrfach an die Türe klopfen, ehe Martin, sehr verschlafen und in einem nicht ganz sauberen Pyjama, ihm die Türe öffnete. «Les singes!» schimpfte Marcel. Er nannte die Beiden niemals anders, was eine Anspielung auf Kikjous zartes und nervöses Affengesichtchen war. «Natürlich! Mitten am Tag noch im Bett!» Martin brachte in seinem langsamen, unbeholfenen Französisch schmollend vor: «So eine Gemeinheit, einen gleich nach Mitternacht zu stören! Komm schon herein, da du nun einmal da bist ...»

Übrigens freute Martin sich im Grund darüber, daß Marcel neuerdings häufiger zu ihm kam. Er machte es sich nicht klar, oder wollte es sich doch nicht ganz zugeben, daß Poirets Visiten weniger ihm als dem kleinen Kikjou galten. Marcel bewahrte seinem «petit frère» Sympathie und Freundschaft. «Ein sehr anziehendes und interessantes Äffchen», pflegte er, etwas gönnerhaft, von ihm zu sagen. «Er macht mir Spaß, weil er genau so ist, wie ich in seinem Alter leicht hätte sein können, aber durch verschiedene Zufälle nicht gewesen bin. Wahrscheinlich ist er außerordentlich begabt, und übrigens stark und zäh im Grunde, bei aller Zartheit. Er macht Augen wie ein hysterisches kleines Mädchen; wenn es aber drauf ankommt, weiß er recht genau, was er will. Man könnte noch Überraschungen mit ihm erleben. Er wird manches leisten, und wahrscheinlich überlebt er uns alle.» –

«Eine tierisch verkommene Wirtschaft!» Marcel warf mit kühnem Schwung den leichten, hellen Hut auf einen Sessel; er stand da in seinem grauen, etwas fleckigen, aber gut gemachten Flanellanzug, mit breiten braunen Halbschuhen und einem dicken, rot und blau karierten Leinenhemd, zu dem er keine Krawatte trug. – «Wie das hier aussieht! Schweinerei!» Er lachte und fühlte sich ganz behaglich.

Kikjou hockte nackt auf dem Bett, seine Hände um die mageren Knie geschlungen. Martin warf ihm einen Morgenrock zu. «Du siehst unanständig aus», bemerkte er, und grimassierte, als ekelte ihn der Anblick.

Marcel hatte auf Kikjous bloßer, unbehaarter Brust das kleine, goldene Kruzifix entdeckt. Der Anlaß kam ihm gelegen, um sich gleich mit Feuereifer in die Diskussion zu stürzen, auf die er sich beinah immer einließ, wenn er Kikjou sah. «Natürlich!» höhnte er, «den häßlichen kleinen Fetisch trägst du auf deinem Herzen! Merde alors!»

«Sei still!» bat der andere ihn sanft, und schützte das heilige Ding mit zärtlich gewölbten Händen, als wollte Marcel es ihm vom Halse reißen. Dem schien wirklich nach irgend einer Aktion solcher Art zu Mute zu sein. «Es ist eine Schande!» polterte er. «Überall auf der Welt geht die Kirche mit der Reaktion, in allen Ländern macht sie gemeinsame Sache mit den Feinden des Fortschritts, mit den Ausbeutern, oder auch mit den faschistischen Mördern – und du hängst dir diesen Firlefanz um den Hals! Dabei bildest du dir auch noch ein, eine linke Gesinnung zu haben, und treibst dich mit Leuten herum, die von dem Faschistenpack aus ihrer Heimat vertrieben worden sind!» Marcel ließ wegwerfende Blicke über die hübsche Gestalt des schmalen Knaben hingleiten, der seine Nacktheit jetzt notdürftig bekleidet hatte.

Kikjou erlaubte sich einen Einwand. «Soviel ich weiß, werden die Katholiken im Dritten Reich fast ebenso schrecklich verfolgt wie die Juden und Sozialisten. Alles spricht dafür, daß die Feindschaft zwischen den Christen und Nazis sich noch verschärfen anstatt mildern wird.»

«Das ist Zufall», behauptete Marcel gereizt. «Die Herren Bischöfe würden sich mit dem ‹Führer› herzlich gern abfinden, wenn sich der nur um eine Nuance entgegenkommender ihnen gegenüber verhielte. Man sieht es doch in Italien: das Gentleman's Agreement zwischen Mussolini und dem Papst scheint zu funktionieren.»

Kikjou versetzte, sanft und eigensinnig, übrigens nicht ohne Feierlichkeit: «In Deutschland wird es Märtyrer des Glaubens geben.» «Märtyrer des Glaubens gibt es dort schon», warf Marcel zornig dazwischen. «Des sozialistischen Glaubens nämlich!»

«Sind die Christen, die den Kerker oder Schlimmeres auf sich nehmen, weniger bewunderungswert?» Kikjou sandte einen großen, ernst fragenden Blick der schimmernden Augen, die unter ihren gewölbten Brauen den Augen Marcels so sehr glichen.

Marcel wollte nicht weiter von den christlichen Märtyrern in Deutschland sprechen. «Die Kirche ist aus leicht durchschaubaren Gründen immer und überall gegen den sozialen Fortschritt gewesen», beharrte er. «Nach der Französischen Revolution war der Papst der Erste, der sich gegen die Proklamation der Menschenrechte erklärte. In Spanien wollen die Priester, Hunderttausende sollen Analphabeten bleiben, nur damit die kleinen Bauern und Landwirte sich ohne Widerstand von den Großgrundbesitzern ausnutzen lassen, stumpfsinnig wie das Vieh. Dort wird es auf besonders krasse Art deutlich, welche Rolle die Kirche spielt, und am liebsten überall spielen möchte. Sie tut alles dafür, damit das Land, geistig und ökonomisch, in einem mittelalterlichen Zustand bleibe. Dann könnte man die Heilige Inquisition wieder einführen und die Ketzer brennen lassen, merde alors. Wenn es in Spanien einmal Revolution gibt – und die kann nicht ausbleiben –, dann werden diese verdammten Priester es sein, an denen das Volk sich am grausamsten rächt!» Marcel hatte blutdürstige Augen.

Martin konnte das furchtbar schnell gesprochene Französisch nicht ganz verstehen. Übrigens war er schon mehrfach Zeuge ähnlicher Debatten gewesen, und sie langweilten ihn etwas. Deshalb zog er sich nun ins Badezimmer zurück. «Ich gehe», sprach er noch, mit würdevoller Miene, ehe er die Tür hinter sich schloß, «um dem heiligen Vater eine Ansichtskarte zu schreiben. Der arme Mann muß doch wissen, was für unerbittliche Feinde er hat ...» Dann ließ er drinnen das heiße Wasser in die Wanne rauschen.

Kikjou, noch immer vom Bett her, sagte leise: «Es gibt falsche Priester. Ich verteidige sie nicht. Jede große Sache hat unwürdige Diener, neben den verdienstvollen; auch der Sozialismus. Die spanischen Kleriker mögen irren, sie sind menschliche Wesen, höchst fehlbar. Die deutschen Priester beweisen, daß die allein-selig-machende Kirche im Grunde auf der Seite des menschlichen Rechtes steht. Der Mut, den diese frommen Männer zeigen, kann nur aus innerer Erleuchtung – muß aus der Gnade kommen.»

«Dasselbe ließe sich von den kommunistischen Arbeitern behaupten, die auch nicht gerade feige sind», versetzte Marcel, zornig und geschwind. «Nur bei den Pfarrern läßt Zivilcourage auf

Gnade schließen! – So niederträchtigen Unsinn bin ich gewöhnt, von Madame Poiret zu vernehmen – wenn ich der ekelhaften Person überhaupt noch zuhöre. In Wahrheit ist es aber doch so, daß diese Herren vielleicht in einigen Fällen Mut bewähren mögen, aber für die falsche, verlorene, überwundene oder zu überwindende Sache; für einen Aberglauben, durch den der Fortschritt seit Jahrhunderten bösartig gehemmt worden ist. Kann der Mut des Menschen denn ein anderes Ziel haben, als die materielle und moralische Besserung seines Schicksals?! Die Priester lenken den Menschen von der einzigen Sorge ab, die ihn wirklich zu beschäftigen hätte: von der Sorge um sein eigenes Wohlergehen. Als Ersatz für Annehmlichkeiten, die er sich hier nicht verschaffen darf, winkt ein Jenseits – an dem das einzig Gute ist, daß es nicht existiert; denn seine Langeweile wäre unvorstellbar. – Wir wollen aber nicht warten bis zum jüngsten Tag!» Marcel stand mitten im Zimmer wie auf einer Tribüne und schrie den Jungen im Bett mit Donnerstimme an, als wendete er sich an eine widerspenstige Masse. Die Augen sandten Strahlen; er hob die Faust. «Hier soll es hell werden!» verlangte er stürmisch. «Hier – wo wir leben und uns plagen!! – Es wird hell sein!» verkündete er entzückt, als wäre ihm gerade jetzt von kompetenter Seite diese Mitteilung gekommen. «Weit hinten am Horizont sehe ich eine feurige und schwefelnde Sonne. Sie ist so stark, daß ihre Strahlen viel versengen werden –: sehr wohl möglich, daß sie einen Feuerbrand anrichtet. Aber die Dunkelheit nimmt sie fort!»

… Marcel liebte es, und es unterhielt ihn sehr, vor dem kleinen Kikjou Christum und Kirche anzuklagen, und eine bevorstehende, «klassenlose, kirchenlose, grenzenlose Gesellschaft» zu preisen. Das erregte Gespräch, das sie vormittags im Hotelzimmer begannen, setzten sie zuweilen bis in den Nachmittag oder Abend fort: auf Spaziergängen, in einem Café, oder in Marcels kleiner Wohnung, draußen in Auteuil. Marcel redete und redete – fieberhaft eilig, höhnisch und pathetisch, grob und zärtlich, ekstatisch und vulgär. Welche Angst hatte er zu betäuben mit dieser Sturzflut von Worten? … Er war geplagt von Ideen, wie ein anderer von Schmerzen. Jeder Gedanke, wenn man ihn nur bis zur letzten Konsequenz zu Ende dachte, bedeutete Verpflichtung, alarmierendes Programm, Aufforderung zur Tat. Auch die Zweifel blieben nicht immer aus, und es kamen Leiden.

Entschlossen mutig, wie ein Schwimmer sich in kaltes Wasser wirft, stürzte Marcel Poiret sich in die intellektuellen Komplikationen. «Das Einfache ist stets nur das Vereinfachte!» proklamierte er. Andererseits quälte es ihn, daß die schillernde Zusammengesetztheit seines Denkens ihn den einfachen Kämpfern, den «Soldaten der Revolution» entfremdete. Die Manifeste und Pamphlete, die er verfaßte, verwirrten durch ihre Gedankenfülle wie durch den fulminanten Stil. Die Abonnenten der marxistischen Tageszeitungen und die Besucher von Massenversammlungen konnten mit ihnen kaum etwas anfangen. Sie begriffen wohl, daß dieser entflammte Jüngling sie zum Kampfe rief – «Der Kapitalismus tötet sich nicht selber; man muß ihn töten!» hatte er geschrieben –; aber sowohl Pathos wie Ziel dieses Kampfes blieben ihnen mysteriös.

In den dogmatischen Materialismus des hymnischen Marxisten mischten sich zuviel lyrisch-überschwengliche Elemente. «Am Baume des Umsturzes» sah er «die wundersamsten Früchte keimen», wie der begeisterte Wanderer durch eine Frühlingslandschaft –, und er rühmte eine heftig bewegte, gleichsam elektrisch geladene «konvulsivische» Schönheit, die einerseits überschwenglich irrational zu sein schien, andererseits aber in einer seltsam strengen und intimen Beziehung zu den exakten Wissenschaften stand. – «Die Dichtung ist ein Mittel zur Erkenntnis», ließ er hören; er enthusiasmierte sich für den «neuen wissenschaftlichen Geist» wie für eine Religion.

Er gierte nach Licht, nach Erleuchtung, nach Helligkeit, wie der Kranke nach Sonne. Das Dunkle im tiefsten Grunde seines eigenen Wesens mußte wohl mächtig sein, sonst hätte er nicht mit so gereizter Heftigkeit nach dem Hellen verlangt. – Seine Meinung war:

«Zu bewirken: daß aller Muff der Fäulnis verfliege, das wird die Größe der Dichter des XX. Jahrhunderts ausmachen. Deshalb haben wir unser Los verbunden mit dem der proletarischen Revolution, die durch die Befreiung des Menschen den Geist befreien wird.»

… Manchmal, – aber nur selten – wurden seine schönen, starken, beweglichen Lippen müde von den gar zu vielen Worten, die sie geformt hatten. Er verstummte im befreundeten Kreis, und der Strahlenblick unter den gewölbten Brauen ward dunkel. «Was soll das alles?» fragte er, nach solchem Schweigen. «Warum habe ich nicht fünfzig Jahre früher leben dürfen? Dann hätte dies alles mich nicht gequält und mich kaum beschäftigt. Ich hätte ein paar hübsche, traurige, verliebte Bücher geschrieben, ein paar Geschichten über einfache, menschliche Gegenstände, und wäre zufrieden gewesen …» Und mit einem großen Aufseufzen sagte er: «Ach, ich wünschte mir so sehr, wir hätten die Revolution endlich endlich hinter uns, damit man wieder anfangen könnte mit der Literatur. – Was sollen wir Schriftsteller, während die großen Entscheidungen fallen? Wo sollen wir hin? Sagt mir – wo sollen wir hin?»

Die Freunde konnte es ihm nicht sagen. Was sie vermochten, war nur, den plötzlich Entmutigten etwas zu trösten. Marion legte ihm mit großer Sanftheit die schöne, starke Hand auf den Arm. Martin, pedantisch und kokett zugleich die Worte dehnend, begann, eine humoristische Geschichte zu erzählen. Kikjou lächelte – rätselhaft, gütig und verführerisch.

Man saß in Marcels kleiner Wohnung. Die Unordnung hier war horrend – auf den Stühlen lagen Broschüren neben getragenen Hemden, und das Bett war zerwühlt –; trotzdem herrschte eine gewisse Gemütlichkeit. Auf dem Tisch stand der rote Wein neben dem Brot und dem Fleisch. Marcel besorgte selber seinen kleinen Haushalt. Er scherzte und lachte mit den Ladenmädchen, wenn er seine Einkäufe machte. Alle im Quartier liebten ihn. Keiner widerstand seinem Charme.

Wenn er zu Hause aß, hatte er immer Gäste. Entweder französische Kameraden stellten sich zur Mahlzeit ein, oder es erschienen ein paar deutsche Emigranten. Marcel bewirtete nicht nur die nahen Freunde, wie Marion, Martin und Kikjou, sondern auch beinah Fremde.

«Wir wollen Grammophon spielen», schlug Marion vor; sie hatte ihre Hand immer noch auf dem Arm des Freundes. «Die schönen Negerplatten, die wir neulich gehört haben. – Es ist so reizend bei dir, Marcel. Wenn es jetzt noch Musik gibt, werden wir beinah glücklich sein.» – –

Marcel zu Marion: «Du bist zu geschäftig. Für mich hast du niemals Zeit. Ich bin nicht zufrieden mit dir.» – Sie bat ihn: «Sage das nicht! Es tut mir weh, wenn du so etwas sagst oder glaubst. Ich denke immer an dich. Die Wahrheit ist, daß zuviel an mich heran tritt. Du kannst dir nicht vorstellen, mit was für abenteuerlichen Figuren und Problemen einen diese Emigration in Berührung bringt.»

«Und deine eigenen Pläne?» wollte er wissen. «Die Tournee, die du vorhast?» Es war ihm bekannt, daß sie von ihrem Plan, eine Theater-Truppe zu organisieren, endgültig abgekommen war und nun für sich allein etwas vorbereitete. Indessen hatte er keine deutliche Vorstellung davon, um was es sich handeln mochte. Sie erklärte ihm: «Sei still! Ich bin abergläubisch. Von Projekten sprechen, bringt Pech.»

«Du siehst müde aus», sagte er. Aber der Blick, mit dem er sie umfing, enthielt mehr Bewunderung als Mitleid. «Du bist auch noch magerer geworden.»

Ihr kurzes, kräftig geformtes Gesicht mit dem breiten, gefährlich lustigen Mund und den eindringlich schönen Katzenaugen, wirkte sowohl angegriffen als auch gespannt. Manchmal zeigte es den Ausdruck einer beinah wilden, aggressiven Entschlossenheit; zuweilen aber, wenn Marion sich unbeobachtet glaubte, erschlaffte es, und der Blick wurde starr.

«Du solltest für ein paar Tage mit mir ans Meer gehen», schlug Marcel ihr vor. Sie machte Einwände: «Vielleicht – nächste Woche, oder übernächste … Vorläufig habe ich hier zu tun. Heute nachmittag, zum Beispiel, muß ich Ilse Ill einem französischen Revue-Direktor vorstellen, den ich noch aus guten alten Tagen kenne. Erinnerst du dich an Ilse Ill? Eine unglückselige Person! Das Überraschende an ihr ist, daß sie etwas Talent hat, man sollte es nicht für möglich halten. Übrigens war sie mir immer gräßlich. Es ist ja sonderbar, für was für Leute man sich jetzt einsetzen muß. Wählerisch darf man nicht mehr sein …»

Sie bemühte sich nicht nur für die literarische Chansonnette – die schon ganz herunter gekommen und verhungert war –, sondern auch für ein Dutzend anderer. Gelegentlich assistierte sie der Proskauer bei der übermäßig wachsenden Arbeit, die der Betrieb im Comité mit sich brachte. Mit Hummler zusammen – der ihr zäh und geduldig den Hof machte – kümmerte sie sich um die politische Agitation. Es machte ihr Freude, bei der Abfassung von Manifesten und Broschüren behilflich zu sein, die dann, als Reklame-Heftchen für Zahnpasta oder Korsetts schlau zurecht gemacht, den illegalen Weg nach Deutschland fanden.

Seltsame Typen meldeten sich bei Marion von Kammer, deren Aktivität und Hilfsbereitschaft man kannte. Eines Morgens klopfte es an der Türe ihres Hotelzimmers. Im Halbdunkel des Korridors stand eine große, hagere Frau, sie war nicht ganz jung; Marion taxierte: fünfundvierzig oder fünfzig Jahre alt. ‹Mein Gott, sie will mir etwas verkaufen›, dachte Marion; denn die Dame trug ein kleines gelbes Handköfferchen. ‹Und ich habe doch gar kein Geld …› Sie bemühte sich, ein möglichst freundliches Gesicht zu machen, als sie sagte: «Guten Morgen. Kommen Sie herein.»

Die hagere Dame erwiderte den Gruß nicht. Während sie eintrat, blickte sie sich scheu und hastig um, als fürchtete sie, es könnte ihr jemand folgen. «Danke schön», sagte sie, etwas sinnlos, und schauerte zusammen wie jemand, den ein kalter Luftzug berührt. «Setzen Sie sich doch!» sagte Marion, wobei sie die Besucherin einer schnellen, aber genauen Musterung unterzog. Sie hatte es sich angewöhnt, die Menschen, mit denen sie zu tun bekam, zunächst einmal gründlich anzuschauen.

Die Kleidungsstücke, welche die Frau trug, – schiefes kleines Hütchen, langer Regenmantel, hängende Strümpfe, ausgetretene Halbschuhe – schienen auf eine sonderbare Art entfärbt und verblichen, von einem völlig leichenhaften Grau –: noch nie, meinte Marion, hatte sie derart fahle Kleidungsstücke gesehen. Aschgrau wie Kappe und Mantel waren auch die drei grotesken Löckchen, die unter dem Hutrand hervor auf die Stirne hingen. Diese Stirne übrigens schien edel geformt und von einer fast kindlichen Glattheit; nicht einmal die lächerlichen, runden, steif gedrehten Löckchen konnten sie entstellen. Die unruhigen, kleinen und dunklen Augen lagen in schattig vertieften Höhlen. Von einer sehr langen, scharf profilierten Nase liefen gramvolle Furchen zu einem schmalen, verzerrten Mund.

«Fräulein Proskauer hat Ihnen also meine Adresse gegeben»,

sagte Marion, da die Fremde, in starrer Haltung, mitten im Raum stehen blieb. «Aber warum setzen Sie sich denn nicht?»

Die Frau fuhr auf wie aus schweren Träumen; erschauerte wieder und ließ ein beängstigendes kleines Kichern hören. «Fräulein Proskauer, ganz recht», sagte sie geschwind und fügte rätselhaft hinzu: «Eine sehr originelle Person ... Sie hat mich auf die Idee gebracht, mit Lavendelwasser, Seife und komischen kleinen Schwämmen hausieren zu gehen ... Äußerst originell ...» In ihren Augen gab es ein kurzes, gehässiges Funkeln.

Marion fragte besorgt: «Sie verkaufen also Toiletteartikel?» Dabei berechnete sie: ‹Ich besitze noch 30 Francs. Eine Tube Zahnpasta könnte ich ihr vielleicht abkaufen; das wird nicht mehr als 8 Francs kosten.›

Statt Marions Frage zu beantworten, erklärte die Fremde, mit einer vornehm knappen Neigung ihres langen und schmalen Hauptes: «Mein Name ist Friederike Markus.» Den Oberkörper vorgebeugt, die aschfarbene Skeletthand an den Mund gelegt, fügte sie raunend hinzu: «Freunde nennen mich Frau Viola. Aber verraten Sie es Etzel nicht! Er kann es nicht ausstehen, wenn ich als ‹Frau Viola› begrüßt werde – vielleicht weil Gabriel mich stets so angeredet hat: immer als Frau Viola, ganz konsequent, niemals anders.» Daß sie mit mißtrauisch schrägem Blick Marions erstaunte Miene bemerkte, machte sie gereizt: «Nun ja, es könnte doch sein, daß Sie Etzel, meinen sogenannten Gatten, einmal irgendwo treffen. Er ist viel unterwegs, wird überall vorgelassen, und benutzt all seine Verbindungen, um gegen mich zu intrigieren.» – Marion dachte: ‹Mein Gott, sie ist nicht ganz richtig im Kopf. Durch vieles Leiden ist sie völlig aus der Form gekommen und hat ihr inneres Gleichgewicht ganz verloren. Was fange ich mit ihr an?›

Frau Viola, die kerzengerade, mit dem Köfferchen auf den aneinander gepreßten Knien, im Stuhle saß, ließ ihre Stimme vernehmen, die scharf klirrte wie ein geborstenes Instrument: «Ehe wir zu den Geschäften übergehen, liebes Fräulein von Kammer, möchte ich mir doch noch eine Frage erlauben: Kennen Sie Bernard Shaw?»

«Ich hatte nie das Vergnügen.» Marion war ziemlich erschrokken. «Ohne Frage, ein bedeutender Schriftsteller», fügte sie hilflos hinzu.

«Der Ansicht bin ich auch einmal gewesen», bemerkte Friederike Markus spitzig. «Aber wenn er wirklich so bedeutend ist –: warum hat er mir dann auf fünfzehn Briefe» – bei Nennung dieser Zahl hob Frau Viola drohend den langen Zeigefinger – «auf fünfzehn lange, mit meinem Herzblut geschriebene Konfessionen nicht geantwortet?!» – Marion meinte, der berühmte Ire dürfe vermutlich stark beschäftigt sein; daraufhin hatte Friederike nur ein unendlich höhnisch-hochmütiges Achselzucken. «Ich habe ihm meine Seele angeboten – mein Innerstes habe ich ihm enthüllt! Nicht nur, daß ich mich bemühte, ihm die furchtbar harten und übrigens äußerst interessanten Umstände meines Lebens ausführlich auseinander zu setzen –: ich habe ihn verschwenderisch beschenkt mit den Früchten meiner Erkenntnis; mit den durch unzählige Schmerzen erworbenen Reichtümern meines Geistes!» Plötzlich den Ausdruck ihres Gesichtes und der Stimme verändernd, den Oberkörper wieder vertraulich vorgeneigt, fuhr sie fort: «Vorigen Monat hatte ich nämlich die Möglichkeit, so viele Briefe zu schreiben, wie mein Herz begehrte. Ich habe meine Armbanduhr versetzt und mir für den Erlös eine Schreibmaschine geliehen. Eine Schreibmaschine – denken Sie sich doch nur, ganz für mich alleine!» Sie kicherte wieder, diesmal klang es beinahe munter. «Etzel war um diese Zeit in relativ friedfertiger Laune. Alles traf sich sehr günstig, ich zog mich vier herrliche Wochen lang von den Geschäften zurück und widmete mich ganz meinen Briefen. – Und nun diese Enttäuschung…» Sie sank trostlos in sich zusammen. «Diese schmähliche Niederlage! – Wann werde ich mir jemals wieder eine Schreibmaschine leisten können? Und Etzel – ach, wenn Sie ahnten, wie er jeden meiner Schritte belauert!»

Ehe es zum Verkauf der Zahnpasta kam, mußte Marion sich noch manches über Frau Violas Vergangenheit anhören. «In Berlin hatte ich Glanz um mich!» rief sie stolz. «Ich war Kunstsammlerin, ich liebte das Schöne und erwarb es in bedeutenden Mengen; ich besaß Gemälde und Tiere aus Porzellan, und bestickten Samt!» Jedes Glück aber war aus ihrem Leben gewichen, seitdem Gabriel sich zurück gezogen hatte –: «Gabriel, mein Erzengel!» In Friederikens schattigen Augenhöhlen glimmten Lichter. «Gabriel, der Einzige, der mich verstand; der all des innigen Gefühls, das ich zu bieten habe, würdig gewesen ist! Ach er ging ... er ging ...: da bog er um die Ecke!» rief sie fassungslos, als wäre der liebe Jüngling eben erst entwichen und hätte gerade dieses Zimmer verlassen. Ihre Hände krampften sich um den Koffer, der die Pasten, Crèmes und Wohlgerüche enthielt, mit denen die Unglücksfrau hausieren ging. «Warum ließ Gabriel Frau Viola?» fragte sie mit gräßlicher Hartnäckigkeit – während Marion nicht mehr wußte, wohin sie schauen sollte vor Scham und Schrecken.

Für die Zahnpasta verlange Frau Markus 11 Francs und 50 Centimes: «Es kommt Sie mindestens um 12 % billiger als in jedem Laden», erklärte sie, plötzlich geschäftsmäßig. Nachdem der Handel abgeschlossen war, bat Marion die Besucherin milde, nun zu gehen. Zum Abschied sagte Friederike – sehr leise, und während eine helle, flaumige Röte über ihr hageres, zerwühltes Gesicht lief –: «Ich möchte Sie bald wieder einmal besuchen dürfen, liebes Fräulein von Kammer! Sie sind doch ein Mensch. Meistens begegnet man nur Lemuren ...» Noch einmal erschauerte sie; der eisige Lufthauch hatte sie wohl wieder berührt. Schon im Korridor bat sie noch: «Und bitte, Etzel gegenüber – völlige Diskretion: über alles!» Dabei legte sie, lustspielhaft neckisch, den langen Zeigefinger an die verzerrten Lippen.

Friederike Markus verließ das Hotel; steif und närrisch affektiert stolzierend, schritt sie die rue Jacob hinunter und bog in die rue St.-Benoît ein, um den Boulevard St.-Germain zu erreichen. Das gefüllte Köfferchen, das sie zu tragen hatte, war nicht ganz leicht. Ihre eine Schulter wurde ein wenig nach oben gezogen, während die andere hinabhing. Friederikens Haltung war sowohl steif als schief – und da die einsam Wandelnde auch noch im Selbstgespräch die Lippen bewegte und zuweilen stehen blieb, um mißtrauische Blicke hinter sich zu werfen, war der Eindruck, den sie machte, ein so überraschender, daß mancher Passant mitleidig-amüsiert auf sie schaute. Sie bemerkte es kaum; denn sie war durchaus beschäftigt mit den eigenen Gedanken, die sich teils sorgenvoll-gequält ans Nächste, kümmerlich Alltägliche hielten, teils aber abglitten, davonhuschten, Reißaus nahmen, um sich in jenen

Gegenden niederzulassen, wo der Jüngling, Gabriel genannt, seinen strahlenden Aufenthalt hatte. – ‹Heute Vormittag muß ich noch mindestens drei Visiten machen›, rechnete Frau Viola. «Zuerst gehe ich wohl zu dieser Schweizer Dame im Hôtel des Saints Pères. Vorher will ich aber noch eine Tasse Kaffee trinken …»

Sie ließ sich in einem schmutzigen kleinen Bistrot nieder, das «Au Rendezvous des Chauffeurs» hieß. – Wenn Friederike eine Tischplatte vor sich sah, wurde sie immer gleich von der unwiderstehlich starken Lust ergriffen, zu schreiben. Es war eine Art von Trance, in die sie verfiel, wenn sie die Feder ins Tintenfaß tauchte – und es entstanden die endlos langen, konfusen, übrigens fast unleserlichen Briefe, die sie an berühmte und ihr meistens fremde Personen adressierte. Dichtern und Professoren, Malern und Schauspielerinnen, Dirigenten und Politikern ihr gepeinigtes Herz auszuschütten, war zum einzigen Vergnügen geworden, das sie sich gönnte. Solche Liebhaberei bedeutete für sie einen Luxus, und zwar einen recht leichtsinnigen, üppig unstatthaften. Das Briefporto spielte in ihrem Etat eine beängstigende Rolle, und wenn es sich gar um Doppelbriefe handelte, – was häufig vorkam –, und sie obendrein noch dem inneren Drang nachgeben mußte, das schwere Schreiben rekommandiert und expreß zu senden, so hieß es gar manches Mal, tagelang auf eine warme Mahlzeit zu verzichten und sich mit altem Weißbrot und lauem Tee begnügen, damit nur all die fremden Berühmtheiten aus ihrer Morgenpost erführen, wie melancholisch und interessant das innere Leben der Frau Viola beschaffen war.

Heute schrieb sie an Frau Tilla Tibori – was sie sich schon lange vorgenommen hatte; denn diese Schauspielerin war ihre eine der liebsten in Berlin gewesen. «Verehrte Frau!» Friederikens Feder eilte knirschend übers Papier. «Auch Sie hat unser gemeinsames Unglück in ein fremdes unwirtliches Land verschlagen.» (Die Markus hatte zufällig Tillas Züricher Adresse durch gemeinsame Bekannte in Erfahrung gebracht.) «Hören Sie die Klage und das Bekenntnis einer Leidensgenossin …» An dieser Stelle stutzte sie plötzlich, als hätte eine Stimme sie angerufen. Sie hob ruckhaft den Kopf. Während ihre Blicke irr ins Leere glitten, sprach sie mit einer kleinen, zirpend hohen Stimme: «Ja – Gabriel – wo bist du?

Ich kann dich hören! Aber sprich doch bitte bitte etwas deutlicher, damit ich dich besser verstehe!»

Der Kellner beobachtete sie, erstaunt und ziemlich angewidert. –

Während Frau Viola das armselige Briefpapier «Au Rendezvous des Chauffeur» mit Anklagen und Beschwörungen, Ausbrüchen des Stolzes und des grenzenlosen Jammers füllte, telephonierte Marion mit der Proskauer, um einige Tatsachen über die Unglückliche zu erfahren. «Was ist das für eine Frau?» fragte Marion. «Sie hat mir angekündigt, daß sie mich wieder besuchen wird ...»

Ilse wußte sofort Bescheid. «Natürlich erinnere ich mich an Friederike Markus, die vergißt man nicht, sie hat uns ja genug Sorgen gemacht. Eine Zeit lang mußten wir sie unterstützen, bis wir ihr diese Parfümerie-Vertretung verschafften. Es sind noch keine Klagen über sie gekommen; ihre Arbeit scheint sie korrekt zu erledigen. Trotzdem bin ich pessimistisch, was ihre Zukunft betrifft. Ihr Geisteszustand wird immer bedenklicher.»

«Ist denn alles erfunden, was sie erzählt?» wollte Marion wissen. «Die ganze Geschichte von ihrem satanischen Gemahl Etzel und dem schönen Jüngling Gabriel?»

«Alles erfunden», bestätigte die Proskauer, «alles erträumt. In Wirklichkeit hat sie niemanden – und das ist wohl so schlimm, daß sie sich einen Gatten ausdenkt, der sie quält, und einen Jüngling, der sie verlassen hat. Von den Dingen, die in ihrem Leben wirklich passiert sind, spricht sie nie. Sie hatte nämlich tatsächlich einen Mann – du wirst seinen Namen wahrscheinlich gehört haben: Doktor Max Markus, Rechtsanwalt. Er war der juristische Vertreter einer links-politischen Gruppe in Berlin, und dann kam er ins Konzentrationslager, und dort soll er sich umgebracht haben.» Ilse Proskauer schwieg; am anderen Ende der Leitung ließ Marion einen kleinen Laut der Bestürztheit und der Trauer hören.

Marions Tage in Paris waren erfüllt von Sorge um die eigene Zukunft und von Anstrengungen, die sie für die Zukunft anderer unternahm. Nicht alles, was man versuchte und anzettelte, wollte geraten. Ilse Ill, zum Beispiel, kam verzerrt vor Enttäuschung von ihrem Rendezvous mit dem Theater-Direktor zurück. «Er hat

mich abgelehnt!» zischte die Kabarettistin. «So eine Gemeinheit!
– Und wissen Sie, was er zu mir gesagt hat?! Er hat mir ins Gesicht
gesagt: Fräulein, Sie sind zu häßlich! – Später hat er mir aber versichert: Natürlich, Sie haben Talent. – Nun bitte ich Sie, Marion,
was soll das bedeuten?! Wenn ich Talent habe, dann habe ich doch
ein Gesicht. Und wenn ich ein Gesicht habe, dann bin ich doch
nicht häßlich!!»

«Ick kenne noch einen Pariser Theater-Direktor», sagte Marion
müde. «Mit dem werde ich Sie zusammen bringen, Fräulein Ill.»

Und Ilse – die vom Ehrgeiz gejuckt wurde wie von einem giftigen kleinen Ausschlag – wiederholte: «Er hat mir gesagt: ‹Vous
êtes trop laide, Mademoiselle!› Ist das zu fassen? Ist das vorzustellen?» ...

... «Du mußt mit mir ans Meer!» Dieses Mal bestand Marcel darauf.

Sie fuhren nach einem kleinen Ort in der Nähe von Deauville.
Der Sommer ging zu Ende; die Winde waren heftiger und rauher.
Das dunkle, bewegte Wasser ließ erkennen: es ist Herbst geworden. – «Schluß mit dem Sommer!» Marcel rief es mit grimmiger
Vergnügtheit aus – als wäre es jedenfalls gut, daß wieder eine Jah-
reszeit, irgend ein Lebensabschnitt erledigt und endgültig vorüber
war. – «Nie wieder Sommer 1933!» Marion hielt das Gesicht und
die schimmernde Mähne dem Sturm hin. «Es war ein infernali-
scher Sommer. Diese heißen Wochen in Paris vergesse ich nie. Der
Asphalt auf den Straßen war ja schon ganz weich geworden; die
Schuhsohlen klebten einem fest ...» –

Sie machten weite Strand-Spaziergänge, oder sie saßen, in ihre
Mäntel gehüllt, auf einer Terrasse – fröstelnd aber froh.

Nachts, wenn der Sturm um das kleine Hotel tobte, veränderte
sich alles um sie herum ins Wilde und Phantastische. Sie wußten
nicht mehr, daß es ein ziemlich kleinbürgerlicher Erholungsort
war, den es da vor ihren Fenstern gab. Das Zimmer, in dem sie einander liebten, schien in der Luft zu hängen, eine schwebende Gon-
del.

Marion taumelte. Die lange Promenade am Meer und der große
Wind, dem sie ihr Gesicht dargeboten hatte, waren wohl ein wenig

viel für sie gewesen. Sie klammerte sich an Marcel, als ob sie stürzen müßte, wenn sie ihn ließe.

«Wie mager du bist!» sagte er noch einmal; er schien sich über die Schmalheit ihres Körpers nicht genug erstaunen zu können, obwohl er selber dünn war. «Nur Haut und Knochen!» Dies konstatierte er nicht ohne eine gewisse Strenge. Aber wie viel gerührte Zärtlichkeit klang in seinem Tadel! – «Komm zu Bett!» Es war Marion, die ihn bat. «Mir ist schwindlig.»

Das Zimmer schwankte ihr unter den Füßen. Nun schien es ein Schiff auf hoher See zu sein – oder vielleicht nur ein kleiner Nachen. Wohin trug er sie? Gab es Ufer, jenseits dieser Gewässer, die sich unermeßlich breiteten? Und wenn es Ufer gab – hatte man Kraft genug, um sie zu erreichen?

«J'ai peur – ah, j'ai peur ...» Marion erschrak: dies war Marcels flüsternde Stimme; sie aber hatte genau dasselbe sagen wollen – freilich auf deutsch.

«Wovor fürchtest du dich?» – Er beantwortete ihre Frage mit einer Stimme, die plötzlich rauh war und etwas keuchte. «Gefahren – Gefahren überall ... Oh, wir sind schon verloren! ... Welche Schuld haben wir auf uns geladen, daß man uns zu solcher Strafe verdammt? ... Ach, Marion – Marion ...» Seine Worte vergingen an ihrem Hals. Vielleicht weinte er.

«Wir werden schon fertig – mit allem!» raunte sie zuversichtlich. Aber auch ihre Augen hatten den entsetzten Blick, als wäre ein Abgrund jäh vor ihnen aufgesprungen.

Aus dem Abgrund stiegen Feuerbrände, auch Qualm kam in dicken Schwaden, und Felsbrocken wurden empor geschleudert. Es war der Krater eines Vulkans.

Hüte dich, Marion! Wage dich nicht gar zu sehr in die Nähe des Schlundes! Wenn das Feuer dein schönes Haar erfaßt, bist du verloren! Wenn einer der emporgeschleuderten Felsbrocken deine Stirne streift, bist du hin! Auch könnte es sein, daß du am Qualm elend ersticken mußt.

Hütet euch, Marion und Marcel! Furchtbar ist der Vulkan. Das Feuer kennt kein Erbarmen. Ihr verbrennt, wenn ihr nicht sehr schlau und behutsam seid. Warum flieht ihr nicht? Oder wollt ihr verbrennen? Seid ihr versessen darauf, eure armen Leben zu opfern? – Aber ihr habt nur diese! Bewahrt euch! Wenn auch ihr im allgemeinen Brand ersticken solltet –: niemand würde sich darum kümmern, niemand dankte es euch, keine Träne fiele über euren Untergang. Ruhmlos – ruhmlos, Marion und Marcel, würdet ihr hingehen!

Noch einmal Marcels keuchende Flüsterstimme: «Gefahren, wohin ich schaue ... Kampf – Kampf ohne Ende ... Ich sehe Mord –: Mord und Tränen ... Voici le temps des assassins! Die mörderische Zeit ist angebrochen ... Wohin retten wir uns? Wohin fliehen wir mit unserer Liebe? Wohin, Marion, wohin?»

Der Griff seiner Hände, der von verzweifelter Heftigkeit war, lockert sich endlich. Er schmiegt sich an sie. Nebeneinander ruhen ihre erschöpften Häupter. Ihre Augen waren geblendet von Feuerbränden, die den Horizont nicht erhellen, sondern purpurn verfinstern. Da der eine nun die atmende Nähe des anderen spürt, dürfen sie endlich damit aufhören, ins schauerliche Gewoge der Flammen zu schauen – der Flammen aus dem Vulkan. Sie schließen die Augen. Mit dem Seufzen, das alle Liebenden haben – und das nach Qualen klingt, während es doch so viel mehr ausdrückt als nur die Schmerzen – vertrauen sie sich den Umarmungen an, und ihr letzter Trost sind die Küsse.

Fünftes Kapitel

«Man gewöhnt sich an alles», konstatierte Frau von Kammer und seufzte. Niemals hätte sie es für möglich gehalten, daß sie im Stande war, ein derart reduziertes, glanzloses Leben auszuhalten.

Den guten Bekannten, die in Deutschland geblieben waren – achtbaren Leuten durchaus konservativer Gesinnung – schien es noch bedeutend schlimmer zu ergehen, wenn man den Nachrichten glauben durfte, die in Zürich eintrafen. Ein Major a. D., der zu den Freunden des Generals von Seydewitz gehört hatte, war mehrere Wochen lang im Konzentrationslager gewesen, und säße heute noch drin, wenn er nicht über besonders glänzende Verbindungen verfügte: alles dies, weil sein Dienstmädchen gemeldet hatte, er spreche respektlos von der Regierung. Ein verdienstvoller Herr, bewährt im Krieg wie im Frieden – und verhaftet wegen der Schwätzereien einer Magd! Manche, die im Februar 1933 von der «Machtergreifung» Hitlers entzückt gewesen waren, schienen jetzt, ein Jahr später, schon enttäuscht. Vor allem in Offizierskreisen gab es Katzenjammer, wie Frau von Kammer sich erzählen ließ. Nicht ohne Triumph nahm sie es zur Kenntnis. «Es scheint in der Tat, daß ein Mensch, der Gefühl für Würde hat, in diesem Deutschland nur noch Selbstmord begehen kann», sprach Marie-Luise mit feierlichem Nachdruck. – «Selbstmord ist keine Lösung», warf Tilly etwas schnippisch ein. «Sinnvoller wäre: gegen das Regime zu opponieren.» – «– Falls das noch irgendwie möglich sein sollte», schloß Frau Tibori und hatte ihr dunkles, gurrendes, nicht ganz natürliches Lachen. – Tilly wollte das letzte Wort haben. «Die Möglichkeit zur Opposition ist wohl immer da», meinte sie und sah eingeweiht aus. «Freilich genügt für die illegale Arbeit gegen die Diktatur weder die rechte Gesinnung noch Courage; es gehört Erfahrung dazu – Training, wie zu einem Sport.» Sie erinnerte sich der barschen Belehrung, mit der die zwei jungen Männer in Berlin sie abgefertigt hatten. Frau Tibori und Marie-Luise zeigten ziemlich ratlose Mienen.

Die Schauspielerin erschien jede Woche mindestens einmal zum Tee bei ihrer Freundin. Frau von Kammer hatte, seit dem ersten Januar, die Wohnung in der Mythen Straße aufgegeben, weil sie zu kostspielig war, und gesellschaftliche Repräsentation ohnedies kaum noch in Frage kam. Sie war weiter hinaus, an den See, gezogen und bewohnte nun mit Tilly drei bescheiden möblierte Stuben in Rüschlikon. Die Tibori ihrerseits lebte immer noch mit jenem älteren Herrn, von dem sie meist zurückhaltend als von «meinem Bekannten», manchmal auch als von «Herrn Kommerzienrat» sprach. – «Er ist gut zu mir, weißt du», hatte sie Marie-Luise einmal gestanden, «und er verlangt nicht viel. Eigentlich liegt ihm nur daran, meine Stimme zu hören. Er ist vernarrt in hübsche Frauenstimmen, und hört mich so gerne schwätzen. Nun, das Vergnügen ist ihm zu gönnen – wenn man bedenkt was er sichs kosten läßt. – Der Rest bedeutet nicht viel für ihn.»

Frau von Kammer war doch ein wenig schockiert, weil ihre Jugendgespielin mit so viel Zynismus vom «Rest» sprach. Sie hatte Tilla einmal mit dem Kommerzienrat, gelegentlich einer Theaterpremière, getroffen. Der Tibori war es peinlich gewesen; aber ihr greiser Kavalier ließ sich unbarmherzig vorstellen. Er sah recht verfettet und melancholisch aus, mit hängenden bleichen Backen und Augen, die in fahlem Speck zu verschwinden drohten. – Wie hält Tilla das aus? – fragte Frau von Kammer sich besorgt und etwas angewidert.

Tilla mußte es wohl aushalten. Wie sollte sie sonst über die Zeit hinwegkommen, während deren sie ihre Kenntnisse im Englischen perfektionieren und auf den Bescheid ihres Agenten aus Hollywood wartete? – Einmal war sie in London gewesen; dort hatte man, im Auftrag einer amerikanischen Gesellschaft, Probeaufnahmen von ihr gemacht. Nun hatte die Entscheidung in Kalifornien zu fallen. Aber die maßgebenden Herren schienen kaum Eile zu haben ...

Am Ende konnte es Frau von Kammer nur recht sein, daß die Freundschaft zwischen Tilly und Tilla nicht so intim geworden war, wie die Ältere dies wohl beabsichtigt hatte. «Ich bin doch eigentlich so etwas wie deine Patentante», hatte die Tibori gescherzt, und nichts unversucht gelassen, um das junge Mädchen für sich zu gewinnen und einzunehmen. Tilly aber blieb spröde. Wenn die Actrice sich Mühe gab, in ihre kleinen Geheimnisse einzudringen, schwieg sie störrisch. Sie war degoutiert von der Lebensführung ihrer «Patentante». – «Eine nicht mehr junge Frau, die sich von einem dicken Kapitalisten-Schwein aushalten läßt!» sagte sie streng. Der Patentante konnte es nicht entgehen, daß sie etwas verächtlich behandelt ward. Wahrscheinlich ahnte sie auch die Gründe. «Diese junge Generation ist moralisch», meinte sie sinnend. «Man erregt heute leichter Anstoß bei einer Zwanzigjährigen als bei einem Pfarrer oder einer alten Jungfer. Vielleicht hat das gute Gründe. Wir haben uns aus den moralischen Gesetzen, mit denen es unsere Eltern noch so ernst nahmen, nicht mehr viel gemacht und sind mächtig stolz auf unsere ‹Freiheit› und ‹Unabhängigkeit› gewesen. Nun kommen andere: unsere Kinder – oder solche, die unsere Kinder sein könnten –, und sie müssen sich neue

Gesetze erfinden, ganz für sich allein – weil das Leben sonst langweilig und ohne Spannung wäre.»

Frau von Kammer dachte, etwas verbittert: ‹Wie anspruchsvoll sie daherredet! Und was ist das für eine gewagte Behauptung: wir hätten die Moralgesetze überwunden? Es gibt doch wohl Unterschiede, auch innerhalb einer Generation ...› – Sie sagte: «Ich verstehe nicht ganz, was du meinst. Leider muß ich fürchten, daß die Kreise, in denen meine Tilly verkehrt, es nicht sonderlich genau mit den moralischen Prinzipien nehmen – weniger genau jedenfalls, als manche von uns es taten, als wir jung waren.» – «Doch», beharrte Tilla Tibori, «auf ihre neue Art sind sie sehr moralisch und verurteilen jeden, der etwas laxere Begriffe hat und sich mal ein bißchen gehen läßt. Es fehlt ihnen der Sinn fürs Frivole. Sie sind alle politisch, lauter kleine Fanatiker – und das macht sie mindestens so unerbittlich, als ob sie religiös wären. Wir haben wohl für all das nicht mehr ganz das richtige Verständnis, meine liebe Marie-Luise ...»

... Frau von Kammer, die den Umgang mit verdächtigen Emigranten immer noch mied, und von den feinen Leuten ihrerseits gemieden wurde, blieb recht allein. Aus Deutschland schrieb ihr fast niemand mehr, auch kam wenig Besuch. Ihre beste – oder vielmehr: ihre einzige Freundin in Zürich war eine alternde Schauspielerin, die sich von einem Kommerzienrat aushalten ließ ... Trotz alledem war Marie-Luise nicht eigentlich unglücklich. Das Bewußtsein, daß sie sich Entwürdigungen entzogen hatte, denen ihre alten Bekannten in Berlin ausgesetzt waren, gab ihr den Halt.

Marion war zu Weihnachten ein paar Tage in Zürich gewesen. Sie sprach viel und eifrig von ihren Plänen; denn nun waren sie schon so weit gediehen, daß kein Aberglaube mehr daran hindern konnte, von ihnen zu reden. Es lief darauf hinaus, daß Marion als Rezitatorin Abende veranstalten und durch die Länder reisen wollte. Das Programm, das sie vorbereitete – Verse und Prosa von klassischen sowohl als auch von modernen Autoren –, war unter einem antifaschistischen Gesichtspunkt zusammengestellt. «Freilich sollen nicht alle Stücke, die ich sprechen will, einen direkt politischen Inhalt haben», erklärte sie. «Aber irgendwie muß man sie in Beziehung bringen können zu unseren Kämpfen und Problemen. Ich habe schon die wunderbarsten aufregendsten Dinge gefunden, bei Goethe oder Lessing, bei Heine, Hölderlin oder Nietzsche, oder bei den Neuen. Die deutsche Literatur ist ja so reich, jetzt erst merke ich, wie herrlich reich sie ist. Alles was uns auf den Nägeln brennt, ist eigentlich schon gesagt und ausgedrückt worden – mit welcher Macht, welcher Schönheit! – Wer zwingt mich übrigens, mich nur auf die deutsche Literatur zu beschränken?» fügte sie noch hinzu, fast übermütig vor lauter Unternehmungslust.

Tilly war gleich begeistert von Marions Plan. Die Mutter verhielt sich mißtrauisch. Ob man sich wirklich sein Brot verdienen kann, durch Gedichte-Aufsagen? zweifelte sie. Marion lachte. «Wir werden ja sehen ... Und übrigens riskiere ich nicht viel – nur all die Arbeit, die ich mir jetzt mache. Wenn es kein Erfolg wird, versuche ich etwas anderes.»

So war Marion: immer aktiv, voller Einfälle und nicht ohne Munterkeit – wenngleich sie nun häufig recht angestrengte Züge zwischen den Brauen auf der Stirn zeigte. Sie reiste bald wieder ab, weil sie in Paris kolossal viel zu tun hatte, teils mit der Sorge um alle ihre Freunde, teils mit der Vorbereitung ihres literarischen Programms. Die drei Zimmer in Rüschlikon wurden so still, wie sie es gewesen waren vor diesem turbulenten, angeregten Besuch. – Tilly war selten zu Hause. Frau von Kammer beschäftigte sich mit großen Handarbeiten, oder sie schüttelte den Kopf über der Lektüre der Zeitung; oft saß sie auch nur einfach da und grübelte, oder sie schrieb auf Zetteln lange Zahlenkolonnen unter einander, um sich auszurechnen, ob sie mit ihrem Monatsgeld auskommen konnte. Es schien fast nicht möglich; aber es mußte sein. Wenn nur das Schulgeld für die kleine Susanne nicht so teuer gewesen wäre. Die schrieb weiter ihre korrekten, ziemlich inhaltslosen Briefe aus dem Internat. Auf ihre trockene Art teilte sie mit, daß sie über nichts zu klagen habe. Sie war ehrgeizig, besonders was den Sport betraf. Stolz berichtete sie von ihrem Sieg auf einem Tennis-Tournier, oder bei einer Schwimmkonkurrenz. Mit den anderen jungen Mädchen vertrug sie sich gut. Vor allem lag ihr daran, nicht aufzufallen; eine unter vielen, ein «Durchschnittsmädel» zu sein. Frau von Kammer mußte ihr nette Kleider und feine Wäsche schicken:

das war nötig aus Prestigegründen. Es sollte dem Kind nicht zu Bewußtsein kommen, daß sie ärmer war als alle, mit denen sie in der Klasse saß. Um keinen Preis hätte Susanne es sich selber oder anderen zugegeben, daß sie in dem Zirkel von jungen Mädchen solide-wohlhabender Herkunft ein Ausnahmefall und ein «fremdartiges Element» bleiben mußte –: ihre Familie lebte unter gar zu anderen Umständen und Verhältnissen als die Angehörigen der übrigen Schülerinnen. Einmal hatte sie empört an die Mutter geschrieben: «Die Berta Baudessin aus Hannover ist sehr frech zu mir gewesen und hat gesagt: ‹Ihr seid ja nur Emigranten.› Das ist doch eine Gemeinheit und auch gar nicht wahr. Du hast mir gesagt, es ist nur wegen Deiner Gesundheit, daß Du in der Schweiz leben mußt, statt in Berlin. So ist es doch, Mama?» – Solche Zeilen las Marie-Luise nicht ohne Sorge. «Das Kind gibt sich falschen Vorstellungen hin», sprach sie kopfschüttelnd.

Tilly aber ärgerte sich. «Eine dumme Gans!» rief sie böse. Die Mutter meinte versöhnlich: «Aber sie ist doch noch so jung! Wie soll sie eine Ahnung haben von dem, was in Deutschland geschieht? Ihr kommt es doch nur darauf an, daß sie nicht aus dem Rahmen fällt und nicht anders ist als ihre kleinen Kolleginnen.» Darauf Tilly: «Das ist ja gerade das Schlimme – wenn man bedenkt, was für eingebildete, kapitalistische Fratzen diese ‹kleinen Kolleginnen› sein müssen!»

Es war einfach unpassend – fand Tilly –, daß Susanne in einer so teuren Schule blieb. «Das ist etwas für die Kinder von reichen Leuten! Susanne sollte nicht vergessen, daß ihre Schwestern sich schon plagen müssen, um leben zu können!»

Sie übertrieb etwas; mit der Plage war es in ihrem Fall noch nicht arg. Sie hatte Stenographieren und das Bedienen einer Schreibmaschine perfekt gelernt, und durch die Vermittlung von Freunden hatte sie auch eine Art von Stellung gefunden. Jeden Tag war sie von morgens neun bis zum Mittagessen bei einem alten Herrn, der eine stattliche Villa am See bewohnte. Herr Ottinger beschäftigte sie mit der Abfassung seiner Memoiren, die er unter dem Titel «Lebensbeichte eines Eidgenossen» zu veröffentlichen dachte. Dieses gewichtige Manuskript war es, aus dem er Tilly diktierte. Er erlaubte sich einen kleinen Verstoß gegen das Gesetz seines

Landes, indem er die Fremde arbeiten ließ. Sicherlich war es die erste illegale Tat in seinem langen, korrekten Leben. Herr Ottinger erwies sich als ein freundlicher und liberal gesinnter Mann, mit weißem Vollbart und kurzsichtigen, guten blauen Augen hinter den Brillengläsern. Sein Reichtum galt für solide; bedeutende Teile seiner Revenuen verwendete er für wohltätige Zwecke. Mancher in Stadt und Land und wohl auch auswärts hatte Anlaß, dem Ehepaar Ottinger herzlich dankbar zu sein; denn auch Madame war sehr gut. Sie hatte eine Menge seltsamer grauer Löckchen auf dem Kopf und ein Gesicht voll von Fältchen. Die Greuel, von denen man jetzt aus dem großen Nachbarland wie auch aus anderen Weltgegenden berichtete, erschienen diesen zwei braven Menschen ebenso unverständlich wie häßlich. «Ich bin ein alter Demokrat», erklärte Herr Ottinger und strich sich selbstbewußt den schön gewellten Bart. «Nie werde ich verstehen, daß ein Volk sich so viel bieten läßt wie das deutsche.» Für die Emigranten hatte er Sympathie. Sogar wenn sie in ihrer Opposition etwas maßlos wurden und sich zu kommunistischen Ideen bekannten – die Herr Ottinger mißbilligte –, blieb er nachsichtig. «Man hat den armen Leuten sehr viel zugemutet», pflegte er zu sagen. «Durch Haß und Leiden sind sie vielleicht etwas konfus geworden.» Und er schrieb noch einen stattlichen Check aus.

Einmal in der Woche gab es bei Ottingers «Jour» mit Musik. Madame spielte Klavier und komponierte selbst kleine Piècen. Tilly führte auch ihre Mutter ein. Frau von Kammer erschien im besten Kostüm, mit weißen Glacéhandschuhen zu den Empfängen; manchmal wurde sie auch zu einer Bridgepartie gebeten. Hier durfte sie die Erfahrung machen, daß längst nicht alle Mitglieder der «besseren Kreise» jene Gesinnung teilten, durch die sie aus dem Salon der Krügis vertrieben worden war. –

Auf einem der «Jours» lernte Tilly den jungen Peter Hürlimann kennen. Er galt als ein besonders begabter Schüler des Züricher Konservatoriums und durfte mit Frau Ottinger musizieren. Hürlimann sah nett aus, wenngleich etwas plump; ein vierschrötiger Bursche mit langem, struppig schwarzem Haar und einer Brille im runden, gutmütigen, intelligenten Gesicht. Am ersten Abend, als er Tilly traf, traute er sich kaum, mit ihr zu reden. Er schaute sie an. Als sich dann herausstellte, daß sie den letzten Zug nach Rüschlikon versäumt hatte, erbot er sich, sie nach Hause zu bringen. «Es ist ein schöner Spaziergang», sagte er ernst. Unterwegs sprach er nicht viel. Dann sahen sie sich beinah jeden Tag.

Tilly war während des letzten Jahres viel hübscher geworden. Es schien, als hätte die lange Traurigkeit sie verschönt. Ihr helles, weiches Gesicht wurde ernst gerahmt vom glatten, rötlichen Scheitel. Die schräggestellten, langen, schwermütig zärtlichen Augen führten eine sanfte, eindringliche Sprache. Besonders gefiel den Männern ihr üppiger Mund, von dem Konni immer gesagt hatte, daß er so «schlampig» wirke.

Sie hatte viele Verehrer, sowohl unter den Emigranten, die sich vorübergehend oder dauernd in Zürich aufhielten, als auch unter den jungen Schweizern, die sie hier und dort traf. Ihre etwas rundlichen, etwas trägen Glieder waren anziehend, und ihr feuchter Blick verlockte. Die meisten Männer waren wild nach ihr. Von den Emigranten hatten viele lange keine Frau gehabt. Sie waren gierig nach Liebe. Tilly wirkte wie eine, die nicht schwer zu erobern ist. Alle wollten gleich mit ihr ins Bett. Aber sie mochte das nicht. Sie dachte immer noch an ihren Konni, und sie rechnete heimlich damit, ihn bald wieder zu sehen. Nur einem hätte sie vielleicht nachgegeben: das war Konnis Kamerad in Prag, H. S., mit dem sie weiter korrespondierte. Den kannte sie nicht einmal; aber sie erwartete sich viel von ihm. Wenn das Schlimmste wahr werden und ihr Konni wirklich nicht mehr in Erscheinung treten sollte –: H. S. würde eines Tages da sein ...

Den Peter Hürlimann mochte sie gern. Seine Liebe war anspruchslos und zuverlässig. Ein paar Mal hatte er sie geküßt, aber niemals war er auf Weiteres ausgewesen. ‹Wahrscheinlich hat er Hemmungen›, beschloß Tilly, aber sie war ihm doch dankbar für seine brave Zurückhaltung. – Peter sprach verständig und langsam; was er sagte, hatte Hand und Fuß, ob es sich um die Musik von Johann Sebastian Bach oder um die Schweizer Innenpolitik handelte. An Tillys großen und kleinen Sorgen nahm er ehrlichen, bieder-ernsthaften Anteil. Er bemühte sich, ihr das Leben etwas leichter und angenehmer zu machen. Später einmal wollte er sie heiraten: dazu hatte er sich wohl schon seit längerem in aller Stille entschlossen. Tilly wußte es; sprach aber nicht gerne davon. Er erklärte ihr, als wäre im Übrigen alles zwischen ihnen abgemacht: «Natürlich kannst du erst meine Frau sein, wenn ich anständig Geld verdiene. Das kommt aber bald. Ich werde eine Stellung als erster Geiger in einem Orchester kriegen. Und dem Herrn Kapellmeister hier vom Stadttheater hat meine neue Komposition recht gut gefallen.» – «Wir müssen abwarten …» Tilly sagte es zärtlich, aber etwas beunruhigt durch die Selbstverständlichkeit, mit der er ihre Verbindung erwähnte. «Man weiß ja heute nie, was geschieht – und es kommt einem so sinnlos vor, Pläne zu machen …»

Sie gingen zusammen ins Theater oder in Konzerte – Kino mochte Hürlimann nicht –; am Sonntag machten sie Wanderungen. Manchmal aßen sie auf dem Lande bei Peters Eltern, die eine bescheidene Gastwirtschaft nicht weit von Zürich hatten. Es waren einfache Leute, und viel Geld hatten sie nicht. Aber es langte bei Hürlimanns doch dazu, der Freundin ihres Sohnes einen Braten und einen offenen Landwein vorzusetzen. Im Garten, unter dem Kastanienbaum, oder in der alten Wirtsstube schmeckte es sehr viel besser als in den kleinen vegetarischen Restaurants, wo die Zwei sonst meistens miteinander speisten.

Obwohl Tilly so viel an ihren Konni denken mußte und immer darunter litt, daß in Deutschland jetzt alles so schrecklich war, fand sie ihr Leben in Zürich, mit Ottingers, Peter Hürlimann und der starren Mama, nicht so übel und war, alles in allem, nicht unzufrieden. Es gab aber eine Sorge, aus der die ärgste Kalamität werden konnte: ihr deutscher Paß war bald abgelaufen. Sie hatte sich überwunden und war zum Konsulat des Dritten Reiches gegangen. Um nur einen neuen Paß zu bekommen, hatte sie sogar das Hitlerbild an der Wand gegrüßt, so peinlich es ihr auch war. Der Beamte war ihr höflich, aber mit einer gewissen Reserviertheit begegnet. Er versprach, wegen der Verlängerung ihres Passes «bei der zuständigen Berliner Stelle rückzufragen».

Die «zuständige Berliner Stelle» verweigerte die Erlaubnis. Tilly von Kammer sollte keinen deutschen Paß mehr haben. Der Beamte, der ihr dies mitteilen mußte, schien selber ein wenig verwundert über den Bescheid. «Es ist also nichts zu machen», sagte er, als könnte er es nicht ganz begreifen.

Nachdem die Stenotypistin den Raum verlassen hatte und er mit der Besucherin alleine war, wurde er zutraulicher. «Es scheinen in Berlin Anzeigen gegen Sie vorzuliegen. Was haben Sie denn angestellt, kleines Fräulein?» Er leckte sich die Lippen, lüstern, als ginge es darum, ein pikantes Histörchen zu erfahren. «Naja, es wird ja jetzt viel denunziert», gab er zu, «und nicht alles muß stimmen.» Dann meinte er noch, sinnend, und mehr als spräche er zu sich selbst: «Vielleicht hängt es auch mit ihrem Fräulein Schwester zusammen. Die soll ja in Paris neulich einen sehr anstößigen Vortragsabend gegeben haben.» Seine Stimme klang fast ehrerbietig. «Jedenfalls – nichts zu machen...» Er zuckte, bedauernd-abschließend, die Achseln.

Der Paß wurde also nicht verlängert; und in ein paar Wochen würde er nicht mehr gelten. Die kleine Tilly mit den hübschen schrägen Augen und dem schlampigen Mund sollte keine Deutsche mehr sein. Sie wußte nicht genau, wie sie zu dieser Schande kam – oder zu dieser Ehre. Wichtiger, als hierüber nachzugrübeln, war nun, sich zu überlegen, was geschehen sollte. Denn ohne Paß kann man nicht existieren: soviel hatte die junge Emigrantin schon begriffen. Ein Paß ist etwas durchaus Lebenswichtiges; unter normalen Umständen weiß man es kaum, aber plötzlich stellt es sich, schrecklich und überraschend heraus.

Ehe er endgültig abgelaufen war, mußte etwas geschehen. «Ich weiß wirklich keinen Rat für dich, liebes Kind», sagte nervös Frau von Kammer. «Wahrhaftig, ich bin niemals in einer solchen Situation gewesen... Übrigens gilt mein eigener Paß auch nur noch drei Jahre lang», fügte sie hastig und gleichsam schuldbewußt hinzu.

Die Bekannten im Café rieten zu einer Scheinehe. «Für ein weibliches Wesen ist es ja gar nicht so schlimm», sagten die Männer neidisch. «Ihr könnt heiraten. – Sei nicht traurig, Tilly! Du heiratest einen netten Schweizer und wirst Eidgenossin.»

Tilly dachte an Peter; aber gerade er hätte für einen so zynischen Vorschlag kaum Verständnis gehabt. Heiraten, um einen Paß zu bekommen! – Er wäre entsetzt gewesen. Wenn sie ihn nahm, mußte sie mit Leib und Seele die Seine werden. Andererseits würde er sich bitter darüber kränken, wenn sie mit einem anderen zum Standesamt ging, und sei es auch nur aus den bekannten, unerfreulichen Gründen. Am besten, sie verheimlichte dem Hürlimann die ganze Sache. Mit dem «Ehegatten», von dem sie einen Paß wollte anstatt ein Kind, würde sie persönlich ja wohl kaum viel zu tun haben müssen. Übrigens konnte man sich bald wieder scheiden lassen. – Sie schwieg Hürlimann gegenüber und bat die Freunde aus dem Café, auf Gattensuche für sie zu gehen.

Es war nicht so einfach. Bei jedem der jungen Leute, mit denen die Bekannten sich in Verbindung setzten, gab es einen anderen Hinderungsgrund. Der eine hatte schon eine Braut, der andere eine Familie, die ihm einen so verwerflichen Akt wie die Scheinehe nie verzeihen würde; der dritte wollte viel Geld, der vierte war aus religiösen Gründen gegen das Ganze; der fünfte erklärte, daß er eine so schwerwiegende Gefälligkeit nur einer kommunistischen Gesinnungsgenossin erweisen könne, der sechste sparte sich und seinen Paß für eine jüdische Glaubensgenossin auf; der siebente, der achte und der neunte wollten gleichfalls ziemlich viel Geld.

Schließlich empfahl man Tilly eine Rechtsanwältin, die sich auf dergleichen Dinge verstehen sollte. Sie verdiene ihren Unterhalt mit Arrangements solcher Art, deuteten die Caféhaus-Bekannten an –; sei aber auch eine Idealistin, die um der guten, antifaschistischen Sache willen, emsig, preiswert und gewandt, Paß-Ehen stifte.

Frau Doktor Albertine Schröder wohnte in einer kleinen Pension, nahe dem Bahnhofsplatz. Tilly war überrascht, daß die Anwältin sie, nachmittags um drei Uhr, im Bett empfing. Über einem Nachthemd, das nicht ganz sauber schien, trug sie eine Art von Frisierjacke, hellblau, mit Spitzen garniert. Sie war eine ältere Frau; Tilly taxierte: zwischen fünfzig und sechzig. Um ein aufgeschwemmtes, faltiges Gesicht hingen die grauen Strähnen ihrer aufgelösten Frisur. Ihre Augen waren stahlblau und hatten einen erschreckend harten, übrigens lustigen Blick –: ‹Augen wie aus Eis›, dachte Tilly entsetzt.

Frau Doktor mußte die erschreckte Miene ihrer jungen Besucherin bemerkt haben. Sie redete, im Bett halb aufgerichtet, mit einer blechernen, künstlich lebhaften Stimme. «Na, Kleine, Sie wundern sich wohl ein bißchen, daß ich am hellichten Tage in den Federn rumliege –: kann ich verstehen, kann ich durchaus begreifen, daß Sie sich etwas wundern. Sollten es aber 'ner alten Frau nicht übel nehmen, daß sie sich mal ein bißchen Ruhe gönnt. Habe es mir wohl verdient – oder finden Sie nicht, kleines Ding?» Dazu lachte sie und wies, noch kichernd, auf einen Stuhl, der neben dem Bett stand. Tilly nickte, bleich und bestürzt. Während sie sich auf dem Stuhl niederließ – es war eine schmale, harte, unbequeme Sitzgelegenheit –, plapperte die Alte mit ihrer Blechstimme weiter. «Mein Gottchen, nein, wenn ich denke – ich habe ja wahrhaftig genug hinter mir! In Deutschland haben sie mir tüchtig zugesetzt, haben mich olle Person tüchtig verdroschen, die Jungens von der S. A.» Dazu lachte sie lüstern. «Die Nieren tun mir noch weh», konstatierte sie gutgelaunt.

Tilly fragte bestürzt: «Aber wieso denn, Frau Doktor? Warum sind Sie denn mißhandelt worden?»

Die muntere Rechtsgelehrte im Bett schlug die Hände über dem Kopf zusammen und amüsierte sich herzlich, als hätte Tilly einen guten Witz gemacht. «Aber Kindchen!» brachte sie schließlich hervor. «Sie stellen mal ulkige Fragen! – Warum die olle Schröder von der S. A. vermöbelt worden ist? Na, da gab es doch reichlich Gründe …»

Das Telephon klingelte; Tilly bemerkte erst jetzt, daß der Apparat im Bett, neben dem Kopfkissen stand. Die Anwältin unterbrach sich sofort in ihrer grausig-aufgeräumten Rede und nahm den Hörer ab. «Hier Dr. Schröder.» Sie sprach jetzt mit einer veränderten, leisen und drohenden Stimme. Ihr Gesicht war starr und furchtbar ernst geworden. Während sie lauschte, kniff sie die blauen Eis-Augen ein wenig zusammen. Der Teilnehmer am anderen Ende des Drahtes sprach lange und klagend; schließlich unterbrach Frau Doktor barsch den Redefluß. «Schluß! Ich will nichts mehr hören. Sie schwätzen Unsinn und wissen das selber recht wohl. – Nein, natürlich kann ich mich auf Ihre Vorschläge nicht einlassen: sie sind absurd. Ich bin selbst eine arme Frau. Sie werden noch von mir hören, und bald – worauf Sie sich verlassen können. Adieu.» Sie hängte ein und starrte, ein paar Sekunden lang, aus den bösartig zusammengekniffenen Augen vor sich hin. Dann wandte sie sich, wieder munter, an Tilly.

«Also, kleine Dame –: warum die olle Schröder Haue bekommen hat, wollen Sie wissen? Na, ich war doch eine bekannte Nummer in Berliner Linkskreisen; habe doch die ganzen roten Jungens juristisch vertreten, und geschickt vertreten, darf man wohl flüstern. Die Nazis hatten was gegen mich, und das war ihnen schließlich nicht zu verdenken. Als dann der Reichstagsbrand kam ...»

Tilly überlegte: ‹Sonderbar, daß ich ihren Namen in Berlin nie gehört habe. Wahrscheinlich ist alles nicht wahr. Mein Gott, die Person spricht ja kein wahres Wort ...›

«Wenn ich nicht durch Geburt Schweizerin wäre», fuhr die Alte fort, «dann säße ich wohl immer noch in dem famosen Columbia-Haus, oder vielmehr: wahrscheinlich gäbe es die olle Schröder nicht mehr; die Jungens hätten mich hin gemacht. Auf dem besten Wege dazu waren sie – kann ich Ihnen garantieren. Soll ich Ihnen mal meine Narben zeigen? Aber so 'nen unschönen Anblick will ich Ihnen gar nicht zumuten, Sie sehen zart aus. – Erst haben sie mir die Kleider vom Leibe gerissen, alle Kleider –; dann sind sie mit Gummiknüppeln über mich her und mit so 'ne langen Nilpferdpeitschen ...»

Tilly, die den lügnerisch-lüsternen Bericht nicht länger ertragen hatte, bemerkte, ein wenig zitternd: «Leider bin ich ziemlich pressiert. Vielleicht haben Sie nichts dagegen, daß wir bald zu meiner Sache kommen.» – Frau Doktor kniff drohend die Augen zusammen. «Gut. Ganz wie Sie wünschen, mein Fräulein. Durchaus wie's beliebt.»

«Mein deutscher Paß ist abgelaufen», erklärte Tilly, «und wird nicht verlängert.» «Sie wollen also heiraten?» erkundigte sich die Juristin lauernd. «So 'ne kleine Paßehe – wie?»

Tilly, sehr leise: «Ich dachte, Sie könnten mir dabei behilflich sein.» Daraufhin die Rechtsgelehrte, munterer denn je: «Läßt sich machen, Kindchen, läßt sich durchaus machen. Sie sollen ja eine tapfere kleine Person sein, versichern mir Ihre Freunde. Tapferen kleinen Personen helfe ich immer gern ... Außerdem sind Sie ein appetitliches Mädel, ein reizendes Geschöpf, muß man zugeben!» Sie zwinkerte der Besucherin unzüchtig zu. «Ist für keinen Kerl ein Opfer, Sie zu heiraten, kleines Fräulein ...» Dazu das blecherne Lachen.

«Ich will aber doch gar nicht wirklich heiraten», wandte Tilly ein.

Die Rechtsberaterin schien wieder herzlich belustigt. «Weiß ich doch, weiß ich doch!» Sie machte eine munter abwinkende Bewegung. «Bin doch nicht doof!» versicherte sie. «Habe doch Köpfchen!» Dabei tippte sie sich schalkhaft mit dem Zeigefinger auf die Stirn. «Na, man wird ja da sehn … Ungefährlich ist die Sache für mich keinesfalls.» Nun wurde sie wieder ernst und bekam die schmalen, unheilverkündenden Augen. «Aber für eine Gesinnungsgenossin, eine tapfere kleine Antifaschistin riskiere ich was», sprach sie bieder.

Dann erklärte sie, daß sie gerade zufällig einen sehr sympathischen jungen Schweizer «auf Lager» habe: «aus guter jüdischer Familie; kommt sehr in Frage; werde ihn gleich mal anläuten.» Sie zog den Telephonapparat an sich heran – mit einer merkwürdig zärtlichen Gebärde, so wie eine Mutter ihr Kind an sich zieht – und wählte die Nummer. – «Kann ich den jungen Herrn Nathan sprechen? – Ach, er ist nicht zu Hause?» Sie schien sehr enttäuscht. «Er soll doch bitte die Frau Doktor Schröder anrufen, sowie er zurückkommt. Etwas Wichtiges! – – Na, wir werden das Kind schon schaukeln!» verhieß sie, nachdem sie eingehängt und den Apparat wieder von sich geschoben hatte. «Der kleine Nathan ist gar nicht übel. Politisch tadellos; hübscher Bursch, brauchen sich mit ihm auf dem Standesamt nicht zu schämen. Kolossal anständiger Kerl; wird Ihnen keine erpresserischen Geschichten machen.»

Tilly stand auf. «Sie werden sicher so liebenswürdig sein, mir gleich Nachricht zu geben, wenn Sie von dem Herrn gehört haben.»

«Ganz recht, Kindchen.» Die Anwältin bekam fürchterlich schmale Augen. «Aber erst müssen wir noch den geschäftlichen Teil der Sache erledigen, damit es keine Mißverständnisse gibt. Mit dem jungen Nathan werden Sie sich leicht einigen, er dürfte nicht anspruchsvoll sein. Was mich betrifft …» – sie saß aufgerichtet im Bett und hielt sich die hellblaue Frisierjacke mit einer nervösen Bewegung über dem Busen zusammen –, «so gewähre ich Ihnen meine Hilfe aus Idealismus, aus selbstlosem Interesse an Ihrem

Fall. Wenn ich aufs Geld aus wäre, gäbe es ja einträglichere und weniger gefährliche Dinge für mich zu tun. – Immerhin: ich lebe nicht von der Luft.» Dies stellte sie mit einer gewissen Erbitterung fest, und sie fügte hinzu: «Was ich mir in Deutschland erspart habe, ist mir alles gestohlen worden. – Nun, liebes Kind, ich darf wohl annehmen, daß Sie mit Glücksgütern auch nicht gerade gesegnet sind. Ich schlage daher vor, als ein bescheidenes Honorar für meine Bemühungen: 800 Schweizerfranken. 400 Franken sind sofort anzuzahlen, ehe ich irgend etwas weiteres unternehme; die restlichen 400 sind auf einer Züricher Bank für mich zu deponieren.»

Tilly wurde sehr blaß. «800 Franken», sagte sie. «Aber ich habe kein Geld ...»

Die Alte, mit unheimlich gedämpfter Stimme: «Machen Sie keine Witze! Zu einer berühmten Anwältin gehen, stundenlang ihre Dienste beanspruchen – und dann erklären: ich habe kein Geld! So unverschämt kann doch wohl niemand sein!»

Tilly brachte hervor: «Ich hatte natürlich damit gerechnet ..., Ihnen eine Kleinigkeit zu bezahlen, wenn die Sache erledigt ist ...»

Die Doktorin höhnte wütend: «Eine Kleinigkeit! Wenn die Sache erledigt ist! Das könnte Ihnen so passen, Sie dummes Ding!»

Tilly, sehr blaß, aber plötzlich etwas höher aufgerichtet, erklärte – fast zu ihrer eigenen Überraschung: «Nun ist es aber genug.»

Die Schröder war so erstaunt, daß sie ein paar Sekunden lang keine Worte fand. Schließlich lachte sie bitter. «Das hab ich gern! Auch noch frech werden – wie?! Auch noch eine alte Frau, eine verdiente Sozialistin beleidigen!» Würdevoll im Bett sitzend, wiederholte sie grausam und majestätisch ihre Forderung! «400 Franken auf den Tisch des Hauses, 400 auf der Bank hinterlegt – oder der Fall ist für mich erledigt.»

«Der Fall ist für mich erledigt», sagte Tilly, schon in der Nähe der Tür. Frau Doktor rief, atemlos vor Wut: «He! Nicht so schnell! Ich habe eine Stunde meiner kostbaren Zeit für Sie vertan! Ich verlange 30 Franken Entschädigung – dann will ich Sie nie wieder sehen!» – Daraufhin Tilly, mehr noch fassungslos erstaunt als zornig: «Sie sind ja die gemeinste Person, die mir in meinem Leben begegnet ist.»

Albertine Schröder griff sich an den Busen, als könnte ihr Herz Attacken von solcher Infamie und Wucht nicht aushalten. Es gelang ihr aber doch, hervorzubringen: «Das büßen Sie mir! Sie sind die längste Zeit in der Schweiz gewesen! Ich lasse Sie ausweisen – das kann ich, als Schweizerin von Geburt! Ich zeige Sie bei der Fremdenpolizei an und erzähle, was Sie im Schilde führen, von wegen Paß-Heirat und so!»

«Sie wären dazu im Stande», sagte Tilly, die Türklinke in der Hand. «Es würde Ihnen aber nicht gut bekommen.»

«Nicht gut bekommen würde es mir?!» Frau Doktor schüttelte mit rasenden Gebärden die Federbetten von sich und hüpfte, überraschend gewandt, aus dem Bett. «Sie haben mich beleidigt! In meiner eigenen Wohnung! Das sind Verbalinjurien, was Sie da vorgebracht haben!» Bei dem Wort «Verbalinjurien» stampfte sie mit ihren beiden nackten Füßen auf den Teppich. «Sie werden es bereuen, Sie kleine Hochstaplerin!»

«Was Verbalinjurien betrifft», sagte Tilly, die sich über die eigene Gefaßtheit wunderte, «so dürften wir uns gegenseitig nichts schuldig geblieben sein.»

«Schweigen Sie!!» fauchte die Alte; in ihrem langen, grau-weißen Nachthemd machte sie drohende Schritte auf Tilly zu. «Ich habe mich in Deutschland für meine Überzeugungen halb tot schlagen lassen! Ihnen wollte ich aus Güte bei Ihren schmutzigen Angelegenheiten behilflich sein – und das ist der Dank!» Sie schien noch nicht ganz entschlossen, ob sie in der nächsten Minute weinen oder mit den Fäusten über ihre Besucherin herfallen wollte.

Tilly sagte: «Pfui!» Dann schmiß sie die Türe hinter sich zu.

Die Erfahrung mit Frau Dr. Schröder war niederschmetternd. Die Bekannten aus dem Café schienen wenig erstaunt, als Tilly von ihr berichtete. «Jaja, eine unangenehme Person», sagten sie nur. «Das Meiste, was sie erzählt, ist wohl Schwindel.» Manche wollten auch wissen, daß sie keineswegs von Geburt Schweizerin war, sondern sich ihrerseits diese Staatszugehörigkeit durch eine suspekte Heirat erworben hatte. Tilly wunderte sich, daß von all dem nicht die Rede gewesen war, als man ihr die Anwältin so herzlich empfahl.

Aber was sollte werden? Das deutsche Papier – dieses häßlich braun gebundene, abgegriffene Heftchen – würde bald ungültig sein.

Ein besonders schlauer Bekannter aus dem Café wußte Rat. Er hatte eine Freundin in Budapest –: «eine abscheuliche alte Kupplerin», wie er versicherte, «aber zuverlässig und schlau; im Grunde ein braver Kerl. Die wird schon einen Mann für dich haben ...»

Man schrieb der Dame; die Antwort aus Ungarn kam postwendend: Natürlich, das Fräulein solle nur kommen, ein Gatte sei leicht zu finden, der ganze Spaß solle etwa 300 Schweizerfranken kosten. Tilly reiste sofort nach Budapest. Zeit war nicht zu verlieren, sonst galt der Paß nicht mehr. Alles ging geschwind wie im Traum, und nur in Träumen sieht man Gesichter, wie die Kupplerin eines hatte. Sie hieß Beatrix Flock, und ihr Haar war gräßlich rot gefärbt. Das Gesicht schien in Verwesung begriffen, zeigte aber den muntersten Ausdruck. Weniger fröhlich war der Kavalier, den Tilly heiraten sollte: ein Major außer Dienst, er nannte Tilly «meine Gnädigste», und küßte ihr während einer Viertelstunde zehnmal die Hand. Sie entschuldigte sich bei ihm, weil sie seinen Namen nicht aussprechen konnte; es war ein ungarischer Name, überreich an Konsonanten und von erstaunlicher Kompliziertheit. «Es wird Ihr Name sein, Gnädigste», näselte der Major außer Dienst. Er trug weiße Glacéhandschuhe; sein eisgraues Schnurrbärtchen war an den Enden steif aufgezwirbelt. Die Kupplerin kicherte animiert. Tilly fragte: «Wann werde ich den Paß bekommen können?» Die Kupplerin versprach: «Übermorgen. Ich habe famose Verbindungen.» Tilly hatte sich Geld von Ottingers geliehen. Die Zeremonie auf dem Standesamt war rührend. Madame Beatrix Flock und ein Stubenmädchen aus dem Hotel figurierten als Trauzeugen. Der Major sagte, nach der Vermählung: «Küß die Hand, Gnädigste! Wir werden glücklich miteinander sein.» Beatrix erklärte: «Übermorgen haben Sie den Paß. Inzwischen können Sie sich Budapest ansehen. Wir haben Dinner im Hotel Hungaria, nachher fahren wir auf die Margareten-Insel und besuchen das Nachtlokal, das der Prince of Wales bevorzugt hat.»

All das mußte Tilly noch bezahlen. Übrigens lohnte sich die Ausgabe. Auf der Margareten-Insel war es reizend, und das

Nachtlokal – mit versenkbarem Tanz-Parkett – hatte sicher in Paris nicht seinesgleichen.

Tilly – die Gattin des Majors mit dem unaussprechlichen Namen – bewunderte Budapest. Die Stadt zeigte verführerische und tragische Züge. Sie war glanzvoll – und schäbig; elegant – und heruntergekommen; übermütig – und elend; mondän – und trostlos; liebenswürdig – und jammervoll.

Am übernächsten Tag lieferte Madame Flock – makaber anzusehen und schon halb verwest; aber überraschend zuverlässig – den Paß ab. Tilly konnte reisen. Beatrix und der Major mit dem unaussprechlichen Namen begleiteten sie zum Bahnhof. Die Flock gab ihr einen Kuß auf die Stirn und flüsterte: «Au revoir, mon enfant!» Sie war in Bukarest geboren und hatte lange in Paris gelebt. Beim Abschied bekam sie feuchte Augen. Tilly hatte große Sympathie für sie. Die Alte mußte vor Gerührtheit fast schluchzen, weil Tilly ihr gesagt hatte: «Ihr Hut ist wundervoll, Madame!» Der Major küßte seiner jungen Gattin zum allerletzten Mal die Hand und sprach: «Grüß Sie Gott, Gnädigste, ist mir wirklich ein Vergnügen gewesen.»

In Zürich gratulierten ihr alle Bekannten. «Du bist fein heraus! Ein guter ungarischer Paß ist mehr wert als ein Haufen Geld.» In einem Atelier wurde ein Fest gegeben, um Tillys Hochzeit zu feiern. Übrigens nannte sie sich im Privatleben weiter Tilly von Kammer. Aber in ihrem Paß stand nun das exotische Wort mit den vielen Konsonanten.

Sie fand, daß es auf die Dauer nicht anginge, ihrem Freunde Peter Hürlimann das Vorkommnis zu verheimlichen. Er könnte es durch Dritte erfahren; dann würde es noch kränkender für ihn sein. Sie erzählte ihm alles; er nahm es mit Fassung auf. «Ich begreife, daß es sein mußte», meinte er gutmütig. «Und du kannst dich ja scheiden lassen und mich heiraten, wenn ich genug Geld habe, um dich zu erhalten. Vorher hätte ich dich doch nicht genommen. Nur des Passes wegen – nein, das wäre für mich nichts gewesen!» Aus seiner Antwort sprachen sowohl Selbstbewußtsein als auch zärtliches Verständnis für ihre Situation. – «Aber ob sich dieser Major nicht in dich verliebt hat?» Dies war das Einzige, was ihn beunruhigte. Indessen kamen aus Budapest keine Nachrichten. Der Kavalier schien seine junge Gattin geschwind und gründlich vergessen zu haben.

Marions erster Pariser Abend fand in einem Saal auf dem linken Ufer statt. Meistens wurden hier Avantgarde-Filme vorgeführt; zuweilen aber vermietete der Besitzer sein Etablissement für literarische und musikalische Darbietungen.

Der Abend war nur in den Blättern der deutschen Emigration annonciert worden. Marcel und einige andere Freunde hatten indessen dafür gesorgt, daß es auch Franzosen, die ein wenig Deutsch verstanden, im Publikum gab. Madame Rubinstein hatte Russen mitgebracht. Ein stattliches Auditorium – wie die Schwalbe befriedigt feststellte – und sehr bunt zusammen gesetzt. Man hörte auch englisch und italienisch sprechen. Marion, die kaum anderthalb Jahre in Paris lebte, schien doch schon ein Renommée zu haben, das man beinah Ruhm nennen konnte. Sie verdankte es noch nicht ihren Leistungen, sondern ihrer Persönlichkeit. Die Leistung sollte erst jetzt kommen. Alle waren neugierig.

In der Mitte des Raums hielt die Schwalbe Cercle. Viele sammelten sich um ihre sowohl ehrwürdige als auch flotte Figur. Sie schüttelte hundert Hände und lachte jeden aus den blauen Kapitänsaugen an. – Meisje und Doktor Mathes, ein glückliches Paar, saßen still nebeneinander, und schienen beinah vollkommen zufrieden. Theo Hummler war gefolgt von mehreren Burschen, deren Gesichter den Ausdruck entschlossenen Ernstes zeigten. Es waren wieder einmal solche, die gerade erst aus Deutschland eintrafen und viel Schreckliches zu erzählen wußten. Dieses Mal waren ihre Nachrichten besonders sensationell. Sie bestätigten den emigrierten Freunden, was auch diese ihrerseits schon gehört hatten: daß zwischen den höchsten Spitzen des Regimes – zwischen dem Führer selbst und einigen seiner alten Freunde – bedenklicher Unfriede herrschte. Einer der Mächtigsten hatte eine Rede gehalten, die als Sturmzeichen gelten durfte. Die jungen Leute meinten: «Man muß auf allerhand gefaßt sein. Die alten Nationalsozialisten fangen an, dahinter zu kommen, daß man sie beschwindelt hat. Schließlich bestehen sie noch auf dem Parteiprogramm und möchten den Sozialismus haben. Dagegen muß von höchster Stelle was unternommen werden … Andererseits machen die Konservativen Opposition. Es kann ein nettes Durcheinander geben!» –

Ein Gefolge hatte auch Ilse Proskauer; es bestand aus jüdischen Damen und Mädchen, die zugleich animiert und ängstlich um sich blickten: einerseits angeregt von der Freude auf den literarischen Genuß, der bevorstand; andererseits gequält vom Gefühl, es könnten auch hier plötzlich Verfolgungen gegen sie einsetzen. – David Deutsch trippelte aufgeregt hin und her, als wäre er selbst es, der sich gleich würde produzieren müssen. Er begrüßte Martin und Kikjou, die in dunklen Anzügen bleich und fromm wie zwei Konfirmanden wirkten. – Neben Marcel saß ein großer Neger, mit dem er eigentlich nur verkehrte, um Madame Poiret zu schockieren. – Ilse Ill wand sich vor Eifersucht wegen des gut besuchten Parketts. Siegfried Bernheim plauderte leutselig. Professor Samuel – weise und sensuell – umarmte junge Damen und junge Herren, während er mit alten, klugen Augen ihre Mienen studierte, als wollte er sie gleich porträtieren. Germaine Rubinstein mied den Kreis ihrer Mutter, von dem eine gewisse Düsterkeit ausging, und setzte sich in die Nähe der Schwalbe. Monsieur Rubinstein unterhielt sich mit dem ungarischen Grafen, der sinnend um sich blickte, als dächte er über die Probleme einer Schachpartie nach oder über die Umstände, die ihm die Rückkehr in die Heimat seit so vielen Jahren unmöglich machten. – Bobby Sedelmayer hielt sich etwas im Hintergrund; er hatte seine Rix-Rax-Bar gerade vorige Woche schließen müssen, was eine erhebliche Enttäuschung für ihn bedeutete. Indessen dachte er gar nicht daran, schon den Mut zu verlieren. Vielmehr versicherte er dem jungen Kündinger, der bei ihm stand: «Europa wird überhaupt zu eng! Ich habe es gründlich satt. Von meinen neuen Plänen darf eigentlich niemand was wissen. Aber Ihnen verrate ich es: ich will nach China … Na, was sagen Sie dazu?» Der unverwüstliche Weißhaarige strahlte wie ein Knabe, den der Gedanke an unerhörte Abenteuer erregt. «Nach Shanghai», flüsterte er, Glanz in den Augen und die rosige Miene freudig bewegt. «Der ferne Osten ist ein alter Traum von mir. Dort werde ich bestimmt mein Glück machen …»

Zu ihnen gesellten sich Nathan-Morelli und die Sirowitsch, die längst zueinander gehörten. Der Sirowitsch wegen – an die er sich bis zu dem Grade gewöhnt hatte, daß man beinah von Liebe sprechen durfte – hatte Nathan-Morelli seine Londoner Wohnung aufgegeben und war ganz nach Paris übersiedelt. «Marions Programm verspricht interessant zu werden», sagte er zu Bobby und blickte klug aus den schräg gestellten Mongolen-Augen.

Das Programm stand unter dem Motto «Zeitgemäße Klassik». Angekündigt waren Stücke von Schiller, Lessing, Goethe, Heine, Victor Hugo, Gottfried Keller, Nietzsche und Walt Whitman.

Als Marion das Podium betrat, wurde es still im Saal. Die Schwalbenmutter flüsterte noch: «Wie schön sie aussieht!» Dann verstummte auch sie. Marion begann mit Schillers Gedicht «An die Freunde». Ihre Stimme rief:

«Liebe Freunde, es gab schönre Zeiten
Als die unsern, das ist nicht zu streiten!
Und ein edler Volk hat einst gelebt.
Könnte die Geschichte davon schweigen,
Tausend Steine würden redend zeugen,
Die man aus dem Schoß der Erde gräbt.
Doch es ist dahin, es ist verschwunden,
Dieses hochbegünstigte Geschlecht.
Wir, wir leben! Unser sind die Stunden,
Und der Lebende hat recht.»

Sie stand regungslos da, während sie sprach – noch sparte sie die Gebärden –; nur die Finger bewegten sich und die lockere Mähne, wenn sie das Haupt ein wenig in den Nacken sinken ließ. Das überanstrengte Leuchten ihres Blickes war sowohl beängstigend als bezaubernd. Durch den gereckten Körper schienen Schauer zu laufen wie elektrische Schläge. Auch die im Saale unten wurden von ihnen berührt; zuerst und am stärksten David Deutsch, der vernehmbar seufzte. – «Wir, wir leben …» Die Schwalbe nickte bedeutungsvoll. Da strömten die Verse schon weiter.

Die Verse strömten. Marions Stimme gab die schönsten, überraschendsten Töne her. Sie drohte und lockte, grollte und jubelte, jammerte und sang, wehklagte und triumphierte; sie leuchtete, blendete, rührte, verführte, erschreckte. Sie kam dumpf aus Tiefen, um sich gleich danach zu ungeahnter Höhe empor zu schwingen. Alle saßen gebannt; auf manchen Mienen spiegelte sich sogar Bestürzung. Wie konnte eine einzelne Menschenstimme so beängstigend abwechslungsreich sein und so viel Erschütterung bringen? Gerade hatten noch die meisten feuchte Augen gehabt, und nun lachte der ganze Saal. Auch Marcels französische Freunde, die nur mangelhaft Deutsch verstanden, amüsierten sich, und selbst der Neger, dessen Daseinszweck es war, Madame Poiret zu schockieren, ließ ein Grunzen hören. Marion rezitierte aus dem Gedicht Heinrich Heines: «Deutschland, ein Wintermärchen».

In jedem Vers und jeder Prosazeile, die sie ausgewählt hatte, gab es die Beziehung zum Heutigen. Sie war niemals aufdringlich; immer deutlich. Die verewigten Meister schienen an dieses Jahr und an diese Stunde – an dieses Auditorium und seine besonderen Leiden schienen sie gedacht zu haben, als sie gewisse Dinge schrieben, die Marion nun zum Vortrag brachte. Die im Saale unten begriffen: Weder unsere Leiden noch unsere Erkenntnisse sind so unerhört und so neu, wie wir in der ersten Aufregung oft meinen wollten. Andere vor uns haben schon gelitten und schon nachgedacht, und sind von den gleichen Problemen berührt worden wie wir. Aus ihren Erkenntnissen und Schmerzen aber ist Schönheit geworden. Uns hinterließen sie das große Erbe ihrer Weisheiten und der gestalteten Schmerzen. Dieses Mädchen dort auf dem Podium belebt es neu, mittels ihrer erstaunlichen, sehr abwechslungsreichen und höchst rührenden Stimme. Was für ein Genuß, ihr zuzuhören! Und übrigens ist es auch tröstlich. Es erinnert uns daran, daß wir nicht einsam sind. Erstens haben wir diese Freundin dort oben auf dem Podium – das Mädchen, in dessen Blicke und Stimme wir uns alle verlieben – und dann, die erhabenen Toten, die schon so viel durchdacht und ausgestanden haben, längst ehe wir von all dem etwas wußten. Plötzlich sind sie in unserer Nähe. Wie verklärte Brüder schauen sie uns ernst und freundlich an. Geisterhafte Zusammenhänge stellen sich her; aus den großen Toten sind neue Freunde geworden.

Auch die jungen Leute, die aus Deutschland kamen und die Köpfe voll politischer Neuigkeiten hatten, waren ergriffen. Als Marion den ersten Teil ihrer Darbietung mit einem Gedicht von

Gottfried Keller, «Die öffentlichen Verleumder», effektvoll geschlossen hatte, waren es die jungen Deutschen, die am lautesten applaudierten.

Während der Pause durfte nur Marcel zu Marion kommen. Er sagte ihr, wie schön es gewesen war; er küßte sie, sie saßen beieinander. In dem kleinen Raum, der hinter der Szene lag, konnten sie nicht hören, wie unruhig es drunten im Saale geworden war. Irgend jemand hatte neue Zeitungen von der Straße mitgebracht. Die Nachrichten waren wirr. Niemand wußte noch genau, worum es sich handelte. Aber Unglaubliches schien sich vorzubereiten, in Deutschland drüben, oder war schon im Begriff zu geschehen. Eine Art von Palast-Revolution – so hieß es – war ausgebrochen im Dritten Reich. Hatte es schon Tote gegeben? Kam es zu einem Massaker? Und wer würde fallen? ... Alles redete durcheinander. Bedeutete dies die große Revolte? Den Zusammenbruch des Regimes? «Jedenfalls ist es der Anfang vom Ende!» riefen viele. Man hörte den Namen des Hauptmanns Röhm nennen. Er hatte zu den Getreuen des Führers gehört. War er aufgestanden gegen seinen Herrn und Meister?

Auch als Marion wieder auf der Bühne erschien, wollte das Reden und Flüstern noch nicht gleich verstummen. Sie stand vor den Draperien des Hintergrundes, sehr schmal und aufrecht in ihrem langen schwarzen Kleid, und wartete, bis die erregten Stimmen schwiegen. Da sie spürte, daß die Aufmerksamkeit ihr noch nicht völlig gehörte, begann sie den Vortrag mit besonderer Vehemenz. Sie sprach eine Hymne von Walt Whitman an die Demokratie. «Oh Demokratie, ma femme!» Dabei breitete sie enthusiastisch die Arme, und aus ihren Augen leuchtete es stärker denn je. Der Zauber ihrer Stimme wirkte wieder; er beruhigte und erschütterte. Besänftigt zugleich und auf schönere Art erregt, lauschten die Menschen, die eben noch besessen gewesen waren von den wirren Neuigkeiten des Tages. Eine Stunde lang vergaßen sie den General von Schleicher, den Hauptmann Röhm, und jenen Hitler, der die beiden anderen vielleicht schon hatte umbringen lassen. Sogar der Präsident von Hindenburg sollte ermordet sein, wie manche besonders Eingeweihte wissen wollten – und die Reichswehr stand in offener Rebellion. All dies war beispiellos sensationell; nur schien es plötzlich weniger bedeutsam, da die Klagen und Weisheiten der längst Verstorbenen so nahe heran gebracht wurden und eine so schöne beredte Sprache führten, durch das Medium von Marions Stimme, die aufrührerisch oder zärtlich war, tödlich betrübt oder überschwenglich heiter, gellend oder zart.

Nach dem Vortrag war der Beifall heftig, aber dauerte nicht sehr lang. Während in den vorderen Parkettreihen noch ein paar Dutzend Menschen standen und leidenschaftlich in die Hände klatschten, wurden hinten schon wieder die Blätter mit den wilden, ungenauen Neuigkeiten herum gereicht und gierig diskutiert. Der General von Schleicher – lautete die Nachricht – marschierte an der Spitze der empörerischen Armee gegen Berlin. Es war zu schön und zu sensationell, um die Wahrscheinlichkeit für sich zu haben. Doch wollten alle es sehr gerne glauben. Niemand erkundigte sich, woher die Gerüchte kamen. Sie schienen durch die Luft heran zu schwirren, noch unkontrollierbar, noch unbeweisbar, verwirrend, Hoffnung und Entsetzen erweckend ...

Eine schwerhörige alte Dame, die sich im Gefolge der Proskauer bewegte und lange nicht verstand, wovon die Rede war, wurde ganz ausgelassen, als sie endlich begriff. «Aber das ist ja großartig!» rief sie mit einer Stimme, die vor Munterkeit krähte. «Dann ist ja der ganze Spuk vorüber, und wir können alle nach Berlin zurück!»

Ein paar Sekunden lang sagte keiner ein Wort. Jeder starrte auf die alte Dame, die es gewagt hatte, dies auszusprechen. Dann lachten einige – als wollten sie bekunden: Uns kann man nicht bluffen! Wir bleiben skeptisch! Aber in den Augen glitzerte es.

Das war am 30. Juni 1934.

Martin schrieb. Von dem großen Roman, den er plante und von dem er sich so viel versprach, war noch nicht viel mehr da als ein paar Notizen. Nun aber wollte er das Vorwort machen.

Es war still im Zimmer. Kikjou schlief. Nach den langen Gesprächen und den Liebkosungen ohne Ende waren ihm endlich doch die Augen zugefallen. Schon lichtete sich die Dunkelheit hinter dem großen Atelierfenster. Die Dunkelheit erbleichte, wurde fahl, hellgraue Töne mischten sich in die Schatten; der neue Tag kam wohl bald. Wenn er heraufgezogen ist, wird Martin sich niederlegen, um ihn fast ganz zu verschlafen. Am besten sind die Stunden der Dämmerung.

Während Martin sich die Papiere zurecht legte, lächelte er bei dem Gedanken, daß ihm früher einmal schlecht geworden war, wenn er nach dem Genuß der Droge aufrecht am Tisch saß. Jetzt mußte er schon eine ungewöhnlich große Dosis konsumieren, damit Übelkeit sich einstellte. – ‹Es wird mir wohl vom Gifte, nicht schlecht.›

Er hörte Kikjou atmen. Er sah das lichte Grau der Dämmerung sich rosig verfärben. Er schrieb:

«Es ist eine große Unruhe in der Welt. Nicht nur die, welche ihr Vaterland haben verlassen müssen, irren wie Heimatlose umher.

Mit einer Dringlichkeit und einer Angst, mit einer Verzweiflung und einer Hoffnung, wie seit Jahrhunderten nicht mehr, stellt der Mensch sich die Frage nach seiner Bestimmung, seinem Schicksal, seiner Zukunft auf diesem Stern. Zu einem Gott, dessen Antlitz sich uns verhüllt, steigt zu jeder Stunde eines jeden Tages hunderttausend Mal der Schrei: Herr, wohin führst du uns? Was hast du vor mit uns, Herr? Welches ist der Weg, den wir gehen sollen? Siehe: wir sind im Begriffe, uns sehr schlimm zu verirren!

Das Herz eines jeden Menschen in dieser Zeit ist berührt und ergriffen von der großen Unruhe. Mein eigenes Herz ist berührt und ergriffen; es schlägt angstvoll in meiner Brust.

Deshalb will ich von den Ruhelosen und Heimatlosen erzählen. Mein Ehrgeiz ist es, der Chronist zu sein ihrer Abenteuer und Niederlagen, ihrer Aufschwünge und Zusammenbrüche, ihrer Trostlosigkeit und ihrer Zuversicht. Ich wiederhole die ewige Frage: Herr, wohin führst du uns? Welches ist unser Weg, und wo kommen wir an? Nicht nur die Verbannten, nicht nur die Heimatlosen fragen so; aber bei ihnen – von denen jede Bindung, jede Sicherheit gefallen ist – hat die Frage den dringlichsten Ernst, die meiste Inständigkeit.

Mir ist es aufgetragen, die tausend Formen und Gebärden, in denen diese Frage sich ausdrückt, die Aufschreie und das Gespräch, die Gelächter und das Gebet, das Stöhnen und noch das trostlose Verstummen, aufzuzeichnen und festzuhalten.

... Für wen schreibe ich diese Chronik der vielen Wanderungen und Verirrungen? Wer wird mir zuhören? Wer wird Anteil nehmen? Wo ist die Gemeinschaft, an die ich mich wenden könnte ... Unser Ruf geht ins Ungewisse – oder stürzt er gar ins Leere? Bleibt ein Echo aus? Irgend etwas wie ein Echo erwarten wir doch – und sei es auch nur ein undeutliches, weit entferntes. Ganz stumm darf es nicht bleiben, wo so heftig gerufen wurde.

Und wenn auch noch nicht die Gemeinschaft da ist, von der wir uns verstanden wüßten –: Einzelne sollte es doch geben, hier und dort Verstreute, die helfen – nicht, indem sie auf die Frage Antwort wüßten; aber dadurch, daß sie die Frage hören, und mit uns auf die Antwort warten.

Dringt unsere Stimme zu ihnen? Erreicht sie der Ruf – dieser Angst- und Not-Schrei, den wir ins Ungewisse, vielleicht ins Leere senden?

Für wen schreibe ich? – Immer haben Dichter sorgenvoll darüber nachgedacht. Und wenn sie es gar nicht wußten, dann haben sie wohl – hochmütig und resigniert, stolz und verzweifelt – behauptet: Für die Kommenden! Nicht euch, den Zeitgenossen, gehört unser Wort; es gehört der Zukunft, den noch ungeborenen Geschlechtern.

Ach, was weiß man aber von den Kommenden? Welches werden ihre Spiele, was ihre Sorgen sein? Wie fremd sind sie uns! Wir wissen nicht, was sie lieben oder was sie hassen werden. Trotzdem sind sie es, an die wir uns wenden müssen. –

Die Horizonte unseres Daseins sind verfinstert. Die drohend geballten Wolken künden schon lange das Gewitter an. Es könnte ein Gewitter ohnegleichen werden. Die Katastrophen aber sind kein Dauerzustand. Die Himmel, die wir heute so tief verschattet sehen, erhellen sich wieder. Werden wir, die wir jetzt kämpfen und leiden, von diesem neuen Licht noch beschienen werden?

Es sind Andere unterwegs: jüngere Kameraden, jüngere Brüder – wir hören schon ihren leichten Schritt. Denken wir an diese, wenn wir müde werden wollen! Lieben wir die noch Namenlosen! Ihre Stirnen sind noch blank von einer Unschuld, die wir längst verloren. Unsere jungen Brüder sollen nicht schuldig werden, wie unsere Väter und wie wir es gewesen sind. Sie sollen eine bessere

Welt kennen lernen als wir. Sie sollen sie freier entwickeln, besser und schöner, kühner und frommer, klüger und sanfter werden dürfen, als es uns gestattet war.

Das Lächeln einer flüchtigen, zerstreuten Dankbarkeit, mit der die jüngeren Kameraden unserer vielleicht gedenken werden, muß des Lohnes genug für uns sein. Irgendwo werden sie – von denen wir uns so gerne vorstellen, daß sie glücklicher sind als wir – auf Spuren stoßen, die von unseren Leiden und Kämpfen zeugen – diesen Kämpfen, die uns heute ganz in Anspruch nehmen, von deren Gewicht und Bitterkeit jenen Knaben aber wahrscheinlich die Vorstellung fehlen wird. Dann werden sie, für eine ganz kurze Weile, innehalten in ihren Spielen und in ihrem Werk. Ein paar gerührte Sekunden lang beschattet Nachdenklichkeit ihre Stirne, einer Wolke gleich, die schnell vorüber ist. Sie blättern, nicht ohne Mitleid und vielleicht nicht ganz ohne Achtung, in dieser Chronik von den vielen Wanderungen und den vielen Fragen. Dann kommt ihnen wohl eine Ahnung, was von uns gesündigt und bereut, durchkämpft und gelitten worden ist – und wir sind nicht vergessen.»

ZWEITER TEIL

1936/1937

«Wer das verlor,
Was du verlorst, macht nirgends Halt.»

Friedrich Nietzsche, «Vereinsamt»

Erstes Kapitel

Hans Schütte und sein Freund Ernst durften in Prag nicht bleiben. Schon seit längerem lebten sie illegal in der Tschechoslowakischen Republik. Sie hatten keine Papiere. Außerdem wurde bekannt, daß sie immer wieder «schwarz» gearbeitet hatten. Die Unterstützungen waren schmal geworden, und zeitweise blieben sie völlig aus. Schließlich hatten sie es auch nicht lassen können, sich politisch bemerkbar zu machen. Weil ihm jetzt schon alles gleich war, und weil er doch das Ganze für «eine große Scheiße» hielt, hatte Hans in einer öffentlichen Versammlung das Wort ergriffen und das «Staatsoberhaupt eines befreundeten Landes» mit derben Worten beleidigt. Auch Ernst hatte sich in die Diskussion gemischt und seinerseits manch saftige Grobheit über die hohen Herren in Berlin laut werden lassen. Die Spitzel im Saal wußten natürlich genau, daß diese beiden unverschämten Redner Deutsche waren, die sich ohne Erlaubnis in der Republik aufhielten. Die diplomatische Vertretung des Dritten Reiches beschwerte sich bei den Prager Behörden über Hans Schütte und seinen Freund Ernst. Die Zwei erkannten: Es gibt dicke Luft! – «Wir machen uns dünn!» beschloß Hans.

Es fiel ihnen gar nicht leicht, sich von der Stube zu trennen, die sie nun seit drei Jahren miteinander geteilt hatten. Aber gerade dort wären sie gleich geschnappt worden. Sie zogen es vor, bei einem Kameraden zu übernachten. Der verschaffte ihnen auch die falschen Pässe. Übrigens wollten sie diese nur im äußersten Notfall benutzen. Was sie für die nächste Zeit vorhatten, war eine Art von Fuß-Tour durch Europa. Über die Grenzen hofften sie ohne Papiere heimlich zu gelangen – ohne echte Pässe und ohne Benutzung der gefährlichen falschen. «Irgendwo werden wir schon bleiben dürfen», meinten sie Beide – immer noch zuversichtlich, trotz allem, was an trüben Erfahrungen schon hinter ihnen lag.

Sie verabschiedeten sich von den Kollegen, die ihnen manchmal Arbeit verschafft hatten oder ein bißchen Geld oder ein warmes

Abendessen. Während all der Jahre war man wöchentlich mindestens einmal in dem kleinen Bierlokal zusammen gekommen, um Gespräche über Politik zu führen. Man hatte sich oft gezankt; aber schließlich war man doch dabei immer irgendwie einig geworden. Es trafen sich Deutsche, die Sozialdemokraten waren, mit solchen, die zu den Kommunisten gehörten, und auch Tschechen aus den beiden Lagern fanden sich ein. Die Meinungen gingen auseinander: Sozialdemokraten und Kommunisten, Deutsche und Tschechen gerieten sich in die Haare. Am Ende aber stellte sich heraus, daß zwischen allen diesen das Gemeinsame stärker war als das Trennende. Die Tschechen räumten den Deutschen ein: «Natürlich, wir haben auch Fehler gemacht, bei der Behandlung von den Minoritäten. Man versteht das, wenn man weiß, was wir früher auszustehen hatten. – Fehler lassen sich aber korrigieren.» – Die Deutschen erklärten: «Wenn bei uns zu Hause anständige Kerle regierten, dann würde alles in Ordnung kommen, auch zwischen eurem Land und dem unsern. Alles eine Frage des guten Willens! Aber den Nazis ist es doch gar nicht um die Sudeten-Deutschen zu tun. Es kommt ihnen nur drauf an, eure Republik kaputt zu machen.» Die Tschechen nickten drohend. «Gerade das aber werden wir ihnen nicht erlauben.» Über so viel Entschlossenheit freuten sich auch die Deutschen. Man vertrug sich, und die Streitigkeiten, die es zwischendurch gab, wurden vergessen.

Fast drei Jahre lang hatte man debattiert – welch eine lange Zeit, wieviel Ereignisse, wieviel großen Gesprächsstoff hatte sie gebracht! Im Februar 1934 waren die Flüchtlinge aus Wien gekommen; dort hatte der Bundeskanzler Dollfuß auf die Arbeiter schießen lassen. Noch nicht ein halbes Jahr später ließen die Nazis auf den Bundeskanzler schießen; er verblutete, nicht einmal ein Priester ward zu ihm gelassen. Die Nazis wollten Österreich haben. Mussolini mobilisierte am Brenner. Die Nazis zuckten zurück. – Viel Gesprächsstoff für die Männer am Prager Stammtisch, von denen die meisten beinah nichts besaßen; aber alle hatten sie doch das Recht, frei zu reden und nach Kräften nachzudenken. Von diesem Rechte machten sie Gebrauch, und sie wußten es hoch zu schätzen.

Das Jahr 1935 war noch nicht alt, da trafen schon wieder neue

Flüchtlinge ein. Es waren solche, die an der Saar gegen den Anschluß des Gebietes ans Dritte Reich agitiert hatten. Die Saar wurde deutsch. Hitler hatte seinen Triumph – der auch jeder anderen Reichs-Regierung zugefallen, aber von keiner so dröhnend ausgenutzt worden wäre.

Kurze Zeit danach führte das Dritte Reich die allgemeine Wehrpflicht ein. Erst war die Aufregung kolossal und am Stammtisch schien man auf das Äußerste gefaßt; dann stellte sich heraus: die großen Demokratien ließen es sich gefallen. Nun fragte man sich besorgt: Wie weit wollen die Nazis gehen, damit England und Frankreich die Geduld verlieren? – Irgendwo aber muß eine Grenze sein – empfanden sie alle. Wird Hitler vor ihr zurückscheuen? Kann er das Letzte und Gräßlichste wagen? – Manche meinten: Die Grenze ist Österreich. Wien bekommt er nicht. Andere blieben skeptisch: England würde auch Wien opfern, um des lieben Friedens willen. – Aber Mussolini? – Antwort: Dem bleibt nichts anderes übrig. – Da erklärten die Tschechen: Wenn es keine andere Grenze gibt – unsere ist unüberschreitbar. Wenn er uns angreift, ist es der europäische Krieg. Der Weltkrieg ist es, wenn er sich an uns wagt. –

Die Leute, die aus Deutschland kamen, berichteten von der Unzufriedenheit, die dort wuchs. Kein Amüsement, das man den Massen bot – weder die allgemeine Wehrpflicht noch die Judenhatz, noch die hübschen Feiern anläßlich des Saarplebiszits – konnten darüber hinwegtäuschen, daß viele verbittert waren. Auch fürchteten alle den Krieg. Man suchte, die Arbeiter mittels «Kraft durch Freude» bei Stimmung zu halten; aber am Schluß sollten sie doch nur Kanonenfutter sein, damit Deutschland die Ukraine und das Elsaß bekam; für den Augenblick gab es wenig Butter. Alle Nachrichten aus deutschen Städten sagten das Gleiche: die Stimmung ist miserabel. Viele sind in der Opposition – Christen und Sozialisten, bürgerliche Intellektuelle und Proletarier. – Man hörte es gerne, und es ward eifrig besprochen. Übrigens gehörten viele von denen, die sich am Stammtisch trafen, selber zu den politisch Aktiven und Organisierten. Sie fuhren nach Deutschland, arbeiteten mit der illegalen Opposition. Sie hatten Freunde, Verbindungsleute, Mitverschworene in den großen deutschen Betrieben. Sie kannten die Gefahren und die Möglichkeiten dieses unterirdischen, geheimen Kampfes. Sie wußten auch: Man gewinnt ihn nur, wenn man ihn gemeinsam kämpft. In Deutschland, wo es keine Parteien mehr gab, nur noch Unterdrückte, wurde die Einheitsfront aller Antifaschisten fast zur Selbstverständlichkeit.

... Jetzt war man im Januar des Jahres 1936. Seit einigen Monaten besprach man die Entwicklung des italienischen Zuges gegen Abessinien. Man breitete afrikanische Karten aus auf dem Holztisch des Prager Bierlokales. Wie weit waren die Räuber schon vorgedrungen? Welche Ortschaften würden jetzt bombardiert werden? Wie lange konnte der Negus sich halten? Würde England ernst machen mit den Sanktionen gegen die Angreifer? Und kam dann der europäische Krieg?

Kommt der Krieg? Dies blieb immer die letzte Frage. – Werden die Diktaturen stürzen können ohne den Krieg? Und werden sie sich nicht ihrerseits zum Kriege eines Tages gezwungen finden, sogar wenn sie eigentlich viel lieber immer nur erpressen wollten, statt zu kämpfen? – Manche am Stammtisch wünschten sich schon fast die finale Katastrophe, und waren für das blutige Aufräumen –: «damit nur endlich Schluß wäre!» Andererseits fürchteten sich alle. Sie erzählten sich Schauerliches über die neuen Erfindungen auf dem Gebiete der Giftgas-Technik. «Die Deutschen würden Typhus- und Cholera-Bazillen aus ihren Flugzeugen werfen», wußte Hans. «Wir gehen alle kaputt.» Dies war das letzte Wort in ihren Diskussionen. – –

... In Österreich hielten Hans und Ernst sich nicht lange auf. Dort war man gerade jetzt besonders unliebenswürdig zu verdächtigen Gesellen ihrer Art: paßlosem Gesindel, Emigranten-Pack, dem die aufsässige Gesinnung, die revolutionären Vorsätze und Ideen auf den ungewaschenen Gesichtern geschrieben standen. – Ein paar Tage blieben sie bei Wiener Kameraden versteckt. Sie bekamen Aufträge für Genossen in der Schweiz. Der Post wagte man wichtige Nachrichten nicht mehr anzuvertrauen. Man verständigte sich durch Parolen, die vertrauenswürdige Boten überbrachten – wie in Zeiten des Krieges. Dann ging die Wanderung weiter.

Manchmal nahm ein freundlicher Automobilist sie ein Stück Weges mit; aber es geschah ziemlich selten. Die meisten fuhren hochmütig vorüber und ließen die zwei Vagabunden auf der Landstraße stehen. Wenn ein Gendarm in die Nähe kam, mußte man sich unsichtbar machen. Es war kein gutes Leben. Manchmal hatten sie sich genug Geld erbettelt oder verdient, um eine kleine Strecke im Zug zu fahren.

In Basel trennten sie sich. Sie waren beide relativ guter Dinge. Schweizer Freunde hatten ihnen zu essen gegeben und etwas anzuziehen; denn die Anzüge, die sie unterwegs getragen hatten, sahen schon unerlaubt aus. Hans wollte nach Frankreich. – «Und wenn sie dich dort erwischen?» fragte Ernst. Hans gab zurück: «Und wenn sie dich hier erwischen? – Nach Deutschland können sie uns doch nicht schicken, wir sind politische Flüchtlinge, sowas läßt sich beweisen. Sie befördern uns bei Nacht und Nebel über die nächste Grenze. Dann sind wir wieder in einem Land, wo wir eigentlich nicht sein dürften – und so wird das wohl ewig mit uns weiter gehen.» Hans brachte es fast mit Munterkeit vor. Er war guter Laune; denn er hatte Bier und Wurst im Leib, und ein frisches Hemd darüber. Die Schweizer Freunde waren nett zu ihm gewesen, obwohl er kein Parteigenosse von ihnen war. – «Europa ist ein gastlicher Erdteil!» rief er aus – halb wirklich dankbar wegen Wurst und Bier; halb bitter im Gedanken an die Schikanen, die wahrscheinlich bevorstanden. «Irgendwo wird man schon Verwendung für mich finden», meinte er. «Ich habe an die Fremdenlegion gedacht … Aber erstens soll das so eine gemeine Schinderei sein; zweitens würden die mich wahrscheinlich auch nicht nehmen – und drittens hat es überhaupt keinen Sinn. Vielleicht wird es bald mal eine bessere Gelegenheit geben, sich totschießen zu lassen …» – Ernst hoffte, noch eine Weile in der Schweiz bleiben zu können. Er hatte ein paar Empfehlungen nach Zürich, und genug Geld, um im Zug dorthin zu fahren. Nun hieß es Abschied nehmen von Hans.

Sie waren fast drei Jahre lang miteinander gewesen. Sie dachten beide an ihr enges Zimmer in Prag, und an die Mädchen, die sie mitgenommen hatten, und an die ersten schönen Spaziergänge durch die Stadt, und an all das weniger Schöne, das gefolgt war, im Laufe dieser Monate, dieser Jahre. Sie hatten so viel, woran sie sich jetzt erinnerten, daß sie lieber nicht davon sprachen. Sie sagten nur: «Machs gut, Hans.» Und: «Machs gut, Ernst. Hoffentlich sehen wir uns bald einmal wieder.» – Als sie sich die Hände schüttelten, sahen sie sich nicht dabei an. Drei Jahre sind eine lange Zeit.

Dann fiel dem Hans noch was ein: «Wenn du schon in Zürich bist, könntest du eigentlich dieses Mädel anrufen, das mir seit 1933 Briefe schreibt. Sie heißt Tilly Kammer. Warte, ich weiß ihre Adresse auswendig … Grüße sie schön von mir und sag ihr, es tut mir leid, daß ich sie jetzt nicht kennen lerne. Vielleicht besuche ich sie ein anderes Mal – sag ihr das von mir.» – Ernst notierte sich die Adresse. Dann gaben sie sich nochmals die Hand.

«Und schreib mir mal 'ne Ansichtskarte!» – «Wohin?» fragte der Andere. – «An Hans Schütte, Europa.»

Zum Schluß ein Gelächter – damit man die Tränen nicht sah.

In Zürich meldete sich Ernst telephonisch bei Tilly von Kammer. «Ich bin nämlich ein Freund von Hans Schütte», erklärte er. «Der hat mir Grüße an Sie aufgetragen.» – Ein Freund von wem? Tilly verstand nicht gleich. Sie hatte ja immer nur an H. S., Poste Restante geschrieben. Weiß Gott, warum Schütte während all der Zeit auf das romantische Geheimnis um seinen Namen nicht hatte verzichten wollen … Als Tilly dann begriff, wurde sie ziemlich aufgeregt. «Aber H. S. selber – ich meine Hans Schütte, kommt nicht hierher?» fragte sie. – Ernst, ein bißchen beleidigt: «Entschuldigen Sie, daß nur ich es bin!» Da Tilly lachte, sagte er noch, gleich wieder munter: «Na, wir werden uns schon vertragen, Fräulein!»

Sie trafen sich in einer Teestube, nahe dem Hauptbahnhof. Ernst erklärte: «Von Ihnen habe ich schon kolossal viel gehört!» Tilly wurde ein bißchen rot. Dann erkundigte sie sich heuchlerisch: «Von wem denn? – In Prag kennt mich doch niemand …» – «Na, vom Hans doch», erklärte er gutmütig. «Vom Schütte. Er hat immer Freude mit Ihren Briefen gehabt.» – «Ich habe mit seinen Briefen auch viel Freude gehabt», sagte sie. Und Ernst: «Er ist ein feiner Kerl! Sie müssen ihn unbedingt kennen lernen! Einen feineren gibt es gar nicht!» – Tilly, mit züchtig niedergeschlagenen Augen, – als spräche sie etwas Unpassendes aus –: «Ich habe mir schon lange gewünscht, ihn mal kennen zu lernen.» – «Aber zunächst dürfte keine Gelegenheit dazu sein!» Ernst sagte es nicht ganz ohne Schadenfreude. «Er ist nach Frankreich. Von dort will er wohl nach Belgien und Holland weiter, und später vielleicht nach Skandinavien, wenns geht ...» Tilly erwiderte eine Weile nichts. Dann bat sie den Ernst, er solle ihr etwas von seinem Prager Leben mit Hans erzählen.

Er wurde verlegen. Wenn man plötzlich etwas erzählen soll, fällt einem natürlich nichts ein. «Wir hatten ein recht nettes kleines Zimmer, Hans und ich», fing er umständlich an. «Manchmal kam auch Besuch.» Da stockte er schon. «Was für Besuch?» wollte Tilly wissen. Ernst, anstatt auf diese Frage näher einzugehen, schilderte in möglichst schön gewählten Worten die Reize und Kuriositäten der Stadt Prag. Er kam auf den Stammtisch zu sprechen, wo mit den Kameraden politische Diskussionen geführt worden waren. Er berichtete auch von den vielen und sonderbaren Arbeiten, mit denen sie sich ein bißchen Geld verdient hatten. «Das ist ja eigentlich nicht erlaubt gewesen», sagte Ernst. «Es war uns auch nie so richtig wohl zu Mute dabei. Denn, schließlich – die Regierung bei den Tschechen ist doch ganz anständig; anständiger jedenfalls als in den meisten andern Ländern. Und außerdem waren wir nur geduldet. Da hätten wir wohl nichts machen sollen, was gegen die Gesetze ist. – Aber was blieb uns übrig?»

Ernst gefiel Tilly. Sie mochte sein Gesicht: die gespannte, etwas fleckig angegriffene Haut auf den slawisch breiten Wangenknochen; die hellen und engen Augen; das blonde Haar, preußisch kurz geschoren am Nacken und an den Schläfen. Sogar von seiner Kleidung war sie gerührt. Die Sachen, die er in Basel geschenkt bekommen hatte, waren keineswegs so neu und hübsch, wie er im ersten Vergnügen hatte meinen wollen. Der graue Anzug war recht dünn und abgeschabt, er glänzte speckig, und die Farbe spielte trüb ins Gelbliche. Auch mit den Schuhen war kaum viel Staat zu machen. Am besten war noch das dicke, rote Wollhemd. Er trug es ohne Krawatte; unter dem breiten geöffneten Kragen baumelte ziemlich melancholisch eine kleine gedrehte Kordel. Das Hemd war schon zu lange im Dienst, man sah es ihm an. Der Verdacht drängte sich auf, daß es unfrisch roch. – Einen Überzieher besaß

Ernst nicht. Als sie auf die Straße traten, bemerkte Tilly: «Aber Sie müssen frieren!» Und sie nahm seinen Arm.

Sie aßen miteinander zu Abend; dann gingen sie für eine Stunde ins Kino. Die Nacht war schön; Tilly hatte Lust, zu Fuß nach Rüschlikon zu gehen. Ernst begleitete sie. Beim Abschied verabredeten sie etwas für den nächsten Abend. Als Tilly schon in der Haustüre stand, sagte sie plötzlich, mit einem auffallend weichen, schräg abgleitenden Blick: «Sie sind also der H. S.» Es schien, daß sie alles durcheinander brachte. Vielleicht hatte sie ein Glas Wein zu viel getrunken, vielleicht war sie nur müde. Er fand es taktvoll, sie nicht zu korrigieren. «Gute Nacht, Tilly», sagte er.

Während sie sich auszog, fiel ihr ein, daß für morgen abend Peter Hürlimann sie in ein Konzert eingeladen hatte. ‹Ich muß ihm absagen›, beschloß sie. ‹Morgen abend bin ich besetzt. Konnis Freund, der H. S. ist ja hier …›

Während sie schon einschlief, dachte sie noch: ‹Komisch, diese kurz geschorenen Haare am Nacken und an den Schläfen … Die müssen aber ziemlich stark kitzeln, wenn man das Gesicht an sie legt … Hat er mir nicht erzählt, daß er in Berlin ein Schupo war? Ich kann ihn mir recht gut vorstellen, in der grünen Uniform …›

Es regnete in Strömen. An Spazierengehen war nicht zu denken. Zum Kino hatten Tilly und Ernst keine Lust. Sie waren überhaupt bei weitem nicht so lustig wie den Abend zuvor. Beide schauten viel vor sich hin, oder der eine dem anderen ins Gesicht, ohne zu reden. Wenn die Gier in ihren Blicken zu deutlich wurde, senkte sie die Augen, wie beschämt. Aber bald ertappten sie sich wieder dabei, daß der eine versunken saß in das Bild des anderen. Nach dem Essen blieben sie noch eine Weile in der halbdunklen Wirtsstube sitzen. Endlich war es Tilly, die sagte: «Wir sollten gehen.» Er antwortete nicht gleich. Unersättlich ließ er die Blicke über ihr Antlitz wandern. ‹Sowas Hübsches habe ich lange nicht gesehen›, dachte er. ‹Sowas Schönes sehe ich lange nicht wieder. Merke dir, was du siehst, damit du es nicht gleich wieder vergißt, dummer Kerl! – Ihre Stirn, alabasterweiß, ernst gerahmt vom schlichten, rötlichen Haar. Wie brav und fromm ihr Haar in der Mitte gescheitelt ist – und dazu der große, weiche, schlampige Mund, und die langen, schräggestellten, feuchten Augen. Und dieses schlichte dunkle Kleidchen, das sie heute trägt –: die nackten Arme kommen so reizend unterm dunklen, leichten Tuch hervor, und die Form der Brüste hebt sich so deutlich ab.› – Er merkte, daß sie sich zusammenzog, weil er sie anstarrte. Er war ihm peinlich, er sagte, gleichsam um Entschuldigung bittend: «Ja, es wird wirklich Zeit ...» Keiner von beiden wußte, wofür es Zeit war und wohin sie gehen wollten.

Auf der Straße war wieder sie es, die zu reden begann. «Es regnet immer noch.» Ihre Stimme klang traurig. Er sagte tröstlich: «Aber nur noch ein bißchen. Und es wird wohl bald aufhören.» – Tilly, mit einem betrübten Blick nach oben: «Der Himmel ist doch so schwarz.» Dann schwiegen sie wieder und gingen.

Nach einer Pause fragte sie ihn: «Wo wohnen Sie eigentlich?»

«Bei einem Kameraden», antwortete er, nicht ganz ohne Stolz. «Drüben im Niederdorf – das ist wohl der älteste Teil von der Stadt. Sehr nettes Zimmer; aber ein bißchen eng. Dorthin kann ich keinen Besuch mitbringen. Sie dürfen wohl bei sich auch keinen Besuch haben?»

«Natürlich nicht», sagte Tilly.

Daraufhin schlug er vor: «Wir könnten ja in ein kleines Hotel gehen.»

Nun meinte Tilly doch, sich ein wenig entrüsten und die empfindliche Dame spielen zu müssen. «Was fällt Ihnen ein!» Sie versuchte, ihre Stimme spitz zu machen. Es mißlang. Sie lächelte.

Er nahm ihren Arm. «Ich dachte nur –, weil es so regnet ...»

Sie wurde gleich wieder mitleidig. «Und Sie haben gar keinen Mantel! Mein Gott, Sie werden ja pudelnaß!» – Er trippelte vorsichtig unter dem aufgespannten Regenschirm, den sie hielt. Mit seinem hochgeschlagenen Rockkragen, das triefende Haar in der Stirne, sah er ziemlich erbarmungswürdig aus. Aber er lachte. «Ich fühle mich wohl ... Sauwohl fühle ich mich!» Er drängte den Körper an sie, sein nasses Gesicht war nahe an ihrem.

Sie sprach nachdenklich: «Ich weiß ein kleines Hotel, gar nicht weit von hier. Die Besitzer kennen mich dort ... Aber dürfen Sie denn überhaupt in einem Hotel übernachten?» fiel ihr plötzlich ein. «Sie haben mir doch erzählt, daß Ihre Papiere nicht in Ordnung sind.»

Er lachte wieder. «Nein, die sind allerdings ganz und gar nicht in Ordnung. Aber niemand wird sie zu sehen verlangen.»

Sie blieb ängstlich. «Man kann Pech haben, es könnte eine Kontrolle geben. Sie sind hier neuerdings furchtbar scharf hinter den Fremden her.»

«Wenn man nur eine Nacht in einem Hotel ist, wird man nie kontrolliert», erklärte er zuversichtlich. «Erst die zweite Nacht ist gefährlich.»

«Mir scheint doch, es ist schrecklich gewagt, was wir tun – ganz abgesehen von allem anderen, was es sonst noch ist.» – Sie waren vor dem Hotel stehen geblieben.

Es regnete wieder stärker. Tilly schaute in das gleichmäßig niederfallende, strömende, rauschende Wasser. «Es ist wie eine Sintflut», sagte sie leise. Und Ernst: «Sie sollte alles wegwaschen – alles wegspülen, das sollte sie. Ersaufen müßte das ganze Pack, etwas anderes verdient es nicht mehr...» Und, plötzlich lachend, fügte er hinzu: «Nur wir dürfen übrig bleiben – nur wir zwei!» Er wandte ihr das vergnügte, vom Regen gebadete Gesicht zu.

Sie blieben noch eine Weile nebeneinander unter dem offenen Schirm stehen, als wagten sie sich nicht ins Hotel, oder als fühlten sie sich hier draußen sicherer. Schließlich traten sie ein.

Die Wirtin musterte sie etwas mißtrauisch; stellte jedoch keine Fragen, weder nach den Pässen noch nach dem Gepäck, sondern sperrte ihnen schweigsam ein Zimmer auf. «Numero 7 ist das einzige, das ich heute abend frei habe», sagte sie mürrisch. Es war ein langer und schmaler Raum, mehr einem Korridor als einer Schlafstube ähnlich. Die beiden Betten standen mit den Kopfenden gegeneinander gerückt; eines neben dem anderen hätte kaum Platz gehabt. Als die Wirtin hinaus war, bemerkte Ernst: «Das sieht auch nicht übermäßig sauber hier aus ... Die Flecke an den Wänden stammen von den zerdrückten Wanzen», stellte er sachverständig fest. «Hoffentlich ist keine übrig geblieben. – Wie heißt denn die schöne Wirtin?» – «Ich weiß es nicht, wie sie heißt», sagte Tilly. – «Hast du mir nicht erzählt, daß du sie kennst?» – «Ja, ich kenne sie. Aber ich habe ihren Namen vergessen.» – «Das scheint ja keine sehr intime Bekanntschaft zu sein.» Ernst war etwas enttäuscht. Er stand vorm Spiegel und trocknete sich den Kopf mit einem Handtuch. Sie bemerkte, daß seine Haare dünn wurden – schütteres Haar, und die Farbe war wie ausgebleicht von vielen Wettern: ein fahles Blond, Stürme und Regengüsse schienen ihm den Glanz genommen und es fast entfärbt zu haben.

«Mir gefällt das Zimmer ganz gut», sagte Tilly, die hinter ihm stand. «Aber kalt ist es!» Sie schauderte. Ernst hörte, daß ihre Zähne aufeinander schlugen. Er wandte sich um. Ihr Gesicht war blaß, rötlich glühte nur die Nasenspitze. «Du hast einen Schnupfen.» Er legte ihr die Arme auf die Schultern. Sie zitterte und wußte, daß es nicht vor Kälte war.

Hilflos sagte sie: «Jetzt gehe ich wohl besser nach Hause …»

Er antwortete gar nicht, sondern zog sie an sich.

Sie versuchte, sich frei zu machen. «Aber ich habe keine Zahnbürste mit, und keinen Pyjama …» – «Ich auch nicht!» Er hielt sie fest. «Wozu brauchen wir eine Zahnbürste? … Kannst du mir vielleicht verraten, wozu wir eine Zahnbürste und einen Pyjama brauchen?»

«Aber es geht nicht … Es geht nicht …» Sie zitterte stärker. Nun fürchtete sie auch, es könnte ein Asthma-Anfall kommen. Er hatte die Arme fester um sie geschlossen. Da gestand sie: «Ich war schon so lange nicht mit einem Mann zusammen …»

Er blieb stumm. Sprachlos und lächelnd legte er seine Stirne an ihre. Es vergingen Sekunden, – oder viele Minuten, sie wußten es nicht. Das Schweigen hatte schon zu lange gedauert, als er mit gedämpfter Stimme wieder zu sprechen begann. «Komisch sehen die Augen von einem anderen Menschen aus, wenn man sie so dicht vor den eigenen Augen hat! Sie scheinen ganz nah beieinander zu liegen, und ganz groß zu werden – wie Eulenaugen … Genau wie Eulenaugen!» wiederholte er erstaunt – und sie mußte plötzlich lachen über dieses Wort. Sie lachte heftig und krampfhaft, ohne aber ihre Stirn dabei von seiner zu lösen. Sie blieben stehen, mit herabhängenden Armen jetzt, und es schien, als wären ihre Stirnen aneinander gewachsen.

«Eulenaugen!» kicherte Tilly. «Ist doch zu idiotisch! Warum sollte ich denn Eulenaugen haben? – Du hast übrigens auch welche … Aber helle Eulenaugen. Helle Eulenaugen sind auch nicht feiner.» Immer noch lachend zog sie endlich ihre Stirn zurück. Sie tat es mit einer Geste, als müßte sie ihre Stirne wegreißen von seiner, an der sie festgewachsen war. Dabei schrie sie ganz leise und berührte mit dem Zeigefinger ihre Stirn, gerade zwischen den Augenbrauen, als gäbe es dort eine blutige Stelle. Ihr lachender Mund bekam einen klagenden Zug. Es war, als liefe Blut von ihrer Stirn zu den Lippen. Vielleicht schmeckten ihre Lippen das Blut. Vielleicht verzogen sie sich deshalb so schmerzlich und angewidert. Aber sie hörte nicht auf zu lachen.

Rückwärts gehend tat sie ein paar Schritte, die taumelig waren – als wäre sie nicht nur verwundet, sondern auch betrunken. Sie setzte sich auf das Bett, ohne es anzusehen oder den Kopf zu wenden; ihre Augen blieben auf den Mann fixiert.

«Eulenaugen ...», wiederholte sie, und ihr kleines Gelächter klang einem Schluchzen sehr ähnlich. «Zu dumm ...» Aber plötzlich wurde sie ernst. Eine leichte Röte lief, wie der Widerschein eines vorbeiziehenden Lichts, über ihr weißes Gesicht. Mit einer merkwürdig trockenen Stimme – als wäre ihre Kehle ausgedörrt und sie hätte keinen Speichel mehr im Munde – sagte sie: «Ich glaube überhaupt, daß ich es gar nicht mehr kann.» Ernst, der noch immer mitten im Zimmer stand, fragte, seinerseits plötzlich heiser: «Was solltest du nicht mehr können?» – Da erwiderte sie, schamlos und sanft, mit einer zugleich traurigen und verlockenden Gebärde zu dem nicht sehr sauberen Bett: «Das ... Ich habe es sicher schon ganz verlernt ...»

Er lächelte nicht; sein Gesicht blieb ernst, und es gab einen beinah zornigen, brutalen Zug um seinen Mund, als er sagte: «Das verlernt man nicht.»

Er war bei ihr und bog ihren Oberkörper nach hinten. Sie ließ es geschehen, Angst und Krampf waren fort. Sie bekam den Blick eines Kindes, das sich verirrt und sehr viel Schrecken ausgestanden hat – nun aber ist es dort angekommen, wo es keine Gefahren mehr gibt: keine Gefahren mehr für diesen schönen Moment. Es darf die Glieder lockern, den Mund hinhalten, auch die Augen dürfen sich endlich schließen. Nachgeben dürfen, stillhalten dürfen, diese Liebkosungen annehmen und erwidern dürfen. Dies ist die Stunde, liebe arme Tilly, die dich entschädigen und trösten soll für viele Monate und mehrere Jahre, da du einsam warst und wenig

Freude kanntest. Nun entschädigt und tröstet sich dein atmender, erbarmungswürdiger, hilfloser, schöner Körper. Es trösten und entschädigen sich dein Mund, dein Haar, in dem seine Finger spielen, deine Füße, die so müd gewesen sind, deine Hände, die auf den Tasten der Schreibmaschine oft nicht weiter konnten; dein ganzer Leib, den er nimmt. –

Nun hat er dich einmal geliebt, er wird dich noch zweimal oder viermal lieben; denn die Nacht ist lang, und er hat lange keine Frau gehabt. Eine so Hübsche wie dich wird er auch zunächst nicht mehr finden. Er liebt dich sehr, er begehrt dich mit starker Gier, er ist dir dankbar, daß du ihm dies gewährst; aus der Dankbarkeit könnte Zärtlichkeit werden. – Halte stille, sogar wenn es schon ein wenig wehe tut! Dieses ist deine schöne Stunde, die Nacht des Trostes und der Entschädigung. Unsere Welt aber ist so eingerichtet, daß selbst Trost und Entschädigung nicht ganz schmerzlos bleiben, etwas Schmerz ist in alles gemischt – halte still, arme Tilly. Du weißt es ja, dein Freund hat keine Aufenthaltserlaubnis in diesem Lande, morgen kann er schon ausgewiesen sein, vielleicht siehst du ihn nie mehr. Noch ist er bei dir, halte still! Für den Augenblick ruht er aus –: sieh, sein mageres, etwas fleckiges und etwas ramponiertes Gesicht auf dem Kissen! Aber gleich wird er dich wieder packen, die Nacht ist lang – ungewiß, was der Morgen bringt; wir leben in wirren Verhältnissen, allerlei mißliche Überraschungen sind an der Tagesordnung, hübsche arme Tilly!

Ernst atmete tiefer. Schlief er schon? Tilly liebkoste ihn mit den Augen, weil die Hände müde waren. – ‹Bleibe bei mir! Bitte, geh nicht weg! Ich habe mich so lang nach dir gesehnt! Nicht nach dir eigentlich, sondern nach dem Konni oder nach seinem Freund H. S. Die sind nicht gekommen, aber du bist hier, und du bist beiden verwandt, bist der Bruder von beiden – ich umarme den verlorenen Konni und den anderen, fremden, den ich nie gesehen habe, da ich dich umarme. Du weißt ja nicht, wie schlimm und arg alles gewesen ist, ehe du kamst. Du kannst es dir gar nicht vorstellen.›

‹Warum soll ich es mir denn nicht vorstellen können?› antwortete er stumm. ‹Ich habe es doch keineswegs besser gehabt. Glaubst du vielleicht, es ist ein Vergnügen, ohne Paß durch die Länder zu ziehen, immer in Angst vor der Polizei, wie ein Verbrecher? – Und ich habe eigentlich nichts besonders Schlimmes getan, außer dem bißchen Schwarzarbeit in Prag. In Berlin war ich ein Schupo, sehr respektabel in der schönen grünen Uniform. Ich gehörte zum Staat, ich war ein Teil seiner Macht, einer seiner vielen Repräsentanten, und alle sahen mich achtungsvoll an. Meine ganze Schuld war, daß ich diesen Staat verteidigen wollte, und daß ich mich nicht abgefunden habe mit dem Neuen … Warum sollte ich mir nicht vorstellen können, wie dreckig es dir ergangen ist? Da müßte ich aber beschämend wenig Phantasie haben!›

Und sie darauf: ‹Keiner weiß doch, was der andere auszustehen hat. Das kann niemand ermessen, es bleibt das Geheimnis, welches jeder mitnimmt. Immerhin gibt es manchmal die Stunden des Trostes und der Entschädigung.›

Da war er wieder bei Kräften und zog sie an sich heran. –

… Erst gegen Morgen schliefen sie ein. Sie blieben im gleichen Bett, obwohl es viel zu schmal für sie beide war. Sie schliefen aneinander geschmiegt, als es an die Tür klopfte. Da mochte es halb sechs Uhr morgens sein. Beim ersten Klopfen erwachte keiner von beiden. Tilly fabrizierte sich aus dem klopfenden Geräusch an der Türe ganz schnell einen Traum. So leicht werden ja große Träume aus kleinen Geräuschen: nur ein Klopfen ist da, aber im Traum vollzieht sich blitzschnell eine lange Geschichte, in die das Klopfen paßt, zu der es gehört. Eine Mauer wird gebaut, das verursacht Lärm. Tilly träumte, daß eine hohe rote Mauer gebaut wurde – vielleicht war es die Mauer zu dem Gefängnis, in das man Ernst sperren würde, zur Strafe, weil er ohne Paß in der Schweiz war und weil er hier mit ihr geschlafen hatte. Die Mauer wuchs, das Geräusch steigerte sich tobend. Tilly fuhr auf; es hatte stärker geklopft.

Auch Ernst war inzwischen erwacht. «Es hat geklopft», sagte Tilly, mit den Handrücken vor ihren verschlafenen Augen. – «Das merke ich», versetzte Ernst ziemlich unfreundlich. Während es noch immer klopfte, sagte er, mit einer vor Müdigkeit ganz heiseren Stimme: «Man muß wohl aufmachen.» Sein Gesicht sah alt und verfallen aus – fahl, mit hängenden Zügen –, und er hatte einen angewiderten Zug um den Mund, während er das Bett verließ und langsam durchs Zimmer ging. «Ich komme schon», sagte er zu dem Unbekannten, der sich draußen immer heftiger bemerkbar machte. Aber Ernst sprach so leise, daß die Person vor der Türe ihn keinesfalls verstehen konnte.

«Du solltest dir etwas überziehen», mahnte Tilly, denn er stand nackt da – nackt und ein wenig zitternd vor dieser verschlossenen Türe, die zu öffnen er noch ein paar Sekunden lang zögerte. «Du wirst dich erkälten», sagte das Mädchen im Bett. So verschlafen sie war – daß er zitterte, bemerkte sie doch, und sie sah auch die Gänsehaut auf seinen Armen und auf seinem Rücken. Aber da hatte er die Türe schon aufgemacht.

Vor ihm stand ein Herr in dunklem Überzieher, mit steifem schwarzen Hut, einem hohen, blendend weißen Kragen und schwarzen, blankgewichsten Stiefeln, die unter hellen Beinkleidern sichtbar wurden. Er trug eine gelbe Aktentasche unter dem Arm und sah aus wie ein übelgelaunter Geschäftsreisender.

Der Herr musterte, mit einem kalten, feindlichen Blick durch den Zwicker, den nackten jungen Menschen, der ihm gegenüber stand. Die korrekte Figur des Herrn drückte von den Stiefelspitzen bis zum Scheitel Mißbilligung aus. Er stand einige Sekunden lang unbeweglich, und auch Ernst, der Zitternde, rührte sich nicht. Der Herr betrachtete, ausführlich und unbarmherzig, diese frierende Nacktheit. Er schien die Rippen zählen zu wollen, die sich abzeichneten unter der gespannten Haut. Er mißbilligte das zerzauste Haar und das verstörte Gesicht des jungen Menschen; er nahm Anstoß an den gar zu sichtbaren Rippen, dem totalen Mangel an Bauch –: Menschen, die in einer anständigen Beziehung zur bürgerlichen Weltordnung leben, müssen einen etwas gepolsterten Bauch zeigen –, und er empfand Ekel sowohl als Entrüstung angesichts der provokanten Entblößung des Geschlechts.

«Fremdenpolizei», stellte er sich unheilverkündend vor. «Ziehen Sie sich bitte sofort etwas an!» Während Ernst stumm zu seinen Sachen ging, sprach der Mann mit der Aktentasche – wobei sein ungnädiger Blick an dem benutzten und dem unbenutzten Bett vorbei zum Fenster ging –: «Zeigen Sie Ihre Pässe!»

Tilly erschrak so sehr, daß sie einen stechenden Schmerz in der Magengegend empfand und meinte, ihr Herz müßte aussetzen zu schlagen. Sie spürte, daß ihr der Atem Sekunden lang wegblieb.

Ein Asthma-Anfall bereitete sich wohl vor ... Trotzdem war ihr klar, daß sie sich nun äußern und in Aktion treten müsse, um Ernst zu retten – oder doch, um die Katastrophe, die ihn bedrohte, aufzuschieben. Sie ließ eine kokette Piepsstimme hören, die sie immer dann verwendete, wenn sie Herren von der Polizei oder Ladenbesitzer, bei denen sie Schulden hatte, rühren und versöhnen wollte. «Ach, wie dumm!» machte sie, töricht lächelnd. «Ich habe meinen Paß nicht bei mir!»

Der Herr von der Fremdenpolizei vermied es, sie genau anzusehen. Er hatte schon festgestellt, daß sie hübsch war, und er wollte sich keineswegs durch ihre Reize bestechen lassen. «Wo wohnen Sie?» fragte er barsch.

«In Rüschlikon», plapperte sie, eifrig wie ein Schulmädchen. Und sie redete weiter: «Meine Mama, Frau von Kammer, hat eine kleine Wohnung dort. Ja, ich bin polizeilich gemeldet ...» Der Herr unterbrach sie: «Sind Sie mit diesem Mann hier verheiratet?»

Tilly ließ nicht von ihren traurigen kleinen Versuchen, mit dem Beamten zu kokettieren. «Gewiß», sagte sie, wobei sie die Schultern hochzog und sich zu allerlei niedlichen Grimassen zwang, die ihrem Gesicht weh taten. «Das heißt: beinah verheiratet – so gut wie verehelicht ... Er ist ein Vetter von mir ... Ein Jugendfreund außerdem ... Wir sind schon seit langem verlobt ...»

«Also nicht verheiratet», stellte unerbittlich der Beamte fest, und er machte sich Notizen in ein dickes schwarzes Wachstuchheft, welches er aus seiner Aktentasche geholt hatte. «Haben Sie keinerlei Ausweispapiere bei sich?»

«Oh doch», schwatzte sie. «Es wird sich schon etwas finden – dies und das, eine Visitenkarte oder so. Wenn Sie nur so freundlich wären, mir dieses Täschchen herüber zu reichen ...»

Der Beamte gab ihr stumm die Tasche, auf die sie gedeutet hatte. Tilly kramte aufgeregt; ließ eine alte kleine Puderdose auf den Fußboden fallen – der Beamte überlegte sich eine Sekunde, ob er sich bücken solle, um sie aufzuheben, unterließ es dann aber. Tilly mußte schließlich betrübt konstatieren: «Nicht einmal eine Visitenkarte ist da! – Aber hier!» rief sie mit kläglicher Munterkeit, «hier – eine kleine Tischkarte! Sie stammt von einem Dinner bei

Herrn und Frau Ottinger. Entschuldigen Sie, es ist kein recht seriöses Ausweispapier; aber immerhin, Sie sehen doch meinen Namen ...»

Der Beamte betrachtete mit ungerührter Miene die kleine Karte. Auf ihr war abgebildet ein junges Mädchen, das an einer Schreibmaschine sitzt; man sah nur den Rücken. Das alberne Bildchen war umrahmt von einem Kranz aus Rosen und Vergißmeinnicht. Darunter stand Tillys Name in verschnörkelten Buchstaben.

«Sie waren bei Herrn Ottinger eingeladen?» erkundigte sich der Herr, um eine Nuance freundlicher.

«Natürlich», bestätigte Tilly geschwind. «Ich bin sehr oft dort, beinahe jeden Tag. Frau Ottinger ist immer sehr freundlich zu mir. Auf keinem ihrer musikalischen Jours darf ich fehlen ...»

Der Beamte schnitt ihr das Wort ab. «Das gehört nicht zur Sache!» – obwohl ihn doch gerade dieser Klatsch aus den besseren Kreisen lebhaft interessierte.

Das Verhör, das Tilly über sich ergehen lassen mußte, zog sich noch eine Weile hin. Der Beamte erledigte es mit Gewissenhaftigkeit; trotzdem war von Anfang an deutlich, daß er mit dem jungen Mädchen milde verfahren würde. Sein geübter Instinkt hatte begriffen, daß ihre Angaben mindestens zum größten Teil der Wahrheit entsprachen. Er notierte sich ihre Geburtsdaten, den Namen ihrer Mutter und die Adresse. Als sie ihm gestand, daß sie mit einem Ungarn verheiratet war, ward sein Gesicht noch ernster und fast ein wenig verwirrt. Er erinnerte sich wohl der heuchlerischen Angaben, die sie vorhin über Jugendfreundschaft und Verlobung mit dem nackten jungen Mann gemacht hatte. Außerdem fand er ihren exotischen Namen übertrieben schwer auszusprechen. Abschließend sprach er, tadelnd, aber nicht ganz ohne väterliches Wohlwollen: «Es macht immerhin einen merkwürdigen Eindruck –: eine verheiratete junge Frau, mit einem Fremden im Zimmer ...» Dann zuckte er die Achseln, als wollte er sagen: Was geht es mich schließlich an? –, und wendete sich an Ernst.

Der hatte sich inzwischen in das zweite, unbenutzte Bett gelegt. Das Peinliche war, daß er sich stellte, als wäre er schon wieder eingeschlafen. Eine hoffnungslose, absurde kleine Komödie – da er ja gerade noch, nackt und wach, durchs Zimmer geschritten war. Der

Beamte ließ sich überhaupt nicht auf sie ein. Zwischen ihm und Ernst begann der schreckliche Dialog.

«Ihren Paß bitte!» – Ernst, den Schlaftrunkenen mimend: «Wie beliebt?» – Der Beamte, entschieden schärfer: «Ihren Paß!» – «Den habe ich nicht bei mir.» – «Wo haben Sie ihn!» – «Bei... bei Bekannten ...» – Der Beamte, sehr höhnisch: «Bei Bekannten, aha!» Plötzlich auf ihn losfahrend: «Sie besitzen wohl gar kein gültiges Ausweispapier?!»

Nun versuchte Ernst sein Glück mit einer wehleidigen Miene und mit einer etwas künstlich pathetischen Sprechweise. «Herr Kommissar – jetzt sage ich Ihnen die ganze Wahrheit. Mein Paß ist abgelaufen. Ich habe auch keine Aufenthaltsbewilligung in der Schweiz. Ich bin ein politischer Flüchtling.» – Daraufhin der Beamte, höflich aber bestimmt: «Stehen Sie auf und kommen Sie mit mir!» Ernst sagte noch, völlig sinnloserweise: «In Berlin bin ich eine Art von Kollege von Ihnen gewesen – auch von der Polizei... Ich bin unschuldig in diese Lage gekommen ...» Der Herr blieb unnahbar. «Das können Sie alles auf der Wache erzählen. Ziehen Sie sich an!»

Tilly mischte sich ein. «Wenn ich vielleicht für meinen Freund irgendwie garantieren könnte ...» Auf diesen Vorschlag hin hatte der Beamte nur eine abwinkende Gebärde und einen Blick, der mehr gelangweilt als böse war. Ernst hatte damit begonnen, sich anzuziehen. Während er in die Socken fuhr – dicke, gestrickte Wollsocken, mit Löchern an den beiden Stellen, wo die großen Zehen sitzen – wollte er wissen: «Muß ich gleich wieder über die Grenze?» Seine Stimme kam schleppend, sein Gesicht sah sehr grau und müde aus. – «Das werden Sie alles erfahren», sagte der Beamte.

Ernst stand schon in seinen Kleidern da. Der Beamte erkundigte sich – mehr der Form halber und sehr verächtlich: «Gepäck ist wohl nicht vorhanden?» Ernst schüttelte trübe den Kopf. Er schien nicht verzweifelt, nicht einmal erregt; nur angewidert und traurig. Was ihm jetzt widerfuhr, war keine Sensation, war kein Abenteuer. Er mußte stets damit rechnen, und es war schon gar zu häufig erlebt worden.

Mehr erschüttert war Tilly. Während Ernst schon von ihr fort und zur Türe ging, rief sie ihm flehend zu: «Wenn ich dir nur irgendwie behilflich sein könnte! Bitte, ruf mich an, sowie du weißt, was mit dir geschieht, oder laß mich anrufen!» Er nickte schweigend. Der Beamte deutete durch strenges Räuspern seine Ungeduld an. Tilly – um Ernst nur noch einen Augenblick zurückzuhalten – brachte hervor: «Laß mich bitte nicht ohne Nachricht! Ich warte auf eine Nachricht von dir!»

Der Beamte hatte die Türe geöffnet. Da rief Ernst und versuchte ein Lächeln: «Adieu, Mädchen! Es ist hübsch gewesen! Adieu!» Er hob die Hand, um zu winken. So hebt sie einer, der schon nicht mehr in diesem Zimmer steht, sondern weit entfernt... Der Beamte ließ ihm mit einer etwas schauerlichen Höflichkeit den Vortritt. Hinter ihnen schloß sich die Türe. Und Tilly, die leise aufschrie, begriff: ‹Den sehe ich nicht mehr wieder. Auch Nachrichten kommen nicht mehr von ihm. Der ist weg. Den sehe ich nicht mehr.›

Die Tränen liefen ihr übers Gesicht. Dabei kämpfte sie gegen den Asthma-Anfall. – ‹Bleibe bei mir! Bitte, geh nicht fort! Ich habe mich so lang nach dir gesehnt – nun darf es nicht so schnell vorüber sein!›

Ein paar Minuten später ertappte sie sich dabei, daß sie an sich selbst und ihre Zukunft dachte. ‹Wahrscheinlich werde ich nun auch ausgewiesen. Nur dem Umstand, daß ich die Ottingers kenne, verdanke ich es, daß er mich nicht sofort mitgenommen hat ... Wohin gehe ich dann? Nirgends kriege ich doch Aufenthaltserlaubnis ... Meinst du, es ist ein Vergnügen, ohne Paß durch Europa zu ziehen?› – Da hörte sie wieder die Stimme ihres Geliebten, der jetzt dem Beamten auf die Wache folgen mußte. Als sie daran dachte, konnte sie sich nicht rühren, vor Erbarmen, Traurigkeit und Liebe.

Eine halbe Stunde später war sie angezogen und verließ das Zimmer, um hinunter zu gehen. Mitten auf der Treppe blieb sie stehen. Beinah wäre sie umgesunken. Ihr war übel, alles drehte sich vor den Augen. ‹Hoffentlich bekomme ich einen Kaffee›, war alles, was sie noch denken konnte.

In der Schankstube sah es traurig aus. Alle Stühle waren auf die Tische gestellt, mit den Beinen nach oben. Ein unfrisiertes Mädchen hantierte mit Besen und Tuch. Die Fenster waren weit aufgerissen; eisige, graue Morgenluft kam herein. Trotzdem blieb der Geruch nach altem Zigarrenrauch und vergossenem Bier zäh im Raum.

Nein, sagte die Unfrisierte – der Kaffee war noch nicht gemacht. «Um sieben Uhr wird er fertig sein. Sie können ja warten.»

Vor sieben Uhr hatte Tilly ohnedies keinen Zug nach Rüschlikon. Sie setzte sich hin, um zu warten. ‹Was wird die Mutter sagen, wenn ich früh morgens ankomme? Ich muß mir irgendeine gute Ausrede einfallen lassen, um sie zu beruhigen …› Jetzt war sie aber viel zu müde, um die gute Ausrede zu finden.

Das Mädchen, während sie den Staub von den Schränken wischte, bemerkte: «Die Polizei war ja hier.» – Tilly, die Stirn in den Händen, murmelte: «Das habe ich bemerkt.» Ihr war furchtbar krank und elend zu Mute.

Das Mädchen, den Besen zornig erhoben wie eine Waffe, erklärte: «Sie erwischen immer die Falschen. Unsereiner muß immer dran glauben. Den großen Halunken geschieht nichts. Die kommen durch.» Sie schwang den Besen, als wäre er eine Lanze – ein leichter, tödlicher Pfeil, den die Zürnende der ungerechten Welt ins Antlitz schleudern wollte.

Das Leben hat viele Inhalte, und es bringt mit sich mancherlei Erschütterungen. Niemals wird es nur von einem Ereignis, von einem Umstand bestimmt. Die Emigranten denken nicht immer, nicht ohne Unterbrechung daran, daß sie sich im Exil befinden und ein gewisses Regime in der Heimat hassen oder sogar bekämpfen. Nicht stets und pausenlos können sie «Emigranten im Hauptberuf» sein –: es wäre gar zu quälend und übrigens einfach langweilig. Zwar ist ihr Leben weitgehend beherrscht von der einen großen, alles verändernden Tatsache: dem Exil. Indessen hören einige große Gefühle nicht auf, das Menschenherz zu beschäftigen: Ehrgeiz und Liebe, Einsamkeit und Hunger, Freundschaft und die Angst vorm Tode – oder die Sehnsucht nach ihm …

Die Zeit vergeht, im Exil wie zu Hause. Menschen finden sich und verlieren sich; haben Erfolge oder Mißerfolge; werden krank, verfallen Lastern, werden wieder gesund oder sterben; verwelken oder blühen auf.

Meisje, zum Beispiel – das ährenblonde Kind halb holländischer, halb deutscher Abkunft; erst als Gärtnerin, dann als Krankenschwester ausgebildet – war aufs erfreulichste erblüht und jeden Tag immer noch ein wenig schöner geworden. Sie hieß nun Frau Doktor Mathes und hatte eine Stellung als Nurse in einem Englischen Krankenhaus, zu Paris. Dort war auch Mathes als Arzt tätig. Beide hatten kolossales Glück gehabt, sie wurden von allen beneidet. Daß solcher Neid der Freunde und Kollegen sich in durchaus gutmütigen Grenzen hielt, lag daran, daß dies junge Paar sich weiter als besonders brav und hilfsbereit erwies. Auch der Doktor hatte sich entschieden zu seinem Vorteil geändert, unter Meisjens energisch-weiblichem Einfluß. Er sah nun viel adretter und zivilisierter aus; sein Blick war fast nie mehr glasig, und der rotblonde Schnurrbart hing ihm nicht mehr feucht und fransig auf die Oberlippe.

Doktor Mathes und sein Meisje hatten bei der Schwalbe Hochzeit gefeiert; Fräulein Sirowitsch und Nathan-Morelli saßen dabei und tauschten Blicke voll Wehmut. Auch zwischen ihnen war seit längerem von Eheschließung die Rede. Nathan-Morelli – einst spöttisch und beinah unzugänglich – hatte sich derartig an die kluge, ernste Dame gewöhnt, daß er nun seinerseits Wert darauf legte, die Liaison mit ihr zu legalisieren. Nun aber hielt sie es für passend, sich ein wenig rar zu machen und noch etwas zu zieren. Sie stand auf eigenen Füßen, sorgte für sich selber, war auf niemanden angewiesen. Seit dem Frühling 1935 leitete sie einen großen Presse-Vertrieb – ein Bureau, in dem außer ihr zwei Mädchen und ein junger Mann beschäftigt waren und dessen Funktion darin bestand, die holländischen, französischen, englischen, schweizerischen Zeitungen mit journalistischem oder photographischem Material zu versorgen. Einer der Autoren, mit dem die Sirowitsch regelmäßig zu tun hatte, durch den sie gut verdiente und den sie ihrerseits nicht schlecht verdienen ließ, war Helmuth Kündinger.

An der deutschen Tageszeitung, die in Paris erschien, hatte er einen guten Posten. Man schätzte seine gewandte Feder, seinen zugleich soliden und beweglichen Geist; die Artikel, die von ihm stammten, waren beliebt. Besonders wurde Kündingers Ansehen bei den Kollegen dadurch gesteigert, daß auch französische Blätter sich für seine Beiträge interessierten. Nicht nur in Provinz-Blättern, sondern auch in Pariser Zeitungen tauchte ab und zu sein Name auf. So weit hatten es nur wenige exilierte deutsche Journalisten gebracht. Übrigens war Kündinger nun auch politisch tätig und galt als Verfasser oder Mitverfasser zahlreicher Broschüren und Manifeste, die entweder im Ausland oder, illegal, im Reiche wirken sollten. Hier war es vor allem Theo Hummler, mit dem er zusammen arbeitete.

Der wurde immer energischer und immer geübter, was die politisch propagandistische Aktivität betraf. Ein großer Teil der aufklärenden, warnenden, zum Widerstand rufenden Texte, die den geheimen, schwierigen, gefahrvollen Weg nach Deutschland fanden, stammte von ihm. Ein geheimnisvoller Nimbus begann, sich um seine Person zu bilden. Niemand wußte im Grunde genau, was er alles organisierte; wie viel wichtige und unsichtbare Fäden in seinen Händen zusammenliefen. Er trat häufig kleine Reisen an, deren Ziele unbekannt blieben. War er nach Prag unterwegs, oder nach Kopenhagen, oder gar nach Berlin? Richtete er einen Schwarzsender in Straßburg ein, dessen aufrührerische Verlautbarungen von deutschen Proleten, nachts und unter Lebensgefahr, abgehört wurden, oder konspirierte er mit Gesinnungsgenossen in Wien? ... Theo Hummler redete nicht viel. Seine Miene wurde immer verschlossener, fast unheilverkündend vor lauter Energie und Geheimnis.

Bei anderen war es deutlicher, was sie taten und womit sie etwas erreichten. Ilse Ill, zum Beispiel, die Kabarettistin, hatte plötzlich einfach Erfolg – in allen Zeitungen stand es zu lesen. Monate und Jahre lang war sie arbeitslos umhergegangen, fast verzweifelt und schon halb zerlumpt, und jedem, der nicht davonlief, hatte sie es erzählt: «Schon wieder hat ein Direktor zu mir gesagt, ich sei ihm zu häßlich. Dabei hat er mir zugegeben, ich hätte Talent. Wenn ich aber Talent habe, dann habe ich ein Gesicht. Und wenn ich ein Gesicht habe, dann bin ich doch nicht häßlich ...» Gleichsam über Nacht hatte man es entdeckt, ihr Gesicht, und nun leuchtete ihre Photographie aus den Illustrierten. Sie hatte es geschafft, freilich unter Verwendung radikaler Mittel. Der Einfall war ihr gekommen, sich das Haar grasgrün zu färben. Dazu schminkte sie sich die Lippen schwärzlich, die Wangen violett, und wählte zu einem schwarzen engen Kleid eine scharlachrote Pierrot-Krause. Es fiel immerhin auf. Außerdem hatte sie sich ein Programm einstudiert, das an fürchterlicher Kraßheit nichts zu wünschen übrig ließ. Zunächst durfte sie es nur in einem sehr bescheidenen Nachtlokal zum Vortrag bringen. Dort fanden sich Leute, die es interessant fanden; daraufhin machte sie einen Selbstmordversuch. Die Pariser wurden neugierig. Die Direktion eines großen Montmartre-Kabaretts bot ihr einen Vertrag an. Sie wand sich schlangenhaft zwischen den Tischen, an denen Sekt getrunken ward, warf die schwarzen Arme gen Himmel, verzerrte das bläuliche Gesicht über dem makabren Putz der Scharlach-Krause und schrie tragische Obszönitäten. Dieses war der Erfolg.

Auch Bobby Sedelmayer hatte es noch einmal geschafft. Dem charmanten, unverwüstlichen und gutmütigen Burschen zeigte sich in Shanghai das Glück wieder treu, das ihn an der Avenue de l'Opéra vorübergehend verlassen hatte. Seine Berichte aus China hatten begeisterten Ton. «Meine Bar ist die schönste des Fernen Ostens!» meldete er enthusiastisch – und alle, die dort gewesen waren, bestätigten es. «Nur Ihr fehlt mir!» versicherte Bobby den alten Freunden. «Sonst wäre ich restlos froh.» – Er hatte sein Lokal in einem der ersten Hotels der Stadt etablieren können. Es war ein geselliges Zentrum dieser Weltgegend. Bobby verdiente in so hübschen Mengen, daß er dem jüdischen Comité, für das Ilse Proskauer arbeitete, eine runde Summe überweisen konnte. An den Bankier Bernheim schrieb er, nicht ganz ohne Spott: «Wenn Sie in dieses Unternehmen Geld investiert hätten, verehrter Freund, wären Sie fein heraus!»

Übrigens hatte der Financier die Verluste, die seine Beteiligung an der Rix-Rax-Bar für ihn bedeutet hatte, leicht verschmerzen können. Ihm ging es vortrefflich; sein geschäftliches Genie bewies sich auch unter den abnorm erschwerten Umständen seiner jetzigen Existenz. Die prachtvolle Wohnung in Passy hatte schon wieder fast ebenso viel mondäne Anziehungskraft wie einst die Grunewald-Villa. Die Elite der Emigration – Künstler, Politiker und die Herren von der Börse – begegneten sich dort mit dem höheren

Personal der Botschaften, Pariser Zeitungsbesitzern und den halb deklassierten Mitgliedern des Faubourg St-Germain. Bernheim genoß die allgemeine Achtung. Einen Teil des Jahres verbrachte er in einem kleinen Ort bei Palma, auf der Insel Mallorca, wo er eine Villa gekauft hatte.

Dort hielt sich Professor Samuel auf, auch während der Hausherr abwesend war. Samuel hatte sich verliebt in Mallorca, in die Landschaft und in die Menschen. Außerdem hatte er dort ein sorgenloses Leben. Der Bankier schätzte ihn als Künstler wie als Causeur; großzügig und ohne gar zu viel Wesens davon zu machen, stellte er ihm Haus und Garten, Dienerschaft und Weinkeller, Küche und Bibliothek zur Verfügung. Wenn Samuel sich bedanken und die Großmut seines Freundes preisen wollte, sprach Bernheim schlicht: «Ich bin stolz darauf, mein Lieber, daß in meinem Hause Meisterwerke entstehen.» – Wirklich gerieten dem Maler auf Mallorca Bilder von ungewöhnlicher Qualität: Ansichten von Meer und Bergen in starken, hart leuchtenden Farben, und reizende Portraits von Fischerknaben, Stierkämpfern oder Bauernfrauen. Eine kleine Gruppe von Künstlern – Schriftstellern oder Malern – begann sich um das mallorquinische Idyll von Samuel und Bernheim zu bilden. Man verbrachte unschuldsvolle, blaue Tage am Strande und wilde Nächte in Palma. In Bernheims Villa war der Tisch stets für viele gedeckt. Wenn der Bankier in Paris weilte, vertrat ihn Samuel: schalkhaft und würdig, mit Grandezza, milder Klugheit und gepfeffertem Witz.

... Die Zeit verging, auch für die Emigranten. Schriftsteller schrieben Bücher – manche davon waren gut, andere ließen zu wünschen übrig –; Politiker entwarfen ihr Programm und stritten mit den Kollegen darüber; Zeitschriften wurden gegründet und gingen ein; Frauen gaben sich hin, erwarteten ein Kind, ließen es abtreiben oder bekamen es; Geschäftsleute spekulierten; Ärzte und Rechtsanwälte hatten keine Praxis, aber doch ab und zu Klienten; Schauspieler hatten kein Engagement, aber durften sich doch hier und dort öffentlich zeigen. Das Leben stagniert nicht, geht weiter, bringt Überraschungen, Veränderungen, Sensationen, Schmerzen, kleines Glück, heftigen Kummer, Langeweile, Lust, Müdigkeit, Hunger, Schreck, Enttäuschung.

Sogar für die arme Friederike Markus sollten schließlich Abenteuer kommen. Wie lange Zeit hatte sie nun, einsam und abgetrennt von allen übrigen, in ihrer tristen Wahnwelt gelebt? Jahre waren vergangen ... Sie ging immer noch mit ihrem gelben Handtäschchen umher, in dem die Parfümflaschen an die Tuben mit Zahnpasta klapperten, und immer noch verfaßte sie ihre endlosen Epistel an britische Politiker, italienische Dirigenten oder deutsche Dichter. Tag und Nacht aber, ob sie schrieb oder Eau de Cologne verkaufte, träumte sie von jenem Gabriel, der sie verlassen hatte. Da erschien er ihr.

Als sie wieder einmal in einem Bistrot saß und im Begriffe war, eine ausführliche Klage an Frau Lagerlöf abzuschließen, mußte sie plötzlich aufschauen vom Papier. Ein Windhauch hatte sie angerührt; aber diesmal war er nicht frostig böse, vielmehr tröstlich mild: Hauch, Glanz und Wohlgeruch in einem. Friederike, die ihren Blick sehnsüchtig ausschickte, erkannte Gabriel; in höchst anmutiger Pose stand er gegen die Theke gelehnt. Er trug einen grauen Sportanzug mit weiten Pumphosen; von den Schultern wuchsen ihm silbrig-blaue Flügel, starr und leuchtend, wie angefertigt aus einem biegsamen, starren und spröden Metall. Unter einer schicken englischen Schirmmütze, die er tief in die Stirn gezogen trug, glänzten die Augen des huldreichen Engels derartig stark, daß Frau Viola sich zugleich entsetzt und beseligt fühlte. Ach, ihr Gabriel war wiedergekommen, alles konnte gut werden. Siehe – er hielt ein kleines Glas, gefüllt mit golden bräunlicher Flüssigkeit, auf kokette Art in der Hand. Den rechten Fuß hatte er lässig vorgestellt, wie ein Tänzer, der ausruht von seinen herrlichen Sprüngen, und der, noch in der Ruhe, den hohen Anstand, die spielerische Grandezza des Tanzes bewahrt. Strahlenglanz umfloß ihn; die arme Viola zitterte davor, es könnte jene Rosenwolke wieder herbei geschwebt kommen, auf der die Götter ihre Lieblinge entführen. «Gabriel!» rief sie schluchzend und reckte die hageren Hände nach ihm.

Ein mürrischer alter Kellner wunderte sich darüber, daß die eifrig schreibende Dame plötzlich mit so weinerlich-schriller Stimme einen Herren anrief, den sie vorher gar nicht beachtet hatte. Er befand sich schon seit einer Viertelstunde im Lokal und trank gerade seinen dritten Cognac. Als die Dame unvermittelt: «Gabriel!» schrie, wandte er sich ihr zu und lächelte wie jemand, der dergleichen gewohnt ist. «Wie beliebt, bitte?» fragte er mit einer Stimme, die sowohl kräftig als auch einschmeichelnd war.

Die Frau am Tisch schien aus einem tiefen Traum zu erwachen. «Entschuldigen Sie!» brachte sie mühsam hervor. «Ich habe Sie … mit einem Bekannten verwechselt …» Die Hände und die Lippen zitterten ihr. ‹Sieht ja besorgniserregend aus›, dachte der junge Mann. Während er federnden Schrittes auf sie zutrat, sprach er mit einer galanten Neigung des Oberkörpers: «So etwas kann passieren!» Und er fügte hinzu – wobei er sich ein geübtes Don-Juan-Lächeln wie eine feine seidene Maske übers Gesicht zog –: «Mein Name ist Walter Konradi. Sind Gnädigste auch Emigrantin?»

… Monoton zugleich und dramatisch bewegt verlief das Leben der beiden Knaben, Martin und Kikjou. Immer noch bewohnten sie miteinander das zu teure Atelier, rue Jacob, mit dem schönen Blick aus dem großen Fenster über die Dächer und in die winkligen Straßen des Quartier. Immer noch vergingen ihnen die langen Nächte mit den Gesprächen und den Liebkosungen; die kurzen Tage aber verschliefen sie beinah ganz. Dazwischen gab es Szenen; Auftritte mit Tränen, Schreien und wilden Worten. Manchmal trennten sie sich; aber niemals länger als für einige Wochen. Es war immer Kikjou, der abreiste: zu den Verwandten, nach Belgien oder Lausanne, oder mit einer älteren Dame, die ihm nachstellte, nach London, oder mit einem jungen Amerikaner nach Biarritz. Martin blieb – und eines Tages trat auch Kikjou wieder ein, das lieblich-bleiche Affen-Gesichtchen starr vor Zärtlichkeit, Hysterie und einer Freude des Wiedersehens, in die sich Verzweiflung mischte: «Me voilà, da bin ich wieder, alles kann von vorne anfangen – wir kommen voneinander nicht los.»

Und alles fing wieder von vorne an. Ewig wiederholten sich Martins Vorwürfe: «Du betrügst mich! Wie eine kleine Hure bist du, im Gesicht und am ganzen Körper, auch deine Frömmigkeit ist nur eine besonders unappetitliche Form deiner maßlosen Geilheit.» Darauf Kikjou: «Du bist es, der mich täglich und stündlich betrügt – mit dem Gift, mit dem Teufelszeug!» – Und Martin, nicht ohne Hohn: «Du nimmst es ja selber! Heuchler du! Du kannst ja selbst gar nicht mehr auskommen ohne deine chose infernale!» – Kikjou: «Spotte auch noch! Triumphiere auch noch! Du hast mich zum Morphinisten gemacht!»

Er hatte nicht widerstehen können. Die Zeiten, da er mit einer etwas grausamen Neugierde Martins Exzesse beobachtet hatte, waren dahin. Die Fremdheit, in die ihm Martin entglitt, wenn die Droge sein Gesicht und seinen Blick veränderte, hatte anfangs für Kikjou einen Reiz bedeutet. Schließlich wurde es unerträglich. Zwei Menschen, von denen der eine intoxikiert ist, der andere nicht, können auf die Dauer nicht zusammen sein. Sie leben in verschiedenen Welten: Kikjou begriff das bald. Eines Nachts verlangte er danach, la chose infernale zu kosten. Wie geschwind gewöhnte man sich! Er konsumierte sie in kleineren Dosen als Martin, auch noch nicht mit der gleichen Regelmäßigkeit. Aber er spürte doch schon, wie er verfiel. Er beichtete, sowohl dem Onkel in Belgien als auch dem Priester. Aber er konnte nicht aufhören. Der Teufel hatte ihn fest in den Krallen. Der Teufel vermag mannigfache Gestalt anzunehmen. In einem winzigen Paketchen aus festem roten Papier findet er Platz ...

Die Beiden magerten ab. Ihre Gesichtsfarbe wurde grau, die Haltung schlaff, der Appetit ließ nach, auch die sexuelle Potenz. Es gab Zeiten, da Kikjou beinah gar nichts mehr bei sich behalten konnte; er übergab sich fast nach jeder Mahlzeit. Oft blieb er den ganzen Tag im Bett liegen, während Martin wenigstens abends sich für einige Stunden erhob. Er ging zur Schwalbe und plauderte mit David Deutsch oder den anderen Freunden. Nach einer gewissen Weile freilich begann er zu gähnen, apathisch, schlapp und melancholisch zu werden. Dann zog er sich auf die Toilette zurück – um nach einer Viertelstunde frisch und munter wieder zu erscheinen. Mit neuen Kräften mischte er sich ins Gespräch, das er bald beherrschte. Er war amüsanter denn je; auf seine kokett gedehnte, zugleich pedantische und brillante Art formulierte er Aperçus über Politik, Menschen oder Literatur. Alle Blicke hingen an seinem schönen, trägen und bleichen Gesicht. Seine grau-grün verschleierten Augen, in denen die Pupillen hart und winzig klein waren, hatten eine neue Macht, eine geheimnisvoll starke Beredsamkeit bekommen. David liebte und bewunderte ihn. Er war seinerseits tief versponnen in seine soziologisch-philosophischen Arbeiten; Martin war fast der einzige Mensch, für den er noch ein echt lebendiges Interesse fühlte. Mit keinem war das Gespräch so anregend – fand David –, wie mit diesem jungen Poeten, der fast nichts schrieb und sich selbst mählich zu Grunde richtete. David arbeitete an einem Institut für soziale Forschung und war Mitherausgeber einer wissenschaftlichen Monatsrevue. «Wie gut könnten wir dich dort brauchen!» sagte er Martin oft. «Dir fällt mehr ein als den meisten Professoren.» – «Ich kann nicht.» Martin hob nur müde die Schulter. «Du mußt mir ein bißchen Geld leihen, David. Pépé will nicht länger warten. Morgen oder übermorgen bekommst du es ganz bestimmt wieder.»

Pépé war die große, herrschende Figur in Martins Leben geworden. Der Händler hatte inzwischen häufig sein Stammlokal wechseln müssen. Auch verhaftet war er einmal gewesen. In dieser Zeit hatte sein Cousin «das Geschäft» geführt. Aber mit dem war nicht auszukommen; statt Morphine zu nehmen, trank er Schnaps – was viel unbekömmlicher war und ihn jähzornig machte. Pépé hingegen war ein Gentleman; in seiner Art fast ein Weiser. Übrigens hatte er für Martin und Kikjou die zärtlichste Sympathie; er nannte sie «meine Lieblingskinder» und räumte ihnen längere Kredite ein als den übrigen Kunden.

Trotzdem gab es ständig finanzielle Schwierigkeiten – nicht nur mit Pépé, sondern auch mit der Patronne des Hotels. Alte Korellas schickten immer weniger und immer unregelmäßiger: die komplizierten und strengen Devisen-Bestimmungen waren schuld, wie sie behaupteten. Martin glaubte es nicht; er sagte, es fehle an gutem Willen: «sie lassen ihren kranken Sohn glatt verhungern.» Kikjou seinerseits war mit dem Papa, der seinen Lebenswandel permanent mißbilligte, immer noch nicht versöhnt. Die Verwandten in Lausanne ließen ihn zappeln, wenn sie irgend Lust dazu hatten. Der belgische Oheim kam einzig und allein als Spender geistlichen Trostes in Frage. Oft waren die beiden Knaben in der rue Jacob ganz verzweifelt. Wenn David Deutsch und der hilfsbereite Marcel nicht gewesen wären, hätte man sie längst aus dem Hotel gewiesen.

Martin versuchte zu arbeiten. Der große Roman, von dem er

sich so viel versprochen hatte, kam nicht zu Stande. Hingegen plante er nun eine kleine Serie von Prosa-Stücken, teils hymnischer teils analytischer Art –: Tagebuchseiten, Bekenntnis, politische Aphorismen, philosophische Lyrik. Als Motto hatte er eine Stelle von André Gide gewählt:

«Il y a dans tout aveu profond plus d'éloquence et d'enseignement qu'on peut croire tout d'abord.»

Veröffentlicht hatte er in all der Zeit nichts, außer einer kritischen Studie über den «verruchten Lieblingsdichter», den deutschen Lyriker, Arzt und Denker, der, in einer Mischung aus irrationaler Berauschtheit, Hysterie und Opportunismus, ein Mitläufer des Nazi-Regimes geworden war. Martins Artikel, dem die intime Kenntnis des Gegenstandes, Liebeshaß, Gram und Enttäuschung eine gewisse intellektuelle Beschwingtheit, einen zornig-zärtlichen Impetus verliehen, war in einer der neu gegründeten literarischen Monatshefte erschienen und hatte in Kennerkreisen Aufsehen gemacht. Nun erst recht sagte man allgemein, wenn man von Martin sprach: «Es ist schade um den Jungen.»

Im Februar 1936 waren die Beiden gerade in einem besonders déplorablen Zustand. Sie beschlossen, für einige Wochen nach Südfrankreich zu fahren; Kikjou hatte eine größere Überweisung aus Lausanne erhalten. Pépé lieferte ihnen den Heroin-Vorrat, mit dem sie auskommen wollten. Denn ein Zweck der Reise war, mit den Dosen «herunter zu gehen».

Der kleine Ort Villefranche liegt in der Nähe von Nice. Sie wohnten in einem Hotel am Hafen. Ihr Zimmer hatte hellblau getünchte Wände und den hübschen Blick auf die Bucht. Die Tage waren sehr milde, Himmel und Wasser schimmerten, vor dem blauen Hintergrund ließen Boote das starke Braun ihrer Segel leuchten. Martin und Kikjou waren ein paar Tage lang glücklich. Sie liebten den Ort mit seinen engen und stillen Gassen, die steil zum Berg hinauf stiegen und deren Schläfrigkeit sich festlich belebte, wenn ein amerikanisches Schiff anlegte. Dann füllten sich die Pfade, die Bars und die Plätze mit den Matrosen; sonst gab es aber hier nur bleiche Kinder, die schwermütig in der Nase bohrten, und fahle Katzen, die lautlos durch die gehäuften Abfälle huschten. – Martin und Kikjou liebten einander. Sie versprachen, daß sie sich niemals verlassen wollten. Sie waren nicht «heruntergegangen» mit den Dosen, sondern konsumierten reichlicher denn je. Nach acht Tagen war ihr Vorrat zu Ende.

Sie telegraphierten an Pépé; er antwortete nicht. Sie versuchten ihn telephonisch zu erreichen; umsonst. Vielleicht war er wieder einmal verhaftet worden. Sie liefen zum Apotheker in Villefranche und bettelten um einige Ampullen Morphine. Der Apotheker wurde grob, schrie sie an, mit solchem Gesindel wolle er nichts zu tun haben, und schmiß sie aus seinem Laden. In Nice fanden sie einen, der höflicher war; er verkaufte ihnen aber nur eine kleine Dosis Eucodal und ein paar Pantopon-Tabletten. Das stillte nur den ersten, gierigsten Hunger. Nach ein paar Stunden fing der Jammer wieder an.

Es war beinah nicht auszuhalten. Sie stürzten wie die Irrsinnigen durch das Zimmer; schrien sich Beleidigungen zu. Beide aufs äußerste gereizt, beide furchtbar erbittert; den halben Tag verbrachten sie in einer Wanne voll heißem Wasser, weil es dort noch am erträglichsten war. Im warmen Naß hilflos aneinander geschmiegt, schluchzten sie lange. Wie wir leiden! Armer Kikjou! Ärmster Martin! Wie wir leiden müssen! – Abends setzte sich Martin in den Zug nach Marseille. Am nächsten Vormittag kam er mit neuem Vorrat zurück.

Sie labten sich Beide; Kikjou zog das Zeug durch die Nase hoch – er hatte eine nervöse Angst vor dem Einstich der Spritze –, während Martin sich die Injektion «intravenös» – nicht «subkutan» – in den Arm applizierte. Dazu bedurfte man eines gewissen Talentes und langer Übung. Der Arm wurde abgebunden, wie zu einer Operation. Das Instrument, dessen Nadel in der Ader steckte, füllte sich mit schäumend-trüber, roter Flüssigkeit: es war Blut, Martins Blut – Kikjou beobachtete den Vorgang mit Ekel und Interesse. Die Wirkung war, dank der intravenösen Injektion, wesentlich stärker und schockhafter. Martin, übermüdet von der nächtlichen Reise, betäubt von der Droge, verfiel in sehr schweren Schlaf. Auch Kikjou, der mehr als gewöhnlich durch die Nase hochgezogen hatte, schlief ein. Als er Stunden später erwachte, fand er den Freund neben sich, weiß im Gesicht und ganz leblos. Er hielt ihn für tot und schrie leise auf. Kurz entschlossen schrieb er einen Zettel – «Ohne dich kann ich nicht leben! Niemals!» –, und schluckte neun Veronal-Tabletten, um möglichst schnell seinerseits zu sterben. Pathetische Mißverständnisse, wie im letzten Akt von Romeo und Julia – dem armen Kikjou hätten sie leicht das Leben kosten können. Er wurde gerettet; ein Arzt kam herbei, es war vier Uhr morgens, der Doktor schimpfte, aber er pumpte Kikjou den Magen aus.

Nun hatte Kikjou genug. Er hatte dem Tod ins Auge geblickt, um Martins willen, seine Geduld war am Ende, er rief aus: «Alles was wir tun, ist Greuel und Schande. Ich verlasse dich, Martin. Morgen beginne ich eine Entziehungskur, die ich durchzuführen gedenke. Dich schaue ich nicht mehr an, ehe auch du völlig los bist von der chose infernale. Dies ist Teufelsdreck!» Er schleuderte ein Paketchen mit dem kostbaren Heroin aus dem Fenster. Martin raste, teils wegen der vergeudeten Droge, teils weil der Geliebte ihn verlassen wollte. «Das kannst du nicht tun!» heulte er auf; unklar blieb, worauf es sich bezog.

Sie standen sich vor der hellblau getünchten Wand gegenüber, zwei kampfbereite Jünglinge, beide zitternd, beide mit weißen Lippen.

«Ich kann es!» schrie Kikjou. «Denn ich will leben. Gott hat mich nicht dazu geschaffen, daß ich mich zu Grunde richte. Was wir treiben, das ist die Sünde wider den Heiligen Geist.»

«Unsinn!» Martin war aufs äußerste erregt und zornig. «Gesteh doch gleich, daß du mich nicht mehr liebst! Habe doch den Mut, es mir ins Gesicht zu sagen! Ich aber liebe dich noch.» Es klang schrecklich, wie eine Kampfansage. «Und ich lasse dich nicht. Du kannst mich nicht töten.»

Kikjou, etwas leiser: «Ehe ich mich von dir töten lasse...» Dann scheuchte er Martin, der sich ihm nähern wollte, von sich, wie man einen bösen Geist verscheucht.

Beide fühlten: diesmal war es ernst. Sie hatten sich mancherlei dramatischen Spaß und viel hysterisches Amüsement gegönnt. Diesmal ging es ums Ganze. Die Pantomime ihres bitteren Abschiedes hatte sich vom Hintergrund der hellblauen Wand gelöst. Nun wurde sie vor dem geöffneten Fenster zu Ende gespielt; dahinter leuchtete das Meer mit den braunen Segeln. – Keine

Umarmung mehr; kein Gruß mehr; stummes, blindes Auseinandergehen.

Martin kehrte alleine nach Paris zurück.

Zweites Kapitel

Marion setzte sich durch.

Es war nicht leicht gewesen; mit dem Erfolg ihres ersten Pariser Abends war keineswegs schon etwas Wesentliches erreicht. Applaus von ein paar hundert Freunden oder Gesinnungsgenossen – das bedeutet nicht viel. Eine literarische Rezitatorin findet auf die Dauer kein Publikum; dies bekam Marion immer wieder zu hören. Die Leute gehen ins Kino; kaum sind sie in ein Theater zu bringen; ganz gewiß nicht in einen Saal, wo eine Schauspielerin ohne Engagement Verse von Goethe und Hölderlin spricht. «Und überhaupt: welches Wirkungsgebiet kommt für Sie in Frage, da Sie in Deutschland selber nicht auftreten dürfen? Die paar tausend Emigranten werden Ihre Säle nicht füllen …» – «Es gibt Länder, wo man mich verstehen wird», sagte Marion zuversichtlich. «Es gibt die Schweiz, Holland, Österreich, Skandinavien, die Tschechoslowakei …»

Sie ließ sich nicht einschüchtern oder mutlos machen. Zunächst veranstaltete sie noch einige Abende in Paris, trat auch in politischen Versammlungen auf. Dann wurde in Straßburg ein literarisches Kabarett eröffnet, dessen Attraktion sie zwei Monate lang war. Von dort aus fuhr sie nach Zürich, wo sie im Rahmen einer politisch-satirischen Revue vier Gedichte rezitierte, zwei klassische und zwei moderne. Sie war beim Publikum bald so beliebt, daß drei eigene Abende, die sie selbst riskierte, starken Zulauf hatten. Daraufhin bewarben sich um sie die Bühnen verschiedener Schweizer Städte. Auch aus Österreich und der Tschechoslowakei kamen Angebote. Sie lehnte ab. Es lockte sie nicht mehr, schien ihr kaum noch lohnend, Ehebruchskomödien oder die Maria Stuart zu spielen. Das Repertoire der Stadttheater oder privaten Bühnen interessierte sie nicht; es hatte zu wenig Zusammenhang mit den Dingen, die ihr Herz und ihren Geist beschäftigten. Ihr Ehrgeiz war in anderer Richtung fixiert. Sie wollte politisch wirken. Sie glaubte eine Sendung zu haben, und mit stolzem Glück spürte sie: Ich bin ihr gewachsen.

Am meisten war ihr an den eigenen Abenden gelegen, deren Programm sie allein bestimmte. Mit einem Kabarett oder einem Revuetheater schloß sie nur dann ab, wenn man ihr die Auswahl der Gedichte, die sie bringen wollte, ohne Vorbehalt überließ. Viele der Direktoren machten anfangs Einwände. Bald aber stellte sich heraus, daß sie «zog»; daß um ihretwillen die Leute kamen und das Haus immer voll war, wenn Marion von Kammer angekündigt wurde. Man räumte ihr also die Freiheiten ein, auf denen sie bestand.

Sie gab Abende in Zürich, Basel, Bern, St. Gallen, Luzern, Olten und anderen Orten der Schweiz. Ihre stärksten Erfolge hatte sie in der Tschechoslowakei. In Prag, Brünn und Preßburg, Karlsbad und Marienbad wurde sie vom Publikum und von der Presse gefeiert. «Die antifaschistische Jungfrau von Orléans am Vortragspult!» schrieb ein Prager Literat über sie. Zunächst meinte er es wohl ironisch; aber Marions Bewunderer griffen die Wendung auf, und schließlich benutzte sie sogar ihr Manager in seinen Annoncen. – Im Sommer 1935 arbeitete sie in den böhmischen Badeorten; dann wieder in der Schweiz, in Davos, Arosa, St. Moritz. Zum Schluß der Sommersaison stellte sie sich noch dem internationalen Publikum der Salzburger Festspiele vor. Für die Herbst-Monate hatte der Agent ihr eine große Tournee in Holland eingerichtet. Daran schlossen sich Engagements in Belgien und Luxemburg; dann wieder in der Schweiz und der Tschechoslowakei. Es war ein anstrengender Winter. In Wien durfte sie nicht auftreten, weil die österreichische Regierung auf die Empfindlichkeiten des Dritten Reiches Rücksicht nahm. In Zürich machten faschistische Studenten Skandal, als sie das Gedicht eines Autors sprach, der in einem deutschen Konzentrationslager ermordet worden war. Die Polizei warf die Ruhestörer – von denen sich später herausstellte, daß sie Geld vom Deutschen Konsulat bekommen hatten – aus dem Saal. Seit diesem Zwischenfall hatte Marion Schwierigkeiten, die Arbeitserlaubnis in der Schweiz zu bekommen; von einigen besonders vorsichtigen Kantonen wurde sie ihr verweigert. Nicht nur in der Schweiz, auch in der Tschechoslowakei und in Holland interessierten sich nun die Behörden für die Auswahl der Verse, die sie sprechen wollte. Überall vermied man gerne Schwierigkeiten mit den reizbaren deutschen Gesandtschaften oder Konsulaten. Marion kämpfte wie eine Löwin um jede Zeile ihres Programms. Manches mußte sie opfern. Was stehen blieb, war immer noch genug, um den Nazi-Spionen, die von ihren Vorgesetzten in den Saal geschickt worden waren, den kalten Schweiß auf die Stirnen zu treiben.

Deutsche Dichter im Exil schrieben Verse, eigens für die Vortragskünstlerin Marion von Kammer. Oft waren es nur gereimte Leitartikel, politische Manifeste in «freien Rhythmen», denen Marion durch ihre Stimme, durch das Pathos ihrer Haltung und ihres Blickes erst die Würde und das Gewicht verlieh. Aber inniger war sie bei der Sache, wenn sie Gedichte oder Prosa der Klassiker sprach. Am populärsten war der Heinrich-Heine-Abend. Alle im Saal erschauerten, wenn die Zürnende rief:

«Nicht gedacht soll seiner werden …

Ausgelöscht sein aus der Menschen
Angedenken hier auf Erden,
Ist die Blume der Verwünschung –
Nicht gedacht soll seiner werden!

Herz, mein Herz, ström aus die Fluten
Deiner Klagen und Beschwerden,
Doch von ihm sei nie die Rede –
Nicht gedacht soll seiner werden!

Nicht gedacht soll seiner werden,
Nicht im Liede, nicht im Buche –
Dunkler Hund im dunklen Grabe,
Du verfaulst mit meinem Fluche!

Selbst am Auferstehungstage,
Wenn, geweckt von den Fanfaren

Der Posaunen, schlotternd wallen
Zum Gericht die Totenscharen

Und alldort der Engel abliest
Vor den göttlichen Behörden
Alle Namen der Geladenen –
Nicht gedacht soll seiner werden.»

Jeder begriff, wen diese fürchterliche und schöne Stimme, die jetzt
wie eine große Glocke drohend läutete, meinte und verdammte.
Marions Gesicht war sehr starr, wenn sie diese schauerliche For-
mel des Fluches sprach. Aber unter der lockeren Purpurfülle des
Haars brannten grausam die schräg gestellten Katzenaugen.

Ihre Stimme wurde berühmt in Europa. Junge Schauspielerinnen begannen, ihre stürmischen und zärtlichen, zornigen und
schmelzenden, aufrührerischen und süßen Akzente zu kopieren.
Sie wurde viel bewundert und viel geliebt. Ihr Blick erschreckte;
aber es verführte ihr großer, leuchtender Mund, und Lyriker oder
hysterische junge Mädchen schrieben Hymnen auf ihre mageren,
nervösen und kraftvollen Hände. – Sie wurde sehr geliebt, und bitterlich gehaßt. Die Zeitungen im Reich brachten Schmähartikel
gegen sie. In den Witzblättern von Berlin und München erschien
ihre Karikatur: das kurze Gesicht unter dem wilden Haar, die gespreizten Hände, die mageren Glieder im eng anliegenden schwarzen Kleid. Hatte man Angst vor ihr und vor ihrer Stimme, daß
man sich so viel und zornig mit ihr beschäftigte? Die Nazi-Regie-
rung entzog ihr die deutsche Staatsbürgerschaft: sie ward «ausgebürgert» – was wiederum nur eine Reklame für sie bedeutete.
Schon ehe ihre Feinde sie mit dieser hilflosen und etwas komischen
Geste zu züchtigen und erniedrigen meinten, hatte sie ihrerseits
öffentlich erklärt, daß sie ihren deutschen Paß nicht mehr benutzen wolle. Sie reiste mit einem provisorischen tschechischen Papier, einem «Fremdenpaß», den man ihr in Prag zur Verfügung gestellt hatte. Ihre Popularität in den Kreisen, auf die sie wirken
wollte, steigerte sich noch dank den Beleidigungen, mit denen die
Herren aus Berlin sie verfolgten. Niemals war Marion so gefeiert
worden wie in den ersten Wochen nach der «Ausbürgerung». Da-

mals kam sie gerade in die Tschechoslowakei zurück. Es war im Januar des Jahres 1936.

Immer zahlreicher, immer inniger wurden die dankbaren, enthusiastischen Briefe. Häufig kamen sie von Deutschen – Feinden des Nazi-Regimes, die es aber im Reiche aushalten mußten und nur für kurzen Aufenthalt im Ausland waren. «Wir hatten angefangen, unsere Heimat zu hassen», schrieben sie. «Das Deutschland, in dem wir leben müssen, ist hassenswert. Sie haben uns wieder an ein anderes erinnert, haben ein besseres Deutschland für uns lebendig werden lassen. Das vergessen wir Ihnen nie.»

Marion beantwortete viele Briefe, vermied es aber, halb aus Scham, halb aus Trägheit, mit ihren Bewunderern persönlich in Berührung zu kommen. Manche waren von bemerkenswerter Insistenz. Als sie einen Monat lang in einem Prager Kabarett auftrat, gab es eine Dame, die ihr jeden Abend Blumen schickte: dreißig kleine rote Rosensträuße. Als das Engagement zu Ende ging, am 31. Januar endlich, schickte Marion dieser zähen Verehrerin einen Zettel ins Parkett: es würde ihr eine Freude sein, sich persönlich für die vielen schönen Blumen bei ihr zu bedanken. Drei Minuten später war die Dame da und sah düster aus. Sie trug ein streng geschnittenes dunkles Kostüm und das glatte schwarze Haar sehr kurz geschoren. «Ich heiße Emma von Barlow», sprach sie und verneigte sich knapp. «Von Beruf bin ich Bildhauerin. Ich möchte Sie modellieren, Marion von Kammer.» Ihre Stimme tönte sonor und tief; auf der Oberlippe lag ein starker Flaum von brünettem Schnurrbart. «Ich möchte Sie modellieren», fuhr sie fort, ohne auf Marions Antwort zu warten, «ehe ich Europa verlasse. Denn hier bleibe ich nicht!» versicherte sie, fast zornig, als hätte jemand sie zurückhalten wollen. «Was soll ich noch in Europa? Niemand interessiert sich mehr für Skulpturen. Europa ist fertig, aus, zu Ende – das weiß ich schon lang. Ich gehe nach Ekuador.» Dies erklärte sie nicht ohne einen düsteren Triumph, und sie fügte leiser hinzu: «– Ganz allein.» Geld habe sie gerade genug für die Reise und um ein paar Monate drüben auszuhalten, erklärte sie noch. «Dann wird man weitersehen.» Das Leben in jener Gegend sei billig – hatte man ihr berichtet. «Ein reiches Land; keine Staatsschulden.» Sie sprach fast drohend vor Sachlichkeit. «Ölschätze!» rief sie, als

ob dies alles für sie bedeutete. «Und ein schöner Menschenschlag –
was mich übrigens kaum noch zu interessieren braucht; denn ich
wechsle meinen Beruf. Sie, Marion von Kammer, sollen mein letztes Modell sein! Vielleicht werde ich nun Pianistin in einer Jazz-
Kapelle. Ich spiele recht gut Klavier.»

Als Marion endlich zu Worte kommen durfte, suchte sie der Besucherin plausibel zu machen, daß es ihr leider nicht möglich sei,
sie im Atelier aufzusuchen. «Ich habe morgen einen Abend in Bra-
tislawa; übermorgen einen in Brünn. Wenn man nur etwas mehr
Zeit hätte ...» Es tat ihr wirklich leid, Emma von Barlow enttäuschen zu müssen. Die stand einen Augenblick sprachlos; blieb indessen gefaßt. «Es macht nichts.» Die Stimme klang etwas heiser.
«Es macht wirklich gar nichts. Denn ich kenne Sie ja. Ich habe Sie
lange genug beobachtet, um Ihr Portrait aus dem Kopf zu schaffen.
Ich weiß jede Linie an Ihrem Körper.» Dabei funkelte es in ihren
Augen, die dunkel waren und sehr nah beieinander lagen, unter einer trotzig vorspringenden, niedrigen Stirn. Marion, etwas beunruhigt, zog sich einen Schritt von ihr zurück. «Jetzt muß ich wirklich gehen», sagte sie. «Ich wünsche Ihnen alles Gute für die
Reise.» Während sie dies vorbrachte, schnürte ihr plötzlich ein
großes Mitleid die Kehle zu. Sie meinte, schluchzen zu müssen. Sie
sah diese Frau – diese einsame Frau, die vielleicht eine echte Künstlerin war – auf dem Deck eines kleinen Schiffes, das sie Wochen
lang über den Ozean trug. Schließlich würde es sie absetzen in
einem Lande, wo sie niemanden kannte. Wen hatte sie in Deutschland zurückgelassen? Eine alte Mutter? Einen Mann? Eine Freundin? – Eine Freundin, taxierte Marion. Und warum mußte diese
Dame, Emma von Barlow, in die Einsamkeit und in die Fremde?
Warum hatte sie es in der Heimat nicht aushalten können? Durch
was wurde sie so empört und so abgestoßen? – «Danke!» sagte sie
nun, und dies war der Abschied. Sie neigte sich über Marions Hand
– Kavalier vom pomadisierten Scheitel bis zu den dicken Gummi-
sohlen ihrer breiten Halbschuhe. «Danke! Nun nehme ich doch
eine gute Erinnerung an Europa mit, da ich Sie gehört – und gesehen habe, Marion von Kammer!» Dann war sie hinaus, eiligen, festen Ganges, und ohne sich noch einmal umgedreht zu haben.

Ein anderes Mädchen, das von Marion ausnahmsweise empfangen wurde, eine junge Kommunistin, kam direkt aus einem deutschen Gefängnis. Dort hatte sie sich zwei Jahre lang aufhalten müssen. Zwei Jahre! –: welch eine Zeit! Und wie überstand man dergleichen? Diese hatte es in guter Form überstanden. In der Tat, sie schien beinah munter. Ihr Gesicht, das Marion mit Angst und Neugier prüfte, war nicht entstellt; nicht einmal besonders mager sah es aus. Das Mädchen war sogar etwas verächtlich, weil Marion sich bestürzt zeigte. «Zwei Jahre? Was ist denn das?» Sie zuckte die Achseln. «Ich hatte noch Glück, daß ich nicht ins Lager gekommen bin.» Das Geld, das Marion ihr schenkte, nahm sie wie etwas Selbstverständliches hin. Sie war nicht sehr liebenswürdig, wirkte aber vertrauenerweckend. «Sie tun gute Arbeit», lobte sie Marion, ohne Enthusiasmus, fast erstaunt, wie eine Lehrerin, die schwer zufrieden zu stellen ist und nun sagt: Die Leistung ist besser, als ich sie von dir erwartet hätte, mein Kind. «Gerade daß Sie den Leuten so klassisch kommen, ist geschickt. Damit fangen Sie das bürgerliche Publikum.» Sie tat, als wäre es nur natürlich und angebracht, daß Marion nach kalten Berechnungen und politischem Kalkül ihr Programm zusammenstellte. «Gegen Goethe und Schiller läßt sich kaum etwas einwenden», sagte sie noch. «Man muß eben jetzt mit solchen Tricks arbeiten.» Marion ärgerte sich; übrigens war ihr das Mädchen nicht unsympathisch. Sie hatte ein intelligentes, offenes Gesicht; sie wußte, wofür sie kämpfte; meinte, unbedingt im Besitz der absoluten Wahrheit zu sein, und wäre, wenn es sein mußte, bereit gewesen, für diese Wahrheit zu sterben, ohne von ihrem Martyrium viel Aufhebens zu machen. –

Es wechselte um Marion die Szenerie der Städte; es wechselten die Menschen, die ihr Briefe schrieben oder an den Theaterausgängen auf sie warteten: «Wir müssen Ihnen die Hand drücken, Fräulein von Kammer, es ist wieder gar zu schön gewesen!» Aber die Schlafwagen waren immer die gleichen, auch die Hotelzimmer blieben sich überall ähnlich – oft wußte Marion nicht, wie sie am Morgen aufwachte, ob sie in Rotterdam oder in Basel, in Antwerpen oder Graz geschlafen hatte –, und schließlich waren auch die Menschen, die sich überall zu ihr drängten, nicht so sehr voneinander verschieden. Viele kamen traurig und hoffnungslos; andere hatten Pläne, Vorschläge, ein politisches Programm. Einer erwartete sich alles Heil von Paneuropa; der Nächste war anspruchsvoller und wollte den Weltstaat gründen: eine ganze Nacht lang erklärte er Marion, wie der Weltstaat auszusehen habe. Er war früher Professor an einer deutschen Universität gewesen –: ein gescheiter Mann. Marion hörte ihm achtungsvoll zu. Er hatte die Insistenz des Fanatikers. «Der Weltstaat!» rief er immer wieder, und seine Faust, die auf den Tisch schlug, zitterte. «Nur er kann uns retten, und sonst nichts. Der ganze Begriff der Nation ist ein Schwindel – gar nichts dran, lauter Trick und Lüge. Solange die Menschen dahinter nicht gekommen sind, ist für sie nichts zu hoffen ...»

In Salzburg war es ein bayrisch-österreichischer Graf, der Marion Stunden lang unterhielt. Er sah ziemlich leichtfertig aus, mit schwarzem Schnurrbart in einem fetten, lustigen Gesicht. «Meine Freunde nennen mich Count Bubi», erklärte er gleich, mit kokettem Lachen, und bat darum, auch Marion möge ihn so anreden. Er war Katholik, Royalist, haßte die Nazis, und wollte eine neue Partei gegen sie gründen, eine «Partei der Jugend», Marion sollte zu den Führern gehören. «Dann machen wir eine kleine Revolution!» rief er animiert, mit seiner näselnden süddeutschen Aristokraten-Stimme. «Eine kleine antipreußische Revolution in Bayern – das ist gar nicht so schwer! Ich brauche nur etwas Geld dazu, mit einer halben Million Pfund ist es zu schaffen, wir müssen handeln, Verehrteste, eine halbe Million Pfund müßte schließlich aufzutreiben sein, wir gründen einen katholisch-sozialistischen Staat, der Vatikan gibt uns seinen Segen, es kann eigentlich gar nicht schiefgehen ...» Count Bubi war nicht beleidigt, daß Marion lachte. «Natürlich lachen Sie!» bemerkte er ohne Bitterkeit. «Alle lachen zunächst. Sie werden es aber erleben: ich komme zum Ziel.» Merkwürdigerweise hielt sie dies wirklich nicht für ausgeschlossen. Der Graf mit seinem schlauen Kindergesicht schien besessen von Energien, die unter Umständen kostbar und selbst entscheidend sein mochten. Marion plauderte lang mit ihm. Die Idee, daß «eine kleine Revolution in Bayern» das Gesicht Europas verändern könnte, amüsierte sie und wirkte ermutigend.

Sie brauchte Ermutigung. Denn während sie vor ihrem Publikum oder im Verkehr mit Menschen stets zuversichtlich und beinah munter schien, kannte sie in Wahrheit die Stunden der Anfechtung, der verzweifelten Müdigkeit. Oft kam es ihr sinnlos vor, durch die Länder zu reisen – eine pathetische Missionarin – und schöne Verse zu deklamieren. Was soll es? – fragte sie sich, sooft die Stunde der Anfechtung kam. Wenn sie abends mit ihren Handkoffern und Blumensträußen zum Zug fahren mußte, fühlte sie sich manchmal derart matt und zerbrochen, daß sie erwog, den Rest der Tournee telegraphisch abzusagen und einfach zu bleiben, wo sie gerade war; in irgendeinem Hotelbett liegen zu bleiben, keine Zeitung mehr anzuschauen, keinen Telephonanruf mehr zu beantworten, die Augen geschlossen zu halten, zu schlafen…

Die D-Zug-Nächte konnten auf die Dauer kaum bekömmlich sein. Marion träumte zu viel, und fast immer waren es arge Träume. Früher hatte es so schlimme nicht gegeben. Damals hatte sie nur geträumt, daß sie wieder auf der Schulbank sitzen müsse und eine gar zu schwere Prüfung zu bestehen habe; oder sie stand auf der Bühne, ohne ein Wort Text zu wissen; oder sie mußte nackt über den Potsdamer Platz. Jetzt träumte sie einfach, daß sie sich in Deutschland befinde, und es war tausend Mal beängstigender. Sie schlenderte über eine Berliner Straße; zunächst fiel ihr nichts daran auf. Allmählich kamen Bedenken: Warum bin ich eigentlich so lang nicht hier gewesen? Das muß doch einen Grund gehabt haben… Mit dieser Frage setzte die dumpfe, quälende Beunruhigung ein; der eigentliche Alptraum begann. ‹Ich habe wohl Feinde hier, sehr grausame Feinde, wahrscheinlich verfolgen sie mich – ich muß ein recht sicheres, unauffälliges Wesen zur Schau tragen und langsam gehen, dann bleibe ich vielleicht unbemerkt. Warum schauen mir denn die Leute so nach? Mein Gott, ich habe ja eine von diesen Emigranten-Zeitungen in meiner Tasche, die sind hier doch verboten, es gilt als ein Verbrechen, sie mit sich zu führen – ich kann die Zeitung nicht mehr verstecken, alle haben sie schon bemerkt. Jetzt muß ich aber machen, daß ich davonkomme – wohin fliehe ich nur? Da steht ein S.A.-Mann, und dort noch einer – ich bin umzingelt… Man weist mit Fingern auf mich…›

Keuchend und in Schweiß gebadet wachte sie auf.

Kikjou ist fort. In Martins Zimmer mit den schönen, großen Fenstern ist es stille geworden. Keine Wutausbrüche mehr, keine Versöhnungs-Szenen mit endlosen Tränen und Schwüren. Kikjou hat versprochen zurück zu kommen – wenn Martin frei sein wird von der Droge.

Sich befreien von der Droge – Martin verspricht es jeden Tag sich selbst und den drängenden Freunden: Es muß sein! David Deutsch, liebevoll und besorgt, hat einen ganzen Kriegsplan ausgearbeitet. Martin soll zur Entziehungskur nach Zürich fahren; dort kennt David einen guten Schweizer Arzt, mit dem er schon seit langem befreundet ist und zu dem er unbedingtes Vertrauen hat. Der ist bereit, die Kur in einem kleinen Privat-Sanatorium vorzunehmen. Es soll relativ wenig kosten. Wann wird Martin reisen?

Die Tage vergehen, es vergehen die Wochen – er bemerkt es fast nicht. Der Heroin-Konsum steigert sich: ein Gramm, anderthalb Gramm, fast zwei Gramm pro Tag … Die Zeit hat keine Realität, wenn man sie nur noch mit Träumen füllt. Zuweilen erschrickt Martin, tief im Herzen, wenn er konstatieren muß, bis zu welchem Grade er sich von der Wirklichkeit schon entfernt hat. ‹Ich bin der Welt abhanden gekommen›, denkt er entsetzt. ‹Fehle ich ihr? Sie kommt ohne mich aus … Das Entscheidende aber für mich ist, daß sie mir kaum fehlt und daß ich sehr leicht ohne sie auszukommen weiß …›

Bei der Schwalbe kann es ihm geschehen, daß er mitten in einer politischen Diskussion – an der er übrigens mit Intelligenz und Lebhaftigkeit teilnimmt – mit einem Schauder, in dem Hochmut und Grauen sich mischen, empfindet: Wovon sprechen die guten Leute? Warum regen sie sich so auf? Illegale Arbeit in Deutschland … Interne Schwierigkeiten der Spanischen Republik … Italiens Raubzug gegen Abessinien: Was ist dies alles? Wie berührt es uns? – Warum schreien sie so? – Der wackere Theo Hummler schwitzt ja schon wieder vor Enthusiasmus, und nun schlägt er mit der Faust auf den Tisch, das ist komisch. … Ich will zurück in mein Zimmer. Dort ist es friedlich. Ich will heim zu meiner süßen Sache … Aber dann nimmt Martin sich mit einem Ruck zusammen und spricht seinerseits, mit Schwung, Witz und Temperament, über die englisch-italienische Spannung, über die Sanktionen gegen Mussolini, die hysterische Angst vorm «Bolschewismus» in London, und schließlich erzählt er sogar einen neuen Witz über den Fliegergeneral Göring.

... Daheim in seinem Zimmer ists friedlich. Oh, süße Seligkeit der Stunden von ein Uhr nachts bis sechs Uhr morgens! Oh, Rausch der einsamen, der belebten Nacht! Ob man ein Buch aufschlägt – etwa das, in dem die Verse des verruchten Lieblingspoeten stehen –, ob man aus dem Fenster blickt, oder in einen Spiegel, oder einfach ins Leere: von überall her kommen die reizenden, verlockenden, verdächtigen Gestalten. Es müßte doch möglich sein – so meint der Benommene, zugleich Betäubte und fiebrig Angeregte –, ach, es sollte gelingen, wenigstens einen Teil der zärtlichen und originellen, tiefen und überraschenden, wahrscheinlich ungeheuer wichtigen Einfälle, die jetzt wie eine Schar von wundersamen Vögeln durch mein Haupt ziehen, auf dem Papiere fest zu halten. Es sollte gelingen. Hier ist weißes Papier ... Martin bedeckt es mit Zeichen. Seine Hand zittert. Er schreibt mit zitternder Hand. Und am nächsten Nachmittag, wenn er aus abgrundtiefem Schlaf erwacht, weiß er selber nichts mehr anzufangen mit den mystischen Chiffren, die er nächtens, oder zur frühen Morgenstunde, aufs Papier geworfen hat. Aber gähnend erinnert er sich, wie schön und köstlich es gewesen ist, als das sanfte Grau im großen Fenster sich allmählich rosig verfärbte.

Weniger reizend als die verschwommenen Reminiszenzen sind die realen Andenken, die ihm an die nächtliche Verzauberung bleiben. In den Schenkeln und Armen tun die Einstich-Stellen weh; einige sind entzündet – es wird doch nicht wieder ein Furunkel geben? Neulich hat Martin lange an einem garstigen Abszeß zu laborieren gehabt. Doch ertappt er sich dabei, daß er die schmerzenden Male liebkost, die er dem Gift zu verdanken hat. Sie sind wie die kleinen Wunden, die man von einer wilden Liebesnacht zurückbehält. Hier hat ein Mund sich gierig festgesaugt, und dort sind noch die Spuren der Zähne. Auf Schultern, Armen und Brust brennen die Zeichen, wie die neuen Tätowierungen eines jungen Matrosen ... Ärgerlicher findet Martin es schon, daß er wieder mehrere Löcher ins Leintuch, in die Kopfkissen und die Bettdecke gebrannt hat. Es sind ziemlich große Löcher, häßlich braun umrandet. ‹Man soll eben nicht Zigaretten rauchen, wenn man nicht den Willen und die Kraft hat, sie festzuhalten. Sie schmecken ja ganz besonders gut, im selig benommenen Zustand. Aber man vergißt sie; man läßt die Hand sinken, die sie eben noch zum Munde führen wollte; die Zigarette ist ein Teil der Hand geworden, ein elfter Finger. Man meint, mit dem Finger das Bett zu berühren, aber die Flamme liegt auf dem Kissen, sie frißt sich ein, hat ihr eigenes Leben – so entstehen im weißen Zeug die großen Löcher mit den braunen Rändern. Jean, der gute Jean, wird schimpfen, wenn er es bemerkt. Und die Patronne wird einen saftigen Schadenersatz verlangen. Der Teufel soll die Zigaretten, die Leintücher, das Heroin und das Leben holen!›

Wie fahl der Tag heute ist! Welche Zeit haben wir denn? Mein Gott, schon beinah fünf Uhr nachmittags ... Er greift zur Spritze. Nach fünf Minuten hat der trübe Tag sich bis zu einem Grade verschönt, der es erträglich scheinen läßt, ihn zu überleben.

So geht es nicht weiter – sagten die Freunde. David Deutsch, der sich jeden Tag um Martin kümmerte, sagte es mit Inständigkeit. Zuweilen erschien auch Marcel; der wilde Vogelschrei, das jauchzend-klagende: «Uhuu ...» auf dem Korridor meldete ihn an. «Was du treibst, das sind gefährliche Kindereien», schalt er, die vielfarbigen, wunderbaren Augen drohend aufgerissen. «Der Spaß geht zu weit – tu comprends, mon vieux? So weit darf man sich nicht gehen lassen, es ist unwürdig. Schluß damit!» – Schluß damit! riet und verlangte mit dem stärksten Nachdruck Marion, als sie wieder einmal nach Paris kam. «In Zürich ist alles vorbereitet. Dieser brave Doktor Rüteli erwartet dich längst. Nimm dich zusammen! Fahre endlich hin!»

Martin schaute die warnenden, beschwörenden, zornigen, manchmal sogar angewiderten Freunde schläfrig, zärtlich und verhangen an – und er blieb. Eines Morgens aber kam ein Telegramm von Kikjou: «Wenn du nicht in dieser Woche nach Zürich zur Kur fährst, sehen wir uns nie wieder.» Da entschloß sich endlich der Vergiftete. Übrigens waren auch die Geldschwierigkeiten inzwischen fast unleidlich geworden. Der kleine Wechsel, den der Pariser Geschäftsfreund des alten Korella immer noch monatlich ausbezahlte, langte knapp für die Hotelrechnung. Es gab Schulden bei der Schwalbe und, was schlimmer war, bei Pépé, der sich immer häufiger weigerte, die Droge auf Kredit zu liefern. – Marcel und David finanzierten gemeinsam die Reise nach Zürich.

Doktor Rüteli, der von Paris aus benachrichtigt worden war, holte Martin vom Zuge ab. Er hatte ein großes, rasiertes Gesicht, mit etwas hängenden Wangen und nachdenklichen braunen Augen. Stimme, Blick und Antlitz wirkten weichlich; der Händedruck aber war überraschend fest und herzlich. «Ich denke, wir fahren gleich zum Haus Sonnenruh», sagte der Arzt. Martin hatte noch gar nicht gewußt, daß der Ort, wo die Entziehungs-Kur durchgeführt werden sollte, einen so idyllischen Namen trug. Übrigens kam er sich vor wie ein Schüler, der in einer fremden Stadt ankommt, wo er vom Leiter eines sehr strengen Internats – einer Art von Strafanstalt für Jugendliche – erwartet wird. Für den Anfang ist der Herr Lehrer freundlich, um es dem Jungen nicht gar zu schwer zu machen.

«Wann haben Sie sich die letzte Injektion appliziert?» erkundigte sich Doktor Rüteli im Taxi.

«Vor einer Stunde etwa, im Zug.» Martin erklärte es nicht ohne einen gewissen Trotz, als wollte er sagen: Damals war ich noch ein freier Mann und niemand hatte mir etwas drein zu reden!

Doktor Rüteli nickte düster. «Man kann es Ihren Augen ansehen. – Übrigens hatte ich Sie schon vor vierzehn Tagen erwartet. Vor genau vierzehn Tagen hatte mir unser Freund, Doktor Deutsch, Ihren Besuch angekündigt.» Es klang ziemlich drohend. Martin sagte schläfrig: «Ich war in Paris durch wichtige Arbeiten festgehalten.» Doktor Rüteli machte höhnisch: «Aha.» Martin ärgerte sich. Der Arzt merkte es; schien es gut machen zu wollen und bot Zigaretten an. Martin hatte wieder das Gefühl, ein Sträfling zu sein, dem man aus Mitleid – oder vielleicht zum Spott – unbedeutende kleine Vergünstigungen gewährt, ehe die eigentliche Bitterkeit des Strafvollzuges beginnt.

Während der Wagen in einer stillen, recht soigniert wirkenden Straße hielt, sagte Doktor Rüteli noch, mit freundlich-ernster Nachdrücklichkeit: «Haus Sonnenruh ist keine geschlossene Anstalt, Herr Korella; sondern ein privates, fast wie ein Hotel geführtes Erholungsheim. Ich persönlich ziehe geschlossene Häuser für Entziehungskuren ganz entschieden vor. Ja, ich muß gestehen, daß ich zunächst die stärksten Bedenken hatte, dem Rate Ihres Freundes Deutsch zu folgen, der dahin ging, Ihnen jede irgendwie überflüssige Kontrolle, alle Peinlichkeiten eines vorübergehenden Freiheitsentzuges zu ersparen. – Nun ist es freilich höchst fragwürdig», fuhr der Doktor pedantisch fort – der Chauffeur hatte schon den Motor abgestellt; aber Rüteli schien entschlossen, seinen kleinen Vortrag im Wagen sitzend zu beenden –, «bis zu welchem Grade der Freiheitsentzug bei einer Kur, wie sie Ihnen bevorsteht, als entbehrlich zu bezeichnen ist. – Jedenfalls, von einer regulären Entziehung kann unter diesen Umständen natürlich gar nicht die Rede sein», erklärte er, plötzlich fast zornig. Dann fügte er sanfter hinzu: «Der Erfolg des Experimentes hängt durchaus von Ihrem eigenen guten Willen ab, lieber Herr Korella!» Er versuchte, seinem Gesicht einen ermunternden Ausdruck zu geben.

Martin bezahlte das Taxi, während Doktor Rüteli zerstreut in die Luft blickte.

An der Haustüre erwartete eine hübsche junge Person in Pflegerinnen-Tracht den neuen Patienten. Der Arzt stellte vor: «Schwester Rosa.» Sie wirkte sowohl mild als adrett; das Lächeln ihres sehr kleinen und roten Mundes war keusch und sanft, doch nicht ohne Koketterie.

In der Dämmerung des Korridors, durch den Schwester Rosa die Ankömmlinge geleitete, tauchte noch ein zweites weibliches Wesen auf: Fräulein Bürstel, die Direktrice des Hauses. Sie hatte auffallend rote Backen und hellblaue, wässerige Augen. Martin konstatierte sofort, daß sie ungewöhnlich dumm war. «Mögen Sie sich recht wohl bei uns fühlen!» rief sie, beide Hände innig ausgestreckt. Martin erwiderte eisig: «Ich danke Ihnen, gnädige Frau.» Daß er sie gnädige Frau titulierte, war die pure Bosheit, da Rüteli die Dame ja soeben als «Fräulein» vorgestellt hatte. Die Bürstel schickte denn auch einen halb pikierten, halb nachsichtigen Blick über ihn hin, als fände sie sich einem Irrsinnigen gegenüber, dessen Unarten zwar lästig sind; jedoch bleibt nichts übrig, als sich gütig mit ihnen abzufinden. «Ich denke, wir geben dem Herrn Zimmer Vier», wisperte die Direktrice dem Doktor zu, als handelte es sich um ein Geheimnis, in das eingeweiht zu sein für den Kranken gefährlich, ja, verhängnisvoll werden müßte.

Das Zimmer – mit dunkler Tapete, rundem, teppichbelegten Tisch in der Mitte, blendend weißem Bett – schien zu einer bescheidenen, aber peinlich sauberen Familienpension zu gehören. Doktor Rüteli – jetzt schon entschieden um eine Nuance strenger und gravitätischer als vorhin im Taxi – sagte: «Ich schlage vor, Herr Korella, daß Sie zunächst ein warmes Bad nehmen. Schwester Rosa wird die Freundlichkeit haben, inzwischen Ihren Koffer auszupacken – und ich hoffe Sie damit einverstanden, daß ich bei dieser Gelegenheit ein wenig Ihre Sachen untersuche, ob Sie nicht vielleicht versehentlich etwas von der Droge mitgenommen haben. Bitte, lassen Sie auch Ihre Kleider hier zurück. Schwester Rosa bringt Ihnen einen Bademantel.» Martin, der übrigens wirklich den Rest seines Heroin-Vorrates während der Reise verbraucht hatte, sagte ziemlich gekränkt: «Wie Sie wünschen, Herr Doktor. Sehen Sie nur sorgfältig nach! Sie werden nichts finden.» Die Nurse lächelte, milde und verführerisch. Fräulein Bürstel, die in der offenen Türe stehen geblieben war, sagte mit dummer krähender Stimme: «Das Badezimmer ist im ersten Stock, Herr Korella.» – Der Doktor, schon über den offenen Koffer geneigt, konstatierte, nicht ohne Ekel: «Sie haben ja Ihre Injektionsspritze eingepackt! Kein gutes Zeichen ... Sie erlauben wohl, daß ich sie an mich nehme.»

Nach dem Bade gab es noch eine längere Konversation mit Rüteli zu bestehen. Der Arzt erkundigte sich nach verschiedenen Details, Martins Laster betreffend. Die Antworten notierte er sich in ein kleines Buch. Martin gab genaue und wahrheitsgetreue Auskünfte; Rüteli indessen blieb mißtrauisch. «Süchtige lügen immer», konstatierte er mit einer gewissen Bitterkeit, «wenn es sich um ihre Sucht handelt. Zum Beispiel kommt es häufig vor, daß sie die Dosis ihres täglichen Konsums übertreiben, um dem Arzt noch eine Weile etwas abzulocken.» Er schien die Feststellung mehr für sich selber zu machen, als wäre es geboten, daß er diesen Umstand stets im Auge behalte, um sich die nötige Skepsis allen Behauptungen des Patienten gegenüber zu bewahren. Martin verstummte gekränkt.

Doktor Rüteli schien zu begreifen, daß er einen taktischen Fehler gemacht hatte; er wurde herzlich, fast väterlich. Wieso, warum, unter was für Umständen Martin zu der Droge gekommen sei? – wollte der Arzt plötzlich wissen. «Ein so junger Mensch!» rief er beschwörend. «Und ein begabter Mensch –: man sieht es Ihnen ja an; außerdem versichert es mir unser Freund, Doktor Deutsch. Warum ruinieren Sie sich?» Rüteli rief es fast flehend, mit erhobenen Armen. Martin versetzte trotzig: «Vermutlich weil es mir Vergnügen macht.» Hierüber mußte Rüteli bitter lachen. Vergnügen! Die Selbstzerstörung – ein Vergnügen! «Sie sind ein Zyniker, Herr Korella», stellte er bedauernd fest. «Gehen Sie in sich!» riet er ihm mit salbungsvoller Dringlichkeit. «Denken Sie nach über sich selber! Während der Tage, die Ihnen nun bevorstehen, haben Sie Zeit dazu ... Steigen Sie mal gründlich in die Tiefen Ihrer eigensten Problematik! Eine gründliche Selbst-Analyse: das ist es, was Sie jetzt brauchen!» – «Meinen Sie, ich würde einen netten kleinen Ödipus-Komplex bei mir finden?» erkundigte Martin sich, höhnisch und müde. «Oder einen Kastrations-Komplex? ... Die Droge reduziert die sexuelle Potenz –, wie Sie gewiß schon gehört haben, Herr Doktor. Vielleicht drogiere ich mich, um mich impotent zu machen? Kastrations-Komplex ist gar keine üble Theorie ...»

Rüteli war sich nicht ganz im Klaren darüber, ob Martin im Ernst sprach oder zum Spott. Übrigens fand er die Idee mit dem Kastrations-Komplex keineswegs uninteressant. «Ich bemerke, daß Sie sich über Ihre höchst gefährdete innere Situation schon ernsthafte Gedanken gemacht haben.» Dazu nickte er anerkennend. «Sie sind aber immer noch nicht genug in die Tiefen gestiegen, lieber Freund. Vergessen Sie doch nicht: die Sexualität ist ein Vordergrunds-Problem, ein Symptom – möchte ich beinah sagen –, und nicht mehr. Die gefährliche Überschätzung der Sexualität ist nicht mehr unsere Sache. Wir Jüngeren sind weiter vorgedrungen, tiefer hinabgestiegen.» Doktor Rüteli sagte es geheimnisvollen Tones und wies dabei mit einem langen, faltigen Zeigefinger nach unten, als lägen dort, schaurig geöffnet, die Abgründe, durch deren finsteres Labyrinth die jüngere Schule der Psychiatrie den Leitfaden besitzt. «Wie sind Ihre Beziehungen zur Großen Mutter?» erkundigte der Doktor sich, etwas lauernd und immer noch in die imaginären Schlünde weisend. Martin verstand nicht gleich, was er meinte, wodurch Rüteli enerviert wurde. «Nun ja doch», machte er, und zuckte ungeduldig die Achseln, «Ihre Beziehungen zum Anfang aller Dinge, meine ich; zur Großen Gea; zum Kosmischen Mutterschoß ...» – Martin hatte keine Lust, sich darüber auszusprechen. Er fragte, ob er heute noch Morphine bekommen solle. «Ich fange nämlich schon an zu schwitzen», sagte er, ziemlich böse. – «Sie sollen gegen vier Uhr nachmittags eine nette Injektion haben», verhieß Rüteli onkelhaft. «Und eine zweite abends, vor dem Einschlafen.» – Martin empfand plötzlich ein gerührtes Wohlwollen für den Psychiater. ‹Der brave Mann meint es gut. Ich will ihm das Leben nicht zu sauer machen.› Der Patient und der Arzt verabschiedeten sich mit Herzlichkeit voneinander. Rüteli versprach, gegen Abend noch einmal vorbei zu schauen. «Wahrscheinlich werde ich Sie schon schlafend finden», sagte er.

Martin verbrachte die Zeit bis vier Uhr nachmittags – die Stunde, für die ihm das kleine Labsal des Pantopons versprochen war – ziemlich ruhig. Die Heroin-Dosis, die er im Zuge zu sich genommen, war stark genug gewesen, um ihm für den ganzen Tag gar zu großes Unbehagen zu ersparen. Er las; machte Notizen und schrieb zwei zuversichtlich gestimmte Briefe: einen an Kikjou, den anderen an David Deutsch. Pünktlich um vier Uhr erschien Schwester Rosa mit der Spritze, einem kleinen Watte-Bausch und einem Fläschchen mit Alkohol. Während sie dem Patienten die Injektion in den Oberschenkel machte, blieb ihr rosiges, hübsches Gesicht ernst, beinah streng. Erst nach getaner Arbeit setzte sie das verheißungsvolle, mild-kokette Lächeln wieder auf.

Die emsige Person schien gerade eine freie Viertelstunde zu haben, und übrigens in der Laune zu plaudern. Sie sprach plötzlich von ihrem Bräutigam, der Schullehrer in der Stadt Luzern war –: Martin, mit halb geschlossenen Augen der Wirkung nachspürend, wußte gar nicht, wie sie auf dieses Thema gekommen war. «Ein prachtvoller Mensch», versicherte Schwester Rosa, «etwa in Ihrem Alter. Ich fand gleich, daß Sie eine gewisse Ähnlichkeit mit ihm haben, Herr Korella. – Freilich», fügte sie nicht ohne Bosheit hinzu, «mein Bräutigam ist ein gesunder, einfacher Mensch ...»

«Das werde ich auch wieder werden», versprach Martin heuchlerisch und schloß die Augen nun ganz. Die Stimme der milden Schwester schien ihm nun aus sehr weiter Ferne zu kommen. «Seine Schüler verehren ihn», hörte er sie noch sagen. «Es gibt Jungens, die einen richtigen Kult mit ihm treiben.»

Martin schlief bis in den Abend hinein. Schwester Rosa weckte ihn mit dem Essen. Zu seiner eigenen Überraschung hatte er Appetit. Nach der Mahlzeit sprach Rüteli noch einmal vor. Um zehn Uhr erschien die Nurse mit dem Instrument; Martin hatte schon gierig auf sie gewartet. Als er die wohlvertraute und höchstgeliebte Wirkung des Opiats wieder spürte, beschloß er: Ich will noch nicht sofort schlafen – obwohl es sicherlich nicht das reine Morphium gewesen ist, was die milde Schwester mir verabfolgt hat. Übrigens hatte die sanfte Rosa verheißen, daß sie in einer Stunde nochmals erscheinen werde: «um Ihnen noch einen Leckerbissen für die Nacht zu bringen» –, wie sie sich, neckisch und geheimnisvoll, ausdrückte. ‹Wahrscheinlich meint sie irgendein harmloses Schlafmittel›, vermutete Martin etwas verächtlich. Im Augenblick interessierte er sich nicht sehr für die chemischen Überraschungen, die Schwester Rosa für ihn in Bereitschaft hatte. Die Wirkung des Medikaments war erfreulich. Seine Gedanken arbeiteten beinah mit der gleichen traumhaft-beschwingten Leichtigkeit, wie nach den großen Heroin-Injektionen.

‹Natürlich darf ich mich nicht täuschen lassen›, dachte er, als er alleine war. ‹Heute ist noch ein guter Tag. Die eigentliche Entziehung hat gar nicht angefangen. Es wird scheußlich werden, ich weiß es. Es wird ekelhaft sein. Indessen bin ich fest entschlossen, durchzuhalten – und wenn es noch so grauenvoll wird. Schließlich weiß ich, für was ich leiden muß. Ich muß leiden, um gesund zu werden. Ich muß gesund werden –: erstens, um ein paar gute Sachen schreiben zu können. Es ist in der Tat meine Absicht, noch ein paar vorzügliche Sachen zu schreiben, sowohl in Versen als auch in einer strengen, rhythmisch präzisen, tadellosen Prosa. Zweitens muß ich gesund werden, um mit Kikjou leben zu können. Ich liebe Kikjou. Ich brauche Kikjou. Ich verliere ihn, wenn ich von der süßen Sache, dem gar-zu-holden Teufels-Dreck nicht lasse. Ich habe die Wahl zwischen Kikjou und der infernalischen Süßigkeit. Kikjou ist es, den ich vorziehe – da kann gar kein Zweifel sein. Kikjou, le petit frère de Marcel ... Ich liebe sie alle Beide, meine lieben Brüder ... Das weiße Pülverchen – in aqua destillata aufgelöst – würde mich von Beiden entfernen. Um ihretwillen, und um Marions willen, und um Davids willen, muß ich es loswerden. Ich muß es loswerden – drittens: weil ich das Ende der großen Schweinerei in Deutschland erleben möchte, und sogar mein kleines Teil dazu beitragen will, daß sie endigt. Abzukratzen, solange dieser degoutante Schwindel mitten in Europa triumphiert: nein – das ist entschieden eine peinliche Vorstellung.

Um der Liebe willen und um des Hasses willen, lohnt es sich, zu leben. – ... Lohnt es sich, zu leben?› – fragte er sich, ein paar Sekunden später. ‹Mein verruchter Lieblingsdichter sagt: Nein. Er ist ein Unhold und ein Anarchist, und mit diabolischem Grinsen ist er zum Todfeind der Gesittung übergelaufen. Übrigens gibt es in Deutschland wohl fast niemanden mehr, der empfänglich wäre für den Zauber seiner brutalen und morbiden Romantik. Was für ein gefährlicher Charme! Von welch makabren Wonnen er zu berichten und zu beichten weiß! Ich bin empfänglich für seine schaurig exakt formulierte Todes-Mystik ... Mir scheint leider, ich bin, immer noch, zu empfänglich für sie ...›

Neben ihm, auf dem Nachttisch, lag der kleine schwarze Band mit den «Ausgewählten Gedichten» des infamen Lieblings-Poeten. Nun griff Martin nach ihm, mit der gleichen gierigen und etwas schuldbewußten Geste, mit der er sonst nach der Spritze langte. Und er las:

«Wenn du die Mythen und Worte
entleert hast, sollst du gehn,
eine neue Götterkohorte
wirst du nicht mehr sehn,
nicht ihre Euphratthrone,
nicht ihre Schrift und Wand –
gieße, Myrmidone,
den dunklen Wein ins Land.

Wie dann die Stunden auch hießen,
Qual und Tränen des Seins,

alles blüht im Verfließen
dieses nächtigen Weins,
schweigend strömt die Äone,
kaum noch von Ufern ein Stück,
gib nun dem Boten die Krone,
Traum und Götter zurück.»

Wie schön! – empfand Martin auf seinem Lager – wie fürchterlich
– ach, wie betäubend schön! Wie viel Stolz in seinen Worten, neben der unermeßlichen Traurigkeit! Übrigens hat er recht: Wir
sind an einem Ende. Eine große Periode ist abgelaufen. Kommt
eine neue? Es ist nicht die unsere – die meine ist es nicht mehr.
Wozu teilnehmen an Kämpfen, deren Entscheidung wir nicht erleben werden? Wenn du die Mythen und Worte entleert hast, sollst
du gehn – eine neue Götterkohorte wirst du nicht mehr sehn …
Wirst du nicht mehr sehn …
Wozu der ungeheure Aufwand an Kraft, wenn es dir doch nicht
bestimmt ist, die Hieroglyphen der neuen Gesetzestafeln zu begreifen? Wozu – ach, wozu? Warum ist es mir nicht gestattet, mit
geschlossenen Augen ins Dunkel zu stürzen, wenn ich in der Helligkeit doch nichts auszurichten vermag – außer dem Einen: meine
Hilflosigkeit, meine Ratlosigkeit, meine Angst, die Melancholie
des Umstandes, daß ich zu früh oder zu spät auf diese Welt gekommen bin, immer wieder leidend zu erkennen?
Mein heruntergekommener Poet ist ein moralisch suspekter,
aber gescheiter Mann. – Gib nun dem Boten die Krone – Traum
und Götter zurück …
Statt des Boten, der Schmuck und Waffen des Abdankenden
hätte an sich nehmen können, um sie den alten oder den neuen
oder den ewigen Göttern als Opfergabe zu Füßen zu legen, war es
Schwester Rosa, die eintrat. Auf einem kleinen Silber-Tablett präsentierte sie die Schlafmittel wie eine Delikatesse. Es waren drei
runde, weiße Tabletten; Martin schluckte sie mit ein wenig Wasser.
Schwester Rosa, die ihrerseits müde schien, zwang sich dazu, noch
einen kleinen Trost durch Lächeln zu spenden, und entschwand –
ein überanstrengter, aber noch in der Erschöpftheit hilfsbereiter
und adretter Engel.

Sie hatte die Lampe verdunkelt. ‹Ich werde schlafen können›, empfand Martin mit einer Dankbarkeit, die zu kleinen Teilen Schwester Rosa galt, vor allem aber jenem enormen, immer nur sehr undeutlich zu erkennenden Wesen, das der kleine Kikjou mit sanftem Augenaufschlag, vertraulich und beinah zärtlich, «le Bon Dieu» nannte. –

Der nächste Tag war erträglich. Doktor Rüteli verabreichte schwere Schlafmittel. Martin wachte fast nur zu den Mahlzeiten auf. Schwester Rosa behandelte ihn mit teils nonnenhaft ernster, teils koketter Aufmerksamkeit; zuweilen konnte sie nicht umhin, der Ähnlichkeit ihres Patienten mit dem ihr anverlobten Pädagogen in Luzern nachdenklich und gerührt Erwähnung zu tun.

Übrigens fand der Arzt Martins Zustand relativ so vorzüglich, daß er schon für diese Nacht mit den Morphine-Dosen aufzuhören beschloß. Es war nur noch Luminal und Phanodorm, was Schwester Rosa, abends um zehn Uhr, auf ihrem Tablett lockend herantrug.

Martin erwachte gegen vier Uhr morgens mit heftigen Schmerzen in den Beinen, besonders in der Knie-Gegend. Er war in Schweiß gebadet; auch lief ihm die Nase, als hätte er sich über Nacht einen starken Schnupfen geholt. Er mußte viele Male hintereinander krampfhaft niesen. Gleichzeitig spürte er wildes Bauchgrimmen. Er stand zitternd auf; hüllte sich, zugleich fröstelnd und schwitzend, in seinen Schlafrock und verließ das Zimmer, um durch den dunklen Korridor zur Toilette zu eilen. Er fand die Türe nicht gleich. Er beschmutzte sich den Pyjama, ehe er die Toilette erreichte.

Der Zustand seines Unbehagens war unbeschreiblich. Er legte sich wieder aufs Bett; aber er war nicht dazu im Stande, seine Glieder auch nur eine Minute lang still zu halten. Alles an ihm zuckte; Füße und Hände bewegten sich wie in einem Krampf. Er warf den gepeinigten Kopf hin und her. Niemals hätte er für möglich gehalten, daß man gleichzeitig bis zu diesem Grade erschöpft und erregt sein konnte. Er war zu schwach, um das Bett zu verlassen; aber sein nasser, bebender Leib hielt es keine dreißig Sekunden in der gleichen Lage aus. – Keine Krankheit war je annähernd so schlimm gewesen. Fieber und ein solider, kontrollierbarer Schmerz waren positive Gefühle, verglichen mit dieser kolossalen Unannehmlichkeit. ‹So muß sich ein Fisch fühlen, der aufs Land geworfen wird›, dachte Martin. ‹So wie ich jetzt zapple, zappelt ein Fisch auf dem Trockenen! Mein Gott, mein Gott: Was habe ich getan, daß ich wie ein armes Fischlein zappeln muß?! ...›

Seine Hände krampften sich ins Leintuch, vor dessen lauer Wärme ihn ekelte. Er reckte den Körper nach oben. Den Hinterkopf ins Kissen gepreßt, schrie er. Er erschrak vor der Unmenschlichkeit des eigenen Schreis. ‹Ich habe wie ein Tier geschrien›, spürte er mit Entsetzen. Er schrie nochmals. Schwester Rosa erschien in der Türe. Sie trug einen grauen Schlafrock mit bescheiden-schmalem rosa Besatz am Hals und an den Manschetten. Ihr Haar war ein wenig zerzaust; die Augen blickten sowohl schläfrig als erschrokken. «Was gibt es denn, Herr Korella?» fragte sie mit einer merkwürdig leisen Stimme. Martin sah, daß ihre Hände etwas zitterten. Endlich konnte er weinen.

Martin weinte; es war, seit seiner Kindheit, zum ersten Mal. Er warf den Körper herum und preßte das nasse Gesicht in die Kissen. Es war ein sonderbares Gefühl, die Tränen-Nässe auf den Wangen und Lippen zu spüren. «Das ist gut», hörte er Schwester Rosa sagen, «weinen Sie sich nur aus, Herr Korella!» Er schämte sich, dem Mädchen sein verzerrtes, nasses Gesicht zu zeigen; deshalb behielt er die Stirne gegen das Kissen gepreßt. Das Weinen war zugleich eine Entspannung und ein neuer Krampf. Es schüttelte den Körper, und nun tat es weh im Gesicht: die Augen schmerzten, und es schmerzte der verzerrte, klagend geöffnete Mund. ‹Ich werde niemals mehr aufhören können zu weinen›, fühlte Martin. ‹Mein Leben – alles was ich bin und je war, vergeht in diesen unendlichen Tränen ...›

Schwester Rosa, in ihrer Angst, verabreichte ihm mehrere beruhigende Tabletten – wozu Doktor Rüteli sie, für den Notfall, ermächtigt hatte. Martin, tränennassen Gesichtes, fiel in einen Dämmerschlaf, der freilich nicht tief genug war, um seine Qualen ganz aufzuheben. Er spürte noch die Schmerzen und die große Traurigkeit – abgemildert; wie durch einen Nebel hindurch.

Als Rüteli um elf Uhr zur Visite erschien, fand er den Patienten in festem Schlaf. Er untersuchte ihn flüchtig, und stellte, zu der aufmerksam, ja, devot lauschenden Nurse gewendet, fest: «Die somatischen Ausfallerscheinungen sind erstaunlich gering. Auch die Diarrhöe hat ja, vorläufig, schon wieder aufgehört. – Ich gebe kein Opiat mehr», beschloß er streng. «Der Fall ist in moralischer Hinsicht schwieriger und beunruhigender als in physiologischer.» Dabei rieb er sich sinnend das rasierte Kinn und die etwas hängenden Wangen. «Ein merkwürdiger Mensch.» Er schaute mitleidig und interessiert in das Antlitz des Schlafenden, um dessen Lippen sich ein bitterer und gequälter Zug gelegt hatte. «Vielleicht ein begabter Mensch. Aber von einer moralischen Schwäche, die ans Klinische grenzt ... Sehr bedauerlich. Sehr sehr schade.» – «Herr Doktor haben ganz recht: ein seltsamer Mensch», nickte Schwester Rosa. Sie hatte ihre nonnenhafte Haltung angenommen: die Hände hielt sie auf dem Magen gefaltet, und das hübsche kleine Gesicht war etwas heuchlerisch schief gestellt. Der Blick aber, den sie über das weiße, schöne, leidende Antlitz des Kranken hinsandte, war blank und verheißungsvoll: Doktor Rüteli bemerkte es nicht ohne Indignation. Er hatte seinerseits eine kleine Schwäche für die niedliche Pflegerin.

Martin begann plötzlich, aus seinem Dämmerschlaf heraus, zu sprechen. «Wo ist meine süße kleine Sache?» brachte er mit schwerer, lallender Zunge hervor. «Ich hatte doch einen recht stattlichen Vorrat ... Ist denn alles aufgebraucht? O weh – ist der kleine Vorrat denn ganz zu Ende ...?» Der Schlafende weinte. Dicke, leuchtende Tränen kamen unter seinen geschlossenen Lidern hervor; rannen langsam über die weißen Wangen und blieben träge in den Mundwinkeln hängen. Schwester Rosa neigte sich über ihn und trocknete ihm, sehr zart und behutsam, mit ihrem eigenen Taschentüchlein das Gesicht. –

Als Martin erwachte, war es später Nachmittag. Seine erste Empfindung war: Ich bin in der Hölle. Solche Zustände kommen nur in der Hölle vor ... Dann beschloß er: Ich halte es nicht mehr aus. Ich bin am Ende. Die nächste halbe Stunde überlebe ich nicht. Ich bringe mich um. Ich bin entschlossen, mich umzubringen. Aber wie?

Aber wie? –: über diese Frage dachte er mehrere Minuten lang angestrengt nach. Das Zimmer lag im Parterre; der Sprung aus dem Fenster würde sinnlos sein. Weder Gift noch Revolver waren zur Hand. ‹Ich habe gehört, daß man sich an einer Krawatte oder an einem Gürtel aufhängen kann›, dachte Martin. ‹Aber dazu muß man sicherlich geschickter sein, als ich es bin. Wahrscheinlich würde die Schlinge mir reißen: das wäre dann eine Blamage und eine Peinlichkeit. – Wenn ich ein gutes, starkes Rasiermesser hätte, könnte ich mir die Pulsadern aufschneiden. Ich habe aber nur einen Gillette-Apparat. Kann man sich mit Rasierklingen die Adern öffnen? Vielleicht. Aber es ist eine Schweinerei. Wie umständlich so ein Selbstmord zu sein scheint!›

Er stürzte durchs Zimmer, wie von Furien gejagt. Obwohl die Knie ihm schwankten und sein schweißgebadeter Körper am Zusammenbrechen war, rannte er mindestens ein Dutzend Male hin und her. Er zündete sich eine Zigarette an; drückte sie wieder aus; griff nach einer neuen. Jedesmal wenn er am Spiegel vorüber kam, erschrak er über sein Aussehen. Auf dem weißen Gesicht lag ein beinah irrsinniger Ausdruck von Angst; als wäre ein Raubtier oder ein Feuerbrand hinter ihm her. Er fand den Blick der eigenen Augen entsetzlich. Die Pupillen waren unnatürlich erweitert. Der Ausdruck von Verzweiflung, Durst und Gier, mit dem diese Augen ihn anschauten, war unerträglich.

«Genug!» sagte Martin laut und deutlich zu sich selber. «Es ist genug!» Er öffnete den Schrank, in den Schwester Rosa seine Kleidung gehängt hatte. In zwei Minuten war er angezogen. Taumelnd, keuchend und zitternd machte er sich daran, seine Handtasche zu packen. Während er Toilettesachen, Socken, Hemden, Bücher und Pyjamas in den Koffer warf, setzte plötzlich eine strenge und zarte Musik ein. Im Nebenzimmer wurde Geige gespielt. ‹Welch zarte Aufmerksamkeit!› dachte Martin, halb gehässig, halb wirklich gerührt. ‹Man bringt mir ein Abschieds-Ständchen! – Wer mag da wohl musizieren? Freilich, es gibt ja noch andere Bewohner, außer mir, in diesem Etablissement, das zugleich wie eine Familien-Pension und wie ein intimes Privat-Irrenhaus wirkt … An diese anderen Kranken habe ich noch gar nicht gedacht … Müssen die auch so grauenhaft leiden wie ich? … Der Geisteskranke in der benachbarten Stube – denn wahrscheinlich handelt es sich doch um einen Geisteskranken: um einen manisch Depressiven, denke ich mir –

versteht es übrigens ganz artig, auf der Violine zu spielen … Habe ich nichts vergessen? Ich will noch einen Zettel für Schwester Rosa schreiben: Adieu. Vielen Dank. Schicken Sie mir die Rechnung nach Paris. Sie wird bezahlt.›

Er schrieb den Zettel, wobei er sich redliche Mühe gab, mit seiner zitternden Hand leserliche Zeichen aufs Papier zu bringen. Er zog sich den Mantel an. Dann öffnete er – vorsichtig, wie jemand, der einen Mord vorbereitet – die Türe zum Flur, um zu hören, ob es draußen stille war. Schwester Rosa hatte wohl im oberen Stockwerk zu tun. ‹Sie hat kein leichtes Leben›, dachte Martin, während er auf Zehenspitzen sein Zimmer verließ. ‹Fräulein Bürstel ist vermutlich ausgegangen. Sie sitzt mit einer Bekannten in der Konditorei. Wie ich Fräulein Bürstel kenne, mag sie gerne heiße Chokolade und Torte …›

Auf dem Korridor, dessen etwas muffiger Geruch ihm schon recht vertraut geworden war, blieb Martin ein paar Sekunden lang stehen, um der Geigenmusik zu lauschen. ‹Der manisch Depressive spielt Bach›, konstatierte er mit einer gewissen Ergriffenheit. ‹Ich würde gerne wissen, wie der Mensch aussieht, der dort hinter der geschlossenen Türe spielt. Ist es eine Frau oder ein Mann? Ich glaube, daß es ein älterer Mann ist … Mein Gott, wie ich zittere! Wie meine Kniee schwanken! Und wie naß meine Hände sind … Ich schleiche durch den dämmrigen Korridor: vorsichtig wie ein Mörder. Vorsichtig wie ein Mörder, öffne ich jetzt diese Haustür. Das Gefängnis liegt hinter mir. Arme Schwester Rosa – wie wirst du erschrecken, wenn du das Zimmer leer findest! Du wirst einen bestürzten Brief an deinen Bräutigam nach Luzern schreiben … Da ist die Straße. Aber wie kalt es ist! Es ist scheußlich kalt.›

Ein Taxi kam vorüber, Martin winkte dem Chauffeur. «Fahren Sie mich zur nächsten Apotheke!» sagte er ihm.

Die Fahrt dauerte ziemlich lang. Martin fühlte sich im Wagen ein wenig besser. Unangenehm war, daß er so bitterlich fror. Er mußte wieder fünfmal hintereinander niesen. Als der Nies-Krampf vorbei war, setzte ein Gähn-Krampf ein. Er spürte plötzlich eine lähmende Müdigkeit. Die Beine taten sehr weh.

Es war eine große, stattliche Apotheke, vor welcher das Taxi hielt. Martin bat den Chauffeur, ein paar Minuten auf ihn zu warten; er sprach – aus Angst, in seiner Not hastig oder unhöflich zu sein – besonders ausführlich und artig.

Drinnen, in der Apotheke, gab es mehrere Kunden: zwei alte Damen, denen eine Verkäuferin kleine Packungen mit Kräuter-Tee vorlegte; eine jüngere Frau mit einem kleinen Buben, der lächerlich runde und rote Backen hatte; einen älteren Herren, der auf einer Waage stand, um sein Gewicht zu prüfen – übrigens schüttelte er erstaunt und betrübt den Kopf über das Resultat; es stellte sich wohl heraus, daß er entweder viel schwerer oder viel leichter war, als er angenommen und gehofft hatte.

Martin ging, etwas schwankenden aber entschlossenen Schrittes um den Ladentisch herum und sagte zu dem Fräulein, das mit den beiden Alten und den Kräutertee-Packungen beschäftigt war: «Ich möchte Ihren Chef sprechen.» Das Fräulein lächelte erschrocken – sie fürchtete wohl, es mit einem Wahnsinnigen zu tun zu haben –; da kam der Chef schon herbei. Mit weißem Vollbart, hoher Stirn und goldgerandeter Brille wirkte er stattlich, fast majestätisch. «Was wünscht der Herr?» erkundigte er sich drohend.

Der nächste Augenblick entscheidet über Leben und Tod – empfand Martin, dessen Kniee immer heftiger zitterten. – Wenn der stattliche Alte mir die Droge nicht gibt, falle ich hin, schreie noch ein wenig und sterbe.

Er gab sich Mühe, ein gefaßtes Gesicht zu machen. «Ich bin auf der Durchreise hier», bemerkte er und versuchte es mit einem einschmeichelnden Lächeln. Der Apotheker sagte: «Aha!» – wobei er lauernd den Kopf senkte und seinen schönen Bart gegen die Brust drückte. – «Es ist dumm», plauderte Martin mit verzerrter Miene – er fürchtete, im nächsten Augenblick wieder weinen zu müssen – «es ist wirklich recht lästig. Ich benötige nämlich ein Medikament – mein Hausarzt hat es mir gegen die bösen Gallenschmerzen verschrieben ... Es heißt Eucodal», gestand er, und wurde ein wenig rot. «Ein ganz leichtes Mittel ...», fügte er, sinnloser Weise, hinzu.

Der Apotheker sagte schnell und sehr kalt: «Dafür benötige ich das Rezept eines hiesigen Arztes.» Martin begriff die totale Hoffnungslosigkeit der Situation. «Ich dachte – ein paar Ampullen ...», sagte er noch, von Schmerzen und Kälte gebeutelt wie von einer riesigen Hand. Der Apotheker stellte feindlich fest: «Nichts zu machen.» Martin fühlte nur: Jetzt falle ich hin, und sterbe. Indessen blieb er hübsch aufrecht stehen, lächelte unter Qualen und fragte, ob der Herr Apotheker ihm vielleicht die Adresse eines tüchtigen Arztes nennen könnte. «Mit solchen Gallenschmerzen, wie ich sie habe, kann man einen Menschen nicht herumlaufen lassen», sagte Martin, nicht ohne gekränkte Würde. Diese Bemerkung schien dem strengen Apotheker bis zum gewissen Grade einzuleuchten; er ließ sich von seinem Fräulein Papier und Bleistift reichen und notierte, mit zugleich schwungvollen und klaren Lettern, die Adresse des Doktors.

An der Haustür des Arztes – der um die Ecke wohnte – gab es ein Messingschild mit der Inschrift: «Doktor Fritz Kohlhaas. Spezialist für Kinderkrankheiten.» – Doktor Kohlhaas war hochbetagt und recht schwerhörig. Martin schrie ihm etwas zu über die fatalen Nieren-Koliken, die ihm zu schaffen machten, und daß er ein gewisses leichtes Medikament benötige, «es heißt Eucodal.» – «Wie heißt diese Medizin?» fragte Doktor Kohlhaas, der schon seinen Rezept-Block gezogen hatte. «Euradom?» Martin, der von einem nervösen kleinen Lachen geschüttelt wurde, wiederholte den richtigen Namen. Doktor Kohlhaas schrieb mit gichtigen Fingern das Rezept. «Vielleicht sind Sie so nett, mir gleich zwanzig Ampullen à 0,02 zu genehmigen», sprach Martin lachend und mit Donnerstimme an seinem Ohr. «Das genügt mir dann für die nächsten vier bis fünf Monate.»

Er fuhr zum Apotheker zurück, der das Rezept mit gerunzelter Stirn musterte. Schließlich händigte er Martin die beiden Schachteln mit den Eucodal-Ampullen aus. Martin griff mit einer unbeherrscht-gierigen Bewegung nach den länglichen, blauen Packungen, die er in der Innentasche seines Mantels hastig verschwinden ließ. «Ich brauche noch eine Injektions-Spritze und Nadeln», sagte er keck. «Ziemlich dünne, wenn ich bitten darf. Numero 16 dürften die richtigen sein ...»

Er verließ die Apotheke. Draußen bat er den Chauffeur, das Taxi noch eine Minute lang still stehen zu lassen. Im Wagen öffnete er seine Kleidung ein wenig und – schamlos, fast besinnungslos vor Gier – machte er sich, auf den Polstern des Wagens sitzend, die Injetkion in den Schenkel. Ein kleines Mädchen, das vorüberschlenderte, beobachtete ihn mit vor Erstaunen aufgerissenen Augen.

Die Wohltat war riesenhaft. Innerhalb von Sekunden war von ihm genommen die Erniedrigung der physischen Qual, die Last der Traurigkeit. Aufatmen ohnegleichen! ... «Fahren Sie mich zum Bahnhof!» rief er dem Chauffeur mit fast lustiger Stimme zu.

Der nächste Zug nach Paris ging in anderthalb Stunden.

Es war reichlich viel, was Marion sich zumutete. Sie magerte ab; ihr Arzt machte ein besorgtes Gesicht und erklärte, hundert Pfund Gewicht sei entschieden zu wenig für ihre Größe. Übrigens hustete sie ziemlich viel. Zu den eigenen und den politischen Sorgen kamen die um Menschen, die ihr nahe standen. Von Marion erwarteten alle Trost. Würde sie auf die Dauer stark genug sein, um ihn zu spenden?

Nur Frau von Kammer, die Mutter, schien immer noch zu hochmütig starr, um sich trösten zu lassen. Sie haßte und verachtete, mit trotziger Konsequenz, «das Pack», das in Deutschland regierte; aber sie hielt sich in stolzer Distanz von denen, die mit ihr haßten und ohne sie kämpften. Seitdem Tilla Tibori nach Hollywood abgereist war, wo sie endlich einen Vertrag bekommen hatte, schien Maria-Luise ganz allein. Sie saß in Rüschlikon, machte Handarbeiten und zeigte jedem, der es sich etwa einfallen ließ, sie aufzusuchen, eine strenge Miene. Auch mit ihren Töchtern verkehrte sie weiter auf die zeremoniös-gemessene Art. Tilly hatte sich damit abgefunden; Marion tat es immer noch weh. In ihr war das innige Bedürfnis, der armen Mutter zu helfen; aber die ließ es nicht zu.

Tilly hingegen vertraute sich unter Tränen der Schwester an. «Was soll ich tun? Ich muß immer an diesen Mann, diesen Ernst denken, und ich höre nichts mehr von ihm. Wo ist er hingekommen? Er darf sich ja nirgends aufhalten ... Vielleicht ist er aus lauter Verzweiflung nach Deutschland zurück, und sitzt schon in einem Lager – das wäre zu grauenhaft, dann sehe ich ihn nie mehr. Und der Peter Hürlimann will, ich soll mich von meinem Ungarn scheiden lassen und ihn heiraten, er bekommt jetzt bald eine Stellung. Aber das kann ich doch nicht, ich liebe ihn nicht genug, was soll ich nur tun, wenn ich nur wüßte, wo der Ernst steckt, dann würde ich gleich zu ihm hin fahren ...» So redete und schluchzte Tilly – die hübsche kleine Tilly mit dem schlampigen Mund. Wußte Marion, die große Schwester, Rat? Sie konnte ihr nur das Haar streicheln und ihr die Stirn küssen, und immer wieder versichern, es wird schon noch alles gut werden, vielleicht finde ich deinen Ernst, ich könnte in Paris ein paar Leute darum bitten, sich nach ihm umzusehen ... Und Tillys hilfloses Weinen: Ach bitte, tu das, Marion – ach, wenn du das für mich tun wolltest –: als brauchte die große Schwester sich nur zu entschließen, und gleich wäre die Adresse des Verschollenen bekannt.

In Paris sprach Marion mit Theo Hummler und mit der Proskauer über den Fall. Beide bemühten sich, aber ohne Erfolg. Marion mußte viel an Tilly denken; sie schrieb ihr lange Briefe, telephonierte mit ihr. Aber sie konnte nicht ihre ganze Sorge auf die kleine Schwester konzentrieren. Es gab andere Hilfsbedürftige, zum Beispiel Martin. Ihn fand Marion in einem erschreckenden Zustand. Den Freunden gegenüber schwindelte er, die Kur in Zürich sei von ihm bis zum Ende glücklich durchgeführt worden; seit Wochen rühre er kein Morphium mehr an, und sein miserables Aussehen sei noch «Ausfallserscheinung». Marion aber hatte gute Augen. Als sie zum ersten Mal allein mit Martin war, sagte sie ihm ins Gesicht: «Vor mir brauchst du dich doch nicht zu verstellen und keine Geschichten zu machen! Du spritzt lustig weiter. Pfui – ich finde das ekelhaft!» – Martin leugnete erst; gab aber dann alles zu und schien sich nicht einmal sehr zu schämen. «Wenn schon!» rief er herausfordernd. «Es ist doch wohl meine Sache, wenn ich mich kaputt machen will! Mon corps est à moi!» ... Marion schaute ihn eine Weile prüfend an, ehe sie ihn fragte: «Warum tust du es eigentlich? Es muß doch einen Grund haben ...» – Daraufhin er, mit gesenkter Stimme: «Wenn ich nur einen guten Grund wüßte, um es nicht zu tun ...» Nach einer Pause fügte er, viel leiser, hinzu: «Kikjou wäre ein Grund gewesen.»

Marion gab noch nicht nach. «Kikjou wird nur dann wieder zu dir kommen, wenn du mit dem Teufelszeug endgültig Schluß machst – das weiß ich. Ich muß dir aber gestehen: mir scheint, es ist recht traurig um dich bestellt, wenn du nur seinetwegen damit aufhörst, dich langsam zu vergiften. Wenn du das wolltest, hättest du in Berlin bleiben sollen. Inmitten der allgemeinen Verkommenheit dort drüben wäre es nicht weiter aufgefallen, und übrigens soll unter prominenten Nazis deine Droge ja recht beliebt sein. Wir hier draußen aber haben Verantwortung und Verpflichtung; wir repräsentieren etwas –: die Opposition gegen die Barbarei. Wir müssen uns in guter Form halten, um kämpfen zu können. Verstehst du das nicht? Natürlich verstehst du es, du bist ja gescheit.»

Er bewegte gequält das Gesicht. «Ich weiß ... Das weiß ich ja alles ... ‹Kämpfen› – es klingt sehr schön. Aber kämpfen ohne Hoffnung geht über menschliche Kraft. Ich habe die Kraft nicht. Ich habe keine Kraft und keine Hoffnung mehr.» Er verstummte; hob den Kopf auch nicht, da ihre zornige Stimme ihn wieder anrief.

«Du machst es dir leicht! Es muß verdammt bequem sein, dazusitzen, die Hände im Schoß, und zu murmeln: Ich habe keine Kraft und keine Hoffnung mehr ...» – Er lächelte müde. «Du meinst, das ist so besonders bequem?» Sein verschleierter Blick streifte spöttisch ihre empörte Miene. «Aber herumzugehen mit Gebärden wie ein Fahnenschwinger und immerfort zu erzählen: Der Sieg ist unser! – während man doch aufs Haupt geschlagen ist und sich kaum noch rühren kann – das ist wohl das Richtige, wie? Das ist wohl das Wahre?»

Marion hatte als Antwort: «Es ist immer noch besser als der billige Trost in den künstlichen Paradiesen. Das ist etwas für ausgediente Fliegeroffiziere, die Ersatz-Sensationen brauchen, oder für bourgeoise Damen, die in ihrer Ehe unbefriedigt bleiben und sich nun entschädigen mit morbiden kleinen Amüsements. Es ist so feige, so langweilig, so kleinbürgerlich!»

Nun änderte Martin plötzlich Blick und Haltung. «Ich weiß übrigens gar nicht, wovon du sprichst.» Er sagte es schläfrig und kokett; in den verhangenen Augen blitzten tückische kleine Lichter. «Schließlich habe ich gerade eine schwere Entziehungskur hinter mir. Ich nehme fast gar nichts mehr – und daß ich noch ab und zu eine Kleinigkeit brauche, ist nur natürlich, wenn man bedenkt, was für Dosen ich konsumiert habe. Aber auch mit diesen Bagatellen höre ich nun bald auf. Es ist nur eine Frage von Tagen oder Wochen, dann bin ich vollständig frei. Ich werde mich mit Kikjou versöhnen. Wahrscheinlich verlasse ich mit ihm zusammen Europa.

Wir fahren nach Brasilien, dort hat er ja große Möglichkeiten, wir gründen etwas, machen irgendetwas auf, eine Zeitschrift oder dergleichen ...» Glaubte er selbst, was er sprach? Seine Augen schimmerten vor Verlogenheit. Er zog sich in die Lüge zurück wie in eine Festung, die ihn vor jeder zudringlichen Frage beschützte. Er log sanft und pedantisch, er schwindelte mit Würde und Gelassenheit; er sagte: «Der Arzt in Zürich war sehr zufrieden mit mir – weißt du ...», und neigte sein großes, schönes, bleiches, von der Lüge gleichsam verklärtes Antlitz geheimnisvoll lächelnd Marion entgegen. Die bekam Angst. – –

Sie mahnte und tröstete. Wer aber war da, um sie zu ermuntern und aufzurichten? – Marcel war da, und er sagte ihr, daß er sie liebe. Sie indessen konstatierte vor dem Spiegel: «Abscheulich sehe ich aus. Ich gefalle mir nicht. So mager darf ein Mensch gar nicht sein. Mein Gesicht ist winzig – ganz zusammengeschrumpft; nur noch Augen. Und einen Hals habe ich – wie eine Sechzigjährige.» Marcel widersprach: «Tu es plus belle que jamais ...», womit er übrigens recht hatte. In ihrem abgezehrten Gesicht, das dramatisch gerahmt war von der lockeren Purpurfülle des Haars, gab es beunruhigend schöne Farben. Er küßte sie. Er legte sein verwildertes Kinderantlitz mit den tragisch aufgerissenen Augen zärtlich an ihre Wange. Ach, es war gut, wenn sein Vogelruf – sein singendes, klagend-jubelndes «Uhu!» – durch das Treppenhaus tönte. Dann trat er ein, schleuderte den leichten Hut in die Ecke, ließ sich aufs Bett fallen und redete.

Marcel redet. Worte schießen hervor, so wie das Blut stürzt aus dem Munde des Kranken. Worte Worte Worte –: sie verwirren sich, steigern sich, überschlagen sich; sie jammern, prahlen, untersuchen; sie klagen an, spotten, verdammen; sie wollen nicht aufhören, können nicht verstummen: Marcel scheint verdammt zum Sprechen, wie der Ewige Jude zum Wandern. Schließlich preßt er sich die Fäuste gegen die Schläfen und schreit auf: «Mich ekelt so vor den Worten! Ach Marion, wenn du ahnen könntest, wie widerlich mir die Worte sind! Es ist mir, als müßte ich schmutziges Wasser saufen und wieder ausspucken. Die großen Begriffe sind schal geworden, abgenutzt – und keine neuen in Sicht, an die wir uns halten, an denen wir uns aufrichten könnten! Alles ist schon gesagt, alles ist schon verbraucht. Das Neunzehnte Jahrhundert war enorm redselig, durchaus rhetorisch, ins Wort verliebt, ihm vertrauend wie einem Fetisch. Nun ist alles entleert. Die Krise des Zwanzigsten Jahrhunderts – die ich wie eine Krankheit in meinem Leibe spüre –, ist die Krise der großen Worte. Die Demokratie ist fertig, weil sie sich an die verbrauchten, großen Worte klammert. Der Faschismus, die neue Barbarei, hat leicht siegen: er köpft Leichen. Wir müssen eine neue Unschuld lernen. Zu der kommen wir nicht durch Worte; nur durch die Tat. Die großen Worte hängen an uns wie Schmutz, machen unsere Stirnen klebrig und unsre Hände. Nur eine Flüssigkeit wäscht dies ab: Blut. Soll es unser Blut sein? Dann müssen wir es vergießen! Besser, es strömt dahin, als daß es uns in den Adern erstarrt wie ein zäher Brei. Wir sollen töten und leiden; nicht mehr reden und schreiben. Genug geredet! Genug geschrieben! Genug gedacht! Vielleicht werden andere Generationen wieder Freude und Gewinn von den Worten und Gedanken haben. Nicht wir – nicht mehr wir! Wir sollen gegen die Raserei des Rückschrittes nicht mehr Argumente setzen, sondern ein anderes Rasen, eine neue Besessenheit. Wir müssen blind und stumm werden und bereit zum Untergang. Nur so sühnen wir die Schuld unserer Väter … O Marion – Marion, halte mir den Mund zu! Ich ersticke an meinen Worten …»

Und Marion bedeckte ihm die Lippen mit der Innenseite ihrer mageren Hand. – –

Im Frühling bekam Marion eine Einladung von Siegfried Bernheim: er sähe sie gerne in seinem Heim auf der Insel Mallorca; sie möge kommen, einige Abende bei ihm rezitieren und eine Weile sein Gast sein. Ein Scheck für die Reisespesen lag bei.

Damals befand sie sich gerade in Nice. Sie ging zum Spanischen Konsulat, wegen des Visums. Der Beamte blätterte lange in ihrem Paß, von vorne nach hinten und von hinten nach vorn. Mißtrauisch wog er ihn in der Hand. «Sind Sie Tschechoslowakin?» wollte er schließlich wissen. – «Nein», sagte Marion. «Das ist ein Fremdenpaß – wie Sie sehen.» – «Also nicht.» Der Beamte machte ein Gesicht, als hätte man ihm die letzte Hoffnung geraubt. «Also nicht Tschechoslowakin. – Alors, Madame, je comprends: en somme, vous êtes sans patrie.» Es klang sowohl mitleidig als auch tadelnd.

Marion war erschrocken. Sie versuchte zu lachen: «C'est juste, Monsieur, c'est exacte ...» –

Auf Mallorca hatte sie gute Tage. Der blaue Himmel und die blauen Fluten leuchteten um die Wette. Wunderbar waren die faulen Vormittage am Strand, die langen Spaziergänge am Nachmittag durch das hügelige Land. Bernheim – konziliant, munter und stattlich wie immer – war der aufmerksamste Wirt, eifrig darum bemüht, seinen Gästen von den Augen abzulesen, was für Wünsche sie etwa haben mochten. Mit würdig zurückhaltendem Stolz zeigte er seine neuen Erwerbungen: ein Mädchenbildnis von Renoir, das Samuel in Paris für ihn eingekauft hatte, und ein Männerportrait von Greco, das er durch einen Händler erworben hatte und an dessen Echtheit Samuel zweifelte. Man war gesellig und guter Dinge. Abends stellten Freunde sich ein: junge Engländer, die viel Whisky tranken und sich beim Kartenspiel zankten; deutsche Maler und Literaten. Samuel, schalkhaft und väterlich, teilte sich mit Bernheim in die Pflichten und Rechte des Hausherrn. Niemand schien hier Sorgen zu haben; jedenfalls entsprach es nicht den Sitten, sie zu zeigen. Die Frauen gingen auch abends in bunten Pyjamas herum; die jungen Leute trugen lustig gestreifte Trikots, wie die Matrosen sie haben. «Dies ist die Insel der Seligen!» proklamierte Bernheim. «Alle lieben sich, alle fühlen sich wohl.» Von Politik war möglichst wenig die Rede. Wenn man die Lage einmal diskutierte – etwa die bedrohliche englisch-italienische Spannung wegen des Abessinischen Krieges, oder die Unruhen auf dem spanischen Festland – zeigte man eher ein sportliches Interesse als echte Beteiligung. Über Mussolinis Chancen, das Schicksal des Negus, die Zukunft der spanischen Republik redete man kaum anders als über die Details eines Stierkampfes in Palma oder einer großen Kartenpartie. Man schien dies alles nicht ganz ernst zu nehmen. Das Schwimmen im Meer, das Bridge-Spielen, der Flirt, die Liebe waren wichtiger. Samuel erklärte Marion: «Man muß den Leutchen ihre Ferien gönnen. Viele von denen, die hier so leichtfertig scheinen, haben in London oder Paris oder sonst irgendwo ein recht schweres Leben. Darum ist ihre Lustigkeit auch oft etwas krampfhaft. Hören Sie, wie diese Dame dort drüben in der Ecke schrill lacht? Mir tut es weh in den Ohren ... Kommen

Sie mit mir in mein Atelier hinauf! Ich zeige Ihnen mein neues Bild.» – «Gefällt es Ihnen?» fragte er dann mit seiner Orgelstimme, während er die Leinwand ins rechte Licht rückte. «Ja, mir scheint, es ist ziemlich gut. Ich bin jetzt wohl so weit, daß ich alles, was ich empfinde und was wichtig ist, durch Farben ausdrücken kann ... Menschen interessieren mich kaum noch», behauptete der Meister. «Ihre Angelegenheiten und Probleme langweilen mich meistens. Mich berühren nur noch die Farben. Sie sind echt, da gibt es keine Tricks, sie enthalten das Leben, sie sind Leben ...» Er prüfte, schräg gehaltenen Kopfes, aus zusammengekniffenen Augen sein Werk. Der Fischerknabe mit dem Korb auf den nackten Knien war mit so viel raffinierter Zärtlichkeit gemalt; die Formen seines Körpers und des braunen jungen Gesichtes schienen mit so viel liebevoller Sorgfalt ausgeführt, daß die Behauptung des Meisters, er interessiere sich nicht für Menschen, durch seine eigene Schöpfung dementiert wurde.

Als Marion ihren Vortragsabend in Bernheims Villa gab, fand sich die ganze englische und deutsche Kolonie zusammen; der große Saal im Parterre, wo der echte Renoir und der zweifelhafte Greco hingen, war überfüllt. Sogar der berühmte englische Schriftsteller war erschienen, der seine Villa droben in den Bergen hatte und sich sonst niemals sehen ließ. Marion brachte ihre wirkungsvollsten Stücke. Sie war gut in Form. Von den Engländern freilich verstand fast keiner etwas; indessen waren alle entzückt von Marions Stimme und von ihren Augen. Nach dem Vortrag gab es kaltes Buffet mit Champagner. Bernheim hielt eine sowohl launige als auch ergriffene Rede auf «das schöne Kammermädchen» – wie er Marion mit eigensinniger Scherzhaftigkeit nannte. «Solange Menschen wie Sie unter uns sind, brauchen wir nicht zu verzweifeln!» rief er ihr zu, das Sektglas in der erhobenen Hand. Alle klatschten. Der berühmte Schriftsteller, dessen Augen hinter dicken, sehr scharf geschliffenen Brillengläsern verschwanden, streckte mit einer merkwürdig ungeschickten, rührend befangenen Bewegung die sehr langen, dürren Arme aus, um zu applaudieren. ‹Wie Serenissimus in einem Witzblatt›, mußte Marion denken. Übrigens liebte sie seine Bücher und war neugierig darauf, ihn kennenzulernen. Durch Samuel ließ sie sich mit ihm bekannt machen.

Er war sehr groß und mager, und es schien, daß er nichts Rechtes mit seinen endlosen Armen und Beinen anzufangen wußte. Das merkwürdig kurze Gesicht, mit dem sehr weichen und großen Mund, wurde beherrscht von den runden, spiegelnden Brillengläsern. Er versuchte auf eine befangene, zugleich hochmütige und schüchterne Art, zunächst deutsch mit ihr zu reden. Später sprachen sie englisch. – Sie saßen am offenen Fenster; vor ihnen der Blick auf das dunkle Meer, den Strand und die schwarzen Palmen, deren Konturen mit schöner Genauigkeit vorm Nachthimmel standen. Der berühmte Schriftsteller schwieg, das Gesicht der Landschaft zugewendet. Marion wagte nicht, das Gespräch zu beginnen. Sie dachte an seine Bücher, die sie bewunderte. ‹Was geht jetzt hinter seiner Stirne vor?› überlegte sie. ‹Beobachtet er mich? Er scheint nicht viel zu sehen, und muß doch allerlei bemerken, hinter seinen Brillengläsern. Macht er sich nun innerlich Notizen, die recht spöttisch sein dürften? In seinen Erzählungen hat er eine seltsam kalte, nicht gerade liebevolle Manier, Menschen zu schildern. Er kennt sie so genau, gerade weil er sich von ihnen distanziert. Übrigens nimmt er, bei aller Distanziertheit und Ironie, leidenschaftlichen Anteil an unseren Sorgen: das wird deutlich in seinen schönen, klaren Essays. Wir gescheit er ist … Ich muß einige seiner großen Aufsätze unbedingt wiederlesen. Er hat viele höchst vorzügliche Dinge geschrieben …›

Da sprach er plötzlich – Marion erschrak fast, als seine weiche, zögernde Stimme kam. «In Ihrem Vortrag hat mich irgend etwas erschreckt. Sie haben manchmal einen kriegerischen Ton – als wollten Sie zur Schlacht rufen. Das beunruhigt mich. Gewalt wird schon genug gepredigt und angewendet – von den anderen. Wir sollen friedlich sein. Nicht Rache, nicht Kampf – Versöhnung sei unsere Absicht.»

«Versöhnung?» Marion wiederholte es trotzig. «Es gibt Menschen und Prinzipien, mit denen sie nicht in Frage kommt. Wir sind lange genug versöhnlich gewesen – zu lange, wie mir jetzt scheint. Vor einem Gangster, der die Handgranate und den Revolver schwingt, macht man sich lächerlich, wenn man flüstert: Ich bin Pazifist.»

«Man soll es nicht flüstern; man soll es schreien», sagte der

Schriftsteller. «Und wenn der Gangster lacht?» – «Was schadet es. Vielleicht vergißt er darüber, die Handgranate zu werfen. Es ist niemals eine Schande und kann nie ein Irrtum sein, sich zum Frieden zu bekennen.»

Daraufhin Marion – deren lange, magere Finger gierig nach irgend etwas zu suchen schienen, was sie zerbrechen konnten –: «Es gibt Situationen, in denen die Angst vorm Kampf blamabel und verhängnisvoll wird.»

Der Schriftsteller, nicht ohne Strenge: «Ich habe nicht von der Angst vorm Kampf, ich habe von der Liebe zum Frieden gesprochen.»

Sie rückte ungeduldig die Schultern. «Das läuft oft aufs gleiche hinaus. Die tolerante Haltung dem absolut Schlechten gegenüber erklärt sich niemals nur aus edlen Motiven; immer auch aus Feigheit.»

Er lächelte, milde und betrübt, über ihre Heftigkeit. «Das absolut Schlechte? Das kann wohl unter Menschen ebensowenig vorkommen, wie das vollkommen Gute. Der menschliche Charakter ist immer zusammengesetzt. An die Elemente, die wir die guten nennen, appellieren wir nur, wenn wir selber gut bleiben.»

Marion wollte auffahren; beherrschte sich, biß sich die Lippen und sagte, ein wenig heiser: «Die deutschen Sozialdemokraten, und die anderen Parteien unserer verstorbenen Republik, versuchten es, ‹gut› zu bleiben – verhandlungswillig und versöhnungsbereit gegenüber ihren Todfeinden. Schauen Sie es sich an, wohin sie's damit gebracht haben! Sollen die europäischen Demokratien diese löbliche Taktik wiederholen?»

«Ich hoffe es», sagte er schlicht. «Die großen Demokratien sind schuldbeladen, sie haben zu büßen. Alles Unheil in Europa kommt aus dem Vertrag von Versailles.»

Marion war fast am Ende ihrer Geduld. «Glauben Sie, die Deutschen hätten einen besseren Vertrag diktiert, wenn sie den Krieg gewonnen haben würden?» fragte sie gereizt. Woraufhin der Brite nur die Achseln zuckte. «Darauf kommt es nicht an.» Da Marion nun verfinstert schwieg, legte er sanft die Hand auf ihre Schulter. «Seien Sie mir nicht böse!» bat er, das Gesicht mit den spiegelnden Brillengläsern freundlich nahe an ihres gerückt. «Ich begreife Ihren Schmerz, Ihren Haß, und ich achte ihn. Es gibt aber ein paar sittliche Grundwahrheiten, die man vor Haß und Schmerz leicht vergißt. Alles Üble kommt aus der Gewalt. Sie steht immer am Anfang des Schlimmen. Man kann die Gewalt durch Gewalt besiegen, aber nicht aus der Welt schaffen. Der verhängnisvolle Irrtum ist, zu meinen, daß der Zweck die Mittel heilige. Das ist falsch. Mit schlechten Mitteln ist kein großes Ziel zu erreichen; die Kommunisten haben dies nicht verstanden, daher ihr fürchterliches Versagen. Der Friede, die Gerechtigkeit können nicht durch Krieg gewonnen werden. – Sind Sie für den antifaschistischen Krieg?» erkundigte er sich, plötzlich in einem leichteren, konversationsmäßigen Ton.

Marion sagte: «Die faschistischen Staaten würden ihn nicht führen können. Diese aufgeblasenen Monstren sind innerlich hohl. Aber es sollte kein Zweifel darüber bestehen, daß die Demokratien bereit und gerüstet sind; dann würden die Aggressiven es mit der Angst bekommen.»

Der Engländer, mild und ein wenig spöttisch: «Warum sind sie denn aggressiv? Weil sie arm sind, weil sie zuwenig Land haben. Deutschland, Italien, Japan wollen Raum. Sollen wir, die Saturierten, die Satten und Reichen, das Expansionsbedürfnis dieser Proletarier unter den Ländern mit Giftgasbomben und Maschinengewehren aufhalten? Und uns dabei noch als die Moralischen aufspielen, als die Bewahrer der heiligsten Güter, die Retter der Demokratie?»

«Wenn Sie so empfinden, warum haben Sie dann nicht dafür Propaganda gemacht, man solle Deutschland Kolonien, den Anschluß Österreichs und was nicht sonst noch gewähren, als die Politik des Reiches noch von Stresemann gemacht wurde, statt von Hitler, Rosenberg und Goebbels?»

«Hätte ich das nur getan!» Die Reue in seiner Stimme mußte aufrichtig sein. Er gestand: «Damals habe ich die Dinge noch nicht so klar gesehen wie heute.»

«Erst mußte Deutschland ein großes Zuchthaus für seine Bewohner und eine schreckliche Gefahr für alle Völker der Erde werden!» Marion ließ sich vom Fensterbrett auf den Boden gleiten. Sie stand aufrecht da, und ihr Gesicht war zürnend, wie wenn sie eines der kämpferischen Gedichte sprach. «Könnte man mit der gerechten Verteilung der Erde nicht warten, bis Deutschland wieder ein anständiges, zivilisiertes Land ist? Wenn man den deutschen Ansprüchen jetzt entgegenkommt, sieht das verdammt so aus, als geschähe es aus Angst vor der deutschen Macht. Es stärkt Hitlers Stellung, und schadet also dem deutschen Volk.»

Er versetzte, leise, aber bestimmt: «Mir scheint doch, das deutsche Volk liebt seinen Hitler. Hätte es ihn sonst herbeigeholt? Würde es ihn sonst dulden?»

Marion bewegte zornig den Kopf mit der Purpurmähne. «Sie wissen so gut wie ich, daß Millionen Deutsche ihn hassen und ihn los sein wollen; die anderen aber sind ahnungslos und dumm, es wird unsere Sache sein, sie zu erziehen.»

Ihre Augen flammten; die des Schriftstellers blieben vorsichtig verborgen hinter den dicken Gläsern. Er sagte: «Sicher ist es nicht die Sache der imperialistischen Demokratien. Wir haben vor den eigenen Türen zu kehren. Weder England noch Frankreich oder Amerika haben irgend das Recht, sich vor anderen als moralische Vorbilder aufzuspielen. Was wir tun können, ist nur, das deutsche Volk befreien von dem Minderwertigkeitskomplex, an dem es seit dem Jahre 1918 leidet. Wenn es wieder glücklicher und reicher ist, wird es vermutlich auch wieder verständiger und weniger reizbar werden.»

«Oder es wird noch übermütiger und habgieriger werden», warf Marion ein. Woraufhin er nur zu erwidern hatte: «Das wird sich zeigen. – Zunächst kommt es darauf an, einen neuen Krieg zu vermeiden. Denn er wäre das Schlimmste.»

Marion: «Noch schlimmer wäre eine Welt, in der die Faschisten diktieren. Und dazu kommt es, wenn die Demokratien den Willen zum Widerstand nicht mehr haben.»

Er darauf, eigensinnig und milde: «Machen Sie sich eine Vorstellung vom nächsten Krieg? Gift- und Gas-Bomben über Berlin, Paris und London: ich möchte es nicht erleben ... Cholera und Hungersnot und zerschossene Häuser und überall die Diktatur einiger bösartiger Generäle: das wäre die Konsequenz. Die Zivilisation retten, indem man sie vernichtet? – Wie kann eine kluge Frau dergleichen wünschen!» Er legte ihr wieder die lange, schöne Hand auf die Schulter, diesmal mehr väterlich mahnend. «Wenn in unseren Ländern ein neues, starkes sittliches Bewußtsein, eine echte Friedensliebe und Nächstenliebe sich durchsetzen in den Herzen der Menschen, dann werden sie es sein, die schließlich die Welt beherrschen und zur allgemeinen Religion werden; nicht die Machtanbetung, wie sie heute von den enttäuschten, verführten Deutschen gepredigt wird.»

«Die Gestapo wird den Engländern und Franzosen die Friedens- und Nächstenliebe schon ausprügeln.» Marion sagte es böse. Er aber, zuversichtlich und beinahe heiter: «Gummiknüppel haben keine Gewalt über das menschliche Herz.» – «Auf die Dauer doch», sagte sie. Er wiegte sinnend das Haupt. «Wir überschätzen die Macht. Sie ist vergänglich, und solang man sie hat, bringt sie mehr Schaden als Nutzen. Mag das Empire sich auflösen! Mir liegt nichts daran, ich wäre ohne das Empire glücklich. Mag doch London eine provinzielle Stadt wie Kopenhagen werden – es wäre vielleicht dann nicht mehr so lärmend dort, man hätte mehr Ruhe, und ich brauchte nicht auf Mallorca sitzen, um arbeiten zu können. Lassen wir die anderen ihren kindlichen Hunger nach Macht befriedigen, und geben wir ihnen das Beispiel der Sanftheit. Sie werden uns nicht überfallen, wenn wir nicht mehr bewaffnet sind. Sie werden unsere Leben verschonen – der Krieg ist es, der uns vernichten würde. Wenn nur ein Teil der Welt – der reifere, bessere Teil – sich zum Verzicht auf die Gewalt entschlösse, folgten die anderen nach. Schließlich fände man zueinander. Alle Menschen wären eine Familie, die Staaten wären nicht mehr voneinander abgegrenzt, die Verteilung der Länder hätte keine Wichtigkeit mehr. Das schöne Ziel wäre erreicht», sprach er träumerisch in die warme Nacht heraus. –

Einmal lachte sie über ihn; er nahm es nicht übel, sagte nur: «Lachen Sie nur! Ich habe auch viel gelacht, viel gespottet, immer nur gezweifelt, stets alles besser gewußt. Ich war Skeptiker. Durch alle Abgründe der Skepsis bin ich gegangen. Die Skepsis führt zur Verzweiflung. Wenn man leben will, muß man auf das Gute im Menschen vertrauen können.» – Da war sie schon wieder ernst.

Hinter ihnen wurde der weite Salon mählich leer. Die festlichen Lichter waren ausgegangen; in einer Ecke saß traulich Meister

Samuel mit einer hübschen jungen Amerikanerin und trank Whisky. – «Was habt ihr euch eigentlich zu erzählen – ihr, dort drüben am Fenster?» rief ihnen seine Orgelstimme zu. Marion antwortete nicht; sie sah jetzt müde aus, wie nach einer Anstrengung, die zu lange gedauert hat. Der Schriftsteller – dessen kurzes fahles Gesicht im Gegenteil erfrischt und rosig belebt schien – sagte, wobei er nicht zu Samuel hinüber, sondern aufs Meer schaute: «Wir streiten über die Mittel; nicht über das Ziel. Sicher nicht über das Ziel.» Zu Marion gewendet, meinte er abschließend: «Sie übersehen eine grundlegende Tatsache, chère amie – eine ganz einfache, biologische Tatsache, möchte ich beinah sagen. Die Liebe ist stärker als der Haß. Der Haß nutzt sich ab, erlahmt, läßt die im Stich, die mit ihm zu siegen meinten. Die Liebe aber ist unüberwindlich.»

Da sie nun verstummten und es auch im Raume hinter ihnen stille war, hörte man plötzlich, mit einer seltsamen Eindringlichkeit, als wollte es sich endlich bemerkbar machen, das Rauschen des Meeres und das seufzend leise Auslaufen der kleinen Wellen auf dem nahen Strand. –

Ein paar Tage später reiste Marion ab, ohne den berühmten Autor noch einmal gesehen zu haben. Alle warnten sie davor, dies friedensvolle Eiland gerade jetzt zu verlassen; am heftigsten riet Siegfried Bernheim ihr ab. «Auch ich sollte eigentlich nach Paris, in Geschäften. Fällt mir aber gar nicht ein, zu fahren. Kein Mensch weiß, was nächstens in Europa geschieht. Morgen kann es zum Krieg zwischen England und Italien – und das heißt: zur allgemeinen Katastrophe – kommen. In Frankreich herrscht schon jetzt beinah Bürgerkrieg. Die Frage ist, ob man Sie in Marseille überhaupt landen läßt. Dort wird jetzt gestreikt, kein Hotel oder Restaurant ist offen, die Hafenarbeiter machen keinen Dienst, es wurde auch schon geschossen – ich flehe Sie an, meine Liebe: bleiben Sie hier! Sie riskieren draußen Ihr Leben. Hier ist nichts zu fürchten, auf dieser Insel sind wir in Sicherheit.» – «Soviel ich weiß, ist gestern eine Bombe vor dem Gemeindehaus in Palma explodiert», sagte sie. Bernheim nahm dies nicht ernst. «Das sind Kindereien! Die Menschen hier haben ein gutes Herz. Warum sollten sie böse und blutdürstig sein? Sie haben genug zu essen, und diesen Himmel und dieses Meer! Vielleicht kommt es zu Unruhen in Barcelona. Auf Mallorca ist man wie in Gottes Schoß. – Ich gedenke, mir von hier aus anzusehen, wie sie sich in Europa schlagen», sagte der Bankier. – Und einer der jungen Literaten zitierte lachend die Verse von Jean Cocteau:

«A Palma de Majorque
Tout le monde est heureux.
On mange dans la rue
Des sorbets au citron.» –

Marion ließ sich nicht umstimmen. Alle schüttelten betrübt die Häupter über so viel Eigensinn; Samuel umarmte sie und schalt sie mit bewegter Orgelstimme «kleine Närrin»; sie reiste ab. Am 13. Juni kam sie in Marseille an. Es war nicht gemütlich. Am Hafen gab es weder Kofferträger noch Taxis. Für ein enormes Trinkgeld wollte ihr ein Junge das Gepäck zum Bahnhof bringen. Die Hotels und Restaurants waren geschlossen, wie Bernheim es vorausgesagt hatte. Die Straßen waren verstopft von Menschen, die in langen Zügen marschierten, rote Fahnen trugen und die «Internationale» sangen. Die Gesichter schwitzten, waren eingehüllt in Staub, hinter dem Staub aber gab es ein mutiges Leuchten. Man begrüßte sich mit der erhobenen Faust. ‹Was ist es?› dachte Marion. ‹Ist es die Revolution?› Sie empfand Freude, hier zu sein. Erst in der überfüllten Bahnhofshalle bekam sie Angst. Der Zug, der sie nach Paris bringen sollte, verspätete sich. Sie fand auch den Jungen mit ihrem Gepäck nicht mehr. Übrigens war sie hungrig. –

Am nächsten Morgen erwartete Marcel sie in Paris, an der Gare de Lyon. Er sah glücklicher aus als seit langem. «In unserem alten Frankreich gehen große Dinge vor!» erklärte er ihr. –

Als Marion ihre Tournee für den Sommer vorbereitete, hatte sie wieder Schwierigkeiten mit ihrem Paß. Verschiedene Konsulate weigerten sich, ihr ein Visum zu geben. Sie erinnerte sich des spanischen Beamten in Nice und seines grausamen: «En somme, Madame, vous êtes sans patrie.» So ging das nicht weiter. Eines Tages sagte sie zu Marcel: «Mir scheint, mein Engel, wir müssen heiraten.» Er schien über diese Mitteilung zu erschrecken. Er gestand ihr: «Es ist mir nicht so ganz recht ... Irgendwie habe ich davor Angst.» – «Wieso – Angst?» wollte sie lachend wissen. Er sagte: «Du hast mich nie heiraten wollen, und das war ein guter Instinkt von dir. Ich eigne mich nicht zum Ehemann. Ich bin krank, neulich habe ich wieder Blut gespuckt, ich bin erblich belastet, ich habe abscheuliche Eltern. Wo werde ich enden?» Er zögerte eine Sekunde, ehe er selbst, sehr leise, die Antwort gab: «Im Irrenhaus – fürchte ich oft ...» Während Marion eine heftig abwehrende Geste machte, fuhr er fort: «Und nun – nur des Passes wegen? Irgendwie empfinde ich es doch als unschicklich ... Das ist wahrscheinlich sehr dumm von mir», entschuldigte er sich gleich. «Bürgerliche Vorurteile ... Die pädagogischen Prinzipien der Madame Poiret scheinen ihren Einfluß auf mich geübt zu haben.» Er lachte ein bißchen, wurde aber gleich wieder düster. «Es wird uns Unglück bringen ...» Unter den hoch gespannten Bögen der Brauen war sein Blick verdunkelt von Ängsten, die Marion nicht verstand. Sie fuhr ihm mit den Fingern durchs Haar; es fühlte sich hart und widerspenstig an. «Aber, mon choux! Seit wann sind wir abergläubisch? – Wir könnten uns ja bald wieder scheiden lassen, wenn dir der Ehestand nicht gefällt!» schlug sie lachend vor. Sie küßte ihn; die Gebärde, mit der sie ihn an sich zog, war nicht jene, die eine Liebende für den Geliebten hat; vielmehr glich sie der anderen, mit der die Mutter ein erschrecktes Kind umarmt. Er lächelte zaghaft, während er den Kopf an ihre Schulter legte. «Es wird sehr hübsch sein, wenn wir Mann und Frau sind, meine kleine Marion ...» Es klang aber nicht sehr bestimmt, eher fragend, fast flehend. –

Ein paar Tage nach der Zeremonie auf dem Standesamt war Marcel es, der vorschlug: «Wir sollten eine kleine Hochzeitsreise unternehmen, das gehört sich doch. Monsieur Poiret und Madame werden für ein paar Wochen miteinander in die Berge fahren.» – «Das wäre großartig!» Marion war begeistert. «Ich habe noch drei Wochen Zeit vor meiner Tournee durch die böhmischen Bäder.»

Sie entschieden sich für das Engadin. In St. Moritz gefiel es ihnen nicht. Sie fanden ein schönes altes Graubündener Bauernhaus, in der Nähe von Sils-Maria. Dort mieteten sie sich zwei Zimmer. – «Eine wunderschöne Hochzeitsreise!» stellten sie, jeden Morgen wieder, befriedigt fest. Sie atmeten freier in dieser dünnen und reinen Luft. Vieles, was drunten, im Tiefland, sie quälend beschäftigt hatte, schien sie hier droben kaum noch anzugehen. Vorübergehend durften sie manches vergessen, was sonst Inhalt ihrer Reden und Gedanken war. Sie sprachen nicht mehr vom Faschismus, der britischen Politik, den deutschen Konzentrationslagern, dem historischen Materialismus und der letzten Rede des Genossen Dimitroff; vielmehr davon, welch unbeschreiblich zarte und starke Farben der Himmel hatte; wie rührend es war, daß auf dem kargen Moos so mannigfach geformte und getönte Blumen gediehen, oder von der fast schmerzenden Klarheit des Lichts, in dem alle Dinge zugleich wirklicher und entrückter standen als drunten, in der feuchteren Atmosphäre. Am Abend kam die Bergwand, vor der Sils-Baselgia lag, schwarz und drohend nahe heran. «Sie wird auf uns stürzen!» fürchtete sich Marcel. Und Marion: «Ich hätte nichts dagegen. Es würde einen kolossalen Krach geben, und dann wäre es still.»

Stiller, als es nun war, da sie schwiegen, konnte es kaum noch werden. Sie gingen auf der großen Landstraße, die nach St. Moritz führt, rechts neben ihnen der verdunkelte See, links die Bergwand. Der starke Wind, den sie im Rücken hatten, kam von Maloja her. Über ihnen, der Himmel, war reingefegt. Nachmittags hatte es Wolken gegeben; aber nun stand jeder Stern in genauer Klarheit.

Marion war froh, weil Marcel schweigen konnte. Von ihm genommen schien der unselige Zwang, Worte ohne Ende hervorbringen zu müssen. War er von einer Krankheit genesen? Er hatte den gleichmäßig ruhigen, kraftvollen Gang des Gesunden. Er schritt wacker aus – wie ein Soldat, fand Marion, die sein Gesicht von der Seite prüfte. Hatte nicht auch dieses Antlitz jetzt soldatische Züge? Im blassen Licht der feierlichen Nacht sah es härter und entschlossener aus, strenger und dabei zuversichtlicher, als sie es jemals gekannt hatte. Der Blick ging siegesgewiß geradeaus. So schreitet und so blickt einer, der sich über das Ziel des Weges länger nicht im Ungewissen ist. Der Mund war trotzig etwas vorgeschoben. Die stolze Kurve der Brauen beherrschte eine Stirn, die Trotz ihrer Niedrigkeit kühn schien – bereit, sich allen Stürmen auszusetzen; nicht nur dem frischen Wind, der von Maloja kam und den sie jetzt noch in den Rücken hatten.

Sie hatten heute in Sils-Maria das bescheidene Haus besucht, an dem die Tafel mit der Inschrift hing: «Hier sann und schaffte Friedrich Nietzsche ...» Über diesen Text hatten sie etwas lachen müssen; aber sie waren ernst geworden in der engen Stube. Aus dem Fenster gab es keinen Blick in diese unsagbare Landschaft; man hatte vor sich nur die steil nach oben strebende Wand des Hügels, an den das Haus wie fest gewachsen schien. Bei all seinen inneren Kämpfen, enormen Aufschwüngen, katastrophalen Niederlagen, hatte der magenkranke Professor – gemartert von Kopfschmerzen und intellektuellen Ekstasen – sich nicht den Trost der schönen Aussicht gegönnt. Marion und Marcel konstatierten dies mit Ehrfurcht und mit Erbarmen. –

«Wir wollen umkehren», sagte jetzt Marcel; es war, als könnte ers nicht erwarten, den kalten Bergwind endlich im Gesicht zu spüren. Sie waren nicht darauf gefaßt gewesen, daß es sie mit solcher Heftigkeit anwehen würde. Sie erschauerten, froren, schmiegten sich im Gehen enger aneinander. Marion sagte: «Es ist so gut, daß wir hergekommen sind!» Er lächelte, ohne sie anzuschauen. «Ja – schöner als hier kann es auf dieser Erde nicht sein.» Er blieb stehen. «Dieses Tal ... dieser Wind ...» Er zog tief die Luft ein. «Der Mann in dem abscheulichen Zimmer, wo wir heute gewesen sind – der kannte sich aus. Er wußte die schönste Landschaft zu finden, und die Probleme, die entscheidend sind. Er hatte alles schon durchgemacht, ehe wir anfingen zu denken. Der ganze Aufruhr unserer Herzen, alle Ratlosigkeit, die schrecklichsten Irrtümer, der Wahnsinn, und noch die kühnsten Hoffnungen waren ihm gegenwärtig. Er hat alles schon ausgesprochen – in deiner Sprache, Marion, in deiner schönen Sprache. Jetzt sollten wir schweigsamer sein – und wäre es nur aus Ehrfurcht. Da er in Gedanken alles durchgelitten und durchgekämpft hat, müssen wir anders leiden und anders kämpfen. Hier hat der Prophet seine Wege gemacht. Wir aber sollten handeln. – Warum sagst du nichts, Marion? Aber du zitterst ja? Du klapperst ja mit den Zähnen, ma pauvre! Komm näher an Ich! Ich will meinen Mantel über deine Schulter legen.»

Drittes Kapitel

«Ich kann das Kind nicht bekommen», sagte Tilly, leise und mit bebender Bestimmtheit; woraufhin die Ärztin streng und etwas feierlich wurde. «Genug jetzt! Ich will davon nichts mehr hören! Sie sind völlig gesund.» – «Abgesehen von meinem Asthma», warf Tilly böse ein. – «Das ist nervös», stellte die Ärztin fest. «Nach der Niederkunft wird es bald verschwinden.» – «Ich kann das Kind nicht bekommen. Sie müssen mir helfen, Fräulein Doktor! Sie müssen!» – «Ich darf nicht, und Sie wissen, daß ich nicht darf. Ich würde es aber auch nicht tun, wenn ich dürfte. Sie bringen das Kind zur Welt, werden es lieb haben – und mir dankbar sein, daß ich Ihnen Ihre Bitte heute abschlagen muß.» Tilly stöhnte. In ihrem weißen Gesicht öffnete sich klagend der Mund –: ein dunkles Loch in der hellen Fläche dieser verzweifelten Miene. Ihr liebenswürdiges Antlitz wirkte tragisch verändert und sah übrigens ein wenig idiotisch aus, durch seine Starrheit und weil der Mund so trostlos offen blieb. Die Ärztin erschrak. «Aber mein liebes Kind!» sagte sie ängstlich. «Machen Sie doch kein so jammervolles Gesicht! Wahrscheinlich sind die Dinge gar nicht so schlimm, wie Sie sich das jetzt einbilden ... Wollen Sie mir nicht ein wenig erzählen? Über den Vater Ihres Babys, und warum Sie so traurig sind?» – «Nein», sagte Tilly; es kam rauh und fast zornig heraus. Die Ärztin, etwas pikiert, zuckte die Achseln. «Ich dachte, es würde Ihnen vielleicht gut tun. Aber ganz wie Sie wollen – natürlich, ganz wie Sie es wünschen, mein Kind.» – «Entschuldigen Sie!» sagte Tilly; sie war aufgestanden. «Entschuldigen Sie, bitte. – Ja, ich muß wohl jetzt gehen.» –

Auf der Straße, in ihrem Zimmer, an der Schreibmaschine – der Refrain von Tillys Gedanken bleibt: ‹Ich kann das Kind nicht bekommen. Alles spricht dagegen, es soll nicht sein. Sein Vater treibt sich irgendwo auf einer Landstraße herum, oder er sitzt in einem deutschen Gefängnis. Die Nacht, in der ich es empfangen habe, hat mit dem Besuch der Polizei geendigt.

Welch entsetzliches Zeichen! Auf mir liegt ein Fluch, auch der Kleine würde etwas von ihm abbekommen. Ich kann das Kind nicht bekommen – ach Ernst, warum bist du nicht da, um mir zu helfen!›

Sollte sie mit der Mutter sprechen? Sie wagte es nicht. Alles mußte sie mit sich selber ausmachen, die Entschlüsse ganz alleine fassen. Manchmal dachte sie: Vielleicht darf ich es doch bekommen, das Kind. Ich könnte den Peter heiraten, er würde meinen, es ist von ihm, er würde es gern haben, später könnte ich ihm vielleicht die Wahrheit gestehen – aber nein! das ist ja purer Wahnsinn! ihn so anzulügen! Woran denke ich denn! ich verliere den Kopf! –

Wenn nur Marion jetzt in Zürich wäre! Aber sie war beschäftigt, irgendwo unterwegs. – Und Frau Ottinger? Die war freundlich und gut. Zehnmal war Tilly entschlossen, der alten Dame alles zu erzählen; zehnmal brachte sies nicht über die Lippen. Nein, es ging nicht, es lag jenseits der Schicklichkeits-Grenze, so viel durfte man der braven Madame keinesfalls zumuten. Tilly lächelte matt, wenn Frau Ottinger sich besorgt wegen ihres schlechten Aussehens äußerte. «Ich fühle mich oft etwas müde», gestand das Mädchen; Frau Ottinger riet ihr zu Lebertran. – Tilly war lange Zeit in tausend Ängsten gewesen, der Polizeibeamte, der sie damals im Hotel überrascht hatte, könnte sich mit Ottingers in Verbindung setzen. Nichts dergleichen geschah. Die Polizei hielt sich unheimlich still. Ernst verschwand – wahrscheinlich war er nachts zur französischen Grenze gebracht und dort seinem Schicksal überlassen worden –; mit Tilly indessen schien man gnädig zu verfahren. Mindestens gönnte man ihr eine Bewährungsfrist –: ‹bis man mich zum nächsten Mal mit einem jungen Mann ohne Paß morgens in einer Kammer findet›, dachte sie bitter. ‹Dann freilich wäre Schluß, man setzte auch mich über die Grenze. – Oder schwebt schon jetzt gegen mich ein Verfahren? Vielleicht bereitet etwas Fatales sich vor, von dem ich nur noch keine Kenntnis habe …› Ihr war oft zu Mute, als würde sie beobachtet und belauert. Sie hatte sich kompromittiert, man kannte höheren Ortes ihren Lebenswandel, man war mißtrauisch gegen sie, wahrscheinlich schickte man Spione hinter ihr her. Tilly fürchtete sich. Oft, auf der Straße, fuhr sie plötzlich herum, weil sie die korrekt unnahbare Miene jenes Beamten neben sich zu erkennen meinte. – ‹Ich werde verfolgungswahnsinnig›, hielt sie sich vor. ‹In was für einem Zustand bin ich?

Pfui, man darf sich nicht so gehen lassen! – Eine schöne Frau Mama würde ich abgeben! Mir täte das Wesen leid, das mich als Mutter hätte und den verschollenen Ernst als Papa. – Ich kann das Kind nicht bekommen.› –

Schließlich sprach sie mit der alten Friseuse, von der sie sich das Haar richten ließ; sie war aus Genf, hatte in Paris und Nordafrika gearbeitet, ihr französischer Akzent wirkte vertrauenerweckend. «Es handelt sich um eine gute Freundin von mir», behauptete Tilly – wozu die Haarkünstlerin nachsichtig lächelte. «Sie kann das Kind nicht bekommen. Kennen Sie einen zuverlässigen Arzt?» Die Coiffeuse kannte einen, und erbot sich sogar, für «Tillys Freundin» alle nötigen Verabredungen mit ihm zu treffen. «Ich empfehle ihn immer in solchen Fällen», schwatzte sie, während sie mit gewandten Fingern Tillys Frisur arrangierte. «Ein vorzüglicher Mann.» – Tilly wurde für den nächsten Sonnabend angemeldet.

Sie mußte in einem dumpfen Korridor warten, ehe eine dicke kleine Person in nicht ganz sauberer Schwesterntracht sie in den Empfangsraum geleitete. Dort war es nicht viel heller als im Vestibül. Von dem geräumigen Zimmer waren zwei Ecken durch grüne, fleckige Vorhänge abgetrennt. Die Nurse führte sie, unter leicht scherzhaften Reden, in eine der Nischen. Dort brannte eine matte, gelbliche Birne über dem Operationsstuhl, der mit klebrigem Wachstuch bespannt war.

«Setzen Sie sich hin, kleines Fräulein!» riet die Schwester, deren pfiffig-munteres Gesicht runde Apfelbäckchen von seltsam gesprenkeltem, stellenweis ins Violette spielendem Rot zeigte. «Machen Sie sich frei – nur das Hemd lassen Sie vorläufig an. Der Herr Doktor wird wohl bald hier sein. Heute, am Samstag, haben wir gerade flotten Betrieb. Die Damen, die am Montag wieder ins Geschäft müssen, lassen sich Samstag morgen behandeln, und erholen sich übers Weekend.» Sie lachte, eigentlich ohne Grund. Es war, als spräche sie von einer neuen, amüsanten Form, das Wochenende zu verbringen. Wenn sie kicherte, leuchteten ihre Apfelbäckchen ebenso sehr wie die kleinen Augen. Ihr Deutsch hatte einen stark Wienerischen Akzent.

Aus der anderen Zimmerecke, die durch grünen Vorhang verborgen war, kam ein Stöhnen – woraufhin die Pflegerin, zugleich entsetzt und belustigt, die Hände überm Kopf zusammen schlug. «Jesses Maria und Joseph, das Fräulein Liselott wacht schon auf! Die ist grade erst verarztet worden. Ich sags Ihnen ja: heute haben wir Großbetrieb!» Sie schien in famoser Stimmung. Während Fräulein Liselott aus ihrer Nische Jammertöne hören ließ, plauschte sie weiter. «Die ist nämlich ein Stammgast bei uns, jedes halbe Jahr erscheint sie mindestens einmal. Ein hübsches Ding, kann man nicht anders sagen ... Na, ich muß doch mal nach ihr sehen ...» Ehe sie entschwand, fragte sie noch über die Schulter – wobei sie den grünen Vorhang, in dessen Öffnung sie stand, gefällig um sich drapierte –: «Der Herr Bräutigam wird Sie wohl abholen? Er muß im Vorzimmer warten, dort haben wir sehr bequeme Stühle, auch Zeitschriften, er soll sich nicht bei uns langweilen.» – «Es wird mich niemand abholen», sagte Tilly. – Darauf die Nurse, plötzlich etwas mißtrauisch: «Was für einen Beruf haben Sie eigentlich?» Tilly log müde: «Ich bin Klavierspielerin.» Es fiel ihr nichts anderes ein. Als junges Mädchen hatte sie nett Klavier gespielt. Die Schwester zeigte sich befriedigt und gleich wieder animiert. «Aha, Künstlerin, das hab ich mir doch gedacht, ja ja, die Damen von der Musik sind oft a bisserl leichtsinnig. – Aber so ein kleines Malheur kann einer jeden passieren», fügte sie tröstlich hinzu.

Das Stöhnen aus der anderen Kabine ward stärker. Tilly empfand Grauen; sie begann zu zittern, kämpfte gegen die Tränen. «Wird der Arzt nun bald kommen?» fragte sie mühsam. Da hörte sie aus dem Nebenzimmer eine tiefe, rauh belegte Stimme rufen: «Legen Sie die Äthermaske auf, Schwester! Ich bin fertig.» Die Nurse zuckte zusammen; bekam fahrige Gesten; holte die Maske herbei. «Jetzt halten's nur still, kleines Fräulein! Schenkel auseinander. Zählen's langsam bis fünfzig! Tief atmen! Langsam atmen! Nur brav still halten, der Herr Doktor kommt schon, es ist gleich vorbei ... Eins – zwei – drei – fünf – neun – fünfzehn ... Nur brav zählen, bittschön! Und still halten! Wird ja gleich vorüber sein ... Haben ja schon Zartere überstanden als Sie, kleines Fräulein ...»

Tilly atmete gierig den Äther. Nur das Bewußtsein verlieren, nur einschlafen, nichts mehr hören ... nur die Stimme dieser Frau nicht mehr hören ... Die erste Reaktion war Brechreiz. Dann spürte sie Todesangst, wollte hoch fahren, die Schwester drückte sie nieder ... «Nur still halten, kleines Fräulein ... Nur keine Geschichten machen ... Haben andere ja auch schon überstanden ...» – ‹Das Fräulein Liselott, zum Beispiel›, dachte Tilly, schon halb betäubt. ‹Der Stammgast ... die fesche Person, kann man nicht anders sagen ... Warum zeigt sich der Doktor eigentlich nicht? Er will wohl nicht, daß ich sein Gesicht sehe; könnte ihn auf der Straße wieder erkennen; könnte mirs ja einfallen lassen, ihm zuzugrinsen, ihn zu grüßen ...›

Da spürte sie schon seine Hände an ihrem Leib. Sie erschauerte unter der kalten Berührung der Instrumente. ‹Das kitzelt!› war sie noch fähig zu denken. ‹Huh – das kitzelt aber infam! Gleich werde ich entsetzlich lachen müssen ... Aber nun tut es weh!› – «Noch nicht anfangen!» schrie sie, und erschrak selber über den dumpfen Klang ihrer Stimme, die von sehr weit her zu kommen schien. «Noch nicht anfangen bitte!! Ich bin ja noch wach!» – «Wollen Sie wohl den Mund halten!» herrschte die rauhe Stimme sie an.

Sie zwang sich zu schweigen. Gleichzeitig machte sie sich klar, daß sie zu sprechen gar nicht mehr im Stande wäre. Dies war die Besinnungslosigkeit; der Abgrund – sie stürzte hinein. Indessen erwies das Dunkel, von dem sie empfangen ward, sich leider als bevölkert; mehrere verdächtige Gestalten traten daraus hervor und verursachten Schrecken. Stimmen vermischten sich miteinander; eine von ihnen war besonders verhaßt: sie gehörte der Rechtsanwältin Albertine Schröder, die im Bett telephonierte. «Ist hier der junge Herr Rabbiner Nathansbock? Hier ist die olle Schröder, von den S.A.-Leuten erst vergewaltigt, dann vermöbelt worden. Hören Sie, Nathansbock: ich habe eine süße kleine Frau für Sie, prima Ware, möchte geheiratet sein, bietet zehntausend Franken, machen wir das Geschäft?» Welcher Schrecken, da die Rechtsgelehrte nun das dicke, graue Plumeau von sich schleuderte, mit gewaltigem Satz aus dem Bett sprang und eine riesige Schere ergriff, die auf dem Nachttisch neben ihr gelegen hatte. Mörderisch stumm, drang sie mit der blitzenden Schärfe auf Tilly ein. «Da hast du deinen süßen Rabbiner! Deinen wonnigen kleinen Gatten! Du Hure! Da hast du, verfluchte Hure du!» Das eisige Metall fuhr knirschend in ihre Eingeweide. Der Schmerz war ungeheuer, Tilly fuhr in die Höhe.

Sie sah den Arzt, der sich bis jetzt so schlau vor ihr versteckt gehalten. Er stand über sie geneigt, so tief, daß ihm das Blut zu Kopfe stieg. Auf seiner geröteten Stirn trat eine dicke Ader bedrohlich stark hervor. Sein Gesicht, mit hoher Stirn, langer, gerader Nase und kleinem Schnurrbart, schien männlich edel geschnitten, aber verwüstet: das Gesicht eines Trinkers mit schwimmenden Augen und gedunsenen Lippen. Er war zornig, er raste, stampfte auf, brüllte die Schwester an: «Sie wacht ja auf! Schweinerei! Scheiße! Wo hast du denn die Äthermaske, dumme Gans? Sie blutet ja! Ich sage es immer, mit der kann man nicht arbeiten! Verflucht noch mal! Gib die Maske!!»

Tilly, in einem Starrkrampf aus Entsetzen und Schmerz, konnte nur denken: ‹Er nennt sie Du. Sie ist seine Geliebte.› – Sie sah das Gesicht der Schwester, das höchst sonderbar verändert war. Ihr scheinheiliges Häubchen hatte sie abgelegt und zeigte nun eine etwas zerzauste blonde Dauerwellenfrisur –: ‹unsere gemeinsame Freundin, die Coiffeuse, wird sie wohl hergestellt haben›, beschloß Tilly unter Qualen. Auf der kleinen, runden Stirne der Nurse standen dicke Schweißperlen. Ihr purpurrotes, schamloses, nacktes, nasses Gesicht glich einer aufgeplatzten Tomate. Sie keifte: «Kann ich dafür, daß du am hellen Morgen schon besoffen bist? Es ist ja nicht mehr anzusehen, wie dus treibst – ich gehe auf und davon – du wirst dich noch nach mir sehnen – auf den Knien rutschen wirst du noch vor mir! Da ist die Maske. Das dumme Ding schläft schon wieder ein, rege dich nur nicht auf.»

Tilly, wieder mit dem Äther vorm Gesicht, begriff: Dieses war die infernalische Szene, der man sich unvermutet gegenüber sieht, wenn man die Tür zu einem Zimmer öffnet und findet ein Mörderpaar bei der Arbeit. Sie haben blutige Hände, sind erhitzt von der makabren Hantierung, rufen sich im Kauderwelsch der Kriminellen Flüche zu, haben aber das Meiste doch wohl schon geleistet, das Opfer ist fast zerlegt, sie schneiden ihm die Finger mit den Ringen ab – ach, ich bin das Opfer, mein Kind ist es, das sie stehlen … Ernst, Ernst, wo bist du, die Polizei hat dich abgeführt, ich bin allein mit dem verworfenen Paar …

Das Schreckensbild verging in Qual und Nacht. Wie ein Labsal kam der Äther, den man erst so gefürchtet hatte.

‹Weh mir, ich falle … Mit mir stürzt das Kind … Niemand da, um uns aufzufangen. Wie tief ist die Tiefe –: bodenlos … Niemand hält mich, ich sinke, weh mir, ich sinke hin …›

Mallorca – höchst liebliches Eiland, mild beglänzt und beschienen von einer gnädigen Sonne; reich gesegnet mit Palmen, Zypressen und allerlei Blütengebüsch; mit Strandpromenaden, Klöstern, Hotels, dekorativ gruppierten Felsen, Grotten, Wasserläufen, Terrassen; mit schönen Frauen, feurig imposanten Männern, liebenswerten Knaben; mit Kathedralen, Stierkampftheatern, Bordells, Cinémas, Flughäfen, Landungsbrücken, Museen; mit Bergen und Gärten, stillen Winkeln und belebten Plätzen; Mallorca, reizendste Gegend, seit eh und je bevorzugt von den Feinsten, auf deiner Erde lustwandelte Madame George Sand in schmuckem Herrenkostüm; vor dem farbenreichen Panorama, das du bietest, träumte am Pianoforte der lungenkranke Pole Chopin; Mallorca – friedlichste Insel, sorgenloses kleines Paradies, weit entfernt von Lärm und Gefahren der Welt; angenehm isoliert, doch nicht abgelegen; idealer Aufenthalt für die Empfindlichen – Landschaftsmaler oder Bankiers –: hier laßt uns bleiben, laßt uns Hütten bauen, eine Villa mieten, mindestens ein Hotelzimmer für den Rest des Jahres! Nur nicht weg von hier, diese Sicherheit ist ja köstlich, wo sonst noch fände man sie? Überall geht es hart auf hart, nur hier herrscht Heiterkeit ohne Ende, kein schriller Laut stört die perfekte Idylle … Aber hat es nicht eben ein dunkel drohendes Geräusch gegeben? Sind nicht finstere Wolken über diesen Himmel gezogen, dessen Bläue sonst vorbildlich war? Mallorca, wehe –: was ist mit dir vorgegangen? Welcher Donnerschlag hat deine holde Szenerie verändert? Aufschreie plötzlich, wo es nur Lieder und Gelächter gab! Die schwarzen Vögel, die sich vom Meere her nahen, bringen Unheil. In den Villen und am Strande muß man sichs eingestehen, wie in den engen Gassen von Palma: dies sind Bombenflugzeuge, fabriziert in Italien und gelenkt von italienischen Piloten. Woher kommt die schaurige Invasion? Die Hölle ist losgelassen; tausend Teufel präsentieren sich in den kleidsamen Uniformen römischer

Faschisten, oder in der korrekten Tracht preußischer Beamter und sächsischer Geheimagenten; das satanische Gesicht hat viele Formen, niemals aber könnte es ihm gelingen, seine Grausamkeit und seine dünkelhafte Dummheit zu verbergen. Nun beginnt der Teufel sein Werk: er schafft «Ruhe und Ordnung». Massenverhaftungen setzen ein, ein preußischer Beamter oder ein römischer Offizier brauchen nur den fürchterlichen Wink zu geben, und ein Mallorquiner Bürger wird abgeführt. Die Kerker füllen sich; um Platz für neue Opfer zu schaffen – oder einfach, weil man es gern knallen hört – erschießt man grundlos Verhaftete. Manchmal nimmt man sich nicht die Mühe, die Unglücklichen erst im Gefängnis abzuliefern: man holt sie nachts aus den Betten, fordert sie, grimmig lächelnd, zu einer «Spazierfahrt» auf; ruft ihnen dann munter zu: ‹Jetzt laufe! – Jetzt spring aber!› – denn man hat Humor – und dann kracht der Schuß. Am Morgen liegt die Leiche im Gras, am Waldessaum, oder auch mitten in der Stadt, es kommt nicht darauf an – in einer kleinen Blutlache, mit dem Gesicht auf dem Pflaster. Der Bischof von Palma findet dies alles christlich, segnet die Mörder und betet öffentlich für ihr Seelenheil. Frauen werden vergewaltigt, Kinder mißhandelt, Männer zerfetzt. Das Meer, das unsere friedliche Insel vom Festland trennt, scheint blutig verfärbt. Drüben, in der großen Hafenstadt, stehen die Kirchen in Flammen. Dort wird erbittert gekämpft. Eine Clique von Generalen, ausgehalten von den reichen Leuten, ist gegen die Regierung aufgestanden und will alle Macht im Lande haben. Das Volk läßt es sich nicht gefallen; empört sich, wehrt sich, rächt sich; das Volk steht auf – in ungeordneten Massen zunächst, aber unbesiegbar durch seinen gerechten Zorn, seinen wütenden Willen zur Freiheit. Dieses Volk wird lang zu kämpfen haben, große Übermacht steht ihm gegenüber. Dieser Krieg dauert lange, ist ein großer Krieg, und doch nur Teil von einem größeren. – Flieht, ihr Fremde aus den Badeorten: mit der Idylle ist Schluß! Flieht aus San Sebastian! Flieht von der Insel Mallorca! – Der große britische Autor, von Grauen geschüttelt, packt seine Koffer. Siegfried Bernheim muß den Kapitän eines fremden Kriegsschiffes mit hoher Summe bestechen, um nur mitgenommen zu werden. Die schöne Villa läßt er im Stich, samt dem echten Renoir und dem zweifelhaften

Greco: die Faschisten würden ihn nicht verschonen; das deutsche Konsulat ist schon seit langem auf ihn aufmerksam, zwischen den Nazis und den spanischen Phalangisten besteht intimer Kontakt –: er wäre seines Lebens nicht sicher, bliebe er nur noch einen Tag. Zum ersten Mal in all den Jahren scheint Bernheim etwas aus der Fassung zu kommen. Schwankenden Ganges bewegt er sich über den Landungssteg, die Gassenjungen johlen hinter ihm drein. Auch Professor Samuel, an seiner Seite, zeigt ein fahles Gesicht. Mit ihm haben sich die winzigen jungen «Hüter der Ordnung» am Tage vorher noch einen ihrer famosen Scherze erlaubt. Ihm wurde mitgeteilt: «Jetzt mußt du sterben, alter Bolschewik! Dein Stündlein hat geschlagen, Judensau!» – woraufhin man ihn an die Wand stellte. Ein halbes Dutzend Kerle stand ihm in Reih und Glied gegenüber, die Gewehrläufe auf ihn gerichtet. Sie zählten: Eins – zwei – und drei! Dann brachen sie in tobendes Gelächter aus. Übrigens waren sie nicht ganz auf ihre Kosten gekommen, weshalb ihr Lachen nicht sehr sehr heiter klang. Samuel hatte nicht gewinselt, nicht um Gnade gefleht, war nicht einmal in Ohnmacht gefallen. Aufrecht und mutig hielt er sein altes Haupt mit dem weißen Gesicht, dessen gescheiter, sinnlicher Mund freilich nicht mehr lächelte. Er war nicht so sehr entsetzt oder traurig darüber, daß er sterben sollte. ‹Es ist idiotisch von den Burschen, mich umzubringen›, dachte er nur verächtlich, ‹aber die sind wohl derartig dumm, daß sie es aus irgendwelchen Gründen für ihre Pflicht halten. Außerdem macht es ihnen wahrscheinlich Vergnügen. Was mich betrifft, ich darf mich kaum beklagen. Mein Leben ist schön gewesen, nun geht es schnell zu Ende, ich habe weiter keine Unannehmlichkeiten mehr. Lieber hier geschwind umgebracht werden, als in ein deutsches Konzentrationslager – denn das ist wohl der Aufenthalt, der viele meiner Freunde erwartet. Hier werden sie auf italienische Schiffe verladen wie das Vieh; in Genua müssen sie umsteigen, und in München holen die Herren von der Gestapo sie am Bahnhof ab. Das ist nicht der Lebensabend, den ich mir wünsche. – Also, schießt schon zu, dumme Buben!› – Sie schossen indessen nicht; lachten vielmehr wie besessen, wenngleich auf nicht heitere Art. Er dachte: ‹Auch gut. So geht dieser Betrieb also weiter. Vielleicht darf ich noch ein paar gute Bilder malen. Aus dieser

Szene, zum Beispiel, mit den Burschen und den Gewehren, wäre allerlei herauszuholen.› – Bernheim, mittels seines Geldes und der hohen Beziehungen, setzte durch, daß Samuel mit ihm reisen durfte. – Die englischen Herrschaften, die so viel Whisky konsumiert und mit so viel Enthusiasmus Bridge gespielt hatten, wurden von gepanzerten Booten abgeholt, die zu His Majesty's Navy gehörten. Von den deutschen Emigranten, die via Genua nach München geschafft werden sollten, brachten sich mehrere um. Keiner wurde vergessen, trotz aller Aufregung; die schwarzen Listen, welche die deutschen Behörden an die faschistisch-spanischen weiterleiteten, schienen umfassend zu sein; man arbeitete glänzend zusammen, die Regie klappte, alles ging wie am Schnürchen; die Apokalypse war prima organisiert, die Orgie der Sadisten trefflich vorbereitet, in Rom und Berlin hatte man wohl, vor Beginn des Schlachtens, jedes Detail des Programms mit Sorgfalt besprochen: Die roten Untermenschen sollen unsere Macht und kalte Klugheit spüren, die Juden und Pazifisten auch, die aufsässigen Arbeiter, die Literaten, und von den Priestern jene, die es mit dem Christentum ernst meinen – hin müssen sie alle werden, die Nilpferdpeitsche für sie, der Rizinus-Trank, die Handgranate in die Fresse, das Bajonett in den Bauch –: Es lebe die Internationale des Faschismus! –

Es lebe die Internationale der Freiheit! Wer Widerstand leistet, bleibt nicht ganz allein. Die Regierungen mögen ihn im Stich lassen; die «großen Demokratien» mögen ihre feige Politik, die nur dem Angreifer zugute kommt, «Neutralität» oder «Nichteinmischung» nennen. Von überall her kommen die Freunde, die Freiwilligen; begeisterter Zulauf aus allen Ländern, allen Himmelsstrichen; Proletarier neben Intellektuellen, sie sprechen verschiedene Sprachen und verstehen sich doch –: es formieren sich die internationalen Brigaden.

«Nun weiß man doch, wohin man gehört!» sagt ein junger Mann, wie Hans Schütte, der in Prag nicht hat bleiben dürfen, und dann nicht in Wien, und in Frankreich nicht, und nicht in der Schweiz, in Holland oder in Skandinavien. Trotzig hat er sich herumgetrieben, überall der ungebetene Gast, verfolgt von der Fremdenpolizei, ein Geächteter. Er sieht schon verdächtig aus und recht heruntergekommen. Ein harter, struppiger Bart ist ihm gewach-

sen, und seine runden, etwas vortretenden Augen, die einst gutmütig schauten, haben oft einen flackernd scheuen Blick, der nichts
Gutes verheißt. Jetzt aber begreift er: Es gibt irgendwo was zu tun
– etwas Großes. Das lohnt sich, da mache ich mit. In jenem Lande
– wo ich noch nie gewesen bin und dessen Sprache ich nicht verstehe – sind die Leute nämlich auf eine glänzende Idee gekommen:
auf die Idee, sich zu wehren.

‹Dorthin gehöre ich! Dies ist die Gelegenheit, auf die ich so
lange gewartet habe – dies die Stunde: ich erkenne sie, sie ist da!›
So empfand Marcel Poiret. Er war müde der großen Worte, gierig
danach, zu handeln; er lechzte nach der Tat, nach dem Opfer; nun
war es so weit: man konnte sich anschließen, sich zusammentun,
gemeinsam handeln mit den Kameraden. Sie haben nicht verstanden, sie sind stumpf und dumm geblieben, wenn man sich an sie
wendete und sie ergreifen wollte durch das geschriebene Wort. Sie
werden begreifen, man wird zu ihnen gehören, wenn man mit ihnen kämpft. ‹Nun hatte es doch sein Gutes, daß der Französische
Staat, die brave Dritte Republik mich hat schießen lehren. – Ich
gehe nach Spanien. Ich melde mich zur Internationalen Brigade.›

Es werden ihm Abschiedsfeste gegeben; eines veranstaltet die
Schwalbe in ihrem Lokal. Ganz vollzählig ist der kleine Kreis bei
dieser Gelegenheit freilich nicht. Einige junge Leute, die man häufig hier sah, sind ihrerseits schon nach Spanien vorausgefahren.
Auch Marion und Martin sind nicht erschienen. Martin geht fast
gar nicht mehr aus – wie die Schwalbe betrübt berichtet –: er verbringt die Tage im Bett, die Nächte am Fenster, und in den rosig-
grauen Stunden der Dämmerung kann man ihn ziellos durch die
Gassen des Quartier Latin oder drunten, an der Seine, promenie-
ren sehen.

Und Marion! – Mit ihr ist Marcel heute den ganzen Tag gewesen, und morgen früh wird sie allein es sein, die ihn zum Zug begleitet. Sie ist sehr erschrocken, als er ihrs gesagt hat: Ich gehe nach
Spanien. Marion, die sonst nur tröstet und hilft, zur Besinnung
oder zum Kampf ruft – Marion hat geweint. Ihr Mund hat kindlich
gezittert, aus den schönen, schrägen Katzenaugen flossen Tränen:
«Tu es nicht! Ich sehe dich niemals wieder! Bleibe hier, es gibt hier
genug zu leisten! Bleibe meinetwegen! Ich bin deine Frau!» – Sie

hat sogar dies gesagt: – «Ich bin deine Frau!» – hat sich nicht ge-
schämt, das riskante, in solchem Zusammenhang fast abge-
schmackte Argument zu benutzen. Noch ärger aber war es, als sie
plötzlich verlangte: «Wenn du gehen mußt – nimm mich mit! Ich
will nicht alleine hier bleiben, oder in Mährisch-Ostrau Gedichte
aufsagen – und anderswo wird die Entscheidungsschlacht geschlagen, und du bist dabei! Nimm mich mit! Ich kann auch schießen
lernen, ich bin sehr begabt fürs Schießen, im Lunapark habe ich
immer den ersten Preis gewonnen –; oder ich kann Krankenschwester werden, oder den Soldaten nachts Geschichten erzählen,
wenn sie wach bleiben müssen – und ich kann bei dir sein; denn ich
bin deine Frau!» Marcel streichelte sie erst und bat: «Das ist nicht
dein Ernst, Marion! Das kannst du nicht wirklich wollen!» Als sie
eigensinnig blieb, mußte er streng und beinah drohend werden.
«Es gibt Wege, Marion, die man allein zu gehen hat! Du kannst
nicht mit mir kommen. Ich will nicht, daß irgendjemand mit mir
kommt.» – Da verstummte sie und hielt das Gesicht lange gesenkt,
wie beschämt. Erst viel später war es, daß sie leise sagte: «Wahrscheinlich hast du recht. Es gibt Wege – die muß man alleine gehen.» Und – wieder nach einer Pause; aufseufzend, von ihm weg-
gewendet: «Ach Marcel – mein Marcel … Was ist uns bestimmt?
Wohin führt das alles, und wo kommen wir an! – Wie seltsam sind
die Dinge, die uns vorbehalten sind …» – Als sie nachts neben ihm
lag, sah sie wieder, vor den fassungslos geöffneten Augen, den feu-
erspeienden Berg, den Vulkan. Rauchmassen, lodernder Brand,
und die Felsbrocken, die tödlich treffen. Wehe – was ist uns bestimmt?

… Marion, Martin und Kikjou fehlten auf dem Fest der
Schwalbe; hingegen gab es mehrere neue Gesichter, wie auch alte
vertraute: Helmut Kündinger war da – fast arriviert nun; ein ange-
sehener Journalist, von würdevoll selbstbewußtem Betragen –,
Doktor Mathes samt seiner schönen Frau, die, mit leuchtendem
Haar und blanker Stirn, einem militanten Erzengel glich; Nathan-
Morelli, dessen Gesichtsfarbe unheimlich gelblich war und der leidend wirkte – was ihn übrigens keineswegs dazu veranlaßte, etwas
weniger Zigaretten zu rauchen –; Fräulein Sirowitsch, seine Le-
bensgefährtin, Leiterin der großen Presse-Agentur – ihrerseits

stattlich erblühend, ganz entschieden üppiger und attraktiver geworden, seit wir ihr, im fernen Jahre 1933, erstmals begegnen durften; Ilse Proskauer – die schräge Nackenlinie belastet von den Sorgen um ihre jüdischen Schützlinge, von denen sich einige ängstlich um sie gruppierten; Theo Hummler – eben aus Straßburg, Prag oder Stockholm zurückkehrend, eingeweiht in mancherlei politische Machenschaften und geheime Aktionen, leicht zerstreut und sehr in Anspruch genommen, aber doch jovial, munter trotz allem, ein lustiger Geselle, guter Trink-Kumpan, obwohl so wichtig beschäftigt; Germaine Rubinstein, die ernsten Augen voll Heimweh nach dem unbekannten Rußland; die gefeierte Ilse Ill, fast nur noch Französisch sprechend, höchst extravagant und schaurig hergerichtet, mit grünem Haar und violetten Wangen. Sie erzählte allen, die es hören wollten: «Ich bin wirklich froh darüber, daß ich Erfolg habe – wirklich froh. Denn es ist doch ein gutes Zeichen, wenn ein begabter Mensch sich durchsetzt, ganz ohne Protektion. Mit dem Talent, und mit gar nichts anderem, habe ich es geschafft.»

Übrigens war sie eher noch mißtrauischer, fast verfolgungswahnsinnig geworden, seitdem sie reüssiert hatte. Es geschah, daß sie irgendeinen von den alten deutschen Bekannten mit heftigen Vorwürfen plötzlich überschüttete. «Du grüßt mich nicht mehr – oder nur noch kühl –: weil ich Erfolg habe: das ist der ganze Grund. Du verachtest mich wohl, weil ich Geld verdiene? Pfui, wie kann man nur so borniert und eifersüchtig sein! Dabei verdanke ich doch alles einzig und allein meinem großen Talent!» – Sie erbot sich, Marcel zu Ehren ein Lied zu singen, und trug gleich eine gräßlich unanständige Ballade vor – «pour faire plaisir à notre ami Poiret!»

David Deutsch aber – das schwarze Haar über dem wachsbleichen Gesicht wie in ständigem Entsetzen starr aufgerichtet – sprach mit schiefen Bücklingen: «Ich bin etwas neidisch, Marcel! Wie gerne möchte ich mitkommen. Meine soziologischen Arbeiten freuen mich fast nicht mehr, seitdem in Spanien der Entscheidungskampf begonnen hat –: denn es ist ein Entscheidungskampf, das spüren wir alle. Ich fürchte nur, man könnte mich kaum gebrauchen; ich wäre kein guter Soldat …» Dazu ein kummervoller

Blick auf seine empfindlichen, bleichen Hände. – «Aber vielleicht komme ich nach!» fügte er hinzu und hob, mit einem kleinen Ruck, stolzer das schmale Haupt.

«Vielleicht komme ich nach!»: Auch Doktor Mathes sagte es, das schöne Meisje, Theo Hummler, selbst die Schwalbe ließen dergleichen hören. – «Vielleicht komme ich nach!» –: sogar Martin verhieß es; Marcel hatte ihn nach Schluß der Schwalben-Gesellschaft aufgesucht. Von Martins üppigen und fahl gewordenen Lippen indessen klang es nicht so ganz überzeugend. Er bekam lügnerische Augen und behauptete, mit koketter Pedanterie: «Ich nehme jetzt fast gar nichts mehr – weißt du. Nur noch ab und zu eine Kleinigkeit – man kann sagen: ich bin vollständig frei. In ein paar Wochen werde ich ganz gesund – und dann fahre ich wohl nach Spanien …» Während Marcel noch bei ihm saß, rief Pépé, der Drogen-Händler an, und Martin mußte sich ausführlich bei ihm entschuldigen wegen der hohen Schulden. «Ich erwarte eine größere Überweisung von meinen Eltern, aus Deutschland!» rief er beschwörend durchs Telephon. «Sei doch noch ein bißchen geduldig, mein süßer Pépé! Und vor allem, vergiß nicht: morgen muß ich ein neues Päckchen haben!» – Neben seinem Bett lagen allerlei rot verfärbte Lappen und Wattebäusche. «Die sind vollgesogen mit meinem Blut», erklärte Martin geheimnisvoll, als verrate er etwas Reizendes, Pikantes. «Bei den intravenösen Injektionen gibt es Blutverluste – weißt du …» Dabei waren seine Augen verhangen, lüstern und trostlos traurig. Ehe Marcel ihn zum Abschied küßte, fragte Martin ihn noch: «Hast du eine Ahnung, wo Kikjou steckt? Ich glaube, er ist immer noch in Lausanne; aber ich habe schon seit langem keinen Brief bekommen. Er beschäftigt mich nicht mehr so sehr – Gott sei Dank. Aber wenn du seine Adresse zufällig wüßtest, könntest du sie mir doch geben …» Marcel sagte, er habe keine Ahnung, wo Kikjou sei.

Er ging zu ihm, noch in dieser Nacht, es war seine letzte Visite, ehe Marion ihn zum Bahnhof brachte. Kikjou wohnte in einem kleinen Hotel, nah der Madeleine. Dort versteckte er sich vor Martin. Er wollte Martin nicht sehen – um keinen Preis, unter keinen Umständen –; er hatte Angst vor ihm und vor der chose infernale. In seinem Zimmer hing das Kruzifix; auch die Bücher, auf dem

Tisch gehäuft, waren wohl fromme Werke. In dieser Nacht aber unterließ es Marcel, sich mit Kikjou über Gott und die allein-selig-machende Kirche zu streiten. Er sagte nur: «In Spanien kämpfen die Priester auf der anderen Seite – auf der Seite des Feindes. Sie haben das Volk in der Finsternis halten, unterjochen und ausnutzen wollen. Das Volk haßt sie.» Dabei ruhte der Blick der tragisch aufgerissenen Sternenaugen auf dem Bild des Gekreuzigten. – «Es gibt schlechte Priester», gab Kikjou zu. Marcel, anstatt darauf einzugehen, erwiderte: «Lebe wohl!» – Sie umarmten sich, Marcel et son petit frère, Marcel und Kikjou, einander so ähnlich, von einander so verschieden, wie Brüder es sind; Beide begnadet mit Reiz, Beide verführend mit weit geöffneten, schillernd vielfarbigen Augen unter den hohen, kühn geschwungenen Bögen der Brauen. «Mon petit singe!» sagte Marcel, und Kikjou nahm seine Wange nicht von Marcels Gesicht. Sie wußten, es war ein Abschied für lange Zeit, der Abschied für immer vielleicht. – «Ich werde für dich beten», versprach Kikjou, und Marcel widersprach nicht, lachte nicht, schimpfte nicht, sondern nickte ernst: «Das kann nichts schaden. Bete für mich. Bete für mich, mon petit singe, mon petit frère.» – Es war nicht davon die Rede, daß Kikjou nachkommen wollte; beinah alle, von denen Marcel Abschied nahm, stellten dergleichen in Aussicht; nicht aber Kikjou. Nur daß er beten würde, versprach er. – «Und sei wieder gut zu Martin!» bat Marcel, ehe er ging. «Er braucht dich. Er ist sehr traurig.» – Kikjou darauf, das perlmutterne Affengesichtchen unbewegt: «Er braucht mich nicht, obwohl er traurig scheint. Er hat sich anders entschieden. Nun muß er seinen Weg allein zu Ende gehen.» – Marcel dachte plötzlich an die blutgetränkten Lappen und Wattebäusche neben Martins Bett. ‹Auch er verströmt sein Blut – auch er. Sinnlos fließt es hin; eine verschwendete Kostbarkeit; das vergeudete Opfer …› –

Nun gab es nicht viel mehr zu tun, und die Nacht war schon fast zu Ende. Ihren Rest verbrachte Marcel in seiner Wohnung mit dem Ordnen von Papieren und Bildern. Gegen sieben Uhr holte Marion ihn ab.

Von seiner Mutter, Madame Poiret, hatte er nicht Abschied genommen.

‹Es wird nie mehr ganz gut mit mir werden›, glaubte Tilly. ‹Der mörderische Doktor und seine Geliebte haben mich mit ihren unsauberen Instrumenten verdorben. Ich bin ganz kaputt. Richtig verpatzt haben sie mich – das kommt nie mehr in Ordnung. Es tut scheußlich weh …›

Die Schmerzen im Unterleib wurden beim Gehen am schlimmsten; aber auch beim Sitzen an der Schreibmaschine waren sie oft von solcher Heftigkeit, daß Tilly aufstöhnen mußte. Herr Ottinger, obwohl etwas schwerhörig, vernahm leise Laute, die ihm beunruhigend schienen. «Was ist Ihnen, liebes Kind?» fragte er, das sanfte, bärtige Gesicht zärtlich zum Manuskript der «Lebensbeichte eines Eidgenossen» geneigt. Tilly konnte sich zusammennehmen. «Gar nichts», konnte sie sagen. «Wirklich – ich habe nur ein bißchen Kopfweh, Herr Ottinger.» – «So so», machte er, und seine freundlichen alten Augen schauten schon wieder an ihr vorbei, durch sie hindurch, in eine Vergangenheit, die zugleich heiterer und würdevoller schien als eine Gegenwart, die Fröhlichkeit und elegante Form verloren hat. –

Tilly wußte ungefähr, was ihr fehlte: in medizinischen Nachschlagewerken hatte sies festgestellt. Was nützten ihr die lateinischen Worte und die einprägsamen, etwas unappetitlichen Bilder? – ‹Ich bin verpatzt worden›, war alles, was sie begriff. ‹Man hat mich kaputt gemacht. Ich werde nicht mehr gesund.› – Dann begriff sie auch noch: ‹Im Grunde will ich gar nicht gesund werden.›

Die Schmerzen im Unterleib waren wohl nur Symptom und Ausdruck eines größeren, tieferen Leidens. Seitdem das Kind, welches Tilly nicht hatte bekommen wollen, entfernt war, fühlte sie sich noch viel betrübter als vorher, da sies «unterm Herzen» trug. Sie fühlte sich so betrübt, daß sie beschloß: Jetzt hat es aber wirklich keinen Sinn mehr! Ich muß sterben. – Den Ernst sehe ich niemals wieder, auch den Konni nicht. Beide sind vielleicht schon totgeschlagen worden. Ziemlich viel hatte ich mir von der Bekanntschaft mit H. S. versprochen – diesem unbekannten, mir doch so vertrauten H. S. Aus irgendwelchen Gründen scheint das Schicksal nicht zu wünschen, daß wir uns begegnen … Ich sterbe, etwas anderes bleibt gar nicht übrig. Ich habe nichts mehr, was mich halten könnte – nicht einmal ein kleines Kind; denn das durfte ich nicht bekommen. Ich weiß aber, wie ich mir Veronal verschaffen kann. Ich verschaffe mir Veronal ... Der Mutter sage ich, daß ich auf zwei Tage nach Basel muß zu Bekannten. Ich gehe in das Hotel, wo ich damals mit dem Ernst gewesen bin. In das Hotel, wo die Polizei uns überrascht hat –: dorthin gehe ich ...»

Tilly bestand darauf, daß sie das gleiche Zimmer bekomme wie damals. Die Wirtin wunderte sich: Aber es hat doch zwei Betten, und ist um einen Franken fünfzig teurer als die kleinen einbettigen! – Tilly blieb dabei: Ich will Nummero 7.

Mit Rührung erkannte sie das klapprige Waschgestell wieder und die Flecken an der Wand, von denen Ernst so sachverständig gesagt hatte: Hier hat man Wanzen zerdrückt.

Damals hatte sie nichts bei sich gehabt, keinen Pyjama und keine Zahnbürste. Heute trug sie ein kokettes, übrigens recht billiges Handtäschchen aus rotem Lackleder, in dem alles Notwendige untergebracht war. Durch das sorgfältige Packen hatte sie die Mutter irreführen wollen. Es war ihr aber auch daran gelegen, gerade an diesem Abend und in diesem Zimmer soigniert und adrett zu sein.

Sie verteilte die Flacons, Tuben, Bürsten und Metallgegenstände in hübschem Arrangement auf dem Nachttisch. Neben die Toilettensachen legte sie die beiden Röhrchen mit Veronal, als ob sie nur einen harmlosen Bestandteil der damenhaften kleinen Ausrüstung bedeuteten.

Sie zog den schwarzseidenen Hausanzug mit den langen, weiten Hosen an; während sie das Jäckchen zuknöpfte, fiel ihr ein, daß dies kleidsame Stück ein Geschenk von Peter war. ‹Guter Peter!› dachte sie träumerisch, und sie begann, sich für die Nacht zurecht zu machen. Statt sich aber das Gesicht, nachdem sie es vom Puder sorgfältig gesäubert hatte, mit fetter Crème einzureiben, wie sie es gewöhnt war, puderte sie sich frisch und schminkte sich Lippen und Augenbrauen. Sie legte sogar ein wenig Rouge auf die obere Wangenpartie, was sie nur vor großen, festlichen Ausgängen zu tun pflegte.

Sie betrachtete sich lange im Spiegel. Ganz sachlich, ohne Stolz und ohne Betrübtheit, stellte sie fest, daß sie außerordentlich hübsch aussah. Die dunklen Schatten um die langen, schräg gestellten Augen gaben dem sinnlich-schwermütigen Blick einen noch stärkeren Ausdruck. Die sehr weiße und ebenmäßig gebildete Stirne schimmerte, vom glatten Scheitel des rötlichen Haars ernst und artig gerahmt. Das dunkle Lippenrot, zu dem die Coiffeuse ihr neulich so dringlich-schwatzhaft geraten hatte, machte ihren weichen, «schlampigen» Mund erst recht verführerisch. ‹Ich hätte diese Farbe schon früher benützen sollen›, dachte sie, und dann mußte sie über sich selber lächeln.

Lächelnd ging sie die paar Schritte vom Spiegel zum Tisch, auf den sie Briefpapier gelegt hatte. Beim Gehen spürte sie wieder Schmerzen. Während sie sich am Tisch niederließ, stöhnte sie. Sie saß ein paar Minuten lang gekrümmt; die Knie hochgezogen, das Gesicht in die Hände gepreßt. ‹Wenn nur nicht auch noch ein Asthma-Anfall zu allem übrigen kommt!› dachte sie. ‹Oh mein Gott – nur kein Asthma! Das wäre das Schlimmste, es würde alles verderben! … Ich glaube aber, das Asthma bleibt mir erspart. Ich atme leichter und freier als seit langem.› Dies stellte sie mit Dankbarkeit und nicht ganz ohne Verwunderung bei sich fest. Dann begann sie zu schreiben.

Sie hatte vergessen, ihren kleinen Füllfederhalter mitzunehmen. Der Federhalter, den die Wirtin ihr gebracht hatte, war dünn, mit Tintenflecken bedeckt und sehr abgegriffen. Er sah abgenagt aus – fand Tilly, die sich ziemlich vor ihm ekelte –, als hätten viele Kinder ihn benutzt, oder Erwachsene, denen das Schreiben schwerfällt. Alle hatten ihn zum Munde geführt und sorgenvoll an dem langen, dünnen Holz gekaut. Die Stahlfeder war alt und verrostet. Es gab ein häßlich kratzendes Geräusch, wenn man sie übers Papier führte.

Zuerst schrieb Tilly ein paar Zeilen für die Wirtin. «Falls Sie mich tot vorfinden, benachrichtigen Sie bitte den Herrn Peter Hürlimann.» Sie gab seine Adresse und Telephonnummer an. ‹Hürlimann soll es der Mutter sagen!› – das hatte sie schon vor langem beschlossen. ‹Es ist die letzte kleine Gefälligkeit, die der gute Junge mir tut.› – Den Brief an die Wirtin schloß sie: «Entschuldigen Sie, liebe Frau Bärli» – zu ihrer Überraschung fiel ihr plötzlich dieser Name ein –, «daß ich Ihnen so viel Umstände mache, und daß ich mir gerade Ihr Gasthaus ausgesucht habe für die Sache, die ich tun muß. Hoffentlich haben Sie nicht zu viel Scherereien.» Das Wort «Gasthaus» strich sie aus und schrieb «Hotel» darüber. Das ist höflicher, dachte sie.

Dann schrieb sie an den Peter Hürlimann und bedankte sich für alles bei ihm, was er für sie getan hatte; ganz besonders auch für die letzte kleine Gefälligkeit, die es nun noch zu erledigen galt: den schlimmen Gang zur Mama. «Aber sie wird es mit Fassung aufnehmen», schrieb Tilly. «Sie bewahrt ihre Haltung, in allen Situationen. – Und du darfst auch nicht zu traurig sein, lieber alter Peter! Wenn du mich gerne hast, solltest du mir die Ruhe gönnen. Ich bin furchtbar müde, und alles tut mir so weh. Verlange keine Erklärungen von mir, lieber alter Peter! Du mußt mir schon glauben und mußt spüren, daß ich recht habe, und daß es so am besten für mich ist. Denke nicht zu viel an mich, aber doch manchmal. Manchmal sollst du schon an mich denken. Deine alte Freundin Tilly.»

Wie ein fleißiges Schulmädchen saß sie an dem kleinen wackeligen Tisch und ließ die kratzende Feder emsig übers Papier wandern. Ihre Zungenspitze spielte im Mundwinkel; die geschminkten Brauen waren hochgezogen, die Stirne hatte sie in ernsthafte Falten gelegt. Das lange Sitzen strengte sie an. Die Schmerzen im Unterleib wurden stärker. Wahrscheinlich hatte sie jetzt auch Fieber. Sie stöhnte. Stöhnend schrieb sie ihre letzten Grüße.

Als sie ihre letzten Grüße, ihren Dank und ihre Bitte um Verzeihung an die alten Ottingers schrieb, mußte sie weinen. Es war zum ersten Mal, daß ihr die Tränen kamen, seit sie jenen definitiven Entschluß gefaßt hatte, der das Herz einerseits leicht machte, andererseits erstarren ließ. «Sie sind sehr, sehr gut zu mir gewesen.» Die rostige Feder wurde immer widerspenstiger; Tilly mußte jeden Buchstaben einzeln malen. «Ich bin Ihnen dankbar, von ganzem Herzen. Hoffentlich finden Sie gleich ein anderes Mädchen, das viel schneller tippen kann als ich, und nicht immer so blöde Fehler macht. Ich glaube, Herrn Ottingers Erinnerungen sind ein wundervolles Buch; vor allem das Kapitel über die Schweizer Berge hat mir so gut gefallen, es steckt so viel Gefühl darin, ich wollte es dem lieben Herrn Ottinger immer schon gelegentlich sagen.» Jetzt waren ihre Augen so naß, daß alles vor ihnen verschwamm. Sie suchte nach einem Taschentuch in allen kleinen Taschen ihres Pyjamas. Sie fand keines und erhob sich stöhnend, um es sich aus dem Handkoffer zu holen.

‹Nun muß ich noch an Mama und an Marion schreiben›, dachte sie, während sie sich gründlich schneuzte und die Augen wischte. ‹Aber ich mache es kurz. Denn ich kann nicht mehr. Ich kann bald wirklich nicht mehr.›

Als sie wieder am Tischchen saß, ließ sie die Hände noch eine Weile im Schoße liegen. Sie hatte nicht die Kraft, gleich wieder nach dem mageren, abgekauten Federhalter zu greifen. ‹Ein Glück, daß ich die Adressen von meinen zwei Liebhabern, von Konni und Ernst nicht weiß; sonst müßte ich denen auch noch schreiben›, dachte sie, wie eine kleine Sekretärin, die sich freut, daß ihr Chef eine Adresse verloren hat und sie also um lästige Arbeit herumkommt. Dann aber erschrak sie gleich über den Zynismus ihrer Überlegung. ‹Wie kann nur ein fast erwachsenes Mädel so faul sein!› Sie benützte in ihren Gedanken die Worte, die früher eine Handarbeitslehrerin so oft mit gerechter Empörung zu ihr gesagt hatte.

‹Ich habe in meinem Leben nur Zwei gern gehabt, und nur mit Zweien geschlafen, und von Beiden weiß ich nicht, wo sie sind, vielleicht sind Beide schon tot, und ich weiß es nicht. Den Konni haben sie vielleicht in Deutschland umgebracht, oder sie haben ihn so lang gequält und geschunden, daß er gar kein richtiger Mensch mehr ist, sondern schon ganz kaputt, und ich würde ihn kaum noch erkennen. Würde ich ihn denn überhaupt noch erkennen, wenn er jetzt hier ins Zimmer träte und sähe noch fast aus wie früher, nur ein bißchen älter natürlich? Ich habe sein Gesicht ganz vergessen. An seine Stimme erinnere ich mich noch, und auch an die Art, wie er ging. Aber sein Gesicht habe ich vergessen. Alle Züge verwischen sich mir, wenn ich dran denken will. Ach, Konni Konni – und wir hätten glücklich sein können! Wir haben doch so fein zueinander gepaßt!

Aber wie der Ernst aussieht, das weiß ich noch ganz genau, ich spüre noch die Berührung von seinem Körper an meinem, und wie seine Hände waren spüre ich noch, ich spüre noch alles. Als ich hier mit dir im Bett lag, Ernst, da wußte ich wohl noch gar nicht, daß ich dich lieben würde, wenn du nicht mehr da bist, sondern ganz verschwunden … Daß ich dich lieben werde … Daß ich dich liebe.

Ich hätte das Kind gern von dir bekommen, lieber Ernst, das glaubst du mir doch, wenn ich es dir ganz aufrichtig sage in dieser Stunde, die schließlich eine ziemlich ernste Stunde für mich ist. Aber was sollten wir mit einem Kind? Und was soll denn unser Kind auf der Erde? Schau, so was darf man doch einem Kind nicht antun – es mit solchen Eltern auf die Welt zu bringen! Was für ein hilfloses kleines Geschöpf ist so ein Baby – und wären wir ihm denn eine Hilfe gewesen? Bist du denn ein Papa, wie er sein soll? Ich will dich ja nicht kränken, lieber Ernst, und deiner männlichen Ehre nicht zu nahe treten. Du kannst ja auch nichts dafür, daß du wie ein Verbrecher durch die Länder gejagt wirst, weil du keinen Paß hast. Wenn du mir nur mal geschrieben hättest, dann wäre alles anders gewesen, und ich hätte vielleicht sogar den Mut gehabt, das Kleine zu kriegen. Aber nun muß ich denken, du bist vielleicht einfach tot. – Und – das liegt doch auf der Hand – ich bin auch keine Mama, wie sie sein sollte, sicher nicht. Ich habe nicht die Kraft und den Willen, mein eigenes Leben auszuhalten. Wie sollte ich es da verantworten, ein anderes Leben in die Welt zu setzen, und aufzuziehen, und immer zu beschützen?› –

Als sie nun die müden Augen ein wenig schloß, stand gleich vor ihr sein Gesicht, das Gesicht des Geliebten, das in diesem Zimmer, auf diesem Bett eine kurze Nacht lang ihr so nah gewesen war. Ganz deutlich sah sie seine sehr hellen Augen – sogar die blonden Augenwimpern konnte sie unterscheiden – und die breiten, hochsitzenden Wangenknochen, über denen sich die etwas unreine, angestrengte, fleckige Haut spannte; und die kurzgeschorenen Haare an den Schläfen – auch am Hinterkopf war das Haar kurzgeschoren, wie Tilly sich wohl erinnerte; das war der preußische Haarschnitt; aber den Nacken sah Tilly jetzt nicht, ihr bot sich nur die nackte, weiße, ernste Fläche seines Angesichts. Auch Hals, Schultern und ein Teil der Brust waren noch erkennbar, und sie überlegte sich, was für eine merkwürdige Art von Uniform es sein mochte, die ihr Ernst da trug – war es ein Sträflingskittel oder ein Soldatenrock? Übrigens stand ihm der hohe, steife Kragen der grauen Jacke nicht schlecht; entschieden besser jedenfalls, als ihm damals das zu-lang-getragene, dicke, rote Hemd gestanden hatte. –

An die Mutter schrieb Tilly nur ein paar Zeilen –: «Versuche mir zu verzeihen ... ich konnte nicht anders ...» Es war ein konventionelles Selbstmörder-Abschieds-Briefchen. Als Tilly ihn durchlas, schämte sie sich ein wenig, so etwa, wie man sich etwas geniert, wenn man einem guten Freund Neujahrs- oder Geburtstags-Grüße geschrieben hat, und dann konstatieren muß, daß sie zu korrekt und inhaltslos ausgefallen sind. Tilly setzte noch mit großen Lettern unter den Text: «Ich habe dich immer lieb gehabt, Mama.» Und dann, als zweites Postscriptum, in kleinerem Format, «Grüße bitte meine Schwester Susanne von mir.» –

Der Brief an Marion wurde der längste; die arme stöhnende, ab und zu weinende, von Unterleibsschmerzen und Todesgier arg geplagte, auch noch unter der kratzenden Stahlfeder leidende Tilly schrieb fast eine ganze Stunde an ihm.

In Sätzen, die sich häufig verwirrten und nicht immer logisch nebeneinander standen, versuchte sie, der großen Schwester zu erklären, wie alles zusammenhing und was sie zu dem erleichternd-schauerlichen Entschluß gebracht hatte, den auszuführen sie nun im Begriffe war. Dabei ließ sie sich auf mancherlei Einzelheiten ein, deren Bedeutung nicht ganz plausibel wurde, die ihr aber jetzt von besonderer Wichtigkeit schienen. Zum Beispiel erwähnte sie ausführlich ihre Besuche bei der gräßlichen Anwältin, die im Bett liegend telephoniert hatte und in deren Augen ein infamer, kalter Glanz gewesen war –: «ein teuflischer Glanz» malte Tilly mit der rostigen Feder.

Dann schrieb sie von der einen Liebesnacht mit Ernst, und wie der Kriminalbeamte früh morgens an die Tür geklopft hatte, und wie peinlich es gewesen war, als der Ernst sich so ungeschickt schlafend stellte. «Aber das Kind konnte ich nicht bekommen, da gibst du mir doch recht, Marion: ich durfte das Kind doch nicht haben, was hätte ich denn mit ihm anfangen sollen!»

Sie versuchte zu schildern, wie fürchterlich die Prozedur beim Arzt gewesen war: «Ich glaube, die Instrumente sind nicht sauber gewesen, dieser Doktor war ein ekelhafter Kerl, und jetzt tut es mir immer so weh, es ist wirklich kaum auszuhalten.»

«Mir ist einfach alles schief gegangen. Ich habe den Konni sehr gern gehabt, und ich hätte sicher gut mit ihm leben können. Aber dann ist in Deutschland die Riesensauerei passiert, und ich habe den Konni verloren, daran ist die große Sauerei schuld. Ich habe auch den Ernst sehr gern gehabt – laß es dir sagen, Marion: ich habe ihn noch sehr gern, jetzt, während ich dieses schreibe –, und ihn habe ich auch verloren, es hängt auch mit der Sauerei zusammen, wahrscheinlich hängt mein ganzes Pech und all unser Jammer mit ihr zusammen. Vielleicht habe ich auch sehr Heimweh, aber ich glaube eigentlich nicht, daß ich so besonders stark Heimweh habe, mir liegt gar nicht so viel an Berlin und am Schwarzwald und an den Deutschen Ostseebädern, und an den alten Burgen am Rhein, und an all dem Zeug – mir liegt wirklich gar nicht so kolossal viel daran.

Natürlich bleibt es schrecklich, wenn das Land, in dem man geboren ist und dessen Sprache man redet, und an das man hunderttausend Erinnerungen hat – wenn das plötzlich zu stinken beginnt wie ein Misthaufen, und auch gar nicht mehr aufhören will, so zu stinken, als fühlte es sich recht wohl in seinem eigenen Dreck.

Für dich ist das etwas ganz anderes, Marion, du bist ein starker Charakter, und du kannst kämpfen, du kannst herrlich kämpfen, es ist eine Freude, dich kämpfen zu sehen.

Aber ich kann nicht kämpfen.

Ich kann kein Kind haben, und kämpfen kann ich eigentlich auch nicht.

Ich interessiere mich ja im Grunde gar nicht für Politik.

Einen einzelnen Menschen hätte ich glücklich machen können, und dann wäre ich wohl auch glücklich gewesen. Aber damit ist es nun nichts. Die Zeit ist nicht dazu geeignet, in ihr glücklich zu sein. Das begreife ich mehr und mehr. Es ist also nichts mit dem großen Glück, von dem wir als Kinder geträumt haben, und mit dem kleinen Gück ist es auch nichts. Nur ein großer Haufen Schmerz war für uns vorbereitet. Aber mal muß alles seine Grenze haben. Ich bin an der Grenze. Ich kann nicht mehr. Ach Marion: ich muß es dir doch gestehen – ich freue mich sogar etwas darauf, zu sterben. Natürlich habe ich auch Angst, aber es ist eine ziemlich schöne Angst, weißt du, ein bißchen wie die Angst vorm ersten Kuß, nur viel heftiger, aber auch viel schöner.»

Der Brief war schon sechs eng beschriebene Seiten lang. Tilly mußte ein Ende finden. Sie kaute ein wenig an dem dünnen, befleckten Federhalter, wie so viele vor ihr an ihm gekaut hatten. Dann schrieb sie noch:

«Du mußt nicht traurig sein, daß ich weggehe, Marion. Es ist nicht so besonders schade um mich. Ich sage das ganz ohne Bitterkeit. Viel wichtiger ist, daß du lebst, und so bleibst, wie du bist. Glaube bitte nicht, daß ich das aus Bitterkeit sage! Ich bin zwar sehr traurig und furchtbar müde, und alles tut mir weh; aber ich bin gar nicht bitter. Du wirst tausend Sachen erleben, die ich nicht mehr erleben kann – oder mag. Du wirst auch sicher mal nach Deutschland zurückkommen, das wird sehr schön und aufregend sein, eine Art von großem Fest, aber auch viel Arbeit; denn du wirst viel zu tun haben. Du hast viel auf dieser Erde zu tun, Marion. Ich habe nichts mehr auf dieser Erde zu tun – beinah nichts mehr. Deine Schwester Tilly.»

Als Nachschrift fügte sie hinzu: «Vielleicht hätte ich diesen braven Schweizer, den Peter Hürlimann, heiraten sollen. Das wäre noch ein Versuch gewesen, mich am Leben zu halten. Aber es wäre kein guter Versuch gewesen. Ich hätte ihm das nicht antun können – mit ihm zu leben, ohne ihn zu lieben. Er ist ein guter Mensch.»

Nun war auch dieser Brief fertig – der letzte. Sie steckte ihn ins Couvert. Sie schichtete die Briefe sorgsam zu einem Häufchen. Der Zettel an die Wirtin lag obenauf. Dann stand sie auf und klingelte. Zu der Wirtin, die gleich erschien – als hätte sie vor der Türe gewartet – sagte sie: «Bringen Sie mir doch bitte eine Tasse Tee, Frau Bärli.» Sie war stolz darauf, daß sie den Namen der Frau jetzt wußte. Die Wirtin erwiderte ernst: «Sicher, Fräulein.» Das «ch» in «sicher» sprach sie mit einem rauhen, langgezogenen Kehllaut.

Die Wirtin ging. Tilly setzte sich aufs Bett und wartete. Sie dachte, wie müde ich bin, ehe ich noch das Veronal genommen habe, und sie schloß die Augen. Ihr fiel ein kleines Gebet ein, das sie als Kind, mit Marion zusammen, vor dem Zu-Bett-Gehen hatte aufsagen müssen. «Müde bin ich – geh zur Ruh – schließe beide Augen zu. – Vater laß die Augen dein – über meinem Bette sein.» Dann wußte sie nicht mehr weiter. Sie war sich auch nicht ganz sicher, ob die Zeilen mit den «Augen dein» und dem «Bette» nicht eigentlich etwas anders gelautet hatten.

Plötzlich erinnerte sie sich mit fast erschreckender Deutlichkeit eines Hauses, in dem sie als Kind Jahre lang einen Tag der Woche – den Sonntag – verbracht hatte. Das Haus gehörte einer Großtante, einer Schwester von Papas Vater. Sonntag mittag versammelte sich dort ein großer Teil der Familie; man blieb bis zum Tee, an hohen Feiertagen bis zum Abendessen. Es gab gut zu essen; die Großtante mußte ziemlich reich gewesen sein. Ihr Haus war schön und geräumig. Es lag in einem weiten Garten, der umso kostbarer war, als er sich inmitten der Stadt befand. In dem Garten, so schien es Tilly jetzt, hatten immer die Vögel gesungen, und zwar auf eine sehr besondere, zugleich gedämpfte und eindringliche Art. Es war ein reizender und etwas verwunschener Garten. Nie wieder in ihrem Leben hatte Tilly einen Garten gesehen, in dem die Blumenbeete so starke, liebliche Farben hatten und wo die Brunnen so hübsch und einschläfernd rauschten. Es gab zwei Brunnen im Garten der feinen alten Großtante: eine Fontäne, die ihren schlanken Strahl in ein rundes Marmorbecken fallen ließ, und einen Brunnen, der als kleine Grotte zurecht gemacht war; hier floß das Wasser aus dem drohend aufgesperrten Maul eines riesengroßen, fetten, giftiggrünen Frosches, vor dem Tilly Angst hatte. – Ganz im Hintergrund des Gartens stand ein Gerätehäuschen, angefüllt mit interessantem Gerümpel. Zwischen den alten Schubkarren, Gießkannen und Leitern versteckten die beiden kleinen Schwestern, Marion und Tilly, sich manchmal vor den Erwachsenen. Es war lustig, die großen Leute im Garten draußen schreien zu hören, während man sich in der warmen, dumpfig eingeschlossenen Luft des Schuppens aneinander preßte und ein Kichern unterdrückte, das einen hätte verraten können.

Vom Garten führten ein paar Stufen zur Terrasse hinauf, wo Tee getrunken und im Sommer manchmal gegessen wurde. Hier waren die Wände mit Malereien geschmückt, die nicht nur verblaßt, sondern im Begriffe schienen völlig zu zerbröckeln. Von einem Sankt Sebastian, der die Jünglings-Anmut seines Leibes in stolzer Pose den Pfeilen der Peiniger bot, war nichts übrig geblieben als ein bleicher Schatten, so als ob der Heilige allmählich seine Unsterblichkeit einbüßte und in schöner Haltung, milde und nur ein klein wenig gekränkt lächelnd, verweste.

Wie tief hatte sich dies alles eingeprägt in Tillys Gedächtnis! Mit welch schauerlich-süßer Genauigkeit stieg es nun auf, während sie in diesem kalten, trostlosen Hotelzimmer fröstelnd auf ihren Tee wartete. Sie wartete auf den Tee, in dem sie die zwanzig Veronal-tabletten auflösen wollte.

Stand das schöne alte Haus der Großtante noch? Die alte Dame war wohl schon lange tot ...

Von der Diele führte eine Freitreppe mit reich geschnitztem braunem Mahagoni-Geländer zum ersten Stockwerk hinauf. Etwa auf der Mitte der Treppe gab es einen kleinen Erker oder Balkon, von dem aus man auf die Diele mit ihren Teppichen, Gobelins und bunten Majolika-Krügen schauen konnte, wie in eine dämmrige, mit freundlichen Figuren reich belebte Landschaft. Der kleine Treppen-Balkon hatte ein schmiedeeisernes, mit barocken Arabesken üppig verziertes Gitter. Hinter dem Gitter saß Tilly gerne stundenlang an den Sonntagnachmittagen, um durch die krausen und phantastischen Windungen des Metalls hindurch auf die Diele zu schauen. Lange wagte sie es nicht, sich umzudrehen; denn hinter ihr stand auf seinem Postament der große, bunte, ausgestopfte Pfau. Noch schöner als die grün-goldenen Kreis-Augen auf seinem langen Gefieder war die satt blaue, ins Goldene spielende Farbe seines seidig schimmernden Bauches. In Gegenwart eines Erwachsenen traute die kleine Tilly sich manchmal, diese leuchtende Pracht zu berühren. Alleine brachte sie es nicht über sich. Ihre Lust, das stolze, bunte, schweigende Tier zu liebkosen, war ungeheuer. Aber wußte man, wie das strahlende Geschöpf es aufnehmen würde? Vielleicht wäre seine Antwort ein gräßlicher, rauher Schrei, und es würde rauschend mit den Flügeln schlagen, und die kleinen, schwarzen Augen böse funkeln lassen, und mit dem spitzen, harten Schnabel hacken. Die kleine Tilly riskierte es lieber nicht.

Alle Gerüche in dem schönen alten Haus waren ihr gegenwärtig, wie sie nun auf ihren Todes-Tee wartete: der Geruch der Garderobe, wo man die Mäntel abgab; der Geruch im Speisesaal, der viel zu weiträumig und pompös erschien für den runden Famili-

entisch in der Mitte; in der dämmrigen Bibliothek, wo der Groß-
onkel gearbeitet hatte (er war gestorben zu einer Zeit, von der
Tilly nichts wußte); im großen Musiksaal, wo es gar nichts gab
außer zwei Flügeln auf einem Podium und, die Wände entlang,
schmale Bänke mit blau-seidenen Kissen belegt. Früher aber hatten hier die großen Feste stattgefunden, von denen die Großtante
zuweilen so träumerisch berichtete, als spräche sie von märchen-
haften Tournieren, deren wahren Hergang kein Lebender mehr
nachprüfen konnte. Sehr eindrucksvoll und unvergeßlich war
auch der Geruch in einem weiten, unbenutzten Kellerraum, der
einmal als Billard-Zimmer gedient hatte. Die grüne Bespannung
des langen Tisches war jetzt von Motten zerfressen. In den Wand-
schränken verwahrte die Großtante Teegebäck und Chokolade-
plätzchen. Tilly liebte es, mit der alten Dame die gewundene, geheimnisvolle Treppe hinunter zu steigen, die vom Speisesaal ins
Billard-Zimmer führte. Das kleine Mädchen war ganz versessen
darauf, den Gang aus der Sphäre des Lichts in die Grabkammer
der fleckigen Billardkugeln und süßen Kuchen zu tun: teils aus
Naschhaftigkeit, teils aber auch, weil das Aroma der kühlen, kell-
rig dumpfen Luft in diesem Raum unwiderstehlichen Reiz für sie
hatte.

Während die sich innig Erinnernde im geheimnisvollsten, tief-
gelegenen Raum des versunkenen Hauses weilte, klopfte es an der
Tür. Tilly sagte: «Herein.» Frau Bärli präsentierte den Todes-Tee.
Tilly lächelte ihr zu: «Danke schön, Frau Bärli. Vielen Dank. –
Übrigens, ich möchte morgen früh nicht gestört werden. Lassen
Sie mich ausschlafen. Ich habe einen anstrengenden Tag gehabt.» –
«Sicher», sprach mit rauhem Kehllaut die Wirtin. Sie nickte ernst
und zog sich langsam zurück. Tilly schloß die Augen, um nicht die
Türe sich hinter ihr schließen zu sehen: hinter dem letzten Men-
schen, mit dem sie auf dieser Erde gesprochen hatte. Hinter dem
letzten Menschen.

Als sie allein war, stieg gleich der Garten der versunkenen Kindheit wieder auf, als hätte er nur geduldig darauf gewartet, tröstlich
wieder da zu sein: der verwunschene Garten mit den bunten Bee-
ten, den Brunnen, dem Gesang der Vögel ...

Tilly brauchte nicht mehr aufzustehen, um sich ihren kleinen

Trank zu mischen. Die Veronaltabletten lagen ja gleich neben ihr, wie ein harmloses Toilettengerät, bei den Flacons und Tuben.

Sie ließ langsam die zwanzig Tabletten, eine nach der anderen, in die dampfende, goldbraune Flüssigkeit fallen. Dann zerstieß sie das Veronal mit dem Teelöffel. Die Flüssigkeit in der Tasse färbte sich weißlich; sie sah nun aus wie ein seltsam flockiges Süppchen.

Während Tilly die Tasse zum Munde führte, bewegte sie die dunkel geschminkten Lippen. «Müde bin ich – geh zur Ruh – schließe beiden Augen ...»

Ihre Lippen berührten den ziemlich dicken Rand der weißen Tasse. Das Süppchen hatte einen scharfen, bitteren Geschmack. Nicht-aufgelöste Teile der Tabletten schwammen im lauwarmen Naß. Tilly schüttete den Trank schnell hinunter. Auf dem Grund der Tasse hatte sich eine breiige Substanz festgesetzt. Obwohl Tilly Brechreiz spürte, kratzte sie auch diesen Veronal-Rest noch mit dem Teelöffel zusammen und verschluckte ihn.

Nun war es getan.

«Vater, laß die Augen Dein – gnädig gnädig über meinem armen Lager sein ...»

Am nächsten Tage gab es in dem Gasthaus, wo Tilly ihr Kind empfangen und den Todestee getrunken hatte, großen Betrieb. Ein Kegelklub beging sein zwanzigjähriges Jubiläum, der Bier-Konsum war bedeutend, Frau Bärli hatte alle Hände voll zu tun, sie vergaß die Schläferin in Zimmer 7, die übrigens darum gebeten hatte, nicht geweckt zu werden. Erst am späten Abend fiel ihr ein, daß dieser Gast nicht mehr zum Vorschein gekommen war. Sie fand die Türe verschlossen; klopfte; rief, klopfte stärker; ließ endlich durch den Hausknecht aufmachen. Tilly gab kein Lebenszeichen mehr. Auf dem Schreibtisch lagen, säuberlich aufeinander geschichtet, die Briefe. Fräu Bärli weinte – mehr aus Schreck und Nervosität, als weil es ihr besonders nah gegangen wäre.

Als Peter Hürlimann erschien, war der Arzt schon dagewesen. Auch die Polizei hatte schon alles besichtigt; Peter kam spät, er war in einem Konzert gewesen, nachher in einem Café. Er war weiß im Gesicht, seine Lippen bebten, er sagte immer wieder: «Aber das kann doch nicht sein!» – «Doch», sagte Frau Bärli, «der Arzt hat ihren Tod festgestellt. Erst vor ein paar Stunden ist sie gestorben – meint der Arzt –, aber vorher muß sie schon lang bewußtlos gewesen sein. Hoffentlich hat sie nicht viel zu leiden gehabt, ich glaube es eigentlich nicht, sie sieht ja so schön und friedlich aus, wie ein Engelchen, finden Sie nicht, Herr Hürlimann, ganz wie ein Engelchen, das muß ein leichter, sanfter Tod gewesen sein, vielleicht hätte man die Ärmste doch noch retten können, wenn nur heute nicht gerade diese Wirtschaft mit dem Kegelklub gewesen wäre.»

Fassungslos stand Peter vor ihrem wächsernen Liebreiz. Wie süß und grausig sie sich schon verwandelt hatte! Wie makellos und völlig fremd sie war! «Sie ist ja ganz klein geworden», brachte er hervor. Und immer wieder, als wäre dieses das Schlimmste und alles käme drauf an: «Ganz klein ist sie ja geworden ...» Dann stampfte er auf – aus einem dumpfen, machtlosen Zorn, einem sinnlosen Aufbegehren, oder nur um des Weinens Herr zu werden. Hierüber erschrak Frau Bärli. «Das arme junge Blut ...», sagte sie, und beobachtete ängstlich den gedrungenen Burschen mit dem struppigen Haar. Sein gutmütiges, breites Gesicht verzerrte sich. Endlich liefen ihm die Tränen über die runden Backen.

Peter mußte zu Frau von Kammer, mit Tillys Brief. Sie erschien selber an der Wohnungstür, in einem schwarzen Negligé, das zu ihrer starren, würdevollen Miene dramatisch witwenhaft wirkte. «Herr Hürlimann?» Sie war die Dame von Welt: kühl und formvollendet. «Meine Tochter ist noch in Basel.» – «Ach nein», sagte Peter. «Ach nein. Nicht in Basel.» Da stand er – nicht beschwingt, ach, nicht der Bote mit den Flügelschuhen, ein plumper Herold der Trauer, die braven Augen verweint, und die Zunge, die das Schreckliche sprechen sollte, schien ihm im Munde zu schwellen. In der Faust aber, die er mühsam hob, hielt er Tillys Brief. Da begriff Frau von Kammer, wußte alles; schrie auf, taumelte und langte nach dem Papier wie nach einem Halt. «Was ist geschehen?» brachte sie hervor; aber dies war wieder nur floskelhaft, nach ihrer konventionellen Art. Sie empfand, bei allem Jammer: eine solche Frage war nun am Platze. Ach, sie wußte ja, was geschehen war.

Den Brief in der Hand, stand sie dem Unglücksboten gegenüber – nun wieder starr, den Mund geöffnet zu einem Jammerlaut, der stumm blieb. Der klagend aufgerissene Mund – schwarze Öffnung in der weißen Starrheit der entstellten Miene – gab dem Antlitz der Mutter das Aussehen einer tragischen Maske. Peter erinnerte sich, daß Tilly, wenn sie sehr traurig und sehr betroffen war, auf ganz ähnliche Art den Mund geöffnet hatte. Vom Schmerze geschlagen wie von einer Faust, glich Frau von Kammer zum ersten Mal ihrer Tochter.

«Kommen Sie!» bat sie heiser – denn sie und der Unglücksbote standen immer noch vor der offenen Türe der Wohnung. Und sie zerrte den jungen Mann, der Tilly geliebt hatte, mit einer Gebärde, die durch ihre Heftigkeit fast unzüchtig wirkte, in den dämmrigen Flur. – –

Tilly ist tot, niemand kann ihr mehr helfen, niemand hat ihr helfen können, als sie noch umherging oder an der Schreibmaschine saß und Schmerzen litt und sich Sorgen machte, wegen der Polizei, wegen des verschollenen Geliebten, wegen des Kindes, das sie nicht bekommen wollte. Tilly ist wächsern verklärt, schaurig verzaubert, und übrigens unheimlich klein geworden – eine kleine Leiche, wie eine Kinderleiche sieht sie aus. Unnahbar und hold, den Lebenden ganz entfremdet, schläft ihr kindliches, streng gewordenes Antlitz zwischen den weißen Rosen. Die Augen, die so viel Tränen vergießen mußten, geruhen nicht mehr hinzuschauen, da nun die anderen weinen. Denn jetzt wird reichlich geweint.

Schluchzend sitzen die alten Ottingers in ihrer stattlichen guten Stube; sie haben das kleine Fräulein von Kammer gern gehabt wie ein Töchterchen. Herrn Ottingers Werk, die «Lebensbeichte eines Eidgenossen», ist fast abgeschlossen –, «und das letzte Kapitel kann ich ihr nicht mehr diktieren!» jammert der alte Herr. – Peter Hürlimann weint, vor Kummer, aber auch aus Reue. ‹Ich hätte sie heiraten sollen! Warum habe ich es nicht getan?! Aus lauter dummer Vorsicht und Ängstlichkeit! Weil ich erst mein festes Einkommen haben wollte! Ach, ich Narr! Sie wäre zu retten gewesen. Ich hätte eine gute Schweizerin aus ihr gemacht; sie hatte das Zeug, eine brave Bürgerin unseres Landes zu werden.› – Peter Hürlimann ist kein maßloser Patriot, oder hat sich doch Gefühle solcher Art niemals eingestanden. Nun aber, da Tilly tot ist, empfindet er: Ich hätte eine gute Schweizerin aus ihr machen können. Denn er liebt sein Land, er ist stolz auf die Heimat. Es ist ein freies, gutes, redliches Land, Tilly hätte hier glücklich sein können, sie hat ja kein eigenes Land mehr gehabt – ach, es muß weh tun, ohne Heimat zu leben, auf die Dauer hält es wohl niemand aus. – So denkt Peter, schmerzlich bewegten Herzens, und er schwört sich: Ich würde mein Land tapfer verteidigen, wenn es zum Äußersten kommt. Solange aber Friede ist, will ich schöne Musik machen, zu Ehren der Schweiz; gediegene und doch kühne Musik, die der kleinen Schweiz große Ehre machen soll in der Welt. Und auch zur Erinnerung an Tilly soll sie klingen, die schöne Musik, die ich machen will. Das wird niemand wissen; aber ich weiß es: daß alles, was ich von jetzt ab mache, im Gedanken an sie geschrieben ist, und zu ihrem Gedenken. –

Wenn jemand genug hat und Abschied nimmt, weinen die, so zurückbleiben. Warum weinen sie denn? Wird dieser Mensch, der weggegangen ist, ihnen wirklich so fehlen? – Sie werden ihn bald vergessen: dies ahnen sie wohl, und deshalb vergießen sie Tränen. Auch sind sie traurig, weil sie noch ein wenig weiterleben müssen. Wenn von uns einer erlöst und frei geworden ist, wird es den Zurückbleibenden, den Noch-zum-Leben-Verdammten ein paar Minuten lang schreckhaft klar, was unser Da-Sein auf diesem Stern bedeutet. Es ist Fluch und Jammer von Anbeginn. Aus Blut und Tränen sind die Spuren, die wir hinter uns lassen; von Blut und Tränen ist das Gesicht des Menschen besudelt: das jammervolle Antlitz der Sterblichen ist an Augen und Lippen, auf Stirne und Wangen mit Blut und Tränen beschmiert. Denn wir werden in Schmerzen geboren, und wir gehen hin unter Qualen. Dazwischen aber ist große Traurigkeit und ein langes Entbehren. Auf unseren Mienen stehen die Zeichen des Fluches. Mit Blut und Tränen suchen wir sie abzuwaschen; aber das Zeichen bleibt. – Wir meinen, fliehen zu können, indem wir sterben. Vielleicht ist auch dies noch ein Irrtum, und wir sind fester gebunden, als unsere Unwissenheit es annehmen möchte. Sind uns neue Zustände der Verdammnis vorbehalten, wenn wir uns von diesem frei gemacht haben? Findet unsere Gier nach dem Nichts sich enttäuscht, noch im Tode? Erwarten uns andere Formen der Existenz? Setzt der Fluch sich fort? Geht es weiter? – Wir wissen es nicht, tun auch besser daran, nicht zu dringlich zu fragen. Tilly weiß es. Die wächsern

Verklärte hat keine Zweifel mehr. Hingegen schluchzen einige andere, die zurückgeblieben sind; sie legen das Gesicht in die Hände, lassen Tränen durch die Finger rinnen oder in ein kleines Taschentuch. Sie bekommen rote, etwas schmerzende Augen; ihr Mund verzerrt sich wie bei kleinen Kindern; vielleicht werfen sie auch die Arme in die Höhe, gleich Schauspielern auf einer Bühne, bewegen tragisch die Häupter und rufen Worte mit ihren dummen, schweren, irdischen Stimmen. «Warum hast du uns das getan, liebe Schwester? Weshalb mußte dies sein, süße Braut? Wehe wehe – warum bist du fortgegangen? Du hast dich aus dem Staube gemacht, das war unfair; denn wir sind noch hier. Als hätten wir nicht schon genügend Anlaß zum Weinen gehabt, gibst du uns noch einen neuen – du Schlimme! Du Leichtsinnige! Du Leichtfüßige! Springst uns, mir nichts dir nichts, auf und davon! Hinterläßt ein paar Briefe – meinst wohl, damit sei alles getan – und wir haben das Nachsehen; wir starren hinter dir drein ... Oh Pfui und Wehe! Wir haben dich doch geliebt, und nun spielst du uns solche Streiche! Wir schleppen uns dahin, und du flatterst –: welche Ungerechtigkeit! Du wurdest klein und hold, eine wächserne Puppe; wir aber sind dick und schwer und voll Flüssigkeit, gar nicht vornehm; müssen trinken und essen, schlafen und sprechen, weinen und bluten, Blut und Tränen vergießen – und du bist ausgetrocknet, eine reizende Mumie. Oh Pfui und Wehe über dich, unsere kleine Gespielin, kleine Leidensgefährtin, kleine Gefährtin der Freuden – wie konntest du unsere Gemeinschaft nur so verraten! Wir gehörten zueinander, und nun hast du dich so fürchterlich distanciert!»

Ein Bursche namens Ernst, Vagabund und Berliner Schupo-Mann außer Dienst, der eine Nacht mit Tilly geschlafen hatte und dann von der Polizei abgeholt worden war, weinte nicht, oder doch nicht über den Tod seiner Geliebten; denn er wußte nicht, daß sie gestorben war. Er trieb sich irgendwo auf den Landstraßen von Finnland umher und bekam keine Post. Im Laufe der letzten Monate war er aus sechs Ländern ausgewiesen worden und hatte sechs Grenzen ohne gültige Ausweispapiere zu nächtlicher Stunde überschritten. Das Problem, wo er etwas zu essen und ein Bett für die nächste Nacht finden könne, beschäftigte ihn weit mehr, als der Gedanke an das kleine Mädchen mit den schrägen Augen und dem schlampigen Mund, der er ein Kind gemacht hatte – was er übrigens auch nicht wußte. Wenn Ernst also weinte, dann geschah es aus Hunger oder Müdigkeit, oder aus allgemeinem Ekel vor der Welt; nicht aus Gram über Tilly.

Hingegen saßen, die Köpfe nah beieinander über Kinderbildern der Toten, Frau von Kammer und Marion; ihre Tränen benetzten die alten, steifen Photographien. «Sieh dir diese Aufnahme an!» rief die Mutter. «Wie sie da lacht! Und diese Grübchen in ihren Backen! Sie ist reizend gewesen – von euch allen die Hübscheste: findest du nicht?» – «Ja, Mama», sagte Marion, «von uns allen die Hübscheste!» – «Aber auf diesem Bild muß sie mindestens schon zwölf Jahre alt sein.» Welche Zärtlichkeit, wie viel wehmutsvolles Entzücken in Frau von Kammers Stimme, die sonst so scharf und trocken geklungen hat. «Wie schmal ihr Gesicht damals war!» Und die Mutter erinnerte sich: «Sie hatte eine schwere Grippe hinter sich. Ihr hattet alle die Grippe, aber bei ihr trat sie am schwersten auf. Das Fieber war schrecklich hoch, ich dachte, sie müßte sterben ... Mein Gott, ich weiß noch, wie ich sie nachts in mein Bett holte, weil sie in ihrem eigenen nicht schlafen konnte ...» – «Ja, Mama», sagte Marion wieder, und ihre Finger klammerten sich plötzlich um die Photographie, als ob sie sie in Stücke reißen wollten. «Was machst du?» fragte die Mutter. «Du zerreißt ja das Bild!» Da ließ Marion den Kopf nach vorne sinken, fassungslos – und während die Bilder aus ihren Händen zur Erde glitten, stöhnte sie auf: «Oh Mutter, Mutter – ich kann nicht mehr – ich will nicht mehr – ich mag nicht mehr leben ...»

Die Mutter nahm zwischen ihre Hände Marions tränennasses Gesicht. «Sprich nicht so! Sei still! Weine! Sage nicht solche Dinge – bitte nicht! Denke nicht solche Sachen! Sei still!» – Welche Veränderung war vorgegangen mit Frau von Kammer, der geborenen von Seydewitz? Wohin waren ihre Haltung, die adlige Reserviertheit, die starre Form? Der Schmerz hatte ihr Antlitz weich gemacht und es menschlich belebt; auch jünger schien es geworden. Wann waren Mutter und Tochter sich je so nahe gewesen? – Noch niemals. Großes Leid mußte kommen und eine Erschütterung, von der das Herz sich nicht mehr erholt, damit sie einander schluchzend in die Arme sanken.

Schluchzend und eng beisammen saßen sie, als Susanne eintrat –
das jüngste Fräulein von Kammer; sie war aus ihrem smarten Mäd-
chen-Institut herbei gereist, um der Bestattung ihrer Schwester
Tilly beizuwohnen. Da stand sie nun, eine veritable von Seydewitz: hoch aufgeschossen, sportlich trainiert, immer noch etwas zu
mager. Das braun gebrannte, straffe Gesicht wäre hübsch gewesen,
ohne den mürrischen Ausdruck und jene ein wenig bitteren Falten, von denen die Mundwinkel abwärts gezogen wurden. Das
dünne, aschblonde Haar trug sie, wie als kleines Mädchen, zu steifen Zöpfen frisiert, von denen man den Eindruck bekam, daß sie
hart und kühl anzufühlen sein müßten, wie Metall. Sie schaute
streng aus wasserblauen Augen; ihr Blick drückte Tadel aus, über
das unpassende Halbdunkel in der Stube, und weil die beiden Damen auf dem Kanapee in so inniger Pose beieinander saßen. «Was
treibt ihr denn da?» fragte die junge Susanne scharf – als hätte sie
Mutter und Schwester bei etwas Unanständigem ertappt. «Es ist ja
stockfinster. Ihr könnt gar nichts mehr sehen.»

Marion und die Mutter wandten langsam die Köpfe, ohne sich
aus ihrer Umarmung zu lösen. Hinter ihnen stand die junge Susanne – drohend aufgerichtet in der offenen Tür, blank und hart
beschienen vom Licht; kühl und ehrgeizig, nicht sehr intelligent;
eine Fremde; das Kind einer fremden Zeit.

Viertes Kapitel

Martin ist krank, «eine Lungenentzündung», sagt Doktor Mathes.
Und David Deutsch gegenüber erklärt er: «Das kommt nicht selten vor, im letzten Stadium des Morphinismus.» – Bald scheint
eine Besserung zu konstatieren; sie hält nicht an, der Rückfall stellt
sich ein. – «Ich möchte die Verantwortung nicht mehr alleine tragen.» Das Gesicht des Doktors ist recht düster geworden. «Wir
wollen ihn in ein Krankenhaus transportieren. Auch tut man gut
daran, seinen Eltern Nachricht zu geben.»

David hat es Martin beizubringen: «Du mußt in ein Krankenhaus.» Der nimmt es aber nicht schwer. «Natürlich», meint er nur. «Das ist gewiß vernünftiger.» – Woher kommt ihm dieses Vertrauen? Wie erklärt sich solche Euphorie? Er bekommt kleinere Dosen Morphium als sonst; sein Herz hielte die starken nicht aus. Nicht das Gift also kann es sein, das seinen Blick derart leuchten macht; wohl auch nicht nur das Fieber. – «Es ist hübsch hier», sagt er, da man ihn im Hospital gebettet hat. «Ich fühle mich wohl. Ja, rücke mir das Kissen zurecht! Vielen Dank, lieber David.»

Martin, der den Tod gewollt hat, nun, da er ihm so nahe ist, erkennt er ihn nicht. So lange hatte er ihn herbei gerufen, ihn gelockt, jetzt aber will er seine Zeichen nicht verstehen, und er scheint unempfindlich für die Liebkosung seiner dunklen Hand. «Wenn ich wieder gesund bin», versichert er dem David Deutsch, der fast den ganzen Tag an seinem Krankenbett verbringt, «wenn es mir ein bißchen besser geht, dann reise ich mit Mama in die Schweiz. Soviel Geld wird mein alter Herr schon noch auftreiben. Er ist ja gar nicht so schrecklich arm, wie er immer tut. Eigentlich ist er wohl noch ziemlich wohlhabend, weißt du …» Das «weißt du» auf die etwas selbstgefällig-doktrinäre Art zerdehnt, die man an ihm kennt. – Das Sprechen macht ihm Schwierigkeiten, er muß husten.

«Sicher, Martin, die Schweiz wird dir gut tun.» Welche Anstrengung kostet es David Deutsch, zu lächeln! «Aber du sollst jetzt nicht so viel reden!» – Und Martin behauptet: «Ich fühle mich heute viel besser.» Ach, er hat Ihn gelockt, er hat sich so tief mit Ihm eingelassen, so zärtlich-gründlich hat er sich mit Ihm beschäftigt, und nun erkennt er Ihn nicht … Martin liegt in einem billigen Hospital; das Geld, welches sein Vater, auf Davids dringliche Bitten, aus Berlin geschickt hat, reicht nicht aus, um den Aufenthalt in einer guten Privatklinik zu bezahlen. David hat ohnedies seine geringen Ersparnisse angreifen müssen, damit Martin ein Einzelzimmer bekommen konnte. David hätte es nicht ertragen, den Freund in einem Raum mit fremden, kranken, vielleicht übelriechenden, boshaften Leuten zu sehen … Ein bescheidenes Zimmer: nur das Bett, zwei Stühle, ein kleiner Nachttisch und Waschgeschirr. Auf dem Nachttisch stehen immer Blumen. David bringt jeden Tag gelbe Rosen oder bunte Tulpen mit, und vielleicht etwas Obst oder ein Buch mit Bildern, in dem der Fiebernde blättern kann.

Die Krankheit zieht sich hin; übrigens ist ihr Verlauf ungewöhnlich, gegen die Regeln: eine Lungenentzündung mit Komplikationen. David möchte Einzelheiten wissen, aber der Professor, ein schweigsamer und zurückhaltender Herr, gibt keine Auskunft. Es tritt eine Besserung ein, eine trügerische kleine Erholung; David meint schon aufatmen zu dürfen, aber dieser günstige Zustand hält sich nur wenige Tage, und da das Fieber wieder steigt, wird das Gesicht des Professors bei der Morgenvisite sehr ernst. «Ich habe beinah keine Hoffnung mehr für Ihren Freund», erklärte er David.

Ließe nur Kikjous Adresse sich feststellen! Aber Kikjou scheint vom Erdboden verschwunden, niemand weiß, wo er sich aufhält. Martin fragt manchmal nach ihm – nicht sehr oft; aber doch mit einer Dringlichkeit, einer Gier, die zu verbergen er sich nicht mehr die Mühe nimmt, oder nicht mehr fähig ist. «Hast du nichts von Kikjou gehört?» – «Doch, er ist in Lausanne, bei seinen Verwandten, er hat eine recht unangenehme Grippe, sowie es ihm besser geht, wird er kommen.» David Deutsch ist so erfinderisch geworden, es fällt ihm so vieles ein, um Martin nur die schlimme Wahrheit zu ersparen: daß Kikjou völlig unauffindbar ist; daß er sich ganz und gar von Martin und von allen, die mit Martin zusammenhängen, zurückgezogen hat. – «So so, eine Grippe», sagt Martin, der es zu glauben scheint. «Armer Kikjou, er hat immer Pech. Aber warum schreibt er denn nicht? Das könnte er doch wirklich mal tun.» – «Er hat mir eine Karte geschrieben», erzählt David flink. «Er läßt dich schön grüßen, und er verspricht dir einen langen, netten Brief.» – «Das ist brav von ihm.» Martin lächelt matt und froh zur Decke hinauf. «Wenn ich mit Mama in der Schweiz bin, soll er mitkommen; dafür wird das Geld meines alten Herrn schon noch langen ...»

Kikjou hält sich rätselhaft verborgen. Marion reist wohl gerade durch die Böhmischen Bäder. Marcel ist in Spanien. Keiner von den nächsten Freunden ist da. Nur aus der «Schwalbe» spricht ab und zu jemand vor: das Meisje oder die Proskauer. Einmal erscheint sogar die Frau Wirtin selbst: energisch, von etwas polternder Munterkeit, dabei gemütvoll – und David kann sie nur mit

Mühe daran hindern, sich im Krankenzimmer ihre dicke, kurze Zigarre anzuzünden. «Aber es würde doch gar nichts schaden», meint Martin mit einer Stimme, die so schwach geworden ist. – Es ist gerade während der kurzen Zeit, da sein Zustand sich zu bessern und das Schlimmste überstanden zu sein scheint. «Ich könnte ja auch selber mal wieder eine Zigarette rauchen … David, hast du keine Chesterfield da?» – «Der Junge ist richtig!» ruft die aufgeräumte Schwalbe, und kratzt sich mit Behagen das kurze, borstige, graue Haar. Aber ein bittender, fast drohender Blick Davids bestimmt sie dazu, auf ihre Zigarre dieses Mal zu verzichten.

Da Martins Befinden sich noch einmal verschlimmert, telegraphiert David an Frau Korella, Nürnberger Straße, Berlin – und sechsunddreißig Stunden später trifft die Mutter ein. «Ich wäre ja noch schneller gekommen», entschuldigt sie sich, gleich auf dem Bahnhof, bei David Deutsch, der sie abgeholt hat. «Aber ich mußte mir erst ein französisches Visum besorgen, das ist alles so umständlich, heutzutage.»

Frau Korella bittet immer um Entschuldigung; sie wirkt, als wolle sie beständig um Pardon ersuchen für die simple Tatsache ihrer Existenz. Herr Korella sagt es ihr oft: «Du mußt mehr Selbstbewußtsein zeigen, Hedwig. Nur mit Selbstbewußtsein kommt man durch diese harte Zeit.» Aber weder ihr Junge, Martin, noch ihr Gatte haben durch das Benehmen, das sie ihr gegenüber an den Tag legen, dazu beigetragen, Frau Hedwigs innere Sicherheit zu kräftigen und zu stützen.

Frau Korella sieht stets verweint aus, sie hat immer etwas verschwollene und gerötete Augenlider. Jetzt erscheint ihr Gesicht ganz verwüstet von wahren Exzessen des Schluchzens; sie hat während der ganzen Reise, vom Bahnhof Zoo, Berlin, bis zu der Pariser Gare du Nord, ohne jede Unterbrechung geschluchzt. Die Tränen haben ihre Züge aufgelöst, sie haben sie weggewaschen, wie ein nasser Schwamm die Kreideschrift von einer schwarzen Tafel wäscht. «Aber er lebt noch?» ruft flehend die Mutter, und sie klammert sich mit einem Griff, der überraschend hart und heftig ist, an Davids Arm. – «Er lebt noch», bestätigt der junge Deutsch, mit einer Stimme, die Frau Hedwig keine Zweifel darüber läßt, daß ihr Sohn nur noch eine kurze Zeit, vielleicht nur noch Stunden wird atmen dürfen.

Die Mutter besteht darauf, sofort ins Hospital zu fahren, obwohl David sie dringend dazu auffordert, sich erst im Hotel etwas auszuruhen. «Es gibt keine unmittelbare Gefahr für den Augenblick», versichert er ihr. Aber die Verweinte bleibt hartnäckig: «Ich will keine Minute verlieren. Gleich muß ich ihn sehen ...» –

Martin ist gar nicht besonders erstaunt, daß die Mutter plötzlich vor ihm steht. «Bist du auch einmal nach Paris gekommen, Mama?» ist alles, was er sagt, und er lächelt, während er ihr seine schrecklich mager gewordene Hand hinhält. Wie sie glüht, wie heiß und trocken sie ist, die arme schöne Hand ihres Sohnes! Frau Korella muß sich ungeheuer beherrschen, um nicht schon wieder in Tränen auszubrechen. Sie nimmt alle Kräfte zusammen, und ihr Gesicht bekommt einen harmlos-ruhigen, fast vergnügten Ausdruck. Mit einer Stimme, die wirklich beinah unbefangen klingt, sagt Frau Korella: «Ich wollte doch einmal nach meinem alten Jungen sehen – ob er mir in Paris auch keine Dummheiten macht.» Martin geht ein auf das Spiel; er spielt es weiter; er flüstert: «Du siehst doch, ich bin ganz brav ...» – Seit einigen Tagen ist er nicht rasiert worden; ein blonder Bart – der auf der Oberlippe nicht mehr wächst – rahmt seine sanfte, strahlend bleiche Miene. So sind junge Märtyrer auf Heiligenbildern dargestellt – denkt stolz die Mutter. Was muß er alles durchgemacht haben, daß er so schön werden konnte!

Eine halbe Stunde lang unterhält Martin sich bei ganz klarem Bewußtsein, fast angeregt, mit seiner lieben Mama. Mühsam flüsternd erkundigt er sich nach allerlei: «Wie sieht es denn aus in Berlin? – Ich kann es mir schon gar nicht mehr vorstellen ... Überhaupt», fällt ihm plötzlich ein, «ich weiß ja gar nicht mehr, was los ist; seit Wochen habe ich keine Zeitungen gesehen. Warum bringt man mir eigentlich keine Zeitungen mehr?» fragt er mit einer gewissen Gereiztheit. David Deutsch lächelt um Verzeihung bittend, wobei er sich seitwärts verneigt. Aber Martin winkt schon wieder ab: «Du hast ja ganz recht. Was soll ich mit Zeitungen? Steht ja doch immer nur derselbe Schwindel drin. – In Deutschland wird es nie mehr besser werden ... Du kannst froh sein, daß du jetzt in

Paris bist, Mama ... Paris ist sehr hübsch, bist du denn schon auf der Place de la Concorde gewesen? Eine großartige Sache ... Ich werde dich nächstens mal hinführen ...» – «Ja ja», sagt die Mutter, «du wirst mich nächstens mal hinführen.»

Martin verstummt, Schleier scheinen sich vor seine Augen zu senken, ihr Blick gleitet ab, ins Leere. Nach einer lange Pause sagt er noch: «Früher konnte es in Berlin sehr nett sein ... Reizend ... Warum bin ich eigentlich so lang nicht dort gewesen? Zu dumm, so lang von zu Hause fort sein ... Ich möchte Kikjou einmal Berlin zeigen ... Wo ist Kikjou?!» schreit er plötzlich. «Ich will Kikjou suchen! Ich muß nach Berlin, mit dem kleinen Kikjou!!» Er wirft die Decken von sich, David muß ihn halten, damit er nicht aus dem Bette springt. Die Mutter legt die Arme um seinen Hals. Er wird ruhiger. «Kikjou glaubt an Gott», erzählt er der Mutter, die gar nicht weiß, wer das Wesen, das diesen sonderbaren Namen – Kikjou – trägt, eigentlich ist. «Er glaubt ganz fest an Gott, und an die Erzengel, und an alle Heiligen ... Kikjou hat jetzt Grippe, ich weiß, deshalb kann er nicht hier sein. Aber sowie er wieder gesund ist, und mich wieder besuchen kommt, muß ich alle diese Dinge ausführlich mit ihm besprechen, alle diese Dinge vom lieben Gott ...»

Es dauerte noch mehrere Stunden lang. Der Kranke kam nicht mehr zu einem klaren Bewußtsein. Er phantasierte ohne Unterbrechung. Seine wirren Reden kreisten um Kikjou und den lieben Gott; auch gewisse Verse des verruchten Lieblingsdichters kamen vor. Einmal schrie er: «Kikjou hat den lieben Gott entdeckt – eine enorme Entdeckung! Aber ich stehe nicht in Gunst bei Ihm. Kein Lichtstrahl trifft mich aus Seinen großen schönen, fürchterlichen Augen. Ich gehe. Ich gehe ja schon ... Wenn du die Mythen und Worte entleert hast, sollst du gehen ... Niemand wird weinen, wenn du verschwunden bist ... Der liebe Gott, den Kikjou entdeckt hat, kennt keine Tränen ...»

Der letzte Kampf war sehr schwer. Martin saß starr aufgerichtet im Bett, mit gereckten Armen. Er bewegte die Arme –: nach was griff er denn? Wen wollte er denn berühren? Erschauernd fiel die Mutter über sein Lager. Ihr graute; denn Martin, ihr armer Sohn, ward geschüttelt von Fäusten, die unsichtbar sind. Auch schien es ihr, daß er strahlte. Von seinem Gesicht, das gleich erstarren würde – die Mutter wußte es: nun würde sein Gesicht gleich erstarren – kam Glanz. Um sein immer noch aufgerichtetes Haupt, so schien ihr, zuckte ein Glorienschein wie von Blitzen, ein elektrisches Diadem, eine tödliche Krone.

Die feurige Zierde um seine Stirn erlosch, seine Hände sanken: sei es, weil sie nun berührt hatten, was zu berühren sie so gierig gewesen; sei es, weil sie es für immer unerreichbar gefunden –, und während sein Blick brach, sanken seine Glieder und das endlich erlöste Haupt in die Kissen zurück.

Es kostete große Mühe, Frau Korella vom Lager ihres Sohnes zu entfernen. David Deutsch begleitete sie in ein Hotel, wo er ihre Koffer schon hatte unterbringen lassen. Er übernahm es auch, an Martins Vater nach Berlin zu telegraphieren. Ihm war es angenehm, daß er noch irgend etwas zu tun hatte, und wenn es auch melancholische Kleinigkeiten waren –, ehe er nach Hause gehen mußte, wo nur die furchtbaren Gedanken, die Erinnerungen und die Einsamkeit ihn erwarteten.

Als er, eine Stunde später, sein Zimmer betrat, saß im Halbdunkel ein Mensch auf dem Sessel am Fenster. «Wer ist das?» rief David, der sehr erschrak. Eine leise, glockenhaft reine Stimme antwortete: «Ich bin es, verzeihen Sie bitte.» Es war Kikjou. Als er ihn erkannte, brach David in Tränen aus. Bis zu diesem Augenblick hatte er nicht weinen können. Kikjou fragte schnell: «Er ist also tot?» Da der Schluchzende nickte, faltete Kikjou die Hände. «Gott sei seiner armen Seele gnädig.»

Auf diese Worte hin, die Kikjou mit wunderbarer Glockenstimme, leise, aber innig akzentuiert vorbrachte, machte David eine ungeheure Kraftanstrengung, um seinen Weinkrampf zu unterdrücken. Er ballte die Fäuste, biß die Zähne aufeinander, daß sie knirschten, und bog den Rumpf in heftiger Verrenkung nach rechts, wobei er die Schenkel beinah bis zu den Schultern hochzog, und sogar etwas hüpfte. Ja, die ungeheure physische Mühe, die es ihn kostete, des Weinens Herr zu werden, brachte ihn dazu, mit geschlossenen Füßen, etwa zwei Zentimeter hoch in die Luft zu springen. Es war ein grotesker und erschreckender Anblick. Erschreckend war auch das Zornesfunkeln in Davids Augen, als er jetzt Kikjou anschrie: «Sparen Sie sich Ihre frommen Wünsche und Gebete! Wenn es Ihren lieben Gott überhaupt geben sollte, dann ist Martin ihm näher gewesen als Sie, mit allen Ihren Sprüchen und Litaneien!»

Kikjou schwieg, sein fahles, liebliches Gesicht blieb starr. Die Augen, in denen Grün, Hellblau, Goldbraun, Violett und Schwarz sich in einer zugleich undurchdringlichen und strahlend hellen Tiefe mischten, schauten an David vorbei. Nach einer großen Pause sagte er: «Wahrscheinlich haben Sie recht. Wir wissen nicht, wen der Herr liebt und bevorzugt.» Er verstummte noch einmal; in seinen Augen wurden alle Farben von dem Schwarz verschlungen; sein Blick war in Finsternis getaucht wie ein Gewässer, über das finstere Wolken ziehen. «Ich bringe Unglück», sagte er noch, wieder nach großer Pause. Und er stand schön und trostlos da –: ‹Wie ein Todesengel›, dachte David, der seine Heftigkeit von vorhin bereute. Da Kikjou immer noch schwieg, fragte David nach einer Weile mit etwas bebender Stimme: «Warum sind Sie nicht bei ihm gewesen? Ich werde es niemals verstehen, warum Sie nicht gekommen sind. Er hat immer wieder nach Ihnen gefragt – nur nach Ihnen. Haben denn all meine Nachrichten Sie nicht erreicht? Die Briefe, und die drei Telegramme?»

«Nein», antwortete Kikjou, «ich habe nichts bekommen.» Nach einer Pause fügte er hinzu: «Aber ich wäre wohl auch in Belgien geblieben, wenn alle Ihre Botschaften mich erreicht hätten. – Martin brauchte mich nicht, er wollte mich nicht mehr. Er hat etwas anderes mehr geliebt als mich. Er hat dem Dunklen Engel Stirn und Lippen zum Kuß geboten. Der Dunkle Engel zog ihn innig an sich. Gott sei Martins armer Seele gnädig.»

Der kleine Kikjou hatte wieder die Hände gefaltet. Aber er neigte das Gesicht nicht, wie man es zum Gebet neigt. Er hielt es aufrecht, und er lächelte.

David Deutsch erschrak. ‹Warum lächelt er? Er sieht fast aus, als habe er den Verstand verloren; aber ein Wahnsinniger ist er nicht. In was für Geheimnisse ist er eingeweiht, und was für Bilder schauen nun seine Augen? – Spielt er Komödie? Heuchelt er? Aber Heuchler haben nicht diese Flamme im Aug, und nicht dies bleiche Leuchten über Stirn, Haar und Mund ...›

Zur Beisetzung von Martins Asche ist Herr Korella in Paris eingetroffen – ein ziemlich gebrochener Mann. Es ist zu viel für ihn gewesen in den letzten Jahren: erst der Verlust seines Notariats, dann seiner Praxis, und nun diese Tragödie mit dem Jungen. Was hat Herr Korella denn getan, womit hat er sich denn versündigt, daß ihm so viel Entsetzliches zugemutet, so viel Schreckliches über ihn verhängt wird, von einer Instanz, die Herr Korella, Atheist und Freimaurer, niemals «Gott» nennen würde, aber deren unbegreifliche und unbarmherzige Macht er erschauernd spürt. Er hält sich sehr aufrecht, Herr Korella, der Vater. Aber eben durch diese krampfhaft steife Haltung wirkt es besonders zusammengebrochen; alle haben den Eindruck, daß es diesem Mann natürlicher wäre, gebückt zu gehen, ja, vielleicht auf allen Vieren zu kriechen, die Stirn in den Staub gepreßt. Über den Lippen, die immer ein wenig zittern, hat der Vater ein kleines Schnurrbärtchen, welches wie bereift aussieht: kein graues Schnurrbärtchen, sondern ein schwarzes, auf das Reif gefallen ist. Unter den Augen, die glasig blicken, gibt es traurige Säckchen: rötliche Verdickungen, wahrscheinlich tun sie immer ein wenig weh. Herr Korella trägt einen abgeschabten schwarzen Paletot mit speckigem Samtkragen, dazu weiße Gamaschen, runden steifen Hut, und einen dicken, schwarz lackierten Spazierstock mit Silberkrücke. Zur schäbig-altväterlichen Eleganz solchen Aufzuges paßt die mühsame Grandezza seines Benehmens. Er bietet Frau Korella den Arm – arme Frau Korella, die buchstäblich in Tränen zu zerfließen droht und deren Gesichtszüge auf eine beängstigende Art weggewischt und abgewaschen scheinen –; er führt Frau Korella zum Eingang des Friedhofes wie zum Portal eines Ballhauses; seine Gesten, sein Gang sind marionettenhaft zuckend, ach, eigentlich möchte er auf allen Vieren kriechen, zerfurchte Stirne und bereiftes Schnurrbärtchen im Staube, zu dem wir alle zerfallen werden ...

Nicht sehr viele Leidtragende sind auf dem Friedhof erschienen; einige Stammgäste aus der «Schwalbe»: Kikjou, David Deutsch, die Proskauer, Doktor Mathes, und eine hagere Dame, die nur wenigen bekannt ist. Sie hält ein helles Lederköfferchen, in dem es klappert, unter dem Arm; es ist Friederike Markus – war sie denn befreundet mit dem Verstorbenen? Stand sie denn auch mit ihm in

Korrespondenz? Martin ist doch ein so fauler Briefschreiber gewesen, aber Frau Viola ist es ja gewohnt, auf lange Ergüsse nur kärgliche Antwort zu erhalten. Wie dem auch sein möge: sie ist anwesend, und sie drückt als Erste der aufgelösten Mutter Korella stumm die Hand. Übrigens befindet sie sich in Begleitung eines blonden jungen Mannes, der gleichfalls allen unbekannt ist und sich im Hintergrund hält. – Während die Schwalbe mit großen, gleichsam zornigen Schritten breitbeinig auf und ab geht, wie ein Kapitän auf Deck seines Schiffes bei bewegter See, sagt Doktor Mathes zu Ilse Proskauer: «Martins Lungenentzündung war von sehr besonderer Art. Da er nun tot ist, darf man wohl davon reden. Er war durch und durch infiziert. Ich möchte annehmen, daß er sich die intravenösen Injektionen mit einem nicht desinfizierten Instrument gemacht hat. Daher bildeten sich die Abszesse in seinem Inneren.» Die Proskauer sagte leise – ohne jeden Affekt, wie es schien, aber doch energisch –: «Hören Sie bitte auf.»

Übrigens regnet es, zu Beisetzungen gehören Regen, nasse Parapluies und der Geruch feuchter Mäntel. David Deutsch hat vorgehabt, eine kleine Rede zu halten – damit doch etwas gesprochen werde; denn es ist ja kein Geistlicher zugegen. Martin hat keiner Religionsgemeinschaft angehört, weder der israelitischen, deren Mitglied sein Vater ehemals gewesen ist, noch der protestantischen, zu der sich Frau Korella bekennt. Aber David versagt, er hat seine Kraft überschätzt. In verzweifelt schiefer Haltung steht er da; er verneigt sich seitwärts, lächelt verzerrt, eine ganze kleine Pantomime von hilflosen und närrischen Höflichkeitsbezeugungen führt er auf; aber über seine Lippen kommt kein Wort. Die rüstige alte Schwalbe ist es, die die Situation halbwegs rettet; sie schiebt David resolut bei Seite – ihr zerzaustes, borstiges Grauhaar ist naß vom Regen, ihr energisch gutmütiges Kapitänsgesicht naß von Tränen, und ihre Stimme ist rauh, zittert wohl auch ein wenig, gibt aber doch markige Töne her, da sie nun ausruft:

«Martins Vater und Martins Mutter! Meine lieben Kinder! Ich kann keine Worte machen, und das hätte unser Kamerad auch nicht von mir verlangt, unser Freund, von dem jetzt nur noch dieses bißchen Asche übrig sein soll. Aber seine Gedanken und die Anmut seines Wesens, und alles, was er gewesen ist, das darf doch nicht einfach so verloren gehen, das muß doch nachwirken – in uns, in uns nachwirken, meine ich; wir bewahren es doch. Er hat ja auch ein Dutzend sehr schöner Gedichte geschrieben, schlimm genug, daß es nicht mehr gewesen sind.» Hier hört man, wie Herr Korella sich gramvoll und ein wenig indigniert räuspert, und wie Frau Korellas Schluchzen heftiger wird – es ist erstaunlich, wieviel Tränen sie herzugeben hat, es scheint, als sei der Brunnen ihrer Tränen unerschöpflich, nun fließt das salzige Naß wieder so reichlich, als beginne die arme Frau gerade jetzt erst zu weinen, während sie doch in Wahrheit seit so vielen Stunden ohne jegliche Unterbrechung schluchzt. – Leichte Bestürztheit bei der kleinen Zuhörerschaft; manche deuten sogar durch Stirnerunzeln und Kopfschütteln eine gewisse Empörung an. Die alte Schwalbe aber – unbeirrbar, immer aufrichtig, das Herz auf dem rechten Fleck, weder durch Tränenbäche noch durch Stirnrunzeln irgend aus dem Konzept zu bringen –, alte Schwalbe, angesichts der kleinen schwarzen Urne ebenso natürlich und ungeniert wie hinter ihrer Theke im Lokal – fährt fort: «Schrecklich oft habe ich ihn auszanken müssen wegen seiner sündhaften Faulheit. Was hätte der nicht alles schaffen können! Aber es lag ihm wohl nichts daran. Er hat viel zu früh aufgehört. Was hätte er noch alles bringen und bedeuten können, für ihn selber und für die Freunde! Er war ja so reich, – so reichlich ausgestattet mit schönen Gaben. Aber er hat sich nicht schonen und nicht aufsparen können; er hat furchtbar mit sich gewüstet. ‹Auf was soll man denn warten, für welch kostbare Gelegenheit soll man sich denn aufheben?› hat er mir oft gesagt. Ich habe ihn dann zurecht gewiesen: Aber du willst doch Deutschland wiedersehen, Martin, und du wirst in Deutschland noch viel zu tun haben. – Dann hat er nur so sonderbar gelacht, und hat vielleicht mit einer schönen, traurigen Bewegung gesagt – mit einer Bewegung, wie sie ihm niemand nachmachen kann –: Ach, Deutschland! … Unser Freund hat furchtbar unter allem gelitten, was dort geschieht; es hat ihn beinah verzehrt – von innen verzehrt –, ich weiß es –, und es hat sicher seinen Tod beschleunigt. – Diese Mörder!» ruft, plötzlich sehr zornig, die alte Schwalbe, und sie hebt die Faust – sie reckt ihre sehnige alte Faust über diesem kleinen, schwarzen Behälter, der die Asche ihres liebsten Gastes birgt –: «Diese Mörder da drüben! Sie bringen nicht nur die um die Ecke, die sie totschießen oder zertrampeln oder erschlagen; sondern auch die vielen andern, denen sie die Freude am Leben und das Leben selber kaputt machen; die sie erledigen, die sie zerstören: einfach, weil für empfindliche Lungen die Luft nicht zu atmen ist, die von diesen Ungeheuern vergiftet wird!» – Neues Räuspern des Herrn Korella, diesmal heftiger. Ist das eine passende Grabrede? Diese merkwürdige Person namens Schwalbe irrt sich augenscheinlich im Ort: sie ist hier auf keiner Volksversammlung. Das scheint ja eine rechte Hetzerin zu sein. Schon die Anspielung auf Martins Faulheit vorhin ist eine horrende Taktlosigkeit gewesen. Der Junge war ja recht träge, zugegeben; aber man erwähnt es doch nicht am Grabe. Und nun, diese Entgleisung, unerhört, das ist doch geradezu eine Rücksichtslosigkeit. Schließlich muß ich morgen nach Berlin zurück, denkt Herr Korella, und er spürt eine Beklemmung in der Magengegend bei dieser Idee. Wer weiß, ob nicht unter den Trauergästen ein Spitzel ist, man muß immer mit sowas rechnen. Und überhaupt, es ist ja Unsinn, was sie da redet, es ist doch der schiere Quatsch. Die Nazis sollen schuld sein an Martins traurigem Ende? Alles was recht ist, aber man kann die Leute doch nicht für jedes Unglück verantwortlich machen. Ich, als Vater, habe immer gewußt, daß es mit dem Jungen nicht gut ausgehen wird, trotz seinen schönen Talenten …

Die kleine Trauergemeinde läßt deutlich merken, daß man zum zweiten Mal peinlich berührt ist von der seltsamen Unbeherrschtheit der alten Schwalbe. Natürlich gibt man ihr recht und unterschreibt innerlich ohne Vorbehalt die wilden Worte, die sie vorgebracht hat. Aber – so empfindet man allgemein – eine gewisse Rücksicht auf die alten Herrschaften aus Berlin wäre doch ratsam und am Platze gewesen. – Betretene Gesichter im ganzen Kreise; nur der fremde junge Mann, den die gleichfalls ziemlich fremde Friederike, genannt Frau Viola, mitgebracht hat, wirkt gänzlich unbeteiligt; etwas gelangweilt, und als interessiere ihn nichts von dem, was hier geredet oder getan wird, spielt er mit seinen Handschuhen.

Übrigens scheint die alte Schwalbe zu spüren, daß sie Mißfallen, oder doch Verwunderung erregt hat. Sie beißt sich die Lippen;

schüttelt den Kopf, als wolle sie sich selber zurechtweisen: Dummes Ding, kannst du dich denn gar nicht ein bißchen zusammen nehmen! – und sie wird sogar etwas rot; es macht einen sonderbaren und recht rührenden Eindruck, wenn ein verwittertes, von allen Winden und Wettern gegerbtes Kapitänsgesicht, wie das der Mutter Schwalbe, sich schamhaft verfärbt. Ihre Stimme ist weich und leise, da sie nun fortfährt:

«Hoffentlich hast du jetzt die Ruhe, lieber Martin, nach der du dich so gesehnt hast. Uns wirst du sehr fehlen, es wird schwer und bitter sein, sich daran zu gewöhnen, daß du nicht mehr da bist. Wir sind doch eine Familie – nicht wahr, Kinder, ich übertreibe nicht und ich mache keine sentimentale Redensart, wenn ich uns so bezeichne?» Dies sagt sie bittend, fast flehend, und ihr Blick wandert in einer ängstlichen Frage von einem zum anderen. Alle nicken ihr zu. Die leichte Mißstimmung ist schon wieder verflogen. Sie ist eben doch eine prachtvolle alte Person, unsere Schwalbe, freilich sind wir eine Familie, und dir, alte Schwalbe, haben wir dankbar dafür zu sein; denn du hältst uns zusammen, du bist der Kapitän und die Mutter, die Ernährerin und der General.

«Ja ja», ruft die alte Frau, jetzt beinah freudig, und aus ihrem ängstlich forschenden Blick ist ein zuversichtlich leuchtender geworden. «Eine Familie – das sind wir –, und das sollt ihr auch in Berlin erzählen!» Dabei wendet sie sich triumphierend Herrn und Frau Korella zu, die nicht wissen, ob sie gerührt oder empört sein sollen, und in Wahrheit beides gleichzeitig sind. «Davon sprecht in Berlin!» verlangt die Schwalbe von ihnen. Aber dann schaut sie wieder weg von Martins krampfhaft steif aufgerichtetem Vater und von der tränennassen Mama, und ihre Augen bleiben noch einmal an dem schwarzen kleinen Behälter hängen, an dem bescheiden verzierten Gefäß, in dem das graue Aschenhäufchen aufgehoben ist. «Nun ist unsere Familie plötzlich viel ärmer geworden» –: dieses wird von ihr vorgebracht, als spreche sie zu sich selbst und habe vergessen, daß es hier Zuhörer gibt. «Viel ärmer geworden», wiederholt sie mit betrübter Nachdenklichkeit. «Der Beste ist weg.» Sie zuckt die Achseln, mit einer bitteren und gar nicht pathetischen Resignation.

«Ja, er ist wohl so ziemlich der Beste gewesen …» Dabei hat ihr

Gesicht etwa den Ausdruck, welchen es bekommt, wenn Frau Schwalbe die Geschäftsbücher prüft: es ist, als ließe sie in Eile sämtliche Mitglieder ihrer großen Familie Revue passieren, und als prüfe sie, hastig aber genau, die Valeurs jedes Einzelnen, um festzustellen, ob Martin wirklich der Wertvollste gewesen ist. Und sie kommt zum Ergebnis: «Ich behaupte gar nicht, daß er der Tüchtigste war, oder der Nützlichste, oder der Tapferste, oder der Klügste; aber in einem gewissen Sinn ist er der Kostbarste von uns gewesen; er war vom Kopf bis zu den Füßen aus einem sehr feinen, seltenen, edlen, leicht zerstörbaren Material gemacht. – Von allen meinen Kindern habe ich dieses am liebsten gehabt.» Großes, zärtlich-schmerzliches Lächeln – mütterliches Lächeln auf dem Kapitänsgesicht.

«Das darf nun keiner von euch anderen übel nehmen», bittet sie sanft. «Einen muß man doch am liebsten haben – so ein Herz ist ungerecht.» Mit einer weit ausholenden, ungeschickt großartigen Gebärde deutet sie auf ihr Herz, das unter dem dunklen Regenmantel, unter der streng zugeknöpften grauen Bluse so stark, so innig, so jugendlich klopft. «Diesen also hat mein Herz bevorzugt», verkündigt die alte Schwalbe, fürstlich-eigensinnig, einer Königin ähnlich, die dem Günstling in majestätischer Laune einen höheren Orden verleiht, als er ihm wohl eigentlich zukäme. – «Schlafe in Frieden!» – Wieder eine unbeholfen-pathetische Geste; ein weites Breiten der Arme, das eigentlich gar nicht zu den Worten paßt, die sie spricht. «Vielleicht gibt es einen Ort, von dem aus du uns zuschauen und beobachten kannst. Nun, wir wollen jedenfalls so leben, als wachtest du über uns, und wenn wir einmal etwas Gutes erreichen und einen tüchtigen Schritt weiterkommen – dann werden wir an dich denken, und eine Stimme, ganz tief drinnen in uns, wird sagen: Bist du jetzt zufrieden, lieber Martin? Freust du dich etwas mit uns, an dem unbekannten, wahrscheinlich sehr weit entfernten und vielleicht sehr schönen Ort deines Aufenthaltes? – Wie schade, wie jammer-jammer-schade, daß du nicht mehr mit uns sein kannst ...»

Dieses war die höchst überraschende, teilweise anstößige und teilweise ergreifende Trauerrede der alten Schwalbe. Sie hat geendigt, nun tritt sie zurück und wischt sich die Augen mit einem großen, nicht ganz sauberen Männertaschentuch. Viele weinen im Kreise; andere schauen starr und gramvoll vor sich hin. Jemand aber stößt einen kleinen, durchdringenden Klagelaut aus – es klingt wie das Heulen eines fremdartigen Tieres in der Nacht. Dieser Jammerruf kommt von Kikjou; er hat sich bis jetzt ganz still im Hintergrund gehalten, nun aber taumelt er, er scheint niedersinken zu wollen, ja, er wäre gestürzt, wenn nicht David Deutsch ihn aufgefangen hätte. David ist mit elastisch-behenden Sprüngen herbei gehüpft; er lächelt verzerrt, mit verzweifelter Höflichkeit, und in den Armen hält er den Knaben, an dem Martins Herz mit so unglücklicher und zäher Leidenschaft hing; den problematischen kleinen Vagabunden, den grüblerischen Aventurier –: eine wie leichte Last ist er an Davids Brust, David ist doch gewiß nicht sehr stark, sicherlich ist er kein Riese, aber der kleine Kikjou wiegt so gut wie nichts. Und wie bleich Kikjous Gesicht ist – buchstäblich alle Farbe ist aus ihm gewichen, auch die Lippen sind weiß, nur auf den geschlossenen Lidern und unterhalb der Augen gibt es dunkle Töne; schwärzlich-graue, blaue und violette Schatten sind wie mit einem Pinsel in die kranke Helligkeit dieses leidenden Gesichts getupft. – Ein paar Sekunden später nimmt Kikjou sich wieder zusammen; er lächelt mühsam: Danke; er drückt David die Hand, und nun kann er schon ohne Hilfe stehen. In traurigem Défilé ziehen die Stammgäste der «Schwalbe» und die paar Fremden an Martins Eltern, an Herrn und Frau Korella aus Berlin, vorbei. Händeschütteln und gemurmelte Phrasen des Beileids. Frau Schwalbe umarmt Mutter Korella, die sich mit dem triefend nassen Tüchlein die geschwollenen Augen wischt; alte Schwalbe küßt Mutter Korella auf beide Wangen, Herr Korella sieht mit Mißbilligung zu. Er hat der temperamentvollen Dame ihre unkonventionelle und in vieler Hinsicht schockierende Grabrede ganz entschieden übel genommen. Zu David Deutsch, der nun seinerseits den schiefen Bückling vor ihm macht, sagt er deutlich und nicht ohne Schärfe – obwohl die Schwalbe sich ganz in der Nähe befindet und seine Worte verstehen kann –: «Ich bedaure es aufrichtig, lieber Herr Doktor, daß Sie die Ansprache nicht halten konnten. Denn Sie sind es doch wohl, der meinem Sohn von allen hier Anwesenden am nächsten gewesen ist.» Er sieht mit einem strengen

Blick erst an Frau Schwalbe vorbei, dann an Kikjou, dem er demonstrativ nicht die Hand gereicht hat.

Der Einzige, dem Vater Korella hier ein gewisses Vertrauen entgegenbringt, ist David Deutsch; nun wird es deutlich, denn der alte Herr legt diesem Freund seines Sohnes einen Arm um die Schulter, und er führt ihn ein wenig bei Seite. David, in besonders schiefer Haltung – den Oberkörper verrenkt, im überhöflichen Eifer des Lauschens – nickt erregt mit dem Kopf und scharrt mit den Füßen die Erde wie ein nervöses Roß.

Herr Korella – ein total gebrochener Mann, der sich unter schier übermenschlichen Mühen steif und gerade hält, als hätte er einen Stock im Rücken –, Herr Korella bringt mit bebenden Lippen sein kleines Anliegen vor: Ob der junge Herr Deutsch ihm, dem Vater, bei der genauen Durchsicht von Martins Papieren behilflich sein möchte? «Vielleicht finden wir wertvolle Dinge unter diesen Niederschriften», sagt der Vater, und in seinen Augen, die sonst über den schweren, entzündeten Tränensäcken einen so stumpfen Blick haben, gibt es plötzlich ein stolzes kleines Aufleuchten. «Geistige Kostbarkeiten», fährt er erhobenen Hauptes fort, «literarische Leckerbissen», sagt er, und läßt die Zunge über seine Lippen gleiten, als sei dort etwas Süßes abzulecken, «kurzum, Werke, auf welche die Öffentlichkeit einen Anspruch hat.» David hält dies für sehr wohl möglich, und steht Herrn Korella, selbstverständlich und ohne Vorbehalt, zur Verfügung. – «Wir begeben uns dann wohl am besten sofort in Martins Hotel und machen uns an die Arbeit», schlägt Herr Korella unternehmungslustig vor. «Meine Zeit hier in Paris ist sehr knapp bemessen.» Herr Korella sieht auf die Uhr, als komme es auf jede Minute an und es sei kein Augenblick zu verlieren. «Morgen früh – morgen früh muß ich ja zurück nach Berlin ...» Während er das Wort «Berlin» spricht, wird sein Blick wieder stumpf und glasig. Herr Korella senkt langsam den Kopf; er hält den Nacken hin, als erwarte er einen Schlag.

Frau Korella inzwischen ist von dem fremden jungen Mann, der als Kavalier der Friederike Markus auftritt, ins Gespräch gezogen worden. Der junge Mann stellt sich selber vor, er heißt Walter Konradi – ein fein empfindender Mensch, wie es scheint; er hat viel Verständnis für die bittere Lage der Mutter Korella; in schlichten, aber gut gewählten Worten drückt er sein Beileid aus. «Und nun werden gnädige Frau sich wohl eine Zeit lang in Frankreich aufhalten, zur Erholung?» – Walter Konradi erkundigt sich respektvoll und beinah zärtlich. Nein, Frau Korella muß morgen früh nach Berlin. – Nach Deutschland zurück? In diese Hölle? Walter Konradi ist ganz Bedauern. Aber Mutter Korella sagt einfach: Nun, es ist doch mein Vaterland – und sie meint es ehrlich, ja, sie freut sich fast auf ihre Wohnung in der Nürnberger Straße. – Gewiß gewiß, unser Vaterland. Der junge Herr deutet durch Lächeln ein geheimes Einverständnis zwischen sich und Frau Korella an. Unser Vaterland, sicher, das klingt sehr hübsch. «Aber schließlich», bemerkt Konradi, nun vertraulich-leise, «schließlich, nach allem, was man uns dort angetan hat! Ich bin auch in einem Konzentrationslager gewesen …», betont er, nicht ohne Stolz. Und er berichtet, immer mit dem vertraulich-gedämpften Ton, aus was für Gründen er hinein geraten sei und unter welch phantastischen Umständen er es verlassen habe. – Freilich, solche Dinge sind schrecklich, Frau Korella gibt es gerne zu; in ihrem Bekanntenkreis hat sich ja auch so manches ereignet, und was hat man ihrem armen Gatten nicht alles angetan! Konradi schüttelt voller Mitgefühl den Kopf. Dann meint er abschließend: «Nun, was mich betrifft, ich habe die Nase voll. Ich bleibe im Ausland; da darf man doch wenigstens den Mund aufmachen.» – «In Ihrem Fall ist das auch etwas ganz anderes: Sie sind jung.» Frau Korella stellt es ohne Bitterkeit fest. «Aber ich – eine alte Frau – wo soll ich denn hin?»

Madame Schwalbe, die ein paar gute Worte zu dem todesbleichen Kikjou gesagt hat, wendet sich wieder an Frau Korella und erkundigt sich, ob die beiden Herrschaften ihr das Vergnügen machen wollen, einen Imbiß in ihrem Lokal zu nehmen. «Es ist sehr bescheiden bei uns», versichert sie, «kein Luxusrestaurant, das dürfen Sie nicht erwarten. Aber vielleicht interessiert es Sie, den Platz kennen zu lernen, wo unser Martin in den letzten Monaten seines Lebens so viele Stunden täglich verbracht hat.» – Ja, das würde Frau Korella natürlich ungemein interessieren: sie bestätigt es mit eifrigen Worten. Übrigens hat sie nun zu weinen aufgehört, das Gespräch mit Walter Konradi scheint sie erfrischt und fast getröstet zu haben: ein sympathischer junger Mann, es geht etwas

Vertrauenerweckendes von ihm aus. Doch, Frau Korella hätte entschieden Lust, noch eine kleine Weile im Kreis von Martins Freunden zu verbringen, und das berühmte Etablissement, die «Schwalbe», zu besichtigen. Jedoch tritt Herr Korella hinzu und mahnt seine Gattin – wobei er wieder eisig an der Schwalbenwirtin vorbei sieht –: «Wir haben keine Zeit zu verlieren, meine liebe Hedwig. Es gibt noch manches zu erledigen. Der junge Herr Deutsch wird so freundlich sein, uns bei der Durchsicht von Martins Papieren behilflich zu sein.» Frau Korella nickt gehorsam, dabei sieht sie bedauernd Konradi an: Schade, ich wäre gern noch ein bißchen mit Ihnen und den anderen zusammen geblieben. Aber wahrscheinlich hat Korella recht ...

Herr Korella findet, daß er sogar ganz entschieden recht hat. Nichts könnte ihn dazu bewegen, sich auch noch in dieses Emigrantenlokal zu setzen. Es handelt sich doch um einen verrufenen Platz, und vielleicht wird Herr Korella beobachtet. Abgesehen aber von vorsichtigen Erwägungen solcher Art: Herr Korella spürt, daß er in dieses Milieu überhaupt nicht paßt. Er hat in Deutschland manches durchgemacht, und vieles ist ihm von den Nazis angetan worden – mehr vielleicht, als all den jungen Leuten hier im Kreise, und als dieser Madame Schwalbe, die den Mund so voll nimmt –; aber Herr Korella, ein deutscher Bürger – obwohl die Deutschen ihn als ihresgleichen nicht mehr anerkennen – findet doch eine tiefe Kluft zwischen sich und den Vaterlandslosen. ‹Keinesfalls möchte ich zu denen gehören, die im Ausland sitzen und ihre Heimat beschimpfen› – so denkt er. ‹Denn im Schimpfen auf die Heimat besteht doch wohl die Tätigkeit der Emigranten vor allem.› Herr Korella hat für sein Vaterland im großen Weltkrieg gekämpft; es ist ein Jammer und eine bittere Schmach, daß seine Landsleute dies nun ihrerseits vergessen zu haben scheinen. Aber ein Mann von seinem Schlage ist nicht gesonnen, das schlimme Unrecht, das die Deutschen ihm zufügen, nachträglich gleichsam zu rechtfertigen, indem er sich zu den Feinden des Reiches, zu den internationalistischen Hetzern gesellt. – Herr Korella bedankt sich bei Mutter Schwalbe mit einer knappen Neigung des Kopfes für die freundliche Einladung; bietet Frau Korella den Arm, und entfernt sich – würdevoll, von etwas schäbiger Eleganz.

David Deutsch folgt dem Elternpaar, mit schiefen, gleichsam um Verzeihung bittenden Verneigungen von Mutter Schwalbe und den Freunden Abschied nehmend. Kikjou, die schönen Augen von undefinierbarer Farbe im weißen Gesicht klagend aufgerissen, bleibt zurück, unter der kräftigen Obhut der Schwalbenwirtin, die ihn an sich zieht wie ein Muttertier sein Junges. Bis zum Schluß der Zeremonie ist er von Herrn Korella auf ungeheuer verletzende Art geschnitten worden. ‹Sehr verdächtige Gestalt›, ist Herrn Korellas Eindruck von dem bleichen Knaben. ‹Wirkt kolossal ungesund. Ich bezweifle, ob seine Beziehungen zu meinem Martin sich überhaupt noch im Rahmen des Gesetzmäßigen gehalten haben …›

Nach Herrn Korellas Abgang gibt es ein erleichtertes Aufatmen unter den jungen Leuten. Die alte Schwalbe macht: Uff! – womit sie dem allgemeinen Empfinden Ausdruck verleiht. Man hat es sich – vielleicht aus einer Art von Pietät, die sich auf Martin bezieht; vielleicht aus Mitleid angesichts der Tränen, die Frau Korella so beängstigend reichlich hat fließen lassen – zunächst nicht eingestehen und nicht recht zugeben wollen; aber von Anfang an ist Herr Korella bei Martins Kameraden Gegenstand eines gewissen Mißtrauens und sogar von Antipathie gewesen. Wer jenseits des feurigen Kreises, wer innerhalb der unüberschreitbaren Reichsgrenzen seinen Aufenthalt hat, muß sich vor den Losgelösten, den Emigranten auf eine besondere Art rechtfertigen und beweisen, um sich ihr Vertrauen zu gewinnen oder gar ihre Freundschaft. Die Losgelösten sind argwöhnisch, und wer aus dem Lande kommt, das für sie die unbetretbare Gegend ist – die verlorene Landschaft, der zugleich ihr ganzer Haß und ihre ganze Sehnsucht gelten –, der hat sich ihren scheelen Blick, ihr prüfendes, überlegendes Schauen wohl gefallen zu lassen. Zwischen jenen, die sich über die Straßen deutscher Städte noch mit Selbstverständlichkeit bewegen, und zwischen den anderen, denen diese Gassen und Plätze höchstens noch in nächtlichen Gesichten erscheinen, die halb Alpträume, halb Wunschträume sind, – zwischen den Daheimgebliebenen und den Ausgewanderten springt ein Abgrund auf, wenn sie durch Zufall irgendwo einander begegnen. Es gibt Worte, es gibt vielleicht sogar Blicke und Erkennungszeichen, die geeignet sind, solchen Abgrund zu überbrücken oder ganz zu schließen und die Atmosphäre des Vertrauens zwischen den Sich-Entfremdeten herzustellen. Herr Korella hat dieses Wort, diesen Blick, dieses Zeichen nicht gesucht, oder doch nicht gefunden. Der Abgrund blieb, und er vertiefte sich noch durch des Vaters würde-voll-steifen Abgang. Uff! machte Mutter Schwalbe. Dann forderte sie die ganze Gesellschaft auf, im Lokal bei ihr « einen Happen » zu essen.

Friederike Markus, die schon seit geraumer Weile in einen Zu-stand völliger Geistesabwesenheit versunken schien und, mit zu-gleich starrem und ruhelosem Blick, seltsam lächelnd ins Leere träumte, wollte sich hastig verabschieden; doch ihr sympathischer Kavalier – sportliche und vertrauenerweckend saloppe Figur im gegürteten hellen Regenmantel – bettelte schulbubenhaft: «Aber Viola! Sei doch nicht langweilig! Es tut dir so gut, einmal unter Leute zu kommen!» Woraufhin das abgestorbene Lächeln der Markus sich zärtlich belebte. «Wenn es dir Freude macht, Ga-briel», sagte sie, und ihr trostlos wandernder Blick blieb liebevoll an seinem hübschen, harten Gesicht hängen. – Frau Schwalbe, die Friederike flüchtig kannte und viel über sie gehört hatte, sagte besonders herzlich: «Das ist recht, daß Sie auch mal mit uns sein wollen, Frau Markus!» Auf ihre resolute Art machte sie sich sel-ber mit Friederikens jungem Begleiter bekannt: «Ich bin Mutter Schwalbe.» Und er, korrekt sowohl als sonnig, ein Hacken-Zu-sammenschlagen mit eleganter Nachlässigkeit andeutend: «Walter Konradi mein Name.» – «Warum nennt Frau Markus Sie dann Ga-briel?» wollte die Schwalbe wissen, die Unklarheiten nicht ausste-hen konnte. Statt seiner antwortete Friederike, schwärmerisch und hastig: «Weil er für mich – nur für mich – Gabriel heißt!» – «Aha, ich verstehe», lachte behaglich die Wirtin. «Und Sie heißen, nur für ihn, Viola.»

Genosse Konradi wurde auch mit den jungen Leuten bekannt; «sonderbar eigentlich, daß man sich noch nie begegnet ist», be-merkte einer von ihnen. Konradi erzählte, daß er während der letzten Monate in der Schweiz gewesen sei. Übrigens war er allen sympathisch durch sein offenes, frisches und intelligentes Wesen, das, dem Ernst der Stunde entsprechend, gleichzeitig auf eine dezente Art beschattet schien. Nur der Proskauer fiel die erschrekkende Härte seiner stahlblauen Augen unter den blonden, dicken Brauen auf. Sie tadelte sich aber selbst wegen des leichten Widerwillens, den sie spürte. ‹Das sind unkontrollierte Affekte›, sagte sie sich. ‹Er ist sicher ein anständiger, brauchbarer Mensch.›

In der Métro, auf der Fahrt vom Friedhof nach Montparnasse, berichtete er von seinen Abenteuern im Konzentrationslager. «Lustig war es auch manchmal!» Dabei hatte er ein trotziges kleines Auflachen, und was folgte, war eine umständliche Anekdote von der humoristischen Sorte, in der heimliches Zigarettenrauchen, die Dummheit eines S. A.-Führers und die schlauen Einfälle eines «jüdischen Kameraden» die Hauptrolle spielten. Jemand erkundigte sich, wann er denn ins K. Z. gekommen sei – worauf er munter erwiderte: «Na, doch natürlich schon im Frühling 33, ist ja Ehrensache. Mich haben die Hunde doch besonders auf dem Strich gehabt, wegen meiner Tätigkeit an den Universitäten. Hat denn keiner davon gehört, was ich da alles angestellt habe?» Jemand glaubte sich zu erinnern. Konradi kramte in seiner Brieftasche und holte Papiere hervor, die seine Einlieferung ins Konzentrationslager bestätigten. «Ein offizielles Abgangszeugnis habe ich nicht», lachte er geheimnisvoll. Er sprach gedämpft und schickte ängstliche Blicke durch den Waggon. «Man weiß doch nie, wer einem gegenüber sitzt», raunte er, wobei er die Stahlaugen mißtrauisch zusammen kniff. «Hier in Paris wimmelt es ja von Spitzeln …»

Die Patronne des Hotels hatte das Ehepaar Korella und Monsieur David Deutsch selber nach oben geleitet. Es bedeutete einen heftigen und quälend-rührenden Eindruck für David, den Raum wieder zu sehen, in dem er Martin so unzählige Male besucht hatte –: das stattliche Atelier mit dem hübschen Blick aus dem großen Fenster; das komfortable Studio mit breitem Divan und eigenem Bad, das eigentlich immer über Martins Verhältnisse gewesen war und auf dem er so eigensinnig bestanden hatte.

Nun hielt sich Herr Korella über das «luxuriöse Appartement» auf, in dem sein Junge logiert hatte. «Wir sparen in Berlin mit jeder Briefmarke und jedem Trambahnbillet», sagte der Vater gekränkt, «damit wir dem Jungen was schicken können – und er etabliert sich hier wie ein Millionär!» Dann kam Herr Korella wieder auf die hohen Begräbniskosten zurück, von denen er schon unterwegs ausführlich geredet hatte. Was ihn jedoch am allermeisten kränkte und erregte, das waren gewisse anstößige und mysteriöse Posten auf Martins Hotelrechnung. «Warum hat er denn so oft Löcher in die Bettbezüge gebrannt?» wollte Herr Korella erbittert wissen. «Immer wieder ist etwas für verbrannte Leintücher und Kissen zu bezahlen. Ich kann mir das gar nicht erklären; es sieht geradezu nach böser Absicht aus – als hätte es ihm Vergnügen gemacht, das gute weiße Zeug zu ruinieren –: auf meine Kosten, natürlich!»

Für David war es ein fast körperlicher Schmerz, sich das alles anhören zu müssen. Alles an ihm zuckte; dabei gab er sich die größte Mühe, ein liebenswürdiges Gesicht zu machen. Das Lächeln aber, das er produzierte, ward immer verzerrter. Übrigens hatte er den besten Willen, innerlich nicht ungerecht gegen Martins Vater zu sein. ‹Sicherlich gab es für den Alten Grund genug, sich Martins wegen Sorgen zu machen›, dachte er. ‹Martin verhielt sich dem Vater gegenüber oft merkwürdig brutal. «Der Alte ist reicher, als er zugibt; der Alte soll zahlen ...» Vielleicht ist dieser Alte eher noch etwas ärmer, als er es gerne zeigen möchte ...›

Inzwischen war Herr Korella in eine Art von nervös-schimpfendem Lamentieren geraten. «Der Junge wußte eben überhaupt nicht, was das bedeutet: Geld!» rief er weinerlich. «Diese ganze sogenannte Emigration war doch nur ein ungeheurer Luxus, und ich mußte ihn zahlen! Der Junge hatte ja immer schon die fixe Idee, daß er nur in Paris leben könne – wie oft mußte ich ihm diese verrückte Bitte abschlagen: ihn nach Paris übersiedeln zu lassen! Nun, und dann kam Hitler, und unser Martin hatte endlich seinen Vorwand, zu behaupten, es sei in Deutschland nicht mehr auszuhalten! Andere haben es auch ausgehalten!» rief der Vater mit bitterer Miene. «Aber unser Martin tat sich ja immer so viel auf seine Sensibilität zugute – diese elegante Empfindsamkeit auf meine Kosten!» Herr Korella hatte sich sehr in Zorn geredet; das Weiße seiner Augäpfel färbte sich rötlich.

Hier war es die verweinte Frau Hedwig, die eingriff. Sie nahm all ihren Mut zusammen, um auszurufen: «Aber Felix! Vergiß doch nicht, wo wir sind! Hast du denn kein fühlendes Herz im Leibe?»

Der Alte, halb noch ärgerlich, halb schon beschämt und besänftigt, murrte: «Der Junge mußte ja seinen Willen immer durchsetzen. Du wirst wohl selbst zugeben, liebe Hedwig, daß es besser für ihn gewesen wäre, wenn man ihm diese sogenannte Emigration einfach verboten hätte, wie einen dummen Streich.»

David, der vor qualvoller Verlegenheit völlig schief wurde – die rechte Schulter schien nach oben zu wachsen, während die linke melancholisch herabsank –, schlug zitternd vor: «Es scheint mir ratsam, die Durchsicht der Papiere in Angriff zu nehmen.»

Die Schreibtischlade war nicht zugesperrt. Der Vater öffnete sie; Frau Korella griff gierig nach dem Blatt, das zuoberst lag. Aber der Gatte nahm es ihr aus der Hand. «Laß mich, bitte!» bat er streng, wobei er sich schon die Brille aufsetzte. «Ein Gedicht», stellte er fest, beinah triumphierend, als hätte er überraschend einen kleinen Schatz entdeckt. «Es ist betitelt Sterbestunde», sagte er, etwas mißbilligend. Dann versuchte er, die Strophen zu deklamieren, die David so gut kannte und so innig liebte.

‹Wunderlich›, dachte David Deutsch, ‹sehr sehr wunderlich, daß dieser fremde Herr mit der Brille, dort am Tisch, Martins Vater sein soll. Wie jämmerlich schlecht er die Verse liest – er hat nicht die entfernteste Ahnung, was sie bedeuten. Er hat keine Ahnung ... Was weiß er von seinem Sohn? Und was wußte Martin von ihm? Er wäre so leicht zu gewinnen gewesen, dieser arme Vater. Aber was lag Martin daran? Er war hochmütig. Wieviel Mißverständnisse! Wieviel Traurigkeiten!›

Plötzlich ließ Frau Korella einen leisen Schrei hören. Sie hatte auf dem Nachttisch Martins Injektionsspritze entdeckt. Das Instrument sah verwahrlost aus. Das kleine Messing-Etui blitzte nicht mehr, sondern hatte häßlich grüne Flecken angesetzt. «Was ist das?» fragte Herr Korella mißtrauisch, mit gerunzelter Stirne, während er, die Papiere in der Hand, herbei trat. Aber Frau Hedwig schluchzte nur: «Oh Gott ... mein Gott ...»

Das alte Ehepaar und David Deutsch standen nun dicht neben einander. Ihre betrübten Stirnen berührten sich fast über dem rostigen kleinen Gegenstand, dem ihr lieber Martin so viel Trost und Wonne zu verdanken hatte, auch so viel Qualen, und schließlich, nach allen Entzückungen, allen Martern, den Untergang.

Als die kleine Trauergesellschaft – Frau Schwalbe mit ihren Stammgästen, samt Kikjou, Friederike Markus und Walter Konradi – im Lokal eintraf, fanden sie dort schon eine andere Gruppe vor: etwa fünf oder sechs Menschen, lauter Deutsche, die sich im Kreis um einen jungen Holländer gruppiert hatten. Sie kannten ihn alle, er hatte ein paar gute Bücher geschrieben; aber seit einigen Monaten schrieb er nicht mehr, sondern kämpfte an der spanischen Front. Vor ein paar Tagen war er im Flugzeug, über Barcelona, in Paris angekommen. Es schien, daß er einen politischen Auftrag hier zu erledigen hatte, den streng geheim zu halten er streng verpflichtet war. Gleich am ersten Tage seines kurzen Pariser Aufenthaltes war er hierher gekommen, um Grüße auszurichten von deutschen Freunden, mit denen er dort unten zusammen gewesen war. Alle lauschten andächtig, wenn dieser junge Holländer sprach. Um sein Haupt gab es etwas wie eine Gloriole: er würde ja schon morgen oder übermorgen an die Front zurückkehren, wo sich so Großes entschied. Übrigens war der junge Mann, seit etlichen Tagen, streng und juristisch betrachtet, eigentlich gar kein Holländer mehr. Er hatte seine Zugehörigkeit zum Niederländischen Staatsverband verloren; er war «ausgebürgert»: so geschah es, nach dem Gesetze der holländischen Monarchie, jedem, der sich der Armee einer fremden Macht zur Verfügung stellt. Er war ein Vaterlandsloser, ein «Sans-Patrie», wie auch jene, an die er sich nun so enthusiastisch wendete.

«Wenn wir da unten siegen!» rief er gerade aus, als die Gesellschaft vom Friedhof das Lokal betrat. «Wenn wir mit der Bande erst fertig geworden sind – das gibt ein Fest!! Ganz Madrid wird tanzen – was sage ich: ganz Spanien wird in einen Freudentaumel fallen – und die Spanier können sich freuen, die verstehen es!! Da wird es Blumen regnen, und Wein wird in Strömen da sein, und überall Blumen ... Überall Blumen», wiederholte er, und schaute vor sich hin, auf das beschmutzte Holz der Tischplatte, mit einem Blick, als sähe er all die Blüten, mit denen die Straßen und Plätze von Madrid sich schmücken würden – «wenn wir da unten gesiegt haben.»

Auf den ersten Blick sah er aus wie ein flämischer Bauernbursche, mit seinem langen, starkknochigen, kräftig gebräunten Gesicht, dessen untere Hälfte von dicken Bartstoppeln bedeckt war und über dem das dichte, dunkle Haar recht verwildert stand. Erst beim genaueren Hinschauen war festzustellen, daß dies Antlitz doch nicht dem eines gewöhnlichen Burschen vom Lande glich; es gab in ihm jene Zeichen und Male, die nur der Geist einem Menschengesicht aufprägt. Die tief eingeschnittenen Furchen, die von den Nasenflügeln zu den Winkeln eines breiten, sinnlichen Mundes laufen, verraten, daß dieser Mann älter ist, als er zunächst erscheint. Auch über die Stirn sind Falten gezogen, die eine lange Geschichte, die große Chronik vieler Abenteuer erzählen möchten.

Sein Enthusiasmus hatte angesteckt: alle lachten, da seine beinah frevlerische Siegesgewißheit den Festesglanz der Stadt Madrid beschwor. Die Gesichter wurden aber ernst beim Eintritt der Schwalbenmutter und der jungen Leute. Man wußte, von welchem Ort und von welch melancholischer Veranstaltung sie kamen. Es gab herzliches Händeschütteln; bewegte Blicke wurden getauscht. Mutter Schwalbe machte den jungen Holländer mit Kikjou, der Markus und Walter Konradi bekannt. Dann band sie sich eine große weiße Schürze um und verschwand in der Küche. Sie wollte etwas Anständiges kochen – wie sie vielversprechend versicherte. «Und heute soll es nichts kosten!» – Sie hatte schon wieder die unvermeidliche Zigarre zwischen den Zähnen. Mutter Schwalbe kochte meistens mit der Zigarre im Mund.

Der junge Holländer – in dessen sehr lebhaftem und geschwind vorgetragenem Deutsch der niederländische Akzent kaum spürbar war – erzählte schon wieder von Spanien. Sein Publikum hatte sich vergrößert; die Gruppe, die gerade vom Friedhof kam, lauschte ihm mit derselben gespannten Anteilnahme wie die anderen, die schon vorher im Lokal gewesen waren. «Es gibt ja so viel Wunderbares von da unten zu berichten!» Der Bursche, in seiner rauhen Lederjacke, hatte Haltung und Mimik des Seefahrers, der, aus weit entfernten Ländern zurück kommend, den Daheimgebliebenen, die Mund und Augen aufsperren, von den wilden, schönen Abenteuern meldet, die hinter ihm liegen. – «Ich habe so viel echtes Heldentum gesehen, bei den spanischen Kameraden und bei denen von den Internationalen Brigaden! Ich bin Zeuge von so viel rührenden, einfachen und großen Taten gewesen, daß ich jetzt nie mehr ganz am Menschen verzweifeln kann, was auch immer geschehe. – Was auch immer geschehe!» wiederholte der junge Holländer, wobei er mit der Faust beinah zornig auf den Tisch schlug – und es leuchteten ihm die Augen – «Da war zum Beispiel dieser Bursche aus Valencia – achtzehn Jahre war er alt, fast noch ein Kind –, der in der Ciudad Universitaria einen verwundeten französischen Kameraden aus dem dichtesten Feuer holte. Er wurde selber ziemlich arg dabei zugerichtet, und als er, mit dem halbtoten Franzosen in den Armen, keuchend auf dem Verbandsplatz ankam, brach er zusammen. Ein paar Leute eilten ihm zu Hilfe – und ich sehe noch, wie der Junge lächelte, als er hervor brachte: «Blessure, nada. Frère français sauvé.»

Der junge Holländer schaute sich strahlend im Kreise um. Alle schienen gerührt und begeistert. Nur das «Meisje» – die schöne Blonde mit dem Gesicht eines militanten Erzengels – schüttelte ein wenig den Kopf, während sie leise, mehr zu sich selber als zu den anderen, sagte: «Es kommt mir oft so sonderbar vor ... Ich erinnere mich doch noch ganz genau, wie bei uns zu Hause ähnliche Geschichten erzählt worden sind, während des Weltkrieges. Mein Vater und alle Erwachsenen fanden sie wunderbar, und auch wir sollten begeistert sein. Aber wir lernten diese Geschichten hassen, als wir anfingen, selbständig denken zu können. Denn wir lernten den Krieg hassen. Revolutionär wurden wir gerade aus Abscheu vorm Krieg ...» Die Blonde verstummte nachdenklich.

«Aus Abscheu vorm imperialistischen Krieg!» rief ihr jemand vom anderen Ende des Tisches zu. «Diesmal handelt es sich um den großen Befreiungskampf, um die heroische Abwehr des faschistischen Überfalls ...»

«Das weiß ich doch selber», sagte das Meisje, deren schönes, sinnend in die Hand gestütztes Gesicht plötzlich müde aussah. «Du brauchst hier nicht zu reden wie in einem Massenmeeting ... Aber sonderbar ist es doch», schloß sie, nach einer Pause, mit sanfter Hartnäckigkeit. «Unter neuen Voraussetzungen müssen wir plötzlich alles herrlich finden, was wir damals, 1917 und 1918, grauenhaft gefunden haben ...»

Der junge Holländer – der die Betrachtung des Mädchens gar

nicht gehört hatte oder nicht hatte hören wollen – war schon bei neuen heroischen Anekdoten. «Aller Enthusiasmus ist auf unserer Seite», erklärte er. «Die besseren Menschen sind auf unserer Seite. Wenn diese Rebellen nicht von Deutschland und Italien offen gestützt würden, wären sie längst schon fertig. Und wir werden sie fertig machen, trotz all den Flugzeugen und Bomben und all dem vielen Geld, das sie bekommen!»

Man sprach weiter über die Sieges-Chancen. Die Meisten in der Runde äußerten sich optimistisch. Einige ließen auch Befürchtungen hören. Plötzlich sagte die Proskauer, mit ihrer sonor murmelnden Stimme: «Und Martin soll also nicht mehr erfahren, wie dieser große Kampf ausgehen wird ... Es ist so schwer, sich daran zu gewöhnen ...»

Alle schwiegen. Kikjou, der stumm und ein wenig zitternd, als friere er, in eine Ecke gekauert saß, legte die kindlichen, mageren Hände vor sein weißes Gesicht. Walter Konradi räusperte sich respektvoll, als wollte er ausdrücken: Ein Gesinnungsgenosse, viel zu früh verschieden, hier im Kreise allgemein beliebt gewesen, gewiß sehr traurig, sehr bedauerlich, drücke werten Hinterbliebenen meine Teilnahme aus ...

In diesem Augenblick brachte Mutter Schwalbe das Essen. «Sprecht ihr schon wieder von Deutschland?» fragte sie, und präsentierte die große Platte mit den Koteletts und den grünen Bohnen. Sie lächelte nachsichtig, als hätte sie ihre Kinder bei einer harmlosen Marotte, einem oft verwehrten, wenngleich keineswegs bösartigen oder gefährlichen Unfug ertappt. Dabei gab es keinen Gegenstand, über den die brave Frau ihrerseits derartig viel zu reden und zu klagen, zu grübeln und zu lamentieren, zu jubeln und zu schelten wußte, als über diesen. «Wir haben über Spanien geredet», versetzte jemand am Tisch. «Aber das hat auch mit Deutschland zu tun.»

Sie saßen, die meisten von ihnen mit einem heftigen Appetit; nur Kikjou rührte nichts an, und Frau Markus verschlang zwar mit nervöser Gier ein paar Bissen, schob dann aber den Teller von sich, wobei sie angewidert den Mund verzog. Sie aßen, und während sie Kartoffeln, Gemüse und gebratenes Fleisch zum Munde führten – längst nicht täglich gab es solchen Schmaus, und dieser war obendrein gratis –, während sie sich also genußvoll sättigten, kreisten ihre Reden um die Heimat. Alle durcheinander äußerten sie ihre Hoffnungen und Befürchtungen, ihre Gefühle, Berechnungen und Forderungen, die Gegenwart wie die Zukunft betreffend. Jeder hatte etwas Besonderes beizusteuern zu dem ewig erregenden, höchst komplexen Thema. Dem einen waren gerade gestern sehr bedeutsame Mitteilungen über die Stimmung bei den Industriearbeitern im Ruhrgebiet zugekommen; der andere hatte die Cousine eines Diplomaten getroffen, der seinerseits den französischen Botschafter in Berlin kannte und diesen eingeweihten Herrn unlängst ausführlich gesprochen hatte. «Eines steht fest», wurde behauptet, «die Unzufriedenheit nimmt überall zu, besonders bei den Arbeitern, auf die es schließlich ankommt.» – «Beinah Hungersnot, mitten im Frieden!» ließ sich ein anderer hören. «Auf die Dauer kann keine Regierung das aushalten.» Und ein Dritter: «Die ganze Schweinerei ist innerlich morsch, unterhöhlt, reif zum Sturz – da kann keine Frage sein. Aber niemand weiß, was nachfolgen soll. Den Nazis ist es gelungen, den Deutschen und der ganzen Welt einzureden, daß nach Hitler ‹das Chaos› hereinbrechen wird.» Bei dem Wort «Chaos» wurde allgemein gelacht. Nur Friederike und Kikjou, eingesponnen in eigene und andere Gedanken, waren es, die ernst blieben. Die Schwalben-Mutter, die sich zu ihren Gästen gesetzt hatte, rief – nun schon ganz bei der Sache, enthusiasmiert wie je –: «Freilich, das Entscheidende ist: daß die aktive Opposition es ganz genau weiß und unzweideutig formuliert – was nachher kommen soll.»

Der junge Holländer, der aß, wie ein Knecht nach der Arbeit eines langen Tages zu Abend ißt, nickte leidenschaftlich. Alle bewegten mit ihm die Köpfe. Sogar Friederike und der kleine Kikjou schienen plötzlich beteiligt. Kikjou ließ die vielfarbigen Augen gleichsam flehend von einem zum anderen wandern, als erbäte er Auskunft: Sagt es mir, was nachher kommen soll!

Hier war es, das große Problem, die dringlichste Frage, mit der ihre Gedanken und ihr Herz so tief beschäftigt waren. Was soll kommen, nach dem Sturz des verhaßten Regimes? Wie wollen wir Deutschland?

Da saßen sie, in ihrem etwas schmutzigen kleinen Lokal; mitten in dieser großen, mit allen Reizen reich begnadeten Stadt – und doch weiter von Paris entfernt als vom Monde. Denn für sie war Paris versunken, ins Nichts gestürzt, samt seinen Avenuen und Quais, den Boulevards, Brunnen, Kirchen und Palästen. Was ging all diese Schönheit sie an? Sie wußten beinah nichts von den fremden Lieblichkeiten. Sie saßen in ihrer Kneipe, nahe der Gare de Montparnasse, dem Café du Dôme; nicht weit entfernt vom Jardin du Luxembourg, dem Panthéon, dem Dôme des Invalides –: unbeteiligt am belebten Treiben auf diesen Bahnhöfen, diesen Straßen, und übrigens ziemlich unwissend in der Historie dieser Baulichkeiten, in denen Frankreichs Ruhm sich versammelt. Um sie hätten auch die Wolkenkratzer von New York sich in den Himmel heben oder eine südliche Landschaft sich freundlich breiten können: diese Menschen würden immer die gleichen Gedanken im Kopfe haben und immer denselben faszinierten, verzauberten Blick auf die Eine Frage, das Eine Thema:

Wie wollen wir Deutschland?

Und wie erreichen wir, daß es so wird, wie wir es wollen?

«Oh Deutschland, bleiche Mutter ...», hatte einer ihrer Dichter geklagt.

Oh Deutschland, bleiche Mutter ...

Alle hier im Kreise wollen die große Veränderung der sozialen Struktur, der Besitzverhältnisse – da gibt es kaum eine Meinungsverschiedenheit. Aufteilung des Großgrundbesitzes, Sozialisierung der Schwerindustrie – es muß kommen, so rufen sie sich zu, es kann nicht ausbleiben, da es notwendig ist. Übrigens wird mit einem bösen und ironischen Triumph festgestellt, daß die Nazis selber, durch die kriegswirtschaftliche Staatskontrolle der Produktion, den Sozialismus, gegen ihren eigenen Willen, vorbereiten. «Wenn wir heimkehren», erklärt einer von ihnen, «werden wir manches schon fast in unserem Sinne eingerichtet finden. Man wird nur gleichsam die Vorzeichen umkehren müssen, damit die Sache stimmt und ins richtige Geleise kommt.»

Es wird Gewalt nötig sein, da ist gar keine Frage. Die jetzt so schamlos herrschende Schicht tritt keinesfalls freiwillig ab; man darf Blutvergießen nicht scheuen. «Ihr werdet ein paar Dutzend an die Wand stellen müssen!» Der junge Holländer ruft es aus, es klingt wie ein Kriegsschrei. «Oder ein paar Hundert!» korrigiert ihn ein anderer. «Ich könnte dir leicht ein paar Hundert aufzählen, die weg müssen.» Sanft wird es keinesfalls zugehen können, wenn die Schuldbeladenen zur Hölle geschickt werden – wo sie hingehören. Keiner in diesem Kreise verlangt oder hofft, daß man Sanftheit walten lasse.

Und wenn die großen Mörder erst abgetreten und weggefegt sind – die regierenden Kriminellen, die man heute so machtlos haßt: wird dann die ‹Freiheit› zu etablieren sein, oder eine neue Diktatur – die Diktatur der revolutionären Sieger? Ein junger Mensch, der den Kommunisten immer ferne gestanden hat, aber heute für die politische Zusammenarbeit mit ihnen ist, fragt einen anderen, der seinerseits seit Jahren zur «Partei» gehört: «Ihr erklärt jetzt, daß es die Demokratie ist, für die ihr kämpft. Wollt ihr sie wirklich? In Manifesten setzt ihr euch ein für die Pressefreiheit. Werdet ihr sie dulden?» Statt des jungen Kommunisten, der noch bedenkt, was er zu antworten hat, rief das Meisje: «Werden wir sie ganz dulden können? Soll der neue Staat sich wieder begeifern und beschimpfen lassen, wie die Weimarer Republik höchst unseliger Weise dies geduldet hat? Unsere neue, echte Demokratie muß vor allem eine Eigenschaft haben, die der vorigen, falschen fehlte: Selbsterhaltungstrieb. Ihren geschworenen Feinden muß sie zeigen und beweisen, daß sie ausgespielt haben. Es wird in Deutschland immer geschworene Feinde der Demokratie geben.»

Der Erste: «Eine Demokratie, die irgend jemandem das Wort verbietet, ihn in seiner Meinungs- und Rede-Freiheit beschränkt, verdient den Namen nicht mehr, den sie sich selber gibt.»

Und das Mädchen: «Eine autoritative Demokratie muß möglich sein. Die Demokratie, die nicht mehr mit sich spaßen läßt, bedeutet noch nicht den ‹totalen Staat›, noch nicht die Diktatur.»

Andere vertreten mit Emphase die Meinung: Für eine Periode des Übergangs sei die Diktatur unvermeidlich. Die reaktionären, selbstsüchtigen, dem sozialen Fortschritt feindlich gesinnten Kräfte würden jede Freiheit ausnutzen, mißbrauchen in ihrem Interesse – was bedeutet: zum Schaden der Allgemeinheit.

Es ist der junge Kommunist, der erklärt: «Das deutsche Volk wird selber zu entscheiden haben über die Regierungsform, die es sich geben will, wenn die Tyrannen endlich abgetreten sind. Es ist nicht anzunehmen, daß dann noch viel Sympathien und Stimmen da sein werden für die Mächte, Gruppen und Personen, die jetzt das Land zur Katastrophe treiben. Wir müssen darauf vertrauen, daß die Deutschen, nach den fürchterlichen Erfahrungen, durch die sie jetzt gehen, mehr politischen Instinkt haben werden als 1918 ... Wir brauchen und wollen die Demokratie – und sei es nur als ein Übergangsstadium. Unter Demokratie verstehen wir aber: die Zusammenarbeit aller antifaschistischen Kräfte. Die überwiegende Mehrheit der Deutschen muß antifaschistisch sein, wenn unser Tag da ist.» –

Großes, wirres, tief erregtes Gespräch. Die Begriffe fliegen durcheinander, sie kreuzen sich in der Luft, die mit dem Zigarettenrauch und dem Geruch der Mahlzeit gesättigt ist. Der Wert der Freiheit wird diskutiert, und die Planwirtschaft; der Begriff der Nation, der Klassenkampf, die Stellung der Kirche. Wird ein Krieg nötig sein, damit das Regime stürze? Und wie werden die verschiedenen Mächte sich verhalten im Falle des Krieges? Was erwartet man von den Vereinigten Staaten? Was geht in London vor? Und was wird aus Österreich? ... Die Mienen röten sich, auf den Tisch schlagen Fäuste. – Wie wollen wir Deutschland? ...

Fragen ohne Ende; prinzipielle Probleme oder solche der Taktik – und an jedem scheint das ganze Schicksal dieses Dutzends von Menschen zu hängen. Übrigens ereifern sie sich, aber sie streiten nicht eigentlich. Einmal läßt jemand einen bösen, gereizten Ton hören: «Was du da zum Besten gibst, ist kleinbürgerlicher Idealismus, jeder marxistisch geschulte Arbeiter lacht dir ins Gesicht, wenn du ihm mit sowas kommst ...» Aber ein anderer mischt sich versöhnlich ein: «Zankt euch nicht, haltet Frieden! Hat es denn Sinn, jetzt über Probleme, die noch nicht aktuell sind, aneinander zu geraten? Erst müssen wir siegen!» Es ist der junge Walter Konradi, der so vorzüglichen Ratschlag erteilt. Alle schauen ihn an: Freilich, der Mann hat recht. Nur hat leider seine Stimme etwas ölig geklungen. Auch der scheinheilig sanfte und kluge Ausdruck seiner Miene wirkt plötzlich auf alle unangenehm. Man will sich aber den fatalen Eindruck nicht zugeben und versucht, möglichst schnell darüber hinwegzukommen.

Jemand erkundigt sich: «Wo ist denn der kleine Kikjou?» Während der Debatte über Einheitsfront und den Begriff der Freiheit ist er weggegangen – so leise, daß niemand es gemerkt hat, außer Friederike Markus. Diese berichtet es nun, mit ihrer schrillen und geborstenen Stimme, die den Klang einer schwer lädierten alten Türglocke hat.

Kikjou irrte durch Straßen, Stunden lang. Alle Wege wollte er wieder gehen, die er mit Martin je gegangen war. Boulevard Montparnasse, Jardin du Luxembourg, Boulevard St-Germain, Boulevard St-Michel, und die Seine entlang, und über die Place de la Concorde, und die Grands Boulevards hinunter, und zurück, und wieder über die Place de la Concorde, und die große Strecke der Champs-Élysées: da war er schon am Zusammenbrechen. Nun mußte er eigentlich noch nach Montmartre. Aber das schaffte er nicht mehr. Und würde er denn Martin auf dem Boulevard de Clichy, auf der Place Blanche begegnen, da er ihn an all den anderen Orten vergeblich gesucht hatte? Il n'est nul part ... il n'est nul part ...

Am Arc de Triomphe nahm sich Kikjou ein Taxi. Er wollte in dem Hotel übernachten, wo er mit Martin so viele Monate logiert hatte – so viele strahlende, finstere, unendlich bittere, unsagbar schöne Wochen lang ...

Er mußte weinen, als er die rue Jacob wieder sah –: enge, dunkle rue Jacob. Und da war die kleine «Bar Tabac», wo man die zu teuren Camel-Zigaretten gekauft, und, zu unpassenden Tageszeiten, den Apéritif genommen hatte. Es ist ein Uhr morgens. Kikjou ist so müde, daß er sich kaum aufrecht halten kann. Ihm schwindelt, und die Fußsohlen brennen ihm. Er hat geklingelt und wartet darauf, daß die Haustüre aufspringt. – ‹Wie oft bin ich neben Martin durch diese Türe gegangen ... Il n'est nul part ...›

Die Patronne öffnet; sie scheint erstaunt, Monsieur Kikjou zu sehen. Gewiß, ein Zimmer ist frei, ob Monsieur kein Gepäck habe? Nein, Monsieur hat überhaupt nichts, keine Zahnbürste, kein Hemd, kein Stück Seife; er hat vergessen, wo er seinen Handkoffer gelassen hat, vielleicht auf dem Bahnhof. – Die Eltern des armen Monsieur Korella sind auch im Hotel, weiß die Patronne zu berichten. Ja, sie haben die Hotelrechnung für den armen jungen

Herrn bezahlt –: sehr liebenswürdige und korrekte Herrschaften! Und nach der Beerdigung, bis spät in die Nacht hinein, haben sie die Sachen und Papiere des Verblichenen aufgeräumt. Quelle histoire! Wer hätte das gedacht! Monsieur Martin war doch noch so jung! – Ob Monsieur Kikjou auf der Beerdigung war? Sie, die Patronne, hatte die feste Absicht gehabt, hinzugehen, schon um den Eltern, die sich so korrekt in finanziellen Dingen benahmen, ihren Respekt zu beweisen. Aber dieses Wetter! –, und sie war erkältet; gerade auf Beerdigungen konnte man sich so leicht den Tod holen.

Kikjou nickte gequält. Danke, er hatte nun keine Wünsche mehr. Es war ziemlich kalt im Zimmer, aber das ließ sich nicht ändern. Er überlegte, ob er den Versuch machen sollte, Martins Eltern noch ein paar Minuten zu sehen und sich von ihnen zu verabschieden. Aber wahrscheinlich schliefen die schon. Übrigens erinnerte er sich auch der eisigen Blicke, mit denen Herr Korella an ihm vorbei gesehen hatte.

Er sank angezogen aufs Bett. Ob Martins Eltern im Zimmer ihres Sohnes wohnten –: ‹In *unserem* Atelier ... Ich will jedenfalls morgen früh gleich hinaufgehen›, beschloß er. ‹Wahrscheinlich sind auch noch irgendwelche Sachen von mir dort ...›

Kikjou dachte an die Gespräche von Martins Freunden in der «Schwalbe».

Wie heftig sie sich bemühten, all diese Menschen, von denen einige Kikjou nie besonders sympathisch gewesen waren! Wenn man von außen, als ein Fremder, Unbeteiligter, in ihren Kreis trat, wirkte der ungeheure Ernst, die Aufgeregtheit, mit der sie ihre theoretischen Gespräche führten, fast etwas komisch. – ‹Nein, nicht komisch›, – Kikjou nahm innerlich diesen lieblosen Ausdruck gleich zurück – ‹aber rührend wirkt ihr gespannter Eifer. Sie streiten sich darüber, welches Maß von Freiheit der Opposition zu gewähren sein wird, wenn «der Tag» erst da ist –; welcher Tag? Nun, der Tag des Umsturzes, auf den sie warten; der Tag der großen Veränderung ...›

An den hat auch Martin geglaubt, von ganzem Herzen. Aber er war zu müde, zu hochmütig und zu traurig, um ihn abzuwarten. Er hatte es eilig, sich davon zu machen ...

Für die anderen aber, für die, welche geduldig genug sind, auszuharren, und wohl auch zu kämpfen –: wird es wirklich ein so großartiger Tag sein, wenn er dann schließlich kommt? Wird er dann einen so schönen Trost, eine so herrliche Erlösung bringen?

Für den Augenblick scheinen diese Menschen gründlich ausgespielt zu haben; wie nach einem verlorenen Kampf liegen sie auf der Erde. Hilfe für sie scheint es jetzt nicht zu geben; von der Welt bekommen sie keine, und die Hilfe des Höchsten nehmen sie nicht in Anspruch. Sie beten nicht. Sie behaupten, nicht an Gott zu glauben ... Wie schwer es sein muß, nicht an Gott zu glauben! Sein Dasein ist evident. Es zeugt die ganze Schöpfung für Seine gewaltige Existenz ... Vielleicht ist Gott aber bei ihnen, obwohl sie sich darin gefallen, ihn zu leugnen. Man weiß ja nie, wem Er gerade den Blick Seiner Gunst oder Seines Zornes zuwendet ...

Sie erkundigen sich wohl spöttisch bei mir, wie mein lieber Gott eigentlich aussehe; ob er einen langen weißen Bart habe. Dann sitze ich da als der Dumme. Natürlich hat er keinen langen weißen Bart. Er ist ja furchtbar schwer zu beschreiben. Es ist schon heikel genug, jemandem eine unbekannte Person zu schildern und halbwegs anschaulich zu machen. Meistens kommt etwas total Falsches dabei heraus, wenn man das unternimmt. Jede Individualität ist tausendfach zusammengesetzt, ihr eigentliches Wesen ist mit Worten kaum anzudeuten. Und nun erst der liebe Gott! Er hat so ungeheuer viele Eigenschaften! Er hat unendlich zahlreiche Charakterzüge: alle Adjektive, alle beschreibenden Worte aller Idiome passen auf ihn. Denn er ist beladen mit allen Tugenden und Lastern, Schönheiten und Monstrositäten, allen reizenden, fürchterlichen, komischen und erhabenen Zügen, die wir uns irgend ausdenken können. Und wenn wir uns alle ausgedacht und zusammengestellt haben, dann ist es uns immer noch nicht gelungen, den ersten Schleier von den unendlich vielen Verhüllungen zu lüften, hinter denen Er Sein Angesicht verbirgt. Aber das mit den Schleiern ist natürlich auch wieder eine façon-de-parler und ein sprachlicher Notbehelf; denn Sein Gesicht ist nicht nur das verhüllteste, sondern auch das nackteste – und Er ist nicht nur der Geheimnisvollste, sondern auch der Klarste, Einfachste. Seine Existenz ist nicht nur das Mysterium aller Mysterien; es ist auch das Selbstverständlichste vom Selbstverständlichen. – Wie Gott ist! Was Gott ist! Wo Gott ist? Kindische

Fragerei! Gott *ist* – da gibt es nichts zu beweisen oder zu untersuchen. Er ist der Ausgangspunkt und das Ziel; das Vergangene, das Gegenwärtige und das Zukünftige. Alles, was wir tun oder lassen, tun oder lassen wir nach Seinem Plan. Auch die, die Ihn leugnen, streben auf Ihn zu. Andererseits gibt es viele, die Seinen Namen oft im Munde führen und Ihm doch ein Ärgernis sind. Es ist ja erstaunlich, daß überhaupt Dinge in der Schöpfung vorkommen dürfen, die Ihm zum Ärgernis werden, da Er doch mit Seiner Schöpfung identisch ist, oder die Schöpfung einen Teil Seines Wesens ausmacht. Aber dies ist, höchst rätselhafter Weise, eben doch möglich. Vielleicht haben wir es uns ungefähr so vorzustellen, daß Er, in solchen Fällen, Anstoß an eigenen Charakterzügen nimmt. Eine so enorme vielfältige und komplexe Individualität wie Gott hat natürlich auch grausame, selbstsüchtige, tückische und selbst ordinäre Züge –, die er in sich bekämpft ...

Die ganze Frage, wie das Böse in die Schöpfung, und besonders in den Menschen kommt, obwohl Gott doch sicherlich in Seiner eigenen Schöpfung steckt – diese Frage könnte uns ungeheuer weit führen. Keinesfalls dürfte es von Gott so gemeint sein, daß wir uns durch diese Frage ablenken sollten lassen von einem sehr notwendigen Kampf gegen das Böse.

Da haben wir das Wort: ablenken. Wir sollen uns durch Gott nicht ablenken lassen. Deshalb sind die «Schwalben»-Leute – und nicht nur die – so ungeheuer gegen Gott eingenommen, wollen nichts von Ihm hören, und blinzeln sich höhnisch zu, wenn ich Seiner Erwähnung tue: – weil sie alles, was mit Ihm zusammenhängt, für ein kolossales Ablenkungsmanöver halten – für eine Art von Trick der herrschenden Klasse, des ausbeuterischen Kapitalismus «Religion – das Opium fürs Volk». Ach, meine alte Streitigkeit mit Marcel – und Martin saß dabei, als ginge es ihn schon nichts mehr an ...

Gott – ein Ablenkungsmanöver der Bourgeoisie. Wie dumm und peinlich das klingt! Wie falsch das ist! – Aber ist es nur falsch? –

Ich begreife immer besser den Sinn von Marcels Warnungen und von den spöttischen Blicken der «Schwalben»-Leute.

Die heilige und lebendige Wahrheit, die Gotteswahrheit, kann mißbraucht werden. Sie ist mißbraucht worden. Eine Klasse, der nur an ihrem Geld und an der politischen Macht liegt – sicherlich nicht an Gott – bediente sich des Heiligsten Namens, um die Armen abzulenken von ihrem Zorn – dessen Ausbruch der Untergang dieser Privilegierten wäre. Vielleicht will aber Gott diesen Untergang.

Ich habe mich selber ablenken lassen.

Verzeih mir, lieber Gott, ich habe zuviel an Dich gedacht.

Ich habe mich mit Dir mehr beschäftigt, als es in Deinem Interesse liegt: nämlich im Interesse Deiner Schöpfung, in der das Böse wuchert.

Ich habe Deinen Namen zu viel im Munde geführt. Es steht aber geschrieben, daß wir ihn nicht mißbrauchen sollen. Verzeih mir. Während ich mich am schönen Klang Deines Namens berauschte, habe ich ein dummes, weichliches und verfehltes Leben geführt.

Es wird heute viel Unfug mit Deines Namens Majestät getrieben. Mir wird ganz heiß vor Zorn, wenn ich daran denke. Vielleicht ist es wirklich schon so weit gekommen, daß man Dich vor Deinen eigenen Priestern schützen muß – oder doch vor einigen von ihnen. – Kümmert es Dich viel, ob Dich die Menschen anerkennen? Du bist der Herrscher, der gerne auf Bezeugungen der Unterwürfigkeit verzichtet, wenn nur gehandelt wird im Sinn Deines Willens. Wenn nur gehandelt wird ...

Ich will handeln.

So ehre ich auch am besten Martins Andenken. Er ist zu früh müde gewesen – auch dieses hast Du gewollt und so eingerichtet. Du hast ihn aus unserer Mitte entführt, wie der Zeus den Ganymed –: mit furchtbaren und strahlenden Händen hast Du ihn zu Dir empor gerissen.

‹Lieber Gott›, dachte der Liegende, dem nun endlich die Augen zufielen – denn seine Gedanken waren am Ziel –, ‹lieber, rätselhafter, schrecklicher Gott: ich will mich ungeheuer zusammennehmen, auf daß ich nicht ermatte und möglichst stark werde.

Habe ich Deinen Willen erraten? – Ach nein, wohl immer noch nicht. Wer kannte je Deinen Willen? ... Ich erinnere mich eines frommen Wortes: «Wenn man durch Vernunft es fassen könnte, wie der Gott gnädig und gerecht sein könne, der so viel Zorn und Bosheit zeigt, wozu brauchte man dann den Glauben?»

Wahrlich, ich glaube an Dich.

Bitte, laß mich jetzt schlafen!›

Walter Konradi war ein aktiver Antifaschist. Er stand in lebhafter Beziehung zu den Illegalen im Reiche und zu verschiedenen Zirkeln der politischen Emigration. Durch seine Freundschaft mit der armen Friederike Markus, genannt Frau Viola, war er nun mit dem Kreis der Schwalbe in Kontakt gekommen; besonders schloß er sich an Ilse Proskauer an. Als er sich mit ihr verabredete, sprach er so leise, daß Frau Viola es nicht hören konnte. Er lud die Proskauer in ein Kino ein; spazierte auch mit ihr durch den Bois de Boulogne. Sie war erst etwas erschrocken, weil er ihr so intensiv den Hof machte. Schließlich glaubte sie ihm, daß er sie reizend fand. «Sie sind schön, Ilse – schön von innen heraus …», flüsterte er ihr in den schrägen Nacken. Dergleichen hatte sie noch selten zu hören bekommen; umso angenehmer klang es ihr nun. Er war ein perfekter Don Juan –: seine Stimme, kräftig sowohl als auch einschmeichelnd; seine Hände, wohl geübt in allen Zärtlichkeiten. Sie ließ sich küssen; er bog, leidenschaftlich aber gewandt, ihren Kopf nach hinten: – «Du bist wundervoll – von innen heraus …», hauchte er ihr zu –; seine Lippen glitten über ihre große, gebogene Nase. Er fragte sie: «Darf ich zu dir kommen – heut nacht?» Sie nickte selig. Er kam. Es fiel ihr auf, daß er nach Cognac roch – er hatte sich Mut angetrunken –; sie vergaß es. Er liebte sie, es gab keinen Zweifel. Sie war nie geliebt worden. Sie hatte nie geglaubt, daß sie begehrenswert sei. Es war köstlich, in seinen Armen zu liegen. Er erzählte ihr aus dem Konzentrationslager. «Mein Süßer – was mußt du gelitten haben!» Und er gestand ihr: «Wie oft habe ich mich damals nach einer Frau, wie du es bist, gesehnt.» Sie war glücklich; er schien es auch zu sein. Ehe sie sich am Morgen trennten, erfuhr sie: er mußte nach Deutschland, «in geheimer Mission». – «Aber das ist gefährlich!» Ilse war entsetzt. Er versicherte: «Ich komme schon heil zurück.»

Ein paar Tage später war er wieder da; ein dicker Haufen illegaler Anti-Nazi-Literatur – in Deutschland gedruckte Flugblätter und Broschüren – bewies, daß er nicht untätig gewesen war und die richtigen Leute gesehen hatte. Er gab sich wieder ziemlich viel mit der Proskauer ab, schlief auch noch einmal mit ihr, und ließ sich von ihr Details über ihre Arbeit für das Jüdische Hilfscomité erzählen. Sie berichtete gerne, weil er beeindruckt schien. Eigentlich war sie diskret; ihm aber vertraute sie, er hatte sie ganz gewonnen. «Es ist eine wunderbare Arbeit», versicherte sie. «Ich bekomme Einblick in so viel menschliches Schicksal. Auch in Deutschland haben wir Freunde. Sie liefern uns Material über die Greuel der Judenverfolgungen, das wir in die französische Presse bringen.» Grade für diesen Punkt schien er sich besonders zu interessieren. Er küßte sie innig, gleichsam als Belohnung für ihre lobenswerte Gesprächigkeit. – Sie bekam ein weiches, dankbares Lächeln, als er ihr sagte: «Du bist eine herrliche Frau! Was du alles leistest! – Und doch – ich habe mirs überlegt: es ist schade, daß du deine Kräfte ganz für diese humanitäre Organisation verwendest. Es gibt andres zu tun ...» Sie fragte gierig: «Was meinst du? Worauf willst du hinaus?» – «Ach, laß nur!» Er winkte ab. Endlich aber rückte er heraus: Diesmal sollte Ilse nach Deutschland fahren. «Ich kann es nicht mehr riskieren», bedauerte er. «Schon diesmal bin ich verdammt aufgefallen; beinah wäre es mir an den Kragen gegangen.» Sie erschauerte bei der Idee. – «Dich kennt doch niemand», meinte Walter Konradi. «Aber andererseits – gefährlich bleibt es natürlich immer. Ich weiß doch nicht, ob man dir so viel zumuten darf. Mindestens müßte ich erst mal mit meinen Genossen Rücksprache nehmen. Du hast nicht viel politische Erfahrung – wenngleich euer Comité nicht ohne politischen Charakter ist –, und es handelt sich um enorm wichtige Dinge.» Sie zeigte sich etwas gekränkt. «Natürlich – wenn du mir nicht vertraust ...» – «Ich kenne dich ja ...» Er legte ihr den Arm um die Schulter. «Aber die Kameraden ...» – «Was für Leute sind das?» wollte sie wissen – woraufhin er etwas verächtlich grinste: «Gute Leute – das kannst du mir glauben, mein Kind!» – Sie drang weiter in ihn; aber er blieb wortkarg; nahm ihr nur das Versprechen ab, mit keinem Menschen über seinen Vorschlag zu reden.

Am nächsten Abend fing er wieder davon an. Es sei ihm gelungen, die «Kameraden» von Ilses Zuverlässigkeit und Tapferkeit zu überzeugen. Es handle sich um eine kurze Reise nach Köln: «eigentlich nur um ein einziges Gespräch mit einer bestimmten

Person», gab er ihr zu verstehen. «Es ist der Mann, der die illegale Arbeit im Rheinland leitet. Die Instruktionen für ihn müßtest du dir merken; Schriftliches bekommst du nicht mit.»

Ilse war, alles in allem, von der Idee entzückt. Es lockte sie, sich vor Walter tapfer zu bewähren und ihr Leben aufs Spiel zu setzen für eine Sache, die ihm so wichtig schien. Übrigens empfand sie selber mit Begeisterung Ernst und Pathos eines solchen Unternehmens. Wie fast alle Menschen ihrer Generation war sie im Innersten besessen vom Bedürfnis nach dem Heroischen; von dem Drang, sich zu opfern. Die Arbeit im Jüdischen Comité genügte ihr längst nicht mehr. Sie wollte mehr leisten, mehr wagen –: das Äußerste. Und nun kam dieses Angebot, aus geliebtem Munde. Es kamen Instruktionen, der falsche Paß, das verschwörerische Gebot, absolutes Schweigen zu bewahren. Sie war eine politische Dilettantin; außerdem war sie verliebt. Verliebt nicht nur in den schönen Mann – Walter Konradi, den aktiven Antifaschisten –, sondern auch in das Abenteuer. Ihr Leben, bis zu diesem Tage, war langweilig gewesen. Die Begegnung mit Walter hatte es schöner gemacht; jetzt aber erhielt es Sinn und Würde durch die Verantwortung, die Gefahr.

«Die Verbindung mit der Opposition im Lande; der Kontakt zu den Illegalen» –: die Proskauer wußte, wie bedeutungsvoll dies war. Alle Emigranten bewunderten «die Illegalen» und erzählten sich Anekdoten über ihre Listen, ihren Opfermut, ihre Ausdauer. Was leisteten nicht alles die Illegalen! Sie beeinflußten die Arbeiter in den deutschen Betrieben, durch Flugblätter oder Flüster-Parolen; geheime Radio-Sender legten sie an, und auf den Straßen der deutschen Städte verkauften sie Grammophonplatten, die erst einen Marsch hören ließen: nach einigen Takten aber begann eine zornig bewegte Stimme zum Kampfe gegen Hitler aufzurufen. Dünne Heftchen mit bunten Bildern sahen aus, als wollten sie harmlose Reklame für Zahnpasta, Füllfederhalter, landwirtschaftliche Geräte oder Damenwäsche machen; in Wirklichkeit enthielten sie antifaschistische Manifeste, trockene Daten, die zeigten, wie unter den Nazis die Wirtschaft verkam, oder andere, die bewiesen, mit welch infernalischem Eifer zum Kriege gerüstet ward. Für die Verteilung einer Propaganda-Schrift, für den Sabotage-Akt in einer Fabrik oder in einer Kaserne riskierten die Illegalen ihr Leben. Dergleichen flößte Ehrfurcht ein, und es wurde zum Ehrgeiz der politischen Emigranten, diesen Helden – den über Deutschland verstreuten Märtyrern ihres Glaubens und ihres Hasses – behilflich zu sein, sie mit Material oder Geld zu versorgen.

Ilse Proskauer nahm von den «Kameraden» – zwei düsteren Männern, vom Typ der nihilistischen Verschwörer aus dem Zaristischen Rußland – Instruktionen, Reisegeld und falschen Paß entgegen. Walter Konradi begleitete sie zur Gare de l'Est. Er war ernst, wie es der Stunde entsprach; doch gab es in seinen Worten wie in seiner Miene eine Zuversicht, an der Ilse sich stärkte. «Du wirst es schon schaffen!» sagte er immer wieder, und drückte ihr im Taxi die Hand. Als er sie auf dem Bahnsteig küßte, kamen ihm plötzlich noch Zweifel. «Ich hätte es dir doch nicht zumuten sollen...» Die Proskauer stand mit schrägem Nacken, blickte sorgenvoll an der enormen Zacke ihrer Nase vorbei und sprach mit plätschernd sonorer Stimme. «Aber Konrad – was andere gewagt haben, ist für mich nicht zu viel ... Es ist furchtbar aufregend, Deutschland wiederzusehen... Die tapferen Illegalen... Unerhörtes Erlebnis ... Ich zittere – spürst du es? – aber nicht aus Angst!» – «Tapferes Mädel!» Er konstatierte es innig, dabei forsch. Noch ein Kuß, dann mußte sie ins Abteil.

Die Proskauer kehrte nicht wieder. Ehe man in Paris erfuhr, daß sie verhaftet war, wurde, durch Berliner Freunde, bei der Schwalbe bekannt, daß der alte Herr Korella, Martins Vater, in einem Konzentrationslager saß. Gleich nach seiner Rückkehr hatten die Gestapo-Beamten ihn abgeholt. Frau Korella war in ein Krankenhaus überführt worden. «Man hat die beiden alten Leute denunziert», berichteten die Berliner Freunde. «Sie sollten in Pariser Emigrantenkreisen kraß staatsfeindliche Reden mitangehört und sogar selbst geführt haben.» – Da begriffen alle: Auf dem Friedhof, als die Schwalbe an Martins Urne etwas unbeherrscht war, ist ein Spitzel unter uns gewesen. Sie ahnten, um wen es sich handeln mußte. Dieser Walter Konradi...: den Meisten war er gleich nicht sympathisch gewesen, nun betonten sie es. Theo Hummler stellt Nachforschungen an. Konradi war abgereist –: «nach Belgien», wie der Concierge seines Hotels versicherte. Bei der Schwalbe hatte man keine Zweifel mehr: «Von dort aus ist er weiter nach Berlin gefahren ...»

Theo Hummler hatte seine Relationen im Reich. Er war es, dem die Nachricht zugetragen ward, daß die arme Proskauer – mit einer Naivität, einer Dummheit, die unglaublich schien – dem Spitzel und Agent provocateur auf den Leim gegangen war. An der deutschen Grenze war sie festgenommen worden; Name und Nummer des falschen Passes, auf den sie reiste, waren der Kontrolle bekannt. «Man wird ihr in Berlin den Hochverrats-Prozeß machen», wußte Theo Hummler.

Bei der Schwalbe saßen sie wie versteinert. Ein paar Sekunden lang sagte niemand ein Wort; dann erschraken alle; denn die Schwalben-Mutter hatte furchtbar auf den Tisch geschlagen, und nun brüllte sie: «Dieser Hund! Dieser Hund!!» Ein anderes Wort schien ihr nicht einzufallen. Sie bekam keinen Atem mehr; ihr Gesicht wurde blau. Niemals hatte man sie je so gesehen. Ihre Faust fiel noch einmal, schwer wie ein Stück Eisen, auf die Tischplatte nieder. «Wann holt diese Hunde der Teufel?» fragte die alte Frau. Ihre Kapitäns-Augen, mit denen sie drohend von unten schaute, waren blutunterlaufen.

Schließlich sagte das Meisje: «Ich verstehe das nicht ... Ich kann so etwas nicht verstehen ... Ein Spitzel – jemand, der von den Nazis doch wahrscheinlich ziemlich viel Geld bekommt – sollte größere Dinge zu tun haben, als ein paar arme Emigranten ins Unglück zu bringen. Militärische Geheimnisse, diplomatische Intrigen –: so was müßte er herausbekommen. Was für ein Vergnügen kann es ihm machen, die arme Proskauer zu ruinieren?» – Ein anderer erklärte: «Solche Sachen macht er nebenbei, als Fleißaufgabe. Sicher wird er in Berlin besonders belobigt, wenn er nicht nur Pariser Staatsgeheimnisse mitbringt, sondern auch noch ein paar Emigranten ans Messer liefert. Außerdem weiß die Proskauer vielleicht Adressen von ein paar Sympathisierenden in Deutschland: die will man von ihr erpressen.» – Das Meisje blieb fassungslos. «Und die alten Korellas? Die waren doch an keinem Comité angestellt, wußten keine Geheimnisse, waren brave, reaktionäre

Spießer ...» Theo Hummler – mehr nachdenklich als empört –: «Man gewöhnt sich nicht so leicht an den Gedanken, daß menschliche Wesen Dinge aus purer Gemeinheit tun; – aus keinem anderen Grund. Gemeinheiten um eines Vorteils willen – das nimmt man ja schon fast als Selbstverständlichkeit hin. Die Gemeinheit um der Gemeinheit willen hat etwas Überraschendes ...»

Sollte man sich mit der französischen Polizei in Verbindung setzen? Sicherlich; die Proskauer aber wurde dadurch keineswegs frei. – Wußte Friederike Markus, genannt Frau Viola, über die Machenschaften ihres Liebsten Bescheid? Man hielt dies für unwahrscheinlich; immerhin schien es ratsam, mit ihr Fühlung zu nehmen: um sie aufzuklären, wenn sie ahnungslos war; um sie unschädlich zu machen, sollte ihre Mitschuld an den Tag kommen.

Niemand zeigte Lust zu so delikater Visite; schließlich erklärte David Deutsch sich bereit. «Wenn es sein muß», sagte er, und verneigte sich schief, das Haar wie in ständigem Entsetzen gesträubt über dem wächsern zarten Gesicht. Eine Stunde später saß er bei Friederiken, die ein wunderliches Hauskostüm trug und ihn zunächst herzlich bat: «Nennen Sie mich Frau Viola! Ich bin es nicht anders gewöhnt, auch mein Gabriel nennt mich so.» – «Ihr Gabriel», bemerkte David Deutsch – wobei er gequält die Schultern bewegte und ganz bucklig aussah vor Verlegenheit –, «– er ist abgereist.» Frau Viola schien es nicht zu begreifen – jedenfalls nicht zu realisieren, was es für sie bedeutete. «Ei, ei», sagte sie nur und spielte sinnend mit den fahlen, steif gedrehten Löckchen über ihrer Stirn. David ergänzte: «Und so bald wird er wohl auch nicht wieder kommen. – Wußten Sie denn, daß er reisen wird?» – «Ich? – Wieso?» fragte Friederike. Und, mit einem plötzlichen Flackern von Angst im Blick: «Er ist doch in Paris!»

Es dauerte lange, ehe die Ärmste alles verstand – und als sie verstanden hatte, wollte sie noch nicht glauben. «Ein Spitzel?!» Sie kicherte schrill. «Mein Gabriel, mein Süßer – ein Spion? – hi hi hi! Verzeihen Sie, daß ich mich amüsiere!» Sie barg den verzerrten Mund hinter der Hand, wie etwas Häßliches oder Obszönes. «Ein Spitzel! Das könnte Ihnen so passen, Herr Deutsch! Mein Gatte hat Sie wohl geschickt – er spinnt Intrigen, er bezahlt die Häscher, er finanziert ganze Bureaus, die mich und Gabriel auseinander bringen sollen. Vor keinerlei Unkosten scheut er zurück, nun hat er also auch Sie bestochen. Pfui, Herr Deutsch, das hätte ich nicht von Ihnen erwartet!» Sie schüttelte tadelnd den Kopf, zeigte bittere Gekränktheit – bis ihr ein anderer Einfall kam, der sie eher heiter stimmte und ihr Mienenspiel neckisch machte. «Oder geht der ganze Scherz von Ihnen aus?» Sie blinzelte anzüglich, spitzte auch die Lippen, wie zum Pfeifen oder zum Küssen. «Herr Doktor – Sie Böser! Haben Sie es darauf abgesehen, Gabriels Nachfolger bei mir zu werden? Sind Sie in mich verliebt?»

Endlich glaubte sie es: ihr Gabriel war fort, und er würde nicht wieder kommen. Sollte er es aber wagen, noch einmal zu erscheinen, so mußte sie ihm ins Gesicht spucken; denn er hatte sie mißbraucht und betrogen, von Anfang an. Da warf sie die Arme gen Himmel und schrie.

Der Schreikrampf dauerte Minuten lang. Sie stand mit hochgereckten Armen mitten im Zimmer, das fahle Madonnen-Gesicht etwas schief gestellt, die Löckchen, steif und zierlich gedreht, hingen ihr in die Stirne, und aus dem Mund, der klagend offen stand, kam das Gellen. Für David Deutsch war es eine gräßliche Situation. Er sagte: «Aber gnädige Frau! Ich bitte Sie, liebste Frau Markus! So beruhigen Sie sich doch, Frau Viola!» Sie schrie noch ein wenig weiter, als läge ihr daran, zu beweisen, daß sie erst dann aufhören werde, Lärm zu machen, wenn es ihr gefiel, keinen Augenblick früher. David meinte schon, sie werde ewig weiter kreischen – und er werde immer dazu verurteilt sein, ihr zuzuhören –, da schloß sie plötzlich den Mund. Schon war er im Begriff, erleichtert aufzuatmen – als Friederike erst recht schaurig wurde. Sie stolzierte, die Arme vor der Brust gekreuzt, gravitätisch-langsam im Zimmer auf und ab, wobei sie sich in einem gleichmäßigen Rhythmus unaufhörlich verneigte. In ihren Augen phosphoreszierte es grünlich; sie schüttelte die starren Löckchen, grinste und murmelte: «Herr Erzengel Gabriel – sehr erfreut, Ihre Bekanntschaft zu machen! Jetzt erkenne ich Sie erst, mein Herr Erzengel: Sie sind ja der Teufel. Mes respects, Monsieur le Diable! Sehr geschmeichelt, Exzellenz Gottseibeiuns!» – Dazu Verneigungen und stolze Schritte.

‹Sie ist endgültig wahnsinnig geworden.› David beobachtete an die Wand gepreßt, das makabre Schauspiel. ‹Was soll ich tun? Ich muß einen Arzt kommen lassen. Aber sie darf doch keinen Augenblick allein im Zimmer bleiben … Kann ich in ihrer Gegenwart telephonieren? Vielleicht würde sie gar nichts merken. Vielleicht würde sie mißtrauisch werden und sich auf mich stürzen … Ich fürchte mich. Was für schlimme Lichter sie in den Augen hat! Wie sie selber satanisch wird, da sie sich vor dem Satan verneigt! Ich habe Angst. Das Böse ist stark – stärker als wir es ahnten; furchtbar stark in unserer erschütterten Zeit … Wie komme ich von hier weg? Wenn sie nur aufhören wollte, zu grinsen! … Oh – sie hat den Teufel im Leib!›

Fünftes Kapitel

Die Freunde in Paris überlegten sich: Wo ist Kikjou? Niemand kannte seinen Aufenthalt. In Wahrheit wußte er selber kaum, wo er sich befand – so sehr war er der Welt abhanden gekommen.

Er wohnte irgendwo auf dem Lande. Gehörte dieses triste Dorf noch zu Frankreich? Oder war er weiter, bis nach Belgien, nach Holland gefahren? Er verließ sein Zimmer fast nie; es war kahl und eng, eine Zelle. Morgens ging er zur Kirche und beichtete. «Ich habe gesündigt – immer nur gesündigt … Ich muß furchtbar büßen …» Der fromme Vater wollte Einzelheiten. «Was hast du Böses getan, lieber Sohn?» – «Nur Böses, mein Vater, nur Böses! Ich habe nicht genug geliebt. Ich habe einen Menschen getötet – oder bin doch mit-schuldig an seinem Tode. Den schwarzen Mächten habe ich ihn überlassen, weil es meine Neugier reizte und mich scheußlich lüstern machte, seine Verzauberung, seinen Verfall und Absturz zu beobachten. Es gibt keine Sünde, die ich nicht begangen hätte. Ich muß furchtbar büßen …» – «Das überlasse mir!» Der fromme Vater unterbrach ihn nicht ohne Strenge. Er fügte sanfter hinzu: «Du verwirrst dich! Was du sprichst, scheint phantastisch – auch klingt es nach Prahlerei. Es gibt eine Manier, sich selbst anzuklagen, welche an Prahlerei grenzt. Beichte deine Sünden der Reihe nach: dies kann ich dir nicht ersparen! Übertreibe sie nicht ins Maßlose – was nur eine andere Form ist, sie zu verkleinern und zu verwischen. Sei bescheidener! Der Teufel des Hochmutes sitzt dir im Leibe – wenngleich du erst wie ein Zerknirschter wirkst.» – «Ich will ins Kloster gehen», brachte der Sünder hervor. «Ich will der Welt entsagen ... mein Leben ganz dem Dienst des Herrn weihen ...» Auf diese neue Unbescheidenheit hatte der Priester keine Antwort. Vielmehr bestimmte er trocken: «Komme morgen wieder! Heute bist du nicht in der Verfassung, eine ordentliche Beichte abzulegen. Gehe in dich! Bete! Sammle deine Gedanken! Komm morgen wieder!» –

Draußen schien es schon beinah Winter geworden. Das öd gebreitete Land verhüllte sich düster. Ein schwarz-grauer Himmel senkte sich betrübt zu den nassen Feldern. Auf den Wiesen, Pfaden und Büschen schmolz ein dünner, mißfarbener Schnee.

Kikjou fror in seiner Kammer, er dachte: ‹Die alte Patronne – diese verfluchte Hexe –, sie könnte besser einheizen ...› Aber dann beschloß er: ‹Nein ich beschwere mich nicht; es ist besser so. In einer Klosterzelle wird es auch nicht komfortabler sein. Mit nackten Füßen will ich über diesen eisigen Steinboden gehen – und wenn ich mir eine Erkältung hole, was tuts? Ich muß büßen ... Beten will ich und in mich gehen; der Priester hat recht: mir sitzt der Teufel des Hochmuts noch im Leibe. Herr Jesus, du kennst alle meine Sünden! Dein Gesicht ist menschlich – als des Menschen Sohn hast du unter uns gelebt und gelitten –; du bist auch mit den Sünden der Menschen vertraut. Mein Herr Jesus – vor deinem Jammerbilde sink' ich hin. Erbarme dich meiner! Habe Mitleid! Ayez pitié de moi, Seigneur! Christ – ayez pitié de nous!»

Knie nieder, Kikjou – der Fußboden ist kalt, in deinem Herzen aber rasen Feuerbrände. Knie hin, Knabe, halte still, sei geduldig! Lege dein kindliches, viel zu hübsches Gesicht in die Hände –: dies erst ist die Stunde deiner Konfession. Dein Erlöser selbst, starr gereckt in seiner Leidenspose, hört dir zu. Siehe – sein Haupt voll Blut und Wunden ist ein wenig seitlich geglitten; seine Lippen haben sich geöffnet – du weißt es – er leidet Durst –, sein brechendes Auge aber prüft deine Gestalt, die sich vor ihn hingekauert hat.

Wie aufmerksam schaut dein Erlöser unter dem schaurigen Putz der Dornenkrone! Vor ihm kannst du nichts verbergen – des Menschen Sohn ist sehr klug. Keine Ausflüchte mehr, Kikjou, keine pathetischen Verallgemeinerungen! Schon dem frommen Vater im Beichtstuhl ist es äußerst peinlich aufgefallen, daß du es vermiedest, detailliert zu bekennen; dein Erlöser aber würde dir solche Flausen keinesfalls durchgehen lassen. Des Menschen Sohn ist sehr anspruchsvoll – gib das Äußerste, Knabe, deine ganze Wahrheit, sonst wendet er den Blick von dir ab, und es wird ihm langweilig, dir zuzuhören. Er ist durch alles Leid der irdischen Sphäre gegangen, hat auch die Schauder der Unterwelt gekostet, und als er schließlich auffuhr gen Himmel, kam ein harter Glanz von seinem Angesicht – ein bewegtes Leuchten, wie von ungeheurer Flamme, so daß es denen, die schauten, nicht nur wohltat, sondern sie auch blendete. Die Blicke, mit denen er Abschied nahm, waren unfaßbar milde und unfaßbar streng.

Unfaßbar milde und unfaßbar streng mustert dich nun sein Blick – Knabe, der du zu beten versuchst! Strenge deine Erinnerung an! Sei nicht zimperlich, sei nicht träge! Denke an alles, was du falsch gemacht hast – es ist reichlich viel! Nimm dir Zeit! Übereile nichts! Sei umständlich! Sei exakt! Rühre dich nicht, wenngleich dir die Kniee schon wehtun! Eine ganz enthüllte Seele will dein Erlöser sehen. Er kennt dich – ach, wie er dich kennt! Deine Verspieltheit; deine etwas feminine Tücke, die sich hinter frommen Redereien verbirgt, deine Eitelkeit; deinen Mangel an Energie; deine tierische Geilheit – wie war das mit dem jungen Engländer im «Bœuf sur le Toit?» Weh dir – und mit den Araberjungen in Tunis – wehe, wehe! –, und mit dem Piccolo in Lausanne, und mit dem kleinen weißen Hündchen bei deinem Onkel? Oh pfui über dich, du Stück Dreck und Laster, du Abhub, du hündisch-sündiges Gewächs! Gestehe! Bekenne! Parasit du – niemals hast du richtig arbeiten können; dein Vater in Rio – seinerseits freilich ein Menschenschinder, Wüstling ersten Ranges – hatte allen Anlaß, mißzufrieden mit dir zu sein. Tugendhaft warst du immer nur im falschen Moment, zum Beispiel, als du Martin alleine ließest mit der chose infernale; zunächst aber hattest du ihn zu seinen Exzessen eher ermutigt, auf deine hinterhältige Art. Als es zu spät war, irrtest du durch die Straßen: «Il n'est nul part ... il n'est nul part ...» Denn nun warst du es, der sich einsam fand.

Armer kleiner Kikjou, Sünder du auf den Knieen –: siehe, unfaßbar milde streifen dich Blick und Lächeln dessen, der dein Erlöser ist. Nicht nur über alle deine Schlechtigkeiten, großen und geringen Infamien weiß er so genauen Bescheid. Er vergißt nicht, was du ausgestanden hast. Er kennt deine Einsamkeit, deine geistigen Qualen, deine Ratlosigkeit, deine Verwirrtheit, deine Zärtlichkeit, alle Anstrengungen, Aufschwünge, Enttäuschungen deines empfindlichen Herzens. Er ist den Menschen nicht fremd – und du bist nur einer von ihnen, nicht schlimmer als die anderen; wohl auch kaum viel besser –: ein Mensch, armer kleiner Kikjou, ein Menschensohn, auch du –: halte deine Stirne dem Erlöser hin! Er verzeiht dir vielleicht; denn über deine Wangen fließen menschliche Tränen. Auch du trägst dein Kreuz, knieendes Kind auf dem kalten Boden, und deine Schultern schmerzen unter seiner Last.

Wie viel Zeit vergeht, während du betest? Stunden, und es wird Nacht. Die Patronne tritt ein, sie bringt Schüsseln – das ist dein Abendessen –: sieht es nicht ganz appetitlich aus? Aber du schaust kaum hin. Nicht essen und trinken jetzt! Es ist die Stunde der Konfession.

Vielleicht hast du später ein klein wenig geschlafen – sicher nicht mehr als zwei oder drei Stunden lang, dein Erlöser verzeiht es dir. Der Morgen aber findet dich wieder vor dem Kruzifixus, wieder knieend, und das petit déjeuner rührst du nicht an. Auch da es Mittag wird, magst du dich nicht erheben. Früh kommt die Dämmerung in diesen Tagen zwischen Herbst und Winter. Deine Kniee sind wund – spürst du es nicht? Hast du nicht Schmerzen in allen Gliedern? Auf einen Fremden, der nun plötzlich ins Zimmer träte, müßtest du nun fast beängstigend wirken; du zeigst die Miene eines höchst Verzückten.

Was erwartet dein verzücktes Herz? Es erwartet nichts mehr; denn es ist glücklich. So voll Helligkeit bist du in deinem Inneren, daß du den Lichtschein gar nicht gleich bemerkst, der jetzt weiß durch deine Zelle weht. Ein Geräusch läßt dich aufschauen. Du bist kaum erstaunt, da du den Engel gewahrst.

Er steht hinter dir und bewegt unruhig die Flügel, wodurch das metallische kleine Klirren verursacht wird. Es ist wie ein nervöser Tick; dabei aber sehr großartig. Der Engel muß die großen Flügel regen, als käme er sonst aus der Übung und würde das Fliegen verlernen – ganz ähnlich, wie ein Rekordschwimmer oder Radfahrer, der auch aus der Form geriete, wenn er nicht immer trainierte.

Dies ist das Wunder – da du am wenigsten mit ihm gerechnet hattest, ist es plötzlich da. Du empfindest kaum, daß es ein Wunder ist. Ein Engel ist an dich herangetreten, daran kann kein Zweifel sein. Wenn es nicht das Flügelpaar an seinen Schultern bezeugte, so verriete es sein ungeheurer, lächelnder Blick und der sehr besondere Geruch, den er ausströmt – ein Geruch nach Mandelblüten und einem feinen Benzin. Ja, es muß eine Benzin-Sorte geben, von so erlesener Qualität, wie das kräftig-zarte Parfüm dieses Engels. Seine glanzumflossene Figur läßt, auf geheimnisvolle Weise, an ein starkes, elegantes Fahrzeug denken – an ein schnittiges Automobil oder ein flottes Motorboot. Der befiederte Jüngling ist groß und schlank; sein Gesicht mit dem übermäßig leuchtenden Blick hat die überanstrengte Magerkeit, wie man sie bei Sportsleuten findet. – ‹Wie geschwind er ist!› denkt Kikjou, und dies ist das Erste, was er denken kann.

Der Engel bewegt sich –: großer Vogel, der auffliegen möchte; dem der irdische Aufenthalt nicht behagt. – «Komm!» ruft der Engel mit einer tiefen, nicht sehr melodischen, etwas brummenden Stimme. «Komm, Knabe!» – Kikjou, in seinem Trance-Zustand vor dem Kruzifix, scheint diese Worte nicht recht ernst zu nehmen. Deshalb wiederholt sie der Himmlische Bote, wobei er stärker mit den Flügeln rasselt: «Komm, Knabe! Komm!» – «Wohin?» erkundigt sich Kikjou und wendet sich, um seinen Gast genauer zu betrachten. Der Engel hebt langsam, mit schöner, runder Geste den Arm; zwei lässig und majestätisch erhobene Finger weisen zum Fenster, hinter dem der Schnee fällt. «Komm, komm! So komm doch!» Es klingt mehr mahnend als lockend. Er schüttelt das Haar, und die Duft-Wolke wird intensiver, als niste das Parfüm von Mandelblüten und sehr feinem Benzin vor allem in seinen Locken.

Sein Haar ist fast eine Mähne –; ‹eine Löwenmähne›, stellt Kikjou fest –, sehr lockig und üppig, wohl auch widerspenstig; wenn nicht ein schmales Silberband es zusammenhielte, würde es wie ein barocker Glorienschein um dieses sportlich harte Jünglingsgesicht wehen und flattern. Das Silberband hält es halbwegs in Ordnung. Trotzdem bleibt es eine erschreckende chevelure – purpurne Fülle, durch die goldene Lichter zucken. Kikjou konstatiert eine gewisse Ähnlichkeit mit Marions Haar – das freilich nur eine dezente Purpur-Nuance zeigt, während das Gelock des Engels schamlos flammt: blutrotes Feuer über der harten Stirn.

Die exzentrische Pracht solcher Kopfbedeckung kontrastiert seltsam zu dem schmucklosen Anzug des Engels. Er trägt eine Art von eng anliegendem Overall aus festem silbergrauen Gewebe, sehr einfach geschnitten, Hose und Jackett in einem Stück. Ähnlich findet man junge Leute gekleidet, die in einer Garage arbeiten. Da der Stoff von seinem erhobenen Arm etwas zurückfällt, wird, am Handgelenk, ein breiter, heller Lederriemen sichtbar – Schmuck oder Stütze für die magere, sehnige Hand, deren Finger zum Fenster deuten. – Kikjou würde gerne heraus bekommen, wie an dem Overall die Flügel befestigt sind; der Engel aber zeigt ihm nicht seinen Rücken. – «Komm! Komm!» mahnt er wieder, und die trippelnden Schritte, die er tut, sind schon Vorbereitung zum Flug –: er fliegt schon fast, er wird immer leichter, um ihn weht heftiger der weiße Glanz. – «Aber es schneit doch draußen!» Kikjou versucht es, wieder einmal, mit törichten kleinen Ausflüchten. Er schielt feige zum Fenster; denn er ahnt ja: dort hinaus geht die Fahrt … Wirklich ist die Luft vom weißen Schneefall erfüllt. Langsam schweben die kristallischen Flocken. Der Winter ist da, der Schnee –: ach bitte, lieber Engel – nicht hinaus in die Kälte! Nicht in den bösen Winter hinaus!

Die sinnlose Bemerkung über das Schneien hätte Kikjou vermeiden sollen; denn nun ist die Geduld des Engels erschöpft. Er läßt eine Stimme hören, welche grauenhaft brummt: «Unsinn! Sei still! Das ist Unsinn!» Und ehe der zurechtgewiesene Knabe sich von seinem Schrecken erholen kann, hat der Engel sich sehr gräßlich verwandelt. Er flattert, er hebt sich, saust und kracht; er wird zum Bienenschwarm, wird zur eisigen Wolke, zur Flamme; er löst sich auf, sammelt sich wieder; scheint ein Raubvogel, der über Kikjou kreist; ein Flugzeug, surrend, mit starren Flügeln; ein

Monstrum ohnegleichen ist der schlanke Jüngling geworden; auf den Knaben stürzt er sich, wie der Habicht auf das zitternde Lamm – wie Zeus, in einen Vogel verwandelt, sich auf Ganymed stürzt, so umklammert das himmlische Ungetüm mit furchtbar bewegten, furchtbar harten Gliedern den Kikjou. Hinaus in den Schnee! Hinaus in die Nacht! –: keine Barmherzigkeit kennt der Engel. Er selbst ist Schneesturm geworden, rasendes Element; seine Umarmung ist teuflisch, ist himmlisch, ist viel zu stark; überwältigend sind die Geräusche, die er hören läßt; Motoren-Lärm, holde Sphärenmusik, Raubvogel-Geheul, Stöhnen der Liebenden, gellendes Hohngelächter, tiefe, klagende Menschenstimme –: alles in Einem, betäubende Melodie.

Komm, komm, Kikjou – durchs Fenster hinaus, durch das Glas hindurch, in die Nacht, in den Schnee, ins Weiße, ins Ungeheure! Fliege hin, sause über die Länder, man hat dir ein Fahrzeug erster Klasse zur Verfügung gestellt, schauerlich und wohlig ruhst du in den Armen deines süßen, rasenden, monströsen Engels. Hören und Sehen vergehen dir, du klammerst dich an seinen stählernen Nacken, er redet dir freundlich zu – mit Vogelstimme, Menschenstimme, Engelstimme. «Keine Angst ... keine Angst ... Der Schnee hört auf ... Wir sind gleich am Ziel, und du wirst erwartet ... Ton grand frère t'attend ... Le voilà ... Tu le reconnais? ... Le voilà ... le voilà ...»

Kikjou, le petit frère de Marcel, schlägt die Augen auf. Neben ihm steht der Engel, kaum erschöpft von der Fahrt; wieder in seinem Overall, mit dem Silberbändchen in der Purpur-Mähne. Er legt den Zeigefinger an die lächelnden Lippen: Sei still jetzt, man sieht uns nicht, wir sind unsichtbar, du und ich – unsichtbar, Kikjou und sein geschwinder Engel ...

Wo sind wir? – Wir sind in Spanien, am Rande der Stadt Madrid, in der Universität, der Ciudad Universitaria. Dies muß ein Hörsaal gewesen sein; auf dem Fußboden liegen zerfetzte Kolleg-Hefte, leere Tintenfässer, zertretene Bleistifte und Federhalter. Vor den leeren Fensterhöhlen aber sind Barrikaden oder Schieß-Scharten aufgebaut, aus Büchern und zerschlagenen Bänken. Es ist kalt – noch kälter als in Kikjous mönchischer Zelle –; der steinerne Boden atmet eisige Feuchtigkeit. Draußen wird geschossen; das Geknatter der Maschinengewehre hört nicht auf. Ein Maschinengewehr steht auch hier, auf einem der improvisierten Hügel aus Papier und Holz. Im Augenblick ist niemand da, um es zu bedienen. Von den drei Personen im Raum scheint eine ganz entschieden außer Gefecht gesetzt; die beiden anderen sind um ihn bemüht – eine Frau und ein junger Mann.

Nun erst erkennt der unsichtbare Kikjou den Verwundeten: es ist Marcel, son grand frère, sein Gesicht ist von Blut und Tränen entstellt – übrigens auch vom stark gewordenen Bart verändert. Er hat die rechte Hand ans Herz gepreßt, unter einem graugrünen, dicken Hemd sickert Blut hervor, er ist in die Brust getroffen – ins Herz getroffen ist Marcel, er stirbt. – ‹Wie weiß seine Lippen sind!› Kikjou möchte zu ihm hin, ihn anfassen, ihn liebkosen; aber er ist ja zur Unsichtbarkeit verurteilt wie zu einer Strafe; er ist der Gefangene des Engels, dessen Zorn man nicht reizen darf – sonst wird er ein Bienenschwarm und ein Sturmwind und ein rasendes Element.

Marcel sagt: «Merde alors!» und versucht zu lächeln – liebenswürdig bis zum Schluß, verführerisch noch am Ende. Aber sein Mund, der so viel Worte gesprochen hat, kann nur noch zucken. Seine Lippen, von denen Blasphemien kamen und Liebesworte, Flüche und Zärtlichkeiten und immer wieder Worte – nun werden sie lahm und steif. Die Hände machen ein paar kleine Bewegungen; hilflose, flatternde Gesten –: was sollen sie bedeuten? Wohin weisen sie? Welchen Sinn hat diese Pantomime des Sterbenden? Und in welche Fernen schweift nun der Blick seiner wunderbar aufgerissenen, kindlichen, unergründlichen Augen – dieser trauernden, wilden Sterne unter den kühnen Bögen der Brauen? Erkennen sie den Engel, der ihm gegenüber steht und nun seinerseits Zeichen macht – tröstliche, sanfte Winke mit den zwei erhobenen Fingern der rechten Hand? Erkennen sie Kikjou? Oder sehen sie gar nichts mehr? Denn nun werden sie glasig. – In einem Hörsaal der zerschossenen Universität von Madrid stirbt Marcel Poiret, ein Soldat. Er wollte das Opfer bringen; er hat sich geopfert. Er wollte Blut vergießen; aus einer kleinen Wunde über dem Herzen sickert sein Blut. Er war müde der Worte, gierig nach Taten und Leiden; er hat gehandelt, hat gekämpft, hat gelitten – er schweigt. Viele haben in diesem zerschossenen Gemäuer gekämpft und gelitten wie er; viele sind hier gestorben: hier, und überall in diesem kämpfenden Lande. Er ist einer von Tausenden, von Zehntausenden – Marcel Poiret, ein Soldat –, er gehört zum Ganzen, zum Kollektiv: dies hat er sich immer gewünscht, es ist seine Sehnsucht gewesen, erst im Tode soll sie sich erfüllen.

Kikjou, der Gefangene seines Engels, darf nicht hin, die Augen seines Freundes, seines großen Bruders zu schließen. Es ist eine spanische Arbeiterfrau, die dem Fremden diesen letzten Dienst erweist, und es ist ein deutscher Soldat, der dabeisteht und weint. Kikjou, in seiner Verzauberung, kann nicht weinen. Die spanische Frau hat ein großes, ernstes Gesicht mit tief eingegrabenen, schweren, etwas hängenden Zügen; der ganze Schmerz ihres Landes scheint versammelt auf ihrer Stirn. Man nennt sie die Pasionaria; sie hat harte, abgearbeitete Finger – aber mit welcher Zartheit berühren sie nun die Augenlider des toten Soldaten!

Der deutsche Kamerad holt ein großes, bunt kariertes Taschentuch hervor, um sich die Augen zu trocknen. Er schnauft heftig; dann schimpft er: «Verfluchte Scheißbande! Das ist wahrscheinlich wieder so ein verdammter Nazi gewesen, der diese Kugel geschickt hat – oder ein Italiener im schwarzen Hemd, oder so ein blöder Araber, der gar nicht weiß, auf wen er eigentlich schießt! Und immer die Besten müssen es sein, die sie treffen – immer die feinsten Kerle! War so ein feiner Kerl, dieser Marcel – un bon copain, wie er es genannt hätte ... Verflucht noch mal! Immer die Besten!» – Die Pasionaria versteht kein Wort; aber sie nickt. Sie nickt dem toten Franzosen zu und dem lebenden, weinenden, schimpfenden Deutschen – den zwei Kameraden. Der Deutsche hat kurz geschorene, dunkle Haare auf einem runden Schädel, und etwas kugelig hervortretende, kluge, sympathische Augen. Es ist Hans Schütte: ein tapferer, zuverlässiger Bursche, sehr beliebt bei den Spaniern und bei den Kameraden von der Internationalen Brigade. Man hat ihn zum «Politkommissar» gemacht – das ist eine verantwortungsvolle, wichtige Stellung; eine Art von Verbindungsmann zwischen den Offizieren und den Soldaten: er muß die Befehle erläutern und erklären, warum sie so und nicht anders sind; er muß sich um die Einzelnen kümmern und sich ihre Sorgen erzählen lassen, und ihnen gut zureden, wenn ihnen etwas nicht paßt; er hat viel zu tun, und ist immer in der vordersten Linie. Auch dem Marcel Poiret ist ein solcher Posten angeboten worden, für den man gern «gebildete Leute» verwendet. Marcel aber hat abgelehnt. Er wollte Einer sein unter Vielen, zum Ganzen gehören, zum Kollektiv; nicht mehr auffallen, nicht mehr herausfallen; leiden und kämpfen mit den anderen; mit den anderen sterben.

Die Pasionaria ist fortgegangen; der Politkommissar Hans Schütte bleibt noch ein paar Minuten lang stehen bei seinem toten copain, dessen Sprache er kaum verstanden hat und mit dem er sich doch so gut verständigen könnte. ‹Große Scheiße!› denkt der Politkommissar – und Kikjou, an seinen Engel geschmiegt, begreift die Gedanken des Fremden. ‹Große Scheiße! So ein feiner Kerl ... Hat sich das nun gelohnt, daß der hier draufgegangen ist wie ein Hund? Hätte vielleicht noch gute Sachen schreiben können; hatte sicher eine Menge Grips im Kopf. Ich habe ja nichts von dem kapiert, was er mit seinen französischen Freunden geschwätzt hat; aber seinen Augen war doch anzusehen, daß er die richtigen Dinge gesagt hat, und schöne Dinge ... Himmel Herrgott noch mal – hatte der Kerl großartige Augen. Nun ist er hin. Ist ein Sinn dabei? ... Natürlich ist ein Sinn dabei. Der hat schon gewußt, warum er hergekommen ist, und hier mit uns gekämpft hat, und sich hat totschießen lassen von den verfluchten Faschisten. In Paris hat er wahrscheinlich so für sich gelebt – so ein begabter Einzelner, was kann der schon machen? Und als es dann hier losging, hat er sich gedacht, da muß ich dabei sein, das ist die große Gelegenheit, da muß ich alles aufs Spiel setzen – genau so, wie ich mirs auch gedacht habe. Und wir haben ja hier was geleistet – wir, alle zusammen! Wir haben Madrid gehalten: tolle Sache das, wenn man es recht bedenkt, gegen so eine verfluchte Übermacht! Wir haben die Nazis und die Faschisten und die Franco-Leute und ihre Fremdenlegionäre zurückgeworfen, und hier sitzen wir in der Universitäts-Stadt, und sind nicht raus zu kriegen, Teufel noch mal. Da war der also dabei, dieser Schriftsteller: einer von uns. Das hat doch wohl seinen schönen, richtigen, geraden Sinn gehabt – klar, Mensch! Er wollte nicht mehr allein sein, sondern lieber mit den anderen zusammen sterben ... Ja, so ist das wohl ... Jetzt versteh ich eigentlich gar nicht mehr, warum ich nie in die Partei eintreten mochte ... Das ist auch nur so ein Eigensinn gewesen – als ob ich besser als die andren wäre! Unterordnen muß man sich können! Organisieren muß man sich können! Das lernt man hier, das habe ich hier gelernt. Die anderen sind ja auch organisiert, die Faschisten marschieren in Reih und Glied, in Kolonnen fallen sie über uns her, und wir sollen uns einzeln wehren? So'n Quatsch. Ich habe das jetzt satt – so als interessanter Einzelgänger herum zu laufen. Ich trete in die Partei ein. Hoffentlich nehmen sie mich. Na, die nehmen mich schon ...› Hans Schütte geht – zu den anderen. ‹Verdammt nochmal – wenn es heute nur ein paar Zigaretten gäbe!› denkt er, während er den öden Hörsaal verläßt. Dort bleibt der Tote allein, mit Kikjou und mit dem Engel.

Etwas von dem weißen Licht des paradiesischen Boten fällt auf Marcels Stirn und Haar. Stirn und Haar glänzen auf; noch einmal schimmert es zwischen den schönen Bögen der Brauen; noch einmal scheinen diese Lippen sprechen oder lächeln, verführen oder klagen zu wollen. Da entfernt sich das Licht. Der Engel ist aufgestiegen: emporgeschnellt ist er wie ein Geschoß. Unbarmherzig führt er mit sich den Knaben – den Beter, den Sünder, den Verzauberten: Kikjou, le petit frère de Marcel; einsamer nun denn je – einsam, einsam, mit seinen Gebeten, seinen Verzückungen, seinen Zweifeln.

Hinauf in die Nacht, in den Äther, in die Sphäre, die ihm den Atem verschlägt ... Darf Kikjou nun zurückkehren in seine Zelle, zu seinem Kruzifix, seinem schmalen Bett, seinem petit déjeuner, das unberührt auf dem Tischchen steht? – Einige Aufenthalte werden ihm noch zugemutet. Der Engel – dieses eigenwillige, ungeheuer geschwinde, majestätisch klirrende Vehikel – setzt ihn noch zwei Mal ab: Erst in einem engen Raum, wo es nach Schminke, Puder, staubigen Kostümen riecht. Es ist eine Theater- oder Kabarett-Garderobe. Vor einem Spiegel sitzt eine Frau und frisiert sich: Marion – Kikjou erkennt sie, schon von hinten, an der Purpurmähne, die an seines Führers schaurig-schöne chevelure erinnert. Kikjou – unsichtbar und stumm – muß erleben, daß sein grausamer Engel mit tiefer, etwas brummender, beinah höhnischer

Stimme ruft: «Marcel ist tot! Ins Herz getroffen! Tot!» –; daß Marion auffährt; ihr entsetzensvolles Gesicht nach der Stimme wendet; niemanden findet; schreit, zur Türe stürzt; zum Spiegel zurückkehrt; ihr Gesicht in die Arme wirft, und endlich weint. – Marcel ist tot. Ins Herz getroffen. Tot. Nun weiß es Marion. Sie zweifelt nicht: Diese Stimme hat die Wahrheit gesprochen; nur die Wahrheit kann so furchtbaren Klang haben. – Martin ist tot. Die kleine Tilly ist tot. Marcel ist tot: ins Herz getroffen. – Ins Herz getroffen schluchzt Marion vor dem Spiegel. ‹Verlassen mich alle? Bleibe ich ganz allein? Warum muß gerade ich leben? Warum gerade ich? Warum muß ich die Überlebende sein?› – Und Kikjou darf sie nicht trösten, darf sich nicht von ihr trösten lassen; muß hilflos stehen, sprachlos, atemlos, blicklos, unsichtbar; muß wieder auf und davon, mörderisch gepackt von seinem heiligen Monstrum, geschüttelt und gerüttelt von seinem monstre sacré; in die Lüfte geworfen wie ein leichter Ball; emporgerissen, in die Nacht entführt – und nun ist es eine unbekannte Dame, in deren Salon er niedersteigen soll. Die Dame ist Madame Poiret, Marcels Mutter – die Verhaßte, «das alte Scheusal», «die reaktionäre Hexe», wie der Sohn von ihr zu sprechen pflegte. Er hat nicht Abschied von ihr genommen; durch Fremde hat sie erfahren müssen, daß ihr Sohn nach Spanien gefahren ist; daß er kämpft – Seite an Seite mit den Gottlosen, gegen die Allein-selig-machende Kirche. Ist dies schmerzlich gewesen für Madame Poiret? Niemand weiß es; niemand wird es je wissen. Sie sitzt starr und steif in ihrer halbdunklen Stube, zwischen Plüschportieren und verstaubten Palmen, vielen Nippes-Sachen, zahllosen Photographien. Über ihr hängt das Portrait des Monsieur Poiret, der einem Schlaganfall erlegen ist – sei es im Restaurant Larue, nach einem Dinner mit Geschäftsfreunden, sei es im Bordell, rue Chabanais, nach gar zu anstrengenden Amüsements –: Madame weiß es wohl selber nicht mehr recht genau. Er ist tot; er hatte einen würdigen Spitzbart und im Knopfloch die Rosette der Légion d'honneur – alles dies sehr deutlich zu sehen auf dem Portrait, das über der Einsamen hängt. Sie sitzt unbeweglich, ohne Handarbeit, ohne Buch, und auf die Patience, vor ihr auf dem Tischchen, hat sie schon lang nicht geschaut. Eine alte Frau, voll Bosheit und Vorurteilen; aber durch die

Einsamkeit gestraft: schrecklich gestraft durch ihr ganzes glückloses Leben.

«Marcel ist tot!» ruft der Engel, und Madame zuckt enerviert mit dem Kopf: Was ist denn das für ein Lärm? Ich habe mich wohl geirrt! Bin ich fiebrig, daß ich Stimmen höre? Ich muß Kamillentee trinken, Aspirin nehmen und zu Bette gehen ... Der Engel aber wiederholt mit grausamer Hartnäckigkeit: «Marcel ist tot! Ins Herz getroffen! Tot! Tot! Tot!»

Nun darf Madame nicht mehr zweifeln: ihr Sohn ist tot, sie hat es endlich begriffen. Unter fremden Himmeln ist er hingerichtet worden, und hat vorher nicht einmal Abschied von ihr genommen. Nicht umsonst hat Madame Poiret, eine gute Französin, seit eh und je eine so starke Aversion gegen das Ausland gehabt. Alles Internationale war ihr stets verhaßt. Hieß die Mörderbande, zu der ihr Sohn sich gemeldet hatte, nicht Internationale Brigade? Sie haben Kirchen verbrannt, Priester gefoltert, Gott gelästert. Die Strafe folgt auf dem Fuße. Eine Kugel kommt geflogen, der Heilige Geist selber hat sie geschickt. Ins Herz getroffen. Tot.

Ins Herz getroffen, tot –: ‹Es ist mein Sohn, den sie getroffen haben!! Es gibt viele Söhne; dieser aber war mein. Ich habe ihn in Schmerzen geboren; als Kind hatte er Scharlach, ich habe ihn gepflegt. Er hat mich nie geliebt, ich habe ihn nie gekannt, er hat abscheuliche Dinge geschrieben, ich habe sie nie verstanden; Blasphemien kamen von seinen Lippen, die haben mich mehr gekränkt als alle schauerlichen Beleidigungen, die er sich ausdachte gegen mich – seine Mutter. Ich bin seine Mutter, er ist mein Sohn, ich habe nur ihn, sonst niemanden auf der Welt; ich hatte nur ihn, er ist tot, ins Herz getroffen, tot.›

Welch ein Schauspiel für die beiden Unsichtbaren, für Kikjou und seinen Engel! Madame Poiret reckt klagend die Arme –: es mutet seltsam an, wenn eine distinguierte, böse ältere Dame sich zu so ausschweifenden Gesten genötigt sieht. ‹Mein Sohn! Mein Sohn! Er ist tot! Ich habe ihn geboren – er lebt nicht mehr! Er ist Fleisch von meinem Fleische, und lebt nicht mehr. Wie darf ich noch leben?› Eine halb groteske Mater Dolorosa – sonderbar geputzt in ihrem schwarzen Spitzenüberwurf – bricht sie vor dem Kamin zusammen, in dem nur ein künstliches Feuer brennt. ‹Ich habe ihn geliebt!› jammert ihr Herz. ‹Hat er mich denn wirklich gar nicht ausstehen können? Ach, im Grunde hing er wohl an mir! Nur seine deutschen, amerikanischen und jüdischen Freunde haben ihn mir vorübergehend entfremdet. Mein Leben war glücklos: Monsieur Poiret hat mich schlecht behandelt und ist im Bordell gestorben, jetzt kann ich es ja zugeben. Weil ich glücklos war, bin ich hart geworden. Marcel, Marcel – im Grunde mußtest du doch wissen, wie lieb ich dich hatte – nur dich, nur dich; denn du warst mein Sohn.›

Bleibe allein mit deinem Schmerz, alte Frau! Die Krusten um dein Herz schmelzen, die harte Rinde weicht auf, du wirst weinen dürfen, der Schmerz macht dich besser, bleibe allein mit ihm! Drücke das kleine Kinderbild deines Sohnes an die Lippen – die einzige Photographie, die du von ihm besitzest. So hat Frau von Kammer geweint, als ein anderer Bote – um welchen freilich keine Flammenglorie wehte – ihr stockend ausrichtete: Tilly lebt nicht mehr. So hat Frau Korella geweint, im Krankenhaus, an Martins Sterbebett, und später, auf dem Friedhof, als die Schwalbe etwas taktlos wurde. So weinen die Mütter, so weinen die Menschen –: Herr Jesus Christ, unser Erlöser, habe Erbarmen mit ihnen!

«Herr Jesus Christ, Erlöser, habe Erbarmen mit uns!» Kikjou betet, heimgekehrt von seiner entsetzlichen Fahrt. Der Engel hat ihn abgesetzt, hat ihn abgeworfen, ohne ein Wort des Abschiedes zu finden; ein Geruch nach Mandelblüten und überirdisch feinem Benzin ist zurückgeblieben in der mönchischen Zelle.

Unfaßbar milde und unfaßbar streng empfängt der Blick des Heilands diesen Sterblichen. Geduldig hat es auf ihn gewartet, das Haupt voll Blut und Wunden, das dornengeschmückte. Es neigt sich der Schulter zu, wie beim aufmerksamen Lauschen. Die Lippen stehen ein wenig offen – durstige, trockene, blutig aufgesprungene Lippen: sie werden den Essigschwamm kosten. – ‹Ich habe gelitten wie diese›, sagt der Heiland dem jungen Sterblichen. ‹Ich kenne die Schmerzen, deren Zeuge du gewesen bist. Auch du sollst leiden. Gehe hin. Nimm es auf dich. Es ist bitter, ein Mensch zu sein. Ich war des Menschen Sohn, und ich habe noch den bitteren Geschmack davon auf der Zunge und den ausgedörrten Lippen. Weißt du aber nicht, wie sich das Bittere verwandelt? Leidend und liebend verwandelt sich der Mensch. Mein Vater im Himmel verzeiht uns, wenn wir geliebt und gelitten haben. Gehe hin, Knabe! Nimm es auf dich! Sei ein Mensch!›

Professor Benjamin Abel hatte, einige Wochen nach der Katastrophe mit Herrn Wollfritz im «Huize Mozart», Amsterdam verlassen. Er war später noch einmal nach Holland gekommen, um Vorträge an der Universität Leiden zu halten. Bei dieser Gelegenheit sah er Stinchen wieder, die irgendwie von seiner Anwesenheit Kenntnis bekam und herbei reiste –: «weil ich Sie doch nicht vergessen kann, Mijnherr», wie sie errötend gestand. Sicherlich wußte die maskuline, eifersüchtige Mama nichts von diesen zärtlichen Ausflügen, die sich im Lauf der nächsten Wochen mehrfach wiederholten. – Auch Fritz Hollmann tauchte wieder auf –: ein tapferer Kerl, schlug sich tüchtig durchs Leben – übrigens nicht mehr allein; eine nett aussehende «Genossin» war an seiner Seite, Hollmann stellte sie vor: «Meine Braut!» Der Professor war etwas neidisch. «Ach, diese Jugend! Ihr wißt ja gar nicht, wie gut ihr es habt!» meinte er säuerlich; freute sich aber, ganz im Verborgenen, doch schon auf Stinchens nächste Visite.

Als Hollmann mit seinem Mädchen gegangen war, trat Benjamin vor den Spiegel. ‹Ich sehe immer noch passabel aus›, meinte er feststellen zu dürfen. Die Gestalt, die er kritisch musterte, war nicht groß und ein wenig gedrungen, aber aufrecht und fest. Das Gesicht, über einem zu kurzen Hals, wirkte zugleich sinnend und energisch. Seine große, rundliche Fläche ward beherrscht von den Augen, die den Blick einer verhaltenen und gründlichen, fast pedantischen Leidenschaft hatten. Der Mund war merkwürdig klein – fast frauenhaft zart gebildet; ‹übrigens bekomme ich ein Doppelkinn›, dachte der Alternde ziemlich bitter. ‹Ein Doppelkinn und eine Glatze –: komisch, daß Stinchen mich mag ...›

Die letzten Jahre waren, alles in allem, nicht leicht gewesen; wenig oder nichts sprach dafür, daß die folgenden besser sein würden. Es hatte furchtbare Heimweh-Krisen für Benjamin Abel gegeben; qualvoll heimwehkrank war er oft gewesen und hatte gemeint, es nicht mehr aushalten zu können in den fremden Städten. Das war wohl nun überwunden. Er wünschte sich nicht mehr nach

Deutschland zurück; seine Beziehungen zur Heimat hatten sich gelöst. Die Mutter in Worms war gestorben. Die alten Freunde ließen nichts mehr von sich hören. Auch von Annette Lehmann kamen keine Briefe mehr. Sie hatte einen Staatsanwalt in Köln geheiratet –: «ein prächtiger Kerl!» wie sie in ihrem letzten Schreiben versicherte. «Du würdest ihn sicher mögen. Friedrich ist ein weitherziger, grundgescheiter Mensch; ein überzeugter Nationalsozialist, aber gar nicht fanatisch ...» Auf diesen Brief hatte Benjamin keine Antwort; die Korrespondenz hörte auf. – Leb wohl, meine Liebe! Zehn Jahre unseres Lebens sind wir beieinander gewesen, vergiß das doch bitte nie! Vergiß, zum Beispiel, bitte nie die so sehr gemütlichen Kammermusik-Abende in Marienburg! Was wäre denn nun, wenn ich dich geheiratet hätte, damals, als wir beide jung gewesen sind? Sähe dann alles besser aus, oder noch komplizierter? – Ach, zu wem spreche ich und wen rufe ich an? Lebt die Annette noch, an die ich mich erinnere? Eine andere, fremde spaziert nun durch die Straßen von Köln, am Arme ihres prächtigen Staatsanwaltes – durch diese Straßen, die unbetretbar für mich geworden sind; ein Abgrund liegt zwischen mir und ihnen – ein Abgrund zwischen mir und Annette – ein Abgrund ...

Professor Abel – alternd, heimatlos und sehr allein – fand seinen Trost in der Arbeit. Denn arbeiten konnte er wieder. Die Lähmung war gewichen. Er fühlte sich unverbraucht und frisch, bei aller Betrübtheit. ‹Schon aus Trotz will ich tätig sein›, beschloß er grimmig. ‹Schon aus Wut und Haß bin ich widerstandsfähig. Glauben diese Barbaren drinnen im Reich, deutscher Geist höre auf, zu wirken, weil sie ihn, durch Dekret, verbieten oder verstümmeln? Denen wird man es zeigen! Professor Besenkolb, und alle seinesgleichen – zerspringen sollen sie, und schämen sollen sie sich, wenn sie mein neues großes Buch zu Gesicht bekommen!› –

Benjamin – von Natur bescheiden – war selbstbewußter geworden. Er wollte sich behaupten; war entschlossen, nicht unterzugehen. Zweifel am eigenen Wert wäre ein Luxus gewesen, den er sich, bei so harten Lebensumständen, durchaus nicht leisten konnte. Vielmehr zwang er sich, den Kopf hoch zu tragen und Stolzes zu denken. ‹Ich bin keiner, der bettelt. Was ich zu bieten habe, ist kostbar. Die Welt soll mich dafür bezahlen.› – Die Welt fügte sich seinem

Anspruch; sie zahlte – nicht eben üppig, nicht gerade verschwenderisch; aber doch so, daß er halbwegs anständig leben konnte, obwohl die Universität Bonn längst kein Geld mehr schickte. Abel hatte Vorträge in Wien gehalten und eine Gast-Professur in der österreichischen Provinz absolviert. Er war nach England eingeladen worden; er schrieb für die anspruchsvollsten Revuen in der Schweiz und Frankreich. Schließlich kam ein Ruf nach Amerika: es war eine kleine Universität im Mittelwesten der U.S.A., die sich, mit maßvollem, aber akzeptablem Angebot um ihn bemühte. Das war im Frühling 1937. Benjamin hielt sich in Skandinavien auf. Er sprach in dänischen, norwegischen und schwedischen Universitäten über «das große deutsche Jahrhundert» – wobei es ohne polemisch-aktuelle Anspielungen auf eine entartete Gegenwart nicht abgehen konnte. Schon hatten die Vertretungen des Dritten Reiches gegen die «schamlos deutschfeindliche Agitation» dieses aggressiven Gelehrten feierlich-gekränkt protestiert – woraufhin dem temperamentvollen Sprecher von amtlich-skandinavischer Seite nahegelegt wurde, er möge vorsichtiger sein.

Vorfälle solcher Art bestimmten Abel dazu, die ehrenvolle Depesche aus den U.S.A. positiv zu beantworten. Hierzu war er nicht gleich entschlossen gewesen. Nun aber dachte er – trotzig und unternehmungslustig, wie die harte Zeit ihn hatte werden lassen –: ‹Ich habe Europa satt. Überall Einschränkungen, feige Rücksichtnahme auf die deutsche Tyrannis – und unsereiner ist nur knapp geduldet. Dort drüben wird man doch den Mund wieder auftun dürfen ...›

Er hatte noch einige Monate bis zum Termin der Abreise. Das war gut; denn das Buch mußte fertig werden, mit dem er sich nun seit zwei Jahren beschäftigte: «Das Jahr 1848 und die deutsche Literatur». Für dieses Thema hatte er sich entschieden, gerade als er in Wien war, um Material für seine Schrift über die Österreichischen Dichter zu sammeln. Wien war eine Enttäuschung für ihn gewesen –: eine Stadt, die von ihrer Vergangenheit lebte und deren Gegenwart wenig Begeisterndes hatte. Die Luft unter der klerikalen Diktatur war dumpf und muffig; der Kampf gegen den andrängenden Nationalsozialismus wurde falsch und ängstlich geführt. Professor Abel ließ seine liebevollen Notizen über Hofmannsthal und Schnitzler in einer Mappe verschwinden, die er bis auf weiteres nicht mehr zu öffnen gedachte. Das Jahr '48 – seine geistigen Ursprünge und seine Konsequenzen – war erregender und dem Heute näher als die farbenvolle Untergangs-Stimmung des Wiener Fin de siècle. Es gelang Abel, trotz allen Ablenkungen und mancherlei Pflichten, die neue Arbeit, langsam aber stetig, vorwärts zu bringen. Nun hatte er ruhige Wochen vor sich. Er etablierte sich in einer mittleren skandinavischen Stadt. Hier wollte er das umfängliche Unternehmen vollenden.

Freilich blieb man niemals völlig ungestört. Nur ein vollkommener Egoist hätte sich gänzlich abschließen, durchaus auf die eigene Arbeit zurückziehen können. Was Abel betraf, so brachte er es nicht mehr übers Herz, Briefe, die so dringlichen Inhaltes waren, unbeantwortet zu lassen; Besucher, die mit so fürchterlich akuten Sorgen kamen, abzuweisen. Ihm selber ging es relativ gut – dies wußte er, und war sogar ein wenig stolz darauf. Andere hatte nichts zu essen, wurden überall ausgewiesen und als elende Vagabunden durch die Länder gejagt. Früher aber waren sie achtbar gewesen, manche von ihnen sogar angesehen. Diesen oder jenen hatte Abel in Deutschland gekannt; andere wieder waren durch Freunde empfohlen. Doch meldeten sich auch solche, die sich auf niemanden berufen konnten; ihre offenkundige Armut allein wies sie aus – und ihre Behauptung, daß sie im Dritten Reich, aus politischen oder anderen Gründen, verfolgt würden. Das konnte man nun glauben oder nicht. Benjamin war nicht skeptisch. Es war besser – so schien ihm – Dreien geholfen zu haben, die Schwindler sind, als einen Anständigen zu enttäuschen.

Sogar solchen gegenüber, die sich gleich zu Anfang schlecht benahmen, blieb er geduldig, ohne übrigens je die Miene des Edlen, eines salbungsvollen Menschenfreundes aufzusetzen. Ein junger Mann erschien, der behauptete, er sei einmal Schupo in Berlin gewesen. Dergleichen war ihm jetzt nicht mehr anzusehen; im Gegenteil, ein pflichtbewußter Berliner Polizeibeamter würde ihn wohl auf offener Straße festgenommen, mindestens aber sehr mißtrauisch beobachtet haben, einfach seines suspekten Äußeren wegen. Der graue Anzug, den er trug, war dünn und abgeschabt, an mehreren Stellen geflickt, an anderen durchlöchert; er glänzte speckig, und die Farbe spielte ins häßlich Grüne. Auch mit den Schuhen war kaum viel Staat zu machen. Am besten schien noch das dicke, rote Wollhemd. Es war aus solidem Material; doch wirkte es, als hätte der junge Mann es schon seit Jahren am Leib. Der Verdacht drängte sich auf, daß es unfrisch roch. Auch sein Gesicht zeigte unfrische Farben – eine bleiche, verwüstete Miene, mit fleckig angegriffener Haut auf den slawisch breiten Wangenknochen. Die hellen, engen Augen schauten trüb zwischen arg entzündeten Lidern. Rasiert hatte er sich wohl seit Wochen nicht; der harte Bart schimmerte rötlich, während das verwilderte Haar einen reinen, fast goldenen Glanz zeigte.

Der Bursche hatte lang nichts gegessen, er bekam Kaffee und belegte Brote, Abel ließ sich von ihm erzählen. «Ich heiße Ernst», begann er seinen Bericht – als ob dies am wichtigsten wäre. Was folgte, war etwas wirr und recht traurig. Die triste Chronik wurde oft unterbrochen durch allgemeine Betrachtungen schwermütiger und bitterer Natur, die sich meistens in den Worten: «Es ist alles eine große Scheiße!» resümierten. Die ersten Jahre des Exils hatte Ernst – wenn man ihm glauben durfte – in Prag zugebracht, mit einem Kameraden zusammen, einem feinen Kerl, der jetzt verschollen war. «So einen finde ich nie mehr. Den haben sie inzwischen sicher auch irgendwo umgebracht.» Seither hatte er nirgends länger bleiben dürfen als nur einige Wochen. «In der Schweiz», sagte der Bursche – und plötzlich hatte er ein sanftes, beinah seliges Lächeln – «da ist es mir gut gegangen. In Zürich – da war es schön ... Aber die Fremdenpolizei ... Es ist eine große Scheiße ... Aus dem Bett hat man mich rausgeholt, ohne Rücksicht auf die Dame, die bei mir war ...» Dies hatte keineswegs zynischen Klang, auch prahlerisch war es nicht gemeint. Im Gegenteil verstand Abel, daß jenes dankbar ergriffene Lächeln, das eben noch die abgemagerte Miene des Vagabunden verklärt hatte, mit der erwähnten «Dame» in Zusammenhang stand.

Er erzählte noch lange von seinen Abenteuern auf den Landstraßen und in den Herbergen vieler Länder; von den Zusammenstößen mit der Polizei in Frankreich, Belgien, Holland, Dänemark, Schweden, Norwegen und Finnland. Manches klang unwahrscheinlich, einiges war wohl gelogen, am Ende stimmte vielleicht nicht einmal die Geschichte mit dem freundlichen Mädchen in Zürich. Abel indessen war geneigt, alles zu glauben, oder doch für möglich zu halten. «Es muß etwas für Sie geschehen, junger Mann», meinte er väterlich. Er hatte Beziehungen zu einem Comité für Flüchtlings-Hilfe in dieser Stadt. Eigentlich war es für Juden da; nahm sich aber auch anderer Emigranten an, wenn sie ihre Not und die Ursachen ihrer Emigration nachweisen konnten. «Zwar kenne ich den Leiter der Organisation noch nicht persönlich» – Abel sprach mehr zu sich selber, als zu seinem Besucher. «Aber sicher wird er mich empfangen. Der könnte Ihnen wohl behilflich sein ... Ich will mir nur einige Notizen über Ihre Vergangenheit machen.»

Während der Professor am Schreibtisch saß, unternahm Ernst einen sehr ungeschickten, dilettantischen Versuch, die goldene Taschenuhr zu stehlen, die auf dem Kaminsims lag. Abel bemerkte es gleich, er war mehr gelangweilt und etwas angewidert als empört oder erstaunt. «Lassen Sie doch den Unsinn!» sagte er müde, ohne den Kopf ganz von seinen Papieren zu wenden. Daraufhin fing der junge Mann zu weinen an. Er weinte heftig, ohne übrigens das Gesicht mit der Hand zu bedecken. Sein Mund, zwischen dem roten Bart, verzerrte sich wie bei einem kleinen Kind, und aus den hellen, schmalen Augen flossen die dicken Tränen. Die Uhr legte er behutsam wieder auf den Kaminsims; es war eine hübsche Uhr, matt-golden, mit einem altmodisch verschnörkelten Monogramm verziert; Abel hatte sie von seinem Vater geerbt, ein Familienstück, er hätte sie ungern verloren. Eigentlich war er selbst etwas erstaunt darüber, daß er fast keinen Unwillen gegen den Burschen empfand, der da stand und flennte. Um nur irgendetwas zu sagen, erkundigte er sich – nicht sehr lebhaft interessiert, wie ein Arzt, der eine pflichtgemäße Frage stellt –: «Sind Sie Kleptomane?» – «Keine Spur!» beteuerte der Bursche, der vielleicht gerade die Vorstellung, er könnte ein Dieb aus krankhafter Veranlagung sein, als besonders verletzend empfand. «Sicher nicht! So was Gemeines bin ich nie gewesen! Aber man kommt ja vollständig herunter! Der Mensch verdirbt und verfault ja bei so einem Leben. Mit dem Gesetz ist man sowieso ständig in Konflikt, weil man sich doch illegal im Lande aufhält. Da meint man schließlich, es kommt gar nicht mehr darauf an ...» Dies schien dem Professor einzuleuchten. Er nickte ernsthaft; dann riet er dem jungen Mann: «Trocknen Sie doch mal Ihr Gesicht ab! Es ist naß von Tränen.» Der erfolglose, reuige Dieb schüttelte tragisch den Kopf, als wollte er sagen: ‹Es geschieht mir gerade recht, daß ich hier vor Ihnen stehen muß mit einem Gesicht, über das Tränen laufen – wie ein Schulbub, den man ausgeschimpft hat. Nein, ich trockne meine Backen nicht. Ich fühle mich erbärmlich, und will auch erbärmlich aussehen!› – «Seit so langer Zeit sind Sie der erste Mensch, Herr Professor, der nett zu mir gewesen ist», behauptete er – um zerknirscht hinzu zu fügen: «Und da muß ich so was machen!» – «Sprechen wir nicht mehr davon!» schlug Benjamin vor. Um seinen kummervollen Gast auf andere Gedanken zu bringen, bot er ihm noch Kaffee und Butterbrot an. Ernst zeigte immer noch Appetit, obwohl er doch schon vorher viel gegessen und außerdem inzwischen seelisch einiges durchgemacht hatte. «Kein Mensch braucht einen!» erklärte er, während er kaute. «Man verliert alle Selbstachtung, wenn man das Gefühl hat, überflüssig auf der Welt zu sein. Ohne Selbstachtung kann man nicht leben.» Auch dies war richtig; Abel mußte wieder bestätigend nicken. «Haben Sie denn keine politischen Ideale?» wollte er wissen. – «Ich hatte mal welche.» Der heruntergekommene Schupo zuckte bitter die Achseln. «Aber so was wird einem ja ausgetrieben, in dieser beschissenen Welt. Wie soll man denn noch an die Demokratie glauben, wenn sogenannte demokratische Staaten sich so gegen unsereinen benehmen? Behandelt wird man, als wär man ein reudiger Hund – und soll Idealist bleiben!» Er lachte höhnisch, wobei schadhafte Zähne sichtbar wurden. Sein Gesicht war immer noch naß von den salzigen Tropfen, die abzuwischen er sich aus lauter Trotz und Gram geweigert hatte. – «Na, wir wollen mal sehen, was wir für Sie tun können!» meinte abschließend Abel. Ehe der Besucher ging, wiederholte er noch, es sei alles eine ungeheuer große Scheiße; dann bat er nochmals um Verzeihung wegen der Sache mit Benjamins goldener Uhr. Abel sagte: «Das habe ich schon vergessen.» Der andere konnte es gar nicht fassen und hätte beinah wieder zu weinen begonnen – aber aus Dankbarkeit, vielleicht auch aus Erstaunen; denn er hatte nicht mehr an die Güte geglaubt. –

Abel setzte sich, durch die Vermittlung eines Bekannten, mit dem Leiter des Jüdischen Hilfscomités in Verbindung. Der erklärte sich sofort bereit, ihn zu sehen. «Kommen Sie bitte am nächsten Donnerstag gegen vier Uhr!» schlug er brieflich vor. «Ich werde Sie sofort persönlich empfangen. Es wird mir eine Ehre sein, Herr Professor, Ihre Bekanntschaft zu machen.» – Benjamin ging hin; die Visite wurde ein kompletter Mißerfolg.

Der Vorplatz, in dem dreißig oder vierzig Menschen warten mußten, sah trostlos aus. Es gab keine Stühle, nur eine schmale Holzbank an der getünchten Wand; auf der saßen, eng aneinander gedrängt, jammervolle Figuren: alte Weiber oder ausgemergelte Männer – die Gesichter unbeweglich in die Hände gestützt oder die Köpfe nervös hin und her wendend, als lauschten sie in die Ferne, aus der irgendeine angenehme Botschaft überraschend kommen könnte. Indessen war nichts zu hören als die mürrische Stimme eines Mannes, der hinter einem Schalterfenster stand und von dort aus speckig abgegriffene Pappschilder mit Nummern verteilte. Auch Abel sollte eine bekommen; erklärte aber: «Ich habe eine persönliche Verabredung mit Ihrem Chef. Ich nehme an, er wünscht mich gleich zu sehen.» Der Beamte erwiderte nur: «Warten Sie!» Machte jedoch keineswegs Miene, Namen oder Wunsch des Professors an irgendeine andere Instanz weiter zu leiten.

Benjamin hatte Muße, sich seine Umgebung genauer zu betrachten. Neben dem Schalter hing ein großes Schild, auf dem stand in fetten Lettern zu lesen: «Absolute Ruhe! Vermeidet politische Gespräche! Sie könnten belauscht werden und Anlaß zu Gerüchten geben, die uns schaden!» Übrigens sahen die Unglücklichen, die sich hier drängten, durchaus nicht aus, als hätten sie Lust, über die Weltlage zu debattieren. Ihre eigenen Sorgen waren gar zu groß; für die allgemeinen blieb ihnen kaum Interesse. Sie unterhielten sich, trotz der warnenden Tafel – freilich mit angstvoll gedämpften Stimmen und nur über ihre tristen Privat-Affären. Benjamin unterschied mehrere deutsche Dialekte; auch östliche Idiome kamen vor: Polnisch, Ungarisch, Tschechisch, Rumänisch. – «Nach England ist überhaupt nicht mehr reinzukommen!» behauptete pessimistisch ein junger Mann. Ein anderer sagte: «Ich warte schon seit zweieinhalb Jahren auf mein französisches Visum.» Der Verdacht lag nahe, daß er während all dieser Zeit nichts getan hatte, als eben auf das französische Visum zu warten. Trotzdem blieb er hoffnungsvoll. «Aber nächste Woche bekomme ich es – der Konsul hat mirs versprochen!» Ein dritter klagte: «Mich wollen sie nach Deutschland zurückschicken! Dabei habe ich, ehe ich wegfuhr, auf der Berliner Polizei einen Schein unterschreiben müssen, daß ich niemals wiederkommen will. Wenn ich nun wieder anrücke –: die sperren mich doch glatt ein! So was kann man doch nicht von mir verlangen! Die sperren mich doch ganz bestimmt ein!» – In einer anderen Gruppe sprach man von Palästina. «Mein Vetter ist Kellner in Tel Aviv; verdient ganz anständig, ist recht zufrieden …» – «Aber in Südamerika soll es besser sein!» wußte ein ganz Gescheiter. «Meine Schwester hat einen Hutsalon in Buenos Aires …»

Andere versammelten sich um eine weibliche Person von dürftigem Aussehen, die heftig weinte. Sie hielt ein kleines Kind, das sie nun dramatisch in die Höhe reckte. «Nein, ich gehe nicht zum deutschen Konsul!» rief sie flehend. «Dort werde ich eingesperrt, und mein Kleines auch! Mein Bräutigam – ich meine: der Vater meines Kindes – hat mir fest versprochen, daß ich das holländische Visum bekomme, ohne daß ich vorher beim deutschen Konsul war!» Mitleidige und tröstliche Stimmen ließen sich hören; vor allem die Frauen nahmen sich der hysterisch Schluchzenden an. Man redete ihr vernünftig zu: «Aber seien Sie doch nicht so ungeschickt! Nicht so ängstlich! Man beißt Sie doch nicht auf dem deutschen Konsulat! Sie müssen sich Ihren Paß verlängern lassen!» – Die Ärmsten: es tat ihnen wohl, ihrerseits einmal mitleidig sein und sich im Vorteil fühlen zu dürfen gegenüber einer, die nicht mehr aus noch ein zu wissen schien. Denn die Weinende blieb dabei: «Ich kann nicht, und ich will nicht! Mit meinem Kind zu den Nazis?!» fragte sie pathetisch – um dann selbst zu erwidern: «Nie und nimmer!» Schließlich berief sie sich nochmals auf das Versprechen ihres Bräutigams – vielmehr: «des Vaters meines Kindes», wie sie pedantisch hinzufügte.

Ihre Klagen machten viel Lärm – was zur Folge hatte, daß ein Herr mit zorngeröteter Miene eintrat und seinerseits brüllte. «Was ist hier los?! Ich verbitte mir das!» Sofort verstummten alle; der

Herr jedoch schimpfte weiter; nun war es ein bleicher Unterbeamter, der den großen Zorn des Vorgesetzten über sich ergehen lassen mußte. – «Habe ich Ihnen nicht zehn Mal gesagt, die Leute sollen im oberen Wartesaal bleiben, wenn sie ihre Nummern haben? Immer wieder dieser Radau, direkt vor meinem Bureau! Wozu haben wir denn das zweite Stockwerk? – Das ist eine Unordnung! Eine Sauerei! Gar nicht auszuhalten!» Der Herr hielt sich die Fäuste an die Schläfen; er schien fürchterlich enerviert. Die Wartenden drängten sich schon zur Treppe; der Unterbeamte – selbst ganz gebückt vor Schrecken – trieb sie wie eine Herde. «Marsch, marsch! hinauf! Was steht ihr denn noch herum! Marsch marsch marsch!» Er trat auch an Abel heran, der zögernd zurück blieb. – «Worauf warten Sie denn? Sie hören doch, was befohlen worden ist. Hier ist die Treppe – marsch marsch marsch – hinauf!»

Abel meinte zu träumen. ‹Wo bin ich denn?› – besann er sich entsetzt. ‹In einem Kasernenhof? Dort kann es so schlimm nicht sein ... In einem Konzentrationslager? ... Mein Gott: die Unglücklichen fliehen Deutschland – um hier dies zu finden ...› – Er sagte, mit etwas bebenden Lippen: «Wenn ich recht verstanden habe, so sollen nur die Herrschaften, die im Besitz von Nummern sind, ins obere Stockwerk gehen. Ich habe keine.» – «So lassen Sie sich gefälligst eine geben!» fuhr der Mann ihn an. «Jeder braucht eine Nummer.» – «Ich nicht», versetzte Benjamin, möglichst gelassen. «Ich habe eine persönliche Verabredung mit Ihrem Chef.» – Hier war es der wütende Herr, der sich einmischte. «Was ist denn hier los?!» Nur die Stimme eines preußischen Unteroffiziers kann solchen Klang haben. «Weigern Sie sich etwa, nach oben zu gehen – he?!» – Abel sagte: «Ich möchte lieber hier warten. Ich habe eine persönliche Verabredung mit Herrn Nathan.» – «Eine persönliche Verabredung mit Herrn Nathan! Ist ja ausgezeichnet!» Der Herr schien vor lauter Ingrimm beinah wohlgelaunt zu werden. Er lachte krächzend, schlug auch die Hände, in einem Anfall von wilder Amüsiertheit, über dem Kopf zusammen. «Sie möchten lieber hier warten! Ist ja famos! – Da könnte jeder kommen!» brüllte er, plötzlich wieder entsetzlich ernst. «Bei uns gibts keine Ausnahmen, keine Extra-Würste! Alles geht hübsch in Ordnung! Jeder bekommt seine Nummer! Alle werden nach der Reihe vorgelassen! – Gehen Sie hinauf!» forderte er gedämpfter, aber erst recht unheilverkündend. «Oder scheren Sie sich fort!» Dies war als sein letztes Wort gemeint; er stand drohend da, schien auch dazu bereit, mit den Fäusten auf den anderen loszugehen. Abel brachte nur noch hervor: «Eine Schande! Eine unsagbare Schande!» – und war schon am Ausgang. Der Zornige höhnte hinter ihm her: «Auf Wiedersehen!»

In einem langen Brief an Herrn Nathan formulierte Benjamin seine Entrüstung und seinen Schmerz. «Nicht mich hat man gekränkt oder beleidigt», schrieb er mit einer Hand, die noch zitterte. «Menschen eines solchen Niveaus sind dazu nicht im Stande, und übrigens wußte der unerzogene Herr ja nicht einmal, wer ich bin. Vermuten Sie also, geehrter Herr, bitte nicht, es sei gekränkte Eitelkeit, die mich rasend macht. Ich schaudre bei dem Gedanken, daß solche, die in freien Ländern Zuflucht suchen vor der Schmach der Nazi-Barbarei, hier nicht nur der Not begegnen, sondern neuer Erniedrigung ... Gibt es den Begriff der Menschenwürde nicht mehr?»

Am nächsten Morgen meldete sich telephonisch Herr Nathan. Die Stimme, mit der er um Verzeihung bat, klang dumpf. «Mein lieber Herr Professor – wie unglücklich bin ich, daß gerade Ihnen dies geschehen mußte! Erlauben Sie mir, gleich zu Ihnen zu kommen. Mir liegt daran, Ihnen einiges zu erklären ...»

Benjamin empfing ihn ein paar Stunden später. Herr Nathan mochte sechzig Jahre alt sein; sein sorgenvolles Gesicht war sehr grau und müde. Unter den Augen gab es dicke Säcke – wie bei einem, der viel geweint hat, oder gar zu oft bemüht gewesen ist, Weinende zu trösten. Nathan begann das Gespräch: «Ihr Brief war nicht gerecht, Herr Professor!» Da Abel schwieg, fügte der Alte hinzu: «Ich begreife, daß Sie ihn so schreiben mußten. Aber – glauben Sie mir! –: ganz gerecht ist er nicht. Der Mann, der Sie angeschrieen hat – mein Freund Petersen – ist ein unermüdlicher Arbeiter. Jeden Tag, den Gott werden läßt, plagt er sich acht Stunden, oder noch länger, für unsere Flüchtlinge, ohne irgendeine Bezahlung dafür zu nehmen; ohne irgendeinen Vorteil davon zu haben – einfach aus Anständigkeit; weil er es für seine Menschenpflicht hält.» – «Das konnte ich nicht wissen», bemerkte Benjamin leise, schon etwas beschämt. «Sein Ton war trotzdem abscheulich.» – Nathan räumte ihm ein: «Man sollte niemals die Nerven verlieren. – Wir sind aber alle nur Menschen», stellte er kummervoll fest. Abel sagte, nicht ohne Schärfe: «Gerade deshalb muß man die Menschenwürde des anderen achten.» Der Leiter des Comités nickte müde. «Gewiß, gewiß...» Er schwieg eine Weile; strich sich den grauen Schnurrbart und blickte, trübe sinnend, über die dikken Säcke hinweg, die wie Gewichte unter seinen Augen hingen. – «Man macht es uns aber nicht leicht», meinte er endlich, wie als Abschluß eines langen Selbstgespräches, das gewiß nicht heiter gewesen war. «Die Menschenwürde des anderen zu achten –: nein, leicht macht man es uns gewiß nicht...»

Dann erzählte er: zu diesem Zweck war er hergekommen. Es wurde deutlich: ihm war nicht nur daran gelegen, das unbeherrschte Verhalten seines Mitarbeiters zu entschuldigen und den Professor solcherart zu versöhnen; er wollte sein Herz ausschütten – sein schweres, betrübtes Herz. «Manchmal könnte man ganz hoffnungslos werden», sagte der alte Mann. «Mit so viel Enthusiasmus bin ich an diese Arbeit gegangen – und wie viel Enttäuschungen habe ich erleben müssen. – Freilich ist mir auch viel Schönes vorgekommen.» Hierbei lächelte er, zum ersten Mal; es war ein etwas mühsames Lächeln, aber kein künstliches, kein konventionelles. So lächelt einer, dessen Gesicht meistens ernst ist und sich nur selten, nur ausnahmsweise erhellen darf, bei der Erinnerung an ein paar gute Augenblicke.

Was die Enttäuschungen betraf, so waren sie mannigfacher Natur. Vielen von denen, die um Hilfe baten, war kaum zu helfen. Den Unglücklichen fehlten Kraft und Lebenswillen, manchen auch die Intelligenz, einigen sogar die Anständigkeit. Herr Nathan hatte sich für Menschen eingesetzt, von denen später erwiesen ward, daß sie Nazi-Spitzel und Agenten waren: «Einige von diesen Schuften sind sogar Juden gewesen!» konstatierte er mit Ekel und Bitterkeit. Andere wieder waren zu keiner Arbeit mehr fähig; sie klagten nur noch, jammerten den ganzen Tag über ihr hartes Los. «Damit ist kein Geld zu verdienen», sagte Nathan, der sich dies alles mit ansehen mußte. Er war auch dabei gewesen, als eine junge Frau, deren Gatte in einem deutschen Konzentrationslager saß, sich im Vorzimmer des Comités erschoß. «Solche Szenen vergißt man nicht!» sagte er leise. «Vielen hat das Furchtbare, was sie in Deutschland mitmachen oder mit ansehen mußten, das moralische Rückgrat zerbrochen. Sie sind wie gelähmt; wie Krüppel sind sie geworden, können sich gar nicht rühren. Da sitzen sie nun, und man soll etwas für sie tun. Sie selber aber sind wie gelähmt; reden nichts als Unsinn. Manche sind auch noch mißtrauisch und renitent –; kein Wunder, bei all den Erfahrungen, die sie gemacht haben –; uns aber erschwert es die Arbeit. Man ist oft so müde. Wüßten Sie nur von all den Schwierigkeiten, all den Schikanen, mit denen wir täglich zu kämpfen haben! Manchmal verliert man die Nerven. Aber wir wollen das Beste! Wir tun, was wir irgend können – glauben Sie mir!» Er sagte es beinah flehend – was nicht nötig gewesen wäre; Abel glaubte ihm. Er zweifelte nicht daran: Nathan war ein guter und gescheiter Mensch; gab sich Mühe; rieb sich auf für eine Sache, die nicht Gewinn brachte, und viel Ehre schien kaum zu erwarten. «Auch das Geld wird knapp», ließ er wissen. «Zu Anfang wurde reichlich gespendet. Aber die Tragödie dauert zu lange, das allgemeine Interesse läßt nach. Auch scheint das Ganze zu hoffnungslos – ein Faß ohne Boden, wenn ich mich so ausdrücken darf. Es werden immer mehr Flüchtlinge, täglich kommen neue an, unsere Fonds sind beinah erschöpft, unsere Geldgeber lassen sich kaum noch sprechen ...»

Die beiden Männer saßen sich gegenüber; eine Weile sagte keiner etwas. Schließlich war es Nathan, der wieder zu sprechen begann. «Es ist schade um die Menschen.» Seine Stimme bebte vor Gram. Der Literaturhistoriker bemerkte: «Das hat Strindberg gesagt.» Nathan nickte. «Vor vielen Jahren ... Aber es ist immer noch wahr. Schade um die Menschen – jammerschade um sie ...»

Später kam er auch auf Erfahrungen zu reden, die freundlicher waren. «Ganz vergeblich ist die große Arbeit nicht! Manchmal wird einem bestätigt: es hat Sinn gehabt. Irgendein junger Mensch schreibt uns – aus Argentinien oder Palästina oder Neuseeland –, und er berichtet: Es geht ihm gut dort, er hat zu tun. Wir haben ihn hingebracht. Wir haben ihn hier etwas lernen lassen und haben ihm zu dieser Stellung in einem fernen Lande verholfen. Nun denkt er dort drüben an uns ... Das macht Freude!» Herr Nathan sah plötzlich beinah vergnügt aus und rieb sich die Hände, wie einer, der ein gutes Geschäft gemacht hat – ein redliches, feines Geschäft. «Manche von unseren Schützlingen haben auch in Europa irgendwo Stellung gefunden», sagte er noch. «Einige sogar hier im Lande. Die besuchen mich dann, ab und zu. Nicht alle, natürlich: manche legen Wert darauf, mich nie wieder zu sehen und das Comité zu vergessen – was ich begreiflich finde. Andere aber lassen sich zuweilen sehen. Männer, denen ich im Jahre 1933 helfen konnte, haben inzwischen hier geheiratet; dann bringen sie wohl auch ihre Frau mit, manche sogar ein Kind – ein Emigrantenkind; aber es kann schon ein bißchen in der Sprache unseres Landes plappern. – Das macht Spaß!» sagte Herr Nathan wieder, und noch einmal ging das ungeübte, schwere, innige Lächeln über sein sorgenvolles altes Gesicht.

Schließlich fiel Benjamin ein: «Ich wollte mit Ihnen ja einen bestimmten Fall besprechen. Es handelt sich da um einen jungen Mann, der früher bei der Berliner Polizei angestellt war. Ein sehr anständiger Bursche, wie mir scheint – vielleicht durch Leiden etwas aus der Form gekommen ...»

Herr Nathan lauschte – gleich interessiert; schon bereit, zu helfen; sich alle Möglichkeiten zu überlegen; von Herzen willens, diesen Menschenbruder, wenn es irgend angehen sollte, zu retten.

Im Spätsommer des Jahres 1937 beschloß Marion, im Herbst nach Amerika zu fahren. Ein wichtiger New Yorker Agent war in Prag und Zürich Zeuge ihrer Erfolge gewesen; von ihm kam das Angebot: sie sollte eine Vortrags-Tournee durch die Vereinigten Staaten machen. Erst hatte sie gezögert; nun aber nahm sie an. Sie meinte, Europa nicht mehr ertragen zu können. Es waren zu viel der Verluste, zu viel der Erinnerungen, überall. Sie empfand schon seit langem: ‹Es ist zu viel – ganz entschieden zu viel. Entweder auch ich sterbe, oder ich muß etwas Neues anfangen.›

Sie studierte einen Teil ihres Programms auf englisch; andere Partien sollte sie im deutschen Original mit englischen Erläuterungen bringen. Übrigens hatte ihr der Agent versprochen, daß in den Kreisen, vor denen sie auftreten würde – Clubs, Universitäten, literarische Gesellschaften – mindestens ein Teil des Auditoriums Deutsch verstehe.

Das Visum hatte sie bekommen. Sie behielt ja den guten französischen Paß; sie war die Witwe des citoyen Marcel Poiret. Das Schiffsbillett war besorgt. Die Abschiede konnten beginnen. Marion, wehmütig und empfindsam gestimmt, hatte nur das eine Wort im Herzen: Abschied ... Abschied von den Gräbern; Abschied von den noch Lebenden. Ich bin die Überlebende. Ich bin die Abreisende. Ich bin die, welche etwas Neues beginnt. Ich reise nach Amerika und mache mich in Clubs wie auch in Universitäten bemerkbar. Dieses ist Abschied – eine Realität; die Realität unseres Lebens. Das ganze Leben ist Abschied. Abschied auf Bahnsteigen, auf Flugplätzen, Landungs-Stegen; Abschied in Schlafzimmern, Cafés, Hotelhallen, auf der Straße, an einer Haustür. Adieu, schreib mir mal, machs gut, vergiß mich nicht – ach, vergeßt mich nicht, und adieu!

Adieu, liebste Mama, du bist älter und schöner geworden, der Schmerz um Tilly hat dich sowohl älter als auch schöner gemacht. Wir weinen noch ein wenig, weil Tilly auf und davon ist, spurlos verschwunden, hinweg-gehuscht – wir aber müssen weiterleben; müssen hier sitzen und uns nochmals umarmen: Adieu, liebste Mama! Grüße die dumme kleine Susanne – ist sie immer noch so gräßlich reaktionär? Ein komisches Kind! Wie lange muß sie eigentlich noch in diesem teuren Internat bleiben? – Na, adieu also, ich rufe dich aus Paris wohl noch an, ehe ich fahre ...

Und dann, in Paris –: Adieu, liebste Schwalbe – Kopf hoch, altes Ding! Aber wer wird denn weinen ... Wir schaffen es schon! Sind doch zwei tüchtige alte Kerle – du und ich: wind- und wetterfest, möcht ich sprechen, wir erleben auch noch bessere Tage – laß dich küssen, – laß dich sehr küssen, alte Schwalben-Mutter!

Adieu, liebes Meisje – bist du immer noch glücklich? Ja, du siehst immer noch glücklich aus; schön und glücklich, wie ein militanter Erzengel. Erstaunlich, daß es so was gibt; großartig, daß es so was gibt. – Braver alter Doktor Mathes – adieu.

Ilse Ill war beim Abschied säuerlich; denn sie hatte so gut wie überhaupt keinen Erfolg mehr. Weder grünes Haar noch violette Wangen halfen ihr auf die Dauer; auch ihre Affäre mit einem veritablen Neger-König hatte nicht das erwartete Aufsehen gemacht –: kein Wunder, daß sie sich verbittert zeigte. «Ich möchte wohl auch nach Amerika!» schmollte sie. «Wenn ich Talent habe, bin ich doch nicht häßlich.»

Was den Bankier Bernheim betraf, so schien er ein wenig abgekämpft, wenngleich immer noch würdig. «Liebes Kammermädchen», sagte der reiche Mann schlicht, «mir tut es leid, daß du fährst.» Dann stellte sich heraus: Er war es müde, immer nur Geschäfte zu machen. Das schlimme Abenteuer von Mallorca hatte nachhaltig auf ihn gewirkt. «Ich bin innerlicher geworden», erklärte er und ließ durchblicken, daß er vielleicht zum Katholizismus übertreten werde. Übrigens wollte er aufs Land ziehen, nach Österreich, in die Nähe von Wien. Dort hatte man ihm ein reizendes altes Haus angeboten: es kostete beinah nichts. Professor Samuel war aufgefordert mitzukommen; glaubte aber nicht an die Stabilität der österreichischen Regierung und zog es vor, eine andere Einladung, nach Palästina, anzunehmen. «Ich möchte nicht noch eine dritte faschistische Invasion erleben, nachdem ich die in Deutschland und in Spanien mitgemacht habe», sagte der alte Künstler: nicht bitter, aber ziemlich mißtrauisch geworden. Bankier Bernheim fand solche Äußerungen einfach albern. «Die österreichische Unabhängigkeit wird von Frankreich und England garantiert», eröffnete er allen, die es hören wollten. «Und außerdem hat der Bundeskanzler Schuschnigg das Heft fest in der Hand; die Mehrzahl der Bevölkerung ist ihm treu ergeben ...»

Marion fand ihn seltsam verändert, und übrigens nicht nur ihn. Auch Nathan-Morelli, zum Beispiel, war nicht mehr völlig der gleiche, als den man ihn einst gekannt hatte –: ermattet, auch er, und sein gelbliches Mongolengesicht, das so spöttisch und blasiert gewesen war, zeigte jetzt mildere, auch tiefere Züge. Marion war befremdet; denn Morelli gestand, daß er um Deutschland litt. «Ich habe Heimweh» –: gerade von ihm hätte dies niemand erwartet. Nun aber sprach er es aus und blickte wehmütig sinnend aus seinen schiefgestellten, schmalen Augen. Warum sehnte er sich nun nach Landschaften, Menschen, Städten, die er früher vernachlässigt hatte? «Es ist eine Schmach, was mit Deutschland geschieht», sagte er. «Es verfolgt mich in meinen Träumen ... Wenn ich meine Sirowitsch nicht hätte, ich könnte wohl gar nicht mehr leben. Sie bedeutet ein Stück der verlorenen Heimat für mich.» –

Theo Hummler, inmitten seiner politischen Aktivität, war herzlich traurig über Marions Abreise. Seiner alten Schwäche für sie war er treu geblieben. Er gab ihr Aufträge für New Yorker Freunde mit und erkundigte sich schließlich, ob er sie küssen dürfe. Sie gestattete es, er bekam feuchte Augen. Adieu adieu, schreib mir mal, vergiß mich nicht, dieses ist Abschied.

Auch bei Madame Rubinstein machte Marion ihre Abschiedsvisite. «Es ist immer so schön, in eurer Stube zu sein», sagte sie, wie vor viereinhalb Jahren – und wirklich, hier hatte sich nichts verändert: die gleichen Modelle alter Segelschiffe, die auf der Kommode und auf mehreren Regalen plaziert waren; die gleichen ausgestopften Vögel und Fische an den Wänden. «Ja, es ist ein gemütlicher Raum», sagte Anna Nikolajewna, während sie ihrem Gast Kirschenkonfitüre und kleines Gebäck auf den Teller legte. «Aber mon pauvre Léon wird immer trauriger ...» Auch die kleine Germaine machte ihr weiter Sorgen; sie schien nun beinah dazu entschlossen, sehr bald nach Rußland, in die unbekannte Heimat, zurückzukehren. – Adieu, Anna Nikolajewna – ich will nicht werden wie du, ich bin nicht wie du, unsere Fälle sind wesentlich voneinander verschieden. Du trauerst dem unwiederbringlich Verlorenen nach; ich träume dem entgegen, was wir gewinnen wollen ... Adieu!

Marion sah noch einmal den vornehmen und hoffnungslosen Schachspieler im Café Select: den ungarischen Grafen, der seine Güter verteilt und sich solcherart bei den Standesgenossen unmöglich gemacht hatte. Sie sah David Deutsch, der seinen soziologischen Studien nachging, erschreckend bleich war und sich schief verneigte. Er lehnte es aufs entschiedenste ab, von sich selbst zu sprechen: «Mein Fall ist melancholisch», sagte er kurz. «Ich muß irgendwie mit ihm fertig werden.» Indessen sprach er von Martin. «Weißt du noch, Marion? Weißt du noch?» – Ja, sie wußte noch. Sie vergaß die Gesichter nicht, die untergetaucht waren ins Nichts; nur zu genau erinnerte sie sich ihrer. Ach Martin – deine kokettpedantische Stimme. – «Natürlich bin ich eigentlich kein Morphinist – weißt du» –: wohin, wohin? Ach Marcel – dein lockendklagender Vogelschrei auf der Treppe – wohin? Und dann die Sturzflut der Worte; der Blasphemien, Flüche, Zärtlichkeiten –: wohin? –

Ein paar Tage, ehe Marion reiste, kam noch eine Aufforderung, die sie nicht ablehnen wollte. Eine Massenversammlung für die spanischen Loyalisten wurde veranstaltet in einem der größten Pariser Säle. Marion sollte unter den Sprechern sein – nicht als Rezitatorin diesmal, sondern als einfache Rednerin; es war ihr eigenes Wort, was man hören wollte, ihren Protest, ihren Aufruf. Hierüber freute sie sich und war auch etwas erstaunt. ‹Bin ich eine – Persönlichkeit, daß man mich heranzieht zu so großen Anlässen?› dachte sie, fast erschrocken. ‹Habe ich mir einen Namen gemacht, im Lauf dieser bitteren Jahre? Ich bin herumgereist und habe Verse aufgesagt … Bin ich dadurch berühmt geworden?›

Später fiel ihr ein, daß man sie auf dem Podium haben wollte, um Marcel Poiret zu feiern – den Soldaten, den Dichter, Helden, Märtyrer. Sie war seine Gattin gewesen. Sie trug seinen Namen. – Alle im Saal erhoben sich von ihren Sitzen, als die Witwe des Märtyrers ans Rednerpult trat. Tausende standen stumm – Pariser Arbeiter und Intellektuelle und Frauen –; sie reckten schweigend die Faust; sie senkten die Stirnen, zu seinem Gedächtnis. Marion hatte Tränen in der Stimme, als sie zu sprechen begann. Wie glücklich wäre ihr Marcel, wenn er dies sehen dürfte! (Vielleicht darf er es sehen; vielleicht darf er glücklich sein …) Sein Leben lang hatte er darunter gelitten, daß er von der Masse nicht verstanden wurde. Nun, da er tot ist, huldigte sie ihm. Die einfachen Leute konnten ihn erst begreifen, da er sein Blut vergossen hatte, für die gemeinsame Sache. Er hatte gekämpft, gelitten und sich geopfert; deshalb reckten sie nun die Fäuste, ihm zu Ehren und im Gedanken an ihn. – Marion redete einfach zu ihnen, wie sie empfanden. Sie rief: «Er ist in einem großen Kampf gestorben, der Kampf geht weiter, vielleicht stehen wir erst am Anfang.» Sie erzählte – als wären es gute alte Bekannte, an die sie sich wendete –: «Ich fahre jetzt nach Amerika, dort haben wir Freunde, ich werde sie von euch grüßen. Überall finden wir tätige Kameraden. Gerade weil die Freiheit überall gefährdet ist, gibt es überall Tapfere, die sie verteidigen wollen. Schließlich aber gewinnen wir unseren Kampf!» Dies erklärte sie zuversichtlich; hatte dabei auch den altbewährten Flammenblick, und sah schön aus, wie sie nun ihrerseits die Faust hob – als Abschiedsgruß an das französische Volk.

Die Tausende im Saal hatten noch mehrfach Gelegenheit, von den Sitzen zu springen, Lieder zu singen und die Fäuste zu recken; verschiedenen Rednern gelang es noch, sie aufzurütteln und zu begeistern. Der junge Deutsche, der gerade erst aus Madrid hier eingetroffen war und auf zwei Krücken humpelte – denn ein Granatsplitter hatte ihm den Hüftknochen zerschmettert – erntete Beifallsstürme, als er gelobte: «In Spanien habe ich für die spanische Freiheit gekämpft. Ich würde auch für eure Freiheit in Frankreich kämpfen, wenn es jemals sein müßte – das verspreche ich euch!» Daraufhin wurde die «Internationale» gesungen. – Mit ihr empfing man auch den jungen Holländer, der damals, bei der Schwalbe – nach Martins Beerdigung – heroische Anekdoten erzählt hatte. Er gefiel den Leuten; denn er schien einer von ihnen. Sein langes, starkknochiges, kräftig gebräuntes Gesicht glich dem eines Bauernburschen – wenngleich bei genauerem Hinsehen festzustellen war, daß es in den vertieften Zügen die Zeichen und Male des Geistes trug. Um ergreifende Anekdoten «aus dem Alltag des Bürgerkriegs» war er auch jetzt nicht verlegen. Er rührte seine Zuhörer, und übrigens verstand er es, sie zu erheitern; denn er streute Komisches ein.

Hingegen schien es die Absicht des hochberühmten französischen Romanciers, einzuschüchtern und Entsetzen zu verbreiten. Von allen Autoren der jüngeren Generation war er es, der am meisten bewundert wurde – nicht nur für seine Werke, sondern auch für politische Taten. Um die Sache des Fortschritts hatte er sich aktiv verdient gemacht. Die Masse kannte seinen Namen; viele hatten sogar seine Bücher gelesen. Man jubelte ihm zu; er antwortete mit einem nervösen Nicken – das er übrigens während seines ganzen Vortrages beibehielt: es war fast ein Tick. Sein schöner, schmaler Kopf zuckte und machte seltsam hackende kleine Bewegungen. Unter einer drohend geduckten, breiten und blanken Stirn, brannten, befehlshaberisch und begeistert, die tiefen Augen. Unter einer nervös schnüffelnden Nase verzerrte und öffnete sich der Mund. «Camarades!» schrie der große Romancier in die erschütterte Menge. «Was ist Spanien? Nur die Generalprobe! Es wird schlimmer kommen. Heute kreisen die Bombenflugzeuge der Faschisten nur über Barcelona, Valencia, Madrid – über den schönen Städten des tapferen spanischen Volkes. Auch über unseren Städten werden sie kreisen. Ich sehe den Himmel verdunkelt …» Er beschwor apokalyptische Bilder. «Camarades – wir werden alle keines natürlichen Todes sterben!» prophezeite er gräßlich. «Unsere Generation wird aufgeopfert!» – Er war ein vorzüglicher Redner. Kein Laut war im Saale zu hören, während seine Stimme donnerte, seine Augen blitzten. Man war entzückt und entsetzt. Er weckte Enthusiasmus und Grauen. Er sprach nicht von Siegeshoffnungen; nur von dem Inferno, das sich vorbereite. An seinem fürchterlichen Ernst aber war zu ermessen, wie entscheidend wichtig der Kampf war. Der Sieg mußte unendlich kostbar sein, wenn es sich lohnte, ihn so teuer zu bezahlen. –

Nach so fulminanter rhetorischer Leistung, schien es für den nächsten Sprecher fast hoffnungslos, noch irgend Eindruck zu machen. Trotzdem gelang es dem jungen Mann, der nun vom Versammlungs-Leiter vorgestellt wurde. Es war Kikjou – schon sein Name befremdete; beinah niemand hatte vorher von ihm gehört.

Er stand da, schmal und jung, und von seinem Antlitz kam ein Leuchten wie von weißer Flamme. War der Engel noch in seiner Nähe – der Unsichtbare, Geschwinde –, und gab ihm von seinem Glorienschein etwas ab? – Kikjou stellte mit belegter Stimme fest: «Ich bin ein Christ; ich bin fromm» –: was wiederum das Auditorium befremden mußte. Doch nickte man beifällig, als er dann erklärte: «Gerade deshalb verabscheue ich den General Franco und seine Faschisten. Sie morden nicht nur; sie wagen es, ihre Schandtaten im Namen des Herrn zu begehen, und schänden so den Allerhöchsten Namen. Sie meinen ihre schmutzigen Interessen, und reden von Jesus Christus. Oh Schmach! Oh Ruchlosigkeit! – Die Folge hiervon muß sein, daß der einfache Spanier seinen Erlöser, der am Kreuze für ihn starb, hassen lernt, weil er seinen gebenedeiten Namen zusammendenkt mit den Namen von Unterdrückern, Mördern, Briganten. – Ich bin in Spanien gewesen», teilte Kikjou mit. «Das erste Mal nur ganz kurz, unter seltsamen Umständen»; – hierbei lächelte er, schamhaft und benommen –; «dann ausführlicher; Monate lang. Ich habe die Verhältnisse dort studiert; habe wohl auch versucht, mich nützlich zu machen. Die Berichte über meine Eindrücke und Tätigkeiten sind in vielen katholischen Zeitungen zu lesen; vielleicht haben einige von euch sie zu Gesicht bekommen. – Ich bedaure die Priester, die sich dazu hergegeben haben, Werkzeuge des heidnischen Faschismus zu sein. Der Schade, den sie der Sache des Christentums zugefügt haben, ist unermeßlich. Gott möge ihnen verzeihen; es geht über meine Kräfte, ohne Bitterkeit und Haß, ohne Verachtung an sie zu denken.» – Er erzählte, schilderte, was er gesehen hatte; seine Darstellung war knapp, anschaulich, sachlich. Er sagte: «Ich gehe nach Spanien zurück. Ich bete jede Nacht zu Gott, daß die gute Sache, die menschliche Sache siegen möge.» Ehe er abtrat, hob auch er die geballte Faust. – Er war etwas breiter in den Schultern geworden. Nun war er kein Knabe mehr.

Marion hatte ihn seit Marcels Tod nicht gesehen. Sie begegneten sich im Treppenhaus. «Du hast gut gesprochen», sagte Marion. Er lächelte. «Man bekommt Übung … Früher haben die Menschen mir Angst gemacht. Jetzt ist es mir ganz natürlich geworden, ihnen zu sagen, was ich denke und fühle.» – «Du hast dich verändert.» Marion schaute ihn nachdenklich an. Er, statt zu antworten, bekam plötzlich einen Blick, der in Fernen ging. Auch der bleiche Glanz auf Stirn und Lippen war wieder da, während er leise sagte: «Marcel ist leicht gestorben. Er hat keine Schmerzen gehabt – oder doch nicht lange. Ins Herz getroffen. Tot.» Marion, furchtbar erschrocken, wollte fragen: Woher weißt du das? – Und: Wie kommst du auf diese Worte? – Aber andere Menschen drängten sich dazwischen; das Treppenhaus füllte sich, es gab eine Pause im Saal. Kikjou wurde von Marion getrennt. Er winkte noch einmal; der Blick seiner kindlichen, vielfarbigen, weit geöffneten Augen – ein freundlicher und ernster, dabei fast lustiger Blick – traf sie noch. Dann war er verschwunden, wie verschluckt von den Menschenmassen. Er wurde einer von ihnen; Marion fand ihn nicht mehr.

Adieu, kleiner Kikjou – auch du bist durch Abenteuer gegangen, die dich bedeutend verändert haben. ‹Was ist aus le petit frère de Marcel geworden?› dachte Marion, innig betroffen. ‹Der reizende, etwas suspekte Abenteurer – Martins schwieriger Liebling – zu was hat er sich entwickelt, und was wird aus ihm? – Sein Gesicht ist jetzt viel weniger weich, als ich es früher gekannt habe;

härter, kühner, männlicher geworden. Es freut mich so, daß ich ihm noch begegnet bin! Ein gutes Wiedersehen zum Schluß. Ein guter Abschied von Europa; ein hoffnungsvoller Abschied.› –

Während der letzten Tage, die sie in Paris verbrachte, war sie besser gestimmt als die ganzen Wochen vorher; vielleicht hing es mit Kikjou zusammen, und er war es wohl, dem sie dankbar sein mußte.

Sie ging durch die geliebten, vertrauten Straßen und dachte: Au revoir. Ich sehe euch wieder. Wir sind noch nicht fertig miteinander; noch lange nicht. Uns steht noch allerlei bevor – euch und mir: nicht nur Bitteres, sondern auch Triumphe. Jetzt haben wir keine gute Zeit, viele Gefahren drohen; doch kommt es auch anders, auch besser.

Au revoir, Boulevard St-Germain, rue Jacob, rue des Saints-Pères, Boulevard St-Michel, rue Monsieur le Prince; au revoir, Quai Voltaire, Place de la Concorde, Boulevard des Italiens, Place Blanche, Boulevard de Clichy, lächerliche alte Moulin Rouge. Auf Wiedersehen, du taubengraues, perlengraues Licht der geliebten Stadt! Heimat der Pariser, Heimat der Franzosen, Heimat der Heimatlosen, Herz Europas – leb wohl! Sieh mich nur recht spöttisch und zurückhaltend an – ich lasse mich von dir nicht kränken. Bin ich die Unerwünschte für dich, l'indésirée, und am Ende doch nur eine sale boche? Was fichts mich an? Ich liebe dich, auch wenn du keinen Wert darauf legst. Je t'aime malgré toi. Deine kühlen, spöttischen Blicke ärgern mich nicht; um es nur zu gestehen: eher sind sie geeignet, mich zu amüsieren. Was sagen mir deine Blicke? – Alors, en somme, Madame, vous êtes sans patrie … Da muß ich freilich etwas widersprechen. Heimat – das Wort ist so voll mit Sinn, so inhaltsreich, ist so schwer und tief. Ich bin so vielfach gebunden – nicht nur an Deutschland, das ich nie verlieren kann; auch an diese Stadt, die ich liebe, und an den Erdteil, den problematischen Kontinent, an das alte, besorgniserregende, treu geliebte Europa … Keine Heimat? Zu viel Heimat … Zu viel Erinnerungen … Würde ich so schweren Herzens abfahren, wenn es nicht die Heimat wäre, die ich verlasse? – Ich habe Angst um Europa. Ich sorge mich um Paris wie um eine Kranke. Ich zittere für Deutschland wie für einen nah Verwandten, der irrsinnig wird.

Trotzdem reise ich ab. Ist dies Flucht? – Nein; denn ich komme wieder. Und vielleicht kann ich meinem alten Erdteil jetzt besser dienen – dort draußen und drüben.

Ich trage meine Sorge um Europa in die Welt hinaus.

Adieu, Champs-Élysées, Rond Point, adieu, Étoile! Ihr Häuser, ihr Bäume, sanftes Wasser der Seine, ihr Brücken, ihr Brunnen; ihr Menschen – lachende oder schimpfende oder betrübte Menschen; ihr blassen Kinder, spielend im Jardin de Luxembourg – lebt wohl!

Adieu, Paris – und leb wohl!

DRITTER TEIL

1937/1938

«Das goldene Zeitalter, heißt es, liege nicht hinter uns, sondern vor uns; wir seien nicht aus dem Paradiese vertrieben, mit einem flammenden Schwerte, sondern wir müßten es erobern durch ein flammendes Herz, durch die Liebe; die Frucht der Erkenntnis gebe uns nicht den Tod, sondern das ewige Leben.»

Heinrich Heine

Erstes Kapitel

Hollywood war eine Enttäuschung –: Tilla Tibori mußte es sich eingestehen. Zu Anfang hatte sie es köstlich gefunden –: wegen der schönen Landschaft, des amüsanten Verkehrs, besonders aber wegen der höchst angenehmen Schecks, die pünktlich zu jedem Weekend eintrafen. Einen Teil der Summe mußte sie an ihren Agenten abtreten; doch blieb immer noch mehr, als sie Lust hatte auszugeben. Zum ersten Mal in ihrem Leben legte Frau Tibori etwas zurück. Sechshundert Dollars in der Woche ist ein hübsches Geld; schon aus diesem Umstand glaubte Tilla schließen zu dürfen: der große Ruhm war ihr sicher. Hierfür sprachen noch andere Symptome. In New York hatten die Reporter sie am Schiff begrüßt, auch in Hollywood waren sie gleich zahlreich zur Stelle gewesen. Die Zeitungen von Los Angeles brachten ihr Portrait auf der ersten Seite. Tilla empfand, beinah fröstelnd vor Glück: So fängt es an ... Aber damit hatte es auch fast schon aufgehört.

Denn nun kam die Zeit des Wartens. In Hollywood wartete man: es schien die allgemeine Beschäftigung. Das Manuskript des Films, in dem sie mitwirken sollte, mußte geändert werden; dies dauerte schrecklich lange. Die Schecks trafen ein; sonst aber ereignete sich durchaus nichts. Die Herren vom «Writer Department» – einfallsreiche Schriftsteller aus Budapest oder Brooklyn: ihrerseits hochbezahlt – erfanden neue Witze und dramatische Pointen für die Wiener Gesellschafts-Komödie. Darüber vergingen Monate. Tilla war bald nervös. Der amüsante Verkehr wurde langweilig; die strahlende Landschaft mit ihren Palmen und Autostraßen verlor allen Reiz; sogar die Schecks, so hochwillkommen sie waren, bereiteten nicht mehr die gleiche, fast wilde Freude, wie in der ersten, hoffnungsvollen Zeit. – Immerhin: zu eigentlicher Enttäuschung gab es noch keinen Anlaß. In der Rolle, die ihr zugedacht war, konnte Tilla alle ihre Reize spielen lassen. Kein Zweifel: der große Triumph stand bevor. Wäre das Manuskript nur erst fertig!

Endlich war es so weit; die Aufnahmen konnten beginnen. Das

Leben wurde interessanter und spannungsreicher. Die Reporter ließen sich wieder melden, auch Kavaliere waren plötzlich da; abends, nach der Arbeit im Studio, fuhr Tilla, bunt geschmückt, in die eleganten Dancings mit den spanischen Namen; am nächsten Morgen stand in der Zeitung zu lesen, mit wem sie gespeist und geflirtet hatte. Etwas überraschend, auch schmerzlich war, daß ihre Gage plötzlich gesenkt wurde, während sie noch in der Wiener Gesellschaftskomödie agierte. Ihr erster Vertrag, der für sechs Monate bindend gewesen war, lief gerade ab; er sollte verlängert werden, aber nur noch vierhundert Dollars die Woche wurden genehmigt. Tilla erklärte sich einverstanden; sie dachte: ‹Nach dem fulminanten Erfolg, der mich erwartet, kann ich neue Ansprüche stellen!› Die Kenner versicherten ihr: «Du bist eine Spezialität; für alle mondänen Filme wird man dich brauchen. Wenn du ein großes Abendkleid trägst, siehst du nicht aus wie ein Mannequin, sondern wie eine Fürstin. Außerdem kannst du wirklich eine feine Konversation sprechen. – Tilla, wir beneiden dich alle um deine wundervolle Karriere!»

So viel Freundlichkeit war verdächtig. Tilla blieb mißtrauisch; musterte sich lange im Spiegel. Ohne Frage: für eine Frau Mitte Vierzig sah sie fabelhaft aus. Immer noch war sie die auffallend attraktive Erscheinung, hochelegant in ihrem leichten, dunkelroten, mit schwarzem Schleier etwas phantastisch drapierten Kostüm; la belle Juive, noch immer, bei deren Anblick Herren animiert mit der Zunge schnalzen. Freilich gab es gewisse Schärfen in ihrem schönen Gesicht. Der dunkelrot gefärbte, große, stark geschwungene Mund wurde an den Winkeln von zwei müden kleinen Falten gesenkt; die Haut schien ein wenig angegriffen, matt und flaumig geworden, und die Beweglichkeit der etwas zu großen Nüstern hatte einen nervösen Charakter – den Charakter eines unruhigen, nach erregenden Gerüchen gierigen Schnupperns bekommen.

Sie photographierte sich gut. In einigen Szenen sah sie blendend aus, sowohl in großer Toilette als auch im Negligé. Trotzdem beschloß der Regisseur, jene Bilder aus dem Film zu schneiden, die sie im zärtlichen Tête-à-tête mit einem Leutnant zeigten. Während Tilla auf die zweihundert Dollars wöchentlich ohne Widerstand verzichtet hatte – um ihre Liebes-Szenen kämpfte sie wie eine Löwin. Es nützte nichts; man gab ihr zu verstehen: sie war einfach zu alt. Als der Film zum ersten Mal in Hollywood vorgeführt wurde, bekam das blonde Mädchen, welche die süße kleine Näherin spielte, den meisten Applaus. Tilla durfte sich zwar mehrfach zeigen – Orchideen im Arm, Federputz in den Haaren; so erlesen zurecht gemacht wie noch nie –; doch wurde ihr entschieden weniger zugeklatscht. Die Kritiker lobten respektvoll ihr würdig-elegantes Auftreten; die Sensation des Abends aber war die kleine Blonde. «Ein neuer Stern am Himmel Hollywoods!» verkündeten die Blätter in fetten Lettern. Gemeint war stets die süße Näherin. Von Frau Tibori war kaum die Rede.

Trotzdem versprach man ihr eine neue Rolle. Nur mußte das Manuskript noch umgearbeitet werden; diesmal handelte es sich um einen Stoff aus der Französischen Revolution. Tilla wartete. Die Herren aus Budapest und Brooklyn in ihren komfortablen Bungalows waren emsig, doch fand, was sie zu Stande brachten, nicht den Beifall der entscheidenden Instanzen. Es war einerseits zu unanständig, andererseits längst nicht spannend genug. Die Schriftsteller mußten noch einmal von vorne anfangen. Monate vergingen. Tilla zog aus dem großen Hotel am Hollywood-Boulevard in ein Boarding House nach Beverly Hills. Sie nahm englische Stunden, lernte fechten, ließ sich massieren, fuhr nach Santa Monica zum Schwimmen; sie lunchte mit Bekannten in ungarischen, schwedischen, deutschen, jüdischen, französischen, russischen Restaurants. Sie langweilte sich unsäglich. Sie legte Geld zurück – die Wochenschecks trafen ein. Die große Film-Gesellschaft schien sich kaum noch für sie zu interessieren; trotzdem kamen die Schecks. Sie war beinah verwundert, als ihr Vertrag ein zweites und ein drittes Mal verlängert wurde. Der Stoff aus der Französischen Revolution – zu unanständig und nicht spannend genug – war längst bei Seite gelegt. Man ließ Frau Tibori wissen, wahrscheinlich dürfe sie in einem englischen Familien-Film die elegante Cousine aus Paris darstellen. Tilla freute sich schon auf diese künstlerische Aufgabe; indessen kam es niemals dazu. Man entschied sich für eine echte Französin.

Aus purer Langerweile schlief Tilla mit einem jungen Mann mexikanischer Abkunft, der seinerseits in Hollywood auf das große Glück wartete. Leider aber war er keineswegs der Empfänger von Wochenschecks; hingegen wollte er von Tilla ein Auto. Sie schenkte es ihm. Als er sie aber dann mit eben jener Französin betrog, die ihr die Rolle weggespielt hatte, wurde es ihr zu dumm. «Wer bin ich, daß du mich so behandelst?» schrie sie den Gigolo an. Daraufhin sagte er kalt: «Eine erfolglose alte Person.» Sie weinte lange. Bis zu diesem Grade also war sie schon heruntergekommen! In Berlin und Frankfurt am Main hatten Dutzende ihr zu Füßen gelegen – und hier ward sie so behandelt! Sie haßte Hollywood. Alles war falsch hier – die Palmen, die Sonnenuntergänge, die Früchte: nichts hatte Wirklichkeit; alles Schwindel, Kulisse. Und erst die Menschen! Eifersüchtige, herzlose Intriganten waren sie samt und sonders; besessen von ihrem Ehrgeiz, ihrer Geldgier und dem unersättlichen Hunger nach Reklame.

Tilla vergaß, daß auch sie nur zu gerne etwas mehr Reklame gehabt hätte. Leider blieb sie aus. Kein Reporter mehr ließ sich blicken – während das Haus jener süßen Blonden, die das Nähmädchen gespielt hatte, umlagert war. Niemand kümmerte sich um die Tibori. Schließlich empfing sie die Schecks, die wie aus Versehen jedes Weekend eintrafen, nur noch als beleidigende Almosen.

Sie nahm nicht Anteil an den besseren, höheren Dingen, die es auch in Hollywood gab; an den politischen, geistigen Bemühungen vieler ihrer amerikanischen oder europäischen Kollegen. Sie sehnte sich nach Europa. Es fehlte nicht viel und sie hätte sich sogar nach dem Kommerzienrat gesehnt, der vor allem ihre Stimme liebte und dem «am Rest» nicht viel gelegen war. Keinesfalls hätte sie von ihm je Beleidigungen zu hören bekommen, wie von diesem mexikanischen Hochstapler. Häufiger noch dachte sie an Frau von Kammer –: ‹die einzige Freundin, die ich gehabt habe.› Die Nachricht von Tillys Tod bewegte sie tief und ehrlich, obwohl das junge Mädchen sich ihr gegenüber stets so zurückhaltend betragen hatte. ‹Mein Patenkind! Ach, so mußte es enden! Ich bringe kein Glück – wahrscheinlich ist es schon verderblich, nach mir zu heißen.› Sie schrieb lange, wehmutsvolle Briefe an Marie-Luise. «Ich bin so alleine – so einsam …», war der Refrain. «Gott sei Dank, daß ich wenigstens etwas Geld zurücklege. Vielleicht machen wir mal zusammen einen Hutladen auf, oder etwas Ähnliches.»

Mehr und mehr verliebte sie sich in diese Vorstellung. Hatte sie keinen Ehrgeiz als Schauspielerin mehr? – Ach nein: wenn sie so alt war, daß man ihr die kleinste Liebes-Szene nicht mehr gönnte –: wozu sich dann weiter plagen? – Das lange Warten hatte sie müde gemacht. Ihr Selbstvertrauen war zerstört. Sie fühlte sich diesem Hollywood nicht mehr gewachsen. Hollywood war grausam, es warf sie weg wie ein dekoratives, aber abgetragenes Kleidungsstück, für das niemand mehr Verwendung hat. Schließlich war sie beinahe froh, als sich eines Tages erwies: ihr Vertrag wurde nicht verlängert.

So hatte die Qual ein Ende – die Pein des Wartens, die Folter des enttäuschten Ehrgeizes. Sie durfte zurück, heim, nach Zürich –: seltsam, sie dachte an Zürich wie an die Heimat. Auf dem Bahnsteig würde sie Marie-Luise erwarten – die gute Marie-Luise! Ob sie eine alte Frau geworden war? Sie fielen sich in die Arme, und abends gingen sie auf den Rummelplatz, wie zwei Schulmädchen, um den Finnischen Riesen zu sehen, den größten Menschen der Erde ... Wie zwei Schulmädchen ... Inzwischen aber war das Leben vergangen. ‹Wie habe ich es verbracht?› – Tilla hatte reichlich Zeit, darüber nachzudenken, auf der langen Fahrt durch den amerikanischen Kontinent, von Küste zu Küste. Keine Reporter fielen ihr lästig; keine Verehrer schickten Telegramme. Sie saß in ihrem privaten Abteil – das hatte sie sich doch noch geleistet – und sann. ‹Ich bin beinah Fünfzig. Meine Haare wären weiß, wenn ich sie nicht färbte. Wie habe ich mein Leben verbracht? Ein Leben ist doch eine große Sache – eine kostbare, eine seltsame Sache ...›

Abel machte die Überfahrt von Southampton nach New York auf einem großen englischen Dampfer, in der Tourist-Class. Er genoß die Reise; er liebte das Meer; liebte es zu allen Tageszeiten und zu jeder Stunde der Nacht; er war gebannt von seiner Ruhe und von seiner Veränderlichkeit; tausendmal neu entzückt von den tausendmal wechselnden Farben: ineinander spielend, oder einander jäh ablösend, Perlgrau und Schwarz, giftiges Flaschengrün, rosig überhauchtes Weiß, drohendes Schiefergrau, und die unendlichen, unbeschreiblichen, immer wieder überraschenden Nuancen des Blau. Der Anblick des Meeres war sehr tröstlich für diesen Menschen auf der Überfahrt. Ob es still atmete oder sich heftig erzürnte: das Meer hatte die Kraft, das Herz und die Gedanken abzulenken, zu befreien von den kleinen Sorgen und dem großen Kummer. Solcher Befreiung, solchen Trostes war Benjamin bedürftig, und er war dankbar für ihn.

Mit den übrigen Passagieren unterhielt er sich kaum. Er blieb einsam, auf seinem Liegestuhl, am kleinen Tisch während der opulenten Mahlzeiten, bei den Spaziergängen, – immer um jenes ziemlich kurze Stück des Promenade-Decks herum, das den Tourist-Class-Bewohnern zur Verfügung stand. Die Mitreisenden respektierten sein Bedürfnis nach gedankenvoller Ruhe. Ein einsiedlerischer Professor: das kennt man. Zwar hatte niemand in der Tourist-Class jemals seinen Namen gehört; bedeutend gefurchte Stirn und grüblerischer Blick des schweigsamen Deutschen indessen ließen vermuten, daß es sich hier um einen Herrn von imposantem Wissen handelte. Man ließ ihn bei seinen Büchern. Nur manchmal trat ein keckes junges Mädchen oder eine schwatzhafte alte Dame heran, die, mit Kreuzwort-Rätseln beschäftigt, in Erfahrung zu bringen hoffte, welcher Strom in Asien mit G beginnt, und welcher deutsche Dramatiker der klassischen Epoche seinen Namen mit einem «Sch» am Anfang buchstabiert.

Benjamin langweilte sich nie. Seine Tage waren mit Sorgfalt eingeteilt, immer gab es eine Beschäftigung. Zwischen den Stunden, die für den Deck-Spaziergang oder einfach für die träumerische Betrachtung des Meeres reserviert waren, lagen die anderen, die dem Studium der englischen Sprache und der Lektüre gehörten. Abel hatte beschlossen, täglich mindestens fünfundzwanzig englische Vokabeln zu lernen. Leider war seine Aussprache schrecklich, und da er fast gar nicht sprach, hatte er kaum Gelegenheit, sie zu verbessern. Er las die Geschichte der Vereinigten Staaten und einen Roman von Dickens in der Original-Sprache mit gewissenhafter Benutzung eines Lexikons. Zur Erholung blätterte er dann in der «Welt als Wille und Vorstellung», in Tolstois «Krieg und Frieden», den Tagebüchern Hebbels, Mörikes Gedichten und anderen schönen Dingen, die er in seinem Handkoffer mit sich führte.

Es waren gute Tage –: die besten seit Jahren, wie ihm schien. Er

genoß sie, Stunde für Stunde. Wäre nur die Aussicht auf die Ankunft nicht gewesen! Die verdarb beinah alles, ruinierte das stille
Glück – wenn man den Fehler beging, an sie zu denken. Die acht-
mal-vierundzwanzig Stunden konnten nicht ewig dauern. Anfangs schien ihr Ende kaum abzusehen – so wie dem Kinde Ferien
unendlich scheinen, die gerade beginnen. Schließlich aber mußte
der Morgen kommen, da die Freiheits-Statue – majestätisch und
hilfsbereit; hochmütig und milde zugleich – den muskulösen Arm
und das geschmückte Haupt den Passagieren der Third-, Tourist-
und Cabin-Classs entgegen reckte. «Auch auf dich haben wir
nicht gewartet!» spricht die Freiheits-Statue: irgendein Emigrant
und armer Kerl hatte einmal behauptet, diese entmutigenden
Worte könne man der großen Dame, Lady Liberty, von der Stirne
ablesen. Daran mußte Abel sich nun erinnern. «Auch auf dich haben wir nicht gewartet ...» Ach, sicherlich, es würde Unannehmlichkeiten bei der Ankunft geben; vielleicht ließ man ihn überhaupt nicht an Land – obwohl doch sein Visum in Ordnung war
und sein Paß noch für eine Weile Gültigkeit hatte –; vielleicht
wurde er gleich zurückgeschickt, deportiert, oder mußte mindestens für mehrere Tage auf jene gräßliche Insel, Ellis Island genannt, wo man verdächtige Fremde wie Zuchthäusler traktierte –:
davon hatte Abel viel des Schlimmen gehört.

In Wirklichkeit verlief dann alles sehr harmlos. Abel hatte die
Nacht vor Aufregung nicht schlafen können. Das Schiff lag seit
Mitternacht in Quarantäne, vor New York. Um fünf Uhr morgens
war Benjamin auf dem Deck. Aus dem blau schwimmenden Dunst
des frühen Sommertages trat, zart und deutlich, die zackige Linie
der Wolkenkratzer – wie eine phantastische Kulisse zwischen den
verschleierten Himmel und das sanft schimmernde Meer gestellt.
‹Das ist es also›, dachte der deutsche Professor, ergriffen und etwas
ängstlich. ‹Das ist also New York ...›

Er hatte noch reichlich Zeit, sich mit Grübeleien abzugeben, die
übrigens mehr um die Vergangenheit als um die Zukunft kreisten;
denn er war ein vorwiegend historisch orientierter Mensch. Er
dachte an Bonn, an Annette Lehmann und an die selige Mutter in
Worms; an Amsterdam, das «Huize Mozart», an Stinchen, den
«Brummer» und Herrn Wollfritz; er dachte an irgendeine Stra-

ßenecke oder ein Caféhaus in Wien, an eine hübsche Perspektive durch den Londoner Hyde Park, an das Jüdische Comité in der skandinavischen Stadt und an den heruntergekommenen Berliner Schupo-Mann, der die goldene Uhr hatte stehlen wollen. ‹Das alles ist lange her›, sann der Historiker. ‹Es ist schon Geschichte; Teil und Abschnitt meiner Lebensgeschichte, ein Kapitel aus meiner Biographie. – Und was fängt nun an? – Man muß Spaß verstehen, wenn man leben will›, dachte er noch – und wußte nicht genau, warum es ihm, gerade jetzt, einfiel. ‹Man muß sehr viel Spaß verstehen. Humor muß man haben, sense of humour, keep smiling …›

Er stand im Rauch-Salon der Tourist-Class, zwischen deutschen Auswanderern, französischen Geschäftsleuten und englischen Vergnügungsreisenden, die alle darauf warteten, den amerikanischen Beamten ihre Pässe zeigen zu dürfen. Die Beamten trugen Brillen, hatten frische, rosige Gesichter zu grauem Haar und versuchten ihren gutmütigen Mienen einen gravitätisch-strengen Ausdruck zu geben. Die deutschen Auswanderer fürchteten sich vor ihnen; sie setzten sich ihnen gegenüber an den kleinen Tisch, zitternd, in mühsam gefaßter Haltung, wie der schlecht vorbereitete Schüler, für den das Examen beginnt.

Auch Benjamin war nervös, als an ihn endlich die Reihe kam. Aber der Beamte – der gerade vorher eine allein reisende junge Dame ins peinlich lange Kreuzverhör genommen hatte – behandelte ihn zuvorkommend, beinah herzlich. Er sagte: «Alles in Ordnung, Professor!» – und entließ ihn mit der Bemerkung: «Gut für Sie, daß Sie hergekommen sind! Hier hat man mehr Achtung für einen gebildeten Mann als in Ihrem Lande!» – Benjamin wurde ein wenig rot: der Schüler war, zu seiner eigenen Überraschung, gelobt worden. –

… Er fühlte sich der Stadt New York nicht gewachsen. Alles war ihm fremd und etwas grauenhaft. Er empfand, unter Schaudern: Die Wolkenkratzer fallen mir auf den Kopf – gleich werden sie mich begraben. – Vor allem vermißte er Bäume in dieser Steinwüste. Er schmachtete nach etwas Grünem wie der Durstige nach einem Schluck Wasser. Man konnte Stunden lang durch diese Straßen gehen, ohne ein Stückchen Wiese, ein frisches Gesträuch oder einen Brunnen zu finden. Die Hitze war drückend, die schwere Luft schien mit Feuchtigkeit vollgesogen, man war den ganzen Tag in Schweiß gebadet, nachts hörte der Asphalt nicht auf zu glühen. Der Central Park, wo Benjamin ab und zu promenierte, gewährte keine Erholung. Die Wege dort waren staubig und überfüllt; auch das Grün der Bäume schien unfrisch. – Am wohlsten fühlte er sich noch im Hotel – 39. Straße, East, zwischen Lexington und Park Avenue –, das Bekannte ihm empfohlen hatten. Sein kleines Zimmer ging auf den Hof und war ziemlich dunkel. Immerhin gab es Ruhe dort, und es war vergleichsweise kühl. Übrigens gefiel ihm auch die kleine Bar des Hotels; er plauderte gern mit dem Mixer, Monsieur Gaston. Abgesehen von diesem charmanten und welterfahrenen Gesellen, hatte er in New York keine Freunde. Die Empfehlungsschreiben blieben wieder unbenutzt; Abel tröstete sich mit der Überlegung: Es ist nicht die Saison, um Besuche zu machen; die meisten Leute sind wohl auf dem Land ... Er war fast so einsam wie während der ersten trostlosen Monate in Amsterdam. An Stinchen schrieb er: «Ich sehne mich nach Dir, gutes Kind! Die Amerikanerinnen sehen hochmütig abweisend aus; übrigens kann ich nicht mit ihnen sprechen. Du solltest bei mir sein, liebes Stinchen. Wenn ich etwas Geld habe, lasse ich Dich kommen ...» –

Alles war ihm beschwerlich. Das Essen – in Cafeterias oder «Drug Stores», auf hohen Barstühlen oder im Stehen hastig eingenommen – schmeckte ihm nicht. (‹Bohnen zum Fisch, Bananen mit Mayonnaise, Apfelkuchen mit Käse, Eiswasser zum Kaffee und Kaffee zur Suppe –: wer hält denn das aus!› dachte er grimmig.) Die süßlich scharfen Zigaretten verursachten ihm Hustenreiz; der Whisky machte ihn krank; die Jazz-Musik, die überall aus den Radioapparaten lärmte, ging ihm auf die Nerven; er fürchtete sich vor allem, sogar vor den Zeitungen mit ihren ewig sensationellen, immer schreienden Überschriften, und ganz besonders vor den dicken Sonntagsnummern, an denen man schleppte wie an einer Last. Er fühlte sich so elend, daß er Tage lang das Bett hütete: ‹Es muß eine Grippe sein, Halsschmerzen habe ich auch, wahrscheinlich etwas Fieber, sicher kommt es von dem feuchten Klima.› Er ließ sich, um die Höhe seiner Temperatur festzustellen, ein Thermometer aus dem Drug Store kommen; aber selbst das medizinische Instrument erwies sich als bösartig-fremd. Es funkelte tückisch-munter; die Zahlen schienen zunächst unleserlich, als er sie dann schließlich doch herausbekam, entsetzte er sich über ihre Höhe: 103, 104 – was sollte denn das bedeuten? Mußten denn hier alle europäischen Maße überboten werden? –

Er hatte drei Wochen für New York zur Verfügung gehabt, ehe er nach dem Mittelwesten abreisen mußte, um seine Tätigkeit an der kleinen Universität zu beginnen. Drei Wochen – eine lange Zeit, und sie war langsam vergangen. Nun aber waren es nur noch etliche Tage, die blieben. Sorgenvoll und pedantisch sagte sich der Professor: ‹Ich habe noch zu wenig von der Stadt gesehen. Ich muß etwas unternehmen.›

Man hatte ihm, in Europa, die Aussicht gerühmt, die von einem der höchsten Gebäude New Yorks, dem Rockefeller Center, zu genießen war. ‹Das ließe sich probieren!› beschloß Benjamin. ‹Aus der Vogelperspektive wirkt alles besser; die Fahrt zum hohen Dach kostet nur 40 Cents, ich riskiere es, ich wage mich in den Lift.›

Als der Aufzug ihn in rasender Geschwindigkeit nach oben trug, bereute er schon bitterlich sein Unternehmen. Ihm wurde übel, in den Ohren sauste es fürchterlich, er fühlte sich nah einer Ohnmacht. ‹Der menschliche Organismus ist für solche Abenteuer, für Geschwindigkeits-Exzesse dieser Art nicht geschaffen›, konnte er gerade noch denken. ‹So viel darf einem nicht zugemutet werden. Die Zivilisation schlägt ins Barbarische um …› Da hielt der Elevator mit einem Ruck. – Von der Aussicht hatte Benjamin so gut wie nichts: teils, weil er den Himmelfahrtsschock noch nicht überwunden hatte; teils, weil der steile Blick in die Tiefe ihn neuerdings schwindlig machte.

Auch abends, in der «Musical Show» am Broadway, die er aus purem Pflichtgefühl besuchte, fühlte er sich nicht gut. Er verstand die Witze nicht, über die alle so herzlich lachten; die Girls langweilten ihn, die gellende Musik tat seinen Ohren weh, die Sentimentalität der Liebesszenen war ihm peinlich, und nur einmal, gegen Schluß der Komödie, mußte er etwas kichern: eine respektlose Bemerkung über den deutschen «Führer» war vorgekommen. Er saß im Parkett, zwischen den gutgelaunten Menschen – ein einsamer Fremder, wie immer; ein Außenseiter, wie eh und je –, und sein kleines Gelächter war von solcher Art, daß es nicht so bald wieder aufhören wollte. Es schüttelte ihn, es verzerrte die Züge, tat weh; es war nicht harmlos, nicht froh; ein nervöser Lachkrampf – die Nachbarn schauten ihn verwundert an. Was ist das für ein sonderbarer Mann – von gedrungenem Körperbau, mit hoher Stirne, grüblerischen Augen –, der dort alleine sitzt und kichert, wie ein hysterischer Backfisch?

Es war kein gutes Gelächter gewesen; aber es hatte seine Stimmung doch verbessert. Warum sollte er jetzt gleich nach Hause gehen? Man könnte noch ein bißchen am Times Square schlendern … Zum ersten Mal gefiel ihm das wirbelnde Spiel der kreisenden, tanzenden, sich auflösenden und eilig neu formierenden Lichtreklamen. ‹Eine Schönheit – auch dies!› empfand der Professor aus Bonn. ‹Eine neue Schönheit, vielleicht. Man muß sich gewöhnen; muß sich empfänglich machen für neue Werte und Reize, da man die alten verliert … Man muß Spaß verstehen, viel Spaß …›

Er trank in einer überfüllten Bar zwei Whiskys. Ein Besoffener legte ihm den Arm um die Schulter; er ließ es sich, etwas ängstlich, gefallen. Der Besoffene sagte: «You have such a nice face, Doc! Such a funny continental face! I like you. Have a drink with me. What do you drink? – Tell me!» insistierte er, schon beinah zornig – weil Benjamin nur gequält lächelte …, «what do you drink? After all – you must drink *something*!» – Benjamin mußte einen dritten Whiskey schlucken. Es war reichlich für ihn. Immerhin gab es ihm den Mut, eines jener Tanzlokale zu betreten, die sich so verlockend als «Parisian Dancing» plakatierten. Schon seit Längerem war er neugierig, zu erfahren, was diese Etablissements im ersten Stock, die so einladend und etwas verdächtig wirkten, zu bieten hatten.

Der Tanzplatz war durch eine niedrige Barriere vom Lokal, in dem die Tische standen, abgetrennt. Es gab nur wenige Gäste; die meisten Mädchen schienen unbeschäftigt. Als Abel eintrat, drängten sie sich an die Barriere, wie Tiere im Zoologischen Garten sich ans Gitter drängen, wenn jemand mit Futter sich naht. War es ihnen verboten, das eingezäunte Tanz-Bassin zu verlassen? Waren sie eingekerkert auf dieser engen Fläche schmutzigen Parketts? – Dem Professor wurde unheimlich zu Mute. «Tanz mit mir!» bettelten die Mädchen. Sie hatten merkwürdig flache, klirrende Stimmen, wie Automaten; sie hoben die Arme, schüttelten die gespreizten Hände, die bunten Gesichter, das gelockte Haar; auch die weichen Körper in den armen, bunten Flitterkleidern schüttelten sie.

Die Minuten, die man tanzend verbrachte, wurden gezählt; jede Tanz-Minute kostete zwei Cents. Wenn das Orchester zu spielen aufhörte, mußte man zahlen. Übrigens gaben sich die Mädchen redliche Mühe, scheuten keine Anstrengung und keinen Trick, um den Tanz für ihre Kavaliere amüsant und lohnend zu gestalten.

Benjamin setzte sich an einen Tisch und bestellte Kaffee. Er beobachtete einen alten, hageren Mann, der ein hübsches brünettes Mädchen führte; sie waren das einzige Paar auf der Fläche. Der Mann hatte ein heuchlerisches Pfaffengesicht –: ‹so spielen Schmierenschauspieler den Tartuffe›, dachte Benjamin. Die Augen verschwanden hinter den spiegelnden Gläsern eines großen Zwikkers. Das Mädchen sah todmüde und ungewöhnlich gelangweilt aus. Zwischen den rasierten Augenbrauen stand ein kleiner Zug von Ekel, während die gefärbten Lippen das mechanische Lächeln hielten. Übrigens war sie reizend; der schmale Körper, verführerisch unter der enganliegenden schwarzen Seide des Kleidchens – und auf dem schmalen Hals, das Gesichtchen blütenhaft zart –: ‹wahrscheinlich hat sie exotisches Blut›, dachte Benjamin. ‹Von einer Südseeinsel könnte sie sein, sie gefällt mir.›

Er ärgerte sich, weil der heuchlerische Alte eine so unanständige Art zu tanzen hatte. Das war ja scheußlich, wie er sich benahm; als Tanz könnte man diese unzüchtig schiebenden, wackelnden Bewegungen kaum noch bezeichnen; es war die nackte und groteske Obszönität –: welch ein schamloser Alter! Benjamin war gebannt und angewidert von solchem Schauspiel.

Eine starke Blonde hatte sich neben ihm niedergelassen: er bemerkte es erst, als er von ihr am Ärmel gezupft ward. Es stellte sich heraus, daß sie Deutsche war – Rheinländerin –, er mußte Bier für sie kommen lassen, sie hob das Glas, sagte: «Pröstchen» und scheute nicht davor zurück, ihn «Onkelchen» zu nennen. «Ich heiße Anni», erklärte sie siegesgewiß, «die lustige Anni aus Köln!» Sie hatte keine Augenbrauen, schönes blondes Haar, einen zu großen Busen und ein blödes Lachen. Benjamin fragte sie, ob sie das exotische Mädchen kenne, die vorhin mit dem obszönen Alten getanzt hatte. Die frohe Anni lächelte säuerlich. «Och – das ist also dein Typus, Onkelchen», machte sie, halb neckisch halb verdrossen. Sie holte das Mädchen heran, die Kleine war aus Los Angeles, Benjamin schaute sie an. Aus der Nähe betrachtet, war die Farbe des Gesichtes und der schön geformten Arme etwas gelblich; in den langen, schimmernden Augen aber, die sowohl schwermütig als auch listig blickten, gab es goldene Lichter. Der Professor empfand: ‹In die könnte ich mich verlieben.› Er hatte drei Whiskys gehabt. Sie sagte: «Meine Mutter ist aus Honululu. Kennst du die Lieder von Honululu? Schöne Lieder. Meine Mutter hat mir gezeigt, wie man tanzen muß, damit es den Männern Spaß macht. Ich kann es gut, der Alte hat mir einen Dollar extra geschenkt, ich gehe morgen ins Kino, Gary Cooper, der gefällt mir am besten, wenn ich mit dem einmal tanzen dürfte ...»

Man plauderte eine Viertelstunde. Die gemütvolle Anni mußte noch einmal Bier haben; die exotische Kleine trank Tee. Sie sagte zu Benjamin, er habe ein interessantes Gesicht. «Die Stirn – so gescheit –, und Augen wie einer, der sehr lieben kann.» – «Das können sie alle!» rief übermütig die Vollbusige vom Rhein, und trällerte: «Die Männer sind alle Verbrecher!» Es war eine lustige Stimmung. Die Bräunlich-Schlanke aber schaute auf die Uhr. «Wir sind jetzt siebzehn Minuten beisammen», stellte sie, sanft und ernsthaft, fest. «Das kostet schon ziemlich viel. Wenn wir uns zu den Gästen setzen, müssen wir nämlich ebenso viel dafür verlangen, wie wenn wir mit ihnen tanzen: Das hast du wohl gar nicht gewußt? Jede Minute wird gezählt und berechnet ...» Sie lächelte müde; hatte auch wieder den gequälten Zug zwischen den Brauen. «Ich dachte, es ist fair, wenn ich dirs sage.»

Die lustige Anni aus Köln machte böse Zeichen mit den Augen, runzelte die Stirne, schüttelte den Kopf. Aber der Professor war schon aufgestanden. «Ja, dann muß ich also bezahlen ...» Er fühlte sich plötzlich sehr niedergeschlagen. ‹Warum bin ich enttäuscht?› dachte er, schon zum Gehen gewendet. ‹Was habe ich mir erwartet? Die einzige Überraschung dürfte doch sein, daß der kleine Spaß nicht teurer war. Natürlich kostet es ein paar Cents, wenn man die Zeit der fleißigen Tänzerinnen in Anspruch nimmt ... Wer erwartet Gratis-Unterhaltung von armen Huren?›

Er sah, durch eine dicke Wolke von Zigarettenrauch, noch einmal das zarte, müde Gesicht der Kleinen aus Honolulu –: eine empfindliche, schon etwas gelblich welke Blüte über dem anmutig schmalen Hals. Sie lächelte ihm zu – oder galten dieser Blick, dieses Winken schon nicht mehr ihm, sondern dem neuen Kavalier, der sich nahte? Er hatte den Hut schief auf dem Kopf, eine dicke Zigarre im Mund, und ging breitbeinig, schwankenden Schrittes. Er war schwer betrunken. Während der neue Kavalier sich mit einer Bewegung, die fast schön war durch ihre schamlose Gier, über die Kleine neigte, verließ Professor Abel das Etablissement.

Dieses war sein Flirt am Times Square, New York City.

... Am Tag vor seiner Abreise geschah es Benjamin, daß er in einem Friseur-Laden Tränen vergoß. Der Mann in der weißen Schürze, der ihn rasierte, war taktvoll genug, es zu übersehen; trotzdem blieb der kleine Zwischenfall peinlich genug.

Benjamin ließ sich gerne vom Coiffeur behandeln. Es machte ihm Vergnügen, faul und wohlig ausgestreckt im verstellbaren Sessel zu liegen, während man ihm das Gesicht mit heißen und kalten Tüchern, mit allerlei Crèmes und Duftessenzen erfrischte. Aus dem Radio sprach eine sonore, forsch bewegte und gleichsam ermunternde Stimme. Der Professor mit der eingeseiften Miene hörte nicht hin; wahrscheinlich handelte es sich um Fußballspiel ...

Aber was für Töne ließen sich nun vernehmen? Der Professor hob jäh den Kopf –: es war gefährlich, denn er hatte das blanke Messer des Barbiers am Hals. Beethovens «Mondscheinsonate»: Benjamin erkannte sie gleich, obwohl die erlauchte Melodie halb zugedeckt und verdorben war durch Jazz-Rhythmen, die ihr im Aether Konkurrenz machten. Indessen verstand es jemand, den Apparat so zu stellen, daß die ordinäre Tanzmusik verstummte und nur noch das Herrliche klang: das Herrliche füllte den Frisier-Salon mit wunderbarer, magisch starker Gegenwart. Welche Gnade! – ach, welche Erschütterung für den Professor aus Bonn.

Er erschauert, tausend Erinnerungen kommen mit den vertrauten Tönen: seine Heimat – oder doch alles, was er an ihr geliebt hat – ist plötzlich da. Annette Lehmann die Ungetreue, und die traulich-musischen kleinen Feste in Marienburg –: alles stellt sich ein, beim gerührten Aufhorchen. Ein Heimweh ohnegleichen bewegt Benjamins Herz, während er im schräg gestellten Sessel ruht und lauscht. Ein Gefühl der Einsamkeit, so stark vorher niemals empfunden; Verlassenheit ohne Grenzen –: ihm ist zu Mute wie dem Kinde, das im Wald verloren ging, es ist dunkel, aus dem Schatten drohen Ungeheuer, und da kommt plötzlich die Melodie, mit welcher die Mutter ruft –: aber aus was für Fernen! Tröstlich und quälend zugleich schweben sie herbei, die holden Klänge der Heimat ... Wie empfängt man sie? Nicht mit trockenen Augen. Man läßt die Tränen fließen – mag der Barbier sie sehen oder nicht; man kann sie nicht halten; auch tut es wohl, sie auf den Wangen zu spüren, und den Salzgeschmack auf den Lippen.

Benjamin mußte schluchzen, weil die Mondscheinsonate ihn im Barber Shop überraschte –: so weit war es mit ihm gekommen. Der Coiffeur – ein gutmütiger Mann; nicht mehr jung – bemerkte: «You like music, Sir? I am fond of music myself.» Damit weckte er seinen seltsamen Kunden aus der gefährlichen Träumerei. Benjamin kam zu sich, wischte sich die Augen und murmelte etwas über das heiße Tuch, das zu Tränen reize.

Er schämte sich seiner Unbeherrschtheit und dachte – den prickelnden Geruch von Kampfer-Wasser in der Nase –: ‹Alter Narr, der ich bin! Sentimentaler, deutscher alter Narr! Gestern abend habe ich mir aus der konventionellen Begegnung mit einer armseligen kleinen Frauensperson das melancholische Abenteuer zurecht gemacht – und jetzt flenne ich wie ein Baby wegen der alten Sonate, die übrigens nicht einmal mein Lieblingsstück von Beethoven ist. So was gehört sich nicht, es ist peinlich ... Während der ganzen letzten Wochen habe ich versagt: ein totaler Versager bin ich gewesen. An New York liegt es nicht, New York ist großartig, es liegt an mir, ich bin keineswegs großartig, ein sentimentaler Professor, vielleicht auch schon etwas verkalkt, und hoffnungslos europäisch. Sollte ich nicht froh darüber sein, daß in diesem Lande etwas Neues für mich beginnt? Statt Amerika kennen zu lernen, lieben zu lernen, sitze ich hier, und vergieße dumme Tränen über alte deutsche Romantik – als ob ich nicht wüßte, wohin diese Romantik führt, welcher Art ihre Konsequenzen sind, wenn sie sich politisch manifestiert! Bin ich nicht ein Opfer dieser Konsequenzen? Und lasse mich trotzdem erschüttern von dem alten, morbiden, abgenutzten Zauber! Eine Schande! Eine Blamage! Eine Peinlichkeit!

Irgendwo, im Mittelwesten dieses Landes, wartet etwas auf mich –: eine Aufgabe; etwas Wichtiges, etwas Schönes! Es gibt junge Leute, die von mir etwas lernen wollen. Vielleicht sind sie recht naiv, etwas unwissend; aber aufgeschlossen, frisch, vertrauensvoll ...

Man gibt mir hier eine Chance – man gibt uns hier eine Chance. Die muß ich nutzen, für die muß ich dankbar sein. Das Land, das mich aufnimmt, mich leben und arbeiten läßt, hat ein Recht, Ansprüche an mich zu stellen. Gewisse Dinge darf es sich verbitten – zum Beispiel, dieses weinerliche Heimweh-Pathos. Ein vernünftiger Grad von Optimismus ist angebracht; ein Wille zur Zukunft, der nicht überschwenglich aber solid zu sein hat, wird zur Pflicht.

Kopf hoch, alter Benjamin! Pull yourself together, old fellow! Die Tränen sind längst getrocknet. Draußen machen die Autobusse, die Zeitungsverkäufer, die Trambahnen ihren forschen Lärm. Geh hinaus! Sei dabei! Spiele nicht den Einsamen, Feinen! Es ist eine fragwürdige Ehre, fein und einsam zu sein: abgesehen davon, daß es nicht für vorteilhaft gilt. – Die Depression sei definitiv überwunden. Das Leben in Amerika fange an.›

Zweites Kapitel

Marion machte die Überfahrt von Le Havre nach New York auf einem mittelgroßen französichen Dampfer, in der Tourist-Class. Die Reise langweilte sie. Sie war enttäuscht vom Meer, das sie von den Ufern aus so sehr geliebt hatte. Das Grenzenlose war öde. Der runde Horizont ermüdete den Blick; die kahle Größe der Wasser-Landschaft, die tote Majestät der Unendlichkeit war geeignet, ein bedrücktes Herz erst recht traurig, beinah hoffnungslos zu stimmen.

Sie versuchte, sich zu zerstreuen. Die Bücher, die sie für die lange Reise mitgenommen hatte, ließ sie unten in der Kabine liegen; abends, vor dem Einschlafen, las sie in ihnen; tagsüber ging es nicht: sie war zu nervös, konnte sich nicht konzentrieren. Am ehesten gelang es ihr, die unruhig zerstreuten Gedanken zu sammeln, wenn sie mit Menschen sprach. Sie war gesellig; spielte Pingpong mit Studenten aus dem amerikanischen Mittelwesten; flirtete mit einem französischen Grafen, der durch soignierten Spitzbart und Monokel auffiel; schwätzte über Hüte und Parfüms mit einer lustigen kleinen Pariserin – über die politische Situation mit einem jungen Rechtsanwalt aus London; sie freundete sich mit einem deutschen Emigranten an, der in Berlin Schauspieler gewesen war – «aber kein besonders guter!» wie er munter gestand –, und in New York Kellner werden wollte; und sie ärgerte sich über ein Ehepaar aus Frankfurt am Main, Siegmund und Marta Meyer, weil sie ihr erklärten: «Wir sind selber Nichtarier; aber man muß doch objektiv sein und zugeben: in vieler Hinsicht ist der Antisemitismus berechtigt. Die deutschen Juden sind zu frech gewesen, besonders in Berlin, wir in Frankfurt haben das nie gebilligt, diese arroganten Typen, Journalisten oder Börsenschieber, lauter Parvenüs, die Meisten waren ja erst nach dem Krieg aus Polen oder Rußland eingewandert – für diese Ostjuden haben wir deutschjüdische Patrizier nichts übrig gehabt.» Herr Meyer sagte es streng, seine Frau nickte, bekam aber ihrerseits eine klagende Stimme, als sie hinzufügte: «Nun müssen wir leiden, weil die Ostjuden gesündigt haben. Man ist ungerecht gegen uns, aber lange kann das nicht dauern, die Deutschen werden bald einsehen, daß sie sich geirrt haben, was die guten, die richtigen Juden betrifft: sie werden uns bitten, heimzukehren, ich freue mich schon darauf!»

Ganz entschieden: die Reise war kein Vergnügen. Das Schiff kam Marion wie ein luxuriöser Käfig vor; es wurde enervierend und quälend, jeden Tag die gleichen, gelangweilten Mienen zu sehen; die langen Mahlzeiten, die stumpfsinnigen Deck-Promenaden, sogar das Pingpong-Spiel – alles wurde zur Marter. Sie freute sich auf die Ankunft wie ein Kind auf Weihnachten. Sie freute sich auf New York. Gierig las sie in der Reklame-Broschüre, die man in den Kabinen verteilte:

«New York est la ville gigantesque, elle s'est développée entre deux rivières, en remontant tous les dix ans vingt rues dans le nord, de telle sorte que maintenant, de la Battery à Bronx, il y a trente kilomètres de maisons. Avec ses cinq ‹boroughs›, Bronx, Brooklyn, Queens, Manhattan and Richmond, New York est un véritable monde. – Désormais, vous sentirez toujours de l'autre côté de l'océan frémir, trépider, peser cette prolifération inouïe, cette formidable masse de monuments inimaginables abritant une agglomération d'humanité sans pareille …»

… Die Ankunft hatte festlichen Charakter. Marions Agent war zur Stelle: ein munterer Herr und äußerst zuversichtlich, was Marions Chancen «in this country» betraf. Auch einige Journalisten hatten sich eingefunden, auf Veranlassung des Agenten: sie mußte ihnen erzählen, warum sie nicht in Deutschland leben mochte; ob ihr Vater, der berühmte Arzt, den Kaiser gekannt habe; ob ihr verstorbener Gatte ein hoher Offizier in Spanien und Mitglied der Académie française gewesen sei, und wie ihr New York gefalle. «How do you like New York?» Sie versicherte: «I am sure I will love it …» – und sie meinte es ernst.

Sie fühlte sich gleich zu Hause in der ungeheuren Stadt – ville gigantesque, Giganten-Stadt, Über-Stadt, Stadt der Städte, monströse Siedlung, überdimensional, von enormer Häßlichkeit, enormer Schönheit, verwirrend, lähmend, bedrückend, erheiternd. Marion sagte sich jeden Morgen beim Aufwachen: Jetzt lebe ich in New York. Paris liegt hinter mir; hinter mir: Zürich, Amsterdam und Prag. Die Gegenwart heißt New York. Alles andere muß Erinnerung sein – und vielleicht auch Zukunft. Wenn ich New York nicht lieben würde: ich müßte mich dazu zwingen, es zu lieben. Aber es gefällt mir; es gefällt mir wirklich …

Das kleine Hotel, 39. Street, zwischen Lexington und Park Avenue, hatte man ihr in Paris empfohlen. Ihr Zimmer ging auf den Hof und war dunkel, aber nicht ohne eine gewisse Behaglichkeit. Sie saß gerne unten in der Bar und plauderte mit dem Mixer, Monsieur Gaston, einem Franzosen. Der Raum sah sauber und lustig aus, mit großen Spiegeln hinter der Theke und Möbeln, deren Lederbezüge rot leuchteten –: «beinah wie in Paris ...», sagte Marion, und ertappte sich zu ihrem Ärger dabei, daß sie doch ein klein wenig Sehnsucht und Heimweh hatte nach dem, was hinter ihr lag und nur Vergangenheit war, oder vielleicht Zukunft ... Monsieur Gaston, ein charmanter, welterfahrener Geselle, erzählte ihr mancherlei; zum Beispiel, Geschichten über seine Gäste und ihre Schicksale. «In diesem Sommer», sagte er, «als wir es so sehr heiß in New York hatten, saß jeden Tag ein deutscher Professor an meiner Bar –: ein sehr feiner Herr, aber so traurig! Er konnte sich gar nicht hier einleben und hatte ein betrübtes Gesicht! Pauvre type. Ja, für einen gebildeten Herrn muß es schwer sein, sich in neuen Verhältnissen zurechtzufinden ...» – Marion meinte: «Wie kann es jemandem in New York nicht gefallen? Es ist doch wunderbar hier!» – «Madame haben eben mehr Lebensmut als der Professor», sagte der erfahrene Gaston. –

Sie bekam bald heraus, daß manches, was man in Europa über New York erzählte, schierer Unsinn war. Das berühmte «amerikanische Tempo» zum Beispiel –: in Berlin hatte man es vielleicht, etwas krampfhafter Weise, gehabt; hier indessen suchte man es vergeblich. Die Stadt war eher gemütlich, bei all ihrem Riesen-Maß. Den gehetzten Eindruck machten die kürzlich eingetroffenen Europäer, die gierig waren, sich dem eingebildeten «amerikanischen Tempo» anzupassen und rapide vorwärts zu kommen – was sie sich gerade durch ihre Hast und die hysterische Gespanntheit ihres Egoismus erschwerten. Die Amerikaner ließen sich durchaus Zeit: Marion stellte es, erstaunt sowohl als befriedigt, fest. Manchmal wunderte sie sich über ihre eigene Ungeduld, das nervöse Bedürfnis nach Geschwindigkeit. Den Amerikanern, die im Hotel wohnten, schien es kaum etwas auszumachen, wenn sie mehrere Minuten lang auf den Lift warten mußten – wie es häufig geschah. Marion aber verlor die Nerven. Sie klingelte heftig, und da der «Elevator» noch immer nicht kam, suchte sie nach der Treppe; schließlich konnte man vom fünften Stockwerk ja auch zu Fuß in die Halle gelangen. Die Treppe aber war zunächst unauffindbar; sie schien zur Benutzung für die Gäste überhaupt nicht bestimmt. Endlich fand Marion die versteckte Tür. Das Treppenhaus war eng und lag fast im Dunkel. Es roch modrig hier, wie in Räumen, die man nur selten betritt: die Treppe war ein abgestorbenes Glied des lebendigen Hauses. –

Marion, die vergessen wollte – die gar zu viel zu vergessen hatte – stürzte sich fieberhaft auf die neuen Eindrücke, auf die neuen Menschen. Alles interessierte sie, alles machte Spaß: die rasende Fahrt im Lift, die Wolkenkratzer empor, bis zum Aussichtspunkt auf dem Dach – man bekam etwas Ohrensausen und Magenweh; aber es war doch schön; – der enorme Rundblick über die unermeßlich gebreitete Stadt – gewaltige Landschaft: wild zerklüftet, wie das Hochgebirg; weit, ruhend und ewig bewegt, wie das Meer. Ihr schmeckten die geschwinden Mahlzeiten in den Cafeterias, den Automatenbuffets, auf hohen Barstühlen oder im Stehen hastig eingenommen; sie mochte das zugleich scharfe und süße, kräftige Aroma der amerikanischen Zigaretten – Chesterfields, Camels, Lucky Strikes. Sie amüsierte sich über die Zeitungen, vor allem über die fetten Sonntags-Ausgaben mit ihren unendlichen Beilagen: Sport, Film, Broadway-Theater, Hollywood-Klatsch, Börse, Karikaturen-Serien, Berichte aus dem «Gesellschaftsleben» – wie komisch waren die eitlen Mienen der mondänen «Debütantinnen» und die ernsthaften Beschreibungen der Abendkleider, die sie getragen hatten! – Sie liebte die Jazzmusik und die munter vorgebrachten kleinen Reden, die fast ohne Unterbrechung aus dem Radio kamen, und sie liebte sogar das Wetter: dieses geschwind und heftig wechselnde, von einem Extrem ins andere jäh umschlagende, grausame und lustige Wetter der Stadt New York. An manchen Tagen war die Luft mit Elektrizität so geladen, daß man kleine Schläge empfing bei der Berührung von metallischen Gegenständen. Die seidene Wäsche knisterte und klebte am Körper, und wenn man einem Menschen die Hand gab, sprühten Funken: es war etwas unheimlich und sehr amüsant.

Anfangs schienen sogar die Cocktail-Parties in der Park Avenue unterhaltend; der Manager bestand darauf, daß Marion sich in der «Gesellschaft» bemerkbar mache. Allmählich ward der Umgang mit den Reichen ermüdend. Marion hatte ein Grauen vor dem Konventionellen – vielleicht weil ihre Mutter, die geborene von Seydewitz, gar zu lange Meisterin in der Kunst der floskelhaften Konversation gewesen war. In den Salons der «society»-Damen wurde jedes spontane Wort wie eine Obszönität vermieden. Das Spiel der Fragen und Antworten funktionierte mechanisch und starr; niemand interessierte sich für die Worte des anderen, alle Worte waren inhaltslos.

Marion hatte Stunden tiefer Niedergeschlagenheit. Der erste Enthusiasmus war abgenutzt und verbraucht; das Herz füllte sich mit Bangigkeit und Langerweile.

Sie saß am Schreibtisch, sie versuchte, irgendetwas zu Stande zu bringen – einen Brief oder ein paar Notizen zu ihrem Vortrag. Die Hände blieben wie gelähmt auf den Tasten der Schreibmaschine liegen.

Das summende Geräusch des elektrischen Eisschrankes störte sie. Alles störte, und alles tat weh. Sie ging durchs Zimmer; ließ sich auf dem breiten Fensterbrett nieder; es war glühend heiß von der Zentralheizung. Die Hitze im Raum war fast unerträglich: jetzt erst fiel es ihr auf. Der Heizkörper war hinter einem weiß lakkierten Gitter versteckt; sie fand den Griff nicht, durch den die Hitze sich hätte abstellen lassen. Das Fenster immerhin konnte man öffnen, wenngleich nicht ganz ohne Schwierigkeiten. Es war ein Schiebefenster, und die Kraft, die man brauchte, um es in die Höhe zu bringen, war bedeutend. Marion strengte sich tapfer an; plagte sich schnaufend; schließlich kam die kalte Luft herein. Während Marion aber noch die Kühlung dankbar genoß, senkte sie auch schon – zum wievielten Male enttäuscht? – die Stirn vor dieser trostlosen Aussicht. Was war zu sehen? Nur der kahle Baum vor der roten Mauer, an der die Zickzack-Linie einer schwarzen Feuertreppe nach oben führte. Kein Himmel –: ach, kein Himmel, der sich blau und abgrundtief geöffnet hätte. Kein Himmel …

Die Sehnsucht nach der Luft, dem Licht, den herben Düften von Sils-Maria überfiel sie mit schmerzender Heftigkeit wie die Sehnsucht nach einem Menschen. Übrigens mischte sich das Heimweh nach der verlorenen Landschaft in ihrem Herzen mit der Trauer um den verlorenen Freund. Marcel war tot, ins Herz getroffen, tot –: unter fremden Himmeln gestorben. Und hier kein Himmel, der hätte trösten können. Und hier – kein Himmel.

Marion hatte das Gesicht in die Hände gelegt – aber ohne zu weinen –, als es an der Türe klopfte.

Ein junger Mann, der einen großen Kübel und mehrere Lappen trug, trat ins Zimmer. Marion schaute kaum auf. Der junge Mann fragte höflich, ob es die Dame stören würde, wenn er die Fenster putzte. «Sie können es brauchen», sagte er, auf die Fensterscheiben deutend; dabei lachte er ein wenig. Seine englische Aussprache war fehlerhaft. ‹Er hat den italienischen Akzent›, dachte Marion – übrigens nicht eigentlich interessiert; ganz mechanisch. Sie hatte dem Jungen noch nicht geantwortet. Er fragte wieder: «Darf ich?» Dabei ging er schon, mit energischen, etwas wiegenden Schritten, durchs Zimmer und stellte den Kübel vor dem Fenster hin. Seine Stimme hatte einen hellen und festen Klang.

Marion sagte, am Schreibtisch: «Natürlich. Bitte. Ich wollte ohnedies eben ausgehen ...» Sie erhob sich, um sich aus dem Wandschrank Hut und Mantel zu holen. Der Junge kniete auf dem Fensterbrett und begann schon, eine der Scheiben mit dem nassen Tuch zu bearbeiten. Marion schaute ihn an.

Sie blieb stehen, ehe sie den Schrank noch erreicht hatte. «Sie sind Italiener?» fragte sie ihn. Er lachte und nickte. «Woran merken Sie das?» wollte er lachend wissen. Marion, nach einer Pause, die mehrere Sekunden lang dauerte: «Das kann man doch hören ...»

Sie nahm Hut und Mantel; machte sich geschwind vor dem Spiegel zurecht, und ging – etwas zu rasch – aus dem Zimmer. Der Junge hatte in seiner Tätigkeit am Fenster innegehalten und ihr nachgeschaut, bis sie die Türe hinter sich schloß. Sein Gesicht war braun und kräftig geformt, mit blauen, weiten, sehr leuchtenden Augen, deren Helligkeit zum Schwarz des dichten, glatten Haars kontrastierte.

Marion, im Korridor, klingelte nach dem Lift; der ließ auf sich warten, wie meistens. Sie dachte – mehr noch erstaunt als entzückt –: ‹Aber dieser Bursche ist ja schön wie ein junger Gott! Nein, so etwas! Plötzlich tritt ein junger Gott zu mir ins Zimmer; trägt eine kurze braune Lederjacke – das blaue Hemd offen am Halse –, und putzt mein Fenster mit einem Lappen. Ein überraschender Vorfall. Dergleichen erlebt man nicht alle Tage ...› Sie klingelte nochmals. Der Lift kam nicht. Sie erwog, ins Zimmer zurück zu gehen; ein Vorwand dafür hätte sich finden lassen ... Das würde die Gelegenheit bedeuten, noch ein paar Worte mit dem Burschen zu sprechen.

‹Denn wenn ich von meinem ausgedehnten Spaziergang zurück-komme›, – meinte sie – ‹ist er doch natürlich nicht mehr da, und dann sehe ich ihn nie wieder.› – Plötzlich aber empfand sie mit Beschämung die Albernheit ihres kleinen Plans. ‹Er würde merken, daß ich seinetwegen zurückkomme … Was für Dummheiten!›

Es machte sie nervös, hier zu stehen und auf den Lift zu warten. Sie öffnete die Tür zum Treppenhaus – die halb verborgene Tür, die sie so lange nicht gefunden hatte und die ihr nun schon vertraut war. Vertraut war ihr auch der muffig-modrige Geruch auf der engen Treppe, die eigentlich gar nicht den Gästen zur Benutzung dienen sollte, sondern nur zur vorläufigen Aufbewahrung von allerlei Abfall.

Vom fünften Stock geschwinden Schrittes hinunter in den Empfangsraum zu steigen, macht etwas atemlos. Marion keuchte, als sie die andere schmale und geheime Tür öffnete, durch die sie, nach dem Ausflug in die Unterwelt, wieder ans Tageslicht treten durfte. Der Concierge betrachtete die Dame, die da aus den eigentlich unbetretbaren, fast verbotenen Gegenden kam, zunächst recht erstaunt; erinnerte sich dann aber, daß Miss Kammer nun einmal solch drollig-originelle Angewohnheiten habe – und lächelte strahlend. «How do you do, Miss Kammer? Nice weather today …»

Das Wetter war wirklich schön; Marion hatte es, von ihrem Zimmer aus, noch gar nicht feststellen können. Der schmale Streifen Himmel, der zwischen den Reihen der Häuserfronten sichtbar war, strahlte in harter und reiner Bläue. ‹Fast wie im Engadin› – dachte Marion, plötzlich guter Laune.

‹Wo wollte ich eigentlich hin?› fragte sie sich selber, ziemlich heuchlerisch; denn in Wahrheit hatte sie ja vorgehabt, einen ausgedehnten Spaziergang zu unternehmen. – ‹Natürlich: nur bis zum Drugstore an der Ecke, um Zigaretten zu holen …›

‹Woher hat der Junge die Augen?› überlegte sie, während sie die paar hundert Meter, die zwischen dem Hotel und dem Drugstore lagen, hastig zurücklegte. ‹Und woher kenne ich sie? Woher sind mir die Blicke dieses italienischen Fensterputzers bekannt?› – Sie blieb stehen. Ihr Herz klopfte heftiger; bis zum Hals hinauf fühlte sie es nun klopfen. ‹Diese Augen – sternenhaft geöffnet unter ge-

wölbten Brauen ... kindlich und trauervoll und etwas wahnsinnig –: sollen sie mich denn nie loslassen? – Ach, Marcel Marcel ...›
– Sie trat in den Drugstore, verlangte zwei Pakete Lucky-Strike-Zigaretten, bezahlte 27 cents, und ging.

Als sie in ihr Zimmer zurückkam, war der Junge noch da. Er kniete auf dem Fenstersims und bearbeitete die Scheiben mit dem Lederlappen; es gab ein häßlich knirschendes Geräusch. Marion sagte: «Es ist schönes Wetter draußen.» Der Junge, ohne sich in der Arbeit zu unterbrechen, drehte das Gesicht halb nach ihr hin. «Aber Sie haben keinen langen Spaziergang gemacht ...»

Über dem offenen Hemdkragen erhob sich der Hals, ein wenig zu breit vielleicht – zugleich stämmig und kühn. Hatte sein Gesicht wirklich Ähnlichkeit mit dem anderen Antlitz, das verloren war und versunken? Mit dem kindlichen und stolzen, von unbeschreiblichen Abenteuern vielfach gezeichneten Antlitz Marcels? – Marion prüfte die Züge dieses Fensterputzers, während sie, möglichst hochmütig, sagte: «Ich hatte eine kleine Besorgung zu machen.»

Es waren wohl nur Schnitt und Farbe der Augen, die mit so bestürzender Heftigkeit an Marcel erinnerten. Übrigens blickten diese Augen unschuldiger und blanker als die tragisch aufgerissenen Augen des Verlorenen. In dem Gesicht des Italieners gab es nur klare und starke Linien. Die Nase war kurz und gerade. Die Lippen – etwas zu dick, um im klassischen Sinne völlig schön zu sein – schienen aus einem soliden und verlockenden Material geformt, wie sehr edle Früchte. Wenn die Lippen sich öffneten, leuchteten die Zähne –: ‹Marcel aber hat poröse, gelbliche Zähne gehabt›, mußte Marion denken. – Die kraftvolle Rundung des Kinns und die Form der breiten, hochsitzenden Wangenknochen waren bei Marcel ähnlich gewesen.

Marion murmelte etwas über ein paar Briefe, die sie eilig zu schreiben habe. Der Italiener, mit einer plötzlich pathetisch verfinsterten Stirn, sagte: «Bitte ... Ich bin ja ohnedies hier gleich fertig.» Dabei rieb er mit demonstrativem Eifer die Fensterscheiben. Marion lächelte: «So war es doch nicht gemeint.» Da schaute er sie dankbar aus seinen hellen, weiten, blanken Augen an.

Sie setzte sich an den Schreibtisch –: diese Geste glaubte sie sich doch schuldig zu sein, nachdem sie die Bemerkung über die Briefe nun einmal gemacht hatte. Indessen sorgte sie dafür, daß die Unterhaltung nicht abbreche. «Wie lange sind Sie schon in New York?» – Er berichtete: «Ich bin hier geboren. Aber als ich zwölf Jahre alt war, wollten meine Eltern nach Italien zurück, und sie nahmen mich mit. Meine Eltern leben in Bari: das ist eine große Stadt in Italien. Mein Vater möchte in Bari sterben. Es ist die schönste Stadt auf der Welt, sagt mein Vater. Aber ich habe es dort nicht ausgehalten. Seit zwei Jahren bin ich wieder hier.» – Er reckte, aufatmend, den schlanken und athletischen Körper, als ob es ihm ein physisches Behagen verursachte, wieder hier zu sein.

«Wie alt sind Sie denn jetzt?» fragte Marion. Er antwortete: «Zweiundzwanzig!» – mit einem stolzen und kindlichen Lächeln, das den Glanz seiner Zähne zeigte. Dann verfinsterte sich seine blanke Stirn gleich wieder.

«Da stehe ich, ein großer langer Kerl, zweiundzwanzig Jahre alt, und bin nichts als ein Fensterputzer!» Seine Augen waren dunkel geworden – fast schwarz –, und die starken Lippen hatte er trotzig vorgeschoben. «Eine feine Situation!» Er lachte erbittert. Dann stellte er fest: «Eigentlich wollte ich schreiben», – und ließ den Scheuerlappen, wie entmutigt, sinken.

Marion erkundigte sich: «Was wollten Sie schreiben? Romane? Oder Gedichte? Oder Philosophie?»

Er machte eine große Gebärde, die wie eine Umarmung war. «Oh – alles –, einfach alles –: verstehen Sie? Theaterstücke, und schöne Verse, aber auch Zeitungsartikel – gewaltige Zeitungsartikel gegen Faschismus; gegen verdammten fascismo.» In seinen Augen flammte es wieder dunkel; aber diesmal nicht von Traurigkeit, sondern von Zorn. «Voriges Jahr habe ich für ein italienisches Blatt, hier in New York, feine lange Sachen gegen fascismo schreiben dürfen», erzählte er. «Aber bezahlt habe ich nie was bekommen. Schließlich ist die Zeitung eingegangen, obwohl sie viele gute Mitarbeiter hatte. Und da stehe ich nun, mit meinem Scheuerlappen!» Er zuckte mehrfach ausdrucksvoll die Achseln, schnalzte verächtlich mit der Zunge und rollte grimmig die Augen, als wäre ihm gerade jetzt, im Moment, ein kolossales Malheur passiert.

Marion examinierte ihn weiter: «Und für den Faschismus haben Sie gar nichts übrig?»

Der Junge wurde sehr böse. «Aber natürlich nicht! Wie können Sie so etwas fragen? – Ganz und gar nichts habe ich für fascismo übrig! – Ach, wer weiß denn», rief er mit Jammertönen, «wie miserabel, wie trostlos, wie ekelhaft die Verhältnisse in Italien sind! Niemand darf den Mund auftun. Niemand ist seines Lebens sicher.» Dabei hatte er ein theatralisches Gebärdenspiel, das die Gefahr schildern zu sollen schien, in der sich jeder Italiener befand und vor der es beinah kein Entrinnen gab. «Außerdem kann man dort nichts verdienen», fügte er trockener hinzu. «Die Geschäfte gehen schlecht. Und die jungen Leute werden irgendwohin in den Krieg geschickt, nach Abessinien oder nach Spanien. – Mich aber können sie nicht verschicken», konstatierte er stolz. «Ich bin amerikanischer Bürger.»

Später forschte er, etwas ängstlich: «Sie sind wohl Deutsche?» Sie lachte: «Man scheint es meinem Akzent anzumerken ...» Er versicherte galant: «Gar nicht! Ihr Englisch ist ausgezeichnet. Aber ich habe die deutschen Bücher auf Ihrem Tisch gesehen.» – «Ja, ich lese noch deutsche Bücher.» Marion sprach leiser, lachte nicht mehr und wendete ihr Gesicht ab, als ob sie sich etwas schämte. «Aber ich bin lange nicht in Deutschland gewesen», fügte sie rasch hinzu. – «Warum denn nicht?» fragte er, halb lustig, halb lauernd. «Sind Sie vielleicht auch nicht ganz einverstanden mit Ihrem fascismo? Ihrem Nationalsozialismus – wie man die miserable Berliner Kopie einer schlechten Römischen Erfindung wohl nennt?»

Nun mußte sie wieder lachen. «Nein – mit den Nazis bin ich auch nicht einverstanden.» – Sie begannen um die Wette zu schimpfen: jeder schimpfte auf den Diktator seines Landes und suchte zu beweisen, daß er der Schlimmere, der unvergleichbar Arge sei. Es war ein pervertierter nationaler Ehrgeiz, von dem sie Beide besessen schienen – die «ausgebürgerte» Deutsche mit dem französischen Paß und der emigrierte Italiener, der amerikanischer Bürger war –: in einem New Yorker Hotelzimmer stritten sie sich darüber, welche von ihren Regierungen abscheulicher war. Der Junge aus Bari hatte das letzte Wort. «Es mag ja sein, daß Ihr Hitler noch mehr Unheil angerichtet hat als unser Mussolini. Aber il Duce hat angefangen! – das muß man ihm lassen. Ohne Benito – kein Adolf!» Er lachte triumphierend, ließ die Zähne schimmern, warf kühn den Kopf in den Nacken und sah herrlich aus – wie ein junger Gott.

Das Telephon läutete; der Fensterputzer wurde in ein anderes Zimmer befohlen. Eilig packte er seine Sachen. «Ich habe mich schon zu lang hier aufgehalten. Es wird Krach geben …»

Am nächsten Morgen war er wieder da –: «um den Fußboden schön blank zu machen!» – wie er übermütig sagte. Marion hatte ihn erwartet. Sie sprachen wieder, und sie schauten sich an. Diesmal sagte er ihr seinen Namen –: den ihren wußte er schon; er hatte sich beim Portier erkundigt. Er hieß Tullio Rossi und wohnte bei einer verheirateten Schwester in Brooklyn. «Ich spare Geld», sagte er, «um meinen kleinen Bruder aus Bari hierher kommen zu lassen. Er ist siebzehn Jahre alt. Was soll er denn in Italien? Il Duce würde ihn in irgendeinen Krieg schicken. Soll er fascismo helfen, Tunis oder Nizza zu erobern – damit noch mehr Menschen unglücklich werden?» Er holte die Photographie des Siebzehnjährigen aus der Tasche. «Ist er nicht hübsch?» Dabei zeigte er lächelnd den Glanz seiner Zähne. «Mein hübscher kleiner Bruder heißt Luigi.» Er reckte sich auf die stolze und theatralische Art, als ob der Umstand, daß seines kleinen Bruders Name Luigi war, ihn besonders selbstbewußt und fröhlich stimmte.

Er war glänzender Laune; zärtlich und überschwenglich. «Heute ist ein guter Tag!» rief er aus. «Ein ganz hervorragender Tag, ich habe es gleich beim Aufstehen gespürt. Kein Tag gleicht dem anderen – haben Sie das auch schon bemerkt? Es gibt gute und schlechte. Heute ist also ein besonders guter. – Ja, ich kenne das Leben!» Er schlug sich mit der Faust an die Brust, sehr vergnügt über seine Lebenskenntnis im Allgemeinen und über diesen guten Tag im Besonderen. «Tullio kennt das Leben! Tullio weiß Bescheid!»

Beim Abschied aber bekam er wieder die finsteren Augen. «Nun ist das Zimmer sauber», stellte er fest, und schickte einen drohenden Blick durch den Raum. Etwas sinnlos fügte er hinzu: «Der Mohr hat seine Schuldigkeit getan. Der Mohr kann gehen ...» – Marion aber fragte einfach: «Wann treffen wir uns? Und wo?»

Er schaute sie lange an, aus seinen hellen, heftigen Augen, die so schnell die Farbe wechselten. Er fand, sie war schön –: zu schön, am Ende, für den armen Tullio aus Bari. Aber würde er denn immer der arme Tullio sein? Er war zu Großem bestimmt; würde herrliche Verse schreiben, wie auch Theaterstücke und politische Manifeste. Er wollte sich würdig erweisen dieser sehr schönen Frau, die ihm jetzt ein Rendezvous vorschlug, als ob das gar nichts wäre. Die lockere Fülle ihres Haars hatte Purpurschimmer. Und wie siegesbewußt trug sie den kleinen Kopf! – Für Tullios Geschmack war sie ein wenig zu mager, vor allem was den sehnigen Hals und die langen, unruhig muskulösen Hände betraf. Aber er bewunderte ihren großen, leuchtenden Mund, und das tiefe Farbgemisch in den Katzen-Augen, und ihre langen Beine, und die Art, wie sie sich mit einer unschuldig herrschsüchtigen Bewegung das Haar aus der breiten Stirne schüttelte. Er liebte auch ihre Stimme, die zugleich einschmeichelnd und grollend war, drohend und zärtlich und stark, und sehr reich an überraschenden, herben oder süßen Nuancen. – Tullio war dazu im Stande, sich geschwind zu begeistern. Er meinte, diese Frau schon zu lieben. Er begehrte sie schon.

Sie trafen sich abends, in einer kleinen Bar um die Ecke. Tullio, in einem bescheidenen grauen Paletot, ein etwas mißfarbenes und verwittertes rundes Hütchen auf dem Kopf, sah nicht mehr ganz so attraktiv aus wie in der offenen Lederbluse, die er zur Arbeit trug. Marion brauchte einige Minuten, um seinen großen Reiz wieder zu finden, wieder zu entdecken.

Ihr war sonderbar ernst zu Mute, als beginne nun ein sehr schöner, aber auch gefährlicher, vielleicht verhängnisvoller Abschnitt in ihrem Leben. Sie dachte an Marcel. Wenn sie die Augen schloß, zeigte sich ihr ein Gesicht, das mehr dem des fernen Toten, als dem des Lebenden an ihrer Seite glich; es hatte aber die Züge von beiden. Sie bat Marcel um Verzeihung. Sie versprach ihm: ‹Ich werde dich immer lieben. Was nun auch für mich beginnen mag, es kann mich dir nicht entfremden. In meinem Herzen bleiben, Wundmalen gleich, die Spuren deiner ungeheuren Blicke. Ich bin deine Witwe, Marcel.›

Tullio seinerseits war lustig bis zur Ausgelassenheit. Er lachte viel und sang Melodien aus italienischen Opern. Dazwischen schüttelte er den Kopf, als könnte er es selbst nicht begreifen, daß er hier saß, Marion an seiner Seite. «Life is funny», sann er mit geheimnisvollem Mienenspiel. «Extremly funny – don't you think so, Marion?» Dann sang er wieder; dann sprach er über Detektiv-Romane, und schließlich gab er, in gedrängter Form, sein politisches Glaubensbekenntnis. «Ich bin Antifaschist», sprach er feierlich. «Aber der Kommunismus gefällt mir auch nicht. Ich glaube, der Staat an sich ist das Schlechte. Kein Mensch sollte Gewalt über andere Menschen haben. Die Macht verdirbt den Charakter. Ich bin Anarchist. – Ja, Tullio kennt das Leben!» schloß er triumphierend.

Später, auf der Straße, preßte er Marions Arm und sagte mit einer Stimme, die mehr wütend als zärtlich klang: «Ich möchte mit dir allein sein, Marion! Ich muß mit dir allein sein!»

«Das möchte ich auch», sagte Marion.

Er versetzte düster: «Aber im Hotel geht es nicht. Dort kennen mich alle; sogar der Nachtportier weiß, daß ich der Fensterputzer Tullio bin. Es würde einen Skandal geben, wenn du mich mitnähmest.» Nachdem er diese Betrachtungen angestellt hatte, stampfte er vor Zorn mit dem Fuß aufs Straßenpflaster.

«Nein, im Hotel geht es wohl nicht», gab Marion zu. Dabei berührte sie mit ihren Fingern seine geballte Faust: die große, harte Faust eines Arbeiters.

Sie stand nahe bei ihm. Ihr Blick ging über sein Gesicht. Die Lippen hatte er schmollend vorgeschoben, und in den Augen gab es Wetterleuchten. Er ärgerte sich wohl noch immer darüber, daß im Hotel sogar der Nachtportier ihn kannte und wußte, daß er nur der Fensterputzer war.

Marion löste ihre Finger aus der Umklammerung seiner Faust. Sie berührte vorsichtig seinen Nacken, gerade dort, wo das schwarze, feste und seidige Haar ansetzte. Da umschlang er sie. Er küßte sie an der Straßenecke. Ein kalter Wind blies sie an. Marion befreite sich aus seiner wütenden Umarmung, als sie die Schritte von Passanten hörte.

Sie gingen schweigend, Hand in Hand, den Weg zum Hotel zurück. Ein paar Meter vom Portal entfernt, trennten sie sich. Tullio sagte: «Morgen habe ich im achten Stockwerk zu tun. Vielleicht kann ich zu dir kommen – für ein paar Minuten. Leb wohl.» Seine Augen standen voll Tränen.

Marion wollte seine Augen küssen; hatte aber Angst, vom Hotel aus beobachtet zu werden. Sie drückte ihm schnell die Hand, ohne noch etwas zu sagen.

Marions Tage in New York waren reichlich ausgefüllt. Sie studierte mit einer amerikanischen Schauspielerin ihre englischen Rezitationen, sowie die kleinen Vorträge, die den Versen als Einleitung dienen sollten. Sie hatte Konferenzen mit ihrem Agenten, mit Journalisten, und es gab viele Menschen zu sehen. Die Menschen waren wohlmeinend und herzlich. Alle schienen voll lebhafter Sympathien mit Schicksal und Arbeit der deutschen Emigrantin, und sie äußerten Haß und Ekel, wenn von den Nazis die Rede war.

Aber die zentrale Figur für Marion in diesen Wochen wurde der Italiener, Tullio, der, schön wie ein junger Gott, mit einem Kübel und mehreren Lappen in ihre Stube getreten war. Er kam wieder, jeden Tag war er da, und schließlich wagte er es sogar, sie nachts zu besuchen, obwohl doch alle im Hotel ihn kannten. Er schlich sich durch den hinteren Eingang und benutzte, um nach oben zu gelangen, nicht den Lift, sondern die Treppe: die enge, dunkle, fast verbotene Treppe, die abgestorben zu sein schien wie ein Körperteil, den man nicht benutzt, und die nun endlich ihren Sinn, ihr neues Leben bekam.

Auf der Treppe aber begegnete er keiner Geringeren als der Gattin des Managers, die wohl, vom Korridor her, Schritte gehört hatte und neugierig lugte, wer sich da herumtreiben mochte. «Wohin wollen Sie?» fragte unbarmherzig die Dame. Tullio seinerseits wurde rot und blaß. Der Schweiß trat ihm in dicken Tropfen auf die Stirne; er brachte mühsam hervor: «Zu Doktor Alberto – Doktor Alberto im sechsten Stock ...» Er meinte einen deutschen Arzt namens Albert Müller, der im Hotel logierte und vor einigen Tagen einen verletzten Finger Tullios verbunden hatte. – «Zu Doktor Alberto!» beteuerte der Junge noch einmal – erleichtert, daß immerhin dieser rettende kleine Einfall ihm gekommen war –, und er fügte jammernd hinzu: «Mein kaputter Finger tut ja so entsetzlich weh! Es ist der kalte Brand, fürchte ich. Doktor Alberto wird alles aufschneiden müssen ...» Dabei streckte er der Gattin des Managers frech die gesunde Hand hin. Sie geruhte nicht einmal, sie anzuschauen; vielmehr sagte sie nur verächtlich: «Doktor Alberto? Von wem sprechen Sie denn? – Wahrscheinlich meinen Sie den Herrn Doktor Müller.» – Tullio nickte eifrig: – «Warum benutzen Sie nicht den Lift?» fragte die Gattin des Managers nur noch, und wandte ihm verdrossen den Rücken.

Tullio kam zitternd und keuchend vor Aufregung bei Marion an. «Man hat mich entdeckt!» Er rang pathetisch die Hände, Tränen standen in seinen Augen, und der schöne Mund zuckte. Sie legte die Arme um seine Schulter. Ihre Liebkosung besänftigte ihn; er konnte erzählen, was geschehen war. Als Marion aber lachte, wurde er ärgerlich. «Du amüsierst dich!» grollte er und machte große Schritte durchs Zimmer. «Du ahnst ja nicht, wie gemein die Menschen sind! Morgen wird der Manager sich bei Doktor Alberto erkundigen, ob ich wirklich bei ihm gewesen bin. Der ganze Schwindel kommt auf, und ich werde entlassen.»

Er blieb nur ein paar Minuten. Zum Abschied küßte er Marion mit einer Heftigkeit, in der noch der Zorn über das Renkontre auf der Treppe spürbar war. «Wir müssen uns ein Zimmer nehmen – ganz für uns!» flüsterte er. «Ich weiß ein kleines Hotel, in der Nähe der Pennsylvania Station. Es ist billig und ziemlich sauber ...» Marion nickte, die Arme um seinen Hals. Dabei fiel ihr die Purpurfülle des Haars in die Stirn, wie ein Vorhang, der verbergen sollte, daß sie rot geworden war.

Übrigens geschah am nächsten Vormittag alles, wie der verzweifelte Tullio es vorausgesehen hatte. Doktor Müller, der sich an den Italiener mit dem verletzten Finger kaum erinnern konnte, leugnete empört, ihn nachts empfangen zu haben. Was also hatte Tullio im Hotel gesucht, zu so unpassender Stunde? Wahrscheinlich hatte er stehlen wollen; alles sprach dafür: dies war seine Absicht gewesen. – Tullio wurde entlassen. Er ließ es Marion auf einem Zettel wissen, den er durch die Türritze in ihr Zimmer schob. Sie erschrak: Was sollte nun werden? Aber schon gegen Abend rief der Junge sie an: Er hatte einen «Job» in einem anderen Hotel gefunden, nicht weit von hier. «Und es ist ein viel schöneres Hotel!» berichtete er stolz. «Viel größer und vornehmer als eures. – Tullio hat Glück! Tullio kennt das Leben!» –

Marion hatte nur noch drei Wochen, ehe sie die Tournee antreten mußte. Die Zeit verging viel zu schnell. – Sie konnte Tullio immer erst abends treffen. Tagsüber hatte er seine Arbeit, und auch sie war beschäftigt. Aber die Abende waren lang – von sieben Uhr bis Mitternacht oder ein Uhr morgens. Mit Tullio zusammen lernte sie New York kennen; er kannte es gut, und überall hatte er Freunde. Sie unternahmen Entdeckungsfahrten in der Subway: nach Brooklyn oder in die Bronx, ins Chinesen-Viertel oder nach Harlem. Marion war begeistert von den Dancings, wo die Schwarzen, zugleich korrekt und verzückt, sich nach den fulminanten Rhythmen des Jazz bewegten. Tullio seinerseits tanzte ohne die brillante Technik, die für die Dunklen Selbstverständlichkeit war. Aber er führte mit festem, zuverlässigem Griff; sein Gang war beschwingt und elastisch, und seine Musikalität bewahrte ihn vor jedem falschen Schritt. Übrigens hielt er selber große Stücke auf seine Tanz-Kunst und rühmte sich kindlich: «Tullio knows how to dance! Tullio is clever, is smart!» – Sein Akzent war phantastisch. Mit einem Eigensinn, der nicht ohne Großartigkeit war, weigerte er sich, zum Beispiel, das «th» so auszusprechen, wie es sich gehörte. Er deklarierte, wenn von weltanschaulichen Fragen die Rede war: «I know the whole trut!» – und Marion verstand erst nicht, was er meinte. Schließlich kam sie darauf, daß es das Wort «truth» war, das er so seltsam entstellte. –

Es war schön in Harlem; es war schön am Times Square, wo die feurigen Räder der Lichtreklamen irrsinnig kreisten und vor schwarzem Hintergrund grelle Figuren oder Schriftzeichen ihren Tanz hatten. Nach dem Kino mußte Tullio in eine Cafeteria gehen, um ein großes Sandwich mit Salat und heißer Wurst zu essen. Er hatte fast immer Hunger. Für Marion war es ein Vergnügen, ihn essen zu sehen. Er bekam etwas Raubtierhaftes, wenn er gierig aß; seine Zähne, die beim Lachen verlockend schimmerten, wurden Mordwerkzeuge. Sie sah ihn Speisen verschlingen; Fleisch kauen, Gemüse verzehren, Suppe löffeln – in französischen Restaurants, schwedischen, ungarischen, chinesischen Restaurants. Am besten schmeckte es ihm in den italienischen. Er wußte ein kleines Lokal, wo es vorzügliche Ravioli und einen sehr guten Chianti gab. Dort war es, wo Tullio mit Marion seinen Geburtstag feierte. Es war ein schönes, ausführliches Fest. Er hatte schon am Nachmittag das Menü zusammengestellt. Es war fast wie in Bari. Sie schrieben eine Ansichtskarte an Tullios Familie: an den Vater, die Mama und den siebzehnjährigen Luigi. Später setzte Tullio, wieder einmal, seine Weltanschauung auseinander. «I know the whole trut!» behauptete er emphatisch. Diesmal stellte sich heraus: er war nicht nur gegen die organisierte Gewalt, den Staat; er war auch gegen den Verstand, gegen die Vernunft, den Kopf, das Denken. Die Menschen denken zu viel – erklärte Tullio –; deshalb konnten sie nicht glücklich sein. Seine Theorie war: Alle Krankheiten kommen vom Gehirn; vor allem die Tuberkulose. Man bekämpfte dieses Übel am wirkungsvollsten, wenn man auf das leidige Nachdenken beinah ganz verzichtete. «Früher waren die Menschen gesund, weil sie weniger dachten und nicht so viel wußten. Ich weiß beinah gar nichts», gab Tullio zu. «I am ignorant. – But I know the whole trut!» schloß er triumphierend und goß sich noch einmal Chianti ein.

Marion lauschte ihm amüsiert; machte sich dabei auch ihre eigenen Gedanken, obwohl ihr Freund doch gerade das Denken so dringend widerriet. Marion dachte: ‹Auch sein kindlicher, ungeübter Verstand ist berührt und ergriffen von den Stimmungen, den gefährlich starken Tendenzen der Zeit. Marcel – erfahren und viel zu bewandert in allen intellektuellen Raffinements – hat die großen Worte verflucht und nach der Tat, dem Opfer verlangt. Dieser Überdruß an der Vernunft, dieser aggressive Zweifel an der intellektuellen Kritik scheint die Krankheit unserer Generation – oder ist es vielmehr ein Symptom der Gesundung? Sind alle diese jungen Menschen so müde der Gedanken und der Zweifel – weil sie *glauben* wollen? Woran glaubt Tullio? Was bedeutet sein «Anarchismus» und seine seltsame Theorie, daß die Tuberkulose vom Denken komme? Wohin will er? Wohin führt sein naiver Anspruch «Zurück-zur-Natur»? Ist die Barbarei das Ziel, die Auflösung der Zivilisation die Rettung? – Aber er haßt den Faschismus. Da er diese falsche Ordnung bekämpft, muß er eine andere

Ordnung wollen: eine bessere, die sowohl freier als auch vernünftiger wäre. – Der Überdruß an der Vernunft und am Staat erklärt sich aus dem Mißbrauch, der mit der Vernunft getrieben wurde, aus der Schlechtigkeit der Staaten. Unsere Generation empfindet: Lieber das Chaos als die permanente Ungerechtigkeit. Hinter dem Chaos aber sieht sie – ohne es noch zu wissen oder sich zuzugeben – schon die neue Ordnung, der sie dienen will …›

Marion liebte die Stadt New York. Alles auf den Straßen machte ihr Vergnügen. Es ergötzte und erfrischte sie, den gewaltig strömenden, exakt geregelten Verkehr der Wagen zu beobachten. Wenn das Lichtsignal ihnen zu stoppen gebot, war es gestattet, die Straße zu überkreuzen, an der Reihe der Wagen vorbei, wie an einem Wasserfall, der sich plötzlich nicht mehr ergießen durfte, sondern rauschend stillstand. Marion wurde eine kleine Angst nicht los. Sie sah aber lächelnd, wie Kinder und junge Mädchen den stehenden oder im dichten Verkehr ganz langsam fahrenden Wagen zutraulich die Kotflügel klopften, so wie man ein gezähmtes Ungeheuer lässig streichelt: der besondere Reiz so kecker Liebkosung ist es ja gerade, daß der Unhold einen zerreißen könnte, käme es ihm plötzlich in den unberechenbaren Sinn.

Es war gut, mit vielen Menschen zu reden; Tullio hatte schnell Kontakt mit mancherlei Leuten. Sie unterhielten sich mit den Negern, die in den Nebenstraßen des Broadway oder in Harlem ihre Künste zeigten; oder mit den Männern, die vor großen Geschäften ihre Schilder spazieren führten: «Kauft hier nichts! Boykottiert diesen Laden! Hier werden Union-Mitglieder unfair behandelt! Helft uns in unserem Protest!» Mit diesen sprachen sie über soziale Fragen, über das Arbeitslosen-Problem, über Roosevelts «New Deal» und seine Chancen. Mit den kleinen Negerjungens aber, die an den Straßenecken Schuhe putzten, sprachen sie über Baseball oder die Aussichten eines großen Boxkampfes, der angekündigt war. Die kleinen Negerjungens hatten zarte, etwas müde, dabei lustige und schlaue Affengesichter. Marion schaute gerne den flinken Händen bei der Arbeit zu. Die Dunkelheit ihrer Haut schien empfindlich und abgenutzt, an manchen Stellen fleckig, als trügen die Kinder sehr alte, strapazierte Handschuhe.

Einmal fuhren sie nach Yorkville, ins deutsche Viertel. Aber dort fühlte Marion sich gar nicht wohl. Sie ekelte sich vor den hakenkreuzgeschmückten Zeitungen, die überall aushingen. Die Gesichter vieler Menschen, denen sie hier begegnete, waren ihr unangenehm; es schienen böse und dumme Gesichter: Marion fürchtete sich. Tullio wollte einen deutschen Film sehen. Es gab ein Lustspiel; seltsamer Weise zeigten die Figuren auf der Leinwand sich eher verdrossen, sie schrien sich an wie Unteroffiziere. Wenn sie lustig sein wollten, wurden sie roh. Die jungen Männer – hünenhaft gebaut, mit fast idiotischen Mienen – schlugen ihren Mädchen tüchtig auf den Hintern, ehe es zur Umarmung kam, die ihrerseits barbarischen Charakter hatte. Marion dachte: Ist dies deutscher Humor? Den Ton der Stimmen konnte sie kaum ertragen; auf eine herausfordernde Art war er zugleich forsch und sentimental, aggressiv und wehleidig. ‹Wie fremd die deutschen Stimmen mir geworden sind!› empfand Marion. Nach einer Viertelstunde gingen sie. Der Platzanweiser – ein Deutscher – erkundigte sich, ob ihnen der Film nicht gefallen habe. «Es ist ein abscheulicher Film», sagte Marion.

Der Platzanweiser war ein großer, blonder Bursche mit langem, hagerem, recht gut geschnittenem Pferdegesicht. «Alle deutschen Filme sind Dreck», sagte er, und sein Gesicht hatte plötzlich einen Ausdruck von Haß. – Marion unterhielt sich noch etwas mit ihm. Der Bursche ließ durchblicken, daß er ein politischer Flüchtling war. Er wagte es nur zu flüstern: «denn wenn sie es hier rausbekommen, verliere ich meinen Job. Das sind hier alles Nazis – die ganze Bande!» – Leute kamen; er mußte ihnen mit seiner Taschenlampe den Weg zu ihren Sitzen durchs dunkle Parkett zeigen. Ehe er sich von Marion trennte, hob er die Faust, zur Geste des antifaschistischen Grußes. Sein Gesicht, das im Halbdunkel des Theaters verschwand, sah sehr hart und zornig aus. –

Wie rasch vergingen die Tage, und auch die Wochen waren geschwind vorbei. Marion lud ihren Tullio in die Oper ein; sie hörten «Aida», Tullio war nur mit Mühe davon abzuhalten, die geliebten und vertrauten Melodien schallend mitzusingen.

Sie fuhren zur Washington Bridge und zur Brooklyn Bridge; sie genossen die Aussicht von den höchsten Wolkenkratzern, und sie spazierten im Central Park. Sie besuchten den Zoologischen Garten, die Öffentliche Bibliothek, die Museen, die Warenhäuser und die Empfangsräume der großen Hotels. Sie wollten alles sehen. Beide waren neugierig und enthusiastisch. Am meisten liebte Marion die Stadt zu einer gewissen Stunde am späten Nachmittag. Dann wurde das Licht durchsichtig und bekam einen besonderen, strengen Reiz. Hinter den Wolkenkratzern standen die schmalen Streifen des Himmels in einer blassen, stählernen Bläue. Irgendwo mußte noch die Sonne sein; aber man sah sie nicht mehr. Die hohen Stockwerke der Haus-Giganten waren von einem kalten, süßen, etwas giftigen Rosa beschienen, wie die Gipfel des Hochgebirgs vom Sonnenuntergang – während die Straßen sich schon, gleich Schluchten, mit Schatten füllten. Dann wurde es plötzlich sehr kalt. Marion drängte sich enger an Tullio.

Wo war sie, und wer schritt da an ihrer Seite? War dies nicht die furchtbare, überirdisch schöne Landschaft des Engadins, und blies nicht der Maloja-Wind sie gewaltig an, um diese Straßenecke? – Sie zog den Jungen an sich, damit sie ihn wiedererkenne, ihn nicht verwechsle. Wir verwechseln die miteinander, welche wir lieben müssen. Es ist immer das selbe Antlitz, dem wir verfallen. – ‹Oh, Marcel, ich bin deine Witwe. In meinem Herzen bleiben, Wundmalen gleich, die Spuren deiner ungeheuren Blicke.›

Auch Tullio schien betrübt geworden, als teilte er Marions Erinnerungen, samt der nie zu stillenden Trauer um einen Toten. – Seine Stimmungen änderten sich rapid. Er war reizbar und stolz, kindisch und leicht gekränkt, zärtlich und naiv, roh und sanft. Er war stets überraschend. Manchmal glaubte Marion: Er ist schön, aber einfach dumm; dann wieder: Er ist begabt, aber er muß wahnsinnig werden. Und wieder ein anderes Mal: Er ist stark und gut, der Haß gibt ihm Kraft und Feuer, er kann etwas Tüchtiges leisten, er wird sein Leben sinnvoll machen, er kann arbeiten, er geht nicht zu Grunde. Wenn er ausrief: «I know the whole trut!» und: «Alles Übel kommt von den Gedanken!» – erschrak Marion, und ihr Gelächter, das ihm antwortete, klang nicht munter. Wenn er aber seine Ausbrüche gegen «fascismo» hatte, der ihm die Heimat verdarb, beobachtete sie mit Entzücken sein bewegtes Gesicht. Schatten flogen über die blanke Stirn, in seinen Augen war das Wetterleuchten, und sogar das Funkeln der raubtierhaften Zähne ward drohend.

Manchmal machte er sich auch Sorgen wegen des sozialen Unterschiedes, der zwischen ihnen bestand. «Wir sind aus verschiedenen Welten. Was hast du eigentlich an mir?» konnte er fragen. «Ich bin doch nur ein einfacher, dummer Kerl – habe nichts gelernt.» Marion lächelte stumm. Mit ihren Lippen berührte sie seine grobe, abgearbeitete Hand. «Bist du glücklich?» wollte er wissen. «Kann ich dich glücklich machen?» – Sie antwortete nicht.

Doch wiederholte sie in ihrem Herzen die Frage: ‹Bin ich glücklich? Liebe ich ihn genug? Gibt es zwischen ihm und mir nicht zu viel Trennendes? Ich bin mehrere Jahre älter als er. Ich bin erzogener als er, und ich habe eine andere Art zu denken. Habe ich nicht auch eine andere Art zu empfinden als Tullio? All seine Reaktionen sind mir fremd und erstaunlich. Vielleicht liebe ich ihn gerade deshalb so sehr. Denn ich liebe ihn sehr› –: empfand Marion mit ihrem ganzen Herzen.

War sie glücklich, nachts, während der Stunden, die sie in dem verdächtigen kleinen Absteige-Hotel, nahe der Pennsylvania Station, verbrachten?

Marion hatte sich nie mit solcher Heftigkeit lieben lassen. Er war unersättlich. Sein Ernst in der Umarmung, seine beinah wütende Sachlichkeit bei den Liebkosungen waren erschreckend. Er warf sich über sie wie ein Ringkämpfer auf seinen Gegner. Er war geschwind befriedigt, und dann rief er: «Noch einmal!» –: es klang wie ein Schlachtruf. Auch sein erhitztes, schweißbedecktes Gesicht sah wie das eines erschöpften Kriegers aus, mit durstig trockenen Lippen, dem feucht verklebten Haar, den gierig weit geöffneten Augen. Seine Zärtlichkeit war vehement wie eine Naturkatastrophe. Sein Körper bäumte sich wie in Qualen. Auch sein Stöhnen klang, als ob es von einem Gefolterten käme. «Tue ich dir weh?» fragte er sie – selber leidend an seiner Lust. Als Marion den Kopf im Kissen schüttelte: «Aber ich will dir weh tun! Sonst liebst du mich nicht!»

Manchmal grübelte Marion über sein Gesicht gebeugt, an dem sie sich nicht satt sehen konnte: «Liebst du mich wirklich? – Ach, du liebst mich nicht!» Sie hatte es auf deutsch gesagt, er verstand sie nicht. «Was hast du eben gemurmelt?» wollte er mißtrauisch wissen. Da sie nur ein girrendes kleines Lachen als Antwort hatte, verfinsterten sich gleich sein Blick und seine Stirn. «Du ärgerst mich mit deinen Geheimnissen mit deiner fremden Sprache. Ich weiß nichts von dir!» Er griff nach ihrem Kopf mit seinen großen, harten Händen, als ob er die Gedanken aus ihm heraus zerren könnte. «Wenn ich nur wüßte, was vorgeht hinter dieser Stirn!» – Sie blieb stumm; da stürzte er sich wieder in die Umarmung wie in den Kampf. Noch einmal – der in Lust und Qualen gebäumte Leib; noch einmal die irrenden, rasenden Blicke; das Brummen und Stöhnen, der bedrohliche Schlachtgesang seiner Liebe: noch einmal.

Schwankte unter ihnen nicht das Zimmer – diese nicht besonders saubere Hotel-Stube, nahe Pennsylvania Station –, wie einst ein anderes Zimmer geschwankt hatte, an einer französischen Küste? Es schien ein Schiff auf hoher See zu sein – oder vielleicht nur ein kleiner Nachen. Wohin trug er sie? Gab es Ufer, jenseits dieser Gewässer, die sich unermeßlich breiteten? Und wenn es Ufer gab – hatte man Kraft genug, um sie zu erreichen?

Gefahren – Gefahren, überall ... Oh, wir sind schon verloren! ... Welche Schuld haben wir auf uns geladen, daß man uns zu solcher Strafe verdammt? ... Marion und Tullio hatten den entsetzten Blick, als wäre ein Abgrund jäh vor ihnen aufgesprungen.

Aus dem Abgrund stiegen Feuerbrände, auch Qualm kam in dicken Schwaden, und Felsbrocken wurden emporgeschleudert. Es war der Krater eines Vulkans.

Hüte dich, Marion! Wage dich nicht gar zu sehr in die Nähe des Schlundes! Wenn das Feuer dein schönes Haar erfaßt, bist du verloren! Wenn einer der emporgeschleuderten Felsbrocken deine Stirne streift, bist du hin! Auch könnte es sein, daß du am Qualm elend ersticken mußt. Furchtbar ist der Vulkan. Das Feuer kennt keine Gnade. Ihr verbrennt, wenn ihr nicht sehr schlau und behutsam seid. Warum flieht ihr nicht? Oder wollt ihr verbrennen? Seid ihr versessen darauf, eure armen Leben zu opfern? – Aber ihr habt nur diese! Hütet sie wohl! Bewahrt euch! Wenn auch ihr im allgemeinen Brand ersticken solltet –: niemand würde sich um euch kümmern, niemand dankte es euch, keine

Träne fiele über euren Untergang. Ruhmlos – ruhmlos würdet ihr untergehen!

Da sprach Tullio die Worte, auf die Marion längst mit tausend Ängsten gewartet hatte. «Ich kann nicht bei dir bleiben, meine Geliebte.» – Sie fragte: «Warum nicht?» –: so ruhig, als hätte er ihr mitgeteilt, daß er heute lieber ins Kino statt ins Museum wollte. Er redete pathetisch, den schönen dunklen Kopf in die starke Hand gestützt: «Weil mein Leben mich hier nicht befriedigt. Fenster putzen können auch andere. Ich habe Aufgaben, habe Pflichten! I know the whole trut! – Ich muß nach Europa, gegen fascismo arbeiten: in Italien, vielleicht auch in Deutschland. Ich muß kämpfen! Die Macht ist böse, überall erniedrigt sie den Menschen. Ich muß die Macht niederringen, den großen Drachen ...» Und, die Stirne gesenkt, die Augen beinah geschlossen, wie geblendet von einem zu starken Licht, brachte er noch hervor: «Ich muß mich opfern ... Es wird das Opfer verlangt ...»

Wie kannte Marion diese Worte! Wie vertraut waren ihr diese Blicke, diese stolzen und verzweifelten Gesten! Der italienische Proletarier schien den Pariser Intellektuellen zu kopieren – und meinte es ernst und ehrlich wie dieser. ‹Es wird das Opfer verlangt ...› Dies ist nicht die Stunde des kleinen Glückes, und auch das große wird uns kaum gewährt. Die Welt will anders werden, sie windet sich in Krämpfen, das Böse hebt scheußlich mächtig das Haupt, wir werfen uns ihm entgegen, und wenn wir verbluten sollen an seinem Biß: Es wird das Opfer verlangt. Menschliche Bindungen, zarte Rücksicht auf die Geliebte kommen kaum in Frage: die Zeiten sind nicht danach. Wir umarmen uns, und das Glück ist heftig, weil es flüchtig bleibt. Leb wohl, und vergiß mich nicht! Wir sind Emigranten, du und ich, das Böse hat uns die Heimat gestohlen, die Heimatlosen kennen keine Treue. En somme, Madame, vous êtes sans patrie. Hatten Sie sich denn ein stilles Eheglück mit mir erwartet, chère Madame? Ich bin ein anarchistischer Fensterputzer –: Sie wußten doch, wem Sie sich hingaben, in diesem Hotelzimmer, wo es etwas übel riecht. Adieu adieu: dieses ist Abschied – eine Realität; die Realität unseres Lebens.

Marion – an gewissen praktischen Details trotz allem interessiert – erkundigte sich: «Wann dachtest du denn zu reisen?»

Seine Antwort war finster und allgemein gehalten. «Ich weiß noch nicht ... Bald – nur zu bald ... Vielleicht treffe ich meinen kleinen Bruder Luigi in Paris ... Ich erwarte ein Telegramm ... Ich muß auf einem Dampfer arbeiten, um nach Europa zu kommen – als Heizer, oder als Kellner ... Es kann bald sein – sehr bald ...» –

Zunächst aber war es Marion, die reiste. Ihre Tournee begann. Sie mußte für einen Damen-Club in Philadelphia sprechen; den nächsten Tag für einen anderen in Baltimore; dann in Buffalo, Rochester, Detroit, Washington, Kansas City. Tullio begleitete sie zur Pennsylvania Station; sie kamen an dem Hotel vorbei, wo sie sich geliebt hatten, er hatte die Augen voll Tränen. Er verlangte: «Du mußt mir jeden Tag schreiben! Jeden Tag – nicht seltener –: versprich mir das!» Er hob, mit mühsamer Schalkhaftigkeit, mahnend den Zeigefinger. «Ich muß doch immer wissen, was los mit dir ist!» sagte er noch. Seine eigenen Reisepläne erwähnte er nicht; nur vor der Trennung, die durch Marions Tournee verursacht wurde, schien er Angst zu haben. Eifrig wie ein Schulbub notierte er sich ihre Adressen; sie wechselten jeden Tag. Er sah rührend aus in seinem bescheidenen grauen Paletot, das mißfarbene, verwitterte runde Hütchen auf dem Kopf.

Er sah schön aus, sein Gesicht war schön gebildet, Marion liebte es, ein starkes, beinah wildes Gesicht, Marion schaute es an. Er schleppte den Koffer; sie hatte keinen Träger nehmen dürfen. Der Koffer war ziemlich schwer; Tullio keuchte. Sie schaute ihn an. «Adieu, Tullio! Machs gut!»

Sie ließ vor Nervosität ihr Täschchen fallen, es ging auf, Toilettegegenstände und Börse lagen auf dem Pflaster des Bahnsteiges. «Ich bin immer so ungeschickt!» Sie rang verzweifelt die Hände; ließ die Gelenke knacken. Da stand sie, eine lange, dünne, nervöse Dame in ihrem schwarzen Mantel; den kleinen Hut etwas unordentlich aufgesetzt; darunter kam das Purpur-Haar hervor. Sie war nicht mehr völlig jung – nicht mehr neunzehnjährig war Marion, auch die Fünfundzwanzig hatte sie schon überschritten, und der dreißigste Geburtstag lag hinter ihr. Seht – um den leuchtenden, verführerischen Mund gab es schon scharfe Falten; auch um die schief gestellten Katzenaugen ward dergleichen bemerkbar. Marion von Kammer – die Tochter der geborenen von Seydewitz;

die Schwester Tillys, einer kleinen Selbstmörderin; die Witwe Marcels, eines Dichters und Soldaten; die Geliebte eines Fensterputzers: da stand sie, mit langen Beinen, zwischen den Augenbrauen einen angestrengten und gequälten Zug, im Mund die Lucky-Strike-Zigarette; schlenkerte mit ihren Handschuhen; wußte nicht, wohin mit ihren Händen – und sprach: «Adieu, Tullio! Vergiß mich nicht! Und leb wohl!»

Marion – wieder auf Tour: sie empfand es wie eine Heimkehr. Die Ruhelosigkeit war der vertraute Zustand und hatte fast beruhigende Wirkung. Wir sind Vagabunden, Zigeuner, total entwurzelt, heimatlos, sans patrie. ‹Wo bin ich gerade jetzt?› dachte sie wieder, wie damals, im Haag oder in Bratislava. ‹Wo habe ich übernachtet? In einer Stadt namens Memphis oder in Chicago? Oder bin ich in einem Pullman-Car?»

An die Pullman-Cars war sie bald gewöhnt. Erst hatte sie es beschwerlich gefunden, sich in den verhängten Betten, halb liegend halb sitzend, an- und auszuziehen –: man stieß mit dem Kopf gegen die niedrige Decke, es war unbequem, und ein eigenes Compartment konnte sie sich nicht leisten. Aber sie bekam schnell Routine. Nach einigen Reisetagen schienen ihr die amerikanischen Züge komfortabler als die europäischen. «Pullman Miles – Happy Miles!» – las sie auf den bunten Plakaten, die vor der Damen-Toilette hingen. Sie gab dem Reklame-Text beinah recht. Unterwegs fühlte sie sich am wohlsten.

Denn die Aufenthalte waren strapaziös. Anstrengender als die Vortragsabende waren die Interviews und die Geselligkeiten. Mit vielen Menschen mußte Marion plaudern, und sie hatte immer gut in Form zu sein. Die Club-Damen, die Journalisten, die Professoren, Studenten, jungen Mädchen – alle baten: «Tell us something about Germany! How is it possible …?» – Und dann half kein Gott: erzählt sollte werden … Es war ein Teil ihrer Arbeit, es gehörte zu ihren Pflichten.

Übrigens sprach und berichtete sie nicht ohne Vergnügen. Der Wille aller dieser Menschen, sich zu unterrichten, war mehr als träge Neugier; er war rührend und beinah tröstlich. Die Fragen selber wirkten oft naiv und ahnungslos: «Warum mag Herr Hitler die Juden nicht? – Wieso findet sich niemand, der Herrn Hitler tötet?» Aber die Sorge, die Bestürztheit, die Anteilnahme waren stark und echt. Viele, die sich jetzt vor den Nazi-Greueln entsetzten, hatten Deutschland – «the country of Goethe and Beethoven» – einst geliebt und bewundert. Umso heftiger war nun ihre Enttäuschung – die übrigens nicht nur diesem einen Lande galt, sondern dem Erdteil. Warum duldeten Frankreich und England solche Barbarei, inmitten des Kontinents? Hatten sie nicht die Macht, den deutschen Diktator zu erledigen, ohne Krieg, nur durch die Kraft des moralischen, kulturellen, ökonomischen Boykotts? – So fragten die Club-Damen, Professoren und jungen Leute. Marion aber mußte Rede und Antwort stehen.

Sie gefiel den Amerikanern. «I think we do like you!» sprach herzlich die Dame vom Club-Vorstand, und die anderen nickten. «It was wonderful to have you here! The whole crowd was just crazy about you! Couldn't you have dinner with us tonight?»

Marion machte Eindruck, weil sie aufrichtig war. Sie überzeugte, weil sie ihrerseits starken Glauben hatte, weil die Flamme in ihrem Blick nicht künstlich sein konnte, der Schrei, das Schluchzen in ihrer Stimme nicht affektiert. Ihre Persönlichkeit imponierte, man war beeindruckt durch ihren Mut. «Such a brave little thing!» sagten die Damen, und die jungen Leute – wie auch die bejahrten Professoren – zeigten sich empfänglich für den fremdartigen Charme ihrer Erscheinung: die lockere Purpur-Mähne über dem kurzen, ausdrucksstarken Gesicht; der leuchtende, feuchte Mund, die schräg gestellten, leidenschaftlichen Augen; die Magerkeit der gestrafften Glieder, der schönen, nervösen Hände. «Sie ist etwas ganz Besondres!» sagten die Professoren, Studenten und sogar die abgebrühten Journalisten. «Very different – in a charming manner: that's what she really is! – And very continental, too!» fügten sie anerkennend hinzu.

Man applaudierte ihrem Vortrag sogar dann, wenn man seinem Inhalt kaum hatte folgen können –: nur der reizenden Erscheinung wegen; weil die Augen dieses Mädchens gewannen, und weil ihre Stimme entzücken, rühren und erregen konnte. – Tatsächlich war die Darbietung, mit der sie zu den Clubs und Universitäten kam, für das Publikum etwas Neues, und wäre von einer weniger attraktiven Person wahrscheinlich nicht akzeptiert worden. Damen, die Vorträge hielten –: das kam tausend Mal vor; Schauspielerinnen sah man sich auf dem Theater an; lieber noch auf der Filmleinwand. Aber ein Mädchen, das Gedichte sprach, noch dazu teilweise in fremder Zunge? Es war gar zu «continental» und hätte leicht verwunderlich, selbst komisch wirken können. – Der Agent indessen, der in Marions Tournee Geld und Kraft investiert hatte, war sich seiner Sache beinah sicher gewesen, und sein geübter Instinkt behielt recht: Die Leute in Detroit, Kansas City und Baltimore fanden das Experiment nicht langweilig, sondern faszinierend. Noch während Marion unterwegs war, kamen neue Angebote, neue Engagements. Ihre Rückreise nach New York verzögerte sich.

Überraschender und – wie Marion schien – parodoxer Weise, gingen diese Einladungen beinah sämtlich von amerikanischen Organisationen aus; die deutschen Gruppen hielten sich zurück. Hatte es nur politische Gründe? Lehnten die deutschen Vereine es ab, die Ausgebürgerte, die Emigrantin bei sich zu empfangen? – Marion dachte darüber nach, nicht ohne gekränktes Erstaunen. ‹Werden meine Landsleute sogar hier von Hitler regiert?›

Da sie sich fast immer an Amerikaner wendete, schien es ihr ratsam, die Rezitationen deutscher Verse einzuschränken, und die begleitende, erläuternde Rede ausführlicher zu machen. Ihr Englisch wurde fließend; ihr Akzent war gut. Sie erzählte, auf dem Podium stehend, vom «anderen, besseren Deutschland», vom «guten alten Europa» und seinem Ruhm – fast mit der gleichen Nonchalance und improvisierten Leichtigkeit, die sie beim Dinner mit den Club-Damen hatte. Sie verstand es, zu amüsieren. Die Anspielungen aufs Aktuelle, auf Personen und Probleme des Tages, wurden dankbar belacht. Sie berichtete von Heines Leben in Paris, von Lessings Polemiken, Goethes fürstlich erhöhter, einsamer Existenz, von den Tragödien Hölderlins, Kleists und Nietzsches – ehe sie die Verse oder Prosastücke sprach. Auch von den Lebenden, den Emigranten wußte sie Geschichten, die rührten und unterhielten. Es folgten die Dichtungen, oft in englischer Übersetzung. Die Rezitation bekam mehr und mehr den Charakter von sparsam verwendeter Illustration. Die Einführung, Deutung, politisch-moralische Schlußfolgerung ward das Wesentliche, Zentrale. Nach dem Vortrag stürmten alte Damen auf Marion zu, um ihr zu versichern, wie beglückend und belehrend alles für sie gewesen war. «Vor fünfunddreißig Jahren habe ich in Leipzig gelebt!» Die Weißhaarige sagte es deutsch –: es war mühsam für sie, aber sie wollte beweisen, daß sie es noch nicht ganz vergessen hatte. «Damals war Deutschland schön! – ein so feines Land! Jetzt ist es wohl total – verrückt geworden? Isn't it too bad? – Aber seitdem ich Sie gesehen habe, liebes Kind, bin ich wieder stolz darauf, daß meine Großmutter aus Hannover stammt. – Ich war nämlich schon nah dran, mich meiner armen Großmama zu schämen», flüsterte die Alte, hinter vorgehaltener Hand. «So wie man sich in Deutschland jetzt wohl einer jüdischen Großmutter schämt …», fügte sie kichernd hinzu.

Eine andere Frau sagte zu Marion: «Die Deutschen sind nicht zu entschuldigen. Gerade wenn man ihre großen Eigenschaften bedenkt, wächst die Empörung über ihre Entartung. – Ich war von Ihrem Vortrag begeistert. Sie wollten uns ein ‹anderes Deutschland› zeigen – und, wahrhaftig: Sie haben es lebendig gemacht! Aber hat es, als Nation, als Realität, jemals existiert – dieses ‹andere Deutschland›, auf das Sie sich berufen? Es hat deutsche Genies gegeben, und es hat immer ein paar tausend Deutsche gegeben – wie Sie; ich habe Freunde unter ihnen gehabt. Aber der Rest? Das Ganze? – Während des Krieges hat man uns versichert: Es ist nicht das deutsche Volk, gegen das man kämpfen soll; es sind nur seine Tyrannen. Damit war euer lächerlicher Kaiser gemeint. Nun – der ist unschädlich gemacht worden. Und nach fünfzehn Jahren war ein neuer deutscher Tyrann da: nicht weniger grotesk, aber viel gefährlicher als Wilhelm. Nun sollen wir noch einmal zwischen diesem Volk und seinen schlimmen Führern den fundamentalen Unterschied machen?» Die Dame, die selbständig nachdachte und sich nichts einreden ließ, fragte es beinah drohend. «Mir scheint doch leider», fügte sie mit Nachdruck hinzu, «das deutsche Volk hat die Führer, die ihm gefallen und die zu ihm passen.» –

Marion nannte ihr Programm, das bis dahin unter dem Titel «Das andere Deutschland» angekündigt worden war, nach diesem

Gespräch – das nicht das erste seine Art gewesen war –: «Deutschland von gestern – und morgen.»

… Es kamen Tage, da meinte sie: Ich kann nicht mehr. Abends, auf dem Podium oder am geselligen Tisch, versagte sie niemals; ihre Energie überwand jede Müdigkeit: sie strahlte, und ließ noch den Schlauesten nicht merken, wie elend ihr ein paar Stunden früher gewesen war. Während der langen Eisenbahnfahrten wurde ihr oft schwindlig; sie mußte sich übergeben. Solche Art von jähen Übelkeiten hatte sie nie gekannt. ‹Was ist mit mir?› – Sie machte sich ernsthaft Sorgen, und war doch sonst nicht hypochondrisch gewesen.

Die Landschaft ward immer öder; immer melancholischer der Blick in die kleinen Ortschaften, an denen der Zug stoppte oder langsam vorbeifuhr. Das kahle Backsteingebäude des Bahnhofs; dahinter, die Perspektive der «Main Street»; ein paar Dutzend Ford-Wagen; ein paar große Plakate von Camel-Zigaretten und Coca-Cola; ein paar schmutzige Kinder, weiße oder schwarze; zwei oder drei Drugstores, ein Kino. Darüber der trüb bedeckte winterliche Himmel … Pullman Miles – Happy Miles … Winter im Mittelwesten.

An irgendeiner dieser Stationen stieg Marion aus – jeden Tag an einer anderen, und es schien immer dieselbe. Die Damen vom Club-Vorstand oder die Herren von der Universität holten sie in einem Ford- oder Buick-Wagen ab. In der Hotelhalle erwarteten sie zwei Interviewer, vom «Chronicle» und von den «Daily News». Sie saßen in Schaukelstühlen und rauchten dicke Zigarren. Marion erkundigte sich beim Portier, ob Post für sie da sei. Ja, es waren Briefe für Miss von Kammer gekommen. Sie sagte: «Thanks» und steckte sie zu sich. Erst mußte sie mit den Journalisten sprechen. Während sie, präzis und munter, Auskünfte gab, schielte sie auf die Couverts. Sie erkannte verschiedene europäische Marken. Aber erst ein paar Minuten später, im Lift, entdeckte sie, daß sie auch von Tullio eine Nachricht hatte. Dies war seine ungelenke, dabei stolz geschwungene, kindliche Schrift. Seit zehn oder zwölf Tagen war kein Lebenszeichen von ihm gekommen. Während der ersten Wochen ihrer Tournee hatte Marion fast an jeder Station einen Brief, mindestens ein Telegramm oder eine Karte von ihm gefunden. Meistens freilich waren es nur kurze, rhetorisch flüchtige Grüße und Beteuerungen gewesen: «Ich denke an Dich, meine Liebste! Wann kommst Du wieder? Seit vorgestern arbeite ich in einem anderen Hotel. Hast Du Erfolg? Vergiß Deinen Tullio nicht!!!»

Dann war er plötzlich verstummt; auch Depeschen mit bezahlter Rückantwort, die Marion schickte, hatten keine Silbe mehr aus ihm herausgelockt. Er schien alle Kräfte seiner Beredsamkeit aufgespart und gesammelt zu haben, für die umfangreiche Epistel, die nun eingetroffen war. Marion wußte schon, was er ihr mitzuteilen hatte. «Alles ist aus, ich reise, Du wirst mich nie wieder sehen.»

Dies schrieb er, in umständlicher und pathetischer Form. Er betonte: «Ich werde Dich immer lieben!» Vergaß indessen nicht, grausam hinzu zu fügen: «Du verlierst mich, ich verschwinde aus Deinem Leben, zwischen uns ist es aus.» In hochtrabenden und konfusen Worten ließ er wissen, daß er nach Europa fahre, nächster Tage schon. «Ich arbeite als Kellner auf einem Schiff. In Europa aber will ich kämpfen.» – Wo kämpfen? Gegen wen kämpfen? Er erklärte es nicht. Aber Marion wußte es ja. Sie hatte noch seine Worte im Ohr: «Die Macht ist böse, überall erniedrigt sie den Menschen. Ich muß die Macht niederringen, den großen Drachen ...» Und weiter – die Stirne gesenkt, die Augen beinah geschlossen, wie geblendet von einem zu starken Licht –: «Ich muß mich opfern ... Es wird das Opfer verlangt ...»

Oh, diese Knaben, diese Soldaten, diese grausamen Märtyrer! –: kindlich gierig alle nach dem Opfertod, und so schnell bereit, ihm alles zu opfern: das eigene Leben, samt dem Leben der anderen. – Marion, die Witwe Marcels –: noch einmal verlassen, von ihrem italienischen Fensterputzer; Witwe zum zweiten Mal, alte Krieger-Witwe, erfahren in Abschiedsschmerzen, geübt im großen Adieu; Marion, unermüdliche Jungfrau von Orléans am Vortragspult; siegesgewisse Kämpferin; bewährte Trösterin; ermunterndes Beispiel für Viele –: seht, sie weint! Schaut hin: sie vergießt nochmals Tränen; in einem Schaukelstuhl sitzend, den sie von der heißen Zentralheizung weggerückt hat; an einem Schreibtisch, auf dem die Bibel und das Telephonbuch liegen; im Reisemantel, kleinem schwarzen Hut auf der Purpurmähne; irgendwo im Mittelwesten der U.S.A – sie weiß kaum, in welcher Stadt –: so kauert sie, die Knie hochgezogen, das Gesicht in die mageren Hände geworfen, und gönnt sich ein kleines Schluchzen. Die Koffer liegen noch auf dem Bett. Sie sollte auspacken; muß das Abendkleid bügeln lassen. In zwei Stunden wird das Telephon läuten: «Mrs. Piggins is in the lobby ...» Mrs. Piggins ist der Club-Vorstand, sie wird die Künstlerin zum Vortrag abholen; Marion muß baden, sich erfrischen, das Gesicht zurechtmachen, reichlich Rouge auflegen, sie sieht scheußlich aus – blaß und mager, und dazu die verheulten Augen.

‹Oh, Tullio – Tullio: warum? Wozu dieses Pathos, diese leeren Schwüre, aufgeregten Gesten? Wir hätten miteinander leben sollen. Ach, ihr scheut alle die unsägliche, lange, süße Mühe des Lebens! Der eigentlichen Verpflichtung weicht ihr alle aus! Ihr großen Helden, meine armen Brüder –: warum bevorzugt ihr die leichten, schnellen, tödlichen Triumphe? ... Mir ist übel. Wovon ist mir so übel? Die ganzen letzten Tage ist mir nicht gut gewesen. Was ist mit mir?

Was ist mit mir, Tullio?› –

Tullio – stürmischer Liebhaber; Anarchist und verkanntes Genie; jetzt wohl schon als Steward auf hoher See amtierend –, Tullio, der Überschwengliche und Ungetreue, hörte die Frage nicht. Marion zog es vor, sich selbst die Antwort heute noch zu ersparen; sie hinaus zu schieben, noch ein wenig offen zu lassen. – Um sich auf andere Gedanken zu bringen, las sie, mit feuchten Augen, ihre europäische Post.

Frau von Kammer, die geborene von Seydewitz, hatte geschrieben. Früher waren Mamas floskelhaft kühle Briefe für Marion eine Peinlichkeit gewesen; jetzt bedeuteten sie große Freude. Die Mutter schrieb gescheit und herzlich; nicht ohne Humor, trotz einem gewissen Unterton von Schwermut. Auch hatte sie viel zu erzählen. Die kleine Susanne hatte sich verlobt – berichtete Frau von Kammer. «Sie scheint glücklich zu sein; das ist natürlich die Hauptsache. Unter uns gesagt: ich finde den Kerl ziemlich unausstehlich. Er ist aus einer guten preußischen Familie; sein Großvater war mit meinem armen Papa befreundet. Wahrscheinlich ist es eine Art Gnade von ihm, daß er ein Mädchen ohne Geld und mit nicht rein-arischem Blut zur Frau nimmt. Susanne will mit ihm nach Berlin ziehen. Dort soll auch die Hochzeit sein. Du kannst Dir vorstellen, liebe Marion, daß ich nicht gerade sehr entzückt von all dem bin ... In ungefähr vier Wochen wird Susanne also Frau von Mackensen heißen.» –

Die zweite Neuigkeit war noch wesentlich interessanter. Marie-Luise hatte sich dazu entschlossen, eine Pension zu eröffnen: «mit meiner Freundin Tilly zusammen!» – Frau Tibori hatte etwas Geld aus Hollywood mitgebracht. Für den Anfang war es reichlich genug. Die beiden Damen hatten eine große, hübsche Villa am Zürichberg gefunden: relativ billig, und wie gemacht für eine nette Familien-Pension. «Den guten Ottingers – Du weißt: Tillys prachtvollen alten Freunden – habe ich eigentlich alles zu danken. Ohne deren Einfluß, den sie so lieb für mich verwendet haben, hätte ich die Erlaubnis nie bekommen können. Am 1. Januar machen wir auf. Du kannst Dir vorstellen: ich habe alle Hände voll zu tun und bin mächtig aufgeregt. Es haben sich ziemlich viel Gäste angemeldet; Schweizer und Emigranten. Man soll es gut bei uns haben, unsere Köchin ist ausgezeichnet, und ich will versuchen, die Preise möglichst niedrig zu halten. So viele Menschen, die jetzt aus Deutschland kommen, haben doch gar kein Heim, und wissen überhaupt nicht, wohin mit sich. Ich habe wirklich den Ehrgeiz, ihnen etwas zu bieten, was mit der Zeit beinah ein Ersatz für das Verlorene werden könnte ...»

Wer hätte dergleichen von Mama erwartet? Sie war starr gewesen – nicht eigentlich lieblos, vielleicht; aber doch unfähig, Gefühle mitzuteilen und zu aktivieren. Mit ihren Töchtern hatte sie wie eine distinguierte Fremde verkehrt. Eine von ihnen war in den Tod gegangen –: die süße Tilly hatte sich auf und davon gemacht, war eingeschrumpft, sehr hold und klein geworden; entrückt, entschwunden ... Ein plumper Unglücksbote hatte der Mutter den Abschiedsbrief überreicht: da war, durch die Kraft der Tränen, eine Rinde um ihr Herz geschmolzen.

Nun wollte sie also eine Pension eröffnen, mit ihrer Freundin Tilla zusammen. ‹Gute Mama!› dachte Marion gerührt. ‹Der erste Januar – das ist ja schon in neun Tagen. Der erste Januar 1938 ...›

Dann las sie die anderen Briefe.

Eine Nachricht von Madame Rubinstein aus Paris –: dies war überraschend; denn die Beziehungen zwischen Marion und Anna Nikolajewna hatten sich, während der letzten Jahre, eher abgekühlt. Nun ließ die russische Freundin wieder einmal von sich hören, weil sie unglücklich und sehr einsam war. Ihr Gatte, Monsieur Rubinstein, war gestorben. «Mon pauvre Léon est mort», berichtete sie in ihrer altmodisch feinen und genauen Schrift. «Für ihn bedeutet es wohl eine Erlösung; er war immer melancholischer geworden, das Heimweh machte ihn krank, ganz abgesehen von seinem quälenden Nierenleiden.»

Marion erinnerte sich des aufgeschwemmten, grauen und porösen Gesichtes – des irdischen Antlitzes des Herrn Léon Rubinstein. Nun war es also zerfallen. Die Verwesung hatte leichte Arbeit mit ihm gehabt; es hatte stets etwas verwest gewirkt ... «Während seiner letzten Stunden hat er nur von Mütterchen Rußland gesprochen», schrieb Anna Nikolajewna. «‹Jetzt darf ich endlich heimkehren› – hat er immer wieder gesagt.»

«Man soll die Heimat nicht aufgeben, sie ist unersetzlich.» – Marion hörte wieder die Stimme ihrer alten Freundin. Sie sah das enge, überfüllte Zimmer – den Samowar, die Nippes-Sachen, die Souvenirs, die ausgestopften Tiere. – «Man kehrt nicht zurück. Wer sich von der Heimat löst, hat es für immer getan.» Dies waren die furchtbaren Worte Anna Nikolajewnas gewesen.

Die kleine Germaine aber – das trotzig-ernsthafte Kind – war zurückgekehrt: auch dies erfuhr Marion, und Madame Rubinstein klagte: «Ich habe also keinen Menschen mehr!» Ihr Töchterchen hatte sich in Moskau niedergelassen und Arbeit in einem Mode-Salon gefunden. «Erstaunlich genug» – wie die verlassene Mutter bemerkte –, «man scheint sich in Sowjet-Rußland neuerdings für elegante Damenkleidung zu interessieren. Germaine schreibt mir, daß die Frauen in Moskau sich schminken wie die Pariserinnen – wenn auch weniger geschickt. Das Kind scheint sich wohl zu fühlen. Zu Anfang kam ihr wohl alles in der fremden Heimat etwas seltsam vor; aber allmählich gewöhnt sie sich. Neuerdings ist ein Flirt zwischen ihr und einem jungen Ingenieur aus Kiew im Gange. Nun, man wird sehen, ob sich etwas Ernsthaftes daraus entwickelt ... Wenn Germaine in Rußland heiraten sollte, werde ich sie für immer verlieren. Ich kann nicht dorthin zurück. Ich werde in Paris sterben, wie mon pauvre Léon.»

Marion dachte: ‹Viel Schicksal ist diesen Briefen anvertraut worden, die auf der ‚Normandie‘ oder der ‚Queen Mary‘ eilig über den Ozean geschwommen sind. – Was für Neuigkeiten weiß Theo Hummler? Laß sehen!›

Hummlers Epistel hatte trocken informativen Charakter. Sie enthielt Mitteilungen über den Fortgang der politischen Arbeit, der illegalen Aktionen in Deutschland. «Einer unserer Verbindungsleute in Berlin ist verhaftet worden. Das Wunder ist, daß – trotz allem! – für jeden Verlorenen ein Ersatzmann sich meldet. Es gibt viele Helden in Deutschland.» – Er erwähnte, daß in letzter Zeit der kleine Kikjou wertvolle politische Dienste geleistet habe. «Er ist tapfer und geschickt, außerdem kommen ihm seine Sprachkenntnisse und seine gesellschaftlichen Verbindungen zugute. Wir konnten ihn unlängst in einer besonders heiklen Mission ins Reich schicken. Die Aufgabe war schwierig und ist gut von ihm erledigt worden.»

Hierüber freute sich Marion; war übrigens kaum überrascht. Aus dem kleinen Kikjou war ein Mann geworden: sie hatte es in dem Pariser Versammlungs-Saal, und besonders bei der flüchtigen Begegnung im Treppenhaus konstatieren können – damals nicht ohne Erstaunen. Nun bewährte er sich: mit Befriedigung nahm es Marion zur Kenntnis, als hätte ein Sohn oder ein Bruder etwas Braves geleistet.

Die Schwalbe war nach Spanien abgereist – wußte Hummler noch. Ihr Pariser Lokal hatte sie für eine Weile geschlossen und sich, mit Doktor Mathes und Meisje zusammen, dem Sanitäts-Dienst der loyalistischen Armee zur Verfügung gestellt. Zur Zeit befanden sich alle Drei – Mathes, sein Meisje und die Schwalbenmutter – mit ihrer Ambulanz an einem Front-Abschnitt bei Valencia. «Von unserem kleinen Kreis hier ist also nicht mehr viel übrig», vermerkte Hummler – und Marion empfand: ‹Wie einsam er geworden sein muß!› – «Helmuth Kündinger ist in China, eine große Pariser Zeitung hat ihn als Korrespondenten geschickt. Der Junge hat sich prachtvoll entwickelt, ist ein prima Journalist geworden, auch für unsere Zwecke oft sehr gut zu verwenden.» – Im mer wieder kam er auf «unsere Zwecke» zurück; auf den zäh und unermüdlich geführten Kampf. Das Private war Nebensache. Trotzdem gestand er zum Schluß: «Ich wünsche oft, Du wärst hier, Marion! Du warst doch die Beste. Ich muß viel an Dich denken. Du fehlst mir.»

... ‹Ich fehle ihm also ...›: Marion wußte selber nicht, warum es sie bewegte und etwas traurig machte. ‹Mir fehlt auch dies und das. Jedem fehlt dies und das ... Jetzt muß ich mich aber schleunigst zurechtmachen: Mrs. Piggins wird ja gleich hier sein. Die Dame, die mich abzuholen kommt, heißt doch wohl Mrs. Piggins? Oder war das der Name des Club-Vorstandes in der vorigen Stadt? Wäre peinlich, wenn ichs durcheinander brächte ... Wo spreche ich eigentlich heute? In der Universität?› ...

... Der Vortrag «Germany Yesterday – Germany Tomorrow» fand in der Aula des kleinen Colleges statt, und wurde mit interessiertem Beifall aufgenommen. Ein Auditorium, das zur Mehrzahl aus jungen Leuten bestand, war Marion stets das liebste: Zwanzigjährige sind die besten Zuhörer – wenn sie nicht durch Schlagworte verdorben und stumpfsinnig gemacht worden sind. – Nach der «lecture» gab es eine «Diskussion»; aus dem Publikum wurden Fragen gestellt, und Marion – eine fragile Pythia auf dem Podium – mußte orakelhaft die Antwort improvisieren. «Wer wird in Deutschland nach Hitlers Sturz regieren?» – «Was halten Sie von den United States of Europe?» – «Wird der Führer die Tschechoslowakei angreifen?» – Das Orakel mußte Bescheid über alles wissen – auch über die Frage: «Wie alt wird Herr Hitler werden?»

Ein junger Mann meldete sich zum Wort. Er war von angenehmem Äußeren: das blonde Haar akkurat gescheitelt, darunter ein rosiges Gesicht mit langer Nase. Seine Stimme freilich enttäuschte: sie klang scharf, und sprach das Englische mit einem harten, fremden Akzent. Marion wußte gleich: Der führte Böses im Schilde; er wollte sie hereinlegen, aufs Glatteis locken. Zunächst blieb er äußerst höflich. «Fräulein von Kammer ist eine Künstlerin», stellte er artig fest. «Sie kennt und liebt die große deutsche Kultur – ich habe ihren Vortrag sehr genossen. Eine Patriotin – und sicherlich ist Fräulein von Kammers vaterländisches Empfinden stark und ehrlich – kann nicht die Absicht haben, Propaganda gegen ihr eigenes Land zu machen.» Mit einem überlegenen Lächeln fuhr er fort: «Wenn ich die Rednerin recht verstanden habe, so verdammt sie das Dritte Reich vor allem aus humanitären und kulturellen Gründen. Sie stellt die Behauptung auf: Deutschlands beste Geister – die man nach ihrer Ansicht nicht mehr fragen kann, da die betreffenden Herren längst nicht mehr unter den Lebenden weilen – würden heute gegen Hitlers Staat sein, weil sie sich über gewisse Härten der totalitären Regierungsführung und über die Einschränkung der Pressefreiheit empören müßten.» Er machte eine Pause; sein Lächeln drückte Skepsis und Mitleid aus. Dann aber wurde es lauernd. Den Oberkörper vorgeneigt, das Gesicht stärker gerötet, bemerkte er:

«Nur Eines erstaunt mich bei den Fanatikern des Antifaschismus – bei unserer begabten Rednerin, wie bei vielen anderen. Warum finden sie Vorgänge und Institutionen in Sowjet-Rußland verzeihlich, die ihnen im Deutschen Reich so sehr mißfallen? Nehmen wir sogar an, in Deutschland seien Grausamkeiten begangen worden, wie in jedem jungen, revolutionären Staat –: ich will sie gewiß nicht entschuldigen. Aber ich muß doch fragen: Hat die bolschewistische Diktatur sich nicht unvergleichlich mehr, nicht sehr viel Schlimmeres zu schulden kommen lassen? – ‹Diktatur›: da haben wir ja das Wort. Immer wieder müssen wir uns die Greuelberichte über die Schandtaten der nationalen, aufbauenden, erhaltenden Diktaturen anhören; für die Exzesse des absolutistischen Bolschewismus scheinen unsere Antifaschisten sich viel weniger zu interessieren. Gibt es in Sowjet-Rußland eine Presse-Freiheit – ja oder nein? Ist in Sowjet-Rußland gemordet worden? Wird dort weiter gemordet? Ja – oder nein?» Er brüllte, seine Miene war purpurn, den Oberkörper hielt er immer noch vorgereckt. «Ich bin gewiß kein Faschist» – dabei schnaufte er heftig –, «meine Freunde hier wissen das. Aber ich finde, wir sollten nicht unfair sein. Beschönigen oder verschweigen, wenn es sich um Rußland handelt; übertreiben und hetzen, wenn Deutschland zur Diskussion steht –: das geht nicht! Das ist gegen die guten Sitten!»

Seine Rede hatte einen gewissen Eindruck gemacht. Der junge Mann hatte fließend, dabei temperamentvoll gesprochen. Erst zum Schluß war er etwas aus der Form geraten. Durch seine Unhöflichkeit gegen Marion hatte er Sympathien verloren. – Mrs. Piggins, die Diskussions-Leiterin, war nervös geworden. Sie flüsterte Marion zu: «Furchtbar unangenehm! Herr Fröhlich ist ein deutscher Austausch-Student – ein begabter Junge, recht beliebt im College. Er hat niemals Sympathien für die Nazis offen zugegeben; war immer sehr zurückhaltend, durchaus objektiv. Was ist nur in ihn gefahren? Wie peinlich! Ich hätte ihn nicht sprechen lassen sollen! Nun müssen Sie ihm erwidern, Fräulein von Kammer!»

Marion war im Begriff, sich ihre Antwort zurecht zu legen. Diesen Burschen mußte man abfahren lassen! Welch gemeiner Demagogentrick: in die Diskussion ein Thema zu zerren, das abseits lag und nur Verwirrung stiften konnte! – Sie öffnete schon den Mund, um ihre Replik zu beginnen; da wurde ihr schwindlig, sie taumelte, griff hinter sich, ihr Gesicht war weiß. Sie spürte: Gleich werde ich stürzen ... Was ist mit mir? Ist es dieser aggressive Deutsche, der mich so aufgeregt hat? Was sonst kann es sein? Um Gottes willen; was sonst kann es sein? ... Mühsam hielt sie sich aufrecht.

Erlösende Überraschung! Von unten, aus dem Publikum, hörte sie eine tiefe, beruhigende Stimme. Ein Mann sprach; Mrs. Piggins mußte ihm das Wort erteilt haben, ohne daß Marion es bemerkt hatte.

Der Mann sagte: «Mir scheint, zuerst und vor allem ist es meine Pflicht, Fräulein von Kammer im Namen unseres Colleges um Entschuldigung zu bitten.» Auch er hatte den unverkennbar deutschen Akzent. Er redete langsam, mit einer seltsam gepreßten, zurückgehaltenen Intensität. Er schaute Marion an, während er redete. Vor ihren Augen war es eben noch beinah schwarz gewesen. Nun konnte sie wieder sehen. Die Gestalt des Mannes, der sich als ihr Ritter und Verteidiger vom Platz erhoben hatte, war nicht groß und ein wenig gedrungen, aber aufrecht und fest. Das Gesicht, über einem zu kurzen Hals, wirkte zugleich sinnend und energisch. Seine große, rundliche Fläche ward beherrscht von den Augen, die den Blick einer verhaltenen und gründlichen, fast pedantischen Leidenschaft hatten. – Marion bemerkte, daß alle Gesichter im Saal ihm vertrauensvoll zugewendet waren. Kein Zweifel: er genoß die respektvolle Sympathie der Versammlung. Man war erleichtert, daß er den wortgewandten Angreifer zurechtweisen und widerlegen wollte; man atmete auf, Mrs. Piggins strahlte.

Der Mann, auf den alle Aufmerksamkeit sich nun konzentrierte, schien indessen seinerseits kaum noch zu wissen, daß er inmitten der erwartungsvollen Menge stand. Es war nur noch Marion, die seine grüblerischen und gefühlvollen Augen sahen. Sie spürte seinen Blick auf der Haut wie etwas Körperliches.

«Leider ist festzustellen», sagte er langsam, «daß mein Vorredner unritterlich gegen eine Dame war – unritterlich in der Form, wie durch die Argumente, die er gegen sie benutzte. Sicherlich wird Fräulein von Kammer selbst die beste Antwort für Herrn Fröhlich wissen – es sei denn, sie zieht es vor, ihn einer Erwiderung gar nicht zu würdigen. Jedenfalls möchte ich es nicht einem der amerikanischen Freunde überlassen, meinen Landsmann, Herrn Fröhlich, auf seine Entgleisung aufmerksam zu machen – zumal er sie sich einer Kompatriotin gegenüber hat zu schulden kommen lassen. – Herr Fröhlich hat vorhin den Begriff ‹unfair› gebraucht. Es erstaunt mich, daß für einen Anhänger Hitlers dieses Wort überhaupt Sinn und Inhalt hat. Für uns andere freilich bleibt es bedeutungsvoll. Gerade deshalb hat die rhetorische Exkursion des Herrn Fröhlich uns so tief schockiert. Ich fürchte, es war seine Absicht, Fräulein von Kammers moralische Integrität zu verdächtigen. Das ist unerträglich!» rief der untersetzte Mann, plötzlich wütend, wie in einem Anfall von Jähzorn; er stampfte kurz mit dem Fuß, sein rundliches Gesicht verfärbte sich dunkel. «Jeder im Saal ist von ihrem Vortrag bewegt worden. Wenn irgend jemand, so hat sie das Recht, die Entartung, den geistig-politischen Absturz Deutschlands zu rügen und zu beklagen, da sie selber bestes Deutschland ist. Und nun kommt dieser junge Herr aus Berlin, um uns boshaft zu examinieren: Ist es in Rußland besser? – Lassen wir die Frage offen, ob es in Rußland besser oder schlechter ist; ob die Sowjet-Union alle Welt durch ihre Aggressivität, ihr Expansionsbedürfnis, ihre internationalen Intrigen bedroht und zur Aufrüstung zwingt – oder ob nicht vielmehr das Dritte Reich es ist, von dem solche Bedrohung ausgeht, während die Außenpolitik Moskaus niemanden beunruhigen kann. Lassen wir sogar dahingestellt, ob die Verhältnisse in Rußland und in Deutschland überhaupt irgendwie zu vergleichen sind. Das alles steht nicht zur Debatte.

Was ich Sie fragen will und muß, meine Damen und Herren, ist nur dies: Hatte der Vortrag, den Fräulein von Kammer uns geboten hat, irgendetwas, auch nur das Allermindeste mit Rußland zu tun? Ist dieses komplexe und schwierige Problem nicht an den Haaren herbei gezogen worden? – Fräulein von Kammer hat uns gezeigt, was Deutschland war, und was es wieder werden könnte. Sie mußte das gegenwärtige Deutschland anklagen, da sie das Deutschland einer großen geistigen Vergangenheit und einer großen geistigen wie realen Zukunft feiern wollte.

Die Rednerin hat keinen Anlaß zu der Vermutung gegeben, daß sie mit irgendeiner Diktatur sympathisiere. Welche aber wird sie am stärksten hassen? Diejenige, natürlich, die sie am besten kennt – und die ihr eigenes Volk, ihre Heimat erniedrigt. Es ist die Tyrannis im Herzen Europas – die Gefahr und die Schande der Welt; es ist der Nationalsozialismus!»

Nun war er es, der heftig atmete und die tief gerötete Stirne zeigte, wie vorhin der Jüngling mit dem adretten Scheitel. Der saß jetzt ziemlich kläglich in sich zusammengesunken.

Mrs. Piggins, auf dem Podium, raunte Marion ins Ohr:

«Einen besseren Advokaten hätten Sie gar nicht finden können! Professor Abel genießt hier das größte Ansehen. Sicher haben Sie schon von ihm gehört –: Professor Benjamin Abel, aus Bonn ...»

Drittes Kapitel

Dank Professor Abels energischem Eingreifen hatte das Meeting einen harmonischen Abschluß gefunden. Marion empfing die herzlichsten Komplimente von Herren und Damen, Professoren, Studenten und jungen Mädchen; es war der gewohnte Triumph. Der gewählte Kreis, den Mrs. Piggins zu einer kleinen «Party» in ihr Haus geladen hatte, befand sich in feierlich-animierter Laune.

Das Heim der Dame Piggins lag ein wenig außerhalb des Städtchens; die Gäste wurden in mehreren Automobilen befördert. Ein weißhaariger Kavalier mit Knebelbart und feiner, pfiffiger Miene bat Marion scherzhaft-artig, mit seinem bescheidenen Ford vorlieb zu nehmen. Es war ein reizender alter Herr, sowohl schalkhaft als würdig. «Ihr Vortrag war ganz vortrefflich», sagte er seiner Dame, wobei er ihr in den Wagen half. «In der Tat: Sie haben mir große Lust gegeben.» – Er redete deutsch, gewandt, wenn auch mit drolligem Akzent; zuweilen ging es ein bißchen daneben – so die Wendung über die «Lust», die Marions Darbietung ihm gegeben hatte.

Sie mußte lachen, weil es komisch war; schämte sich gleich, und war erst wieder beruhigt, als sie ihn heiter reagieren sah. Er drohte ihr mit dem Finger; hinter der goldumrandeten Brille blitzten die blauen Augen, lustig und gescheit. «Lachen Sie nur, gnädiges Fräulein – es steht Ihnen gut zu Gesicht, und ich mag Personen, die sich amüsieren können! Habe ich vorhin etwas Dummes gesagt? Ja, ja, ich vergesse die schöne, komplizierte deutsche Sprache! Sie müssen wissen, ich bin seit dem Jahre 1912 nicht in Europa gewesen. – Das ist lange her», sprach der alte Herr. Dabei füllte sein Blick sich mit Wehmut. Erinnerungen enthalten immer auch Traurigkeit; sie erfreuen und betrüben das Herz. Der alte Herr lächelte, selig und melancholisch, weil er an Heidelberg dachte. Dort hatte er studiert. – «Wie schön ist Deutschland gewesen!» meinte er sinnend.

Er hieß Franklin D. Schneider und leitete das Germanistische Department der Universität. Seine Eltern stammten aus Hamburg. Er liebte Heines «Buch der Lieder», Goethes «Faust» – aus dem er Partien ins Englische übersetzt hatte – Wagners «Lohengrin», und den «Grünen Heinrich» von Gottfried Keller. Er besaß eine Kollektion von Bierseideln aus Bayern und Tirol. Bei festlichen Gelegenheiten spielte er Wiener Walzer auf dem Pianoforte –: alles sprach dafür, daß er sich heute abend dazu bereit finden würde. Er hatte in Berlin den jungen Kaiser bei der Parade und die Uraufführung von Hauptmanns «Webern» gesehen.

Er war Benjamin Abels Vorgesetzter. «I like Ben», erklärte Professor Schneider mit warmem Nachdruck. «As a matter of fact, I am very fond of him. He is a grand fellow. Did you meet him before?» – Nein, Marion hatte erst heute das Vergnügen gehabt. «Er macht einen sehr guten Eindruck», sagte sie, und sah plötzlich zerstreut aus. –

Bei Mrs. Piggins gab es Bier und Sandwiches mit einem Käse, der «Liederkranz» hieß –: alles zu Ehren des deutschen Gastes. Später wurde Whisky und Soda gereicht. Mr. Piggins, der Hausherr, war ein lustiger Onkel, er betonte: «Zu Vorträgen gehe ich niemals. Sie machen mich schläfrig.» Er interessierte sich für sein Geschäft, das genug Sorgen und Probleme mit sich brachte. «Was gehen die europäischen troubles mich an?» fragte er Marion. Er unterhielt sich glänzend mit ihr. – «Wir haben unsere eigenen Schwierigkeiten», erklärte Mr. Piggins. Er sprach von den Arbeitslosen in den U.S.A, und von den gefährlichen Konsequenzen des «New Deal». – «Eines muß man unserem Präsidenten lassen», gab Piggins zu. «Er hat Courage. Ich bewundere ihn, weil er Courage hat. Aber als Geschäftsmann muß ich doch konstatieren ...»

Seine Ansichten und Spekulationen waren für Marion lehrreich und unterhaltend. Mr. Piggins war realistisch, dabei nicht ohne Neigung zum Philosophischen. Er verstand: Die Welt verändert sich, das Neunzehnte Jahrhundert ist vorbei –: mit ihm die Epoche des unbegrenzten Liberalismus. «Wenn wir unsere Freiheit bewahren und verteidigen wollen, müssen wir sie vernünftig begrenzen.» Dies begriff und billigte Mr. Piggins. Er sagte: «Ich bin nicht reaktionär. Alles Neue hat meinen Beifall, sogar wenn es Opfer kostet. Gewerkschaften müssen wohl sein; die Leute wollen ihre Interessen kollektiv vertreten.» – Andererseits mochte er sich das Geschäft nicht verderben lassen. «Und wenn ich meine Bude nun zumache wegen der hohen Steuern?» Er fragte es etwas drohend. «Wer hätte etwas davon? Es gäbe noch ein paar Dutzend neuer Arbeitsloser ...»

Marion hütete sich, Einwände zu machen. Sie hätte es als unschicklich empfunden, sich in Angelegenheiten zu mischen, von denen sie nicht genug wußte; und übrigens war sie müde. Es tat ihr wohl, zu lauschen, anstatt zu reden. Wie angenehm – in einer Sofa-Ecke zu ruhen, vor sich das Whisky-Glas, zwischen den Fingern die Lucky-Strike-Zigarette, und sich von einem nachdenklichen business-man in die Details der amerikanischen Verwaltung einweihen zu lassen! Er sprach von Spannungen und Hoffnungen; von Leistung und von Versagen. Er vertiefte sich in den Personalklatsch von Washington, nachdem er die großen Prinzipien und ihre Auswirkungen in der Praxis humorvoll-gründlich untersucht hatte. Er war sorgenvoll, aber im Grund optimistisch. Er meinte: «Wir sind ein großes und gesundes Volk – auch ein reiches –: warum sollte es schief mit uns gehen? Wir sind jung. Das sind alles nur Kinderkrankheiten.» –

Marion bemerkte plötzlich – mit leichtem Schrecken –, daß sie nicht mehr aufmerksam zuhören konnte. Die Stimme des Mr. Piggins ward undeutlich; umso eindringlicher klang die des Professors Abel. Er saß am Kaminfeuer, mit Mrs. Piggins, dem wohlwollenden Kollegen Schneider und einem jungen Mann, der ein intelligentes, ziemlich hübsches, sehr braungebranntes Gesicht zeigte. Abel sagte: «Das war eine heikle Diskussion heute abend. Wahrscheinlich habe ich meinen Ruf ruiniert. Mein charmanter Compatriot, gegen den ich polemisieren mußte, wird verbreiten, ich sei Kommunist. Manche werden es glauben ...» – Mrs. Piggins lachte entsetzt – während Benjamin abschließend konstatierte: «Dabei bin ich keiner.»

Er sprach zu dem Kreis am Kamin; seine Blicke aber gingen in die andere Ecke des Zimmers. Dort saß Marion mit Mr. Piggins. Sie dachte: ‹Warum starrt er mich so an? Es ist unangenehm. Seine Augen passen nicht in sein Gesicht. Figur und Miene sind die eines behäbigen Familienvaters; der Blick aber wirkt sowohl dumpf als auch feurig. Ein enorm eigensinniger Blick ... Die Mischung aus Pedanterie und Leidenschaft ist gefährlich.›

Sie erkundigte sich: «Wer ist der junge Mann mit dem braunen Gesicht?» –: nur aus dem Bedürfnis, irgendetwas zu äußern. Ihre Frage kam überraschend; Mr. Piggins hatte von der Arbeitslosen-Unterstützung gesprochen. ‹Man soll mit Frauen niemals über ernste Dinge reden›, meinte er bitter. ‹Noch die Gescheitesten sind nicht dazu im Stande, sich länger als zehn Minuten zu konzentrieren.› – Dann gab er Auskunft. Der junge Mann war Direktor eines kleinen Museums, das zur Universität gehörte. Außerdem hielt er Vorträge über Kunstgeschichte. – «Ich hatte ihn für einen Studenten gehalten», sagte Marion und zerknickte Streichhölzer zwischen ihren Fingern. «Er sieht wie ein Neunzehnjähriger aus ...» Dabei überlegte sie sich: ‹Habe ich mich bei Abel schon für seine ritterliche Hilfe bedankt? Es war besonders nett von ihm, und sehr anständig. Das sollte ich ihm doch sagen ...›

Sie sagte es nicht. Sie ging langsam durchs Zimmer, von Mr. Piggins weg, der enttäuscht zurückblieb. Sie näherte sich der Gruppe am Kamin. Ihre Schritte waren sonderbar steif und stelzend. Das Lächeln auf ihrem großen, leuchtenden Mund schien erfroren. Sie bewegte ein wenig das leichte und edle Haupt, während sie stelzend schritt. Was machte sie so erstaunt, daß sie solcherart den Kopf zu schütteln hatte? Die Purpur-Fülle des Haars tanzte locker über einem Gesicht, das sehr blaß war.

In der Nähe des Kamins blieb sie stehen. Sie schien verlegen und war sonst doch die Sicherheit selbst. Sie konnte die Hände nicht still halten. Es gelang ihr, einen Aschenbecher umzustoßen. – «Wie dumm!» Ihr Lachen klang mühsam. Sie ließ sich in einen Stuhl fallen – so plötzlich, als hätte jähe Erschöpftheit sie hingeworfen. «Ich bin etwas müde ...»

Sie hatte es zur Hausfrau gesagt, als Entschuldigung für das Malheur mit dem Aschenbecher. Indessen war es Abel, der antwortete. «Das glaube ich wohl. Sie verbrauchen Ihre Kraft auf dem Podium – man kann es sehen. Ein schönes und beunruhigendes Schauspiel ...»

«Es freut mich, daß Ihnen mein Vortrag gefallen hat.» Marion sprach konventionell, beinah hart; sie selber wunderte sich über den abweisenden Ton ihrer Worte. War dies ihre Stimme? – ‹Mein Gott, ich rede ja wie Mama es zu tun pflegte – ehe sie durch großes Leid verändert und weich gemacht ward.› Marion empfand es mit leichtem Schauder. Übrigens begriff sie, daß ihre Äußerung nicht nur kalt gewesen war, sondern auch unpassend. Abel hatte keineswegs sein Gefallen an Marions künstlerischer Leistung ausgedrückt. Das Wort «beunruhigend», das er benutzt hatte, war vielleicht in einem ablehnenden oder sogar kränkenden Sinn gemeint.

Die kurze Pause, die entstand, war peinlich. Abel schaute verdüstert; umso enthusiastischer verhielt sich der junge Braungebrannte. Er erklärte: ihm, jedenfalls, habe es kolossal gut gefallen –

über alle Maßen gut, er sei ganz entzückt. Ob Fräulein von Kammer morgen noch in der Stadt sein werde? Es würde ihm eine Ehre sein, ihr die Ausstellung zu zeigen, die es jetzt hier im Museum gab. Eine außerordentliche Kollektion von Bildern; höchst eindrucksvoll: wenn man ihm glauben durfte. «Es ist eine Kriegs-Ausstellung», erzählte er eifrig, «eine Anti-Kriegs-Propaganda; die meisten Werke stammen von solchen, die es selber mitgemacht haben, in den Schützengräben ... Schauerliche Dinge darunter, aber alles sehr stark ... Auch die Deutschen sind glänzend vertreten ... Nun, Sie werden ja sehen ...»

Marion wendete ein: «Aber wahrscheinlich werde ich morgen doch gar nicht mehr hier sein ...» Sie lächelte, seltsam hilflos –: hilflos unter Abels starrem, forschenden, pedantisch-glühenden Blick.

«Natürlich werden Sie bleiben!» rief temperamentvoll der sportliche Kunsthistoriker. Marion dachte – müde und etwas wirr –: ‹Sicher ist er ein guter Ski-Läufer; er sieht mir ganz so aus, als ob er gerade aus den Bergen käme. Ein netter Kerl ... Daß mir immer wieder diese Jungens gefallen ... Immer diese Leichtfüßigen, mit den schmalen Hüften und den kindlichen Stirnen ... Immer diese Läufer: erst laufen sie hinter uns her; dann laufen sie vor uns davon ... Nicht ganz der richtige Geschmack für eine schwergeprüfte Dame in mittleren Jahren ...›

Abels bohrender Blick war sehr wohl dazu im Stande, die Gedanken hinter dieser Frauenstirn zu lesen. Er wußte: der junge Braungebrannte gefiel ihr – der ewige Boy, der schwärmerische kleine Museums-Direktor. Übrigens mochte Abel ihn gern, er war beinah mit ihm befreundet. Der ewige Boy war dreiunddreißig Jahre alt und hieß Jonny Clark. Benjamin kannte seinen Charme und seine Zuverlässigkeit, seine Intelligenz und das schöne Talent zur Begeisterung. Ein junger Mann mit feinen Qualitäten; aber nichts für Marion. Abel war sehr geneigt, mit gehobener Stimme vorzubringen: Verehrtes Fräulein von Kammer, ich verbiete Ihnen ausdrücklich, sich mit Mr. Clark intellektuell oder gefühlsmäßig weiter abzugeben. – Schluß mit dem Unsinn! – hätte Benjamin gern gerufen.

Statt dessen bemerkte er, mit einer gewissen Schärfe: «Fräulein von Kammers Rezitationen sind aufregend – so viel steht fest. Aufregung ist niemals ein reiner Genuß. – Sie sind eine Agitatorin, gnädiges Fräulein.»

Wollte er sie verletzen? Die amerikanischen Freunde mußten diesen Eindruck bekommen; es berührte sie nicht angenehm. Sollte es Zank geben, am Kaminfeuer der Mrs. Piggins, zwischen Landsleuten und Gesinnungsgenossen – zwischen zwei Exilierten? Marion aber fragte gelassen: «Agitatorin – für was?»

«Für das Gute», gab Benjamin zu. «Für das Richtige und das Schöne. Gerade deshalb stört die agitatorische Geste. Sie paßt besser zu unseren Feinden. – Vergessen Sie doch nicht: wir sind immer in Gefahr, beim Kampf unser Niveau dem des Gegners anzugleichen. Wir imitieren, nur halb bewußt, Taktik und Gebärde des Feindes, in der Meinung, dies vergrößere unsere Sieges-Chancen. – Falsch!» rief Professor Abel – und jetzt hatte er die Aufmerksamkeit des ganzen Kreises für sich. «Durchaus falsch! Stark sind wir nur, wenn wir ganz wir selber bleiben. Wäre der Kampf nicht sinnlos, wenn er uns dahin brächte, Werte und Gesinnungen aufzugeben, um derentwillen er doch eben geführt werden muß?»

«Danke für die Belehrung!» – Marion schien nun doch ziemlich enerviert zu sein. Sie zuckte böse die Achseln. «Sie finden also, daß ich mich mit meinem Vortrag auf Nazi-Niveau begebe!» – Mrs. Piggins lachte – ebenso entsetzt wie vorhin, als Abel angekündigt hatte, man werde ihn für einen Kommunisten halten.

Benjamin versetzte: «Das habe ich niemals andeuten wollen. Wie können Sie glauben, ich verfiele auf solche Absurdität?!» Die Frage klang heftig; indessen blieb der Blick forschend, zärtlich und ernst. – «Aber gewisse Symptome machen mich bedenklich», sagte er.

Marion schwieg – zu verärgert, um sich zu erkundigen, von welcher Art die Symptome seien. Professor Schneider stellte die naheliegende Frage.

Abel redete strenge und pedantische Worte – was ihn keineswegs daran hinderte, die Dame, welche er attackierte, mit gierigem, verzücktem Blick zu betrachten. Er sagte: «Für jeden Agitator werden die großen Werte und Namen, auf die er sich beruft, Mittel zum Zweck. Er liebt sie nicht mehr um ihrer selbst willen – oder nicht mehr nur um ihrer selbst willen –; er nennt und preist sie, weil sie seiner Sache dienen. Ruhm und Reichtum eines dichterischen Werkes werden solcherart ‹in den Dienst der Sache› gestellt. Das bedeutet: aus der Vision wird das Schlagwort; das höchst Komplexe erscheint vereinfacht; das Niveau ist gesenkt, dem Demagogen-Niveau des Feindes angepaßt. – Was hassen wir denn vor allem an der falschen Ideologie und bösartigen Praxis des totalitären Faschismus? Die Vergewaltigung der Wahrheit; die Entwürdigung des Geistes – die nichts anderes, als die Entwürdigung des Menschen ist. Vom Geist verlangt der Faschismus, er müsse immer und mit allen seinen Kräften den propagandistischen Absichten des Staates dienen. Der Geist als ein Propaganda-Instrument der Tyrannis –: dies ist seine letzte Entwürdigung. Machen wir uns nicht mit-schuldig an ihrer Vorbereitung, wenn wir unsererseits die geistigen Werte rhetorisch ‹benutzen›, in der Auseinandersetzung des Tages – anstatt sie zu lieben, gerade weil sie dem Tage entrückt sind, und das Unvergängliche, Unverlierbare, das schöne Menschliche repräsentieren?»

Das war ja ein richtiges kleines Kolleg – übrigens innig vorgetragen. Abel machte Eindruck, wenngleich seine Eloquenz auch befremdete: man war sie von ihm nicht gewohnt. – Marion überlegte sich: Will er mich kränken? Oder ist dieses seine Façon, mir den Hof zu machen? Ach, diese Professoren! Ach, diese Deutschen! ...

Da er so ernst und innig bei der Sache war, fand sie es angebracht, etwas Vernünftiges zu erwidern, anstatt nur die Empfindliche zu spielen. Sie sagte: «‹Das schöne Menschliche› –: hübsch und poetisch formuliert! Fraglich scheint nur, ob wir es auch ‹das Unvergängliche› und ‹das Unverlierbare› nennen dürfen. Gerade jetzt sieht es doch ziemlich bedroht und gefährdet aus; in Deutschland, zum Beispiel – wo es so besonders zu Hause schien – hat man es zur Zeit ganz verloren. Der Faschismus und ‹das schöne Menschliche› vertragen sich nicht – Sie haben es selber betont, Herr Professor! Deshalb bekämpfen wir den Faschismus. Man sollte nicht gar zu wählerisch sein, in kriegerischen Zeiten; die Dinge vereinfachen sich. 's ist Krieg, 's ist leider Krieg –: um noch einen deutschen Dichter zu zitieren, den frommen Matthias Claudius. Hoffentlich finden Sie nicht, daß ich ihn ‹demagogisch benutze› und ‹entwürdige› ... Entwürdige ich die Großen, wenn ich sie als Zeugen anrufe für unseren Zorn und für unsere Hoffnung? Wenn ich ihre Worte klingen lasse, zur Verteidigung des ‹schönen Menschlichen›?»

Es war ein kompletter Sieg. Mrs. Piggins weinte fast vor Rührung, sogar Mr. Piggins schmunzelte, Professor Schneider hob die feinen alten Hände und rührte sie Beifall-klatschend, wobei er, fast zirpend vor Wohlgefallen, «Bravo! Bravo!» rief. Jonny, der Braungebrannte, konnte sich nicht beherrschen, er warf Marion eine Kußhand zu – wodurch Benjamin Abel zu neuem Widerspruch gereizt wurde. Während Marion geredet hatte, war Verklärung auf seinem Antlitz gewesen. Er schien ihre Worte mit halb geöffneten Lippen zu trinken. Er lauschte ihrem Wort, als wäre es eine Liebeserklärung –, und sie galt ihm, er empfing sie mit innigem Blick und benommenem Lächeln. Gleich aber wurde er wieder streitsüchtig. Mochte der braune Jonny schwärmerisch sein und sich durch kleine Koketterien beliebt machen! Er – Benjamin – zog es vor, geistvoll zu hadern.

Er insistierte: Die Tendenz zur Vereinfachung ist das Charakteristikum der Barbaren. Uns jedoch sei nicht gestattet, dem Komplizierten aus dem Weg zu gehen, durch rhetorische Tricks. Im Gegenteil: gerade die kämpferische Situation verpflichtet uns zu einer Gewissenhaftigkeit – die Leidenschaft keineswegs ausschließt. «Wenn wir uns an Schlagworten enthusiasmieren, sind wir nicht besser als der nationalistische Pöbel!» rief drohend Professor Abel. «Die großen Werte bleiben nur lebendig, wenn wir sie immer wieder in Frage stellen, sie immer wieder prüfen, revidieren, mit neuem Leben füllen. Der Wert der Freiheit, zum Beispiel – um den es vor allem geht ...» –

Das Gespräch dauerte lang. Marion blieb bei ihrem militanten Standpunkt: Nicht Analyse unserer moralischen und intellektuellen Begriffe sei das Gebot der Stunde; vielmehr: aktive Verteidigung unserer Position –: «womit ich nicht nur die moralische, sondern auch die physische Position meine!» – Benjamin, geistvoll hadernd, bestätigte: Gewiß, um unsere Position gehe es, sie sei vielfach bedroht. Wir verteidigen sie am besten, wenn wir sie befestigen, sie neu unterbauen. Gegen die geistig inhaltslose Aggressivität der Barbarei haben wir als stärkste, edelste und wirkungsvollste Waffe unser konstruktives, substantielles Denken; unsere Leistung, unseren moralischen Ernst, die hohe kulturelle Ambition.

Mrs. Piggins wurde ein wenig schläfrig, während ihr Gatte wach und munter blieb. «The continental troubles» waren nicht seine Sache; aber er zog doch gewisse Schlüsse – ein nachdenklicher Realist. Professor Schneider und der junge Museums-Direktor suchten, sich ins Gespräch zu mischen: Jonny, stets temperamentvoll zu Marions Gunsten; der Gelehrte sanft und vermittelnd, manchmal auch humoristisch. Einige der Gäste hatten sich schon zurückgezogen; es wurde auch kein Whisky mehr angeboten. Schließlich brach Marion auf.

Professor Schneider, natürlich, war etwas enttäuscht, weil man ihm keine Gelegenheit gewährt hatte, Walzer auf dem Pianoforte zu spielen. Indessen war er selbstbeherrscht genug, galant und schalkhaft zu bleiben; er erbot sich, Marion in seinem Wagen zum Hotel zu bringen –: «wenn Sie sich nicht davor fürchten, mit mir altem Schwerenöter durch die Nacht zu fahren!» scherzte er, mit etwas müdem Fingerdrohen. Museumsdirektor Jonny – unternehmungslustig, trotz der vorgerückten Stunde – erklärte: nein, es würde ungerecht sein. Kollege Schneider habe Fräulein von Kammer schon einmal befördern dürfen; nun sei er – der Braungebrannte – an der Reihe. Benjamin schwieg verbissen; seine Blicke wurden leidvoll und drohend. Marion bedankte sich bei der total erschöpften Mrs. Piggins für den «most delightful evening», und verschwand in Jonny Clark's kleiner Limousine.

Der gelehrte Ski-Läufer erzählte lustige Dinge; seine Dame blieb schweigsam, lachte kaum, und refüsierte sogar den Drink, den er in der Hotel-Bar für sie bestellen wollte. Jonny fühlte sich etwas enttäuscht; küßte ihr zum Abschied ausführlich die Hand – einerseits, weil er es für «continental» hielt; andererseits, weil es ihm sehr angenehm war, seine Lippen mit ihrem Fleisch in Berührung zu bringen. – «Darf ich Ihnen morgen das Museum zeigen?» fragte er, das Gesicht über Marions lange, unruhige Finger geneigt. Sie sagte: «Ja ... natürlich ... es wird mich interessieren ...» Sie hatte vergessen, daß es ihre Absicht gewesen war, den nächsten Zug nach New York zu nehmen. Was sollte sie in New York? Tul-

lio war auf und davon, hatte Abschied genommen mit hochtrabenden und konfusen Worten.

«Thank you», sagte Jonny Clark. «Sleep well. See you tomorrow.»

… Marion konnte lang nicht schlafen. Sie dachte an den tückischen jungen Deutschen. ‹Er wollte mich aufs Glatteis locken und
blamieren. Es ist ihm nicht geglückt. Ein Kavalier war zur Stelle –
der hat sich ritterlich meiner angenommen. Später polemisierte er
gegen mich, geistvoll hadernd. Welch seltsamer Kavalier! Stämmig
und zart von Erscheinung; mit dem behäbigen Gesicht eines Familienvaters, einem frauenhaft kleinen Mund, und mit erstaunlichen
Augen … Ein höchst kurioser Mann, dieser Benjamin Abel …›

Sie dachte auch an Jonny, den Braungebrannten; aber nur flüchtig. What a charming boy – very attractive, indeed! Aber es war
nicht mehr die Stunde für solche Spiele. ‹Ich lasse mich nicht mehr
ein›, beschloß Marion – und dann war es Tullio, der göttliche Fensterputzer, der ihre Gedanken noch einmal beherrschte. Ach, diese
Jünglinge, diese Knaben –: wie leicht, wie vergänglich sind ihre
schnellen Triumphe! Sie treten ins Zimmer, ausgerüstet mit ihrem
Charme, mit einem Kübel und diversen Lappen, sie lächeln, sie renommieren, sie siegen, und die erste Umarmung ist fast schon der
Abschied: Leb wohl, und vergiß mich nicht! – Wie sollte sie ihn
vergessen? Das mehrfach verwundete Herz verhärtet sich nicht; es
wird doppelt empfindlich. Übrigens könnte Marion noch sehr realen Anlaß haben, sich an Tullio zu erinnern – mit Schmerz und
Glück, Zärtlichkeit und Gram. ‹Ich werde seiner gedenken – die
Stunde kommt.› Sie ahnte es, sie wußte es schon fast. Indessen ver-
drängte sie noch die Ahnung und gestattete dem Wissen nicht, bewußt zu werden. –

Am nächsten Morgen, ziemlich früh, erschien Abel. Er brachte
Blumen; er entschuldigte sich. «Ich war dumm, gestern abend. Alles, was ich vorgebracht habe, war schierer Unsinn.» – Marion widersprach – es war nun schon ihre Gewohnheit, ihm nicht recht zu
geben –: «Doch nicht schierer Unsinn! Zwischen übertriebenen,
schiefen Behauptungen ist auch Kluges, Richtiges vorgekommen.
Einiges habe ich mir genau überlegt und will es beherzigen.» Er lächelte dankbar.

Während er bei ihr saß, klingelte das Telephon: Jonny Clark erkundigte sich, wann er mit dem Wagen kommen dürfe. Abel erklärte schnell: «Der Wagen ist überflüssig. Ich begleite Sie ins Museum.» Marion, ohne ihn anzuschauen, sprach in den Apparat: «Der Wagen ist überflüssig. Professor Abel wird die Freundlichkeit haben, mich zu begleiten.» –

Benjamin Abel warb um Marion von Kammer. Noch hatte er ihr nicht gesagt, daß er sie liebte. Sie wußte es schon, obwohl er, innig und pedantisch, nur von hohen, schwierigen Dingen sprach. Er liebte sie, sein Herz war ergriffen, noch niemals war es solcherart ergriffen gewesen; er gestand sich, mit einem Schauder von Wonne und von Entsetzen: ‹Ich liebe zum ersten Mal. Sonderbar: man ist beinah Fünfzig, man wird kahl und fett – da packt es einen wie nie zuvor. Alles was bis jetzt gewesen ist, war nur Vorbereitung und lange Übung; die brave Annette, das süße Stinchen, und die wenigen anderen – ich habe sie ganz vergessen. Ich liebe Marion. Ich will sie heiraten. Sie gehört zu mir. Unsere Leben werden sich verbinden. Verbunden und vereinigt werden sie sinnvoll sein – mein verworrenes Leben und ihres. Das Glück wird kommen, nach so langem Warten.› – Welch kühne, einfache Worte – noch nicht ausgesprochen, aber insistent und innig gedacht! Welche Naivität! Wie viel kindliche Verwegenheit! Das Glück –: ein Alternder spürt es plötzlich in seiner Nähe. Er greift danach – aber nicht mehr mit der zuckenden Gebärde der Jugend; vielmehr mit zähem Griff, geduldig bei allem Überschwang. Die gediegene Passion des Alternden wird Marion überzeugen, überwältigen, gewinnen. Ist sie schon fast gewonnen? – Marion reiste nicht ab.

Die amerikanischen Freunde zeigten sich erfreut und leicht verwundert: Fräulein von Kammer blieb in der kleinen Universitäts-Stadt. Sie erklärte: «Es ist ruhig und hübsch hier. Ich habe jetzt Ferien, erst Mitte Januar fängt meine Tournee wieder an … Nach New York zieht mich beinah nichts.»

Mrs. Piggins führte die interessante junge Deutsche in den Damen-Club ein; Professor Schneider zeigte ihr seine Kollektion süddeutscher Trinkgefäße und ließ sich gern dazu überreden, auf dem Klavier die lieben alten Walzer vorzutragen. Jonny Clark hoffte zunächst: Sie bleibt meinetwegen … Indessen war er nicht schwer von Begriffen – ein heller Kopf, und übrigens ein anständiger Kerl. Er verzichtete auf jeden Flirt mit Marion, als er verstanden hatte, was Kollege Abel empfand und sich erhoffte. Keine Handküsse und flotten Komplimente mehr von Seiten des Braungebrannten. Er redete nur noch von Politik, erwog die Chancen des Spanischen Bürgerkriegs, der sozialen Entwicklung in Frankreich und des Italienischen Imperialismus. Er war ein gescheiter und gebildeter Junge; jetzt erst stellte es sich so richtig heraus.

«Es sind Typen von seiner Art, die mich hoffnungsvoll für Amerika machen», erklärte Benjamin. Er war sehr erleichtert, weil der hübsche Jonny nicht mehr mit Marion kokettierte. «Ein prachtvoller Kerl!» stellte er fest – und konnte es sogar ertragen, daß Marion ihm ausnahmsweise recht gab. «Junge Leute von seiner Sorte kommen in Europa selten vor. In diesem Lande trifft man sie ziemlich oft. Sie haben einen gut entwickelten, gut trainierten Verstand, und sind dabei einfach geblieben, frisch, herzlich, naiv. Sie gefallen mir sehr. Sie sind weder verkrampft, noch dogmatisch, noch größenwahnsinnig, noch manisch depressiv, wie die Meisten unserer europäischen Intellektuellen. In Europa gibt es eine Jugend, die am Geist leidet wie an einer Krankheit – und eine andere, die alles Geistige verachtet und bekämpft. Die jungen Leute bei uns fallen auf den ideologischen Schwindel des Faschismus herein, weil sie entweder gar nicht denken, oder weil ihre Gedanken starr und überspitzt geworden sind. Die hysterischen Intellektuellen und die Blöden sind das Menschenmaterial, aus dem der Faschismus seine aggressive Armee rekrutiert. In den Vereinigten Staaten habe ich junge Intellektuelle gefunden, die nicht hysterisch sind, und weder physisch noch moralisch verkrüppelt. Es ist doch erfreulich, einen Jungen wie diesen Jonny Clark anzusehen!» Benjamin fühlte sich schon so sicher, daß er sogar diese Bemerkung riskierte. «Ein hübscher, sportlicher Kerl – appetitlich vom Scheitel bis zu den Zehen – und dabei Hirn im Kopf! So was Angenehmes, Nettes! Dieser Typus hat Zukunft – und eine Zukunft, die von diesem Typus repräsentiert wird, möchte ich wohl noch erleben!»

Marion mußte ein bißchen lachen. «Sie sind ja ganz verliebt in den Burschen ...» – Er versetzte ernst: «Weil Sie nicht mehr in ihn verliebt sind, Marion!»

Hierauf ging sie nicht ein. Er ward gleich verlegen – er errötete, wie sie mit Rührung bemerkte – und erging sich wieder in eifrigen Betrachtungen, eine Menschheits-Zukunft betreffend, die vom Typus des braungebrannten und gescheiten Jonny beherrscht sein sollte. Der philosophische Liebhaber unterhielt seine Dame, die lächelnd lauschte. «Was ist unser letzter, definitiver Einwand gegen den Faschismus in all seinen finsteren Variationen? Daß er die Entwürdigung des Menschen bedeutet! Eine Horde dekadenter Barbaren sollte uns, mittels einiger infamer Tricks, stehlen dürfen, was wir uns erworben haben, in einer Geschichte von Jahrtausenden? – Hoho!» rief der Professor – seinerseits grimmig munter und aggressiv. «So geschwind geht das nicht! Unsere Kraft-Reserven sind bei weitem noch nicht verbraucht. Die besseren Menschen scheinen eine Weile gelähmt; umso heftiger wird plötzlich ihr Widerstand. Der Humanismus wird aggressiv auf der ganzen Linie werden – wartet es nur ab!» Benjamin prophezeite es mit zornigem Behagen. «Der Sozialismus ist nur ein Teil seines Programms – welches umfassend sein muß. Ziel und schöne Perspektive ist die totale Wiederherstellung, die totale Erneuerung, die Steigerung und Erhöhung der Menschenwürde – vom Ökonomischen bis zum Religiösen. Mit neuem Stolz wird der Mensch sich der Schönheit seines Leibes, der Gaben seines Geistes bewußt. Er organisiert die Erde, deren Herr er ist – dank seiner schönen, stolzen Eigenschaften. Endlich siegt die Vernunft. Überwunden sind Haß und Angst, samt dem nationalen Vorurteil – Pest und Betrug unserer Epoche. Auch der Dünkel der weißen Rasse ist dahin: in der Welt-Republik hat gleiche Würde und gleiches Recht, wer das schöne, stolze Menschenantlitz trägt. Das Leben wird leichter und bequemer; die Technik nimmt uns die niedrige Arbeit ab. Die Epoche der wirklichen, der fundamentalen Probleme bricht an. Der Mensch – entlastet von den ökonomischen und politischen Sorgen – findet Zeit und Kraft für das Wesentliche, Große; es sind endlich seine Angelegenheiten, denen er sich zuwendet. – Ich sehe ein Jahrtausend der enormen inneren Abenteuer!» Der Professor dämpfte die bewegte Stimme. Die utopische Vision, die er im Herzen trug und mit Worten andeutete – weil er wünschte, seine Dame zu unterhalten und sich zu gewinnen – hatte die Kraft, ihn beinah bis zu Tränen zu erschüttern. Sein zärtlich-dringlicher Blick war feucht. Er sagte leise: «Alles dieses ist vorstellbar – und also wird es geschehen. Der Mensch ist zäh; er verwirklicht, was er sich vorstellen kann. Geschichte ist erfüllte Utopie. Die technischen Vorbedingungen zu einem Zeitalter, das fast das Goldene wäre, sind durchaus gegeben. Es fehlen noch die moralischen. Die werden sich entwickeln –: ich bin voll Vertrauen. Inmitten des sittlichen Absturzes, dessen Zeugen wir sein müssen, bereitet der sittliche Aufschwung sich vor. Die Menschheit ist jung, sie tritt gerade erst ins Mannesalter ein. Ihre Pubertäts-Krankheiten sind besorgniserregend, wir konstatieren garstige Symptome. Das soll uns nicht mutlos machen.»

Er war voll Vertrauen, weil sein Herz voll Liebe war. Er liebte diese Frau – ihre mageren Glieder, die schrägen Augen, die lockere Mähne des Haares –; er wollte mit ihr leben, seine inständige Absicht war: glücklich zu sein –: daher die Begeisterung und der gewagte Flug seiner Gedanken. Eine Konversation, die mit anerkennenden Bemerkungen über das appetitliche Äußere und die intellektuelle Zuverlässigkeit eines jungen Kollegen begonnen hatte, hob sich und vertiefte sich, ward sehr ernst und sehr spielerisch, bekam verzückte Akzente.

Der alternde Freier begriff: Anmut und Charme der Jugend habe ich längst nicht mehr – bin übrigens auch als Zwanzigjähriger kein Adonis gewesen. So muß ich mit anderen Mitteln werben und imponieren. Sie freut sich an meinen Einfällen, und meine Erwägungen lassen sie nachdenklich werden. Sie lächelt mir schon zu, sie drückt meine Hand, wenn ich komme oder Abschied nehme. Sie wird mich lieben, sie ist klug und gut. Ich gewinne ihr Herz. Sie liebt mich schon. Ach – hätte ich schon gewonnen?

Sorgenvoll stimmte ihn, daß sie gerade am Weihnachtsabend allein sein wollte. Warum weigerte sie sich, mit ihm, Benjamin, in aller Stille eine Flasche Champagner zu trinken? – Sie schloß sich in ihr Hotelzimmer ein, und eben dort war es doch am wenigsten gemütlich. Die enge Stube war entweder überheizt, oder eisig kalt. Telephonbuch und kleine Bibel, die den Nachttisch zierten, ließen sie kaum wohnlicher werden.

Ein fremdes Bett, ein fremder Stuhl, eine fremde Wand ... Marion dachte: Viel anders kann das Zimmer nicht gewesen sein, in dem Tilly ihren Todestee schlürfte. Auch ihr deklassierter Schupo-Mann war auf und davon – und sie spürte das Kind im Leibe. – Arme kleine Schwester, dir hat keiner helfen können. Gibt es Hilfe für mich? ... Ach, ich hätte große, große Lust, mir eine Portion Tee zu bestellen. Veronal-Tabletten wären auch zur Hand; das Todes-Süppchen ist schnell bereitet. Es darf aber nicht sein. Ich muß das Kind bekommen.

Denn nun wußte sie, warum ihr schwindlig geworden war auf dem Podium, und woher die jähen Übelkeiten kamen. In Tullios Armen hatte sie empfangen, als er den zornigen Schlachtgesang der Liebe hören ließ. Sein Samen – der Samen des Vagabunden – war fruchtbar geworden in ihrem Leib. Sie hatte in seinem Antlitz nur die Augen gesehen, kindlich und tragisch geöffnet unter den kühnen Bogen der Brauen. ‹Ich bin deine Witwe, Marcel! In meinem Herzen bleiben, Wundmalen gleich, die Spuren deiner ungeheuren Blicke. Als ich lag und empfing, haben deine Augen mich angeschaut – oh, wie sternenhaft! oh, wie lieblich, wie streng! Du wolltest nicht, daß ich den Tod empfange. Ich soll den Sohn tragen, es ist deiner. Ich muß das Kind bekommen. Was tue ich nur? Ich kann gar kein Kind gebrauchen, ich bin eine Emigrantin, eine Vagabundin, eine Kämpferin; ich bin keine Mutter. Übrigens ist es einfach peinlich, ein Kind ohne Vater zu haben; es schickt sich nicht, man wird es mir übel nehmen. Tullio als Vater – eine groteske Vorstellung! Der göttliche Fensterputzer als Papa! Ich muß lachen. Ich muß bitterlich weinen. Ich will das Kind nicht bekommen. Ich muß es bekommen. Warum muß ich denn? Die Abtreibung wäre noch kein Risiko, ich fände einen gefälligen Arzt. Wer hindert mich daran, das einzig Vernünftige zu tun, den Eingriff vornehmen zu lassen? Wer wagt es, mich dran zu hindern? – Wir sollen Kinder bekommen, ich weiß es. Damit es nur weitergehe ... Es soll weiter gehen.›

Sie nahm Veronal – eine bescheidene Dosis. ‹Ein wenig Schlaf darf ich mir wohl gönnen›, meinte sie. ‹Morgen früh fasse ich dann definitive Beschlüsse. Noch länger hier zu bleiben, hätte wenig Sinn. Ich darf mir nicht von Benjamin, innig und pedantisch, den Hof machen lassen, da ich doch von einem Fensterputzer geschwängert bin. Morgen oder übermorgen fahre ich nach New York. Ich absolviere den Rest der Tournee, wie mein Vertrag es verlangt, und kehre im Frühling nach Europa zurück. Mama wird sich über ein Enkelkind freuen – sogar wenn der Vater ein verschollener Italiener ist.›

Da fielen die Augen ihr zu; das Medikament tat seine gute Wirkung. Ehe sie einschlief, dachte sie noch an ein Haus, in dem sie als Kind Jahre lang einen Tag der Woche – den Sonntag – verbracht hatte. Warum fiel es ihr ein, gerade jetzt, und mit solcher Deutlichkeit? Sie sah einen Garten, Blumenbeete und Brunnen – alles ein wenig verwunschen. Eine Terrasse war da, mit Malereien geschmückt, die verblaßten und zerbröckelten. Schöne Räume mit dicken Teppichen; eine Freitreppe, die auf halber Höhe einen kleinen Balkon oder Erker bildete: dort stand ein ausgestopfter Pfau –: ‹ich habe niemals Angst vor ihm gehabt›, erinnerte sich Marion, schon fast im Schlaf. ‹Ich habe seinen seidig weichen Bauch gestreichelt, und immer lachen müssen, wenn Tilly behauptete, er könne beißen. Wie lang ist dies alles her! Warum erscheint es mir plötzlich? – Es muß noch ein Raum in jenem schönen Haus unserer Kindheit gewesen sein – an den kann ich mich nicht mehr erinnern. Er lag tiefer als die Diele und die Salons – in einem Kellergeschoß. Eine gewundene, geheimnisvolle Treppe führte hinunter. Aber ich weiß nicht mehr, wie es aussah und wie es roch, in dieser entlegenen Kammer. Ich finde den Weg nicht mehr, die verborgene Treppe hinunter – und doch muß ich sie oft gegangen sein, Hand in Hand mit Tilly – damals, in der versunkenen Zeit. – Versunkener Raum – ich finde den Zugang nicht …›

Abel, inzwischen, feierte im Kreis der Kollegen. Nur die Unverheirateten hatten sich eingefunden; aus dem Radio schallten Weihnachtslieder; mehrere Herren sangen fröhlich mit, andere wurden melancholisch. Benjamin gehörte weder zu den Munteren, noch auch zu den Betrübten. Er dachte angestrengt nach – was ihn freilich am Sprechen hinderte, und seinen Blick recht finster werden ließ. Die Kollegen vermuteten: Es ist die Heimat, nach der er sich sehnt. Alle Deutschen werden sentimental, wenn Weihnachten ist … Sie sagten: «Prost, alter Junge!», und hoben die Whisky-Gläser. Er aber dachte an Marion.

Er beschloß: Morgen gestehe ich ihr, was ich fühle und will. Der erste Weihnachts-Feiertag ist ein schönes Datum für die große Erklärung.

Marion sah müde aus, als sie Abels matinale Visite empfing. Sie erklärte: Ich habe nicht gut geschlafen. Indessen war sie reizender denn je. Begehrenswerter denn je – so fand Benjamin – schien ihr blasses, mattes Gesicht unter der lodernden Fülle des Haars. Sie trug einen schwarzen Pyjama, eng anliegend, dem Kostüm eines Pierrots ähnlich. Übrigens duftete sie stärker als gewöhnlich; Benjamin zuckte zusammen, als sie erwähnte: «Der gute Jonny hat mir ein sehr feines Pariser Parfüm geschenkt, es muß hier teuer sein, meine Lieblingsmarke.» Hatte sie auch einen neuen Lippenstift? Der große Mund leuchtete fast erschreckend in der Blaßheit ihrer erschöpften Miene. Sie bewegte sich lässig durchs Zimmer –: ein nicht mehr ganz junger Page, parfümiert und mager, mit einem überanstrengten Zug zwischen den Augenbrauen. Sie fragte mit sanfter, tönender Stimme: «Was führt Sie so früh zu mir, lieber Freund?» Es klang konventionell, dabei lockend. Auf dem dunklen Seidenstoff ihres Hausanzuges bewegten sich unruhig die weißen Finger ihrer rastlosen Hand.

Wie verführerisch war Marion an diesem festlichen Morgen! Benjamin war drauf und dran, es ihr zu versichern; konnte indessen nur stammeln. Was er vorbrachte, war verworrenes Zeug – der Inhalt ließ sich mehr erraten als verstehen. Daß er sie liebe – darauf lief es hinaus. Dies hatte sie schon gewußt; ihr mattes, strenges Gesicht blieb undurchdringlich. Sie schwieg; er verlor vollends die Fassung.

Auf seiner Miene ereigneten sich Dinge höchst erstaunlicher Art. Der kleine Mund zwischen den schweren Wangen verzerrte sich, daß es schien, er lachte –: ein gequältes Grinsen – nun sah es wieder mehr nach Weinen aus. Auch die Stirne war sehr in Mitleidenschaft gezogen; sie warf Falten wie ein Wasser, über das ein Windstoß fährt. Die Falten hatten krause, barocke Formen, sie vergingen geschwind, waren gleich wieder da, vertieften sich, lösten sich nochmals. Am schlimmsten aber stand es um die Augen; dort herrschte Raserei. Sie waren blutunterlaufen und zeigten die bedenkliche Neigung, hin und her zu rollen, als suchten sie in allen

Ecken des Zimmers gierig nach einem verlorenen Gegenstand. Plötzlich wurden sie starr – was auch recht unheimlich wirkte. Hatten sie das verlorene Kleinod gefunden? Hielt Marion es zwischen ihren Fingern fest? Auf ihre bleichen, unruhigen Hände fixierte sich Benjamins flehender, verzückter Blick.

Welch rührendes, groteskes Schauspiel bot der bejahrte Freier! Mit eindrucksvoller Eloquenz hatte er, gestern noch, die Menschenwürde gepriesen; nun entwürdigte er sich, ward fast komisch – zu Füßen des Menschen, an dem ihm alles gelegen war. – Ja, er hatte sich vor Marion auf die Knie geworfen. Er tat dies Äußerste, er wagte die schamlose Geste, er fürchtete nicht, ridikül zu scheinen. Er ließ sich hinplumpsen, schwer und dick wie er war –: es machte ziemlichen Lärm. Die Pose des Jünglings, der die Entflammtheit seines jungen Herzens beichtet –: ach, höchst seltsam nahm sie sich aus, da der Alternde nun, pedantisch-ausführlich, in ihr verharrte. Er hielt dem Mädchen sein großes, zerfurchtes Gesicht hin, sein entwürdigtes Antlitz – wie respektabel war es einst gewesen! Jetzt schien es entstellt und verwüstet, zerstört von Leidenschaft, und die Blicke vor Angst und Hoffnung erblindet. – ‹Lies in meinen Zügen!› forderte das entstellte Antlitz des Mannes. ‹Erfahre, was ich gelitten habe! Nimm den schonungslosen Bericht, die genaue Chronik meines langen, kummervollen Daseins entgegen – in den Falten auf meiner Stirn kannst du alles lesen!›

Sie prüfte die weite, inhaltsvolle Fläche dieses Menschengesichtes. Sie hörte seine geflüsterte, mühsam hervorgestoßene Rede: «Du mußt bei mir bleiben ... Ich will dich ... Wir werden glücklich – zusammen ... Marion, du bleibst bei mir ...» Sie rührte sich nicht. Sie forderte ihn nicht dazu auf, sich zu erheben.

Endlich legte sie die Hände auf seine Schultern. Endlich sprach sie.

«Es geht nicht. Es kann nicht sein.»

Er ließ die Augen ein wenig rollen. Sie fürchtete, er werde gräßlich schreien. Jedoch hauchte er nur: «Warum nicht?»

Sie wiederholte: «Es geht nicht.»

«Du wirst dich an mich gewöhnen», hauchte er eigensinnig. «Wahrscheinlich wirst du mich lieben.»

Sie erhob sich; tat ein paar Schritte. Sie winkte ihm flüchtig, etwas ungeduldig zu, er möge sich doch endlich wieder auf seine Füße stellen. Als er sich aufrichtete, ächzte er ein wenig; seine Hosen waren an den Knieen bestaubt. Sie bemerkte es mit schrägem Seitenblick. Sie hustete nervös; zündete sich eine Zigarette an. Während sie schweigend rauchte, stand er mit geducktem Schädel und wartete. Schließlich fragte er nochmals: «Warum nicht?»

Sie lief durchs Zimmer, wandte ihm den Rücken. Über die Schulter, die sie enerviert bewegte, rief sie ihm mit trockener Stimme zu:

«Ich erwarte ein Kind.»

Er veränderte weder die Haltung noch den Ausdruck der Miene. Er fragte, beinah tonlos:

«Von wem?»

Da verlor sie die Fassung. Wütend zerdrückte sie die Zigarette im Aschenbecher – den sie vom Tische stieß – dabei stampfte sie kurz mit dem Fuß auf, ihre Augen füllten sich mit Tränen. «Was geht es Sie an?!» – Sie schien völlig verzweifelt.

Er blieb insistent. «Ich muß es wissen.»

Zu seiner Überraschung lachte sie, kurz und böse. Dann wurde sie wieder gelassen. Sie legte den Kopf in den Nacken; unter halb gesenkten Blicken hatten ihre Augen ein Leuchten, in dem Spott und Mitleid sich mischten – auch etwas Zärtlichkeit enthielt es, wie Benjamin mit bebender Hoffnung zu konstatieren meinte.

Sie erklärte ruhig: «Mein Kind ist von einem jungen italienischen Fensterputzer. Ich habe ihn in New York kennen gelernt. Er hat mich verlassen.»

«Er hat Sie verlassen?» Die Spannung wich von Benjamins Zügen. Sie glätteten sich, wurden sanft. Ein Lächeln ohnegleichen – ein Schimmer der Erleichterung, des Triumphes, des Erbarmens, der unendlichen Zärtlichkeit – verschönte das unjunge Antlitz des Liebenden. «Warum hat er Sie denn verlassen?» forschte er, mit inständiger Pedanterie.

Marion ihrerseits glich nun einem Schulmädchen, das in peinlicher Sache verhört wird und sich schämen muß. «Er hatte mich wohl satt.» Eine flüchtige Röte lief über ihr blasses Gesicht. – «Er ist nach Europa gefahren», sagte sie noch. «Er will kämpfen.»

Der Liebhaber examinierte sie weiter. «So waren Sie ganz allein?»

Sie bestätigte: «Ich war ganz allein.»

«Ein Kind ohne Vater ...» Er schüttelte nachsichtig und verwundert das Haupt. «Das ist doch eine große Unannehmlichkeit...»

«Was Sie nicht sagen ...!» Sie lachte erbittert; griff nach einer neuen Zigarette.

Seine Stimme ward feierlich. «Nun hat es ja einen Vater. – Ihr Kind wird meinen Namen tragen, Marion!»

Dabei war er auf sie zugetreten. Er legte die Arme um ihren Hals. Er war etwas kleiner als sie. Sie neigte ihr ermüdetes, blasses, schönes Gesicht, damit er es küsse. Sie hielt stille in seiner Umarmung. Er suchte nicht ihren Mund. Seine Lippen berührten sehr vorsichtig ihre gesenkte Stirn.

Sie fragte, bewegungslos: «Wird das fremde Kind Sie nicht stören?» Darauf er – milde tadelnd, als müßte er sie an das Bekannteste und Wichtigste erinnern –: «Ich liebe dich.» Sie lächelte, dankbar und erschöpft. – «Wirst du dich daran gewöhnen können, daß ich dich so sehr liebe?» erkundigte sich Professor Abel besorgt. «Werde ich dir nicht lästig sein? Wirst du mich gerne haben? Und auf welche Art?»

Sie hatte eine sanfte Gebärde der Abwehr. «Es ist doch noch nichts entschieden ...» Gleich mußte sie erleben, daß er wieder heftig ward. – «Es ist alles entschieden!» Mit gravitätischer Schalkhaftigkeit fügte er hinzu: «Das Kind braucht doch einen Vater!»

In ihrem Kopf waren müde, wirre Gedanken. Sie überlegte: ‹Wie schlau sie sind – diese Liebenden! Sie nutzen alles zu ihrem Vorteil ... Ich habe nicht gewußt, daß ihm so viel an mir liegt. Es muß ihm ungeheuer viel an mir liegen, da er keinen Anstoß nimmt an meiner Schwangerschaft. – Tue ich etwas Schlechtes, wenn ich ihm erlaube, der Vater meines Kindes zu sein? Wen könnte ich fragen? Ich habe nur die Antwort, die aus mir selber kommt ...›

Die Augen des Liebenden wanderten unersättlich über die Landschaft des geliebten Gesichtes. Sie verweilten auf dem Mund, der mit großer, schön geschwungener Kurve sich festlich darbot. – Der Liebende sah: ‹Ihre Lippen öffnen sich. Sie erwartet den Kuß.

Man lebt lange, geht durch manche Qual, – und ein atmender Mund, der sich lächelnd öffnet, bringt unvermutet die stumme Botschaft, die Verheißung und die Erfüllung. Mir ist Glück beschieden – wer hätte es je gedacht ...!› –

Die nächsten Tage waren voll Gespräch; es galt, die Vergangenheit zu besprechen und die Zukunft. Was die Zukunft betraf, so schien alles einfach. Abel hatte beschlossen: «Wir heiraten in etwa vierzehn Tagen.» Marion fand nichts einzuwenden. Sie schaute ihn sinnend an; lächelte; schwieg; fragte schließlich: «Machen wir keinen Fehler?» Darauf Benjamin, sehr zuversichtlich: «Wir tun das Richtige.» Da nickte sie ernsthaft: «Ja. Es ist wohl das Richtige, was wir tun.»

Sie würde ihren Kontrakt erfüllen, die Tournee zu Ende führen; neue Angebote aber wollte sie ablehnen. Ende Februar verließ Benjamin die Universität im Mittelwesten; er hatte schon ein anderes Angebot, aus einem der südlichen Staaten. «Dorthin reisen wir zusammen, als Herr und Frau Professor.» Er freute sich sehr darauf. «Und dort kommt dein Kind zur Welt. Unser Kind ...», schloß er innig.

Die Vergangenheit war komplizierter als die Zukunft. Beide hatten viel zu erzählen. Marion erfuhr Benjamins ganzes Leben, nichts ward ausgelassen, weder die brave Annette noch das süße Stinchen. Das «Huize Mozart» kam vor, und der schaurige Brummer, Herr Wollfritz, das Flüchtlings-Comité in Skandinavien, die ersten schweren Wochen in New York: alles wurde beschworen. «Anfangs habe ich mich vor Amerika gefürchtet», gestand er. «Und jetzt bin ich so gerne hier ...»

Wie schwierig war es für Marion, von Marcel zu berichten! Auch Martin und Kikjou waren Figuren, die sich in gedrängter Form kaum beschreiben ließen. Sie verweilte lange bei Tilly, ihrer armen Schwester: Benjamin erschrak und erbleichte, als er von ihrem Abenteuer hörte, und wie arg es geendigt hatte. «Arme Tilly! Arme Marion!» Er nahm sanft ihre Hand. Und: «Arme Marion!» sagte er noch einmal, als sie Tullio schilderte, und die kurze, heftige Wonne, die sie mit ihm genossen hatte. War er eifersüchtig? Er sagte:

«Du hast dich noch niemals lieben lassen, wie eine Frau sich lieben lassen soll –: jetzt geschieht es dir zum ersten Mal, oder du duldest es zum ersten Male. Du hast zu viel experimentiert, das war sehr gefährlich. Du bist doch kein Junge – wenngleich du magere Glieder wie ein Junge hast. Du bist eine Frau – die amazonenhafte Allüre kann keinen täuschen, der dich wirklich kennt.» – «Amazonenhafte Allüre?» Sie schien ein bißchen gekränkt. Er belehrte sie zärtlich: «Du hast ein Element, einen Teil deines Wesens über-betont –: ein echtes Element, einen wichtigen Teil; aber etwas anderes ist zu kurz gekommen. Du warst zu aktiv. Du hast deine jungen Freunde geliebt – beinah wie ein Mann die Frau lieben soll. Dadurch hast du dir viel Schmerz angetan, und bist reif geworden, weil du gelitten hast. Jetzt beginnt etwas Neues für dich, auf der Höhe deines reichen Lebens. Du wirst ein Kind haben, und du erlaubst einem Mann, dich zu lieben.»

Marion hörte sich dies an und fand es teilweise richtig. Gerade deshalb wurde sie ärgerlich. Sie zerknackte Streichhölzer zwischen den Fingern. «Die Zeit der Jugend-Tollheiten wäre also vorbei.» Ihr Lächeln war ziemlich sauer. «Darauf läuft deine kleine Predigt doch wohl hinaus.» – Er blieb ernst, obwohl sie kicherte. – «Etwas Neues fängt an!» erklärte er, mit bewegtem Nachdruck.

Er rührte sie, durch seine feierliche Unbeholfenheit. Sie fand ihn auch etwas komisch. Sie fühlte sich sehr wohl in seiner Nähe, er hatte eine beruhigende Wirkung auf sie. Ihr Lachen bekam sanftere Laute. Ihr lachendes Gesicht barg sie an seiner Schulter. Er hörte sie sagen: «Alter Benjamin! Ich mag dich ... Ich mag dich ... Wenn du nur nicht immer wie ein Lehrer sprechen wolltest! Natürlich fängt etwas Neues an. Das Leben hat es so an sich, immer neue Situationen zu produzieren. Das ist ja das Interessante! – Das ist ja das Schöne ...», gestand sie, an seiner Schulter. –

Am Silvester-Abend gab Professor Abel eine «party» in seiner gemütlichen kleinen Wohnung. Marion erschien vor den übrigen Gästen – Benjamin hatte es ausdrücklich verlangt. «Du bist die Hausfrau und mußt meiner Lucy helfen, das Buffet zu richten.» Lucy war eine fröhliche, dicke Negerin, dem Professor sehr herzlich ergeben, und übrigens, als einzige Person in der Stadt, von seinem neuen Glück unterrichtet. Sie küßte Marion die Hand und strahlte über das ganze Gesicht. «My Professor has got a fine girl!» stellte sie mit Befriedigung fest.

Was das Buffet betraf, so war es schon in perfekter Ordnung. Marion fand: «Für mich bleibt nichts mehr zu tun.» Benjamin aber erklärte, animiert und geheimnisvoll: «Es ist sehr gut, daß du so früh gekommen bist!» Er hatte eine Überraschung vorbereitet – wie sich bald erwies. «Bei uns ist es jetzt sieben Uhr», bemerkte er schmunzelnd. «In Zürich haben sie ein Uhr morgens.» Marion wußte nichts damit anzufangen. «Natürlich», sagte sie. «In Zürich ist der Silvester-Abend schon vorbei.» – Benjamin, munter und rätselhaft: «Hoffentlich noch nicht ganz!» Dann rückte er mit der Überraschung heraus: «Ich habe eine Telephon-Verbindung nach Zürich angemeldet!» – «Eine Telephon-Verbindung?» Marion konnte es gar nicht fassen. «Ich soll mit Mama sprechen? – – Aber das muß furchtbar teuer sein!» Sie war recht erschrocken. Benjamin rieb sich die Hände. «Es ist mein Weihnachtsgeschenk, mein Neujahrsgeschenk und mein Verlobungsgeschenk!» Sie hatte ihn noch nie so aufgeräumt gesehen. Er behauptete übermütig: «Ich kann es mir leisten! Ein wohlbestallter Professor darf wohl mal mit seiner Schwiegermutter telephonieren!»

Da läutete schon das Telephon. Lucy watschelte hin; Benjamin – ihr nach, und riß ihr den Apparat aus der Hand. «Ist das Pension ‹Rast und Ruh› in Zürich?» fragte er gierig. Es war Pension «Rast und Ruh». – «Marion – deine Mutter!» rief Benjamin.

Frau von Kammer, auf der anderen Seite des Ozeans, plapperte aufgeregt: «Wer spricht denn? Was ist denn los?» Und Marion – die sehr blaß geworden war –: «Ich bin es, Mama! Es ist Marion. Marion spricht …» Da wurde Marie-Luisens Stimme ganz klein und zittrig. «Marion … Kind … Es ist doch nicht möglich! Wo steckst du denn? Bist du denn nicht in New York?» – Die Tochter erklärte: Nein, ich bin auf meiner Tournee, im Mittelwesten von Amerika, in einer kleinen Stadt, du hast wohl nie ihren Namen gehört, es ist eine besonders nette kleine Stadt … «Ich habe mich verlobt!» rief Marion über zwei Kontinente und das Atlantische Meer – über viele Städte, Ebenen, Flüsse und Gebirge hin, über ein fast unendliches Wasser hin berichtete die Tochter der Mutter:

«Ich habe mich am Weihnachtstag verlobt, Mama! Kannst du mich hören?» – «Natürlich kann ich dich hören!» rief Frau von Kammer. «Deine Stimme klingt, als ob sie hier im Zimmer sprä-

che, es ist wunderbar! – Mit wem hast du dich denn verlobt, liebes
Herz?» – «Es ist ein Deutscher», teilte die Tochter mit. «Ein Professor, er heißt Abel, er ist uralt und hat einen weißen Vollbart ...»
Sie mußte lachen; Benjamin machte wütende Zeichen. «Er wird
dir nachher guten Abend sagen, er ist taub und wird kein Wort verstehen, wenn du zu ihm sprichst, er ist sehr komisch – es ist sehr
komisch von mir, daß ich ihn gerne mag ...» Der Bräutigam rang
die Hände. Marion fragte: «Wie geht es denn bei euch, Mama?
Hast du die Pension eröffnet? Habt ihr einen netten Silvesterabend gehabt? Sind die Gäste schon weg? Schläfst du schon? Habe
ich dich gestört?»

Marie-Luise wollte alles auf einmal erzählen; überstürzte sich,
brachte fast gar nichts heraus. Immerhin ließ sich verstehen: Der
Betrieb von Pension «Rast und Ruh» hatte vielversprechend gestartet. «Wir haben acht Gäste, lauter reizende Menschen, und
zum Abendessen waren Ottingers da, und Peter Hürlimann, Ottingers haben Champagner gestiftet, es war ein sehr hübscher
Abend, wir haben die neue Pension hochleben lassen – denke dir:
Frau Ottinger war ein bißchen beschwipst!» Marion erfuhr – über
den Ozean, über so viel Ebenen und Städte – die Details des Züricher Silvester-Menüs. «Tilla hat sich um alles gekümmert», betonte Marie-Luise bescheiden. «Und wie bezaubernd sie aussieht
– du kannst es dir gar nicht vorstellen! Sie trug ein neues Schwarzseidenes – ganz einfach, aber so schick! Jetzt ist sie ja schon im
Schlafrock ...» Es klang, als ob Frau von Kammer sich bei Marion
wegen des nachlässigen Kostüms ihrer Freundin entschuldigen
wollte. – Herr Ottinger hatte mit seiner «Lebensbeichte eines Eidgenossen» viel Erfolg –: auch dies ward Marion noch zugerufen,
über Wellen und Berge. «Und das Buch ist unserer Tilly gewidmet! Ist das nicht rührend? Sie wird nicht vergessen von ihren
Freunden, auch Peter Hürlimann hat etwas zu ihrem Andenken
komponiert, eine Art von Requiem, der gute Junge, es klingt interessant, ich kann es nicht ganz verstehen. – Tilly wird nicht vergessen!» rief die Mutter vom Zürichberg. Und Marion, im Mittelwesten der U.S.A., wiederholte: «Sie wird nicht vergessen.»

Später mußte Benjamin die Schwiegermama telephonisch begrüßen – es wurde ein langes Gespräch, ein ziemlich kostspieliges

Weihnachtsgeschenk. Marie-Luise gratulierte dem fremden Herrn; dabei fiel ihr ein, daß sie der Tochter gar nicht ordentlich Glück gewünscht hatte –: «Mein Gott, ich bin so vergeßlich! – Machen Sie mein Kind glücklich!» verlangte die Mutter, aus großer räumlicher Distance. «Haben Sie wirklich einen langen weißen Bart?» – «Keine Spur!» Benjamin legte größten Wert darauf, dies richtig zu stellen. «Ich bin glattrasiert!»

Auch Lucy wurde zum Apparat geschoben; sie kicherte und wischte sich die Hände an der Schürze, als sollte sie der Königin von England die Hand reichen. Dementsprechend knickste sie auch; denn sie dachte: Wahrscheinlich kann man mich auch sehen, da man mich hören kann … Jedenfalls ist es ratsam, sich manierlich aufzuführen, wenn man schon mal mit Europa spricht. Übrigens war sie davon überzeugt, daß Zürich die Hauptstadt des Deutschen Reiches sei, daß dort ein Kaiser mit einem kolossalen Schnurrbart regiere, und daß alle Leute beständig Hofknickse exekutierten oder sich tief verneigten. «Happy New Year, Ma'am!» rief die dicke Lucy, wobei sie sich vor Lachen ausschütten wollte.

«Ein glückliches neues Jahr!» wünschte Frau Tibori aus Pension «Rast und Ruh»: ihre Stimme hatte noch den süßen und tiefen Klang; ein Unter- und Nebenton von Klage war ihm beigemischt. Die Tatsache, daß Marion heiraten wollte, schien sie zu rühren, beinah zu erschüttern. «Alles alles Gute!» sagte sie immer wieder, enthusiastisch und dabei irgendwie warnend. Ihr lag daran, der Tochter ihrer Freundin zu bedeuten: Liebes Kind, das Leben ist schwierig, und die Männer tun alles dafür, es uns erst recht bitter und kompliziert zu gestalten! Machen Sie sich keine Illusionen über Ihren Bräutigam, liebes Kind – er mag ein charmanter Mensch sein, aber wohl kaum viel zuverlässiger als der Rest. Mein Gott – wenn ich an meinen Kommerzienrat denke! Oder an den Jungen von mexikanischer Abkunft! Was für ein kleiner Schuft! – «Alles alles Gute!» wiederholte sie, mit düsterem Überschwang.

«Alles alles Gute!» –: eine halbe Stunde später hörte Marion den herzlich gemeinten Wunsch aus dem Munde der amerikanischen Freunde. Mrs. Piggins weinte fast, als Professor Abel feierlich mitgeteilt hatte: Marion und ich werden heiraten. – «Ich habe es geahnt!» schluchzte die gute Dame, obwohl ihr alles überraschend kam. Mr. Piggins, ein nachdenklicher Realist, fand das Arrangement vernünftig und lobenswert. Jonny Clark, der es wirklich geahnt hatte, zeigte musterhafte Selbstbeherrschung. Immerhin bedeutete es ihm einen Schock. Er hatte für diese seltsame Europäerin mit den schrägen Augen ein entschiedenes Faible gehabt. Isn't she utterly attractive? – dachte Jonny, der Braungebrannte. Und er beschloß: Nun küsse ich ihr nochmal die Hand! Das kleine Vergnügen darf ich mir wohl gönnen als Lohn für so viel selbstlose Zurückhaltung! – Dem Kollegen Abel klopfte er die Schulter: «Congratulations, old chap!» Sie tauschten männlich-befreundete Blicke. Sie mochten sich. Sie tranken sich herzlich zu.

Der alte Professor Schneider war schier außer sich vor Vergnügen über das charmante Ereignis. Er bekam feuchte Augen, sein Mienenspiel war sowohl schalkhaft als auch ergriffen. «Und sie passen so gut zueinander!» sagte er immer wieder. Dann spielte er den Hochzeitsmarsch von Mendelssohn auf dem Klavier. «Ihr werdet nach Deutschland zurückkehren!» prophezeite er dem jungen Paar, und ward wehmütig, in der Erinnerung an längst verflossene Heidelberger Studententage. «Ihr werdet gute Amerikaner sein – und ich wünschte mir, ihr bliebet immer hier. Aber Deutschland kann auf die Dauer Menschen von eurer Art nicht entbehren. Ihr werdet zurückkehren!» verhieß er, und bewegte die alten, etwas gichtischen Finger munter über die Tastatur.

Übrigens hatte er seinerseits noch eine kleine Sensation auf Lager. Wer hatte ihm denn geschrieben? Von wem war der Brief, mit dem er jetzt neckisch winkte? – Abel erriet es nicht; der Brief kam von Professor Besenkolb, aus Bonn.

«Was will denn das alte Untier?» – Benjamin schien belustigt, aber auch ärgerlich.

Besenkolb erkundigte sich bei Schneider, ob es in den Staaten keine Chancen für einen berühmten alten Germanisten gebe. In fast demütigen Wendungen bat er um Protektion. Er hatte das Nazi-Regime gründlich satt, er war enttäuscht und verbittert. «Die jungen Leute lernen nichts mehr», klagte der Gelehrte aus Bonn. «Sie machen Geländeübungen. Ich habe mir das anders vorgestellt. Mich hat der ‹Völkische Beobachter› angegriffen, weil ich meinerseits Goethe nicht scharf genug getadelt habe wegen seiner lahmen

Haltung während der Freiheitskriege. Ein alter Patriot wie ich muß sich sagen lassen, es fehle ihm an Interesse für die nationale Ehre. – Ich will weg.»

Besenkolb hatte sein zorniges und bekümmertes Schreiben einem Schweizer Bekannten mitgegeben, der es von Basel aus beförderte. – «Das ist doch amüsant!» meinte Schneider. Er kannte die Geschichte des Zwistes zwischen Besenkolb und Abel, und hatte den Zeitungsartikel gelesen, in dem der «alte Patriot» den jüngeren Kollegen als «Schänder deutschen Kulturgutes» denunzierte. – «Das ist doch drollig!»

Auch Abel fand, daß es drollig war, und schämte sich nicht, seinen Triumph zu zeigen. «Mit miserablem Benehmen macht man nicht immer die besten Geschäfte», stellte er fest. «Auch Schurken können mal reinfallen.» – «Und es geschieht ihnen recht!» rief Professor Schneider, befriedigt über das prompte Funktionieren der moralischen Weltordnung. –

Der Abend in Abels Junggesellenwohnung ward so außerordentlich gemütlich, daß die amerikanischen Freunde noch Wochen und Monate später davon zu singen und zu sagen wußten. Man durfte von einem Gemütlichkeits-Rekord sprechen: darüber war nur eine Meinung bei allen, die das unbeschreiblich trauliche Fest hatten mitmachen dürfen. Als die Uhr von der Universitätskirche Mitternacht schlug, fiel man sich gerührt in die Arme. Es kam so weit, daß Professor Schneider die dicke Lucy küßte, die ihrerseits nicht davon lassen konnte, zu knicksen und sich tief zu verneigen; sie war ein wenig von Sinnen, seit sie mit der Kaiserlichen Hauptstadt telephoniert hatte. Alle brüllten: «Happy New Year! – A very very Happy New Year!» Die Stimmung erreichte ihren Höhepunkt, als Jonny Clark bunte Papierhelme und falsche Nasen verteilte. Ein Professor der Englischen Literatur – sonst ein stiller, reservierter Herr – machte exzentrische Schritte, wobei er sich mit der flachen Hand abwechselnd auf die Stirn und auf die Knie schlug. Er behauptete, dies sei Schuhplattler, er habe es in Oberammergau so gelernt. Ein ernstes Fräulein, das in der Bibliothek arbeitete, bekam einen Lachkrampf, Jonny mußte ihr den Rücken klopfen – was ihr so angenehm war, daß sie nun erst recht weiter lachte. Mrs. Piggins sollte von Professor Schneider einen Tanz lernen, der «Big Apple» hieß und große körperliche Gewandtheit voraussetzte. Sie tat ungeschickte Sprünge und rief immer wieder: «It's much too difficult!» Schließlich sank sie in einen Sessel und brachte nur noch hervor: «My Lord – we have lots of fun!!» – als müßte sie sich und alle Anwesenden an diesen erfreulichen Umstand erinnern.

In einer stilleren Ecke sagte Marion zu Benjamin: «Komisch – jetzt ist es in Zürich sieben Uhr morgens. Mama schläft noch. Aber es ist schon hell.»

Marion und Benjamin hatten nur noch ein paar Tage für ihr Beisammensein und für die vielen Gespräche. «Dann soll ich dich sechs Wochen lang nicht sehen», sagte er. «Es ist schlimm.»

Wenn er nichts in der Universität zu tun hatte, war er fast immer mit ihr. Sie saßen zusammen, in ihrer Hotelstube, oder im Bibliothekszimmer seiner Wohnung, oder in einem Lokal. Bei angenehmem Wetter gingen sie spazieren und freuten sich der bescheidenen Reize einer flachen Landschaft. Einmal schlug Marion plötzlich vor, sie wollten Kaffee im Restaurant des Bahnhofes trinken. Abel mochte nicht recht. «Ich hasse Bahnhöfe ...» Sie bestand darauf. – «Bahnhöfe sind scheußlich; aber ich bin an sie gewöhnt wie das Kind an die Schule. Manchmal muß ich einfach Bahnhofs-Luft riechen ...» – Er tadelte sie: «Eine miserable Gewohnheit!» Sie machte ihr trotziges Gesicht: «Kann schon sein ...», und jubelte, als sie die vertrauten Träger mit den roten Mützen sah, und die Pullman-Wagen, und das kümmerliche Buffet, wo die Leute schalen Orangensaft und lauen Milchkaffee schlürften.

Sie behauptete: «Es ist reizend hier!» Er schüttelte mißbilligend das Haupt. Sie erkundigte sich, ob er auch die Neger in den Schlafwagen so sehr liebe. Er antwortete ausweichend; sie sagte: «Es sind lauter herzensgute Menschen! Ich fühle mich bei ihnen geborgen wie in Abrahams Schoß. Sie behandeln mich so väterlich: das ist wohltuend. Wenn ich im Pullman-Car Zigaretten rauche – was doch eigentlich verboten ist –, lächeln sie mir mild und schelmisch zu –: ich könnte ihnen um den Hals fallen.»

Später wurde sie ernster. «Ich werde das Reisen nie ganz aufgeben können», erklärte sie, kummervoll aber entschieden – als setzte sie dem Bräutigam auseinander: Auf mir liegt ein kleiner

Fluch, ich bin eine Reisende, es läßt sich leider nicht ändern. «Ich bin auch ehrgeizig», gab sie zu. «Benjamin – du erwartest doch nicht, daß ich Schluß mit meiner Karriere mache? – Es ist eine so alte Gewohnheit von mir, mich den Leuten für Geld zu zeigen!»

Er versetzte: «Du sollst später entscheiden, ob du weiter auftreten und reisen willst.́ Zunächst wirst du wohl etwas stiller leben müssen – wegen des Kindes.»

Sie senkte das Gesicht und blieb still, für mehrere Sekunden. Schließlich sagte sie – aus was für Gedankengängen heraus? –: «Es gibt noch so viel zu tun.» Benjamin nickte ernst. Sie schaute ihn an: «Für uns Beide. Sehr viel zu tun – für dich und für mich ...»

Dann wendete sie sich von ihm ab, um einen Träger mit roter Kappe zu beobachten; er verlud Handgepäck auf einen Karren. In einer Viertelstunde ging der Zug nach Chicago. Marion sagte:

«Als der brave alte Schneider uns neulich prophezeite, wir würden nach Deutschland zurückkehren –: es kam mir so sonderbar vor. Wollen wir denn zurückkehren?»

«Ich weiß nicht», sagte Benjamin. «Ich muß oft darüber nachdenken. Natürlich hängt es von tausend Umständen ab, die sich gar nicht voraussehen lassen. Aber alles in allem glaube ich doch eher: ich will nicht zurück ...»

Sie schaute sinnend dem Rauch ihrer Zigarette nach. «Ich glaube, alles in allem will ich doch zurück ...» Dabei schien sie plötzlich zu frösteln. Sie zog den Mantel enger um ihre Schultern. «Es wird schrecklich sein ...», sagte sie und lächelte angstvoll.

«Was?» fragte er. Sie erwiderte – die Augen beim Gepäckträger, der seinen Karren zum Perron schob, wo der Chicago-Zug stand –: «Die Heimkehr. – Man wird nichts mehr erkennen!» Dies sagte sie hastig, hatte dabei auch wieder die fröstelnde Bewegung der Schultern. «Alles wird total verändert sein – unheimlich fremd geworden ... Die Straßen, die Gesichter – alles ... Vor allem die Gesichter, natürlich.» Der Gepäckträger war verschwunden. Mehrere Reisende drängten zum Perron. Der Zug nach Chicago mußte bald fahren. «Ich fürchte mich davor, in Deutschland Menschen wiederzusehen, die ich früher gekannt habe», sagte Marion.

«Ich auch», sagte Benjamin. «Deshalb möchte ich nicht zurück.»

Sie redete weiter: «Wir sind so sehr abgeschnitten von Deutschland – es beunruhigt mich oft. Natürlich, wir bekommen Berichte; wir haben Freunde, Verbindungsleute, die uns alles erzählen, was drinnen vorgeht. Aber genügt es? – Ich weiß doch nicht, ob es völlig genügt ... Vielleicht entgeht uns das Wesentliche. Wir können uns vielleicht die Atmosphäre im Reich gar nicht mehr vorstellen. Unter dem Druck dieser Atmosphäre bilden sich dort vielleicht Charaktere, die wir kaum begreifen; formieren sich Fronten, von denen wir ausgeschlossen bleiben ...»

«Ich glaube nicht», sagte er. «Ich glaube nicht, daß wir viel versäumen. Wir kennen doch Menschen, die noch Jahre lang im Dritten Reich gelebt haben. Sind sie um eine bedeutende innere Erfahrung reicher als wir? Ich habe die Meisten seelisch ausgehöhlt, geschwächt, fast erledigt gefunden. – Das Dritte Reich hat eigentlich keine Realität. Ihm fehlen alle Elemente der Größe – selbst im Negativen. Es ist durch und durch journalistisch. Seine Basis ist das Schlagwort; die Propaganda – die für sein Entstehen die Voraussetzung war. Das Leben verödet, es verliert seine Inhalte, seine Substanz. – Es wird niemals ein großes Epos über Nazi-Deutschland geschrieben werden», versicherte er mit überraschender Dezidiertheit. «Nicht einmal ein großes Epos der Anklage – wenn alles vorüber ist. Dieser monströse Staat ist hohl wie die Köpfe derer, die ihn dirigieren. Das Hohle haßt oder bewundert man nur, solange es Macht hat. Wenn es gestürzt ist, vergißt man es möglichst schnell, wie einen Alptraum.»

Marion erinnerte sich an ein paar Zeilen, die sie oft rezitiert hatte: «Nicht gedacht soll seiner werden ...» Es war eine ihrer wirkungsvollsten Nummern gewesen. Sie begann, fast mechanisch, das schauerliche Fluch-Gedicht aufzusagen; unterbrach sich aber, und wiederholte eigensinnig:

«Wir müssen zurück. – Ungeheure Aufgaben werden sich stellen, wenn der Alptraum ausgeträumt ist. Wer soll sie denn bewältigen – wenn wir uns drücken?! Die alten Gruppierungen und Gegensätze – ‹rechts und links›, ‹bürgerlich und proletarisch› – werden keine Geltung mehr haben. Die Menschen, die guten Willens sind – die anständigen Menschen finden sich, vereinigen sich, arbeiten miteinander. Wir gehören doch zu ihnen! – Wollen wir uns denn ausschließen?!» Sie packte Abel am Arm. Sie rief ihm zu: «Komm mit mir!» – als führe der Zug, dort draußen auf dem Geleise, nicht nach Chicago, sondern nach Berlin, und sie müßten sich sputen, um ihn noch zu erreichen.

«Aber ich bin so gerne in Amerika!» sagte er, etwas schläfrig. «Und ich mag Professor Besenkolb nicht wiedersehen.» – «Den lassen wir hinrichten!» entschied Marion. Sie lauschte, schräg gehaltenen Kopfes. Dies war das Geräusch des Zuges, der sich langsam in Bewegung setzte. Der Gepäckträger kehrte mit leerem Karren in die Bahnhofshalle zurück.

Marion sank ein wenig in sich zusammen. Sie wandte Benjamin ihr Gesicht zu – ein erschöpftes Gesicht, mit kleinen Falten um die schrägen Augen und den üppigen Mund. Die Hände hoben sich von ihrem Schoß; bewegten sich matt, mit einer ratlosen Geste, und senkten sich wieder – zu kraftlos jetzt, um auszudrücken, was dies Herz verwirrte. Ihr Haupt glitt ein wenig zur Seite, als wollte es ausruhen auf der Schulter des Mannes.

Sie lächelte zaghaft, um Verzeihung bittend –: wegen ihrer Reiselust, und wegen ihrer gar-zu-großen Müdigkeit. Das verschwimmende Lächeln gestand: Mein Bedürfnis nach immer neuen Strapazen ist ebenso stark wie meine Angst vor ihnen. Du hast dir eine sonderbare Frau genommen, lieber Benjamin. – Dies sagte sie nicht. Vielmehr bemerkte sie nur, mit einem entgleitenden Lächeln und einem entgleitenden Blick – als ließen alle Not und alle Hoffnung in den paar vagen Worten sich zusammenfassen –:

«Ich bin so lange unterwegs gewesen ...»

Viertes Kapitel

Im Februar und März 1938 durfte manch deutscher Emigrant, wehmütig und stolz, sich besinnen: Fünf Jahre Exil – das wäre also geschafft. Ist es wirklich schon fünf ganze Jahre her, seit wir in einer deutschen Stadt unseren Koffer packten? Es scheint gestern gewesen zu sein ... Damals meinten wir: Es ist wohl nur für eine kleine Weile, in ein paar Monaten kehren wir zurück ... Ist es wirklich erst fünf Jahre her? Was haben wir inzwischen alles mitgemacht! Enttäuschungen, Hoffnungen, noch einmal Enttäuschungen, ohne Ende ... – Das Gedächtnis hat eine seltsam launenhafte Manier, mit der Zeit – dieser nur scheinbaren, nur vorgestellten Realität – spielerisch umzuspringen. Wir erinnern uns – und fünf Jahre sind wie ein Tag; sind aber auch wie die Ewigkeit.

Sonderbare fünf Jahre –: ob sie euch lang geworden sind, oder kurz – sie haben euer Leben verändert; sie sind Teil eures Lebens, auch wenn ihr anfangs den neuen Zustand nur für provisorisch, abenteuerlich und unverbindlich halten wolltet. Das Abenteuer hat sich stabilisiert, das Provisorium wird zum Alltag – so sehr zum Alltag, daß Viele schon darauf verzichtet haben, sich des abenteuerlichen Anfangs noch zu erinnern, oder seinem Ende entgegen zu träumen. Irgendwo, in der geheimen Gegend des Herzens, bleibt freilich die Hoffnung wach: Dies alles wird eines Tages überstanden sein und vorüber – plötzlich, wie es begonnen hat. Das Exil war nur Episode, der Tag der Heimkehr wird kommen – ein gereinigtes, erholtes, wieder schön-gewordenes Vaterland empfängt uns; wir werden zu Hause sein, und die Fremde versinkt, ganz ähnlich, wie jetzt die Heimat für uns versunken ist ...

Die Hoffnung bleibt wach – aber nur im Geheimen, in der tiefen, verborgenen Schicht. Immer seltener gestatten sich die Verbannten, sich das heimlich-innig Gewünschte bewußt zu machen. In ihren Gesprächen kommt das Wort «Heimkehr» kaum noch vor, und selbst in Gedanken vermeiden sie die süße und gefährliche Vokabel. Auf die Dauer ist kein Mensch geneigt, alles, was er tut oder läßt, auf eine Zukunft zu beziehen, von der niemand Genaues weiß – weder was den Termin ihres Kommens, noch was irgendwelche andere Details betrifft. Der Alltag versteht keinen Spaß und duldet nicht, daß du ihm mit vagen Wunsch-Träumen ausweichst. Geduldig und wachsam tue deinen Dienst – deinen Lebens-Dienst! Er ist überall gleich streng, gleich ermüdend, gleich beglückend, in der Fremde, oder in der Gegend, die du Heimat nanntest.

Reale Freuden und Sorgen bringt auch das Exil. Ein Transit-Visum durch Belgien wird zum großen Problem, ein Affidavit für die Vereinigten Staaten zum erregenden Thema, die Arbeits-Erlaubnis in der Schweiz zur ersehnten Gabe des Himmels. Berliner Geschäftsleute fassen den Plan, eine gewisse Sorte von Manschetten-knöpfen in Mexiko zu lancieren, Frankfurter Rechtsanwälte lassen sich in Australien nieder, Schriftsteller aus Wien versuchen, Artikel in holländischen oder dänischen Magazinen unterzubringen. «Die Forderung des Tages –: deine Pflicht!» Deutsche Ärzte bemühen sich um Assistenten-Stellungen in kalifornischen oder türkischen Hospitälern; deutsche Schauspieler bieten sich in Hollywood an; die Gattinnen vertriebener deutscher Professoren wollen Wiener Cafés in Argentinien eröffnen. Wird es ein Erfolg, oder ein Fiasko? Langt das Geld, und wer könnte noch etwas zur Verfügung stellen? Bekomme ich die Aufenthalts-Erlaubnis? – Dies sind lebendige Fragen, Lebens-Fragen, dies ist Alltag, für Wunsch-Träume und geheime Hoffnungen bleibt wenig Zeit.

Gar zu viele und zu lang ertragene Sorgen können den Charakter verderben: mancher nimmt Schaden an seiner Seele, wenn er schier ununterbrochen über Transit-Visen und Geld-Beschaffung grübeln muß. Auch das intellektuelle Niveau senkt sich – gesetzt den Fall, daß es jemals eine Höhe hatte, von der sich herabgleiten ließ –; das Interesse für alles Feinere, alles Schwierig-Zarte hört auf, auch das Mitgefühl wird erstickt von der permanenten Angst um die eigene Zukunft, und schließlich bleibt nur noch ein Egoismus übrig, der stumpfsinnig und völlig lieblos werden läßt.

Ach – nicht alle, nicht die Meisten unter den Exilierten zeigten sich leidenschaftlich, widerstandsfähig, stark genug, um sich einen offenen Sinn und ein fühlendes Herz zu bewahren! Sie bekamen manches von der weiten Welt zu sehen während dieser fünf Wanderjahre. Aber waren ihnen die Augen nicht schon blind geworden für Schönheit und Jammer der bewohnten Erde? Hatten sie Anteil genommen? Hatte man sie Anteil nehmen lassen?

Überall blieben sie am Rand der Gesellschaft. Es war Gnade, wenn sie irgendwo verweilen durften – bis auf Widerruf, und bis neue, strengere Gesetze gegen sie, die Fremden, erfunden waren. Sie vereinsamten, wurden asozial, weil sie an nichts denken, über nichts reden konnten, was nicht das eigene Elend betraf. Die Monotonie ihrer Gespräche ward lähmend –: «Wird Mussolini Ausnahmegesetze gegen die Juden machen? Werden die Handelsbeziehungen zwischen Mexiko und dem Reich sich gegen uns Emigranten auswirken?»

Anderen freilich war die harte, angespannte Existenzform gut bekommen. Die Fremde hatte sie kühner, klüger und besser gemacht. Ihre mitleidende Phantasie, ihr prüfender Verstand, ihr Glaube und ihr Zweifel hatten sich entwickelt. Früher waren sie vielleicht weichlich und faul, unwissend und sentimental gewesen. Das Exil – die harte Schule, durch die sie gingen – hatte sie zu Menschen geformt. Ihre veränderten, geprüften Herzen waren sowohl empfindlicher als auch entschlossener geworden.

Helmuth Kündinger – um nur irgendeinen zu nennen – wäre in Deutschland ein pedantischer Schwärmer, ein provinzieller Schöngeist geblieben. Zur Emigration zwang ihn niemand – nur der Schmerz um seinen Göttinger Freund. Als wir ihn kennenlernten – Frühling 1933, auf der Terrasse des Café Select – wußte der arme Junge noch nichts von den Härten und den großen Möglichkeiten dessen, was ihm bevorstand. Er war schüchtern und ahnungslos – das Gesicht durch Pickel entstellt; den Kopf voll Stefan-George-Zitate. Jetzt sendet er aus China exzellente Berichte an sein Pariser Blatt. Alles, was er schreibt, ist sachlich, präzis, dabei mit journalistischem Schwung formuliert. Kündingers französischer Stil ist klarer und eleganter, als sein deutscher es in Göttingen je geworden wäre. Bei all dem ist ihm nichts von bleichem Ehrgeiz anzumerken. Die Kollegen mögen ihn: er ist ein guter Zechkumpan, anspruchsloser Causeur, liebenswürdiger Zuhörer. In Shanghai trinkt er Whisky und Soda mit den Jungens von der amerikanischen Presse. Wer aber ist der soignierte Weißhaarige, der sich, mit der Miene des Hausherren und Gastgebers, zu ihnen gesellt? Mit Vergnügen erkennen wir ihn: Bobby Sedelmayer, den charmanten Unverwüstlichen!

Es ist nicht Bobbys Art, zu klagen oder zu renommieren; eher möchte er den Eindruck des stets Leichtsinnigen machen, dem kein Schicksalsschlag etwas anhaben kann. Er erzählt nicht, oder nur ungern, von der ersten schweren Zeit in Shanghai. Hat er wieder Geschirr waschen müssen, wie auch früher schon? Man erfährt kaum etwas darüber. Doch läßt sich nicht verheimlichen, daß eben jenes Hotel, in dem sein Nachtlokal dann florierte, mit schweren japanischen Bomben belegt ward. Wie durch ein Wunder ist Bobby mit dem Leben davon gekommen; die Kellner seines Etablissements wurden erschlagen, auch das Mobiliar war hin. Da hieß es wieder und noch einmal: Von vorne anfangen ... Bobby blickte nur einige Tage lang fahl – zu viel des Entsetzlichen hatte er mit anschauen müssen! –; dann zwang er sich zum rosig-adretten Aussehen wie zu einer Pflicht. Den Tapferen belohnt das Schicksal: die neue Bar war bald ebenso gut besucht wie die alte, über der Trümmer lagen. Ungeheures veränderte sich in der Stadt Shanghai, durch China ergoß sich ein Strom von Blut. Die Konsequenz der Ereignisse war riesenhaft, unabsehbar. Bobby wußte es; er war nicht dumm, und erfuhr übrigens manches, was der Öffentlichkeit unbekannt blieb: eingeweihte Gäste trugen es ihm zu. Ihm lag es fern, die Wichtigkeit des eigenen Loses zu überschätzen. Er dachte aber – unpathetisch und von charmanter Zähigkeit, wie er war –: ‹Wem wäre damit gedient, wenn ich in panischer Verzweiflung mich selber aufgäbe? Das Gräßliche macht man nicht dadurch besser, daß man sich unter die Heulenden, Verzagten mischt. Es hat sich herausgestellt und bewiesen, daß ein Nachtlokal unter meiner Leitung große Chancen hat. Niemand kann mir verdenken, daß ich leben will. Wenn die Leute Cocktails und Jazzmusik nicht entbehren wollen, auch während die Erdoberfläche sich unter Katastrophen verändert: bitte sehr! Bobby Sedelmayer ist Spezialist im Vergnügungs-Gewerbe! Er wird lächeln und adrett aussehen – bis ihn selber eine Bombe trifft ...›

Sedelmayer und Kündinger tranken sich zu. «Auf was wollen wir anstoßen?» fragte einer der anderen. Der Ältere von ihnen entschied: «Na – daß es noch eine Weile weitergehen soll ...» Der Jüngere hatte nichts einzuwenden. –

Es sollte doch noch eine Weile weitergehen –: so empfanden die Meisten, trotz allem Schweren, was es auszuhalten gab. Einige aber sagten sich: Ich muß mein Leben radikal, von Grund auf ändern – sonst ginge es wohl nicht weiter. Sogar die Kabarettistin Ilse Ill hatte sich zu der Erkenntnis durchgerungen: Meine Karriere ist an einem toten Punkt. Zwar kann ich nicht häßlich sein – da ich ja

Talent habe –; aber die Menschen sind wankelmütig, besonders die Pariser, und in anderen Städten habe ich sowieso keine Chancen. Das Unwahrscheinliche ist Tatsache geworden: Der Erfolg bleibt aus. Sicherlich kommt er mal wieder –: Ilse Ill gibt nicht nach, die Welt wird noch von mir hören. Für den Augenblick aber sieht es hoffnungslos aus. Unbeschäftigt in den Pariser Cafés herum zu sitzen und mich von den Kollegen bemitleiden zu lassen –: dazu fehlt mir die Lust. Übrigens ließe man mich verhungern. Kein Mensch zahlt mir einen Teller Suppe, wenn ich nicht mehr die berühmte Ilse bin.

Jetzt war sie eben noch berühmt genug, um etwas Geld aufzutreiben: sie brauchte es für die Reise. Auch das Affidavit konnte sie sich verschaffen. Die Bekannten fragten: Was willst du denn in Amerika? Sie ließ es geheimnisvoll offen; war aber im Herzen entschlossen: Ich verdinge mich als gemeine Magd. Dienstmädchen will ich werden. Sie war eine radikale Natur. Da der Weltruhm auf sich warten ließ, und die Theaterdirektoren lauter Schweine waren, wollte sie nun gründlich elend sein. Nur nichts Halbes! Keine Kompromisse! – Sie fuhr Dritter Klasse, auf einem recht kleinen, obskuren Schiff. Empfehlungsschreiben hatte sie sich verbeten, und war erst sogar geneigt gewesen, ihre schönen Pariser Kritiken samt allen Photographien zu verbrennen wie die Briefe eines ungetreuen Geliebten. Dies freilich hatte sie denn doch nicht fertig gebracht. Auf dem Grund ihres Koffers ruhten die Zeitungsausschnitte, sorgsam gebündelt und von einem himmelblauen Seidenband umschlossen, wie die Souvenirs eines jungen Mädchens.

Bei der Landung in New York hatte sie Schwierigkeiten, weil sie gar zu interessant und düster wirkte. Grünes Haar und violette Wangen mißfielen dem Beamten, der ihren Paß kontrollierte: höchstens einer Dame, die Cabin-Class fuhr, wäre so viel Extravaganz erlaubt gewesen; bei einem Passagier der Dritten schien es fast kriminell. Ilse mußte nach Ellis Island. ‹So ist es recht!› dachte sie zähneknirschend. Ihr Ehrgeiz war gleichsam umgeschlagen und hatte sich in fanatischen Masochismus verwandelt. ‹Nur zu! Nur weiter in diesem Stil! Behandelt mich nur wie den Aussatz der Menschheit!› – Und das tat man denn auch. Ihr bitterer Triumph war vollkommen; denn auf Ellis Island ging es beinah wie in einem Zuchthaus zu. Ilse Ill teilte die triste Zelle mit Ostjüdinnen, die immer weinten, und verzweifelten Negerinnen.

Nach einigen Tagen schickte die freundliche Dame, von welcher das Affidavit stammte, ihren Rechtsanwalt. Ilse ward freigelassen. Der Anwalt sagte verdrossen: «Good chance, Miss!» – und ließ sie stehen.

Sie betrat New York City mit düsterem Frohlocken: Nun werde ich eine Magd! Ilse Ill – vorgestern höchst gefeiert; gestern unschuldig ins Loch geworfen – wird morgen, unerkannt und stolz, in irgendeiner dunklen Küche stehen. Sie wollte die weiße Schürze nehmen, wie den Nonnen-Schleier. Jedoch kam es anders.

Als sie in einem kleinen Restaurant zu Abend speiste – trotzig um sich blickend, sehr einsam, und auf das äußerste Unglück gefaßt – näherte sich ihr ein Herr mittleren Alters und rief überschwänglich: «Nein, so was! Sie habe ich doch schon mal gesehen!» Sie funkelte böse; er merkte es nicht, sondern erklärte begeistert: «In Paris, vor zwei Jahren! Erinnern Sie sich denn nicht? Ich habe doch so laut applaudiert, nach jedem Ihrer Lieder! Ihr treuester Zuhörer bin ich gewesen! Jeden Abend war ich im Lokal, nur um Ihretwillen –, und wäre noch so manches Mal gekommen, wenn die Pflicht nicht nach New York gerufen hätte!»

Er hieß Johnson und hatte ein Schuhgeschäft. Ilse beschloß, ihn lächerlich zu finden; war aber bald gewonnen durch seine stürmischen Huldigungen. Nachdem sie zwei Whiskys mit ihm getrunken hatte, mußte sie sich zugeben: Er ist wirklich ein netter Kerl. Im Taxi ließ sie sich die Hand von ihm küssen. Mehr wurde nicht gestattet.

Die Idee, sie könnte Dienstmädchen werden, machte ihn beinah zornig. «So ein Unsinn!» rief er immer wieder. «Eine Person wie Sie!» Im Grunde gab sie ihm recht, trotz allen düsteren Vorsätzen. Indessen weigerte sie sich hartnäckig, sich als seine Geliebte von ihm erhalten zu lassen, obwohl Johnson – ein flotter Junggeselle; nicht reich, aber in angenehmen Verhältnissen – ihr immer wieder versicherte: «Es wäre das einzig Vernünftige!» Sie bestand darauf: «Suche mir eine Stellung – wenn du mir helfen willst.»

Wirklich gelang es ihm, ihr einen «Job» zu verschaffen. Sie wurde Empfangsdame in einem feinen französischen Restaurant.

Dort hatte sie nichts zu tun, als zu lächeln. Ihr Platz war am Eingang, neben einer breiten Schale voll Pfefferminz-Bonbons. Sie sollte einladend wirken. Der Chef des Lokals hatte von ihr verlangt, daß sie sich Haar und Miene ein wenig dezenter färbe. Grün und Violett mußten geopfert werden – sehr zum Bedauern Johnsons, der gerade diese ausgefallenen Nuancen so pikant gefunden hatte.

Hier verlassen wir Ilse Ill, überlassen sie ihrem Schicksal. Vielleicht wird ein Theaterdirektor – weniger instinktlos und korrupt als seine Kollegen – das fleißige Mädchen entdecken, und sie wird am Broadway ihre dritte Karriere starten. Vielleicht wird sie Mr. Johnson heiraten, in dessen Achtung sie natürlich gestiegen ist, weil sie es abgelehnt hat, seine ausgehaltene Mätresse zu sein. Wir wünschen ihr von Herzen das Beste. Oft waren wir geneigt, sie nicht ganz ernst zu nehmen; sie erschien uns etwas affig und prätentiös. Spürte sie nicht selber, im Grunde, daß sie sich recht krampfhaft und geziert benahm? Sie ahnte es wohl; konnte es aber nicht ändern. All ihr Getue war immer nur der angestrengte Versuch, sich zu behaupten; es war die etwas barocke Form ihrer Tapferkeit. Ist es nicht ein mutiges Lächeln, mit welchem sie die Gäste im feinen französischen Restaurant willkommen heißt? Ist es nicht ein fester und braver Blick, mit dem sie sich nun von uns trennt? …

… Nicht alle unsere guten alten Freunde haben noch die Energie, so fest und brav zu schauen. Nathan-Morelli blinzelt tödlich ermattet. Wie hochmütig war er einst gewesen: ein intellektueller Grandseigneur, ungebunden, leicht zynisch, mit einer Neigung zum provokant Sarkastischen. Nationalistische Sentimentalitäten lagen ihm denkbar fern; Theo Hummler, den Mann vom Volksbildungswesen, hatte er durch herabsetzende Reden über Deutschland gekränkt. Nun war es gerade Hummler, mit dem er Erinnerungen an die Heimat zu tauschen liebte. «Wie wunderschön ist Berlin!» seufzte Nathan-Morelli. «Als ich dort noch hätte leben können, habe ich es verachtet!» Hummler versicherte ihm: «Sie werden Berlin wiedersehen, lieber Freund! Unsere Arbeit macht Fortschritte …» Und er war bei seinem Thema: der Politik, dem Kampf gegen das Nazi-Regime. Gerade dafür schien Nathan-Morelli sich wenig zu interessieren. Er winkte wehmütig ab. «Lassen

Sie nur! Für junge Leute mag das tröstlich sein. Was mich betrifft –
ich bin fertig.» – Er lag seit Wochen zu Bett, sein Gesicht verfiel,
die klugen Mongolen-Augen waren tief umschattet. «Das Herz
macht nicht mehr mit», erklärte er resigniert. «Es kann nicht mehr
lange dauern.» – Er glich einem abgemagerten Buddha, wenn er,
schräg gestellten Hauptes, ins Leere träumte. Seine Miene belebte
sich, sobald Fräulein Sirowitsch kam. – Sie lebten zusammen, sahen sich aber nicht oft; denn die Sirowitsch war beschäftigt. Von
morgens bis abends saß sie im Bureau an den Champs-Élysées, wo
fünf Angestellte mit ihr tätig waren. Ihre Presse-Agentur hatte internationales Ansehen bekommen. Tausende von Artikeln und
Photographien gingen durch Fräulein Sirowitschs tüchtige Hände.
Sie mußte sich plagen; ihr kranker Freund hing nicht nur seelisch
von ihr ab, sondern auch finanziell. – Sie liebten sich, sie waren sich
von Herzen zugetan. Die Sirowitsch genoß innig ihr spätes Glück
und durfte sich täglich sagen: Ich habe ihn mir erobert. – Sie war
die Herrschende, Aktive in diesem Bunde –: Geliebte, mütterliche
Freundin, Ernährer – alles in einer Person. Wenn sie bedachte, wie
alles zwischen ihnen begonnen und wie schön es sich verändert
hatte, kamen ihr Triumph-Gefühle, neben der Zärtlichkeit. ‹Er gehört mir! Er hat sich mir unterworfen!› Auch etwas Rachsucht
war in ihrer Liebe enthalten.

Aber gehörte er ihr wirklich so ganz? War er nicht schon wieder
im Begriffe, zu entgleiten? – Er würde sterben –: sie wußte es, und
sie litt. Sein eingeschrumpftes Buddha-Gesicht trug schon die Zeichen, vor denen sich der Lebende graut. Die Liebende freilich
fürchtet sich nicht, ihn zu küssen. Aber sie erschrickt vor seinem
viel zu sanften, viel zu fernen Blick.

War nicht auch dies Heimweh, von dem er jetzt so viel sprach,
ein Symptom des Erlöschens? Es bewies wohl, daß er Abschied
nehmen wollte. Als er Deutschland verspottete, war er echter, jedenfalls gesunder. Nun schämte er sich nicht, von Mondschein-
fahrten auf oberbayrischen Seen oder auf dem Rhein zu schwär-
men. Er breitete den Plan der Stadt Frankfurt am Main auf den
Knien aus, um mit dem Finger den Schulweg seiner Kindheit nach-
zufahren. Früher hatte er mit einem Achselzucken gesagt: «Ich bin
gar kein Deutscher!» Daß seine Mutter aus Italien stammte, war

oft erwähnt worden. Plötzlich gestand er: sie war in München geboren, Italiener war nur ihr Vater gewesen. Niemand hatte ihn danach gefragt, aber er legte Wert darauf, es festzustellen. «Ich bin deutsch, durch und durch – mögen die dummen Nazis es auch bestreiten.» – Die Sirowitsch war schauerlich berührt von solchen Reden. Kamen sie aus dem Munde ihres ironischen Nathan-Morelli?

Als er noch gesund und boshaft war, hatte er wenig Freunde. Jetzt, da Abschieds-Milde ihm Blick und Lächeln verklärte, zog er die Menschen an. Er war fähig, ihnen zuzuhören, weil die eigenen Angelegenheiten ihm nun gleichgültig waren. – Manchem wurde es zur angenehmen Gewohnheit, sich am Lager dieses sanften, klugen Kranken auszusprechen.

David Deutsch freilich schien entsetzt zu sein über die eigene Kühnheit. «Ich überfalle Sie», murmelte er, noch in der offenen Türe – das blauschwarze Haar gesträubt, wie aus Schrecken über sein verwegenes Eindringen. «Sie liegen wehrlos im Bett, ich stehle Ihnen die Zeit – nur ein paar Minuten; aber immerhin …» Er machte schiefe Bücklinge; wand gequält den Oberkörper, und über sein wächsern bleiches Gesicht liefen Zuckungen. – «Es ist wirklich gar zu keck von mir!» wiederholte er, eigensinnig zerknirscht – obwohl Nathan-Morelli ihm schon wiederholt versichert hatte, wie sehr die Visite ihn freue.

«Nur ein Abschiedsbesuch …» David brachte es gleichsam als Entschuldigung vor, als wollte er andeuten: Selbst meine Unverschämtheit hat ihre Grenzen. Wenn es nicht Adieu zu sagen gäbe, hätte ich mich denn doch nicht hergewagt. Nathan-Morelli erkundigte sich, wohin Herr Deutsch denn zu reisen denke. – «Ziemlich weit weg.» David lächelte trüb; sein dunkler, trauervoller Blick wich den müden, aber scharfen Augen des Kranken aus. Er berichtete trocken – als handelte es sich um eine etwas peinliche, auch kaum sehr wichtige Sache –: «In Dänemark irgendwo gibt es ein Lager, wo jüdische Intellektuelle zu Landarbeitern oder Handwerkern ausgebildet werden.» – «Was haben Sie dort zu suchen?» forschte Nathan-Morelli. Und David – wobei er ihm plötzlich fest und ruhig in die Augen sah, als hätte er eine dumme Scham überwunden –:

«Ich will Schreiner werden.»

Nathan-Morelli schwieg eine kleine Weile. Er blickte ernst, wie sein Gast. Dann sagte er langsam: «Ich habe Ihre Arbeiten in den Soziologischen Heften immer mit großem Interesse verfolgt. Ihre große Studie zur Kritik des Marxismus ...»

«Hören Sie bitte auf!» – David hatte es fast geschrieen –: so viel Heftigkeit wirkte, gerade bei ihm, überraschend. Nathan-Morelli erschrak nicht; sah ihn nur aufmerksam an. David hatte Tränen in den Augen.

«Ich kann nicht mehr ...», brachte er schließlich hervor. «Es quält mich – es ekelt mich an ... Ich kann nicht mehr denken und nicht mehr schreiben ...» – Nathan-Morelli warf, schmeichlerisch und grausam zugleich, mit ruhiger Stimme dazwischen: «Mir scheint aber, daß Sie immer noch vorzüglich denken und vorzüglich schreiben können.» Hierauf ging David nicht ein. Mit nassen Augen und verzerrtem Mund klagte er weiter: «Gleich nach Martins Tod hatte ich die erste furchtbare Krise. Monate lang war ich wie gelähmt. Bedenken Sie doch: ich habe ihn sterben sehen – den langsamen Selbstzerstörungs-Prozeß überwacht ... Er hatte so große Gaben! Einen solchen Tod mitanzusehen –: bedenken Sie doch, was das bedeutet ...» – Alles sprach dafür, daß das eingeschrumpfte Buddha-Gesicht dies recht gründlich bedachte. Nathan-Morelli sagte nichts; geduldig wartete er auf Davids nächsten Ausbruch.

Der Besucher aber nahm sich zusammen – mit einem Ruck, der ihm nicht nur das Antlitz, sondern auch den Körper verzog. Er schüttelte sich, als führen elektrische Ströme durch seinen Leib. Die zerbrechlichen Finger zausten das starre Haar. Endlich hatte er seine Nervosität so weit bezwungen, daß es ihm möglich war, mit bewegter, aber gedämpfter Stimme fort zu fahren.

«Die Analyse der gesellschaftlichen Kräfte und ihrer Entwicklung interessiert mich nicht mehr.» Er konstatierte dies mit großer Traurigkeit, wie eine Mutter, die gestehen müßte: Ich habe aufgehört, mein Kind zu lieben. – «Wenn eine Gesellschaft in Krämpfen liegt; wenn alle ihre ökonomischen, moralischen, intellektuellen Gesetze plötzlich fragwürdig werden und vor unseren Augen zerbrechen –: dann scheint es mir sinnlos – schlimmer als das: frivol –, sich mit Theorien über Herkunft und wahrscheinlichen Ausgang der Katastrophe wichtig machen zu wollen.»

«Die Theorie könnte hilfreich sein», bemerkte Nathan-Morelli. «Die Untersuchung der Katastrophe, die Klärung ihrer Ursprünge kann zur Heilung führen ... Was für ein Unsinn!» rief er, wobei seine Stimme plötzlich herzhaft kräftig klang. «Was für eine Kater-Idee –: das mit der Schreinerei! Tische und Stühle zimmern kann jeder Trottel. Aber ein Hirn wie Ihres ist unersetzlich – gerade jetzt, heute, für uns!»

David schüttelte das zarte Haupt – melancholisch, aber entschlossen. «Ich habe es mir überlegt; habe mir alles vorgehalten, was dafür und was dagegen spricht – das werden Sie mir doch glauben? – Ich ertrage es einfach nicht mehr –: dieses Monologisieren; dieses In-den-luftleeren-Raum-Sprechen ... Denn wir sprechen doch ins Leere, niemand hört uns zu, das ist so – beschämend ... Die Ereignisse gehen ihren Gang – ihren schrecklichen Gang –, unbeeinflußt von uns. Oft fühle ich mich so entfremdet der Wirklichkeit; so ausgestoßen vom echten Leben; isoliert, vereinsamt ... Es kommt da so vieles zusammen. Man hat die Heimat verloren; man ist ein Jude, ein Intellektueller – ein ‹volksfremdes Element› ...» Dies sagte er mit einem höhnischen Achselzucken und einem sehr bitteren kleinen Gelächter. «Überall ein ‹volksfremdes Element› ...»

Dann richtete er sich auf, Miene und Haltung wurden zuversichtlich. «Man muß diese Isolierung durchbrechen können ...» Er amtete stärker – beinah schon befreit. «Das einfache Leben wird die Rettung sein. Auf den geistigen Hochmut verzichten; sich einordnen; arbeiten – mit den Fäusten arbeiten –: das ist die Rettung! Das ist die Erlösung!»

Er hob und senkte die ineinander verkrampften Hände; dabei wiegte er leicht den Kopf, auch sein Oberkörper geriet in rhythmisches Schwanken –: kummervolle orientalische Pantomime, seltsam kontrastierend zum Elan der Worte, die er gesprochen hatte. – Nathan-Morelli – matt, aber aufmerksam – schaute auf diese klagend hin-und-her-bewegten, höchst zerbrechlichen Finger. – «Werden Sie stark genug sein?» Er fragte es behutsam und schonend. «Ich meine –: werden Ihre Hände kräftig genug sein für den Zimmermanns-Beruf?»

Über Davids zartes Wachs-Gesicht lief eine helle, geschwinde Röte, als würde sein Schamgefühl verletzt durch solchen Zweifel. Er reckte sich ein wenig und rief: «Es muß gehen – es muß! – Ich freue mich auf das neue Leben!» Dies behauptete er mit Nachdruck; wiegte aber jammernd Haupt und Oberkörper. «Wollen Sie Bilder von unserem Lager sehen?» Er kramte aufgeregt in den Jakkentaschen; Nathan-Morelli mußte lächeln, weil David schon von «unserem Lager» sprach. – «Alles ist dort von den jüdischen Intellektuellen selbst fabriziert. Sie haben die kleinen Häuser selbst gebaut, in denen sie wohnen, und diese Tische, diese Schränke und Krüge: alles ihr Werk! Ist das nicht prachtvoll? Es muß ein wundervolles, tröstliches Gefühl sein, auf einem Stuhl zu sitzen, den man gezimmert hat, mit den eigenen Händen ... Und wenn sie dann ausgebildet sind – wenn sie etwas Praktisches, Nützliches wirklich können –, dann finden sie eine Stellung, irgendwo in der Welt – in Australien, oder in Argentinien, oder in Alaska – ganz egal, wo. Die Lager-Leitung besorgt ihnen das. Der Mann, der das alles ins Leben gerufen hat, heißt Nathan: ein famoser Mensch, ich habe ihn kennen gelernt; ein großer Organisator, ein aktiver Philanthrop. Er hat viele Existenzen gerettet; manches Leben, das sich schon selber aufgeben wollte, hat durch ihn einen neuen Sinn bekommen. Diese Leute mußten sich für überflüssig halten – niemand konnte sie brauchen, die Lumpenproletarier mit dem Doktor-Titel. Jetzt begreifen sie, daß niemand überflüssig ist, wenn er sich nur einzuordnen versteht. – Wir müssen den falschen Ehrgeiz ablegen wie ein schwarzes, feierliches Kleid, das bei der redlichen Arbeit nur stört. – Europa hinter sich lassen, seine schal gewordene Problematik überwinden; heimkehren zu den primitiven Formen des Lebens, die seine haltbarsten sind; Weib und Kind ernähren, für die Familie schaffen, wie der Bauer, wie der Handwerksmann im Dorf ...»

Der Begeisterte schien zu vergessen, daß er weder Weib noch Kind sein eigen nannte; nicht einmal eine Braut hatte der arme David. Sein stiller Zuhörer dachte daran; hütete sich aber, ihn durch solchen Hinweis zu ernüchtern oder gar zu kränken. Vielmehr sagte Nathan-Morelli nur, leise und ernst: «Ich bewundere Ihren Mut. Ich selber bin alt und krank.» Dies war stolze, leidvolle Koketterie. Nathan-Morelli durfte noch als Mann in den besten Jahren gelten. Die Todesnähe, deren er sich feierlich-innig bewußt war, schenkte ihm freilich die Würde des Hochbetagten. «Wenn ich jünger wäre», sagte er noch, und über das verfallene Buddha-Gesicht lief ein Schatten alter Ironien, – «wer weiß: vielleicht folgte ich Ihnen nach ...»

Dies kam wenig überzeugend heraus. David vermied es denn auch, darauf einzugehen. Er konstatierte nur noch – weniger erregt; gleichsam abschließend –: «Man wird mutig unter dem Druck der Verhältnisse – womit ich auch die finanziellen Verhältnisse meine. Ich hatte ein bißchen Geld; es ist aufgebraucht. Den Comités mag ich nicht zur Last fallen. Es ist also nicht der Augenblick, wählerisch und delikat zu sein ... Außerdem sehne ich mich unaussprechlich nach Ruhe.» Sein erschöpfter Blick und das überanstrengte Lächeln bestätigten, wie stark sein Ruhebedürfnis war. «Irgendwo muß es doch still sein ...» Es klang mehr fragend als überzeugt. «Irgendwo, in einer wilden, reinen Landschaft – in einer Luft, die noch nicht vergiftet ist vom Lärm der Propaganda, von den Lügen der Politik. Ich träume von Urwäldern, oder grenzenlosen Prärien, von Steppen oder Gebirgen ... Die Gegend, die mir Heimat werden soll, mag öde sein; aber ich verlange Unschuld von ihr, wie von einer Frau. Die große Gabe, die ich von ihr erflehe, heißt: Stille ...»

‹Hoffnungslos›, dachte Nathan-Morelli. ‹Ein gescheiter Kerl, und so hoffnungslos romantisch ... Ach, diese Deutschen! Ach, diese Juden! Ach, diese deutschen Juden ...› – Der Kranke hatte ein Lächeln, in dem Spott und Mitleid sich mischten – ein sehr verächtliches, sehr mildes Lächeln. Schließlich sagte er, mit schwachem Achselzucken: «Ich fürchte, mein Lieber, Sie haben übertriebene Vorstellungen von der grenzenlosen Weite unseres Planeten. Er ist klein geworden. Die Zivilisation umspannt ihn, und mit ihren schätzenswerten Bequemlichkeiten sind überall ihre Probleme da. – Muß ich das Ihnen erklären, lieber Herr Doktor Deutsch?» Seine Stimme wurde strenger; bekam aber gleich wieder den wehmütig gedämpften Klang. «Sie glauben, anspruchslos geworden zu sein, verlangen aber in Wahrheit das Schwierigste, Kostbarste, Seltenste. Unschuld und Stille ...: wo finden wir die? –

Doch nicht hier!» entschied mit spöttisch-mitleidsvollem Lächeln der Kranke. «Lieber, armer Freund –: doch nicht hier ...»

Nicht hier, doch nicht hier ... Die paradiesisch unberührte Landschaft; das idyllisch-wackere Leben – karg und heiter zugleich –: wie weit müssen wir reisen, wohin sollen wir fliehen, um ihm noch zu begegnen? – Glaubt David Deutsch an die Erfüllbarkeit seiner Träume? Er kann glauben, weil er glauben muß –: die Not des Herzens, des verwirrten Geistes, wie auch seine ökonomische Situation zwingen ihn zum Letzten, Äußersten. Er wendet sich – mit höflich-schiefen Bücklingen; aber doch entschieden – von dieser Zivilisation; denn auf ihr liegt ein Fluch. Das ist die Erkenntnis, zu der lange, angestrengte Studien ihn schließlich gebracht haben.

Die Zivilisation – im Stich gelassen, aufgegeben von ihren klügsten, aufmerksamsten Söhnen – scheint nach dem eigenen Untergang zu lechzen. Lange genug hat sie sich üppig entfaltet, jetzt aber will sie heim, zurück, in den Urwald –: mit ihren eigenen Mitteln, mit dem Raffinement ihrer triumphierenden Technik hebt sie sich selber auf. Noch einmal entfaltet sie sich aufs eindrucksvollste, ihre Apokalypse ist pittoresk – großes Schauspiel, glänzend inszeniert –: in schaurig-imposanten Bildern führt sie sich zu Ende. «Der totale Krieg»: blutrünstige Intellektuelle, späte Erben des abendländischen Geistes – hysterisch entartet, völlig ruchlos geworden – haben ihn eifrig genug propagiert, seine stählern vernichtende Schönheit in schrillen Tönen besungen. Paßt auf: er wird das Überraschendste zu bieten haben, dieser vielgerühmte «totale Krieg»! Feuerwerk ohne Beispiel, infernalische Ausstattungsrevue grandiosen Stils wird er sein! In fulminantem Tempo wird unsere Zivilisation zu Grunde gehen – dies ist ihre letzte Ambition. Schnelligkeits-Rekord der Vernichtung; Organisation der Katastrophe; Virtuosität des Massenmordes: das ist es, wozu die Patrioten sich fiebrig rüsten.

Die Vorbereitung des totalen Krieges muß notwendig eine totale, umfassende sein. Nicht nur ökonomisch, politisch, militärisch organisiert man die Katastrophe; auch moralisch und psychologisch soll die Menschheit reif gemacht werden zum großen Rückfall ins Barbarische, zur schauerlichen Heimkehr in Nacht und Tod. Alte Vorurteile könnten störend wirken, die Tradition der menschlichen Gesittung wird zum hemmenden Ballast, «Freiheit» und «Barmherzigkeit» sind skandalöse Vokabeln, sowohl lächerlich als auch kriminell –: weg damit! endlich zum Teufel mit ihnen! Wir sind die Teufel, sind der Antichrist – empfinden die regierenden Mörder. Von dem Höllenlärm, den wir verbreiten, werden die zarteren Stimmen verschlungen, jede Warnung muß untergehen, und ungehört verhallt jede Klage. – ‹Machen wir euch die Erde zur Hölle?› fragen mit lustiger Neugier die Teufel. ‹Nur Geduld, Kinderchen! Wir sind erst am Anfang. Es soll noch unvergleichlich toller kommen!›

Es soll noch toller kommen, ist aber schon toll genug. Das Training zur Katastrophe hat seinerseits schon katastrophalen Charakter. Die Menschen gewöhnen sich an die eigene Entwürdigung, an den Verlust der Freiheit, die Ungewißheit und permanente Gefährdung des Lebens. Das Menschenleben wird zur Bagatelle; eh' man es noch vernichtet, beraubt man es seines Wertes –: wer nichts mehr zu verlieren hat, fürchtet nichts; der Sklave freut sich auf den Weltuntergang …

‹Treiben wir dem Pack zunächst die Menschenwürde aus!› beschließen die regierenden Mörder. Mit Folterinstrumenten alter und neuester Konstruktion, mit Konzentrationslagern, Propaganda-Geheul und straffer Zucht wird sie schnell erledigt. Auch Bomben-Flugzeuge werden gelegentlich schon verwendet – um des Trainings willen, und um den Widerspenstigen zu beweisen, über welch famosen Apparat wir verfügen.

Nicht nur Bobby Sedelmayer, der unverwüstliche Bonvivant, hörte die Explosivstoffe krachen. Dem gleichen Lärm lauschten Mutter Schwalbe, das Meisje und Doktor Mathes: das geschah in Barcelona, März des Jahres 1938. Zahlreiche Bomben fielen, es war eine Generalprobe, die fast schon der Monstre-Gala-Aufführung glich. «Verdammt noch mal!» murmelte Mathes. Die zwei Frauen schwiegen; das verwitterte Kapitänsgesicht der Schwalbe war fahl, man hatte es noch nie so gesehen: unter dem borstigen weißen Haar glich es plötzlich dem Gesicht einer uralten Frau. Die letzten Wochen hatten ihr zugesetzt, es hatte harte Arbeit gegeben, und sie war kein Kind mehr, unsere Schwalbenmutter. Ihr Blick war zugleich härter und sanfter, strenger und tiefer geworden; die Vertrautheit mit dem Tode hatte ihn verändert. Nun also surrten sie wieder über der schönen, tapferen, viel gequälten Stadt Barcelona – die schwarzen, wendigen Todes-Vögel; die schrecklichen Maschinen deutscher und italienischer Konstruktion. Die Sirenen heulten – aber zu spät, es hatte schon gekracht, dies war schon der Höllenlärm der Zerstörung, die Leute von Barcelona erreichten die Unterstände nicht mehr, man hatte sie überrascht –: welch ein Spaß! Welch geglücktes kleines Experiment! Kinder winden sich in ihrem Blute, man hat sie auf offener Straße erwischt, die roten kleinen Bestien! Noch eine Bombe – solid-preußisches Fabrikat –, eine Mietskaserne stürzt zusammen wie ein Kartenhaus. Hier wohnten Menschen, Männer, Frauen, Kinder, Familien waren hier glücklich oder zankten sich, waren arm oder in leidlich guter Situation – was geht es uns an! Keine Sentimentalitäten! Hin ist hin, nichts ist billiger und leichter zu ersetzen als ein paar Dutzend Menschenleben –: lohnt es sich, die Leichen unter den Trümmern hervor zu ziehen? Man kann sie nicht mehr erkennen; sie sind verstümmelt, beinah platt gedrückt –: da seht ihr, was die Menschenwürde ist! Haben diese komischen Kadaver noch Würde? Lacht doch über sie! Kichert, frohlockt über die komplette Entwürdigung! Wer weint hier? Wer ist altmodisch, ahnungslos genug, noch Tränen zu vergießen angesichts eines so natürlichen, heiteren, durchaus modernen kleinen Zwischenfalles? – Nehmen Sie sich doch zusammen, Fräulein! Sie scheinen zu vergessen, in welcher Zeit Sie leben! Das Gebot der Stunde heißt: Entmenschlichung; Verhärtung des Herzens ... Voici le temps des assassins! Sie werden ja zum öffentlichen Gespött, dumme Gans!

Wir kennen die Weinende, es ist das Meisje, sie irrt mit ihren zwei Kameraden, der Schwalbe und Doktor Mathes, vor den aufgerissenen, zerfetzten, rauchenden, brennenden Häusern. Ganze Straßenzüge sind in Trümmer gelegt, die Häuser stehen schauerlich geöffnet, ihre Vorderwand ist abgefallen, schamlos enthüllen sie ihr Inneres, ihr Eingeweide: man kann in die Stuben sehen wie auf kleine Bühnen. Noch immer stürzen Treppen oder Mauern ein. Das fallende Gestein donnert wie eine Lawine. Die Verwundeten schreien, manche wimmern nur noch, andere schweigen. Die

Toten schweigen. Es schweigen auch die Leute von Barcelona – die Bürger der Märtyrer-Stadt. Stumm irren sie zwischen den Trümmern.

Das Meisje aber vergießt Tränen. Man muß es ihr verzeihen, sie ist überanstrengt, und übrigens halb verhungert. Es gibt nicht mehr viel zu essen in der schönen Stadt Barcelona. Sie taumelt, Mathes und Mutter Schwalbe halten die Sinkende.

«Meisje ... liebes Meisje ...», flüstert Mathes. Er liebt sie, er ist ihr Gatte, sie sind glücklich gewesen. Er streichelt ihre Wangen, ihr zerzaustes Haar. Seine Hand zittert. Wenn er nur eine Zigarette hätte! Er hat seit Tagen keine Zigarette gehabt, die Gier nach dem Nikotin ist viel ärger als Hunger. – «Meisje ... aber Meisje!» wiederholt er und zieht sie an sich; sie gleitet beinah willenlos in seine Arme. Dort ruht sie, mit geschlossenen Augen, das blasse schöne Gesicht naß von Tränen.

Was aber ist nun in die Schwalbenwirtin gefahren? Sie läßt Meisje los – das kann sie riskieren: Mathes stützt und hält seine Frau –; sie eilt davon, die würdige Matrone macht große Schritte – es ist halb ein Marschieren, halb ein Hüpfen: überraschende Gangart für eine weißhaarige Alte. Der feldgraue Soldatenmantel, den sie trägt, reicht ihr fast bis zu den schweren, schmutzigen Stiefeln. Der Mantel ist ihr zu weit, er flattert, da sie nun hüpft und stapft. Was haben ihre scharfen Augen – die Kapitäns-Augen unter buschigen Brauen – denn entdeckt? Warum eilt sie so? Hier gibt es doch nichts als Trümmer ...

Noch hat sie nicht gesehen, nur gehört. Sie läuft dem leisen Weinen eines Kindes nach. Sie lauscht und rennt. Aus dieser Richtung ist das rührende Geräusch, die kleine Klage des Kindes gekommen ... Die Schwalbenmutter sieht sich gezwungen, über eine Leiche zu steigen, wie über einen gefallenen Baum. Der Tote starrt ihr aus aufgerissenen Augen nach, die Schwalbenmutter erschrickt, sie hat Angst, sie bemerkt nicht, daß sie in eine Blutlache getreten ist: nun gibt es auch noch rote Flecken an ihren Stiefeln, neben den erdigen Krusten.

Gleich aber wird sie das blicklose Starren des Toten vergessen dürfen; denn dort sitzt das Kind – klein, rundlich und wohlerhalten, unter gestürzten Steinen, wie in einer Nische. Ein ganzes

Haus ist zusammengestürzt, seine Einwohner sind getötet, wie viele mögen hier begraben sein! Dieses Kind ward verschont. ‹Ein Wunder!› empfindet die alte Frau. Sie ist niemals fromm gewesen, der Hang zum Mystischen liegt ihr fern, nun aber fühlt sie: ‹Gott sei Lob und Dank! Er hat ein Wunder getan!›

Dieser kleine Mensch sollte gerettet werden, das berstende Gemäuer durfte ihn nicht verletzen, kein Haar auf seinem runden, glatten Köpfchen ward vom Feuer versengt. Der kleine Mensch indessen zeigt keine Dankbarkeit; vielmehr scheint er recht ärgerlich über die Störung. Er schüttelt die Fäustchen und läßt die Unterlippe beleidigt hängen. Wo ist seine Mutter? Sie hatte gerade eine Tasse voll Milch vor ihn hingestellt – für kleine Kinder hat die Stadt Barcelona noch etwas Milch reserviert. Dann gab es diesen abscheulichen Lärm, und der gefüllte Napf verschwand, gleichzeitig mit der Mama, die ihn gehalten hatte.

Das Bübchen beruhigt sich, da es von der Schwalbenmutter hochgehoben wird. Mit behutsamem, festem Griff hält die weißhaarige Deutsche den kleinen Bürger von Barcelona. Vor seinen großen, runden, goldbraunen Augen steht plötzlich – erstaunlich weitflächig, drollig und vertrauenerweckend – ein Gesicht mit vielen Runzeln und Falten, ein braves altes Gesicht, eine strahlende Miene. Die Augen der Schwalbenmutter leuchten. Da lacht auch der Kleine. Er kichert, er quietscht vor Vergnügen. Seine weiche, zarte, unversehrte Wange schmiegt er an ihre harte, verwitterte. Seine winzigen, runden Finger zausen ihr borstiges Haar. Es ist lustig, mit dem harten, weißen Haar zu spielen. Das Haar seiner Mutter war schwarz und weich. Wo ist die Mutter? Der kleine Bürger von Barcelona hat sie schon vergessen. Er ist grausam. Er amüsiert sich. Er denkt nicht mehr an die gute Milch, die vergossen wurde, und er weiß nichts von dem vergossenen Blut.

Die Schwalbe, mit ihrem kostbaren Fund, ist zurückgekehrt zu Doktor Mathes und seinem Meisje. – «Dem Kleinen ist nichts geschehen!» Alle Drei bestätigen es immer wieder, sie können es gar nicht fassen, ihre Freude ist groß. Das Meisje hatte schon zu weinen aufgehört. Nun aber sind ihr die Augen wieder naß geworden. – «Wie niedlich er ist! Sieh doch – die kleinen Hände! Es ist ihm gar nichts geschehen!»

... ‹Es wird ihr doch nichts geschehen sein?› dachte Professor Samuel. Er meinte das arabische kleine Mädchen, mit deren Portrait er beschäftigt war. Um vier Uhr hatte sie zur Sitzung kommen sollen, und jetzt war es beinah sechs. In den Straßen von Jerusalem hatte man heute wieder geschossen; der Krieg zwischen Arabern und Juden hörte nicht auf, die Soldaten Seiner Britischen Majestät mußten eingreifen. Wenn dem hübschen kleinen Mädchen nur nichts passiert war! Sie hat so reizvoll geschnittene Augen, ein so liebes Lachen, und oft so kindlich ernste, weise, rührende Blicke – es wäre schade um sie. Übrigens ist das große Portrait, das Samuel vor zwei Monaten begonnen hat, noch lange nicht fertig. Der Meister läßt sich Zeit; er arbeitet gemächlich und mit Genuß – immer verliebter ins Detail; tiefer bezaubert denn je vom Reiz der Farben. Zuweilen denkt er: Die «Junge Araberin mit weißen Blumen» wird vielleicht mein letztes Bild sein. Jedenfalls ist es mein schönstes. Ich bin auf der Höhe – was wohl bedeutet, daß ich nah dem Ende bin. Nach einer Übung von fünfzig Jahren, nach dem Training eines langen Künstler-Lebens, fange ich endlich an, zu begreifen, was Farben sind ... Wenn mans begriffen hat, malt man das schönste Bild; ist aber innerlich schon darauf vorbereitet, den Pinsel nächstens wegzulegen. –

Heute wird die Kleine also nicht mehr kommen; wahrscheinlich hat sie mich einfach versetzt; ist mit einer Freundin ins Kino gegangen, oder mit einem Freund. Übrigens könnte ich jetzt doch nicht mehr arbeiten; das Licht ist schwach geworden –: welch ein blasses Licht, in welch fahlem Glanz stehen die Dinge!

Jerusalem ist schön zu dieser Stunde; die Heilige Stadt hat viel feierlich-traurige Schönheit, zu Anfang war ich glücklich hier – beinah glücklich; mir gefielen die jungen Leute; ich dachte: etwas ganz Neues entwickelt sich hier, die Wiedergeburt, die vielversprechende Renaissance einer Rasse; die jungen Juden – dachte ich erfreut – haben keinen scheuen Blick, keinen gebückten Gang mehr; sie schauen mutig um sich, tragen den Kopf hoch, ein neues Selbstbewußtsein gibt ihnen neue Würde. Und wie sie arbeiten können! Ich beobachtete sie auf den Feldern, an den Neubauten, an den Maschinen; ich sah ihnen auf den Sportplätzen zu. Ich zeichnete sie in den schönen Posen der Arbeit und des Vergnügens.

Ich war stolz auf sie. Ich fühlte: Es ist gut, einer von ihnen zu sein. Ich gab mir Mühe, etwas Hebräisch zu lernen. Man ließ mich ein Fresko für eines ihrer neuen Gebäude entwerfen. Ich wollte ein guter Bürger unseres alten, neuen Landes sein.

... Das war zu Anfang, in den ersten Wochen. Seitdem habe ich viel gesehen – zu viel, und nicht alles war gut. – Bin ich enttäuscht? Es wäre eine Schande, dies zuzugeben. Das Leben ist überall interessant, es hat überall Farbe, es kann nie enttäuschen. Langweilig und schlimm sind nur die kleinen – oder großen – Probleme, mit denen die Leute sich ihr Leben vergällen: lauter erfundene Sorgen, abstrakte Komplikationen – sowohl stumpfsinnig als auch gefährlich; beunruhigend und öde zugleich. Oh, über diesen Dünkel der Klassen, Rassen, Religionen! Über all diese Trennungen, Unterscheidungen, Isolierungen! Geschwätz ohne Ende – unfruchtbar, eitel und monoman! Ich bin seiner müde, es ekelt mich an. Jüdische Freunde nehmen mir übel, daß ich das Portrait der kleinen Araberin male: es scheint ihr nationales Ehrgefühl, ihren «jüdischen Stolz» zu beleidigen. Wie mesquin – und wie dumm! Sind die Lippen und die Augen dieses Kindes weniger lieblich, leuchten die Blüten zwischen ihren Fingern minder stark, weil die Juden und die Araber sich um ein Stück Erde zanken? ... Ich gewöhne mich nicht mehr an das Pathos der modernen Unduldsamkeit. Die dogmatische Unerbittlichkeit der jungen Generation langweilt mich bis zu Tränen, und tut mir weh, wie eine lange Behandlung beim Zahnarzt. Die Deutschen verachten die Juden, die Juden verachten die Araber, und übrigens polemisieren sie auch untereinander: den Juden aus Frankfurt am Main sind ihre Brüder aus Krakau oder Bukarest nicht gut genug, die Sozialistischen sind gegen die Liberalen, und die orthodox Nationalen sind gegen den ganzen Rest. Warum versuchen sie das ordinäre Pack, das uns aus Deutschland vertrieben hat, an Unduldsamkeit und Roheit zu übertrumpfen? ... In Mallorca haben die Faschisten mich an die Wand gestellt – aus purer Schelmerei, nur um sich über die Grimassen zu amüsieren, die ich schneiden würde. Ist dies der Humor des Zwanzigsten Jahrhunderts? ... Und hier werde ich fast boykottiert, weil ich gute Freundschaft mit den Arabern halte. Es ist betrüblich, die Menschen solcherart herunterkommen zu sehen.

Schon verändern sich auch die Gesichter –: nicht zum Vorteil, wie sich versteht. Rohe Mienen, ohne Reiz und Geist –: mir, dem Maler, fallen sie peinlich auf. Die Menschen anderer Jahrhunderte zeigten edler geformte Stirnen, Nasen und Hände. Wird die Menschheit häßlich, wie eine geistlose Frauensperson, die ohne Charme altert? Sie schminkt sich jugendlich frische Backen, wodurch sie noch gemeiner und verbrauchter wirkt. Es wäre ganz trostlos – wenn nicht auch noch andere Typen vorkämen. Mein väterliches Maler-Auge entdeckt sie gleich, prüft sie mit Wohlgefallen und freut sich ihrer. Zuweilen erscheint ein Antlitz in der Menge – hier, oder sonst irgendwo –: es ist stolz und rein; es hat den Schimmer der Unschuld, samt der Würde, die nur das überstandene Leiden verleiht. Ich sehe es, und finde mich neu entflammt, neu verliebt – unersättlicher alter Liebhaber des Menschenantlitzes, der ich bin.

So wäre noch nicht alles verloren? Sind neue Kräfte im Anrücken? Formiert sich eine neue Elite? Ist eine neue Schönheit im Entstehen begriffen?

«Zu jeder Zeit gab es eine verwesende und eine werdende Welt.» – Wo habe ich das neulich gelesen? Bei Nietzsche.

Ich will mich ans Fenster setzen und das letzte Licht dieses Tages zur Lektüre nutzen. Aber es ist nicht die Zeitung, die mich lockt; nicht das politische Magazin. – In Nietzsches Nachlaß finde ich die Stelle:

«Pfui über die, welche sich jetzt zudringlich der Masse als ihre Heilande anbieten! Oder den Nationen! Wir sind Emigranten ...»

Der alte Mann am Fenster blieb unbeweglich, die erfahrene Stirn über die Seiten des Buches geneigt. Indessen las er nicht weiter. Die Augen träumten, und um den blassen, sinnlichen Mund lag ein Lächeln – sehr trauervoll und nicht ohne Hochmut.

‹Wir sind Emigranten ... Wie recht hat der kranke Weise! Und wie weise ist er gewesen, solche Erkenntnis für sich zu behalten, solange er lebte: erst im „Nachlaß" wurde sie publik. Hat man ihn ganz verstanden? Fühlt man Stolz und Schmerz seiner Klage? Denn es ist eine Klage, sie enthält auch Heimweh, die Isoliertheit tut weh, es ist kein leichtes Los: sich von der Gemeinschaft zu distanzieren – und sei es selbst von einer schäbigen, erbarmungswürdigen Gemeinschaft. Dies gesteht der kranke Weise, indem er das Wort „Emigranten" wählt, um seinen Zustand, Hochgefühl und Pein seiner seelischen Situation zu beschreiben. „Wir sind Emigranten …": es liegt Resignation in der Formulierung, neben dem Schmerz und dem Stolz. Siegesgewissere Bezeichnungen wären leicht zu finden gewesen – gar zu leicht, wie dem anspruchsvollen Weisen scheinen wollte. Er bevorzugte die genaue, realistische, nicht sehr dramatische Definition: wodurch er sich nicht nur als Stilist äußersten Ranges, sondern auch als Prophet erwies – wie schon bei anderen Gelegenheiten. Wußte er denn voraus, was bevorstand? Kannte er unser Schicksal? Er erschauerte vor Katastrophen, deren Opfer wir erst werden sollten. Den Philosophen der „Macht"» konnte nichts überraschen: er hatte die Abgründe in sich, vor denen er warnte; er selbst war Teil des Unheils, gegen das er seherisch sich empörte. Er wußte Bescheid – selbst über den vulgären Mißbrauch, den man treiben würde: mit seiner Lehre und mit seinem Martyrium. Er hat sich zu uns bekannt –: ja, zu uns! zu den Emigranten!› –

Der alte Mann dachte: ‹Keine komfortable Existenzform, zu der sich der Weise entschloß! Irdisches Glück erschien ihm kaum sehr erstrebenswert, nicht einmal an irdischer Würde war ihm gelegen; er hätte es entschieden besser, glänzender haben können, bei seinen Talenten. Mit den Emigranten ist nicht viel Staat zu machen. Um die Wahrheit zu sagen: die Meisten von ihnen sehen recht erbärmlich aus. Es gibt Ausnahmen, zum Beispiel meinen Freund Siegfried Bernheim – eine äußerst repräsentative Figur. Was treibt er denn eben jetzt? Spielt er Bridge mit dem Bundeskanzler von Österreich?›

… Professor Samuel hatte lange keine Zeitungen gelesen und keine Menschen gesehen, außer eine kleine Araberin mit süßen Augen und Lippen. Sonst hätte ihm sehr wohl bekannt sein müssen, daß der Bundeskanzler von Österreich durchaus nicht in der Stimmung und nicht einmal in der Lage war, mondänen Vergnügungen nachzugehen – die ihn übrigens niemals gelockt hatten.

Was den Bankier Siegfried Bernheim betraf, so war er, zu seinem Kummer, dem Herrn Bundeskanzler niemals vorgestellt worden. Freilich hatten zu seinem intimeren Umgang verschiedene Herren gehört, die ihrerseits Seiner Exzellenz nahestanden. Vor allem die beinah freundschaftliche Beziehung zu hohen klerikalen Würdenträgern hatte dem Bankier recht herzlich wohlgetan. Stolze, wohlige Gefühle bewegten ihm die Brust, wenn er sich mit legitimen Grafen, klugen und gewandten Priestern abends traulich unterhalten durfte. Jeden, der pessimistisch war, was die Zukunft Österreichs betraf, wies er würdig zurecht. Felsenfest war Bernheims Überzeugung: Diesmal habe ich aufs richtige Pferd gesetzt. Über uns hält der Vatikan seine schützende Hand – und außerdem gibt es noch Mussolini. Auf die Unabhängigkeit Österreichs kann er nie verzichten: wenn Deutschland den Angriff wagte, der Duce ließe am Brenner mobilisieren, wie auch früher schon. Meine trüben Abenteuer von Mallorca werden sich keinesfalls wiederholen.

So zuversichtlich war der Bankier, dessen intellektuelle Kräfte sich von dem Mallorquiner Schock niemals ganz erholt hatten. Er spielte eine Rolle in der guten Wiener Gesellschaft. Seine Villa, außerhalb der Stadt, war ein Treffpunkt einflußreicher Leute. Man fand die Küche vorzüglich; die Bilder-Kollektion beachtenswert. Niemand zweifelte die Echtheit des Greco an, und man war liberal genug, sich an dem sinnlichen Reiz des Renoir zu entzücken.

Bernheim blieb optimistisch, bis zum bitteren Ende. Der Bundeskanzler tat die schauerliche Fahrt nach Berchtesgaden; das Plebiszit, das die Nazis erledigen sollte, ward kühn beschlossen – und abgesagt. Bernheim sagte: «Es gibt immer noch Mussolini!»

Indessen bekam er Anlaß zu schmerzlichster Verwunderung. Nur die deutsche Armee marschierte, während die italienische sich durchaus still verhielt. Österreich wehrte sich nicht, Frankreich hatte Kabinettskrise, Europa beobachtete mit ehrfurchtsvoller Spannung die historischen Vorgänge, der Führer und der Duce wechselten fröhliche Telegramme. Bernheims einflußreiche Freunde wurden verhaftet oder waren schon abgereist, mehrere von ihnen erschlug man, alle galten jetzt als Vaterlandsverräter, weil sie ihrem Vaterland nach bestem Wissen und Gewissen gedient hatten. Bernheim – guter Katholik und österreichischer Patriot – erkannte endlich, mit Grauen: Ich habe mich wieder verrechnet, es geht noch einmal schief. – Gibt es denn keine stabilen Werte mehr in dieser zerrütteten Welt? – grübelte der fassungslose

Bankier. Hält sich nicht einmal Mussolini? ... Dem Himmel sei gedankt, daß ich Geld in England habe! Ich reise nach London, lieber heute als morgen ...

Er klingelte dem Kammerdiener, damit er ihm die Handkoffer packe. Der Bursche war in die Stadt gefahren, ohne erst Erlaubnis einzuholen. Bernheim mußte sich seine Sachen selbst zusammensuchen. Ein paar kostbare Kleinigkeiten – schwere Manschettenknöpfe; Krawattennadel mit großem Diamanten – steckte er sich in die Tasche –: für alle Fälle. ‹Die Möbel und Bilder werde ich mir hoffentlich nachkommen lassen können.› Er hatte Tränen in den Augen, als er Abschied von dem Greco nahm, den Professor Samuel für eine Fälschung hielt. – ‹Das französische Transit-Visum werde ich wohl kriegen›, meinte er. ‹Der Generalkonsul ist einer meiner guten Freunde ... Nur ein Glück, daß meine Steuer-Angelegenheiten in Ordnung sind! Es gibt keinen Vorwand, mich zurückzuhalten ...›

Er ließ den Wagen vorfahren, und wunderte sich beinah, daß der Chauffeur zur Stelle war, in seiner adretten, kleidsamen Uniform. Übrigens sah der junge Mann verdrossen aus. «Wir fahren zum Französischen Konsulat», bestimmte Bernheim, mit einer Stimme, die immer noch kräftig und salbungsvoll klang.

Wie schauerlich hatte Wien sich verändert: über Nacht, ganz ohne Übergang und Vorbereitung, hatte es ein fremdes und bedrohliches Gesicht bekommen. Überall wehten die Hakenkreuz-Fahnen, und Figuren machten sich breit, die sonst höchstens im Halbdunkel sichtbar geworden waren. Die Meisten trugen Uniformen, breite Armbinden und farbige Hemden. Sie blickten angriffslustig und tückisch. Ihr Grinsen war triumphierend, gleichzeitig aber feige; sie schienen sich der neuen Macht noch nicht ganz sicher zu sein. Echte Triumphatoren tragen die Häupter stolzer und schöner gereckt. Diese duckten die breiten Nacken, als erwarteten sie Schläge von oben. ‹Mörder ...›, dachte beklommen Herr Bernheim in seiner Limousine. ‹Sie sehen alle wie Mörder aus. Was ist aus meinem schönen, frommen, konservativen Wien geworden?› – Sogar die Lieder, die gesungen wurden, klangen grauenvoll. Jubelrufe, dünn und schrill, ließen sich hören. Eine ältere Frauensperson schrie mit zänkischer Stimme in Bernheims

Wagen hinein: «Heil Hitler!» Er hob matt den Arm; mit dem anderen zog er den seidenen Vorhang vor das Fenster des Coupés.

Indessen hielt das Gefährt vor dem Konsulat. Bernheim konnte sich noch nicht gleich zum Aussteigen entschließen. Er lüftete den Vorhang ein wenig; was er sah, war erschreckend. Vor dem Haus mit der französischen Flagge standen die Leute Schlange – eine lange, stumme Reihe auf das Trottoir hinaus. Bernheim bemerkte respektable Herren, die er kannte. Sie standen gebückt, den Hut tief in die Stirn gezogen. Wie bleich sie alle waren – und die Gesichter schienen von Angst verzerrt.

Es gab Grund genug, sich zu fürchten. Der Menschenauflauf um die Wartenden wurde immer dichter. Weiber, Burschen, Kinder blieben stehen – Arme in die Hüften gestemmt, und die Mäuler höhnisch aufgerissen. Sie kreischten Beleidigungen: Bernheim hörte es durch die Fensterscheibe. Es war eine dicke Frau in blauer Schürze, die einen der Juden an den Schultern packte. Erst schüttelte sie ihn ein wenig – es wirkte fast neckisch, besonders weil die Frau so vergnügt dazu kicherte. Indessen blieb der Herr schrecklich ernst; wehrte sich auch nicht, bekam vor Angst geweitete Augen. Es wurde stärker gelacht; die Heiterkeit erreichte ihren Höhepunkt, als die Dicke dem Bankdirektor – einem von Bernheims einflußreichen Freunden – mit flacher Hand ins Gesicht schlug. Auch diese Ohrfeige hatte noch scherzhaft-intimen Charakter. Indessen reagierte die Menge, als hätte der Bankdirektor seinerseits die Frau mißhandelt. Mehrere Männer stürzten sich auf ihn, er ward von ihren Leibern zugedeckt, dem Pöbel entging der amüsante Anblick seines Falles. Hingegen konnte man ihn jammern hören. Die Prügel, die er jetzt bekam, waren ernst; vielleicht waren sie tödlich. Bernheim sah das Gesicht seines alten Freundes nicht mehr.

Die Leute applaudierten: hier ward gute Arbeit getan. Sie heulten: «Saujud! Menschenschinder!» Das Goldene Wiener Herz war in Aufruhr, die Wiener Gemütlichkeit tobte, der Stephans-Turm schaute zu. «Immer feste druff!» verlangte schneidig eine Männerstimme mit dem preußischen Akzent, der hier früher kaum beliebt gewesen war. Jetzt aber nahm niemand Anstoß; man war in festlicher Stimmung, durchaus bereit, das alte Vorurteil aufzugeben, und übrigens vom Ehrgeiz erfüllt, selber «schneidig» zu werden. «Immer feste druff!» kreischte das Goldene Wiener Herz –: der Berliner Tonfall klang noch nicht ganz natürlich aus dem Munde der Österreicher; aber sie würden es lernen, waren der besten Absichten voll – und prügeln konnten sie jetzt schon, wie die deutschen Brüder in Dachau oder Oranienburg: dies bewiesen die uniformierten Burschen, lauter echte Wiener Kinder, tapfere Kerle – zehn junge Athleten gegen einen kränklichen alten Israeliten –: immer feste druff!

Bernheim sagte mit bebenden Lippen zu seinem Chauffeur: «Fahren Sie weiter!» Er dachte: ‹Ich werde mit dem französischen Konsul telephonieren; ich schicke ihm einen Boten; er gibt mir das Transit-Visum – er muß es mir geben – ich muß fort – der Konsul hat bei mir zu Abend gegessen, er kann nicht dulden, daß ich hier erschlagen werde wie ein toller Hund …›

Er wiederholte: «Ich bitte Sie – fahren Sie weiter!» Der Chauffeur antwortete ihm mit einem trüben Blick über die Schulter. Der Wagen war schon umringt; Bernheim begriff: Ich bin in der Falle, bin ausgeliefert, am Ende. – Der Chauffeur schaute ihn an, mitleidig und verächtlich. Bernheim erinnerte sich plötzlich, in all seiner Angst: Der Chauffeur war ein Sozialdemokrat, er hatte im Februar 1936 gegen die Truppen der Regierung Dollfuß gekämpft, er hatte die Regierung Schuschnigg gehaßt, er verabscheute auch die Nazis, er war nicht für die Restauration, er war für die Republik. «Im Februar 1936 haben wir Österreich verloren!» Diese Worte hatte Bernheim von ihm gehört – jetzt fielen sie ihm ein. Der Chauffeur sah ihn an; sein Gesicht blieb starr, als die Tür des Wagens aufgerissen wurde.

Ein Arm mit Hakenkreuzbinde langte in den Wagen; ein entmenschtes Gesicht ward sichtbar. – «Sind Sie auch ein Jud?» – Welch entsetzliche Stimme! Der Atem, der zu ihr gehörte, stank nach Bier. Herrn Bernheim wurde sehr übel; er fürchtete, sich übergeben zu müssen. «Ich bin Ausländer!» brachte er hervor. Die Antwort war nur dröhnendes Gelächter. «Das kann jeder sagen!» höhnte die stinkende Stimme. «Was für einen Paß hast du dir denn gekauft, du Hund?» – «Ich bin Bürger des Fürstentums Liechtenstein!» Bernheim machte eine letzte Anstrengung, seine

Würde zu wahren, und sowohl gütig als auch kräftig zu wirken. Indessen ward das Gelächter noch wilder. Der Mann, der Bier getrunken hatte, ließ dumpfes Jubeln hören. «Hoho! – Und so was fährt in einem dicken Packard rum!» –: als ob es gerade für einen Bürger von Liechtenstein besonders unpassend wäre, in einem Automobil zu sitzen.

«Die Koffer hat er auch schon mitgenommen!» stellte erbittert ein verwelktes Frauenzimmer fest: es war die gleiche, die vorhin so zänkisch den Führer hatte hochleben lassen. Der Biertrinker machte plötzlich ein strenges Beamtengesicht. «Wahrscheinlich Steuerhinterziehung!» behauptete er, völlig sinnlos, und sah tugendhaft aus: eine Stütze der Ordnung, legitimer Verteidiger staatlicher Interessen. – «Das werden wir ja gleich haben!» brüllte er, die Miene purpurn verfärbt. Er riß Herrn Bernheim aus der Limousine – ihn mit beiden Armen umfassend, wie zu einer mörderischen Liebkosung.

Siegfried Bernheim, zu Boden geschleudert, berührte das Straßenpflaster mit seiner Stirn. Er kauerte, wie ein Orientale in der Pose der Andacht. Die Hände hatte er vors Gesicht gelegt; zwischen seinen dicken Fingern quoll der rosig-graue Bart hervor. Er hielt still; er wußte nur noch: Sie werden mich schlagen ... Da spürte er schon den ersten fürchterlichen Hieb im Nacken. Es mußte ein Gummiknüppel sein, von dem er getroffen wurde. Bernheim hatte in seinem Leben noch niemals solchen Schmerz gekannt. Er dachte: Ich will nicht schreien. Das Gesindel soll mich nicht weinen hören ... Gleichzeitig aber ward ein Wimmern laut – ein fremdes, kindisches kleines Wimmern: er erkannte es nicht, und doch kam es aus seinem Munde. ‹So ist das also›, fühlte er, halb betäubt. ‹So ist es, wenn man geschlagen wird, mit einem Gummiknüppel. Man kann den Hals nicht mehr rühren, er wird heiß und steif, wahrscheinlich wird es eine große Beule geben – mein Gott, tut das weh –; man bekommt nasse Augen, und man wimmert, ob mans will oder nicht.› – Die Beobachtungen waren interessant, wenngleich schaurig. Übrigens blieb eine gewisse Neugierde wach in dem gemarterten Kopf. Bernheim fragte sich: ‹Was werden sie jetzt mit mir machen? Sie haben mich geschlagen; vielleicht töten sie mich ...›

Sie hatten noch allerlei mit ihm vor. Die Verwelkte mit der zänkischen Stimme forderte animiert: «Er soll putzen! Den Boden soll er aufputzen, die Plakate von der Vaterländischen Front soll er wegputzen von der Mauer! Auf der Ringstraße drüben haben die Saujuden auch putzen müssen!» Sie schien entzückt von ihrem kleinen Einfall; ihre Stimme krähte vor Begeisterung. «Ich habe lang genug die Böden aufgewischt!» erklärte sie noch. «Bei einem Juden – ja, so hat eine Volksgenossin sich erniedrigen müssen! Jetzt sind aber die an der Reihe! Putzen soll er – putzen – putzen!!» jauchzte sie mit ekstatischem Eigensinn. Bernheim, aufs Pflaster gekauert, dachte: ‹Die Plakate von der Vaterländischen Front? Sie können doch gar nicht fest an den Mauern kleben; sind doch nur dünnes Papier … Was war denn die Vaterländische Front? Ach ja – das falsche Pferd, auf das ich gesetzt habe. 25 000 Schillinge hab ich für sie gegeben – das Geld hätt ich besser verwenden können – warum schreit die Person eigentlich immerfort, ich soll putzen?›

Der Vorschlag der verwelkten Haushälterin wurde allgemein verständig gefunden; gleich schrie die Menge im Chor: «Putzen soll er! Putzen!» Sogar Herrn Bernheims Chauffeur schrie mit, sonst wäre er wohl seinerseits verprügelt worden, man hatte ihn schon «Judenknecht» genannt; einige meinten sich zu erinnern: «Das ist so ein alter Sozi!» Sollte er Schläge riskieren, wegen des Bankiers? Nichts konnte ihm ferner liegen; lieber rief er, mit den anderen: «Putzen soll er!» – übrigens mit etwas gedämpfter, brummender Stimme. Sein Gesicht blieb starr und verächtlich. Er dachte: ‹Blöde Hunde! Meint ihr wirklich, euch wirds künftig besser gehen, weil ihr heute ein paar Juden schikanieren dürft? Glaubt ihr, das ist die Revolution? Daß ihr euch so anschwindeln laßts! Schön blöd müßt’s ihr sein! Zum Menschenfeind könnt man werden …›

Angesichts des wimmernden alten Mannes, der wie in jammervoller Andacht hockte, ward das Goldene Wiener Herz übermütig und einfallsreich. «Straßenkehren?» rief ein flotter Bursch. «Viel zu mild für einen Steuerhinterzieher! – Den Abort soll er sauber machen!» Dies mußte ihm wie eine plötzliche Eingebung in den Sinn und auf die Lippen gekommen sein. Er stand stramm vor

Glück, gleichsam einer unsichtbaren Obrigkeit für die Gabe solchen Geistesblitzes dankend. – «Den Abort soll er sauber machen!» Besonders die Damen zeigten sich von dieser neuen Pointe bezaubert. Sie begannen ein wenig zu tanzen: der wiegende Walzerschritt, den niemand der süßen Wienerin nachmacht, ergab sich gleichsam von selbst; die innere Glückseligkeit wollte sich manifestieren. Die jungen Herren aus Berlin und Breslau fanden: Wien ist, wie wirs uns erträumt haben! So was Goldiges! Nun müssen wir aber beweisen, daß wir nicht die steifen Kerle sind, für die man uns häufig hält. Immer feste druff! Einen Walzer werden wir auch noch schaffen …

Die derben Jungens aus dem fernen Norden – rauhe Schale, aber sonst gut beisammen: grad was die süße Wienerin lieb hat! – schmiegten Arme um Taillen, drückten Schnurrbärte an zarte Wangen. Die Halbwüchsigen – musikalisch bis in die Fingerspitzen, und übrigens voll frühreifem Verständnis für Laune und Bedürfnis der Großen – trällerten und pfiffen, alle miteinander: «Wien – Wien, nur du allein – sollst stets die Stadt meiner Träume sein …» Eine Melodie, bei der kein Mädchenfuß stillstehn kann! Selbst die Dicke in der blauen Schürze, die den Bankdirektor gebeutelt und damit die ganze Gaudi in Gang gebracht hatte, wiegte sich rhythmisch. Da keiner der Berliner Gäste sich um sie bemühte, ward sie ihrerseits aggressiv; der junge Mann, den sie schüttelte, war lang und dünn; erst fürchtete er sich, weil er meinte: Jetzt folgt wohl gleich die Maulschelle, und alles Übrige! Dann ward ihm klar, daß es diesmal wirklich nur um Schabernack ging: da stellte er seinen Mann, nicht schlechter als die Kumpane. Er stürzte sich ins Vergnügen – ein wenig stöhnend; denn das Gewicht der dicken Blauen war kolossal.

So eine Hetz – das hats lang nimmer geben! Seit den Tagen des seligen alten Franz Joseph hat man sich nicht mehr so fesch amüsiert.

«Wien, Wien – nur du allein!» –: Walzer-Taumel bei den Burschen von der S.S., der S.A., der Gestapo, der Reichswehr, der Polizei, der Hitler-Jugend, den Nationalsozialistischen Studenten-Verbänden. «Zwei Herzen im Dreiviertel-Takt …»: das patriotische Hochgefühl vermischt sich wohlig mit den Freuden anderer

Art. Österreich ist verloren! Österreich ist verraten! Der preußische Kommiß-Stiefel über unserer Stadt! Hurra! «Das muß ein Stück vom Himmel sein – Wien und der Wein …»

Die Wartenden vor dem Konsulat blicken sowohl befremdet, als auch hoffnungsvoll. Sie denken: Jetzt werden sie alle närrisch. Umso besser – dann wird man uns vielleicht in Frieden lassen. – Die Gasse hat sich in einen Ballsaal verwandelt, die allgemeine Munterkeit ist grenzenlos; auch Bernheim faßt neuen Mut: ‹Sie singen so frohe Lieder, vielleicht bleibt mir das Schlimmste erspart!›

Die Walzer-Seligkeit war intensiv; aber doch nicht stark genug, um die Gemüter von den heiter-ernsten Pflichten des Tages völlig abzulenken. Die Halbwüchsigen zwitscherten noch: «Ich weiß – auf der Wieden – ein kleines Hotel …»: da schrillte die Stimme der verblühten Haushälterin: «Er soll putzen – die Bedürfnisanstalt soll er putzen!» Sie vermied das rauhere Wort, das der junge Mann mit dem Geistesblitz verwendet hatte und das dann von der Menge wiederholt worden war: «die Bedürfnisanstalt» sagte sie spitz und fein. Glücklicher Weise fand sich ein solches Lokal an der Straßenecke. Man schleppte Herrn Bernheim hin. Er ward mit Fußtritten, Püffen und lustigen Worten über das schmutzige Pflaster geschleift. Er blutete. Aus einer Verletzung an seiner Stirn lief das Blut, und es tröpfelte rötlich in den Bart. Ach, wohin war seine Würde! Sein edler, menschenfreundlicher Anstand – wohin! War dies noch derselbe Mann, der seine Gäste – Film-Vedetten, Staatssekretäre, Professoren – am Portal der Villa, schlicht und feierlich, empfangen hatte? Welche Verwandlung! Welch Sturz!

Hat das Goldene Wiener Herz kein Erbarmen? Ist ihnen das Opfer nicht genug entstellt? Wenn sie kein Mitleid kennen – spüren sie denn nicht Ekel, angesichts solchen Elends? Und es riecht nicht gut, wo sie ihn jetzt hinzuknieen zwingen.

Sogar etliche Frauen sind mit eingetreten, obwohl die kleine Baulichkeit ein Schild «Für Männer!» trägt. Wer wird zimperlich sein, zu so festlich-orgiastischer Stunde? Die Ungeheure in der blauen Schürze schnuppert munter die scharfen Odeurs, die hier wehen – während die Verwelkte, geniert und freudig erregt, an der Türe stehen bleibt: Eintreten – nein, das würde nicht schicklich sein! Andererseits will sie sich das Schauspiel keineswegs entgehen lassen.

Das diskrete Häuschen liegt inmitten einer kleinen Parkanlage: glücklicher Zufall; denn hier kann man weiter tanzen. Walzer-Texte vermischen sich mit dem donnernden Sprech-Chor: «Den Abort soll er putzen!» Die Melodie setzt sich sieghaft durch: «Nichts Schönres kanns gebn – als ein Wiener Lied …» Dann dröhnt es wieder: «Den Abort soll er putzen!» Woraufhin die Mädchenstimmen jubeln: «Das haftet im Herzen – und geht ins G'müt!» –: dieses wieder auf das Wiener Lied bezogen.

Wer hatte denn die scheußlichen Geräte bereit, deren Herr Bernheim sich nun bedienen muß? Was man ihm präsentiert, ist ein Nachttopf, und erst stößt man einmal, Spaßes halber, sein Gesicht hinein. Die zähe, dicke Flüssigkeit, mit der sich sein Antlitz beschmiert, hat dunkel gelbliche Farbe und ist ätzend scharf. Aus was für Ingredienzien hat man diesen üblen, fetten Brei gebraut? Er verbrennt die Haut – erst die des Gesichts, dann auch die der Hände.

Das Bürstchen aber, mit dem er diesen Boden säubern soll, ist derartig klein, daß ringsum das allgemeine Gelächter sich noch steigert. Der Wiener Humor kommt wahrhaft auf seine Kosten; in brüderlicher Eintracht mit dem Berliner Witz darf er sich herzhaft austoben. Es ist ja ein altes Zahnbürstchen, ein zerzaustes, jämmerliches Ding, mit dem der reiche Jud den Boden putzen soll – und was für einen Boden! Die Verwelkte meckert wie eine Ziege über so viel drolliges Malheur. Der Alte stellt sich ungeschickt an, er schnauft und wimmert, es ist wie in einer Posse, im «Theater an der Wien» kann es nicht unterhaltender sein. Die Verblühte tut einen kecken Schritt, weiter in das halbdunkle Lokal hinein, das zu betreten ihr von Natur und Sitte keineswegs bestimmt war. ‹Die Sitten ändern sich!› beschließt sie kühn. ‹Und was die Natur betrifft – nun, ich habe niemals viel Spaß und Vorteil von meinem weiblichen Geschlecht gehabt!›

Alter Mann auf der beschmierten Erde – du hast Kot und Blut im Barte; du kannst nicht sehen, denn die Augen sind dir von dem verdächtigen Putzmittel verklebt; du kannst nicht sprechen: Scham und Grauen nehmen dir die Stimme; du kannst immer noch leiden, du leidest immer noch. Du bist Hiob, dem der Herr Vieles gab, um ihm Alles wieder zu nehmen; der Unglücksmann von Uz, den Er mit Aussatz schlug, mit jeglicher Armut, jeglichem Gebreste; den Er stinken ließ und sich im Miste wälzen –: Du bist es, wir erkennen dich. Die platte, fleischige Nase, aus welcher Blut rinnt; der entwürdigte Bart – einst deine ehrbare Zierde –; die zerrissenen Hände, das zerrissene Herz: es ist uns alles vertraut, die großen Bilder der Menschheit kehren wieder, die Situationen des großen Schmerzes wiederholen sich; du wirst die Stimme heben, Erniedrigter, wirst dir die Brust schlagen, klagen und rasen wirst du: Warum tatest du mir dies, Gott mein Herr?

Für diesmal ist es genug; der Klageschrei, die mythische Pantomime der extremen Pein – sie sind dir erlassen; nicht diesen Tieren sollst du sie vorführen, sie würden sie nicht verstehen. Sie sind nur Werkzeuge der Züchtigung, ihre Hirne sind stumpf, und sie wissen kaum, was sie tun. Übrigens bleiben auch ihnen Qual und Schmach nicht erspart, du magst davon überzeugt sein. Es wird für sie Ernüchterung ohnegleichen kommen; wer sich so verirrt und so vergessen hat, wie dieses Volk, für den wird die Stunde des Erwachens schon der Augenblick der Strafe sein – ganz zu schweigen von mancherlei anderer Heimsuchung, die ihnen vorbestimmt sein könnte.

Nun singen sie noch – wie das Geheul von Irrsinnigen gellt es uns in den Ohren. Noch wiegen sie sich, noch stampfen sie vor Vergnügen. Einer von ihnen möchte den besonders Grausamen spielen: er schlägt den Alten, desse Hände sich nicht mehr regen, mit gewaltiger Kraft auf den Kopf. Gerade dadurch verkürzt er ihm die Qualen: Bernheim verliert die Besinnung. Er sinkt nach hinten, mit verdrehten Augen; die blutigen Flächen der geöffneten Hände nach außen gekehrt – als wollten sie es dem strengen Himmel zeigen: Siehe, meine Hände sind leer! Ich habe nichts mehr, du hast mir alles genommen!

Dunkelheit nimmt ihn gnädig auf. Er sieht nicht mehr die entmenschten Gesichter seiner Verfolger, er muß nicht mehr ihre schaurig-munteren Lieder hören: den obszönen Chorus der Idiotie; das Triumph-Geheul der Verblendeten.

Tausende haben gelitten wie er; manchem ward noch Schlimmeres zugemutet, andere kamen etwas glimpflicher davon. Ein Strom von Flüchtlingen ergießt sich aus dem gemarterten Land: wohin mit ihnen? Wer nimmt sie auf? ... Manche Züge, voll mit Menschen, die sich schon in Sicherheit wähnten, mußten an den Grenzen wieder umkehren: das Nachbarland wollte die Unseligen nicht. Sie bringen Unglück, und sie fressen uns arm – dies war das Empfinden der guten Nachbarn. «Weg mit euch!» riefen sie und verscheuchten die Emigranten wie böse Geister. «Sucht euch ein anderes Asyl! Nicht bei uns! Ihr verpestet die Luft, die ihr atmet!» – Wie viel Tränen flossen da, an der Grenzstation! Wie viel Schreie – Männer-, Frauen- und Kinder-Schreie, ein Konzert von schrillen Dissonanzen, eine Symphonie der Qual! Manche warfen sich vor den Zug: lieber sich von seinen Rädern zermalmen lassen, als zurückkehren in die Heimat, die Hölle. – Die Grenzbeamten zeigten Verständnis für solche Verzweiflungstat, obwohl sie geeignet war, den Eisenbahn-Betrieb empfindlich zu stören. «Aber was bleibt den armen Leuten sonst übrig?» fragten die Beamten – milde, soweit das Dienst-Reglement es erlaubte.

Andere waren glücklicher, sie gewannen die Freiheit, freundliche Menschen standen ihnen bei. In Zürich, zum Beispiel, durften viele eine Weile sich aufhalten – ein paar Wochen nur, wenige Monate höchstens; aber es war doch lange genug, um die dringlichsten Affären zu ordnen, sich Visen und Schiffsbillett für die Übersee-Reise zu verschaffen. Denn was sollte man noch in Europa? Für die Wiener hatte Wien Europa bedeutet; allenfalls kamen noch Salzburg, Innsbruck und Paris in Frage. Nun saßen sie mit verstörten Gesichtern herum und erklärten: «Es gibt Europa nicht mehr ...»

So düstere Äußerungen fielen in der Pension «Rast und Ruh», wo die Damen Tilla und Marie-Luise hilfsbereit tätig waren. Ihr Etablissement war gut besetzt, es war überfüllt, die beiden Frauen hatten alle Hände voll zu tun. Dies bedeutete übrigens keineswegs, daß sie Geld scheffelten: die neuen Gäste zahlten unregelmäßig; viele waren völlig mittellos. Marie-Luise führte die Konto-Bücher; Frau Tibori kümmerte sich um die Küche. Sie machte Apfelstrudel und Gulasch für die Wiener Freunde –: «damit sie sich doch ein bißchen wie zu Haus bei uns fühlen!» – «Ich muß Frau Ottinger besuchen!» Zu diesem Entschluß war Marie-Luise während der letzten Wochen wiederholt gekommen. «Die Gute wird uns noch einmal aus der Patsche helfen.»

Bei Ottingers logierten vertriebene Wiener Dichter, Kammersänger, monarchistische Offiziere, Sozialdemokratische Abgeordnete und eine veritable Prinzessin, mit den Häusern Habsburg und Bourbon verwandt, jedoch in arger finanzieller Lage. Das alte Ehepaar hatte täglich etwa vierundzwanzig Personen zu Tisch – lauter Flüchtlinge. Dabei blieben andere Vierundzwanzig unsichtbar, die auf Ottingers Kosten in Pension «Rast und Ruh» oder in den kleinen Restaurants der Alt-Stadt ernährt wurden. Manchmal wurde Herrn Ottinger angst und bange, wenn er seine Ausgaben überdachte. Er sagte zu seiner lieben Frau: «Wir sind ziemlich wohlhabend, aber nicht mehr so reich wie früher. Ich muß es dir gestehen: wir zehren vom Kapital – niemals hätte ich gedacht, es könne bis dahin kommen. Dein Mütterliches wird angegriffen – hast du etwas dagegen?» Er stellte es mit leichtem Schauder fest; auch Frau Ottinger bekam entsetzte Augen; lächelte dann aber, gütig und resigniert. – «Wie lange leben wir noch?» fragte sie ihren alten Gatten. «Noch ein paar Jahre», konstatierte sie sanft. «Wir werden nicht hungern müssen. Wenn wir Kinder hätten – dann müßte das Kapital unversehrt bleiben. Aber so ... Die Flüchtlinge sind unsere Kinder», meinte sie abschließend. Sie schwiegen Beide, die alten, blassen Gesichter nah beieinander. An was dachten sie, daß sie so zärtlich lächeln mußten? An die kleine Tilly vielleicht mit dem schlampigen Mund: die hatten sie geliebt wie ein Töchterchen. Sie erwähnten sie nicht. Vielmehr sagte Madame: «Den kleinen Braunfeld könnten wir bei Peter Hürlimann unterbringen – er hat noch ein Zimmer frei. Ich fürchte nur, der gute Peter kommt gar nicht mehr zu seiner Musik, weil er sich so viel um die Wiener bekümmert. Hat er sich nicht prachtvoll entwickelt? Wenn Tilly ihn nur sehen könnte, wie tapfer und tüchtig er ist ...»

Nun hatte sie den lieben Namen doch genannt. Herr Ottinger streichelte den Arm seiner alten Gattin – um sie zu trösten, und weil er seinerseits etwas Trost dringend brauchte. –

Europa gibt es nicht mehr: sagten die Fliehenden – womit sie insofern recht hatten, als der kranke Kontinent ihnen, den Emigranten, keinen Lebensraum mehr gewähren wollte. Amerika war die Hoffnung. Um hinzukommen, benötigte man die finanzielle Garantie eines Ansässigen, der seinerseits nachweisen mußte, daß er in der Lage war, für den Eingewanderten zu sorgen, wenn der es selber nicht mehr schaffen konnte. Um solche Garantien, Affidavits genannt, bemühten sich fast alle Gäste der Pension «Rast und Ruh», wie auch des Hauses Ottinger. Ohne Ruh und Rast eilten sie zum Amerikanischen Konsulat – wo man sie viele Stunden lang antichambrieren ließ –, und zu den Hilfs-Comités – wo man infolge von Überarbeitung die Nerven verlor. Außerdem schickten die Unglücklichen kostspielige und komplizierte Kabel über den Ozean, an alte Bekannte, die ihrerseits gescheit genug gewesen waren, schon vor den neuesten europäischen Evenements ins Land der ungbegrenzten Möglichkeiten einzureisen. Die telegraphischen SOS-Rufe hatten alle den gleichen Refrain: Hier bin ich verloren! Ich ersticke hier, samt meiner Frau und den lieben Kleinen! In Ihre Hände lege ich vertrauensvoll mein ganzes Schicksal!

... «Man kann sie doch nicht alle zu Grunde gehn lassen! Es muß doch etwas geschehen!» – Dies war Marions Stimme, sie klang beinah zornig, als hätte Benjamin ihr widersprochen; der schwieg indessen und schaute seine Gattin nachdenklich an. – «Natürlich», sagte er, nach einer kleinen Pause. «Ich werde morgen ein paar Freunde um Hilfe bitten... Freilich muß da etwas geschehen. Amerika ist groß und gutgesinnt; es hat Platz für viele ...»

Die Jungvermählten hatten sich in einem der südlichen Staaten niedergelassen, er hieß North Carolina, die Universität war gut, Abel hatte eine angenehme Stellung. Die amerikanischen Kollegen fanden, daß es bei Abels «really cosy» war. Marion galt als charmante Hausfrau – aufmerksam und beweglich, trotz ihrer Schwangerschaft. Die Universitäts-Damen freuten sich auf das Baby, sie überschütteten Marion mit guten Ratschlägen.

Ihr kleines Haus war nah dem Campus der Universität gelegen. Es hatte nur vier Zimmer, aber die waren nett und hell. Unten gab es das Eßzimmer mit dem runden Tisch, und die Bibliothek, wo Abel arbeitete. Dieser Aprilabend war schön und mild; durchs offene Fenster kamen Blütengerüche. Junge Leute schlenderten draußen vorbei; manche sangen, andere lachten nur. Welcher Friede! Wie weit entrückt waren Qual und Aufruhr!

Jedoch lagen auf dem Schreibtisch die Telegramme – die SOS-Rufe mit dem Refrain: ‹Ihnen vertraue ich mein Schicksal an.› – Eines von ihnen hielt Marion in der Hand. «Sonderbar, daß sich der Mann an mich erinnert; ich kenne ihn nur sehr flüchtig», erklärte sie, wobei sie ruhelos durchs Zimmer ging. «Er wollte einen Weltstaat gründen – Paneuropa war ihm noch zu provinziell. Nun sitzt er in Basel, und darf nicht über die französische Grenze ...»

Benjamin bat zärtlich: «Komm zu mir!» Da stand sie hinter ihm, die mageren Ellenbogen auf die Rückenlehne seines Stuhles gestützt. Er ließ auf ihrer Gestalt lang den Blick ruhen. Wie stark ihr Leib schon hervortrat! Und auch ihr Gesicht war verändert: es schien breiter und weicher geworden. ‹Es ist schöner geworden›, dachte Abel mit großer Rührung. ‹Noch schöner geworden. Ich liebe es jetzt noch mehr.›

Sie las in seiner Miene, daß er glücklich war; gerade hierüber empörte sie sich. «Ich schäme mich!» schrie sie auf; dabei preßte sie die Hände an die Schläfen, das zerknüllte Telegramm fiel zur Erde. «Wir sitzen hier in Sicherheit, es geht uns gut, wir haben unser Heim – und überall wächst das Unglück! Das Unglück breitet sich aus wie die Pest. Wann ist je so viel gelitten worden?» – «Immer», sagte der Historiker, liebevoll und pedantisch. «Oder meistens. Meistens ist so viel gelitten worden. Es war selten besser.»

Dies überhörte sie. Heftig und mit einem Schluchzen in der Stimme sprach sie von den Freunden in Wien. «Sie waren alle so voll Vertrauen! Sie meinten, es müsse ihnen geholfen werden. Niemand hat ihnen geholfen ... Was kommt nun an die Reihe?» fragte sie drohend. «Wer wird das nächste Opfer?» Sie reckte das Haupt mit der Purpur-Mähne – das stolze und leichte Haupt –; ihre Augen hatten den Flammenblick – nur leuchtete er jetzt nicht von Zuversicht, war vielmehr von düsterster Ahnung verfinstert. «Prag wird fallen!» –: Sie sprach es mit schaurig gedämpfter Stimme, fast war es nur noch ein Murmeln. «Frankreich und England werden die Tschechoslowakei so wenig verteidigen, wie sie das arme Österreich verteidigt haben.»

Glich sie nicht einer Prophetin, mit dem bewegten Purpur-Schmuck ihres Haares? Solche Züge, solche Blicke hatte Kassandra – Königstochter und Priesterin –: das bestürzte Volk von Troja durfte die fürchterliche Schönheit seiner Seherin erst in allerletzter Stunde kennen lernen. Früher waren Pracht und Grauen dieses Angesichts durch die schwarze Binde schonungsvoll bedeckt gewesen. Nun fiel das Tuch, die Eingeweihte warf es zürnend zur Erde: dies war nicht mehr die Stunde der zarten Rücksicht. «Eure Stadt wird brennen!» verhieß Kassandra mit dem enthüllten Gesicht – kalt, beinah höhnisch bei allem Schmerz, als wäre es nicht auch ihre Stadt und Heimat, die zu Grunde gehn sollte. «Troja wird fallen! Wird brennen!» Glaubte man ihr denn noch immer nicht? Sie hatte sich die Stimme heiser geschrieen, mit ihrer unermüdlichen Warnung. Welcher Gott hatte dieses Volk mit Blindheit geschlagen? Welcher Dämon hatte es taub gemacht? Es züngelten schon die Flammen ... Muß man eine Seherin sein, um das Feuer zu sehen?

«Prag wird fallen.» Marion machte eine abschließende kleine Handbewegung, als wäre dies nun erledigt. «Auch die Spanische Republik wird untergehen – ein paar Dutzend Millionäre wünschen es. Tschechische Flüchtlinge, spanische Flüchtlinge; auch französische und Schweizer Flüchtlinge könnte es noch geben –: woher sollen wir denn all die Affidavits nehmen? – Die Chinesen sterben, anstatt zu fliehen. Millionen sterben. In Wien wütet der Selbstmord wie eine Epidemie. Das neue Barbarentum, die Faschisten, die Hunnen – nicht einmal kämpfen müssen sie! Ohne Kampf läßt man sie siegen! Sie begegnen keinem Widerstand, keinem Gegner! ... Man läßt das Scheußliche rasen, zerstören, sich austoben – als wäre es eine Naturkatastrophe! Als lebten wir auf einem Vulkan, der Feuer speit! Es gibt keine Hilfe. Jeder wartet, ob es ihn trifft ...»

Ihr Atem ging schwer; sie verstummte. Der große Ausbruch hatte sie erschöpft. Sie legte die Hände auf den gewölbten Leib. Auch Abel schwieg. Er schaute sie liebevoll, sorgenvoll an. Er dachte: ‹Wie schön sie ist! Wie sie leidet! Kann ich sie trösten? Ich muß sie trösten können, ich liebe sie.›

«Der Vulkan ...» Jetzt konnte sie nur noch stammeln. «Wir alle, an seinem Rande … Auf unseren Stirnen schon sein glühender Atem; die Augen geblendet, die Glieder gelähmt, die Lungen voll erstickendem Qualm … Und da soll man Kinder bekommen!!» Nun kreischte ihre Stimme, überschlug sich und klirrte wie geborstenes Glas –: ihre geübte, schöne, zuverlässige Stimme – wie entartet, wie zerrüttet war sie nun! Sie lachte, nach ihrer schrillen und schlimmen Äußerung über die Kinder – ein hysterisches Lachen, ein Gelächter der Pein: Benjamin hatte es noch niemals von ihr gehört. Auch ihr Gesicht war entstellt; Zuckungen um Mund und Augenbrauen ließen es fremd und beinah häßlich werden. War dies die Schmerzens-Raserei der Seherin? Der epileptische Anfall der Gottesbraut? Fiel sie in Trance, bewegte krampfhaft die Hände, hatte Schaum vorm Mund?

Nichts dergleichen; sie wurde schon wieder still. Ihre Traurigkeit bekam wieder vernünftige Maße; war aber immer noch groß und tief. – «Ich kann das Kind nicht bekommen!» Die Worte ihrer armen kleinen Schwester Tilly –: Marion kannte sie nicht und wiederholte sie doch. «Ich kann das Kind nicht bekommen!» Sie bewegte flehend die Hände, die Augen waren ihr naß: Marion weinte. «Heute ein Kind zu kriegen – so ein Frevel …», brachte sie hervor, «so eine Sünde, eine Dummheit … Kriege werden kommen, Revolutionen, Kampf ohne Ende … Mein armes Kind wird vernichtet …»

«Es wird leben», sagte Professor Abel – sehr ruhig, aber dezidiert.

«Nein nein nein!» Sie schüttelte angstvoll den Kopf. «Ich kann es immer noch entfernen lassen. Es ist wohl noch nicht zu spät …»

«Es ist ganz entschieden zu spät», versetzte er, fest und gelassen.

Sie wollte ihr Kind töten; seltsamer Weise war ihr alles daran gelegen, Benjamins Erlaubnis für ihre Untat zu erwirken. Sie achtete ihren Gatten, sie vertraute ihm. Er sollte gutheißen, was ihr unvermeidlich schien. Sie bettelte: «Du mußt es doch verstehen! Versuche, es zu begreifen! Ich kann doch kein Kind haben! Ich muß nach Europa zurück – muß unabhängig, aktiv sein! Ich muß kämpfen! Muß mich ganz einsetzen. Das Kind würde mich stören», sagte sie hart, und fügte kränkend, beinah ordinär hinzu: «Und überhaupt – es ist ja gar nicht von dir! Sein Vater ist ein Va-

gabund – der hätte gespürt, was ich meine! – Was geht es dich an?»
fragte sie ihn grausam. «Es ist mein Kind; nicht deines.»

«Es ist unser Kind!» Jetzt erhob er sich aus dem Sessel. Die
kleine, gedrungene Figur wirkte imposant, wie sie sich nun männ-
lich-würdig reckte. Auch aus seinen Augen konnten Flammen
springen: kein hysterisches Strohfeuer; ernste, gediegene Glut. Er
war sehr blaß geworden; sein beinah frauenhaft zarter Mund
bebte. «Der kleine Marcel gehört uns!»

Er hatte den Namen ihres Kindes genannt, mit fester, markiger
Stimme, wenngleich innig bewegt. Das Kind sollte Marcel heißen,
dies war schon seit langem bestimmt. Marcel – tödlich getroffen,
unter fremden Himmeln –, er würde fortleben in dem Knaben, der
nicht seines Blutes war: so hatte Marion es gewollt – Benjamin
mußte sie daran erinnern. Er mußte neu die mütterliche Zärtlichkeit in ihr erwecken, die sie – Prophetin und Amazone – vor lauter
Zorn und Schmerz vergessen hatte. «Wir werden ihn lieben!»
mußte er ihr sagen –: ach, er liebte ihn schon! Er war nicht der Vater: zwei Abenteurer, zwei Fremde waren ihm vorgezogen worden. Der Eine hatte das Kind gezeugt; nach dem Anderen sollte es
geraten. Aber wie viel väterliche Zärtlichkeit auf Benjamins Zügen, welch inniger Ernst, welch ergreifender Stolz, da er seine Frau
nun gemahnte: «Er wird groß und brav! Er wird glücklich! Er
sieht bessere Zeiten. Neue Spiele fallen ihm ein, neue Aufgaben
stellen sich ihm, er bewältigt sie alle. – Marion, Marion, du weißt
es doch –: was sollte all dein Kampf und dein Aufbegehren, wenn
es nicht für ihn wäre, und für all seine Brüder? Was ginge
die Menschheit uns an, wenn wir nicht an ihre Zukunft glaub-
ten – wenn wir die kommenden Geschlechter nicht liebten? –
Marion, Marion – du weißt es doch ...» Seine Stimme hatte fast
hypnotisierende Kraft –: raunende, beschwörende Stimme des
Liebenden, beruhigend und fordernd zugleich.

Er zog die Geliebte an sich; er liebkoste ihren Leib, der das
fremde Kind trug. Sie ließ sich umfangen, ließ sich küssen und
stützen. Er rückte ihr die Kissen im Stuhl zurecht. Plötzlich fühlte
sie: Ich bin müde. Wie gut, daß er ihr ein Lager richtete! Sie konnte
es brauchen; sie dehnte dankbar die Glieder. Dieses schläfrig-gelö-
ste Lächeln, den vertrauensvoll-zärtlichen Blick –: ihre jungen, un-

gestümen Freunde – Marcel und Tullio – hatten dergleichen nie von ihr zu sehen bekommen. Benjamin Abel schaute und liebkoste ein Gesicht, das noch keiner vor ihm gekannt hatte. Er wußte es, er war stolz. – Kennen Jünglinge dies zarte, schwierige Glück, das nun das Herz des Alternden erschüttert? ‹Wie reich werde ich jetzt noch beschenkt!› empfindet der nicht-mehr-Junge. ‹Man muß sich lange lange üben und vorbereiten, ehe man die schwere Kunst der Liebe lernt. Jetzt bin ich meiner ganz sicher; beinah übermütig bin ich – weil ich weiß: ich kann es, ich kann es. Ich alter Schüler habe alles gelernt, manche Klassen habe ich wiederholen müssen, aber es lohnt sich, es hat sich alles gelohnt. Nun kenn ich die Liebe – die komplizierte, unsagbar schwere, unsagbare süße Aufgabe. Wie ungeschickt sind die Jünglinge! Ich kann mir nicht helfen: sie kommen mir ein wenig komisch vor. Immer wollen sie „besitzen" – oder „verzichten". Schwieriger und süßer ist es, den schwebenden Ausgleich zu finden zwischen Besitz und Verzicht; die rätselhafte Mitte, da man das geliebte Wesen zugleich losläßt und hält. Jünglinge mögen lachen über meine Liebe zu der Frau, die ihr Kind von einem anderen hat; geradezu fassungslos und beinah degoutiert wären sie angesichts meiner väterlichen Neigung zu dem fremden, ungeborenen Kind. Ach, ihr dummen Jünglinge! Wäret ihr klüger und feiner – aber wie solltet ihr klug und fein sein bei so bedauernswertem Mangel an Herzens-Training? –: ihr empfändet Neid, statt Belustigung, ließe ich euch als Zeugen meiner späten, schwierig-zarten Wonne zu. Ich werde mich aber hüten! Zeugen sind nicht erwünscht. Zur Weisheit der Liebe gehört, daß sie sich verbirgt – oder doch viel einfacher scheinen will, als sie ist. Ahntet ihr, mit welchen Schauern von Entzücken und Resignation ich diese Frau umfange –: meine Frau, mein Kind, Marion, die Mutter meines Kindes, meine fremde Marion, meine Geliebte …›

Sie ruhte, an ihn gelehnt. Sie sprach wieder; ihre Worte paßten nicht ganz zu dem besänftigten, selig-matten Lächeln auf ihren Zügen. «Der kleine Marcel wird kämpfen müssen.» Es klang, als prophezeite sie ihrem Sohne das heiterste Los. «Er wird sich schlagen müssen, wie wir. Die große Auseinandersetzung ist noch lange nicht am Ende; vielleicht fängt sie gerade erst an. – Er wird tapfer sein!» Sie hielt die Augen geschlossen; ihr Lächeln aber ward inniger, stärker und kühner. «Er wird siegen!» Dabei hob sie ein wenig den Kopf.

Benjamin sagte: «Wer spricht von Siegen? Überstehn ist alles.»

Sie schickte einen schrägen, etwas mißtrauischen Blick über ihn hin. «Was bedeutet das?» wollte sie wissen.

Er erklärte, gleichsam um Entschuldigung bittend: «Es ist eine Zeile von Rilke. Sie ist mir gerade eingefallen.»

«Von Rilke also.» Es schien sie etwas unruhig und verdrießlich zu machen. «Ich kenne es gar nicht – dabei habe ich doch viel von ihm rezitiert... Du hast immer ein passendes Zitat bereit!» Sie war enerviert; ihre schönen Hände begannen wieder, rastlos zu werden.

«Es ist eine schöne Zeile», sagte er sanft.

Und sie: «Eine falsche Zeile! – Auf den Sieg kommt es an.»

«Überstehen ist siegen!» Er erklärte es ihr mit der zärtlichen Exaktheit eines Lehrers, der für die Schülerin ein zartes Faible hat. «Wer Geduld hat, wer aushält – der siegt. Alles geht langsam, alles dauert lang. Wir überschätzen die Ereignisse des Tages, der Stunde; wir stilisieren sie apokalyptisch, geben ihnen gewaltige Namen: Historische Wende, oder Weltuntergang. Das ist Irrtum und Eitelkeit. Soll unsere Epoche alles verändern und unterbrechen – nur weil es gerade unsere Epoche ist? Der Prozeß geht weiter – zäh und langsam, sehr langsam ... Es gibt Störungen, Rückschläge: dergleichen erleben wir jetzt. Lassen wir uns doch nicht gar zu sehr erschüttern und verwirren! Lasse dich doch nicht wirr und kopflos machen, liebes Herz, durch die Störungen und die Rückschläge! Vertraue doch: es geht weiter! Glaube mir doch: in den großen Zusammenhängen rechnet dies alles so wenig, und wird einst ruhiger und kälter beurteilt werden, als wirs heute vermuten.»

Sie blieb eigensinnig mit ihren Worten – wenngleich Blick und Lächeln verrieten, daß sie beinah überzeugt und fast besänftigt war. «Wir leben aber heute – jetzt und hier. Unsere Leben werden vernichtet, durch die Rückschläge und die Störungen; die Leben unserer Freunde und Kameraden, selbst die ungeborenen Kinder sind gefährdet. – Die großen Zuammenhänge – können sie uns trösten? Und wer beweist denn, daß es gute, vernünftige Zusammenhänge sind? – Ich weiß nur, daß jetzt gelitten wird, von Millionen. Ich schäme mich, in mein kleines, privates Glück zu fliehen, während Ströme von Blut und Tränen sich ergießen.»

«Es ist kein kleines, privates Glück!» Er hob tadelnd den Zeigefinger. «Ein schwieriges, tiefes Glück, nach vielen Leiden gewonnen. Haben wirs uns nicht verdient, liebe Marion? – Nun müssen wirs tragen und fruchtbar machen. Auch dazu gehört Tapferkeit – oder gerade dazu. Stürzen, sich fallen lassen, sterben – auch heroisch sterben –: das ist leicht. Leben ist schwerer und ernster. Glücklich sein – das ist am schwersten und am ernstesten für uns, die wir weder ruhig sind noch kalt. Die überlegene Haltung überlassen wir den Künftigen, die über uns urteilen mögen. Was uns betrifft, wir bleiben beteiligt, ergriffen, immer wieder angefochten, erschüttert, immer in Gefahr. Aber geduldig! Aber tapfer! Dem Gesetz dieses Lebens gehorsam. Geduldig und gehorsam sollen wir sein. Dann kommt auch das Glück – und sich seiner zu schämen, wäre Feigheit und Schwäche. Stolz empfangen wir es.»

Da sagte sie nichts mehr. Auch die Lieder und Gelächter der jungen Amerikaner draußen waren verstummt. Es war in ihrem Zimmer sehr still geworden. Der Atem der milden Nacht kam sehr still herein.

Benjamin wiederholte – summend, wie den Refrain des Liedes, mit welchem man ein Kind zur Ruhe bringt –: «Wer spricht von Siegen? Überstehn ist alles!» – Seht, sie schläft schon fast!

Fünftes Kapitel

Die Zimmer, in denen die Armen wohnen, sind sich ähnlich, überall auf der Welt. Wo befindet sich dieses? Am Rande irgendeiner großen Stadt – läßt sich vermuten. Genaueres ist kaum festzustellen. Die Landschaft, auf die das Fenster den Blick gewährt, ist kahl und fast völlig trostlos. Auf den öden Feldern liegt Nebel. Im grauen Dunst stehen ein paar frierende Bäume neben Telegraphenstangen. Im Zimmer drinnen sieht es nicht heiterer aus.

Ist sie uns nicht vertraut, diese mönchische Zelle? Das Kruzifix an der grauen Wand, das schmale Bett, und auf dem Tisch die unberührten Speisen –: zu solcher Kargheit zwingt sich Kikjou, den wir einstmals als den kleinen Abenteurer kannten, als den sündhaft Reizbegnadeten, den von Lastern und Visionen Verzückten, das suspekte Lieblingskind Gottes. Noch einmal begegnen wir ihm – hat er sich sehr verändert? Das perlmutterfarbene Affengesichtchen mit den vielfarbigen Augen ist ein wenig gealtert; härter, magerer und strenger geworden. Doch bleibt ihm noch der infantile Charme; der sinnliche Zauber des Blicks.

Wo hast du dich denn herumgetrieben, all die Zeit, petit frère de Marcel, Bruder des toten Helden? Magst du uns nichts verraten? – Du verrätst uns nichts. Du schweigst über die Arbeiten und Abenteuer, die Vergnügungen und Traurigkeiten, die Erfahrungen bitterer oder süßer Art, die hinter dir liegen. Du hast dich unter die Menschen gemischt, hast Anteil genommen, Leiden mitangesehen und selber Leiden getragen –: so viel merkt man dir an. Wo du auch gewesen sein magst – du bist dem Leben nicht ausgewichen; du hast dem Befehl gehorcht, den das sinkende Haupt, das Dornengeschmückte, mit trocken-rissigen Lippen dir zurief.

Zuweilen legst du Rechenschaft ab vor deinem Erlöser, der geduldig lauscht – unfaßbar milde und unfaßbar streng. Er will die detaillierte Konfession, die exakte Beichte. Er ist anspruchsvoll. Ausflüchte, pathetische Verallgemeinerungen läßt er nicht gelten: das weißt du nun schon, und hast dich daran gewöhnt. Deine Gebete werden beinah trocken. Du berichtest deinem Erlöser: Ich habe eine kleine Aktion vor, lieber Herr. Hältst Du meinen Plan für gescheit und dem Zwecke dienlich? – Des Menschen Sohn interessiert sich für die Affären der Menschen, so melancholisch und konfus sie auch meistens sind.

Heute ist ein wichtiges Datum in Kikjous Leben. Morgen soll er eine große Reise antreten – die Fahrt nach Hause, nach Südamerika, zu seinen Schwestern nach Rio. Sein Papa ist gestorben: keine verdrossenen Briefe, keine gereizten Mahnungen sind von ihm mehr zu gewärtigen. Er ist tot, es war ein Magenkrebs, die Schwestern haben es Kikjou telegraphiert, und hinzugefügt: «Komme bitte sofort! Brauchen dich zur Abwicklung der Geschäfte da sonst ohne männlichen Schutz.» Unverhoffte, etwas peinliche Ehre für den kleinen Kikjou: plötzlich soll er Familienoberhaupt sein. Seine Schwestern rechnen auf ihn, ohne ihn wären sie ganz verloren – ernste junge Mädchen, leider sind sie nicht hübsch, deshalb finden sie keinen Bräutigam. Bruder Kikjou soll die Geschäfte ordnen; soll mit Anwälten – wahrscheinlich üblen Schwindlern – um grünbespannte Tische sitzen; wird vielleicht etwas Geld haben, vielleicht auch nicht: sehr wohl möglich, daß Papa nur Schulden hinterlassen hat, man muß auf dergleichen gefaßt sein. In diesem Falle säße Kikjou da, mit den unversorgten Jungfern – wie kann er sie alle ernähren?

Es hat mancherlei zu besprechen und zu beraten gegeben mit dem strengen, milden Herrn, der geduldig lauscht. Zu allen übrigen Sorgen kam das Paß-Problem: Kikjou, kleiner Kamerad der Heimatlosen, war nun seinerseits expatriiert. Solches geschah ihm zur Strafe, weil er in Spanien bei den Loyalisten gewesen war, und sich so lange fern gehalten hatte von der Heimat. Sein Paß wurde nicht verlängert: Kikjou argwöhnte, daß sein eigener Vater die brasilianischen Konsulate in solchem Sinne beeinflußt hatte. Der grausame alte Herr – heftig deprimiert durch den Magenkrebs und die Ahnungen des nahen Endes – wollte den verlorenen Sohn durch so erpresserischen Trick zur Heimkehr zwingen. Nun mußte er wirklich nach Hause, und fand sich in lästigen Komplikationen. ‹Soll ich den gefälschten Paß benutzen? Es ist ja ein echter – nur ein paar kleine Ziffern hat man korrigiert … Was rätst du mir, lieber Herr?› – Die Emigranten-Probleme, die Sorgen der Vagabunden: Kikjou, der Wahl-Emigrant, der Vagabund aus Instinkt, erfuhr sie am eigenen Leibe.

‹Nach Hause!› dachte er, ziemlich bitter. ‹Nach Hause –: wie seltsam es klingt! Was geht Rio de Janeiro mich an? Eine fremde Stadt. Was bedeuten mir meine Schwestern? Unbekannte Damen. Ich habe kein Zuhause. Zu lange habe ich mit denen gelebt, die heimatlos sind – ich gehöre zu ihnen, meine Brüder sind sie. Marcel, mon grand frère – hatte er eine Heimat? Il était sans patrie, ist unter fremden Himmeln gestorben. Martin, den ich geliebt habe, und seine Freunde, und all die anderen, denen ich ein bißchen zu helfen versuchte – ach, mit was für matten, unzureichenden Kräften! –: lauter Heimatlose ... Was soll ich in Rio, bei den dummen Schwestern und den schlauen Anwälten? Aber es ist wohl meine Pflicht, ihnen zur Verfügung zu sein ... Wie lange werde ich bleiben? Und was für Wanderschaften kommen dann?

In welchen Sprachen werde ich noch beten lernen? – Vorhin, als ich vor meinem Erlöser lag, habe ich ihn mit französischen, deutschen, englischen, spanischen und portugiesischen Vokabeln angerufen. Er hat sie alle verstanden. Des Menschen Sohn kennt die Sprachen der Menschen. Er ist kein Nationalist. Er hat keine Muttersprache, nur die Sprache des Vaters – die sich aus sehr mannigfachen Idiomen zusammensetzt. Unser internationales Kauderwelsch wird gnädig aufgenommen. Mein Gestammel könnte ein Gegenstand des Anstoßes und Skandals im Himmel sein; indessen herrscht dort größte Toleranz, was die Worte und Akzente betrifft. Die Taten und Gedanken aber werden streng gewogen.

Die stumme Toleranz der höchsten Sphäre ist tröstlich; jedoch würde man gern auch von den Lebenden etwas besser verstanden. Auf Erden nimmt die Unduldsamkeit gegenüber Ausländern erschreckend zu, überall ist sie im Steigen begriffen: Du weißt es, Menschensohn; mir liegt aber daran, es Dir wieder einmal recht nachdrücklich ins Gedächtnis zu rufen. Wir sind ziemlich einsam, lieber hoher Herr; in der Fremde weht kalte Luft, Freundschaften von Dauer gibt es kaum für die Unbehausten.

Einstmals ward ich hohen, sonderbaren Umgangs gewürdigt; das ist lange her. Deine Boten traten Flügel-rauschend ein. Seither ist es still um mich geworden; auch der Geruch von Mandelblüten und überirdisch feinem Benzin ward mir nicht mehr gegönnt. Ich konstatiere es, ohne mich zu beklagen. Habe ich etwa Anspruch auf den Verkehr mit Engeln? Keineswegs. Um es nur zu gestehen: sie fehlen mir nicht einmal. Die Beziehungen zu sterblichen Menschen sind abwechslungsreich und erregend genug. Auch habe ich ja reichlich zu tun. Als ich noch faul und ohne Pflichten war, eignete ich mich wohl besser zum Spiel- und Reisegefährten für die Himmlischen. Ich lechzte nach dem Wunder, weil ich sonst beinah sorgenlos war. Heute verhält sich das anders. Die Affäre, zum Beispiel, mit meinem Paß, und die finanzielle Situation meiner Schwestern ...›

Auf welche Beschwörungsformel reagieren die Gottes-Boten? Auf welches Stichwort hin treten sie ein? Kikjou hatte kalte, nüchterne Gedanken gedacht; sein Interesse war aufs Nahe, Irdische konzentriert, und seine Feststellung, daß ihm die Engel kaum fehlten, war nicht schmeichelhaft gewesen für so stolze und empfindliche Kreaturen. ‹Der Paß›, dachte er. ‹Das väterliche Erbe ...›

Da geschah es. Da vollzog es sich noch einmal.

Kikjou war kaum erschrocken; sogar das Erstaunen verbarg er – wenn er es empfand. Es war doch schon lange her, seit der Stürmisch-Geschwinde ihn heimgesucht und abgeholt hatte. Genügt eine einzige Begegnung mit den Himmlischen, um uns an den hohen, schauerlichen Umgang dergestalt zu gewöhnen, daß wir ihn wie das Selbstverständliche hinnehmen, wenn er sich wiederholt?

Kein Erschrecken, kein Aufschrei des Sterblichen: Kikjou reagierte so matt, daß es kränkend wirkte. Die Gefiederten sind es gewohnt, Sensation zu machen, wenn sie sichtbar zu werden geruhen. Sie erwarten sich, sehr mit Recht, den halb entzückten, halb entsetzten Empfang. Maria, die Unberührte, entsetzte und entzückte sich bis zu Tränen und zu krampfhaften Gelächtern über des Engels Besuch. Ihre Erregung überschritt jedes Maß und drohte, in Raserei auszuarten, als die große Meldung ausgerichtet wurde: Du bist auserkoren! Unter allen du! Du hast empfangen, bist gesegnet, und die Frucht wird ohnegleichen sein! – Wie jubelte und tobte, wie wimmerte und frohlockte da die erwählte Magd. – Dieser Knabe indessen – Kikjou, ein Verwöhnter, dem gar nichts mehr imponierte –: er hob nur den Kopf, schaute hin, lächelte: Ach, da bist du wieder ... als wär es eine Selbstverständlichkeit. – Freilich: welch ein Lächeln! Wie schüchtern, bei aller Vertrautheit mit dem Phänomen! Wie innig werbend – wenngleich ein wenig blasiert. Bei aller Gefallsucht, aller Lässigkeit – wie erschüttert! Wie dankbar! – Er hatte ja gestanden: Ich bin recht allein. Gleich war die überirdische Visite da, von sanftem Licht umflossen, höchst freundlich.

Kikjou freute sich sehr; wollte es aber nicht zugeben, sondern erkundigte sich, beinah mißtrauisch: «Bist du der, den ich kenne? Warst du schon bei mir? Hast du mich schon mal entführt?»

Der Gesandte versetzte: «Ich entführe niemanden. Im Gegenteil: meines Amtes ist es, solche zu begleiten, die sich ohnedies schon rastlos unterwegs befinden. – Ich bin der Engel der Heimatlosen.» Dies erklärte er mit einer gewissen Strenge, als nähme er es Kikjou übel, daß er es nicht gleich erraten hatte.

«Du siehst aber deinem Bruder, dem Geschwinden, sehr ähnlich.» Kikjou bestand darauf. Er fügte, leicht verächtlich, hinzu: «Nur bist du weniger stattlich. Wahrscheinlich auch weniger schnell.»

«Schnell genug», sagte der Engel; aber seine Stimme klang müde. Er sah mitgenommen aus, beinah schäbig. Sein langer schwarzer Mantel war ramponiert und stellenweis zerrissen. Selbst die Flügel – kurze harte Federn-Gewächse, die ihm ziemlich tief am Rücken saßen – wirkten zerzaust. Auf dem Kopfe saß ihm ein bestaubter kleiner Hut, eine sogenannte Melone, wie viele Herren sie zum Straßenanzug tragen. Unter dem Hutrand strahlten überirdisch die Augen.

Ein unscheinbarer Engel –: Kikjou stellte es nicht ohne Enttäuschung fest. Trotzdem war die Ähnlichkeit mit jenem Anderen, der ihn vor langer Zeit in Schnee und Sturm gerissen hatte, auf geheimnisvolle Art frappant. Kikjou ward den Verdacht nicht los, daß es sich – wenngleich auf etwas verwirrende Art – um den gleichen Engel handelte. Aus irgendwelchen mysteriösen Gründen leugnete der neue Besucher seine Identität mit dem vorigen. Wer aber kannte sich aus mit den Identitäten der Engel?

«Der Engel der Heimatlosen – das bin ich!» rief der ramponierte Sohn des Paradieses noch einmal – diesmal stolz, beinah heftig. Die metallisch klirrende Stimme, die königliche Ungeduld des Blickes ließen den ruhenden Knaben denn doch auffahren und eine höflichere Haltung annehmen.

«Obwohl ich eigentlich nicht ganz zu den Emigranten gehöre, empfinde ich mich doch durchaus als einen aus ihrem Kreise.» Es klang etwas heuchlerisch; die Absicht, sich einzuschmeicheln, war deutlich. Der Engel, ganz entschieden verstimmt, hielt sich starr. Kikjou versöhnte und gewann ihn nicht mit Worten, sondern durch seine hilflosen kleinen Gesten, durch das Lächeln, welches rührend um Verzeihung bat.

Die Himmelsblicke unter dem bestaubten Hutrand – eben noch

furchtbar lodernd – wurden mild. Trost strömte aus ihnen, wie Wasser aus einer Quelle. Auch die Stimme bekam sanfteste Melodie.

«Du bist einer von ihnen, ich weiß es –: deshalb bin ich hier. Auch bei deinen Brüdern bin ich gewesen, zum Beispiel bei Martin, als er den Tod empfing wie eine Krone. Ich war immer dabei. Es hat mich keiner gesehen.»

Da wagte Kikjou die Frage: «Wenn du so genau Bescheid weißt; so viel Elend kennst, und immer neues mitansiehst –: warum hilfst du nicht, Engel? Warum hilfst du nicht?»

Der von-oben-Gesandte – mit der hochmütigen, sogar etwas unvernünftigen Manier der Himmlischen – blieb die Antwort schuldig, so wie viele Frauen verstummen oder das Thema wechseln, wenn man sie mit lästigen Fragen behelligt. Statt zu antworten, rief er mit herrlich singender Stimme, trostlos und begeistert zugleich:

«Unter fremden Himmeln werden die Schicksale durchlitten, die ich begleite. Auf vielen Wegen lag der sanfte Schatten meines Kleides.» Er raffte den Mantel mit schöner Geste –: siehe, er war nicht mehr abgenutzt, schadhaft und dünn; sein Stoff schien sowohl weicher als auch stärker geworden, und übrigens hatte er die Farbe gewechselt. Nun leuchtete er in köstlich sattem Blau – ein ritterlicher Mantel, ein fürstlich feines Kostüm; auch der garstige Herren-Hut hatte sich zauberisch verschönt. – Mit einem düsteren Frohlocken und tragischem Übermut fuhr der Strahlende fort:

«Überall – wahrlich, an allen Orten – bin ich gewesen! In engen Hotelzimmern, Schiffs-Kabinen Dritter Klasse, in den Warteräumen der Konsulate, den Vorzimmern der Comités, in billigen möblierten Stuben, in Hospitälern, in den Friedhöfen vieler Städte, in Eisenbahn-Coupés ohne Zahl, auf Schlachtfeldern, auf Bahnsteigen, in vegetarischen Restaurants, in Redaktions-Stuben, billigen Caféhäusern, in obskuren Klubs, in Lagern, wo sie leben müssen – zusammengepfercht wie das Vieh –: überall mein Blick, mein Lächeln, mein stummer Trost ...»

«Warum hast du nicht geholfen?» – Diesmal war Kikjous Frage mit zu viel Nachdruck gestellt, es gab kein Ausweichen mehr, der Engel mußte gestehen: «Ich konnte nicht. Ich durfte nicht. Und ich wollte nicht. Die Pläne meines Gebieters sind dunkel. – Dunkel – dunkel – dunkel ...», wiederholte er schaurig. Sein Gewand war wieder schwarz geworden, auf dem Hute lag wieder Staub. Wie kurz, wie trügerisch war der Glanz dieses Engels gewesen!

«Soll es noch lange dauern?!» – Kikjou hatte diesen Aufschrei nicht unterdrücken können. Der Engel aber machte Schritte, die sowohl schwebend als auch schleppend waren, auf und ab, durchs Zimmer. Dabei berichtete er, nicht ohne Wohlgefallen:

«Viele Tränen habe ich fließen sehen – und manche, die ich beobachten mußte, konnten nicht einmal weinen. Ich habe den Gestank der Armut gerochen, und in den Ohren das gellende Gelächter jener gehabt, die in den Wahnsinn fliehen. Das Exil kreiert neue Krankheiten; nicht nur das Herz – auch der Verstand der Heimatlosen ist erheblich gefährdet! – Ich bin der Engel der Entwurzelungs-Neurose!» Dies konstatierte er – als wäre es ihm besonders wichtig – mit Triumph und Traurigkeit ohnegleichen; wallte dabei durchs Zimmer, rauschend, sich düster spreizend, unermüdlich, immer auf und ab – zu schrecklichen Märschen verflucht; zum Gehen, Schweben, Steigen verurteilt durch unbarmherzigen Spruch. Seine Rhapsodie hallte weiter: «Ich sehe den Kampf – er geht um Leben und Tod, keiner meiner Schützlinge darf ihm ausweichen. Ich sehe den Selbstmord, den Ruin, das Laster, die Niedertracht als Konsequenz des Elends; ich sehe die Häßlichkeit in tausend Formen, und die blühende Unschuld, die erst allmählich entstellt wird vom Leid; das kurze Glück – seinen zögernden Anfang, sein rapides Ende –; die Bemühungen, die Enttäuschungen, die Entbehrungen ohne Ende –: ich sehe, ich sehe! Was habe ich nicht alles gesehen! Meine Augen sind nur noch Schmerz, so viel Schmerzen haben sie angeschaut ...»

Er berührte seine Augen mit den Fingerspitzen: da wurden sie blind. Gerade hatten sie noch geleuchtet, jetzt waren sie leere Höhlen, schwarz und tot –: ach, wohin der Schimmer? Die himmlischen Lichter – wohin?

«Elend – Elend, über alles Maß ...» War dies Jammerruf oder Lobgesang? – Der Knabe auf seinem Lager begriff: Die Engel – Teil von Gottes Substanz – huldigen dem Herrn, auch wenn sie klagen. Dies faßt kein Sterblicher. Kikjou keuchte:

«Wie lange noch? Und was ist der Sinn?»

Der Engel – das Gesicht mit den toten Augen zur Maske erstarrt und verzerrt – schwebte und tänzelte vor dem Bett. «Frage nur! Frage!» Es klang höhnisch. «Aber wünsche dir keine Antwort – die dich zermalmen müßte. Zerschmettert wärest du, wenn die Antwort käme! Du Narr! Du Sterblicher! Du Ahnungsloser!» Dazu ein Lachen – wie aus Höllenschlünden.

Kikjou – außer sich; alle Vorsicht vergessend; aus dem Bette springend – schrie ihn an: «Verfluchter!!» – und war auf das Schlimmste gefaßt. Ein Engel, der so infernalisch gemeckert hatte, konnte auch Feuer speien, ihm war schlechthin alles zuzutrauen.

Der Bote, statt zu toben, reagierte sanft. Er bekam wieder lebendige Augen – menschlich-übermenschliche Sterne –, und sie glänzten feucht. Tränen hingen an den schön gebogenen Wimpern. Aus dem Dunkel des Mantels traten, blaß und schmal, die Hände hervor. Ihre Gesten flehten um Verzeihung, wie die sanften Blicke.

«Nenn mich nicht so!» bat er innig, die beseelten Augen rührend aufgeschlagen. «Ich begreife, daß du dich fürchtest vor mir, und sogar etwas ekelst. War ich vorhin sehr häßlich und abscheulich? Das passiert mir manchmal. Ich komme zu oft und nah an Widriges heran: es wirkt ansteckend. Manchmal packt es mich, und ich muß selber gräßlich werden –: es ist wie ein Anfall – sehr quälend; dauert aber nicht lang. Gerade dir gegenüber ist es mir unangenehm.» Der Engel machte eine wirkungsvolle Pause, ehe er mit feierlichem Nachdruck sagte: «Nicht um dich zu verfluchen, bin ich zu dir gekommen.»

«Warum bist du hier?» wollte Kikjou wissen. Er stand mit bloßen Füßen auf dem Steinboden. Er fror.

«Um dich zu küssen. Um dich zu segnen.» – Dies war nicht die Stimme eines Einzelnen mehr; wie Chorgesang hallte es durch den Raum. Sehr viele Engel – die Heerscharen allesamt – schienen ihrem ramponierten Bruder Gewalt und Süßigkeit ihrer Kehlen zu leihen: das wundersam geübte Ensemble der Cherubim ließ sich hören.

Der Knabe schluchzte. Da er außerdem fror, wurde er besonders heftig geschüttelt. «Warum gerade mich?» fragte er, bitterlich weinend. «Warum sind Kuß und Segen mir zugedacht – unter allen

Brüdern und Kameraden gerade mir?» – Er hatte Angst vor der hohen Gunstbezeugung. Er fürchtete sich. Er war schwach. Dies verriet er, da er sich nun in einen Winkel zurückzog und flehte: «Bitte nicht ...»

Der Engel, unbarmherzig und hold, folgte ihm, schwebenden, schleppenden Ganges. Er hatte sich schon wieder verändert – er war ein Verwandlungskünstler; liebte die überraschenden Tricks. Sein Reise-Kostüm leuchtete silbrig-weiß, die Flügel waren länger geworden, sie strahlten, sogar der runde Hut hatte Glanz: er löste sich in hellen Nebel auf, ohne dabei völlig die Façon zu verlieren. – «Fürchte dich nicht!» verlangte der Leuchtende. – Er hatte Kikjou gänzlich in die Ecke gedrängt. Der Weg war dem Kleinen verstellt. Vor dieser Umarmung gab es kein Entweichen.

Lieblich und majestätisch stand der Himmlische aufgerichtet, das Gesicht beinah nur noch Glanz: Glanz das Haar, das unter dem Nebel-Hute sichtbar ward; Glanz – der Mund, die Stirn, die tänzelnden Füße, die bewegten Hände. Die Augen – sie allein – blieben fest umrissen, bei all der strahlenden Auflösung. Aus ihnen floß Mitleid, ungeheuer stark; Erbarmen, mächtig wie eine Flamme; Trost, der nicht nur lindert, sondern auch fordert und alarmiert.

Die Augen des Engels verlangten viel von diesem Sterblichen. Der senkte das Haupt. Er empfing den Blick –: höchste Gunst; strengstes Urteil. – «Fürchte dich nicht!» rief die Stimme, die von oben kam – und doch stand der Bote noch auf unserer Erde.

Er bückte sich ein wenig; denn er war viel größer, als der Mensch, den er küssen wollte. Der Kuß war eisig – Hauch aus Sphären, die kein Strahl erwärmt. Kikjou zitterte stärker; hielt sich indessen aufrecht, in lobenswert tapferer Haltung. Er hatte den Blick ausgehalten; so mußte auch der Kuß sich ertragen lassen. Nur schien es ihm ratsam, seinerseits die Augen zu schließen, damit er das eisige und feurige, zugleich zerfließende und steinern geprägte Gesicht nicht gar zu sehr aus der Nähe sähe.

Es verging eine kleine Weile, vielleicht war es auch eine lange Zeit, Kikjou stand wie im Schlaf, er machte die Augen nicht auf. Endlich sagte er – fast zu seiner eigenen Überraschung –:

«Jetzt werde ich es vielleicht schaffen.»

«Was?» fragte der Engel. Er hatte sich ein paar Schritte zurückgezogen; die Stimme kam nicht mehr aus so drohend-zärtlicher
Nähe.

«Nicht heute oder morgen …» Kikjou redete wie zu sich selber,
als wäre kein Engel da. «Aber irgendwann. Mit der Zeit. Ich werde
es sicher schaffen.»

«Sprichst du von deinem Buch?» Der Engel wußte Bescheid;
seine Frage vorhin war rein rhetorisch gewesen.

«Ursprünglich ist es Martins Buch gewesen», erläuterte Kikjou. «Aber er hat es nur bis zum Vorwort gebracht, und ein paar
Notizen sind da, ich habe alles bewahrt. Auch Marcel hat es
schreiben wollen, oder hat es zu Teilen geschrieben. Alles, was er
hinterlassen hat, sind Bruchstücke unseres Buches. – Darf ich es
vollenden?» Die Frage war dringlich; umso enttäuschender die
etwas spöttische Gegen-Frage des Engels: «In welcher Sprache
willst du es denn schreiben?»

Kikjou war ein bißchen beleidigt. «Darauf kommt es doch gar
nicht an. Ich kann alle Sprachen. Aber es ist so schwer, die Wahrheit fest zu halten – in welcher Sprache auch immer. Die Wahrheit
ist so ungeheuer kompliziert, so traurig und so schockierend. Ich
fürchte mich vor der großen Arbeit …»

«Fürchte dich nicht!» Die Stimme kam nicht mehr von oben
und hatte menschliches Maß. Gerade deshalb wirkte sie tröstlich –: Zuruf eines guten Kameraden.

Kikjou gestand: «Ich wundere mich selber über meine Courage.
Du mußt mich für sehr ehrgeizig und eitel halten. Habe ich überhaupt Talent? Das ist noch lang nicht bewiesen; die paar Schreib-
Übungen während der letzten Jahre rechnen kaum. Und nun will
ich mich an eine so große Sache wagen …»

«Es soll ein Roman werden?» Der Engel erkundigte sich mißtrauisch, wie ein Verleger, dem ein unberühmter junger Autor Vorschläge macht.

«Eine Chronik», versetzte Kikjou, schüchtern und stolz. «Die
genaue Chronik unserer Verwirrungen, Leiden, auch der Hoffnungen. Ich habe viel Material», behauptete er hoffnungsvoll. «Es
müßte ein ziemlich langes Buch werden, Vieles ist einzubeziehen,
eine Menge von Themen machen die Symphonie. Ich darf nichts

vereinfachen, auch nichts weglassen; umständlich und aufrichtig muß ich sein. – Wenn es aber langweilig würde? Das wäre grauenhaft! Vielleicht sind Bücher nicht mehr zeitgemäß? In den meisten Ländern werden sie verboten – und wo sie noch erlaubt sind, machen sie kein besonderes Aufsehen. Die Leute gehen lieber ins Kino. – Mein Gott!» Kikjou war tief erschrocken. «Sind alle Bücher langweilig?»

«Es gibt immerhin Unterschiede!» bemerkte der Engel, mit mattem Trost.

Kikjou war gleich wieder zuversichtlich, wenngleich immer noch von Zweifeln geplagt. «Mein Roman muß aber doch zu den interessanteren gehören!» rief er flehend. «Bei all dem Material, das ich habe …»

Der Engel, mit einem Achselzucken: «Es wird eben ein Roman – gesetzt, du hast überhaupt die Kraft, ihn zu schreiben. Die Welt wirst du nicht mit ihm auf den Kopf stellen.»

«Aber es muß doch alles festgehalten werden! Man vergißt doch so schrecklich schnell!» Nun lief Kikjou durchs Zimmer, aufgeregt wie alle Autoren, wenn von ihren literarischen Projekten die Rede ist. «Sogar wenn heute wenig Interesse da sein sollte –: die Nachwelt will doch Dokumente, Rechenschaft. Sie verlangt unsere Beichte …»

«Eure Beichte!» Der Engel lachte; wurde dann umso ernster. «Die ist an anderer Stelle verwahrt.»

Nun war Kikjou wirklich sehr verletzt, er schmollte. «Du bist der Erste, dem ich von meinem Vorhaben rede – bis jetzt habe ich mirs ja selber kaum eingestanden. Nicht einmal dem Erlöser, der von mir alles weiß, habe ich Andeutungen in dieser Richtung gemacht. Dir eröffne ich alles – und du weißt dir nichts Besseres, als mich mutlos zu machen.»

«Dich mutlos machen?» Der Engel wiederholte es mit sanftem Vorwurf. «Wer hat dir denn den Mut zu deinem Plan gegeben? Seit wann hast du ihn denn?»

Kikjou mußte gestehen: «In etwas präziserer Form –: erst seit einer halben Stunde.»

«Erst seitdem ich dich geküßt habe», stellte der Engel fest.

«So willst du, daß ich das lange Buch schreibe?» Kikjou war

wieder froh; wollte aber noch wissen: «Warum tust du dann so skeptische Äußerungen?»

«Weil du ehrgeizig und eitel bist», sprach der Engel.

Der Junge verstummte erschreckt. Dann suchte er sich zu verteidigen. «Aber nein! Glaube das bitte nicht! Ich gebe mir doch alle Mühe, bescheiden zu sein … Ein bißchen eitel ist wohl jeder Mensch. Und wie sollte man ohne Ehrgeiz etwas Großes beginnen? … Meine Stimme soll die Stimme meiner Brüder sein – der lebenden wie der toten –: nach Diktat will ich sprechen. Martin und Marcel sind verstummt, unter fremden Himmeln. Sie hätten so viel zu sagen gehabt, alle Zwei – du hast sie ja gekannt –; aber gerade den Besten verschlägt es heute die Sprache, mit Entsetzen schließen sie den Mund. Manche Ereignisse und Zustände sind von solcher Art, daß die Worte fehlen, um sie zu bezeichnen.» Hier nickte der Engel, der Erfahrung hatte, was die unbenennbaren Ereignisse und Zustände betraf. Kikjou wurde lebhafter, ermutigt durch die freundliche kleine Geste.

«Die Ereignisse und Zustände sollen verändert werden; darauf kommt alles an.» Er wartete auf ein neues Zeichen der Bestätigung; der Engel lauschte und schwieg. «Wie soll man sie verändern», fuhr Kikjou fort, «wenn man nicht einmal wagt, sie zu benennen? – Ich wage es!» rief er ungestüm und warf kühne Blicke. «Das Verwirrte übersichtlich zu machen; den Schmerz zu lindern, indem man ihn analysiert – welche Aufgabe! Welches Abenteuer! Viel schwieriger und viel schöner, als einen neuen Apparat zu konstruieren, einen Ozean zu überfliegen, eine Schlacht zu gewinnen!»

«Du sollst eine Schlacht gewinnen!» Der Engel, der solches verlangte, sah seinerseits kriegerisch aus. Er gönnte sich noch eine Verwandlung – gewissen Monarchen oder hohen Würdenträgern ähnlich, die zu jeder repräsentativen Gelegenheit das passende und pittoreske Kostüm wählen. Diesmal stilisierte er seine Erscheinung ins Militärische. Aus dem runden Hut ward ein Helm, das weite Reisekleid bekam straffe Linien – es glich nicht einer modernen Uniform, eher dem Gewand eines antiken Soldaten; – selbst die Flügel sahen jetzt wie Waffen aus, mit feurigen, harten Rändern, die an den Spitzen gefährliche kleine Dolche zu formen schienen. Auch das Antlitz hatte militante Züge, und der Ruf kam knapp und hart wie ein Befehl.

«Das Wort ist, immer noch, eine gute Waffe! Es muß gar nicht langweilig sein, wenn es trifft und sitzt. Übe dich! Lerne fechten! Wir lieben die guten Fechter!»

Es war ein Kommando, scharf aber enthusiastisch. Kikjou versprach begeistert: «Ich werde mir Mühe geben – du kannst dich darauf verlassen. Natürlich darf ich nichts überstürzen; es gibt noch eine Menge vorbereitender Arbeit zu tun. Wie viel Studien sind nötig! Wie viel Notizen, wie viel Material! Ich werde beobachten, sammeln, eins zum anderen legen. Und wenn die Kraft mir ausgeht, werden die toten Brüder mir ein wenig soufflieren: die lieben Toten flüstern mir die Worte zu, die sie verschwiegen haben. Mit unsichtbaren Händen führen sie mir die Feder, wenn meine eigenen Finger ermatten ... Ich schreibe den Roman der Heimatlosen!» Er rief es freudig erregt, als hätte er sich erst eben entschlossen.

«Meine Glückwünsche.» – Es fiel Kikjou auf, wie erschöpft die Stimme seines Gastes klang. Er stand an der Türe, zum Gehen bereit, und wieder in der bescheidenen Gestalt, die er zuerst präsentiert hatte. Irdischer Staub lag auf dem dunklen Stoff von Wanderkleid und Kopfbedeckung. Die schräge Haltung der Schultern verriet Müdigkeit; indessen waren Füße und Hände nervös bewegt. So empfiehlt sich einer, der lange Wege hinter sich hat und dem noch erhebliche Strapazen bevorstehen. – «Ich habe mich schon viel zu lange aufgehalten.» Er schwebte ein wenig empor, gleichsam um zu probieren, ob er es nicht verlernt habe. «Der Dienst ruft.» Er lächelte überanstrengt, wobei er träge durch die Luft spazierte.

Kikjou war neugierig. «Was hast du denn noch zu tun?»

«Mancherlei ...» Der runde Hut drückte sich platt an der Zimmerdecke; der Engel war so weit wie möglich nach oben geschwebt. «Laß einmal sehen ... Wir haben heute den 14. September 1938. – Noch Mehreres zu erledigen. Das Tages-Programm ist noch nicht erfüllt.»

«Du sammelst Material – wie ich?» erkundigte sich Kikjou, mit kollegialer Vertraulichkeit.

Der Engel, an der Decke, schwieg eine Weile, ehe er, melancholisch und zerstreut, konstatierte: «Wunder kann ich nicht tun. Ich habe meine Instruktionen und Kompetenzen, die keinesfalls zu überschreiten sind.» – «Immerhin bist du mächtig, im Vergleich mit mir», meinte Kikjou, der das große Buch schreiben wollte. «Ich kann beobachten, kann mit den anderen leiden; helfen kann ich nur in den seltensten Fällen. Du hingegen bringst Trost, schon durch deine Gegenwart – wenn du nicht gerade deinen kleinen Häßlichkeits-Anfall hast ... Ich beneide dich.»

Der Engel der Heimatlosen antwortete mit einem Blick voll großer Traurigkeit. Plötzlich aber klapperte er animiert mit den Flügeln: ihm war ein Einfall gekommen. «Du könntest mich auf meiner Tour begleiten!» schlug er munter vor.

«Jetzt? Sofort?» – Kikjou war beklommen, weil er an die schauerliche Fahrt durch Schnee und Sturm dachte. Stand schon wieder etwas dieser Art bevor?

Der Engel – gar nicht drohend, wie sein geschwinder Kollege es gewesen war; vielmehr eher flott, bei aller Erschöpftheit – lachte. «Natürlich! Ich habe keine Zeit zu verlieren!»

«Wohin denn?» – Kikjou blieb mißtrauisch.

«Hierin und dorthin!» erklärte der fröhliche Wander-Engel. «Du wirst vielleicht ein paar alte Freunde wiedersehen oder neue Bekanntschaften machen – das ist immer interessant, besonders für einen Schriftsteller.» – «Ich bin doch noch gar keiner!» wandte der Junge ein. Der Engel – fast übermütig – drohte mit dem Finger: «Du wirst auch nie einer werden, wenn du jedem Abenteuer ausweichst!» Sein Entschluß, den Dienst-Flug nicht allein zu machen, hatte ihm die Laune erheblich verbessert. Er wiegte sich behaglich an der Zimmerdecke. «Wir werden es uns bequem machen.» – Das war ermutigend. Kikjou fragte: «Keine Raserei durch die Nacht? Kein Gebraus und Gesaus, daß einem die Sinne vergehen?» – «Keine Spur!» Wie sanft und singend die Engels-Stimme nun klang! Sie wurde magisch einschläfernd, als sie wiederholte: «Keine Spur ...»

Dabei hob er die Hand. Er winkte, er gab das Zeichen –: da füllte sich der Raum mit silbergrauem Nebel. «Wir machen es uns bequem ... Sind ja zwei alte Reisende. Beide etwas ausgepumpt, von den vielen Fahrten...» – Er ruhte im Silber-Nebel wie auf weichem Kissen. Auch Kikjou fühlte sich sehr angenehm gebettet.

Die weiche Wolke trug ihn sanft empor. Welch komfortables Wunder! Der Engel der Heimatlosen zog den jungen Menschen an sich. «Wie gut», hauchte er noch, «einmal nicht alleine unterwegs zu sein...»

Die Wolke, dunkler geworden, schaukelte leicht. Kikjou sah nichts mehr – nur noch die milden Strahlen-Augen seines Begleiters. War die zauberische Reise kurz, oder war sie lang? – Weder kurz noch lang. Die Dimension der Zeit galt nicht mehr, da die Dimension des Raumes überwunden war. Sind Engel gebunden an die Vorstellungsformen plumper menschlicher Hirne? Ach – in der silbrig-dunklen Wolke, die sie uns entführt, haben die Kategorien unseres Denkens keine Gültigkeit. Auch der kleine Sterbliche ist von ihnen befreit – so lange ihn der Engel mit brüderlicher Zärtlichkeit umarmt. Ausflüge so extravaganter Sorte distanzieren ein Menschenkind auf bedenkliche Art von Brüdern und Schwestern, die dergleichen nie mitgemacht –: der Engel sollte es wissen. Weiß er es? Ist es seine pädagogische Absicht, den jungen Romancier dahin zu belehren, daß man zugleich distanziert und ergriffen sein muß – wenn man schreiben will? – Kikjou sollte noch so Vieles lernen, ehe er sein großes Buch beginnt! Man muß geflogen sein mit den Engeln, man muß mit den Armen gehungert haben – wenn man Bücher über Menschen schreiben will. Welch ein Wagnis: über Menschen irgendetwas auszusagen! Ihr unsagbares Gefühl zu formulieren – welches Risiko! Taktlosigkeiten, Irrtümer, nichtssagende Verallgemeinerungen werden fast unvermeidbar; es geht um das Heikelste, um das Verworrene, das Unergründliche – man ergründet es nie, man ahnt nur etwas vom Grund –: ganz entschieden, ehrgeiziger kleiner Kikjou, du mußt noch durch mehrere Erfahrungen gehen, ehe du zur Feder greifst. Jetzt fliegst du mit dem Engel –: wir wünschen dir glückliche Fahrt! Der Dämon der Entwurzelungs-Neurose, der Schutzpatron der Expatriierten, der Tröster, der Spötter, der Fluch-Spendende, der Segen-Spendende – er hat dich geküßt. Das gibt dir einen Vorsprung vor den Konkurrenten. Du bist vielfach ausgezeichnet worden, man hat dich angeblickt – unfaßbar milde und unfaßbar streng –, man hat viele schöne oder entsetzliche Worte an dich gerichtet; jetzt eben sind es sanfte Worte, die du hörst:

«Zuerst zeige ich dir das Beste!» sagte der Engel – da waren sie schon am Ziel, schon unsichtbare Gäste in einem Haus – bescheidene Villa; aber sauber und gemütlich, «Colonial Style»: man befand sich im südlichen Teil der Vereinigten Staaten; Kikjou wußte es, ohne vom Engel unterrichtet worden zu sein. – Hier also lebt Marion! dachte er. Sie hat mir ihre Adresse nicht geschrieben; man muß sich ja mit den Engeln verbünden, um sie auszufinden …

Er sah Marion, sie saß an einer Wiege, er sah einen fremden Mann – gedrungene Gestalt; das rundliche Gesicht von den Augen beherrscht –: wer war es denn? Der Engel belehrte ihn: «Professor Benjamin Abel, ein famoser Kerl.» – Kikjou sah Marion an; seinem Begleiter indessen schien es mehr auf das Kind anzukommen; schon näherte er sich, schwebenden und schleppenden Ganges, der Wiege. Das Kind schrie, Marion sagte: «Man sollte das Radio abstellen, Marcel kann nicht schlafen.» – «Es ist aber gerade so interessant», sagte Benjamin. «Chamberlain will nach Berchtesgaden fliegen.» – Marion, während sie mit der Fußspitze leicht die Wiege schaukelte: «Das bedeutet wohl, daß der Krieg etwas verschoben werden soll. Kleine Verzögerung der anberaumten Apokalypse …» – «Ich werde nicht mehr klug aus der englischen Politik», sagte Professor Abel und stellte den Apparat ab. Marion lachte leise. «Als wir Kinder waren, fragte Mama uns manchmal: Bist du dumm oder bist du bös? Das möchte ich von den britischen Ministern manchmal auch gern wissen …» – Sie ließ ihre Augen nicht vom Kind, während sie sprach. «Was hat der Kleine denn heute abend? Er hört gar nicht auf zu weinen. – Du wirst mir doch nicht krank?» – Sie redete über die Wiege geneigt.

Kikjou rief Marions Namen, sie drehte sich gar nicht um, er hatte keine Stimme: wer unsichtbar ist, wird auch stumm. Er war eifersüchtig auf Professor Abel, er haßte ihn, weil er zu Marion sprechen durfte, und weil die Worte, die er sprach, ihr verständlich wurden. – War Marion glücklich? Jedenfalls schien sie stiller, weniger nervös als in den alten Pariser Tagen. Ihre Hände ruhten auf dem Rand der Wiege; früher hatte man sie fast stets in zuckender Bewegung gesehen. Kikjou fand in ihrem Blick eine ernste Heiterkeit. ‹Es muß schön sein, ein Kind zu haben›, dachte Kikjou – petit camérade des anges ...

Da erschauerte Marion: der Engel der Heimatlosen war zu ihr getreten. Sie sah ihn nicht – unsichtbar: sein bestaubter Hut, das ramponierte Kostüm; unsichtbar der müde Mund, der gnadenvolle Blick. Sie spürte jedoch seine Nähe. Sie fürchtete sich.

«Ich fürchte mich», gestand sie ihrem Benjamin. «Vielleicht wird doch Krieg kommen; es sieht alles so beunruhigend aus. Oder ein Frieden, der noch schlimmer ist als Krieg. – Und das Kind hört nicht auf zu schreien!» rief sie gequält.

Sie war es – die junge Mutter –, die schrie; das Kind lächelte schon. Die Nähe des Engels war ihm angenehm; der kleine Marcel war erst vier Wochen alt, und dem Paradiese noch nicht fremd geworden. Er lachte, der kleine Marcel; er strampelte, er bewegte lachend die Fäustchen. Mit großer Vergnügtheit empfing er Blick und Kuß des Boten. Der Engel der Heimatlosen segnete und küßte Marions Kind.

«Ist er nicht goldig!» rief entzückt Vater Abel. Er war goldig, Marion bestätigte es. Er wird die Augen bekommen, um derentwillen Marion zwei Menschen geliebt hat: Tullio und Marcel.

Welch ein schönes Baby! Sein Gesicht war nicht rot und faltig; vielmehr glatt, von fester Substanz und angenehm bräunlicher Farbe. Es hatte schon Augenbrauen – die junge Mutter kannte ihre Linie, die kühnen, tragischen Bögen ...

«Ich bin stolz auf das Kind», sagte Vater Abel mit feuchtem Blick.

Und die Mutter – unendlich zärtlich, sorgenvoll und stolz –: «Was ist ihm bestimmt? – Was ist dir bestimmt, kleiner Marcel?»

«Ich weiß es», sagte der Engel der Heimatlosen – ziemlich laut, aber unhörbar. – Er hatte das Kind geküßt; dies war erledigt, anderes blieb zu tun; «wir müssen weiter!» raunte er Kikjou zu. Der Sterbliche flüsterte: «Bitte nicht!» Er wollte so gern noch ein wenig bleiben; es gefiel ihm so gut hier, das Kind war reizend, für Marion hatte er immer starke Sympathie gehabt – und wäre es nicht interessant gewesen, den Professor ein bißchen näher kennen zu lernen? – «Nur noch ein paar Minuten!» bettelte Kikjou. Der Engel aber war unbarmherzig, wie alle pflichtgetreuen Beamten.

Schon beschwor er, mit zwei erhobenen Fingern, die Silberwolke.
– «Was wird aus dem Kind?» fragte Kikjou noch, ehe er eingehüllt
und fortgetragen ward. «Sage mirs! Ich muß es wissen!!»

Der Engel antwortete nicht. Sein Blick, mitleidsvoll und streng,
umfing noch einmal die Gruppe: den Vater, die Mutter, die Wiege
mit dem Neugeborenen –: drei Menschen. – «Komm!» forderte
der Engel der Heimatlosen. Dies galt Kikjou und ward schon aus
der Wolke gesprochen.

... Aufstieg; Entrückung – mit leichtem Schaukeln; komfortables Wunder; magische Verwandlung. Paris, Ecke Boulevard St.-
Germain – Rue des Saints Pères. Ein kleines Restaurant – Kikjou
hatte häufig hier gegessen. «In dieser Ecke saß ich immer – mit
Martin!» Er flüsterte es dem Engel zu – der es schon gewußt hatte
und schweigend nickte.

Das Lokal war voll; übrigens schien das Publikum aufgeregt
und nervös. Man besprach die Ereignisse des Tages; erwog auch,
was die Zukunft bringen mochte. «‹Gibt es Krieg›?» – «Natürlich!
Es wird ja schon mobilisiert!» – «Aber Chamberlain ist nach
Berchtesgaden geflogen!» – «Er ist noch in London, vielleicht
wird Hitler ihn nicht empfangen ...» – «Lohnt es sich, Krieg zu
machen, für diese Sudeten-Deutschen, die niemand kennt?» –
«Les Tchèques c'est pour moi quelque chose comme les Chinois ...» – «Die Tschechoslowakei ist unser Bundesgenosse und
eine gute Demokratie ...» – «Monsieur Benesch ist Jude, deshalb
mag er den Führer nicht ...» – «Monsieur Benesch soll ein sehr
kultivierter, feiner Mann sein ...» – «L'honneur de la France ...» –
«Les avions Allemands ...» – «Les sales Tchèques ...» – «Les sales
Boches ...» – «Les sales Juifs ...» – «Nous autres Français ...» ...
«Je suis pacifiste ...» «J'admire Monsieur Chamberlain ...» ...
«Après tout, Hitlère, lui aussi, est un type épouvantable ...»

Da entdeckte Kikjou seinen Freund David Deutsch, er saß mit
zwei älteren Herren, alle Drei waren schweigsam, die Kellnerin
stellte gerade Teller und eine Flasche Rotwein vor sie hin. Einer von
den Männern hatte einen prachtvollen schwarzen Vollbart – steif
und hart, wie ein Brett aus Ebenholz. Er studierte eine Zeitung, die
in hebräischen Lettern gedruckt war. «Es ist ein Rabbi», erklärte
der Engel, «sehr gelehrt und fromm. In Krakau geboren, 1886; lebt

seit fünfundzwanzig Jahren in Paris.» – «Und der andere?» wollte Kikjou wissen. Er ward unterrichtet: es war ein väterlicher Freund von David Deutsch, Herr Nathan. Er hat das Umschulungs-Lager für jüdische Intellektuelle in Skandinavien organisiert – höchst verdienstvoller Weise. David wollte sich als Schreiner ausbilden lassen; hat sich auch sehr geplagt; brach aber bald zusammen: die Kräfte reichten nicht aus. Herr Nathan riet ihm, er solle Uhrmacher werden: dazu braucht man mehr Intelligenz und weniger Muskeln als zur Schreinerei. Jetzt kann David Uhren auseinandernehmen und zusammensetzen –: eine heikle Kunst. Er hat eine Stellung in den französischen Kolonien bekommen, durch gütige Vermittlung des Rabbi mit dem schönen schwarzen Bart. Morgen geht das Schiff nach Marseille, jetzt feiern sie Abschied, Herr Nathan hat seinen Schützling nach Paris begleitet. – «Sehr nett von ihm», sagte Kikjou. «Herr Nathan gefällt mir. Warum sieht er so müde aus? Er hat schwere Säcke unter den Augen.» – «Er muß sich viel sorgen», sagte der Engel, der seinerseits aus irgendeinem Grunde beunruhigt schien. Er beobachtete eine Gruppe von jungen Franzosen, die ihren Tisch neben David Deutsch und seinen Freunden hatten.

Es waren schmucke Burschen, einer von ihnen trug ein kleines, schwarzes Schnurrbärtchen, an den Enden aufgezwirbelt; alle hatten Abzeichen in den Knopflöchern ihres Jacketts, sie sprachen über die Schande Frankreichs. Ein jüdischer Ministerpräsident hatte die Nation an den Rand des Abgrundes gebracht, was man nun dringend brauchte, war ein starker Mann. Man wünschte ihn sich einerseits brutal, andererseits auch versöhnlich; er sollte die Streiks verhindern – wenn nötig, auf die Arbeiter schießen lassen; mit Nazi-Deutschland aber gute Freundschaft halten. Jüdische Intriganten beabsichtigten, la douce France in den Krieg zu zerren – angeblich um die Tschechen zu retten, in Wahrheit wegen der jüdischen Interessen. Die jungen Herren waren sehr ergrimmt. Einer von ihnen blickte drohend zu David Deutsch hinüber. Die hebräische Zeitung wirkte wie ein rotes Tuch auf die forschen Jünglinge – die reichlich Wein konsumiert hatten.

Der Engel war sehr besorgt. Er raffte das dunkle Kleid und schwebte auf David zu. Gleichzeitig standen auch die jungen Herren auf; sie hatten ihre Mahlzeit beendet, ihre Rechnung bezahlt.

Würde alles gut gehen? War die Gefahr überwunden? Die Camelots hatten die Tür erreicht, der Rabbi ließ einen Seufzer der Erleichterung hören; nur der Engel – hinter Davids Stuhl – blieb kummervoll und gespannt.

Einer der Jünglinge – es war der mit dem hübschen Bärtchen – machte Kehrt. Es erschien ihm wohl unerträglich, das Lokal zu verlassen, ohne den frechen Israeliten eine Lektion erteilt zu haben. Hebräische Zeitungen – mitten in Paris! C'est trop fort, après tout! Dies Gesindel –: durfte es sich alles erlauben?

Leicht schwankend, doch in aufrechter Haltung, durchschritt der junge Herr nochmals das Restaurant. Vor David Deutsch blieb er stehen. Der wußte schon, was nun kommen würde –: er hatte es zwei Mal erlebt. Es gibt Cauchemars, die man, in gewissen Abständen, immer wieder, immer noch-einmal träumen muß. Ein S.A.-Mann hatte gespuckt, auf dem Kurfürstendamm, in Berlin –: wie lang war es her? Er hatte: «Saujud!» dazu gesagt – mit gelassener, beinah freundlicher Stimme. Umso erregter war die amerikanische Dame gewesen, mit ihrem: «Sales Boches!» Übrigens, eine Spuckerin ersten Ranges – sie hatte einen respektablen Speichelpatzen produziert!

Der Pariser Kavalier sagte: «Sales Juifs!» Gegen die «Boches» hatte er nichts, solange sie nur faschistisch waren. Er taumelte ein wenig; ohne Zweifel: er war leicht betrunken – indessen noch rüstig genug für die Spuck-Zeremonie. Mit der Amerikanerin freilich konnte er es keineswegs aufnehmen – das Resultat seiner Bemühungen war vergleichsweise kümmerlich; auch der S.A.-Mann hatte Besseres geleistet. Kein fetter Batzen sprang aus dem Munde des Kavaliers, nur ein dünner Strahl, eine matte Fontäne –: beinah war es mitleiderregend. Übrigens konnte er gar nicht zielen. David mußte ihm mit dem Fuß entgegen kommen – mechanischer Reflex, wie von einem, der sehr oft geschlagen wird, und schon weiß, wohin die Schläge treffen sollen –: sonst wäre das schwache Tröpfchen ins Leere gefallen. Davids Stiefel wurde leicht benetzt. Der Kavalier wiederholte: «À bas les sales Juifs!»

Der Rabbi war aufgefahren – das Gesicht über dem schwarzen Bart weiß vor Zorn. Im Lokal ward ein Gemurmel laut; teils beifällig, teils entrüstet. Die Entrüstung überwog. Die Kameraden des

Kavaliers lachten etwas krampfhaft, in der offenen Türe stehend; sie spürten, daß die allgemeine Stimmung eher gegen sie war. Herr Nathan senkte wortlos die Stirn. Und David?

David hätte geschrien. Sein Mund verzerrte sich; Zuckungen liefen über die wachsbleiche Miene; die zerbrechlichen Finger – gelenkige und zarte Finger des Uhrmachers – fuhren ins starre Haar. Er hätte geschrien; doch der Engel ließ es nicht zu. Er neigte sich über ihn, er legte ihm die flache Hand vor den Mund. Er beschützte ihn mit seinem Mantel und mit seiner Hand. Er wollte nicht, daß er schriee. Der Aufschrei würde alles nur noch ärger machen. – Klage nicht, David! Ich bin bei dir – dein Engel! Sei demütig! Sei stolz! Sei besonnen und fromm! Unterdrücke den Laut des Jammers! Dein Engel hat ihn gehört.

David verhielt den Schrei; nur die Augen sprachen. Die schönen, dunklen, sehr erfahrenen Augen seiner alten Rasse ließen den Kavalier – diesen mäßig begabten Spuck-Heroen –; sie blickten an ihm vorbei, und über ihn hinaus. ‹Was haben wir getan und angerichtet, daß wir gehaßt werden, mit so unversöhnlichem Haß?› fragten die dunklen Augen. ‹Ist Israel unter den Völkern das schwarze Schaf? Wie haben wir uns vergangen? Was bedeutet so viel Schmach – die Erniedrigung durch Jahrtausende? Eine sublime Auszeichnung des Herrn? Das Stigma, das wir durch die Zeiten tragen müssen – ist es das Mal der Erwähltheit? So wären wir denn wirklich das erwählte Volk?

Ach – verdienen wir diese schaurige Ehrung?

Was sollen wir tun, um ihrer würdig zu sein?

Herr Israels, der Du uns durch die Wüste geführt hast –: was willst Du denn, daß wir tun?›

... Der junge Herr, ziemlich ernüchtert, entwich, rückwärts schreitend. Menschen sprachen heftig durcheinander. «Ça, alors – quelle salopperie, alors!» ... Die Franzosen waren beleidigt. Es ging über den Spaß.

Der Engel löste langsam seine Hand von Davids Mund – sehr vorsichtig, als wäre sie dort festgewachsen, und er fürchtete, es könnte wehe tun. Noch mehr Schmerz war David Deutsch wohl nicht zuzumuten. Das Maß war voll; der Engel wußte, was Menschen zu ertragen fähig sind.

Dann gab er Kikjou das Zeichen. Und da war die Wolke.

... Neue Szenerie; heftig verändertes Licht. Die Dinge zeigen härtere Konturen. In Paris scheinen sie von perl-grauem Schimmer umhüllt; hier aber sind sie nackt. Ist dies afrikanische Landschaft? Der Engel bedeutet Kikjou: Wir sind in Spanien. Die Stadt heißt Tortosa, sie ist nicht weit von Barcelona entfernt. «Es war eine hübsche Siedlung», stellt der Engel mit betrübter Stimme fest. «Die Bomben haben sie ganz zerstört.»

Nein – viel übrig geblieben war nicht von der Stadt, die Tortosa hieß; sie hatten gute Arbeit getan, die deutschen und die italienischen Piloten. Hier gab es fast nur noch Trümmer. Von manchen Häusern war die Vorderseite erhalten – eine kulissenhaft täuschende Fassade; dahinter aber lag Schutt. Alle Bewohner hatten die Stadt verlassen; indessen war sie doch nicht völlig unbewohnt. Die Ruinen wurden bewacht von Männern, die verschiedene Sprachen hatten. Spanische Soldaten, französische, deutsche und amerikanische Soldaten beschützten die Trümmer, deren Name einst Tortosa gewesen war. Durch die tote Ruinen-Stadt lief ein lebendiger Fluß, er hieß Ebro. Die Trümmer jenseits des Flusses gehörten dem Feind – der lag in gefährlicher Nähe. Nur ein Streifen Wassers trennte die Soldaten der Republik von ihren Gegnern, den arabischen Söldlingen und den italienischen Hilfstruppen des rebellischen Generals. Es wurde geschossen. Der Kampf um das zerstörte Tortosa stagnierte, aber hörte nie völlig auf.

Der Engel war furchtlos. «Es wird ein bißchen geknallt.» Er zuckte die Achseln. «Ich habe anderes mitgemacht. – Komm!» – er geleitete Kikjou in ein Haus, es war relativ gut erhalten. Von der Treppe, die ins erste Stockwerk führte, waren immerhin Teile intakt geblieben. Droben gab es eine Flucht von Zimmern, früher mußte es hier fürstlich fein gewesen sein, jetzt waren die Wände geborsten, die Seidenbehänge zerfetzt, in den Fenstern fehlten die Scheiben, man hatte den Blick auf den Fluß. «Drüben liegen die Faschisten.» Der Engel runzelte die Stirn und sah ungnädig aus. Nach einer Pause bemerkte er noch – verächtlich, aber doch schon wieder besänftigt –: «Mein Gott – es sind auch nur Menschen ...»

In dem Raum waren zwei Männer, sie sprachen Spanisch miteinander, einer von ihnen mit deutschem Akzent. Der Engel – zuverlässiger und präziser Conférencier – gab die nötigen Aufklärungen: «Es ist Hans Schütte, ein Deutscher, seit Beginn des Bürgerkrieges in Spanien, hat sich vor Madrid gut bewährt, er ist Politkommissar. Morgen fährt er nach Barcelona, übermorgen nach Frankreich weiter. Sein Dienst ist zu Ende.» – «Aber der Bürgerkrieg geht doch weiter?» fragte Kikjou. – «Die Internationalen Brigaden werden aufgelöst», sagte der Engel. «Die loyalistische Armee ist stark genug, hat jetzt auch genug Offiziere. Man braucht die Fremden nicht mehr.» – «Man schickt sie weg?» fragte Kikjou. Der Engel bestätigte ruhig: «Ja. Man schickt sie weg.»

Hans Schütte packte Gegenstände in einen Rucksack: die Zahnbürste, ein paar grüne Hemden, Bücher – das «Kapital» von Marx, den «Faust» und zwei Detektivromane – Unterhosen, ein paar bunte Bilder von Stierkämpfern, spanischen Damen mit Fächern oder revolutionären Heroen. Er schnürte den Rucksack zu. Er sagte: «Das wäre also vorbei. Jetzt gehts wieder mal auf die Walze.»

Der andere erkundigte sich: «Was für Pläne hast du? Kannst du irgendwo bleiben?»

Schütte lachte bitter: «Irgendwo bleiben –: wenn ich so was nur höre! Ich werde froh sein, wenn die Franzosen mich über die Grenze lassen!»

Der andere: «Aber unsere Leute können dich nicht so einfach rausschmeißen – wenn du gar nicht weißt, wohin du gehen sollst! Du hast doch für uns gekämpft!»

«Darauf bilde ich mir nichts ein», sagte Schütte. «Ich habe gegen den Faschismus gekämpft. Das war meine Pflicht. Ich kann nicht verlangen, daß man mich ewig durchfüttert, weil ich meine Pflicht getan habe.»

Der Spanier schien nicht ganz einverstanden. «Hast du denn etwas Geld – in Frankreich draußen?» forschte er weiter. Schütte erklärte: «Keinen Centime» – woraufhin der Kamerad erst recht nachdenklich wurde. Schütte tröstete ihn: «Es wird schon irgendwie gehen. So schnell verhungert man nicht.» Sie schwiegen eine Weile. Draußen fiel ein Schuß, sie achteten nicht darauf. Schütte sagte:

«Vielleicht werde ich bald an einer anderen Front gebraucht. Ich denke mir, die Tschechen werden sich wehren – wie ihr euch gewehrt habt. Dann bin ich wieder dabei ...» Es klang gar nicht prahlerisch; eher etwas müde. – «Meinst du, es kommt bald zum großen europäischen Krieg?» fragte der spanische Kamerad. Schütte zuckte die Achseln. «Früher oder später ... Vielleicht in zwei Tagen, vielleicht in einem Jahr ...» – «Wer wird siegen?» – Schütte sagte: «Wir.»

Noch eine Pause. (Welch schleppende, dabei gespannte Konversation! – dachte Kikjou). Der Spanier war es, der wieder zu sprechen begann; seine Stimme klang etwas dumpf. «Und wenn wir nicht mehr weiter können? Wenn wir nachgeben müssen? Wenn die Republik ihren Kampf verliert?» – «Ihr könnt ihn nicht mehr verlieren», erklärte Schütte. – Und der spanische Soldat: «Unser Feind hat die Hilfe von zwei großen, mächtigen Ländern! Uns hilft niemand. Wir haben nichts mehr zu fressen, und fast keine Munition. Warum hilft uns keiner?» Er schien fassungslos über Feigheit und Dummheit der Welt. Er starrte seinen deutschen Freund fassungslos an. «Will man denn, daß wir zu Grunde gehen? Warum lassen uns alle im Stich?!»

Der Politkommissar erwiderte mit sanfter Dezidiertheit: «Ihr geht nicht zu Grunde. Sogar wenn Franco eure Städte erobert, seid ihr noch nicht verloren. Der Kampf geht weiter, wir gewinnen ihn – denn ihr habt uns das Beispiel gegeben. Ihr habt uns gezeigt, daß man einig sein muß und tapfer. Die Faschisten sind keine Helden, im Gegenteil. Nur unser Versagen – Uneinigkeit und Verzagtheit in unseren Reihen – gibt ihnen die Sieges-Chance. Wir überwinden unsere Fehler und Irrtümer, dank dem Vorbild, das ihr uns gebt. Die große Tatsache – daß ihr gekämpft habt; daß ihr einig seid – wird die Geschichte des Jahrhunderts bestimmen. Ihr seid die Sieger!»

Hans Schütte, der Politkommissar, sprach ohne Pathos, mit fester, gelassener Stimme. Der spanische Kamerad stand straffer aufgerichtet; erfrischt und ermutigt durch die Worte des Deutschen.

Schütte sagte: «Jetzt muß ich wohl gehen.» Dabei verfinsterte sich sein Gesicht, das eben noch geleuchtet hatte. – Während sie sich die Hände schüttelten, trat der Engel zu ihnen. Er bewachte ihren Abschied, er segnete ihre brüderliche, schamhaft-geschwinde Umarmung; er berührte mit der gebenedeiten Hand ihre Scheitel. – Sie waren Soldaten derselben Truppe, sie hatten die gleichen Entbehrungen, die nämlichen Gefahren hinter sich; sie hatten im Unterstand nebeneinander geschlafen; sie hatten die gleichen Mädchen gehabt, in Valencia und in Barcelona. Sie waren Freunde: ‹mein zweiter Freund›, wußte Schütte, ‹vorher hatte ich einen, der hieß Ernst – was ist aus dem geworden? Dieser heißt Juan – man spricht den Namen mit einem seltsam rauhen Kehlkopf-Laut am Anfang aus –, er ist ein Soldat. Der Ernst hätte auch ein Soldat werden sollen, wo treibt er sich jetzt herum? Als ich ihm in Basel Lebewohl gesagt habe, war alles ähnlich wie jetzt – aber ganz so ernst und schwer wie jetzt, ist mir damals nicht zu Mute gewesen. Leb wohl, Juan! Und wenn du sterben mußt, wenn es dich doch noch erwischt –: wisse, es war nicht vergeblich! Was ich da vorhin erzählt habe, klang vielleicht ein bißchen salbungsvoll; war aber genau meine Ansicht; war mein ganzer Glaube. Ihr seid das Vorbild.›

Der Engel und Kikjou hörten die Gedanken des Politkommissars, und sie freuten sich ihrer. «Bist du nicht stolz auf diesen braven Bruder?» fragte der Engel. Kikjou erwiderte: «Ich bin stolz auf ihn.»

Da wurde er wieder entrückt –: Hans Schütte schnallte sich gerade den Rucksack um, das irdisch schwere Gepäck. Unten wartete ein Lastwagen, er würde ihn und zwanzig andere deutsche Soldaten nach Barcelona bringen. Die Männer von den Internationalen Brigaden hatten ihren Dienst getan – auf diesem Kriegsschauplatz. Es war die Stunde der Heimkehr. Sie reisten nach Haus – nach New York oder Kopenhagen, nach Birmingham, Bordeaux oder Los Angeles. Mehrere von ihnen hatten keine Heimat, sie wurden nirgends erwartet. Wohin soll ein Deutscher oder ein Italiener sich wenden, nachdem er gegen die Faschisten gekämpft hat? Ihm bleibt nichts übrig, als weiter gegen die Faschisten zu kämpfen – an welcher Front, in welchem Land es auch immer sei –: anders kann er die verlorene Heimat nicht zurückgewinnen. – Die deutschen Soldaten, auf ihrem Lastwagen, sangen ein Lied, als sie die zerstörte Stadt Tortosa verließen. Ihre Kameraden, die noch auf dem Posten blieben, sangen mit. Der Text des

Liedes ward in spanischer, französischer, deutscher, englischer, holländischer, schwedischer, portugiesischer Sprache vorgetragen. Indessen war die Melodie für alle gleich, und sie sangen im gleichen Rhythmus, kamen nicht aus dem Takt. Das Lied, mit dem die Männer von Tortosa Abschied von den deutschen Brüdern nahmen, war die «Internationale». Kikjou lauschte, schon von der Wolke empor-geschaukelt. Der Engel der Heimatlosen, mit tiefer, melodischer Stimme, summte den Refrain:

«Völker, hört die Signale ...»

... Kikjou fror. Für Gletscher-Touren war er nicht gekleidet, hier wehte ein eisiger Wind. Was suchte der Engel auf so steilem Grat? Schneefelder schimmerten matt und öd unter einem Himmel, der sternenlos war. Weit hinten ragten zackig die Gipfel, bleich leuchtend, wie aus innerem Licht. Rings umher – alles fahl und starr; aus den Schluchten aber drohte Dunkelheit.

Wer ging Pfade, die so nah dem Abgrund waren? Ein falsch gesetzter Schritt bedeutete das tödliche Verhängnis. Wer riskierte, zu nächtlicher Stunde, die Exkursion in so furchtbare Landschaft?

«Man muß die Freiheit sehr lieben, um sie sich durch solche Flucht zu erobern», raunte der Engel, seinerseits fröstelnd, eng in den zerschlissenen Mantel gehüllt. – «Wer flieht denn?» fragte Kikjou. Der Engel wies mit dem Finger auf eine Gestalt, die sich langsam näherte: «Der da. Er kommt aus Deutschland –: daher sein verzweifelter Mut. Sie wollten einen Soldaten aus ihm machen. Dann hätte er auf Kameraden schießen müssen, auf den Spanier Juan oder auf den Deutschen Hans Schütte. Das paßte ihm nicht, der ganze Schwindel paßte ihm längst nicht mehr, er kannte ihn, er hatte ihn gründlich satt. So wurde er Deserteur. Wir sind hier an der Grenze zwischen der Schweiz und Österreich – zwischen der Schweiz und Großdeutschland, um genauer zu sein: die ‹Ostmark› ist eine Provinz des Dritten Reiches, wie dir bekannt sein dürfte; die schöne Schweiz hingegen bleibt vorläufig frei. Dorthin will dieser Junge. Er heißt Dieter.»

Der deutsche Deserteur war siebenundzwanzig oder achtundzwanzig Jahre alt. Sein blondes Haar fing an, an den Schläfen etwas dünn zu werden –: dies zeigte sich; denn er trug keine Mütze. Auf der Stirn und um den schmal gewordenen Mund gab es Züge, die ihn älter scheinen ließen, als er war: Spuren ausgehaltener Leiden, eines langen Trotzes, standhaft ertragener geistiger Einsamkeit.

Kikjou bemerkte: «Er sieht überanstrengt aus. Wie schrecklich hart muß dieser Marsch für ihn gewesen sein!» – «Die Erlebnisse, die ihn zu seinem Abenteuer bestimmt haben, waren entschieden noch härter», versetzte der Engel. «Zu Anfang war er für die Nazis, mit gewissen Vorbehalten. Er schimpfte auf die Emigranten; an Freunde, die das Land verlassen hatten, schrieb er ziemlich kränkende Briefe. Das war 1933. Damals wollte er sich dem neuen Staat zur Verfügung stellen, er war voll guten Willens, sehr unwissend, und zu allem bereit. Wie lange hat es gedauert, bis ihm die Augen aufgegangen sind! Welch zäher, komplizierter Prozeß – und wie peinvoll es war! Enttäuschungen ohne Ende; eine Qual, die niemandem anvertraut werden durfte; Ernüchterung, Beschämung, schließlich Ekel, Zorn und Aufbegehren –: eine lange Geschichte. Sie trug sich zu, während ihr Heimatlosen durch die Kontinente gejagt wurdet. Ihr wart beschäftigt mit dem eigenen Schicksal: der Roman eures Lebens war kompliziert und schmerzlich genug. Die Grenzen, die euch von Deutschland trennen, sind unübertretbar. Dahinter ist für euch verfluchte Gegend; nur in Alpträumen werdet ihr hin versetzt. Es atmen aber dort Menschen, viele von ihnen leiden, sind heimatlos in der Heimat, man nennt sie ‹die innere Emigration›. Ich, Schutzpatron der Expatriierten, kümmere mich auch um sie. Gestern, zum Beispiel, machte ich Visite bei einem Mädchen, das du früher gekannt hast, ihr Name ist Ilse Proskauer.» – «Ich erinnere mich», sagte Kikjou. – «Sie sitzt immer noch im Gefängnis.» Es klang tadelnd, als wäre auch Kikjou ein wenig schuld an Ilses großem Malheur. «Sie hat es relativ gut, im Konzentrationslager wäre es schlimmer. Aber wie langsam ihr die Zeit vergeht! Sie wartet, die Linie ihres Nackens wird immer schräger, sie geht gebückt, als trüge sie Lasten; sie trägt Lasten, unermeßlich schwere – trägt sie tapfer, bleibt geduldig, voll Zutrauen, voll Hoffnung – das brave Ding. Als sie im Schlafe lag, habe ich ihr ins Ohr geflüstert, daß Walter Konradi, ihr Liebhaber und Verderber, noch bitterer büßen muß als sie selber. Seine Parteigenossen und Auftraggeber haben ihn eingesperrt und quälen ihn langsam zu Tode. Er hat irgendeinen Fehler gemacht, er wollte auch sie verraten, sie kamen ihm hinter die Schliche, sie verzeihen ihm nicht ...»

Kikjou sah ihn vor sich, diesen Walter Konradi, einen Schuft. «Er war auf dem Friedhof, als Martins Urne beigesetzt wurde. Die Schwalbe hat schön geredet; der Hund, der Spion stand dabei. Damals beschloß er, Martins Eltern anzuzeigen. – War die arme Ilse ein wenig erleichtert, als du ihr vom Ruin des Elenden berichtet hast?» – «Einerseits erleichtert; andererseits auch bestürzt. Er ist der einzige Mann, mit dem sie jemals im Bett war. Sie hängt an ihm. Sie haßt ihn und kommt nicht von ihm los. Sie glaubt immer noch, er habe nicht nur gelogen, als er ihr Liebe schwor. Es klang ihr süß, sie kann es nicht vergessen.» – «Schrecklich!» sagte Kikjou.

Sie schwebten in einiger Entfernung neben Dieter, dem Deserteur. Der Engel der Heimatlosen – Freund und Kenner auch der inneren Emigration – nickte kummervoll. «Ja ja – nicht nur im Exil wird gelitten. Nicht die Vertriebenen allein erfahren, wie bitter Einsamkeit ist und wie müde es macht, langen, zähen Widerstand zu leisten gegen die Macht, von der doch alles teils entzückt, teils eingeschüchtert scheint. – Bildet euch nicht zu viel ein auf eure Abenteuer!» rief der Engel der Heimatlosen. «Wenn ihr zurückkehrt, werdet ihr auf den Gesichtern eurer daheim-gebliebenen Kameraden Zeichen finden – jenen sehr ähnlich, die ihr selber tragt.» – Der Engel schien zu vergessen, daß dem Jüngling an seiner Seite keinerlei Heimkehr bestimmt war. Der Gespiele und künftige Chronist der Emigranten war so gänzlich ohne Bindung und Vaterland – wie der Engel, der ihn geleitete. Sollte Kikjou ihn auf den kleinen Irrtum aufmerksam machen? War es angebracht, ihn zu erinnern: Ich bin in Rio de Janeiro geboren, muß nächstens dorthin zurück, gedenke nicht dort zu bleiben, empfinde diese Reise nicht als Nach-Hause-Kommen? – Der Vaterlandslose, Wurzellose, der Schwebende, Entrückte, Fremde, Teilnahmsvolle – schwieg. Es gefiel ihm, schmeichelte ihm, tat ihm wohl, mit den deutschen Flüchtlingen verwechselt zu werden. So gehörte er doch zu einer Gemeinschaft.

Der Engel zeigte auf Dieter. «Dieser junge Mann dort auf dem glatten Pfad –: schau ihn dir an, und du erkennst das Zeichen. Das

Stigma der Heimatlosen – nicht im Exil, in der fremd-gewordenen Heimat hat er sichs erworben!»

«Warum ist er denn gerade heute ausgerückt?» fragte Kikjou.

«Fast sechs Jahre hat er es ausgehalten – und plötzlich macht er sich auf und davon!»

«Weil man in Deutschland den Krieg erwartet – weißt du das nicht? Sie meinen, ihr Führer wolle sie marschieren lassen, wegen der Sudeten, und weil das Reich noch größer werden muß. Niemand ist begeistert, am liebsten möchten alle desertieren, aber nur wenige haben den Mut. Dieter setzt alles auf eine Karte. Sein Leben wäre gefährdet, auch wenn er im Lande und gehorsam bliebe. Lieber riskiert er es für die Freiheit. – Er wird es bewahren!»

Dies rief der Engel mit entzücktem Nachdruck; gleichzeitig aber erschreckt. Denn der Deserteur – der neue Heimatlose – stolperte, schwankte, hatte keinen Halt mehr auf glattem Pfad: er würde stürzen, ihm zur Seite ging es schauerlich in die Tiefe. Da zeigte der Engel, wie geschwind er flattern konnte, wenn es drauf ankam. Ein Flügelschlag nur, mächtig rauschend, – und er hatte den Taumelnden schon erreicht; er stützte ihn, hielt ihn; er bewahrte ihn vor dem Fall.

«Du sollst nicht untergehen!» versprach er – inständig, wenngleich lautlos – seinem neuen Schützling. «Ich atme dich freundlich an, ich gebe dir neue Kraft! Du vollendest die riskante Gletschertour, du gewinnst die Freiheit, ich will es. Die Schluchten, voll schwarzer Schatten, locken dich. Du widerstehst. Du bist tapfer. Dein Roman ist noch nicht zu Ende, nur der erste Teil ist abgeschlossen –: der war lang genug, fast sechs Jahre lang. Du und ich kennen seine bitteren Kapitel –: eines Tages werden sie der Welt bekannt, vorher muß viel geschehen. Die Geschichte all deiner Irrtümer und ihrer langsamen Überwindung ist stumm und rätselhaft hinein verwoben in den Roman der Heimatlosen. Zwei Linien, zwei mit Energie geladene Kurven liefen parallel: die Kräfte der inneren und der äußeren Emigration wollen sich nun verbinden. Vereinigt sollen sie wirken –: dies ist die Stunde, euer Engel kennt sie, er darf nicht dulden, daß ihr sie versäumt. – Siehst du den Pfad, mutiger Deserteur? Es ist dunkel, aber ich habe deine Augen mit meinen Fingern berührt, sie durchdringen die Nacht. Leb wohl –

ich lasse dich jetzt! Mein Tages-Programm ist erfüllt. Dir den Weg zu weisen, war heute die schönste Pflicht, und die letzte.»

Der Deserteur dachte froh: ‹Es ist etwas heller geworden, auch der Weg ist besser. Das Schwerste liegt hinter mir. Die Grenze muß nah sein. Ich habe es bald geschafft.›

Der Engel indessen kehrte zu Kikjou zurück, der einsam schwebte und erbärmlich fror. «Warum zitterst du?» fragte der Engel. «Warum schaust du so traurig?» – «Ich habe mich gefürchtet», sagte der Sterbliche. «Du hättest mich nicht allein lassen sollen – mitten im Schnee, in der dünnen Luft! Du bist so lange bei dem Fremden geblieben. Du magst ihn lieber als mich.» – «Du Verwöhnter!» Der Engel schalt ihn, während er ihn an sich zog. «Du Empfindlicher! Wirst du denn niemals klug?»

Sie hoben sich langsam, den bleichen Gipfeln entgegen. Der Himmel, dem sie sich näherten, war sehr kalt und sehr klar, es gab keine Wolken; auch das komfortable Wolken-Fahrzeug des Engels war noch nicht herbei-befohlen. Der Engel regte die Flügel; es schien ihm angenehm und erholend, nach all den Plagen des Tages. Kikjou, seinerseits ohne Schwere, war keine Last in den trainierten Armen des Boten. An seiner gewaltig atmenden Brust ruhte des Sterblichen zartes, zärtliches Haupt. Der Mund des Engels war sanft und klug. Er redete Menschenworte.

«Nun muß ich Bericht erstatten, und alle Details dieses Dienst-Tages treulich melden. Mein Herr wird unwirsch, wenn ich nur das Mindeste vergesse. Seine Neugier ist ebenso grenzenlos wie Sein Wissen – das Er sich durch unsere Reporte immer wieder bestätigen und gleichsam auffrischen läßt. Er ist sehr pedantisch, bei all Seiner Majestät …» – Nicht anders klatschen Beamte über den Vorgesetzten. Der Engel, müde und gut gelaunt, ließ sich ein wenig gehen vor dem Menschenkind, das er trug. «Von unseren Reporten wird erwartet, daß sie sowohl umfassend sind als auch knapp», sagte er noch. «Kein leichtes Amt», schloß er seufzend; gleichzeitig aber stolz.

«Der Herr interessiert sich für unsere Angelegenheiten?» – Kikjou schien es nicht recht glauben zu wollen.

«Für jede Winzigkeit», erklärte der Bote, selber ein wenig erstaunt über das Ausmaß Höchster Wißbegierde.

Kikjou fragte: «Was hat er mit uns vor?» – Auch die Sterblichen wüßten gern Dies und Das; können freilich nicht gleich Blitze schleudern, wenn die präzise Antwort auf sich warten läßt.

Der Engel lächelte geheimnisvoll. «Er hat Pläne und Absichten ...» –

Man war auf der Höhe der Gipfel. Zwischen bleichen Zacken, in dünner, eisiger Luft lustwandelten der künftige Romancier und sein Engel. Unter ihnen: die Schluchten, schattenschwarz; die schmalen, eilenden Bäche, die Gletscherfelder, die glatten Pfade; unter ihnen – der junge Mensch aus Deutschland, Dieter, ein Deserteur.

«Freundliche Absichten?» examinierte der Sterbliche seinen Engel. «Gute Pläne? Gnädige Konstruktionen?»

Der Bote nickte. «Sehr gnädige Konstruktionen. Absichten von schier unvorstellbarer Freundlichkeit.»

«Aber wir kennen sie nicht», sagte Kikjou. «Es bleibt alles verhüllt.»

Der plauderhafte Abgesandte erklärte: «Ihr sollt sie erraten, sollt allmählich dahinter kommen –: dies erwartet der Herr. Oft grämt und wundert Er sich, weil ihr dermaßen störrisch seid, und so schwer von Begriffen! Ich habe Ihn schon fassungslos gesehen – fast entmutigt durch die frevelhafte Blödheit Seiner Kreatur. Niemand kann es Ihm verübeln, daß Er zuweilen die Geduld verliert – so widerspenstig und ahnungslos, wie ihr euch verhaltet! Vor allem Neuen scheut und bockt ihr, und versucht, ihm auszuweichen – ohne den schönen Plan darin zu erkennen. Dann wird der Herr sehr betrübt. Riesige Schatten verfinstern Ihm Blick und Stirn –: ich kann dir sagen, das Herz zerspringt einem, wenn mans sieht. Wir singen Hymnen, umkreisen tanzend Seinen glühenden Stuhl, probieren es mit jedem Schabernack, allen spaßigen und ehrfurchtsvollen Gesten – um die große Dunkelheit zu verscheuchen, die auf dem Angesicht des Vaters liegt. Ach – wir strengen uns umsonst die Kehlen an, mit emsigem Jubilieren! Die Gottes-Stirn bleibt verfinstert.»

Dies erschütterte Kikjou und machte ihn sehr beklommen. «Wenn sogar die Höchste Instanz oft den Mut verliert – welche Hoffnung bleibt uns, Seinen schwachen, fehlbaren Geschöpfen?»

Der Engel sprach: «Euch bleibt große Hoffnung. Die Tatsache, daß der Liebe Vater Sich um euretwillen solcherart grämt und erzürnt, beweist Seine innige Teilnahme – die in der Tat jedes erdenkliche Maß überschreitet. Er produziert Tag und Nacht neue Projekte – alle euch betreffend. Er will euch Störrischen auf den rechten Weg zwingen.»

«Wenn Seine Politik uns gegenüber nur nicht so schrecklich undurchsichtig wäre!» klagte Kikjou. «Zu gewissen Zeiten scheint sie nur aus Willkür und Grausamkeit zu bestehen!»

«Willkür und Grausamkeit!» Der Engel wurde sehr ernst –: dies ging entschieden zu weit. «Da sieht man, wie sich eine Undankbarkeit, die ans Rebellische grenzt, mit fast idiotischem Mangel an Intelligenz garstig bei euch verbindet! – Hat Er euch nicht Seinen Sohn geschickt, damit es nur weiter gehe, und der Prozeß eurer Selbsterlösung nicht stocke? – Sohn und Vater sind fast die gleiche Person – es scheint unpassend, zwischen ihnen zu unterscheiden. Wir im Paradiese nennen und lobpreisen die Zwei-Einheit in einem Atem. Er tat dies Äußerste und Liebevollste; Er litt, wie unter euch nur der Ärmste; Er trug das Kreuz; Er schmeckte Gallenbitteres auf Seiner Zunge, in den Triumph Seiner Auferstehung nahm Er das Aroma von Blut und Essig mit. Solches nahm Er auf Sich – höchst überlegter, kluger, inniger Weise –, und ihr sprecht von Willkür, Grausamkeit!»

«Es ist nichts besser geworden», sagte traurig der Sterbliche. «Du weißt doch, wie sehr und stark ich meinen Erlöser liebhabe und ihm ganz vertraue. Um der historischen Wahrheit willen aber bleibt zu konstatieren: Nichts ist besser geworden, seit er schmachtete, verging und strahlend auferstand.»

Der Engel, nach kurzer Pause: «Das liegt an euch – nur an euch. Er hat euch Verhaltensmaßregeln hinterlassen, die sind sehr schön und tief. Manches von den Plänen und Absichten ist in sie eingegangen – faßlich gemacht, eurem intellektuellen Niveau pädagogisch angepaßt. Jedes Kind könnte verstehen, was der Liebe Vater drastisch andeutete, durch den menschlich gewordenen Mund des Sohnes – der als Nazarener unter euch ging und litt. Die Kinder haben es wohl begriffen. Aber die Erwachsenen! – Ihr seid scheußlich störrisch.» – Der Bote schien es kaum noch eilig zu haben, mit seinem Auf-Flug und mit dem Bericht vor der Höchsten Instanz. Er verzögerte sich, zwischen den bleichen Gipfeln –: sei es, weil die Unterhaltung ihn ablenkte und ergötzte; sei es, weil er auch dieses Gespräch noch einbeziehen und verwenden wollte in seinem knappen und umfassenden Rapport.

«Und deshalb werden wir gezüchtigt?» fragte der Mensch.

Der Engel klärte ihn auf: «Von Züchtigung kann nicht die Rede sein. Der Herr verhängt Unannehmlichkeiten über euch, damit ihr nur aufwacht – ihr Schläfrigen! Damit ihr euch der Pflichten bewußt werdet und dem Neuen eifriger dient, werdet ihr in Abenteuer gestürzt. Er versucht alle Mittel, zwecks Beschleunigung des Prozesses –: die sanften, wie die weniger glimpflichen. Krieg und Pestilenz, jede Art von Ruin, jede Form des Schmerzes, der Erniedrigung –: lauter erzieherische Tricks, im Sinn und Dienst der gnadenvollen Heils-Konstruktion.»

«Und die Heimatlosigkeit, der Verlust des Vaterlandes?» erkundigte sich Kikjou. «Das gehört auch zu den – ‹Tricks›, wie du Maßnahmen so radikaler Art, etwas zynischer Weise, bezeichnest?»

Der Engel bestätigte mit ungerührter Miene: «Auch die Heimatlosigkeit – und gerade sie! – Die Seßhaften, Besitzenden, Satten sind oft die Dümmsten, und durchaus störrisch, was das Neue, den Heils-Prozeß Fördernde betrifft. Sie machen sich zu Saboteuren der Pläne und Absichten – wodurch sie zum Skandal werden vor der Höchsten Instanz. – An maßgebender Stelle neigt man zu der Ansicht, daß der Schmerz euch sowohl feinfühliger als auch tapferer mache. Der Umgetriebene, Unbehauste, überall-Fremde hat vergleichsweise gute Chancen, dem Allerhöchsten Plan gerecht zu werden. Ihr sollt mutig sein; denn die Väterliche Konzeption eurer Vollendung, der Göttliche Wille zur Utopie, ist nicht nur sehr vernünftig, sondern auch verwegen. Seid verwegen! Das Leben, das ihr aufs Spiel setzen könnt, ist keine so große Sache. Mit einem Schwerte wurdet ihr vertrieben aus dem Paradies, mit einem Schwerte sollt ihr es zurückerobern. Ihr müßt euch die Heimkehr erkämpfen, ihr Heimatlosen! Er bevorzugt die flammenden Herzen – denn Sein Element ist das Feuer, Sein wehender Odem ist Glut.

Die Lauen sind es, die Er aus dem Munde speit. Wer gar zu lange traulich hockt, in der Heimat, wird lau und lahm: es ist beinah unvermeidlich. Deshalb schickt der Liebe Vater euch auf Wanderschaft. Den Staub vieler Landstraßen sollt ihr schlucken, das Pflaster vieler Städte sollt ihr treten, viele Meere sollt ihr überqueren, und auch durch Wüsten führt der lange Weg. Alle Erkenntnisse und Impressionen, die ihr sammelt, könnten, in ihrer Summe, eine erste, leichte Ahnung von den Absichten und Plänen ergeben –: auf dergleichen hofft der Herr. Es ist ein Väterliches, Königliches Experiment: natürlich kann es mißlingen. Bleibt ihr stumpf und störrisch? Das wäre peinlich – besonders für mich, euren Schutzpatron. Bereitet sich die ahnungsvolle Erkenntnis, und ihre couragierte Umsetzung in Aktion, bei ganz anderen vor, während gerade ihr, denen man so exquisite Chance gibt, euch kosmisch blamiert? – Tut mir doch das nicht an! Wovon sollte ich dann berichten? Die variablen Symptome der Entwurzelungs-Neurose sind kein ergiebiges Thema. Schließlich bin ich kein Mediziner ...»

Dabei fiel ihm endlich der Rapport wieder ein, der auf Glanz-umflossenem Fauteuil mit grimmiger und liebevoller Ungeduld erwartet wurde. – Wie leicht versäumen sich Boten – selbst solche, die für gewissenhaft gelten! Sie schwatzen und schweben, aus Zärtlichkeit für die Kreatur. Der Liebe Vater bleibt eine Weile unbelehrt über Tun und Lassen, Unfug und Martyrium Seiner Sorgenkinder – weil es Seinem Diener gefällt, einem hübschen kleinen Sterblichen zu imponieren mit Weisheits-Brocken, die vom Flammen-Stuhl zu den Heerscharen fallen. Durch ein Lächeln, einen Blick, eine Träne, durch eine huschende Verfinsterung auf der Stirn, verrät der Herr zuweilen, was Er lieber für Sich behielte. Die Engel aber schnappen alles auf; vielleicht mißverstehen sie manches, oder interpretieren es in ungehöriger Weise. Sie tragen es geschäftig weiter, in die Menschenwelt. Göttliche Andeutungen, ein Nicken, Winken, Schluchzen, versuchen sie in Menschenworten auszudrücken –: die Formulierung bleibt ungenügend; das Resultat ist konfus.

Was sollte Kikjou anfangen mit dem fragmentarischen Bericht vom Flammen-Sitz – ihm zugeflüstert, zugeraunt, zwischen den bleichen Gipfeln? Er war enttäuscht und verwirrt zugleich. Das

Gehörte reizte ihn zum Widerspruch – die Kreatur ist rebellisch! –; er spürte aber auch, daß es sein Fassungsvermögen wesentlich überstieg. Sein schweres, irdisches Herz ward noch schwerer; es zog ihn hinab – während der pflichtvergessene Herold seinerseits sich geschwind entfernte. Kikjous Füße berührten festen Grund: er wußte nicht genau – war es schon der steinerne Boden seiner vertrauten Zelle, oder noch das Gletscher-Eis, das wir ewig nennen und das auch einmal schmilzt.

Es tat ihm wohl, wieder auf eigenen Füßen zu stehen; Gewicht und Reizbarkeit seines Leibes wieder lebendig zu spüren. Er kniff sich selbst in den Arm, und war froh, daß es weh tat. Sein Herz war ruhig und voll Freude.

Woher kam solcher Trost? Noch aus den Worten des Engels – die doch eher quälend gewesen waren? Oder tröstete nur die Heimkehr ins Irdische, das Ende von Flug und Entrückung? – Unser Körper ist schadhaft und plump, auch wird er zu Staub zerfallen: man sei immer drauf gefaßt! Indessen ist er das Einzige, was wir haben; sonst kennen wir nichts. Die Pläne und Absichten des Lieben Vaters bleiben an unseren Körper gebunden – der freilich auch Geist ist, und mit seiner Schönheit und Erbärmlichkeit Teil von Gottes Substanz.

Löst und erlöst sich das Materielle, an jenem Tag der Verheißung, da die Pläne und Absichten endlich sich erfüllen dürfen? Sehr wohl möglich –: der Flügel-Herold hat dergleichen angedeutet, wenngleich in ungenügender Formulierung. Mögen Engel eine etwas stammelnde Konversation über das Letzte, Fernste, Äußerste machen! Was uns betrifft, wir haben andere Sorgen –: sie liegen näher; bleiben aber trotzdem im Zusammenhang mit gewissen väterlich-ehrgeizigen Intentionen.

Unser irdisches Heil ist wichtiger als das Heil unserer Seele: vielmehr, eines ist gar nicht zu trennen vom anderen. Denn der Liebe Herr vom Flammen-Thron identifiziert sich mit der Kreatur: Solches Maß hat Seine Gnade, und Seine Liebe ist so riesenhaft. Inmitten des Geschaffenen schlägt Sein schaffendes Herz. Unsere Schritte führen auch Ihn zum Ziel. Unser Sieg ist immer auch der Seine, unsere Entwürdigung wird Seine Schmach. Wer im Irdischen frevelt, hat auch Ihn verletzt. Er stöhnt in Qualen, wenn ein Mensch dem anderen wehe tut. Seine Kreaturen zerfleischen sich – und Er blutet aus tausend Wunden.

Er vergißt nicht, verzeiht nicht. Wer den Skandal vergißt, mit dem Unerträglichen sich abfinden möchte, ist selbst schon Greuel. Die schlauen Saboteure Höchster Pläne und Intentionen sollen vernichtet sein. Ein Blick trifft sie aus der Flammen-Sphäre –: er bedeutet Fluch. ‹Ihr seid Mir ärgerlich!› sagt der furchtbare Blick. Der Rest bleibt uns überlassen. Unseres Amtes ist es, das Ärgernis auszureißen, samt der Wurzel.

Es ist unsere Erde; wir tragen die Verantwortung – was hier immer geschieht. Das Übel, das die Menschenwelt verdirbt, ist zäh, nimmt auch höchst mannigfache Formen an. Einem wuchernden Pilz gleicht das Ärgernis; wir zertreten es – schon wagt es sich an anderer Stelle hervor. Zuweilen aber bekommt der wuchernde Skandal das Ausmaß einer universalen Provokation. Dann stinkt die Schöpfung; der Liebe Vater ist nicht nur sorgenvoll, sondern auch degoutiert.

Von uns verlangt Er dann: Handelt! Protestiert! Schreitet ein! – Er ruft die Kreatur zur Aktion, damit das kolossale Stinken nur endlich aufhöre.

An euch liegt alles: alles liegt bei euch – spricht die Höchste Instanz. Nichts wird euch abgenommen, kein Engel hilft euch – nur als Beobachter sind die Cherubim unterwegs. Ich empfange Berichte – die Mein umfassendes Wissen bestätigen, nicht bereichern können. Ich resümiere, kalkuliere, verifiziere; Ich hoffe, leide, schluchze, gräme mich, freue mich; Ich frohlocke, verstumme; Ich warte. Ich bin geduldig.

Kein Engel hilft euch. Seht, auch der Schutzpatron der Heimatlosen, der Dämon der Expatriierten hat sich entfernt! Vorm Flammen-Sitz legt er genauen Rapport ab. Ich lausche, vergleiche, ziehe Schlüsse, lasse mir nichts entgehen. Dem Engel der Heimatlosen bin Ich sehr gewogen – wenngleich er vorhin etwas schwatzhaft war. Er ist ein tüchtiger Engel, sein Amt ist schwer, und er liebt es. In Meinem Hofstaat nimmt er sich sonderbar aus, mit dem bestaubten Melonen-Hut, dem zerschlissenen Kleid. Aber Ich habe ihm ein Antlitz gegeben mit kühnen und milden Zügen. Gleicht es nicht dem Gesicht eines Kriegers, hart und gespannt wie es ist? In die Augen jedoch habe Ich ihm das Licht des Erbarmens getan –: daher ihre sanfte Macht.

Der Engel der Heimatlosen hat ein Menschen-Gesicht – von der Art, wie es sein sollte und werden muß. Ich liebe Diesen, der unter Meinen Engeln der Geringste ist, weil Ich euch und eure Zukunft liebe.

Ihr habt so schöne, sonderbare Möglichkeiten. Nutzt sie doch! Meine Liebe zu euch ist voll Ehrgeiz und Mißtrauen, sehr wachsam und sehr empfindlich –: alles um der schönen Möglichkeiten willen, die so leicht verderben. Wie schade wäre es um so viele reiche Chancen! Wie jammerschade würde es sein, wenn ihr das Bild, das Ich von euch im Vater-Herzen trage, so sehr entstellet, daß Ich euch nicht mehr erkenne oder Mich gezwungen sehe, euch definitiv zu verstoßen! Unvorstellbar die Katastrophe, die Solches bedeuten müßte: der Skandal der Skandale, das Fiasko Meines ganzen Unternehmens, der universale Ruin. Mir bliebe nichts zu tun, als etwas völlig Neues anzufangen –: aber woher die lustvolle Initiative zu einer anderen, zweiten Schöpfung nehmen, wenn die erste, höchst geliebte verdorben ist?

Wollt ihr Mir dies nicht ersparen? So nehmt euch doch etwas zusammen! Ich bin sehr besorgt – wenngleich keineswegs ohne Hoffnung. Es liegt alles an euch.

Hört ihr Mich, ihr Sterblichen, Meine Sorgenkinder mit den interessanten Möglichkeiten? Du, zum Beispiel, Knabe dort auf dem Bett – schmiegsamer Gefährte Meiner Cherubim, kleiner Heimatloser –: hörst du Mich? Vernimmst du den spontanen Ausbruch Meiner gewaltigen Sorge?

Nein – natürlich kannst du Mich nicht verstehen. Deine Entrückung ist ja zu Ende, und übrigens hätte nicht einmal der Engel dir die Ohren öffnen können für Meine Stimme. Du bist irdisch, und du sollst es bleiben. Du schlummerst, ziemlich ermattet von deinem extravaganten Ausflug, der dir eigentlich nicht zugekommen ist –: am besten, du vergißt ihn, oder hältst ihn für einen Traum.

Ich liebe die Schlummernden, Ich liebe die Atmenden. Ich liebe euch, wenn ihr aufsteht, und den Kopf hoch tragt, und Gedanken denkt, und Worte bildet mit euren Lippen. Ich liebe euch mit unendlicher Liebe, wenn ihr geht, und schreitet, und vorwärts kommt – auf euren Füßen.

Euer Lachen und euer Weinen klingen Mir angenehm, euer Lächeln rührt Mich, Mich rühren eure Umarmungen, die Küsse, die ihr tauscht, die Lust, die ihr beieinander empfindet. Es gefällt Mir, euch essen und trinken zu sehen. In alles, was ihr tut, ist Lust gemischt –: Meine Lust! Meine väterliche Wonne! Noch in euren Schmerzen kann Ich die Lust erraten; jeder eurer Affekte ist Mir Wohlbehagen. Ich liebe eure Hände, wenn sie zupacken und wenn sie ruhen. Ich liebe eure lebendigen Körper und eure Gesichter, die lebendig sind –: auf ihnen liegt der Schimmer Meiner großen, besorgten Liebe.

Ach – es ergreift Mich, wie ihr die Glieder regt; wie ihr euch anfaßt, und wieder lasset; wie euer Organismus sich aufbaut und sich entwickelt, Zelle für Zelle, und wie er altert und müde wird und zerfällt. Ich liebe euer Blühen und euer Verwelken. Mich erschüttert eure Anmut und eure Häßlichkeit. Alle Gesten, mit denen ihr euer Leben verbringt, sind Mir Gegenstand des gerührten Entzückens.

Das Herz des Vaters ist Flamme. Es brennt, es verzehrt sich in Flammen der Zärtlichkeit.

Dies sollt ihr nicht wissen. Der Liebe Vater verbirgt, stolz und schamhaft, Sein ungeheures Gefühl. Er verhüllt den Blick; Er verschweigt das Wort. Mit liebender Geduld harrt Er jener Stunde entgegen, von der ihr nichts wissen sollt –: der Hochzeitlichen Stunde, der Stunde der Kommunion, dem Erlösungs-Fest, dem Feiertag des Großen Kusses, des Erlöschens …

Mit Schauern von Glück und Angst harrt der Vater, geduldet Sich der Große Liebende. – Ihr aber sollt im Schweiße eures Angesichts erledigen, was euch aufgetragen: Euer Erden-Pensum. Die Pläne und Absichten sind zu erfüllen – ob es auch Ströme von eurem Blut und euren Tränen koste.

Seid wachsam und tapfer –: dies fordert Meine Liebe von euch! Seid energisch, seid realistisch, seid auch gut! Plagt euch! Kämpft! Habt Ehrgeiz und Leidenschaft, Trotz, Liebe und Mut! Seid rebellisch! Seid fromm! Bewahrt euch die Hoffnung!

Steht auf eigenen Füßen!

Epilog

Ein junger Mensch saß in einem Café an der Canebière und schrieb.

«Marseille, den 1. Januar 1939

Lieber alter Karl!

Wo steckst Du? Bist Du immer noch in Jugoslawien? Ich weiß Deine Adresse nicht – sonst hätte ich Dir schon lange geschrieben. Vor einem Jahr hast Du Dir Deine Briefe nach Ragusa, Poste Restante, bestellt. Ich versuche es mal. Hoffentlich erreicht Dich mein Gruß. Ich möchte gern von Dir hören.

Nun bin also auch ich unter die Emigranten gegangen. Bist Du darüber erstaunt? – Ich denke mir, eher wirst Du Dich gewundert haben, daß ich so lange Zeit gebraucht habe, um den Entschluß zu fassen. Beinah sechs Jahre ... Mir kommt es vor, als seien es sechzig gewesen ... Hunderttausend Mal hatte ich schon gemeint: Jetzt geht es nicht mehr; ich muß weg ...; und bin immer wieder geblieben. Aber dann war plötzlich eine Grenze erreicht. Ich hatte gar keine Wahl mehr – verstehst Du? Es ging um mein Leben.

Ich spreche nicht von äußeren Gefahren – die gab es auch, und sie waren lästig genug. Natürlich hatte ich den Mund nicht halten können. Eine Zeitlang bin ich jeden Morgen mit dem gleichen Schrekken aufgewacht: Heute kommen sie, dich zu holen! Wenn ich das Wort ‹Konzentrationslager› hörte – und man hört es oft –, wurde mir etwas übel. Ich wußte: Das bleibt dir auch nicht erspart ...

Aber es war nicht nur das, und nicht das vor allem.

Es war auch nicht nur die Wut über den gemeinen, falschen, sinnlosen Krieg, den sie vorbereiten, und der im September vor der Türe schien. Nachher hat sich ja herausgestellt: das Kriegsgeschrei, die Mobilisation waren nur Bluff und Schwindel – wie alle Veranstaltungen dieses Regimes. Aber damals haben wirs doch ernst genommen.

Bin ich ein Pazifist? – Es kommt ganz darauf an. – Kämpfen? Warum denn nicht! Aber auf der richtigen Seite!

Tschechen, Russen und Franzosen totschlagen; Bomben auf Weiber und Kinder schmeißen; Land erobern, damit das deutsche Zuchthaus noch größer wird: ohne mich, wenn ich bitten darf!!

Ich weiß, was Zucht ist, ich weiß, was Patriotismus ist: mein Vater war ein preußischer Offizier. Von ihm habe ich aber auch gelernt, was Anstand und Ehrenhaftigkeit bedeuten. Ein paar andere Kenntnisse und Erkenntnisse mußte ich mir selbständig, ohne väterliche Hilfe, erobern. Haben wir jungen Deutschen den Wert der Freiheit, das Ideal der Gerechtigkeit jemals kapiert? Ich fürchte, wir mußten erst durch die Hölle der totalen Unfreiheit, der kompletten Rechtslosigkeit gehen, um zu ermessen, was wir mißachtet – was wir verloren haben.

Ja, wir sind durch eine Hölle gegangen. Unser Land ist immer noch mitten drin. Es liegt ein Fluch auf unserem Vaterland. Die Luft in unserem Vaterland ist vergiftet.

Das Atmen wird unerträglich. Das ist es: man kann nicht atmen. Die gehäufte Lüge, das Übermaß der Gemeinheit: das verpestet die Luft – wie ein kolossaler Kadaver.

Ich mußte raus, weil ich sonst erstickt wäre! Buchstäblich, ich hatte Erstickungs-Anfälle.

Die September-Krise, der Abscheu vor dem geplanten Krieg waren mehr der akute Anlaß und letzte Anstoß, als der eigentliche Grund zu meiner Flucht. (Es war eine ziemlich dramatische Flucht – ich will Dir das alles erzählen: später einmal.)

Ich muß viel an die armen Kerle denken, die drinnen geblieben sind. Du glaubst doch nicht, daß es denen gefällt, in der Hölle? Es sind ja nicht lauter Schufte. Aber die Schufte reißen das Maul auf. Die anderen ballen die Fäuste – in den Hosentaschen, zunächst.

Denen gegenüber ist mein Gewissen nicht so ganz rein. Hätte ich aushalten sollen, bei dieser stummen – oder flüsternden – Opposition? War es *doch* Fahnenflucht, daß ich weg bin? – Aber der Erstickende hat keine Wahl. Für mich gab es nur noch: leben – oder verrecken.

Solang ich lebe, kann ich mich noch nützlich machen. Wenn ich hin bin, ists damit aus.

In Paris kam ich an, als die Leute auf den Straßen tanzten und Champagner tranken, aus Freude über den ‹geretteten Frieden›. Mir taten die Leute leid.

Ich dachte mir: Die armen, guten, ahnungslosen Leute! Sie lieben den Frieden, sie wollen ihn sich erhalten. Wissen sie denn aber nicht, daß es keinen Frieden in Europa geben kann, solange die Nazis an der Macht bleiben? Mit denen ist keine ‹Verständigung› möglich; Verträge mit ihnen haben keinen Wert –: wissen das die Leute denn nicht? Sie werden schon noch dahinter kommen –: das dachte ich mir damals, in Paris, und so denke ich heute. Europa wird einsehen, daß es nur die Wahl hat: unterzugehen – oder mit den Nazis fertig zu werden. Es wird gar nicht so furchtbar schwer sein, sie loszuwerden – wenn man nur endlich aufhört, ihnen Konzessionen zu machen! Sie können weder den Krieg aushalten, noch den wirklichen Frieden –: einen Frieden nämlich, der nicht mehr ein permanentes Erpressungs-Manöver der Nazis wäre.

All das scheint so einfach. Warum braucht die Welt so schrecklich lang, um es zu begreifen? Wie viel Unglück soll noch geschehen – und hingenommen werden? – Man muß sehr viel Geduld haben.

Ich habe sehr viel Geduld. Für mich gibt es keine Illusionen mehr – die habe ich mir im Dritten Reich gründlich abgewöhnt –; aber Hoffnungen gibt es. Es sind realistische Hoffnungen. Ich *weiß*: eines Tages wird man in Deutschland Leute von unserer Art wieder brauchen. Es wird viel für uns zu tun geben. Es wird sehr schön sein, aber auch sehr hart. Wir werden ernste und schwierige Pflichten haben. Ich freue mich schon darauf. Es kann übermorgen so weit sein – oder erst in Jahren. Vielleicht dauert das Exil noch lange. Das wäre bitter; aber man muß sich zu trösten wissen. Das Leben hat überall seine interessanten Seiten.

Vielleicht kann ich auf einer Farm in Argentinien arbeiten. Vielleicht fahre ich nach Neuseeland. Ich habe allerlei Pläne. Ich sitze hier in Marseille rum, und die Stadt gefällt mir, und ich habe kein Geld, und kenne keine Seele, außer ein paar Burschen in den Hafenkneipen – und die sind immer besoffen.

Es wird schon irgendwie weitergehen; ich habe gar keine Angst. Manchmal muß ich denken: Wir Vagabunden, wir Heimatlosen, vaterlandsloses Pack haben irgendeinen Schutzengel, einen freundlichen Dämon. Der geleitet uns, und der führt uns zurück – eines Tages. Er hilft uns aber nur, wenn wir uns nicht auf ihn verlassen. Wir müssen ihn vergessen – dann ist er unsichtbar da ...

Man geht nicht kaputt – wenn man noch eine Aufgabe hat.

Laß von Dir hören!

Dein alter Freund
Dieter»

Er legte die Feder weg und steckte den dicken Brief in ein Couvert, ohne ihn vorher noch einmal durchzulesen. Dann saß er ein paar Minuten lang unbeweglich, das Gesicht in beide Hände gestützt, und schaute ins Weite.

Später schlenderte er die breite Straße hinunter, dem Hafen zu. Sein Gang war elastisch – immer noch der Gang eines Jünglings –; er hatte sich die graue Sportsmütze unternehmungslustig schief in die Stirn gezogen, und auch die kleine Melodie, die er pfiff, klang zuversichtlich.

Le Vieux Port – der wunderschöne Alte Hafen von Marseille – lag, pittoresk und schmutzig, im milden Licht des warmen Wintertages. Dieter bog nach links ein; er ging schneller, ließ die engen Gassen hinter sich. Die Stadt hörte auf, es öffnete sich überraschend die wilde Landschaft, ein Pfad führte steil in die Höhe.

Die Menschensiedlung schien weit entfernt; Pflanzen gediehen hier nicht; keine weiche Form, kein Atmen der Kreatur; nur Zacken, Felsen, Geröll. – War dies noch einmal der Paß, der Grat, das Hochgebirg? Die schmale Spur, am Rande des Abgrunds – noch einmal? Begann sie wieder, die riskante Tour, die erschöpfende Gletscher-Partie? Taten die Schluchten sich wieder auf, gefüllt mit blau-schwarzen Schatten? ... Dieter erschrak. Würde er wieder schwanken? – ‹Früher bin ich schwindelfrei gewesen ...›, dachte er. ‹Was macht mir Angst? Hier ist kein Eis, keine Schlucht, auch Lawinen kommen hier nicht vor. Hinter den harmlosen Klippen strahlt ein südlicher Himmel, und der laue Wind bringt Salzgeruch mit. Ich höre schon die Melodie des Meeres – gleich werde ich den großen Ausblick haben. Nur noch ein wenig aufwärts! Nur diese hundert Meter noch nach oben! Den Pfad gibt es nicht mehr, aber gute Stufen im Stein … Da ist das Meer. Wie es leuchtet!›

Dieter – am Ende des Vorgebirgs, auf der Spitze der Klippe – hat die Mütze abgenommen, wie in der Kirche. Diesen Wind will er nicht nur auf Lippen, Stirn und Augenlidern spüren, sondern auch im Haar; am liebsten möchte er sich das Hemd aufreißen und dem Sturm die nackte Brust hinhalten.

Er reckt sich, er dehnt die Glieder. Da er sich alleine weiß, hat er den Mut zu einer schönen, wilden Gebärde, die er vor Zuschauern kaum wagen würde. Zuschauer könnten finden, es sei theatralisch, wie er nun die Arme breitet und den Kopf langsam-selig in den Nacken sinken läßt.

Ihm aber ist es die natürlichste Geste. Er genießt sie, er atmet beglückt. Immer haben Jünglinge in solcher Haltung gestanden, auf einer Klippe, mit dem Blick zum Meer. Immer haben sie dies zugleich benommene und entschlossene Lächeln gehabt, und die seltsam rudernden Bewegungen der gebreiteten Arme – als wollten sie sich vom Boden lösen; aufsteigen, auffliegen –: Wohin?

Die Jünglinge fragen kaum nach dem Ziel, in solcher Stunde äußerster Bereitschaft und des kühnen Rausches. Wer spricht von den Mühen und Gefahren des langen Weges? – All dies ist Nebensache geworden; nur die Bewegung gilt, nur der Flug –: seht, die Zukunft schimmert, wie das unendliche Meer.

‹Zukunft – was auf mich zukommt …!› denkt der Nüchtern-Berauschte. ‹Ich will es an mich reißen wie eine Geliebte. Die Umarmung wird auch Schmerzen bringen: ich ertrage sie gern. Selbst auf ein schnelles Ende wäre ich gefaßt, mit Katastrophen soll man immer rechnen, es kann alles schief gehen. Ein wenig Leichtsinn dürften wir immerhin gelernt haben, bei allem, was uns zugestoßen ist. – Ein Menschenleben –: was ist es? – Wie wenig! Wie viel! Man muß es nur leben –: sonst ist mit dem Ding nichts anzufangen.

Erreichen wir ein Ziel? Gibt es ein anderes Ufer? Setzen wir den schließlich müd gewordenen Fuß in das Land der Verheißung?

Und wenn wir zu Grunde gehen – am Wege; unwissend, ohne Antwort und Trost –: wäre dann alles sinnlos gewesen? Das redet niemand mir ein!

Da nichts in dieser Welt verschwendet wird; da alle Energien sinnvoll wirken, mit Plan und kluger Absicht trefflich organisiert –: warum sollten gerade die Kräfte unseres lebendigen Herzens, unsere Schmerzen und Gedanken, sich ziellos verirren und ganz verloren sein?›

… Wie lange steht der Jüngling – Dieter, ein Deserteur – auf der Klippe, über dem Meer? – Das Wasser, das geleuchtet hat, erbleicht, und der Wind wird kälter. Ein Tag ist zu Ende, die Sonne will Abschied nehmen, sie sendet ihr Abschieds-Licht. Es ist golden und rot, wie das Licht der Frühe –: nicht nur letzter Gruß eines scheidenden Tages, sondern auch das Versprechen des kommenden.

Die Wolken am Horizont – eben noch rosig, purpurn und violett – werden fahl. Auf dem Felsen aber, wo der Jüngling steht, liegt Glanz –: ein letztes Licht, oder ein erstes? Man unterscheidet es kaum. Auch der Knabe weiß es noch nicht – oder nicht mehr:

Diese brechenden Strahlen, die, zärtlich und streng zugleich, seine Stirn berühren –: meint ihre Botschaft Anfang oder Ende? Sind sie das glühende Vergehen einer Herrlichkeit, die sich verbraucht hat und zur Ruhe will? Oder bringen sie den harten Segen der Morgenröte, Gnade und Befehl des neuen Tages?

ANHANG

Nachwort

« Mein nächster Roman. » Klaus Mann hielt seine Idee im Tagebuch
fest, unter dem Datum 20. August 1936. « Grosse Komposition aus
Emigranten-Schicksalen: ‹Die Verfolgten›, oder so. Laufen nebeneinander her, jedoch durch irgendeine Klammer miteinander
verbunden. In vielen Städten: Paris, London, Prag, New York,
Hollywood, Zürich, Amsterdam, Palma, Florenz, Nice, Sanary
u.s.w. Salzburg. Wolfgang. E. [Erika Mann]. Treuberg. Sundhei-
mer. Junger Prolet. Brentano. Regler. F. [Fritz H. Landshoff]. Fer-
dinand Lion. Kommunisten. Katholiken. Gründung einer neuen
Partei. Pass-Schwierigkeiten. Geldnot. Sexualnot. Der Hass. Die
Hoffnung. Das Heimweh. Kriegsangst (und Hoffnung ...) Politik:
Saar, Spanien, Olympiade. Verbindung zu Illegalen im Reich.
Melancholie. Les sans-patrie ... Das werde ich können. »[1]

Und er konnte das. Wer sonst hätte diesen « Roman unter Emigranten » schreiben können: Klaus Mann, gleich nach der Machtergreifung ins Exil gegangen, kannte die provisorische Existenz
der Heimatlosen in der Fremde, hatte die Nöte, Ängste und Hoffnungen selbst erlebt, wußte von den Krisen und der Verzweiflung,
die ihn und seinesgleichen überfielen. Als Autor und Herausgeber
der Zeitschrift « Die Sammlung » mischte er sich in die politischen
und literarischen Kontroversen der Emigration ein. Ein leidenschaftlich engagierter Zeitgenosse, beteiligt am aktuellen Diskurs,
eingeweiht in die Intrigen, Seilschaften der verschiedenen Zirkel;
die « Soziologie der Emigration », die im Roman David Deutsch
skizziert, hätte er selbst schreiben können (und in Essays und
Vorträgen, z. B. in dem Artikel « Die Kriegs- und die Nachkriegs-
generation » vom Februar 1938, gibt es dazu bemerkenswerte An-
sätze). Zudem war er, um einen Begriff aus dem Roman zu zitieren,
« reizbegabt », auch für die intellektuellen Strömungen: Er bewegte
sich im literarischen Milieu, beobachtete die politische Szene, hatte
Verbindungen zu den verschiedenen Lagern der untereinander zer-
strittenen Hitler-Gegner. Für diesen Roman brauchte Klaus Mann

keine Recherchen zu betreiben: Die Realität des Exils, der Alltag wie die Lebenslügen standen ihm unmittelbar vor Augen.

Doch die Arbeit fiel dem Autor unerwartet schwer. In einem Brief an seine Mutter gestand er am 2. Februar 1937: «Mit dem Roman, den ich jetzt schreiben muss, habe ich immer noch nicht richtig angefangen, es sind bis nun nur Notizen da, bald soll es aber richtig in Gang kommen.»[2] Drei Tage später konnte er zufrieden im Tagebuch festhalten: «Zum ersten Mal zusammenhängende Stücke aus dem Emigranten-*Roman*, 20 Mskt.-Seiten.»[3] An Ideen und Material fehlte es nicht. Vom Hilfskomitee für jüdische Flüchtlinge in Amsterdam erhoffte er sich einige Auskünfte, doch sein Termin bei dem Sekretär Eitje platzte: Im Wartezimmer wurde er im Kasernenhofton angeschrien und herumgescheucht, fluchtartig verließ er das Büro. So wurde mit Hilfesuchenden und Bittstellern umgegangen: Die Schilderung des Vorfalls in einem Beschwerdebrief an Eitje[4] ist nahezu identisch mit den Erlebnissen Prof. Abels, als er für Ernst beim Hilfskomitee vorstellig wird (II. Teil, 5. Kapitel). Anregend, auf einer anderen Ebene, die Lektüre der Exil-Presse. Kurt Kerstens Kleist-Essay und Georg Lukács' Ausführungen über den Niedergang des bürgerlichen Realismus, beides in der in Moskau erscheinenden Exil-Zeitschrift «Das Wort» veröffentlicht, provozierten Klaus Mann zu polemischen Anmerkungen und dem Stoßseufzer im Tagebuch: «Ach, diese Schulmeister! Ach, diese Marxisten!! – Im Zusammenhang mit diesen Dingen, Notizen für den Roman – in den ich so viel hineinpacken will.»[5] Was ihn nicht daran hinderte, kurze Zeit später Johannes R. Becher, der um einen Beitrag für «Das Wort» angefragt hatte, «einen charakteristischen und in sich geschlossenen Abschnitt aus einem Emigranten-Roman, an dem ich – langsam, langsam – arbeite», zum Abdruck anzubieten[6]; eineinhalb Jahre später, im September-Heft 1938, erschien das 3. Kapitel des ersten Teils. Der Text hatte seine Probe vor Publikum schon bestanden: Einen Aufenthalt in Küsnacht bei den Eltern nutzte der Autor dazu, eines Abends einem kleinen Kreis (auch sein Freund und Lektor Fritz H. Landshoff war anwesend) dieses Kapitel vorzulesen. Der Vater notiert dieses Ereignis in seinem Tagebuch ohne Kommentar, sein Sohn freute sich über die «ganz fruchtbare und ermutigende Unterhaltung» im Anschluß an die Lesung und be-schloß: «Ich werde mir diesmal ZEIT lassen; den Roman, wahr-scheinlich, noch *nicht* diesen Herbst herausbringen.» (8. März 1937)[7]

Er erschien auch im nächsten Jahr nicht. Die Arbeit ging anfangs gut voran: «Der Roman formt sich. Verbindende Einfälle. Macht Vergnügen», stellte Klaus Mann am 27. Februar 1938 zufrieden fest. Er griff auch zu Hilfsmitteln, zur Droge, wenn die Inspiration nachzulassen drohte: «Spät nachts, unter ‹Wirkung›, noch wei-ter.»[8] Den Titel hatte er am 31. März gefunden, doch dann brach er ein. Ursprünglich hatte er das vollständige Manuskript im Früh-jahr beim Verlag abliefern wollen, aber dieser Termin ließ sich nicht halten. Der Stoff war schwer zu bewältigen, schon wegen der zahlreichen Personen und Handlungsstränge: Angelegt als breites Panorama der Erfahrung Exil, das verschiedene Positionen erzäh-lerisch entwickelt und verbindet, war «Der Vulkan» das literarisch ehrgeizigste Projekt Klaus Manns. Der Roman drohe «fett und umfänglich zu werden», teilte er der Mutter mit.[9] Die erste Manu-skriptfassung umfaßte 649 Seiten, dazu kamen rund 160 Seiten mit Notaten, Skizzen und Entwürfen. Zum anderen gab es ständig Unterbrechungen: Aktuelle Artikel und Essays schob er ein, auch arbeitete er parallel mit Schwester Erika an «Escape to Life», einem Reportagebuch über prominente Emigranten. Für die Wie-deraufnahme der Arbeit am Roman war wiederum eine Lesung in Küsnacht beflügelnd: «Eindruck nicht übel», notierte er im Tage-buch[10], während Vater Thomas ein knappes «begabt» in seinem Diarium vermerkte.[11] Der Abend hatte stimulierende Wirkung, Klaus Mann war «froh, wieder ‹Kontakt› zu dem Manuskript zu bekommen», und ließ ihn jetzt nicht wieder abreißen. Die zweite Manuskriptfassung beschränkt sich nicht bloß auf eine Überarbei-tung (Kürzungen, Umstellungen etc.): Die Weltgeschichte war in-zwischen weitergegangen; ursprünglich hätte der Roman mit dem «Anschluß» Österreichs enden sollen, nun führte Klaus Mann die Handlung weiter bis zum Abzug der Internationalen Brigaden aus Spanien. Der zeitliche Abstand zwischen Romanhandlung und unmittelbarem Miterleben der Zeitgeschichte wurde immer gerin-ger: Erst wenige Monate zuvor, im Juli 1938, war er zusammen mit

Erika nach Spanien gereist, gleich wurden die Erlebnisse und Beobachtungen literarisch verarbeitet. Zudem war in seinem Leben das Kapitel ‹Exil in Europa› abgeschlossen: Als Klaus Mann im September 1938 in New York eintraf, handelte es sich nicht mehr um einen befristeten Aufenthalt – die USA wurden die nächste Station seines Emigrantendaseins.

Die erste Eintragung im Tagebuch 1939 galt dem «Vulkan»: «Princeton. Intensiv gearbeitet: Streichungen und Änderungen am Roman. – Kikjou und der Engel der Heimatlosen: schöne Scene (mit stimulierender Hilfe der Bencedrin-Tabletten … Nicht ungefährlich.)»[12] Das unstete Leben hinderte Klaus Mann nicht an intensiver Arbeit. Er hatte eine Vortragstournee quer durch die Staaten zu absolvieren, doch im Hotelzimmer, ob in Memphis oder in Chicago, nahm er sich das Romanmanuskript vor und schrieb weiter. Es gab noch eine dritte, letzte Lesung im erweiterten Familienkreis, diesmal präsentierte der Autor einen Querschnitt, die ihm wichtigsten Abschnitte aus dem Roman: Prolog, Marions Pariser Abend, Martins «Vorwort», Kikjou und der Engel, Epilog. Die Resonanz bei den Zuhörern war etwas enttäuschend – «Nicht *ganz* zufrieden mit dem Effekt» –, aber die Anmerkungen des «Zauberers», wie Klaus Mann den Vater nannte, freuten und bestätigten ihn.[13] Tags darauf setzte er sich wieder an das schwierige 3. Kapitel des III. Teils, und zwei Tage später, am 18. Februar 1939, konnte er im Tagebuch festhalten: «New York, ‹Bedford›. Den Roman abgeschlossen.»[14] Per Schiff ging das Manuskript nach Amsterdam, wo er zwei Jahre zuvor das Buch begonnen hatte. Skrupel und Selbstzweifel plagten den Autor: «Wie viel taugt es nun??»

Bestätigung, wie sie in normalen Zeiten ein Autor durch Rezensionen und Leser-Reaktionen erfährt, war kaum zu erhoffen. Für die Exil-Literatur, die nur einen beschränkten Markt hatte und eine schmale Öffentlichkeit erreichte, brach 1938 das ökonomische Fundament zusammen: Nach dem «Anschluß» Österreichs und dem Münchner Abkommen verkleinerte sich das Gebiet, wo das «freie deutsche Buch» verbreitet werden konnte, dramatisch. Die beiden Amsterdamer Verlage Querido (wo Klaus Mann publizierte) und Allert de Lange mußten ihr Programm drastisch reduzieren. Die Zeit, die sich der Autor mit der Fertigstellung seines Romans genommen hatte, arbeitete plötzlich gegen ihn. «Vom ‹Vulkan› wird niemand etwas wissen wollen. Der Ruf wird kein Echo haben», fürchtete Klaus Mann.[15] Die erste Reaktion kam von Lion Feuchtwanger aus Paris. Der Schriftsteller, seit zwei Jahren mit einem Roman gleichen Themas («Exil», erschienen 1940) beschäftigt, lobte den «Vulkan» als «ein geglücktes, wichtiges Buch». Dem Verfasser zollte er Anerkennung: «Die Emigration ist bei Ihnen nie Hintergrund, sondern immer das Bewegende, ohne dass Sie dadurch Ihre Einzelfiguren im Psychologischen vergewaltigen.»[16] Der Brief war eine solidarische Aufmunterung an einen Kollegen (wobei Feuchtwanger nicht verschwieg, daß er auch Einwände habe, er z. B. die beiden Engel «nicht sehr mag»). Herzlicher, auch privater ein Schreiben von Stefan Zweig: «Lieber Klaus Mann, ich habe noch ein persönliches Gefühl bei diesem Buch – als ob Sie sich dabei und dadurch selbst immunisiert und gerettet hätten. Lese ich richtig, so haben Sie es gegen ein früheres Selbst, gegen innere Unsicherheiten, Verzweiflungen, Gefährdungen geschrieben: so erklärt sich mir seine Gewalt. Es ist eben kein beobachtetes Buch (wie z. B. Feuchtwangers Fresco zu werden scheint) sondern ein erlittenes. Man spürt das.»[17]

Damit ist die eigentümliche Qualität des Romans benannt: Die Erfahrung Exil, in zahlreichen Schicksalen und Positionen gespiegelt, wurde nicht einer politischen Konzeption unterworfen, sondern die Schilderung ist von beklemmender Authentizität. Die realen Vorbilder waren Klaus Mann nah vertraut (Marcel Poiret trägt Züge seines Freundes René Crevel, die Figur Martin Korella ist inspiriert von Wolfgang Hellmert, für Marion von Kammer und ihre energisch-kämpferische Einstellung stand Erika Mann Modell), vor allem aber gestaltete der Autor, ohne ins Peinlich-Private abzugleiten, seine eigenen Widersprüche, Anfechtungen und Gefährdungen. Die Arbeit am Roman wurde auch deshalb unterbrochen, weil er sich im April 1938 einer Entziehungskur unterzog. Während er offiziell sich in Paris aufhielt, ging er in der Züricher Privatklinik «Eos» durch «Höllen»: «Durchfall. Frieren. Elend. *Tränen.*»[18] Die Stichworte im Tagebuch, auch zum Klinikpersonal und zu den Gesprächen mit dem Arzt, finden ihre literarische

Ausgestaltung in dem entsprechenden Romankapitel. Zudem gibt es zahlreiche Korrespondenzen zwischen den publizistischen Arbeiten und den im Roman entfalteten Haltungen. Mit dem «verruchten Lieblingsdichter», nach dessen Versen im Roman Martin Korella geradezu süchtig ist, der aber «in einer Mischung aus irrationaler Berauschtheit, Hysterie und Opportunismus» zum Nazi-Mitläufer wurde, rechnete Klaus Mann fast gleichlautend 1937 in der Exil-Zeitschrift «Das Wort» ab: «Gottfried Benn. Die Geschichte einer Verirrung».[19] Es war zugleich ein Abschied von einer Literatur, die versagt hatte. Die Zeit verlangte den Schriftstellern Entscheidungen ab. Klaus Mann, der als Enfant terrible in die Literaturszene eintrat, ein Bohemien mit jugendlichen Flausen, den man nicht wirklich ernst nahm, war, knapp sechs Wochen nachdem die Nazis die Macht in Deutschland übernommen hatten, in die Emigration gegangen. Das Exil, die Gegnerschaft zum Faschismus, machte aus einer Literatenexistenz einen engagierten Schriftsteller, dessen Werk ebenso repräsentativ wie subjektiv Zeugnis ablegt von den Kämpfen und Katastrophen, den Alpträumen und Utopien seiner Zeit.

In Heinrich Manns Broschüre «Der Sinn dieser Emigration» blätternd, entfuhr dem Neffen ein Stoßseufzer: «Ach, wer gibt der Konfusion einen Sinn!»[20] In seinem Roman begnügte sich Klaus Mann nicht mit einer realistischen Darstellung des Emigranten-Daseins, er stellte die Sinnfrage und damit letztlich die Frage nach Gott. «Gott. Ich glaube an Ihn, und ich habe immer an Ihn geglaubt», bekannte er 1935.[21] «Der Vulkan» eröffnet, eingeleitet durch das dem letzten Teil vorangestellte Heine-Motto, eine messianische Perspektive: Das Paradies ist kein mystischer Ort aus der Vorgeschichte der Menschen, sondern ein Ziel, das erst noch erobert werden muß. Der Engel, «Teil von Gottes Substanz», wie es im Roman heißt, führt den Menschen, der mit der Heimat auch die Orientierung inmitten der allgemeinen Konfusion verloren hat. Die Erfahrung der Transzendenz bedeutet jedoch keine Abkehr von der Welt, im Gegenteil: Der Engel der Heimatlosen fordert seine Schutzbefohlenen auf zu kämpfen. Und er gibt Kikjou den Auftrag, den von Martin geplanten Roman der Emigration zu schreiben.

«Der Roman will über sich selbst hinaus. Der Mensch will über sich selbst hinaus ...», notierte Klaus Mann nach einer Lesung der entsprechenden Passage.[22] Der Roman im Roman gab ihm Gelegenheit, sein politisch-poetisches Credo zu formulieren. «Unser Ruf geht ins Ungewisse – oder stürzt er gar ins Leere? Bleibt ein Echo aus?» fragte sich besorgt Martin Korella / Klaus Mann. Dem Autor war bewußt, daß sein Roman eine ganze Reihe von Tabus der Exilliteratur verletzte: Seine Helden entsprachen nicht der political correctness, niemand wurde in seinem Emigranten-Spektrum ausgegrenzt, und die religiöse Dimension würde bei den Kommunisten nicht auf Beifall stoßen. Ende April 1939, der Roman war noch nicht erschienen, publizierte die kommunistische «Pariser Tageszeitung» seinen Brief an die Partei, doch trotz Volksfront-Politik blieb Klaus Mann skeptisch: «Wird diese Freundschaft *halten*? Wird man mir die *Engel* im ‹Vulkan› verzeihen?»[23] Zunächst kam die Kritik jedoch aus anderer Richtung. Curt Riess berichtete von einer kritischen Leser-Reaktion: «Einwand: ‹Lauter Schwuhle und Morphinisten ...›(!)»[24] Auch das befreundete Ehepar Bruno und Liesl Frank nahm moralischen Anstoß, aus «taktischen Gründen», wie sie erklärten. Klaus Mann hielt dagegen: «Aber mir scheint, ein Buch dieser Art soll in erster Linie aufrichtig, und danach erst ‹taktisch› sein.»[25] Daß «die Martin-Kikjou-Partien» problematisch, vielleicht auch fragwürdig seien, gab er in einem Brief an die Mutter zu, meinte jedoch, «nach all den biederen Aufrufen zur Demokratie während der letzten Jahre» sich dies einmal gönnen zu müssen. «Und im nächsten Buch soll nun, wenn es irgend geht, auch gewisslich nichts hässlich Unnatürliches mehr vorkommen.»[26]

So kokett und scheinbar souverän er auf Kritik und Einwände reagierte: Klaus Mann hatte gehofft, Stefan Zweig oder ein anderer prominenter Autor würde eine Rezension veröffentlichen, wurde aber enttäuscht. Kompetente Stimmen zum Buch, eine wirkliche Würdigung des Romans, das ersehnte Echo blieb beschränkt auf die private Korrespondenz. In der Exilpresse erschienen nur wenige Besprechungen: ein lobender Artikel von Franz Goldstein in der «Palestine Post», ein Hinweis in der «Pariser Tageszeitung», eine «gutgemeinte Betrachtung»[27] von A. M. Frey in «Maß und

Wert»: «ein menschlich schönes und biographisch bedeutendes Dokument [...] mit all seinen krausen Unmittelbarkeiten».[28] In der «Neuen Weltbühne» nahm sich Balder Olden die Neuerscheinung vor.[29] Fernstehende würden einen Eindruck bekommen, die Emigration selbst könne keinen Trost in dem Roman finden. Olden störte sich an den «selten begrüßenswerten Typen»: «Homosexuelle Ästhetiker, die sich auf diesem Vulkan Süchten ergeben, im Kokainrausch sterben oder im religiösen Wahnsinn münden [...], polygame Mädchen, eitles Kabarett-Artistenvolk, Vielredner und Nichtvollbringer – davon wimmelt es in dieser Emigration zwischen Boulevard St. Germain und Montparnasse.» Die geflüchteten Proletarier – «sie haben keine Stammkneipen, darin sie debattieren» – würden sich im Roman nicht wiederfinden: «Ihr Los ist anders, ihre Sprache, ihr Trotz.» Provoziert fühlte sich der Rezensent vor allem von den letzten Kapiteln – die Heldentaten der Internationalen Brigaden seien hier «Gegenstand skurriler Artistik» geworden: «Dass der Kampf in Spanien, das grösste, tragischste Heroentum ewiger Zeiten, mit den Augen eines religiösen Ekstatikers gesehen wird, eines ‹Wurzellosen, Schwebenden, Entrückten, Fremden, Teilnahmsvollen› – und nebstbei Qualligen, Infantilen – den ein Engel in Fliegerdress über Tortosa und über den Heldenanger der Universitätsstadt von Madrid führt, hat mich tief verletzt.» Zwar streute der Rezensent ein paar positive Bemerkungen über die Begabung des Autors ein («Manche Schilderung fast grandios, viel Lyrisches apart und gekonnt»), aber der Verriß machte doch deutlich, daß man Klaus Mann den ideologischen Konsens aufkündigte.

Auf die Meinung *eines* Lesers wartete Klaus Mann besonders gespannt, auf das Urteil jener Instanz, die für ihn, ob er es sich eingestand oder nicht, zeitlebens so wichtig war wie keine andere: Thomas Mann. «Und hoffentlich mögt ihr den ‹Vulkan›», schrieb der Sohn, den direkten Weg scheuend, der Mutter und drang darauf: «Man muss ihn *ganz* lesen, auch Vati muss ich es zumuten: Kontakt-nehmen *genügt* hier nicht, weil doch alles so verflochten und beziehungsvoll ist, und beinah durchaus völlig visionär.»[30] Sie gab die Mahnung weiter. Thomas Mann, der so manche Gefälligkeitsrezension verfaßte, war gegenüber der literarischen Produktion des Sohnes stets besonders streng. Schon die Lektüre kostete ihn geradezu Überwindung, und er begann den Roman mit zwiespältigen Gefühlen: «Den Roman von Klaus begonnen. Widerstände», notierte er in seinem Tagebuch unter dem 8. August 1939.[31] In den nächsten Tagen, er hielt sich gerade im holländischen Seebad Noordwijk auf, setzte er die Lektüre fort, abends oder nach dem Lunch auf der Terrasse. Nach acht Tagen hatte sich seine Haltung geändert: «In Klaus' Roman weiter, der mich doch sehr interessiert und rührt»,[32] und wiederum ein paar Tage später, am 18. August, inzwischen war er am Ende angelangt, mußte er sich eingestehen: «recht ergriffen».[33] Dem Bruder Heinrich empfahl er brieflich den Roman und legte ihm nahe, Klaus Mann zu schreiben: «Es täte ihm wohl, ein gutes Wort vom großen Onkel darüber zu hören. Er ist recht vereinsamt damit; ich glaube, 300 Exemplare sind verkauft. Und dabei ist es ein sehr talentiertes, bei aller Leichtigkeit ernstes Buch, das mich beim Lesen mehr und mehr bewegt hat.»[34] Es dauerte noch einige Tage, bis er sich selbst dazu aufschwang, sein positives Urteil dem Autor mitzuteilen. Auch dies wird, buchhalterisch penibel, im Tagebuch vermerkt: «Vor u. nach dem (vorzüglichen) Diner langer Brief an Klaus über seinen Roman.»[35]

Mit «väterlichem Stolz» beglückwünschte er den Sohn: «Der Vulkan» sei «ein Buch, dessen die deutsche Emigration sich auch unter dem Gesichtspunkt der Würde, der Kraft und des Kampfes nicht zu schämen hat, sondern zu dem sie sich, wenn sie nicht neidisch ist, froh und dankbar bekennen kann.»[36] Klaus Mann brauche keine Konkurrenz zu fürchten: «Die leichte fromme verderbte Kikjou-Weis', die singt Dir keiner nach, sie ist einmal Dein Reservat, und wer Sinn hat für diese Art, dem Leben Schmerzlichkeit und Phantastik und Tiefe zu geben (für mein Teil erkläre ich, daß ich Sinn dafür habe), der wird sich eben an Dein Gemälde und Panorama halten, ein Bild deutscher Entwurzelung und Wanderung, gesehen und gemalt à la Jean Cocteau.» Die Kritik am Roman war ihm bekannt, doch er verteidigte das Buch als Kunstwerk, wobei er einen Anteil am Gelingen Erika Mann zuschrieb: «Dazu hat Dir, dem im Grund das Morbide, Erotische und ‹Makabre› viel mehr Spaß macht, als Moral, Politik und Kampf, die stärkere

Schwester verholfen; aber sie hätte Dir nicht dazu verhelfen können ohne Dein großes, geschmeidiges Talent, das mit Leichtigkeit schwierige Dinge bewältigt, sehr komisch und sehr traurig sein kann und sich rein schriftstellerisch, im Dialog und der direkten Analyse, überraschend stark entfaltet hat.» Klaus Mann war überglücklich, als er diesen Brief las: Nie waren sich Vater und Sohn so nahe wie in diesem Moment. In seiner Antwort konzedierte er, auch vom Vater geerbt zu haben: «Meine Engel-Kunde stammt teils von Rilke, teils von Gide und Cocteau – und teils aus dem ‹Joseph› – so weit sie nicht aus dem Herzen stammt.»[37]

Bücher haben ihre Schicksale. Viel mehr als die von Thomas Mann erwähnten 300 Exemplare dürften von der Erstausgabe nicht verkauft worden sein. Der Vulkan brach aus – noch nicht ausgelieferte Buchbestände wurden im Mai 1940, als deutsche Truppen Amsterdam besetzten, beschlagnahmt und vernichtet. Für eine amerikanische Ausgabe fand sich, trotz intensiver Bemühungen Klaus Manns, kein Verleger. Erst 1956, der Verfasser war sieben Jahre zuvor aus dem Leben geschieden, kam der Roman erneut heraus, dank der Initiative Erika Manns, die dem Fischer Verlag die Publikation nahezu abnötigen mußte.[38] Nun erfuhr «Der Vulkan» endlich jene Resonanz, auf die der Autor gehofft hatte. Die Kritiken waren überwiegend positiv, auch die Besprechung von W. E. Süskind (der jedoch unerwähnt ließ, daß er 1933 seinen Freund aufgefordert hatte, nach Deutschland zurückzukehren – sein Brief inspirierte Klaus Mann zu dem Roman-Prolog[39]). Auch vertraute Einwände tauchten wieder auf: Wilfried Berghahn, Adorno und der Frankfurter Schule nahestehend, monierte, «Der Vulkan» sei weniger ein Emigranten- als ein Dekadenz-Roman: «eine Ansammlung von Exzentrikern, die an ihrer eigenen Haltlosigkeit weit mehr leiden als an politischen Überzeugungen».[40]

Das verschollene Buch kam, was keinem Rezensenten auffiel, 1956 allerdings in einer unmerklich frisierten Fassung auf den Markt: Ohne dies kenntlich zu machen, hatte Erika Mann in den Text eingegriffen, stilistische Korrekturen vorgenommen und in den Abschnitten über den Spanischen Bürgerkrieg gestrichen, was in der Zeit des Kalten Krieges politisch nicht opportun erschien. Daß Hans Schütte Politkommissar ist, wurde konsequent eliminiert, seine Entscheidung, in die Partei einzutreten, ebenso; der Absatz, in dem die abreisenden Brigadisten die «Internationale» anstimmen (und der Engel der Heimatlosen die Melodie mitsummt), entfiel ganz. Alle späteren Ausgaben – die Publikation im Rahmen der Werkausgabe, auch die erste rororo-Taschenbuchausgabe – basieren auf dieser fragwürdigen Textversion; ahnungslos wurde der politische Eingriff selbst in den DDR-Lizenzausgaben übernommen. 60 Jahre nach Erscheinen der Erstausgabe liegt nun erstmals wieder «Der Vulkan» in der authentischen Fassung vor.

Michael Töteberg

Anmerkungen

1 Klaus Mann: Tagebücher 1936–1937. Hg. von Joachim Heimannsberg, Peter Laemmle und Wilfried F. Schoeller. Reinbek 1995, S. 69–70.

2 Unveröffentlichter Brief von Klaus Mann an Katia Mann, 2. Februar 1937. Handschriftensammlung der Monacensia, Stadtbibliothek München.

3 Klaus Mann: Tagebücher 1936–1937, a. a. O., S. 104–105.

4 Klaus Mann: Briefe und Antworten 1922–1949. Hg. von Martin Gregor-Dellin. Reinbek 1991, S. 279–282.

5 Klaus Mann: Tagebücher 1936–1937, a. a. O., S. 99.

6 Unveröffentlichter Brief von Klaus Mann an Johannes R. Becher, 30. April 1937. Handschriftensammlung der Monacensia, Stadtbibliothek München.

7 Klaus Mann: Tagebücher 1936–1937, a. a. O., S. 114.

8 Klaus Mann: Tagebücher 1938–1939. Hg. von Joachim Heimannsberg, Peter Lämmle und Wilfried F. Schoeller. Reinbek 1995, S. 23.

9 Klaus Mann: Briefe und Antworten 1922–1949, a. a. O., S. 355.

10 Klaus Mann: Tagebücher 1938–1939, a. a. O., S. 55.

11 Thomas Mann: Tagebücher 1937–1939. Hg. von Peter de Mendelssohn. Frankfurt a. M. 1980, S. 262.

12 Klaus Mann: Tagebücher 1938–1939, a. a. O., S. 81.

13 Ebd., S. 87.

14 Ebd. Tatsächlich war die Arbeit noch nicht abgeschlossen: Die Korrektur der Druckfahnen beschäftigte den Autor auch noch im März; am 3. April 1939 mußte er gar noch «einen Abschnitt im ‹Epilog› ganz neu schreiben wegen veränderter Läufte und Stimmungen» (ebd., S. 96).

15 Ebd., S. 108.

16 Unveröffentlichter Brief von Lion Feuchtwanger an Klaus Mann, 3. Juli 1939. Handschriftensammlung der Monacensia, Stadtbibliothek München.

17 Klaus Mann: Briefe und Antworten 1922–1949, a. a. O., S. 385–386.

18 Klaus Mann: Tagebücher 1938–1939, a. a. O., S. 33.

19 Wiederabdruck in: Klaus Mann: Das Wunder von Madrid. Aufsätze, Reden, Kritiken 1936–1938. Hg. von Uwe Naumann und Michael Töteberg. Reinbek 1993, S. 237–246. Bereits im Herbst 1933 verfaßte er eine scharfe Polemik gegen Benn; vgl. Klaus Mann: Zahnärzte und Künstler. Aufsätze, Reden, Kritiken 1933–1936. Hg. von Uwe Naumann und Michael Töteberg. Reinbek 1993, S. 40–43.

20 Klaus Mann: Tagebücher 1934–1935. Hg. von Joachim Heimannsberg, Peter Lämmle und Wilfried F. Schoeller. Reinbek 1995, S. 26.

21 Klaus Mann: Zahnärzte und Künstler, a. a. O., S. 364.

22 Klaus Mann: Tagebücher 1938–1939, a. a. O., S. 87.

23 Ebd., S. 102.

24 Ebd., S. 117.

25 Klaus Mann: Briefe und Antworten 1922–1949, a. a. O., S. 392.

26 Unveröffentlichter Brief von Klaus Mann an Katia Mann, August 1939. Handschriftensammlung der Monacensia, Stadtbibliothek München.

27 Klaus Mann: Briefe und Antworten 1922–1949, a. a. O., S. 391.

28 A. M. F[rey]: Klaus Mann: «Der Vulkan». In: Maß und Wert, 3 (1940), Heft 3, S. 408.

29 Balder Olden: Der Vulkan: In: Die Neue Weltbühne, 35 (1939), Heft 32, S. 1013–1014.

30 Unveröffentlichter Brief von Klaus Mann an Katia Mann, 22. Juli 1939. Handschriftensammlung der Monacensia, Stadtbibliothek München.

31 Thomas Mann: Tagebücher 1937–1939, a. a. O., S. 432.

32 Ebd., S. 435.

33 Ebd., S. 436.

34 Thomas Mann/Heinrich Mann: Briefwechsel 1900–1949. Hg. von Hans Wysling. Frankfurt a. M. 1984, S. 275.

35 Thomas Mann: Tagebücher 1937–1939, a. a. O., S. 438.

36 Klaus Mann: Briefe und Antworten 1922–1949, a. a. O., S. 388–391.

37 Ebd., S. 393.

38 Vgl. die Korrespondenz Erika Manns mit dem Verlag, speziell ihr Schreiben an den Cheflektor Rudolf Hirsch, 19. Februar 1955. Offenbar gab es große Widerstände gegen die Publikation im Verlag, weshalb Erika Mann Textänderungen vorschlug. «De facto hatte ich gewisse Kürzungen, wie Änderungen mit Klaus schon besprochen, und er selbst hatte sie vornehmen wollen. Es ging da hauptsächlich um zwei ‹Gebiete›: 1.) schien uns beiden der Komplex Martin-Kikjou überbetont. Man sollte, meinten wir beide damals, hier soweit kürzen, dass diesen Figuren und ihren Proble-

men nicht mehr Raum zugebilligt würde, als ihnen – proportionell – zukommt. 2.) aber, ward das Buch zu einem Zeitpunkt geschrieben, da man auf Grund des ‹front populaire› (und des spanischen Krieges) ein wenig ‹röter› sehen durfte als heute. Und während Fälschungen mir ferne liegen, meine ich doch (wie auch Klaus damals meinte), man könnte und sollte ein paar Dinge *weglassen*, die heute gar zu ‹anachronistisch› anmuten» (an Rudolf Hirsch, 3. März 1955). Sie fürchtete trotzdem, daß «der Bersau» (gemeint war Gottfried Bermann Fischer) ihr noch weitere Konzessionen abnötigen könnte (an Wolf Rodig, 6. März 1955). Den Versuch, den Martin-Kikjou-Komplex zu verknappen, gab sie als undurchführbar auf (an Rudolf Hirsch, 9. August 1955). Der Neuausgabe wurde Thomas Manns Brief als Vorwort vorangestellt, wobei Erika Mann auch in diesen Text eingriff. Sie nahm Umstellungen und Streichungen vor, kleine Textmanipulationen «ganz in der Art, in der mein Vater selbst dies getan hätte, ehe er einen schnellgeschriebenen Privatbrief in Druck gab» (an Rudolf Hirsch, 5. September 1955). Die zitierten Briefe, unveröffentlicht, befinden sich in der Handschriftensammlung der Monacensia, Stadtbibliothek München.

39 W. E. Süskind: Das Leben im Exil. In: Süddeutsche Zeitung, 22/23. 5. 1968. Zur Vorgeschichte vgl. Klaus Mann: Briefe und Antworten 1922–1949, a.a.O., S. 120.

40 Wilfried Berghahn: Vom Rande des Abgrunds. In: Wort und Wahrheit, Oktober 1956, S. 787.

Editorische Notiz

Die Erstausgabe des Romans «Der Vulkan» erschien im Sommer 1939 im Querido Verlag, Amsterdam. 1956 wurde das Buch im G. B. Fischer Verlag, Frankfurt am Main, neu ediert – in einer Textfassung, für die Klaus Manns Schwester Erika verantwortlich zeichnete. Im Nachlaß Klaus und Erika Manns in der Monacensia, Stadtbibliothek München, existiert ein sieben Seiten umfassendes Typoskript, in dem Erika Manns Änderungen akribisch festgehalten sind. Sie hat den Roman ihres Bruders vor allem stilistisch nachredigiert; und sie hat in einigen Punkten politisch motivierte Änderungen vorgenommen, nicht zuletzt als Konzession an den Verlag, der zögerte, das Buch ins Programm zu nehmen. Der gravierendste Eingriff waren zwei Kürzungen: auf S. 356 wurde Hans Schüttes Selbstreflexion, er hätte doch lieber in die Kommunistische Partei eintreten sollen, gestrichen (von «Jetzt versteh ich eigentlich» bis «die nehmen mich schon ...»); und auf S. 537f. hat Erika Mann die Passage, in der die «Internationale» gesungen wird (von «Die deutschen Soldaten, auf ihrem Lastwagen» bis «‹Völker, hört die Signale ...›») kurzerhand eliminiert.

Die vorliegende Edition folgt in allen wesentlichen Punkten der Querido-Erstausgabe. Lediglich einige offenkundige Satz- und Flüchtigkeitsfehler wurden korrigiert, und manche Schreibweisen wurden behutsam modernisiert.

Weitere Titel von Klaus Mann